학교심리검사의 이해와 활용

임경희 · 조붕환 공저

YANGSEOWON
양서원

머리말

학교에서의 심리검사 활동은 학교상담자의 고유하고도 전문적인 직무에 속한다. 심리검사의 선정에서부터 검사결과를 활용한 상담 및 자문활동에 이르는 전 과정에서 학교상담자에게는 전문적인 역할이 기대된다. 따라서 학교상담자 교육을 위한 대학 및 대학원 교육과정에는 심리평가 또는 심리검사의 이론과 활용에 관한 교과목이 필수로 포함되어 있다. 그리고 이 과정을 통해 심리검사의 측정 및 통계에 관한 기초 지식을 쌓고, 다양한 심리검사의 특성을 이해하고 활용할 수 있는 능력을 갖추도록 하고 있다.

심리검사 교과목의 개설과 더불어 다양한 성격의 심리검사 교재들이 소개되고 있다. 저자에 따라 심리검사와 관련된 측정 및 통계적 개념을 보다 상세히 다룬 책들도 있고, 주요한 몇 가지 임상심리검사의 활용에 초점을 두어 자세하게 소개한 책들도 있으며, 현재 발행되고 있는 다양한 심리검사들을 검사영역별로 풍부하게 소개하고 있는 책도 찾아볼 수 있다. 저자들마다 강조점을 어디에 두고 있는가에 따라 다른 양상으로 소개하고 있음을 볼 수 있다.

이 책은 학교상담자를 위한 학교심리검사의 이해와 활용을 목적으로 하고 있다. 학교상담자를 위한 심리검사 교육에서는 학교심리검사가 갖는 특수성이 고려될 필요가 있다. 학교는 양적으로 가장 많은 심리검사가 이루어지는 곳이라 해도 과언이 아니다. 개인심리검사가 주를 이루는 상담센터나 병원장면 등과는 달리 학교에서의 심리검사는 개인뿐만 아니라 소집단, 학급 및 학년 전체를 대상으로 하는 경우가 많기 때문이다. 그리고 학교에서의 심리검사는 학생의 학습, 진로, 정서·행동특성에 관한 검사들이 주를 이루고 있다는 점에서 임상심리검사와는 다소 간극이 있다. 또한 학교상담자는 상담의 효과나 성과를 학기 또는 학년 단위로 알리는 직무를 수행하도록 요구받고 있는데, 이 또한 학교심리검사의 활용과 관련된다.

이 책은 이러한 학교심리검사의 특수성을 고려하여 다음에 초점을 두고 집필되었다.

첫째, 학교상담자의 실제적인 심리검사 업무에 기반하여 학교심리검사에 대한 이해를 돕고자 하였다. 학교심리검사의 목적과 현장의 특성을 고려하여 심리검사를 선택하고 상담에 활용할 수 있도록 하였다.

둘째, 학교상담자가 경험할 수 있는 심리측정 및 통계적 개념에 관한 부담을 완화하고 기초적인 심리측정의 개념을 쉽게 이해할 수 있도록 평이한 용어로 기술하고자 노력하였다.

셋째, 학교장면에서 가장 빈번하고 중요하게 다루어지는 학습, 진로, 성격 및 정서행동특성 관련 심리검사를 비중있게 소개하고, 각 검사의 특징에 대한 이해와 실제적인 활용방법을 습득할 수 있도록 하였다. 임상장면에서 의미있는 주요 심리검사뿐만 아니라 학교에서 실제적인 관심사가 되는 심리검사에 대한 이해와 활용에 관한 내용을 포함하여 폭넓게 다루고자 하였다.

넷째, 심리검사를 활용하여 학교상담의 성과를 확인하고 평가하는 데 활용할 수 있도록 하였다. 상담성과를 확인할 수 있는 상담연구방법과 상담성과 척도 및 실제 연구결과 예시를 포함하여 구체적인 이해를 돕고자 하였다.

이 책은 크게 3부로 구성되어 있으며, 장별 내용은 다음과 같다.

1부는 학교심리검사의 이해편이다. 1장은 학교심리검사를 사용하는 목적과 활용 절차, 심리검사 윤리를 소개하였으며, 2장은 심리검사에 대한 이론적 기초로서 측정의 기초 개념과 심리검사의 개발과정을 제시하였다.

2부는 학교심리검사의 활용편이다. 학습, 진로, 성격, 정서·행동특성에 관한 다양한 심리검사에 대해 기술하였다. 3장 학습검사, 4장 진로검사, 5장 성격검사, 6장 정서·행동검사가 이에 포함된다. 각 장별로 다양한 심리검사의 특징과 구성내용을 소개하였으며, 학습검사와 진로검사의 경우 이를 활용한 상담방향과 전략을 제시하였다.

3부는 심리검사를 활용한 학교상담의 성과 연구편이다. 7장은 학교상담 성과 평가의 목적과 평가영역 및 절차에 대한 이해를 담고 있으며, 8장은 상담성과를 확인하는 데 활용할 수 있는 연구방법과 통계분석 방법, 연구 결과의 예시를 포함하여 구성하였다. 9장은 학교상담의 성과 평가에 활용해 볼 수 있는 유용한 학교상담 성과 평정척도들을 제시하였다.

이 책은 다양한 심리검사에 대한 이론적 이해와 더불어 학교심리검사를 보다 용이하게 활용할 수 있도록 인도하는 실제적인 정보를 제공하고 있다. 또한 학교상담의 효과성 검증을 위해 활용할 수 있는 자료들을 포함하고 있어서 대학 및 대학원을 비롯하여 학교상담자를 대상으로 하는 심리검사 교육프로그램의 교재로 활용하기에 유용할 것으로 사료된다. 나아가 위클래스와 위센터를 비롯한 학교상담실, 진로진학상담실 등에서 학교상담자들을 위한 실제적인 지침서로 활용될 수 있을 것으로 기대한다.

끝으로 학교의 사례와 자료수집에 도움을 준 엄재춘 박사와 독자의 입장에서 원고를 꼼꼼하게 읽고 도움을 준 대학원생들에게 감사의 마음을 전한다. 더불어 이 책의 출간을 맡아주신 양서원의 박세원 대표님과 출간 및 편집과정에서 세심하게 도움을 주신 여러분께 감사의 인사를 드린다.

저자 일동

차 례

PART 02

학교심리검사의 활용

PART

1

학교심리검사의 이해

CHAPTER 01

학교에서의 심리검사

1 학교상담자와 심리검사

1) 학교심리검사에 대한 요구

한국에서의 학교심리검사는 전통적인 교육활동에 속한다. 이는 한국의 학교생활지도와 학교상담의 발전과정을 통해 확연하게 나타난다. 한국의 생활지도와 학교상담은 미국에서 심리측정과 생활지도(guidance)가 중심이 되던 시기(1920~1940년대)와 상담활동이 중심을 이루던 시기(1940~1970년대)의 영향하에 발전되기 시작하였다고 할 수 있다. 이로 인해서 한국에서의 학교심리검사는 생활지도와 동일시되었다 해도 과언이 아닐 정도로 깊숙이 자리잡아 왔으며, 현재까지 학교 교육과정의 일부로서 지속적으로 시행되어 오고 있다.

더욱이 최근 학교상담 현장에서는 교육과정의 일환으로 실시하는 전체 학생 대상의 심리검사에 대한 수요와는 별개로 개별 심리검사에 대한 수요가 늘고 있다. 이는 위클래스, 위센터, 진로진학상담실 등을 이용하는 학생들을 위한 개인 및 집단심리검사 수요에 따른 것이라고 할 수 있다. 심리검사는 학교상담자의 상담 개입과 학생의 자기이해를 돕는 중요한 기초자료로서 그 활용범위와 유용성이 증대되고 있다.

또한 컴퓨터의 사용과 온라인 검사의 출현으로 학교 현장에도 많은 심리검사가 보급되고 있다. 이에 따라 상담자들은 학생들에게 온라인으로 제공되는 검사를 시행하도록 할 수 있으며, 온라인으로 제공되는 결과지를 토대로 해석을 해줄 수 있게 되었다. 그러나 많은 검사가 빠른 속도로 발간되고 개정됨에 따라 학교상담자들은 새로운 도구와 기존 검사의 개정판에 대한 정보를 지속적으로 업데이트해야 할 요구에 당면해 있다.

컴퓨터는 피검사자에게 즉각적인 결과를 제공해 줄 수 있으나 검사의 선정과 결과 해석과 같은 전문적인 과정은 학교상담자의 몫이다. 학교상담자는 좋은 검사요건을 갖춘 검사를 선정하는 것에서부터 규준과 검사의 기본적인 통계치, 검사의 질에 대해 피검사자에게 설명해 줄 수 있기 때문이다(Neukrug, 1999).

뿐만 아니라 학교상담자는 학교 교육과정의 일부로 시행되는 전체 학생을 대상으로 한 심리검사의 선정과 결과 전달, 해석상담에도 관여하게 된다. 학교급에 따라 학생의 발달단계와 발달과업을 고려한 검사의 선정과 함께 검사 결과를 어떻게 이해하고 전달할 것인지에 대한 계획을 수립하고, 교사 및 학생을 대상으로 한 연수와 교육 및 상담활동을 수행하는 것 또한 학교상담자의 전문성이 필요한 영역이기 때문이다.

2) 학교상담자의 심리검사 업무

현재 학교심리검사는 전문상담교사와 전문상담사, 진로진학상담교사를 중심으로 이루어지고 있으므로 여기에서는 이를 중심으로 심리검사 관련 업무와 이에 필요한 역량에 대해 살펴보기로 한다. 먼저 위클래스 고유업무와 위클래스 전문상담교사 업무영역 중에서 심리검사 실시 및 활용과 관련된 내용을 다음 <표 1-1>과 <표 1-2>에 제시하였다.

표 1-1 / 위(Wee)클래스 고유업무(심리검사 관련)

영역	직무	세부업무
상담	심리검사	• 성격 및 대인관계 영역, 학업 및 자기관리 영역, 심리 및 정서 관련 영역
	상담지원	• 학교폭력 피·가해 학생상담 지원, 학생 정서·행동특성검사 후속 상담지원, 학업중단숙려제 상담지원
교육	교육 및 연수	• 학생 교육(예, 특별교육), 상담 관련 보호자 및 교사 연수
행정	연간계획 수립	• 학생, 보호자, 교직원 상담 관련 요구조사, 위클래스 운영 연간계획 수립
	사례관리 및 평가	• 상담기록 관리, 상담활동 결과 보고 및 평가

출처: 교육부, 한국교육개발원 위(Wee)프로젝트연구특임센터(2019). **위(Wee) 클래스 운영 가이드**. 전라남도 교육청, 한국교육개발원.

표 1-2 / **위클래스 전문상담교사 업무영역(심리검사 관련)**

영역	직무	세부업무
상담환경 구축 및 홍보	상담환경 기반 구축	• 심리검사 도구 및 자료 구입
요구조사 및 자료분석	요구조사	• 학생, 학부모, 교직원 요구조사 • 위험군 학생 조사를 위한 심리검사
	자료분석	• 요구조사 및 심리검사를 분석하여 연간 프로그램 및 운영 계획 수립
상담활동	심리검사	• 개별검사, 집단검사
	집단지도 및 교육	• 학생, 학부모 교육 및 교사상담 연수
기타	상담활동 분석 및 평가	• 상담활동 분석 및 평가 • 상담활동 보고 및 상담관련 연구

출처: 한국교육개발원(2012). **Wee 프로젝트 매뉴얼.**

위클래스 전문상담교사의 심리검사 관련 업무는 상담환경 구축, 요구조사 및 자료분석, 상담활동 분석 및 평가영역에 걸쳐 비교적 포괄적으로 제시되어 있다. 이 장 3절의 '학교 심리검사의 실시 및 활용 절차'에서처럼 학교상담자는 심리검사의 선정, 검사의 실시와 해석상담을 수행하며, 이를 수행하는 과정에서 심리검사의 구입, 교사 및 학부모를 대상으로 한 표준화 검사 관련 연수를 함께 실시하기도 한다. 또한 학생, 학부모, 교사 대상의 요구조사 및 심리검사 분석, 상담성과의 평가도 심리검사와 관련된 학교상담자의 업무내용에 속한다고 할 수 있다.

김인규와 조남정(2010)은 전문상담교사의 직무를 상담, 교육, 연계, 행정, 역량개발 5개로 구분하여 관련 지식, 기술, 태도를 제시하였다. 이 연구에서 심리검사는 '상담'영역의 책무에 포함되어 있으며, 심리검사에 요구되는 직무역량의 지식과 기술은 다음<표 1-3>과 같다.

표 1-3 / **심리검사에 요구되는 직무역량의 지식과 기술**

직무	책무	직무역량	
		지식	기술
상담	심리검사	• 심리검사에 대한 이론적 이해 • 심리검사에 대한 해석과 활용에 대한 이해	• 다양한 심리검사 실시 기술 • 다양한 심리검사 해석 • 결과 활용 기술

다음으로 진로진학상담교사의 직무(교육부, 2012a, 2012b, 2012c) 중에서 심리검사 관련 업무는 중학교, 일반고, 특성화고 공통으로 '진로진학 관련 학생지도 및 상담업무' 영역에 포

함되어 있으며, '커리어넷 등의 진로직업 관련 심리검사의 활용 및 컨설팅'이라고 명시하고 있다.

표 1-4 / 진로진학상담교사의 심리검사 관련 업무

	업무영역	내용
진로진학 상담교사	진로진학 관련 학생지도 및 상담업무	• 커리어넷 등의 진로직업 관련 심리검사의 활용 및 컨설팅

위클래스에서 활용하도록 권장하고 있는 심리검사 도구 <표 1-5>와 정신건강 간이선별 검사도구 <표 1-6>의 목록은 다음과 같다.

표 1-5 / 위클래스 활용 권장 심리검사 도구

구분	검사도구
위클래스 비치 권장 도구 목록	• 정신건강 간이선별 검사 도구 • MMPI, MMPI-A, 문장완성검사(SCT), 벤더게슈탈트검사(BGT) • 아동청소년 부모용 면담지 • K-CBCL(아동청소년 행동평가척도) • MMTIC, MBTI, 홀랜드검사, 스트롱진로탐색검사, 에니어그램 • BDI
풀배터리 (Full Battery) 검사 목록	• 한국판 웩슬러 지능검사 • 벤더게슈탈트검사(BGT) • 집-나무-사람검사(HTP) • 문장완성검사(SCT) • 로샤검사 • 주제통각검사(TAT, CAT) • MMPI, MMPI-A • Clinical Psychological Interview • 홀랜드진로탐색검사, 진로발달검사, 학습유형검사 등 활용 가능

표 1-6 / 정신건강 간이선별 검사 도구

문제영역	검사도구
주의력결핍과잉행동문제	• ADHD RS-IV • CASS
우울증	• CDI • BDI
양극성장애(조울증)	• CMRS-P(Child Mania Rating Scale-Parent version)
자살	• Beck 자살생각척도 • SIQ Reynolds
불안	• SAIC • BAI • STAI-X-2

문제영역	검사도구
틱 & 뚜렛장애	• DSM-5 진단기준(틱 & 뚜렛장애)
반항 & 품행문제	• 반항성장애척도
인터넷 중독	• K척도
조기정신증	• ESI(Eppendorf Schizophrenia Inventory)
학습장애	• 학습장애진단척도
자아존중감	• 자아존중감척도(SES)
학교따돌림	• 학교따돌림 척도
충동성	• 역기능 충동성 척도(DIS)

출처: 한국교육개발원(2011). **Wee 프로젝트 매뉴얼 1. 학교상담(Wee 클레스)**. 교육과학기술부, 한국교육개발원, 대전광역시 교육청.

3) 학교상담자의 심리검사 활용 역량

심리검사에 대한 충분한 이해를 토대로 검사를 실시하고, 해석하여 적용할 수 있는 역량을 갖춘 상담자는 내담자를 도울 수 있는 도구를 하나 더 갖추고 있는 셈이다. 이는 상담자 자신의 상담역량에 대한 자신감을 더해주며, 심리검사의 잘못된 활용으로 인한 불필요한 대가를 치르지 않을 수 있게 해준다. 심리검사는 그 자체로 문제를 해결해 주는 것은 아니지만 문제해결에 도움이 되는 정보를 제공해 주는 매체로 활용될 수 있다. 특히 상담자가 심리검사의 사용에 익숙한 경우, 비로소 상담에 특별한 도움을 줄 수 있으며, 상담자의 이론적 지식과 경험은 해석과정에서 지대한 영향을 미친다.

상담 현장에서는 심리검사를 자주 활용하는 상담자도 있고, 심리검사에 대해 부정적 견해를 가진 상담자도 있다. 학교에서 심리검사를 사용하는 데 난색을 표하는 상담자들은 심리검사에 관한 충분한 훈련을 받지 못했기 때문에(Giordano, Schwiebert & Brotherton, 1997) 검사를 사용하는 데 불편함을 느낀다고 말한다(Guindon, 2003). 어떤 심리검사를 언제 어떤 목적으로 사용해야 할지, 어떻게 해석하고 전달하며, 상담에 활용할 수 있을지에 대한 확신을 갖지 못해 상담에 활용하기를 주저하게 되는 것이다. 이는 상담자로 하여금 이런 저런 이유로 심리검사 사용을 꺼리게 하며, 기계적인 검사의 실시와 활용은 학생과 상담자 사이에 심리적 거리감을 유발한다.

심리검사의 유용하고 의미있는 활용을 위해 학교상담자는 다음과 같은 심리검사 활용 역량을 갖출 필요가 있다.

첫째, 상담자는 상담에서 활용되는 여러 가지 심리검사의 장점과 한계를 알고 있어야 한다.

둘째, 심리검사를 통해 측정된 행동에서 발견할 수 있는 심리학적 설명과 검사의 심리 측정학적 특성을 이해하고 있어야 한다(Anastasi, 1992).

셋째, 상담자는 서로 다른 사회문화적 배경을 가진 내담자에게 어떤 검사를 적용하고 어떻게 실시, 해석할 것인지를 배워야 한다.

넷째, 내담자의 자기이해와 자기결정을 조력하기 위해서 상담과 심리검사를 종합할 수 있는 능력을 갖추어야 한다.

다섯째, 새롭게 제작 및 출판되는 최신 검사에 관한 정보를 입수하여 적용하는 방법을 습득해야 한다.

여섯째, 심리검사 관련 각종 연수와 교육프로그램 등에 참여함으로써 부단히 자신의 전문성을 신장해야 한다.

조성희와 신수경(2019)은 상담자가 심리검사를 활용하고 해석역량을 증진시키는 데 도움이 되는 내용을 다음과 같이 제시하고 있다.

- 심리검사 중에서 내담자에게 필요한 검사를 선별할 수 있어야 한다.
- 간단하게 사용할 수 있는 심리검사를 자주 내담자에게 활용한다.
- 상담목표에 따라 최소 한 가지의 심리검사를 사전, 사후검사로 정하고 실시한다.
- 각 심리검사의 결과를 내담자의 강점과 장점으로 해석하려는 긍정적 관점을 유지한다.
- 상담자 자신에게 자주 심리검사를 시행하고 해석해 본다.
- 동료 상담자들과 함께 자기 자신 혹은 동료들의 심리검사 결과를 나누거나 동료 수퍼비전을 자주 한다.

2 학교심리검사의 목적

학교상담의 궁극적 목표가 학생이 보다 건강하고 행복한 삶을 영위할 수 있도록 돕기 위한 것이듯이 학교심리검사의 목적 또한 이를 뒷받침할 수 있는 것이어야 한다. 즉 학교심리검사의 궁극적인 목적은 학생의 발달을 돕고 학교생활과 일상생활에 잘 적응하여 건강하고 행복한 삶을 살아갈 수 있도록 돕기 위한 것이다. 특히 학생 전체를 대상으로 한 표준화 심리검사는 학생들의 문제를 사전에 발견하여 예방하는 데 도움이 된다.

학교에서의 심리검사는 수업 및 학생지도를 위해 학교 교육과정의 일환으로 이루어지는 전체 학생 대상의 집단 표준화 검사와 개인 또는 집단상담에 참여하는 학생을 대상으로 한 개별 심리검사로 실시된다. 각각의 경우 심리검사를 사용하는 목적에 다소간의 차이가 있으므로 각각에 대해 구분하여 살펴보기로 한다.

1) 집단 표준화 심리검사의 활용 목적

학교 교육과정의 일환인 전체 학생 대상의 집단 표준화 심리검사의 목적은 진단과 배치, 목표설정 및 프로그램 평가(Studer, 2005) 등이다. 검사의 내용에 따른 활용 목적을 구체적으로 살펴보면 다음과 같다.

첫째, 학생의 수행 및 학업성취도를 진단 및 평가하고, 교육활동의 효과를 평가하기 위한 것이다. 이는 학생들의 성취 정도와 변화를 확인하는 자료가 될 뿐만 아니라 이후 학교 교육과정과 교수활동의 적합성을 판단하는 기초가 된다. 각종 진단평가, 수행평가, 학력검사 및 학업성취도 평가가 이에 속한다.

둘째, 학생의 지적 능력을 확인하여 특별지도가 필요한 학생에 대한 특별한 교육을 제공하기 위한 것이다. 특수한 교육프로그램이 필요한 학생 선별과 수준별 학급 배치를 통한 교육활동을 위해 지능 및 기초학습기능을 측정한다. 지능검사, 학습장애 판별검사, 창의력검사, 영재판별검사, 학력부진 진단검사, 기초학습기능검사 등이 사용된다.

셋째, 학습 및 지도의 방향과 방법을 결정하기 위한 것이다. 학생이 자신의 학습성향을 이해하고 이에 맞는 학습 방법을 사용할 수 있도록 조력하고 교수-학습 방법의 개선에 활용함으로써 학습성과의 향상을 도모한다. 주로 학습흥미검사, 학습유형검사, 학습 방법 및 전략검사 등이 사용된다.

넷째, 진로지도 및 학교생활 적응에 필요한 기초자료를 제공함으로써 학생의 자기이해를 심화시키고, 학생의 심리 적응을 조력하기 위한 것이다. 학생의 진로, 성격, 정서·행동 양상 및 적응상태는 학생 개인의 특성을 고려한 진로지도의 기초자료 및 심리 적응의 지표로 활용된다. 적성검사, 진로발달검사, 직업흥미검사, 성격검사 및 정서행동검사 등이 사용된다.

다음에서는 학교상담과 진로교육의 영역 및 목표를 제시하였다. 학교상담의 목표는 학교가 학생에게 제공하는 상담활동의 방향과 내용을 정하는 기준이 되며, 이것은 이후 심리검사의 선택과 활용의 목적과 방향성을 결정하는 지표가 되기 때문이다.

우리나라에는 학교상담의 영역과 목표에 관한 국가표준이 마련되어 있지 않으므로 미국의 학교상담 국가표준 4판(ASCA, 2021)에 제시된 '학생 표준(ASCA student standard): 학생 성공을 위한 마음자세(mindset)와 행동(behaviors)'을 소개한다. 그리고 진로교육의 영역과 목표에 대해서는 2015 학교 진로교육 목표와 성취기준에서 제시한 내용을 소개한다.

(1) 미국학교상담자협회 학생 국가표준

미국학교상담자협회 학교상담 국가모델(ASCA, 2021)은 학생에게 요구되는 국가표준(ASCA student standard)을 6개의 마음자세 표준(mindset standards)과 30개의 행동표준(behaviors standards)으로 구분하여 제시하고 있다. 이 표준은 모든 학생이 유·초·중·고등학교(K-12)에서 학업적 성공, 대학과 진로 준비, 그리고 사회적/정서적 발달을 이루는 데 필요한 지식과 태도, 기술을 제시하고 있다.

① 마음자세 표준(mindset standards)

마음자세 표준은 학업과 관련하여 자신에 대해 가지고 있는 심리사회적 태도 또는 신념과 관련된 것이다. 마음자세 표준은 학생의 신념체계를 행동으로 표출되게 한다. 학교상담자는 모든 학생이 다음과 같은 마음자세를 갖도록 격려한다.

M1. 정신적, 사회/정서적, 신체적으로 건강하게 균형 잡힌 전체로서의 자신을 개발할 수 있다는 믿음
M2. 학교환경에서 자신과 타인에 대한 수용, 존중, 지지 및 포용
M3. 일과 학습에 대한 긍정적인 태도
M4. 성공할 수 있는 능력에 대한 자신감
M5. 능력을 최대한으로 사용하여 질 높은 결과물과 성과를 낼 수 있다는 믿음
M6. 중등교육 이후의 교육과 평생학습이 장기적인 성공에 필수적이라는 이해

② 행동 표준(behaviors standards)

행동 표준은 학습전략(Learning Strategies), 자기관리 기술(Self-Management Skills), 사회적 기술(Social Skills)의 세 가지 하위범주로 나뉜다. 이 표준은 공통적으로 성공적인 학생이 되는 것과 관련된 행동들이다. 학교상담자는 모든 학생이 다음과 같은 표준을 입증해

낼 수 있도록 돕기 위하여 문화적으로 지지적인 지도, 이해와 조언, 상담을 제공한다.

- **학습 전략**(Learning Strategies) : 생각하기, 기억하기, 학습하기와 같은 인지적 작업을 할 때 도움이 되는 학생들이 사용하는 과정과 방법
- **자기관리 기술**(Self-Management Skills) : 장애물에도 불구하고 목표에 지속적으로 집중하기(그릿<grit> 또는 끈기), 주의분산이나 유혹을 피하기, 낮은 수준의 즐거움보다 높은 수준의 것을 추구하고 우선시하기(만족지연, 자기훈련, 자기조절)
- **사회적 기술**(Social Skills) : 또래 간 또는 학생과 성인 간의 사회적 상호작용을 향상시키는 사회적으로 용인되는 행동

표 1-7 / ASCA 학생 행동 표준

학습전략 (Learning Strategies)	자기관리 기술 (Self-Management Skills)	사회적 기술 (Social Skills)
B-LS 1. 정보에 기반하여 의사결정할 수 있는 비판적 사고 기술	B-SMS 1. 자기에 대한 책임과 활동	B-SS 1. 효과적인 말하기와 쓰기 의사소통 기술과 듣기 기술
2. 학습, 과제, 문제해결을 위한 창조적 접근	2. 자기훈련과 자기조절	2. 자신과 비슷하거나 다른 학생들과의 긍정적, 존중적, 지지적 관계
3. 시간관리, 조직화된 학습 기술	3. 독립적인 일	3. 성공을 지원하는 성인과의 긍정적 관계
4. 학습을 위한 자기동기와 자기지도	4. 장기적인 보상에 대한 만족지연	4. 공감
5. 학습을 촉진하는 매체와 공학기술	5. 장·단기 목표를 달성하기 위한 인내	5. 윤리적 의사결정과 사회적 책임
6. 과제와 활동에 대한 질 높은 표준	6. 장벽을 인식하고 극복하는 능력	6. 효과적인 협력과 협업 기술
7. 장·단기적 학업, 진로, 사회/정서적 목표	7. 효과적인 대처 기술	7. 다양한 집단에서 효과적으로 작업할 수 있는 지도성과 팀워크 기술
8. 학업과정에 도전하기	8. 학교, 가정, 지역사회활동의 균형	8. 필요할 때 자신과 타인을 옹호하고, 자신의 권리를 주장할 수 있는 능력
9. 증거를 수집하고, 타인의 관점을 고려하며, 개인적 편견을	9. 개인적인 안전 기술	9. 상황과 환경에 적절한 사회적 성숙과 행동

학습전략 (Learning Strategies)	자기관리 기술 (Self-Management Skills)	사회적 기술 (Social Skills)
인식함으로써 정보에 기반하여 의사결정하기		
10. 특별활동과 강화교육에 참여하기	10. 과도기를 관리하고 변화에 적응하는 능력	10. 문화적 자각, 감수성과 민감성

출처: American School Counselor Association(2021). *ASCA National Model: A Framework for School Counseling Programs*(4th ed.). p. 3.

ASCA 학생 표준은 학업 발달(academic development), 진로 발달(career development), 사회/정서적 발달(social/emotional development)의 세 영역에 적용된다. 세 영역은 마음가짐과 행동을 촉진하여 모든 학생이 학습과정을 증진하고, 대학 및 진로, 생활 준비를 위한 문화를 만들어가게 한다.

- **학업 발달**(academic development) : 개별 학생의 학습 능력을 지원하고 최대화할 수 있도록 학교상담 프로그램의 전략과 활동을 수행하는 가이드가 된다.
- **진로 발달**(career development) : 학생들이 1) 학교와 직업세계의 관련성을 이해하고, 2) 학교에서 중등교육 이후의 교육과 직업세계로의 이행, 그리고 생애주기에 걸친 직업에서 직업으로의 성공적인 전환을 계획하고 이루어낼 수 있도록 학교상담 프로그램을 수행하는 가이드가 된다.
- **사회/정서적 발달**(social/emotional development) : 학생들이 자신의 감정을 관리하고 대인 간 기술을 학습하고 적용할 수 있도록 학교상담 프로그램을 수행하는 가이드가 된다.

(2) 2015 학교 진로교육 영역과 세부목표

① 초등학교 진로교육 영역 및 목표

초등학교 진로교육의 목표는 자신의 일에 대한 이해와 긍정적 가치를 형성하고 다양한 진로 탐색과 체험을 바탕으로 자신의 꿈을 찾고 진로를 설계할 수 있는 진로개발역량의 기초를 배양하는 데 있다. 초등학교 진로교육 영역 및 세부목표는 <표 1-8>과 같다(정윤경 외, 2016).

표 1-8 / 초등학교 진로교육 영역 및 세부목표

대영역	중영역	세부목표
I. 자아 이해와 사회적 역량 개발	자아 이해 및 긍정적 자아개념 형성	• 자신이 소중한 존재임을 안다.
		• 자신의 장점 및 특성을 찾아본다.
	대인관계 및 의사소통역량 개발	• 대인관계의 중요성을 이해하고 타인을 배려할 수 있다.
		• 대인관계에서 의사소통의 중요성을 이해하고 의사소통할 수 있다.
II. 일과 직업 세계 이해	변화하는 직업세계 이해	• 일과 직업의 의미와 역할을 이해한다.
		• 일과 직업의 종류와 변화를 이해한다.
	건강한 직업의식 형성	• 직업에 대한 긍정적인 태도를 형성한다.
		• 맡은 일에 최선을 다하는 태도를 기른다.
		• 직업에 대한 편견과 고정관념을 극복하여 개방적인 인식을 형성한다.
III. 진로 탐색	교육기회의 탐색	• 진로에서 학습이 중요함을 이해하고 바른 학습 태도를 갖는다.
		• 학교의 유형과 특성을 이해하고 탐색한다.
	직업 정보의 탐색	• 여러 가지 방법으로 직업 정보를 탐색하고 수집한다.
		• 다양한 체험활동을 통해 직업을 이해한다.
IV. 진로 디자인과 준비	진로의사결정 능력 개발	• 다양한 의사결정 방식을 안다.
		• 다양한 상황에서 스스로 의사결정을 내릴 수 있다.
	진로 설계와 준비	• 진로계획 수립의 중요성을 이해한다.
		• 자신의 꿈과 끼에 맞는 진로를 그려본다.

② 중학교 진로교육 영역 및 목표

중학교 진로교육의 목표는 초등학교에서 함양한 진로개발역량의 기초를 발전시키고, 다양한 직업세계와 교육기회를 탐색하여 중학교 생활 및 이후의 진로를 설계하고 준비하는 데 있다. 중학교 진로교육 영역 및 세부목표는 <표 1-9>와 같다.

표 1-9 / 중학교 진로교육 영역 및 세부목표

대영역	중영역	세부목표
I. 자아 이해와 사회적 역량 개발	자아 이해 및 긍정적 자아개념 형성	• 자아존중감을 발달시켜 자기효능감을 갖도록 노력한다.
		• 자신의 흥미, 적성, 성격, 가치관 등 다양한 특성을 탐색한다.
	대인관계 및 의사소통역량 개발	• 대인관계의 중요성을 이해하고, 대상과 상황에 맞는 대인관계 능력을 함양한다.
		• 사회생활에서 의사소통의 중요성을 이해하고, 효과적인 의사소통의 방법을 이해하고 활용한다.

대영역	중영역	세부목표
II. 일과 직업 세계 이해	변화하는 직업세계 이해	• 직업의 역할을 알고 다양한 종류의 직업을 탐색한다.
		• 사회변화에 따른 직업세계의 변화를 탐색한다.
		• 창업과 창직의 의미를 이해하고 관련 모의활동을 해본다.
	건강한 직업의식 형성	• 직업선택에 영향을 주는 다양한 가치를 탐색한다.
		• 직업인으로서 가져야 할 직업윤리 및 권리를 이해한다.
		• 직업에 대한 편견과 고정관념을 성찰하고 개선 방법을 찾아본다.
III. 진로 탐색	교육기회의 탐색	• 진로에서 학습의 중요성을 이해하고 자기주도적 학습 태도를 갖는다.
		• 고등학교의 유형과 특성에 대한 다양한 정보를 탐색한다.
	직업 정보의 탐색	• 다양한 방법과 체험활동을 통해 구체적인 직업 정보를 탐색한다.
		• 직업에 대해 수집한 정보를 분석하여 직업 이해에 활용한다.
IV. 진로 디자인과 준비	진로의사결정 능력 개발	• 진로의사결정 능력을 함양한다.
		• 진로를 선택하는 데 영향을 주는 진로장벽 요인을 알아보고 해결 방법을 찾는다.
	진로 설계와 준비	• 자신의 특성을 바탕으로 미래 진로에 대해 잠정적인 목표와 계획을 세운다.
		• 진로목표에 따른 고등학교 진학계획을 수립하고 준비한다.

③ 일반고등학교 진로교육 영역 및 목표

일반고등학교 진로교육의 목표는 미래 직업세계 변화에 대한 이해를 바탕으로 자신의 진로목표를 세우고 구체적인 정보탐색을 통해 고등학교 이후의 진로계획을 수립하고 실천하기 위한 역량을 개발하는 데 있다. 일반고등학교 진로교육 영역 및 세부목표는 <표 1-10>과 같다.

표 1-10 / 일반고등학교 진로교육 영역 및 세부목표

대영역	중영역	세부목표
I. 자아 이해와 사회적 역량 개발	자아 이해 및 긍정적 자아개념 형성	• 자아정체감을 갖고 자기효능감과 자신감을 향상시킨다.
		• 관심 진로에 대한 자신의 강점과 능력을 평가하고 향상시키려고 노력한다.
	대인관계 및 의사소통역량 개발	• 자신의 대인관계 능력을 점검하고 향상시킨다.
		• 직업생활에서 의사소통의 중요성을 이해하고, 효과적인 의사소통 능력을 향상시킨다.

대영역	중영역	세부목표
II. 일과 직업 세계 이해	변화하는 직업세계 이해	• 미래 직업세계의 변화와 인재상을 탐색한다.
		• 직업세계의 변화가 자신의 진로에 미치는 영향을 파악한다.
		• 창업과 창직의 필요성을 이해하고 관련 계획을 세워본다.
	건강한 직업의식 형성	• 직업선택을 위한 바람직한 가치관을 형성한다.
		• 직업생활에 필요한 직업윤리 및 관련 법규를 파악한다.
III. 진로 탐색	교육기회의 탐색	• 진로에서 학습의 중요성을 이해하고 자기주도적 학습 태도를 향상시킨다.
		• 대학 및 전공에 대한 다양한 정보를 탐색한다.
		• 지속적인 진로개발을 위한 평생학습의 중요성을 이해하고 여러 기회를 탐색한다.
	직업 정보의 탐색	• 관심 직업에 대한 구체적인 직업 정보와 경로를 탐색한다.
		• 수집한 직업 정보를 선별하고 활용한다.
IV. 진로 디자인과 준비	진로의사결정 능력 개발	• 자신의 진로의사결정 방식을 점검하고 개선한다.
		• 자신의 진로장벽 요인을 해결하기 위해 노력한다.
	진로 설계와 준비	• 진로목표를 세우고, 구체적인 계획을 수립한다.
		• 상황변화에 맞추어 진로계획을 재점검하고 보완한다.
		• 고등학교 이후의 진로계획을 수립하고 실천하도록 노력한다.

④ 특성화고등학교 진로교육 영역 및 목표

특성화고등학교 진로교육의 목표는 산업수요와 미래 직업세계 변화에 대한 이해를 바탕으로 자신의 진로목표를 세우고 구체적인 정보탐색을 통해 고등학교 이후의 진로계획을 수립하고 실천하기 위한 역량을 개발하는 데 있다. 특성화고등학교 진로교육 영역 및 세부목표는 <표 1-11>과 같다.

표 1-11 / 특성화고등학교 진로교육 영역 및 세부목표

대영역	중영역	세부목표
I. 자아 이해와 사회적 역량 개발	자아 이해 및 긍정적 자아개념 형성	• 자아정체감을 갖고 자기효능감과 자신감을 향상시킨다.
		• 관심 진로에 대한 자신의 강점과 능력을 평가하고 향상시키려고 노력한다.
	대인관계 및 의사소통역량 개발	• 자신의 대인관계 능력을 점검하고 향상시킨다.
		• 직업생활에서 의사소통의 중요성을 이해하고, 효과적인 의사소통 능력을 향상시킨다.

대영역	중영역	세부목표
II. 일과 직업 세계 이해	변화하는 직업세계 이해	• 미래 직업세계의 변화와 인재상을 탐색한다.
		• 직업세계의 변화가 자신의 진로에 미치는 영향을 파악한다.
		• 창업과 창직의 중요성을 이해하고 관련 계획을 세워본다.
	건강한 직업의식 형성	• 직업선택을 위한 바람직한 가치관을 형성한다.
		• 직업생활에 필요한 직업윤리 및 관련 법규를 파악한다.
III. 진로 탐색	교육기회의 탐색	• 진로에서 학습의 중요성을 이해하고 자기주도적 학습 태도를 향상시킨다.
		• 대학 및 전공에 대한 다양한 정보를 탐색한다.
		• 지속적인 진로개발을 위한 평생학습의 중요성을 이해하고 여러 기회를 탐색한다.
	직업 정보의 탐색	• 관심 직업에 대한 구체적인 직업 정보와 경로를 탐색한다.
		• 수집한 직업 정보를 선별하고 활용한다.
IV. 진로 디자인과 준비	진로의사결정 능력 개발	• 자신의 진로의사결정 방식을 점검하고 개선한다.
		• 자신의 진로장벽 요인을 해결하기 위해 노력한다.
	진로 설계와 준비	• 진로목표를 세우고, 구체적인 계획을 수립한다.
		• 상황변화에 맞추어 진로계획을 재점검하고 보완한다.
		• 고등학교 이후의 진로계획을 수립하고 실천하도록 노력한다.

2) 개별 심리검사의 활용 목적

학교에서의 개인 심리검사는 주로 학교부적응, 비행 및 폭력, 성격 및 정신건강상의 문제 등을 호소하는 학생을 상담하는 과정에서 시행된다. 학교상담자는 심리검사 결과를 토대로 내담자의 문제를 진단하고 내담자를 보다 깊이 이해하며, 상담계획 수립과 이후 상담성과를 평가하는 준거로 활용한다. 또한 심각한 정신건강상의 문제를 겪고 있는 학생의 경우 병원이나 상담전문기관으로 의뢰를 하기도 한다.

학교상담은 심각한 성격 및 정신건강 문제를 가진 내담자에 대한 상담을 전제로 하고 있지는 않다. 학교상담은 학생들의 건전한 정신건강과 학교적응을 조력하는 데 주목적이 있으며, 심각한 정신치료가 필요한 경우는 의뢰가 권유된다. 따라서 학교에서의 심리검사는 임상심리학자들이 제시하고 있는 심리평가의 목적이 일부 반영될 수 있겠으나 이와는 다소간 차이가 있을 수밖에 없다.

따라서 여기에서는 상담 및 임상장면에서 제시하고 있는 심리검사의 목적에 대한 학회 및 학자들의 견해와 위클래스 운영가이드(2019)에서 제시하고 있는 심리검사의 목적을 개관해 보고, 학교상담 장면에서 심리검사를 사용하는 목적을 종합해 보기로 한다.

한국상담심리학회 윤리강령(https://counselors.or.kr)은 심리평가의 목적을 '심리검사를 활용하여 내담자의 자기이해 및 의사결정을 돕고 치료계획을 수립하는 데 있다'고 명시하고 있으며, 김계현 등(2012)은 상담장면에서 심리검사가 활용되는 목적에 대해 문제해결상담 모델의 단계를 적용하여 다음과 같이 소개하고 있다.

① 문제의 인식과 수용
② 문제의 정의와 구체화
③ 해결책의 발견
④ 의사결정
⑤ 효과검증

임상장면에서의 심리평가가 갖는 기능에 대해 박영숙 등(2019)은 문제의 명료화, 수검자에 대한 이해, 치료계획 세우기, 치료 결과에 대한 평가로 구분하고, 치료적 기능과 통찰 기회를 제공한다는 점을 추가하여 제시하고 있으며, Talbott, Hales와 Updofsky(1988)는 보다 세부적으로 심리평가 기능을 다음과 같이 소개하고 있다.

① 진단을 명료화하고 세분화한다.
② 증상이나 문제의 심각한 정도를 구체적으로 평가한다.
③ 개인의 강점(예, 지능, 성격특성)을 평가한다.
④ 인지적 기능을 평가한다.
⑤ 적절한 치료유형에 대해 제시한다.
⑥ 치료전략을 판단하는 근거를 제시해 준다.
⑦ 수검자를 치료적 관계로 유도한다. 수검자가 자신의 자아강도와 심리적 문제를 인식할 수 있도록 돕는다.

학교 위클래스에서의 심리검사 사용목적을 위클래스 운영가이드(2019)에서는 다음과 같이 제시하고 있다.

- 학생의 자기탐색을 촉진
- 증상과 문제의 심각 정도를 구체화
- 학생의 자아강도를 평가
- 심리적 기능을 측정
- 적절한 치료유형과 전략을 수립할 때 자료로 활용
- 치료적 반응을 검토하고 치료 효과를 평가

이들을 종합해 보면 학교에서 심리상담 시 심리검사를 사용하는 목적은 내담자 문제의 명료화 및 내담자 이해, 상담계획 수립 및 상담개입을 위한 자료 활용, 내담자 변화 및 상담성과의 확인으로 정리해 볼 수 있다.

(1) 내담자 문제의 명료화 및 내담자 이해

심리검사는 여러 가지 목적으로 사용되지만 가장 중요한 목적은 진단과 이해에 있다. 심리검사는 상담자 측면에서는 객관적 자료를 통해 내담자의 문제와 내담자에 대한 이해를 확인하고, 확장하며, 종합할 수 있도록 하며, 내담자 측면에서는 자신에 대한 이해를 확장시키고 통찰할 수 있게 하는 기회가 된다. 구체적으로 부언하면 다음과 같다.

첫째, 심리검사는 내담자의 문제를 명료화하고 진단하는 데 유용한 도구로 사용된다. 심리검사는 내담자가 가진 심리적 문제의 내용과 증상의 특징을 객관적이고 구체적으로 보여줄 뿐만 아니라 그러한 문제의 발생원인과 선행요인, 진행경로 및 영향 등을 예측하는 데에도 유용하게 활용할 수 있다.

둘째, 심리검사는 상담자에게 내담자를 보다 심층적으로 이해할 수 있는 자료를 제공해준다. 심리검사는 개인의 인지적, 정서적, 성격적, 행동적 측면을 종합적으로 이해할 수 있게 해주는 도구이다. 심리검사는 내담자의 심리적 상태를 가시적으로 보여준다. 상담자는 심리검사를 통해 내담자의 사고내용, 사고 흐름, 감정수준, 특정 행동양상, 대인관계 패턴 등을 보다 신속하고 정확하게 만날 수 있으며, 내담자와의 대화를 통해서는 쉽게 알아차릴 수 없는 장점이나 강점, 잠재력, 스트레스 수준, 대처양상, 성격과 성향 등(조성희, 신수경, 2019)에 대해 내담자와 함께 검토하고 논의하는 자료로 활용할 수 있다.

셋째, 내담자 측면에서 볼 때, 심리검사는 자기이해를 돕는 강력한 자원을 제공할 수 있다(Gregory, 2006). 심리검사를 수행하는 과정에서 개인은 자신을 객관적이고 심층적으로 들여다보게 되며, 자신이 가진 현실적인 자원과 잠재적인 자원들에 대해 생각하고 자신에 대해 통찰해 보는 기회를 갖게 된다. 더욱이 성격검사, 진로검사, 대인관계검사 등의 해석 상담 과정은 내담자에게 새로운 통찰을 제공함으로써 변화를 이끌어내기도 한다.

(2) 상담계획 수립 및 상담개입을 위한 자료 활용

심리검사 결과는 사례 개념화에 필요한 객관적인 자료와 다양한 정보를 제공해 준다. 이러한 정보들은 상담자가 상담목표와 상담전략을 세우는 데 유용한 판단의 근거로 활용될 수 있다. 또한 내담자와 심리검사 결과를 공유하고 논의하는 해석상담 등의 과정은 내담자로 하여금 자신의 자아강도, 문제의 발생원인 등에 관한 새로운 통찰을 하는 기회로 작용하거나 변화에 대한 동기를 자극하는 역할을 하기도 한다.

위클래스 운영가이드(2019)의 '학교상담에서의 사례개념화 구성요소와 내용'(이규미, 2017) 중에서 심리검사를 통해 시사될 수 있는 내용들을 제시하면 다음과 같다.

표 1-12 / 심리검사를 통해 검토해 볼 수 있는 사례개념화의 요소 및 내용

사례개념화 요소		사례개념화 내용
현재 문제 및 관련 증상	구체적 호소 및 증상	• 호소하는 제반 문제, 호소 증상, 문제가 파생시킨 신체적, 행동적, 심리적 및 기타 증상, 문제의 현재 특징 등
	핵심 문제, 핵심 정서	• 문제의 핵심 역동, 내담자의 핵심 문제와 관련된 핵심적인 감정 등
	객관적 정보	• 심리검사 결과 및 진단, 학교 성적, 객관적 기록에 근거한 정보
문제와 관련된 내담자의 내적 요인	자아개념	• 자기이미지, 자존감, 각 측면에서의 자아효능감, 자아개념 등
	통찰내용과 수준	• 내담자가 문제와 자신, 환경에 대해 가지는 통찰 정도와 내용
	인지적 스타일 및 특징	• 인지내용 및 스타일, 인지 능력 등
	정서적 스타일 및 특징	• 사이클, 표현하는 정서의 폭, 정서의 적절성, 호소문제에 대한 내담자의 정서, 내담자의 정서 패턴 등
	신체·생리·행동적 특징	• 행동 패턴, 섭식 패턴, 수면 패턴 등
	원함(wants)	• 상담 및 변화에 대한 동기 및 의지, 내담자가 원하는 해결 방향 및 해결 양상
내담자의 대인관계 특성	대인관계 양상	• 상담관계를 포함한 타인과의 관계 특성, 패턴 등에 대한 가치 중립적 기술
	대인관계 문제영역	• 문제와 관련된 대인관계 영역, 현재 문제가 되고 있는 대상 등

사례개념화 요소		사례개념화 내용
내담자의 자원 및 취약성	긍정적 상황과 경험 및 강점	• 외모, 타인에게 주는 호감도, 성공 경험, 지지적인 경험, 지지적인 대인관계망, 스트레스에 대한 인내력, 스트레스 대처능력, 의사소통 능력, 정서 표현 능력 등
	대처전략	• 내담자가 문제 및 그 해결에 대해 갖는 대처전략 혹은 대처계획
	부정적 상황과 약점	• 고민, 이슈, 문제, 증상, 대인관계 기술 혹은 문제해결 기술 결핍, 향상의 장애요소 등

(3) 내담자 변화 및 상담성과의 확인

심리검사는 내담자의 변화 및 상담 효과성 평가를 위한 아주 유용한 도구이다. 시작 단계에서 시행했던 심리검사 결과와 상담 중간이나 종결 단계에서 시행한 검사 결과를 비교함으로써 내담자의 변화 및 상담의 효과를 검증할 수 있다.

심리검사 결과는 내담자에게 어떤 변화가 어떤 부분에서 나타나고 있는지, 목표했던 상담성과는 어떤 측면에서 달성되고 있는지 등을 구체적으로 보여줄 수 있다. 또한 상담과정에서의 변화를 확인하는 것은 상담효과를 확인하는 근거자료가 될 뿐만 아니라 검사 결과에 대한 내담자와의 논의과정 자체가 의미있는 상담활동이 된다.

상담자는 자신의 직무수행에 대한 책임이 있다. 특히 학교상담자들에게는 직무의 효과를 증명하라는 요구, 즉 상담자의 책무성에 대한 요구가 점점 늘어가고 있다. 학교상담 프로그램은 프로그램 결정의 기초가 되는 자료의 수집과 분석, 전달을 통해 성과를 입증한다(Steenbarger & Smith, 1996). 이를 위해서는 학교상담에 대한 학생과 학부모, 지역사회 등의 요구도 조사에 기반한 학교상담 프로그램과 활동계획 수립이 이루어져야 하며, 이에 따른 프로그램과 상담활동을 운영함으로써 상담성과를 산출하고 이를 공유하는 과정이 필요하다. 이 과정에서 심리검사는 유용한 근거자료로 사용될 수 있다.

3 학교심리검사의 실시 및 활용 절차

학교심리검사의 실시 및 활용 절차는 집단 표준화 검사를 실시하는 경우와 개별 심리검사를 실시하는 경우 각각의 절차상에 다소 차이가 있다. 여기에서는 위클래스 매뉴얼

(2011)에 제시된 절차를 소개하고, 각각의 경우 단계별로 고려해야 할 내용을 구체적으로 살펴보기로 한다.

1) 집단 표준화 검사의 실시 및 활용 절차

학교의 집단 표준화 심리검사 실시 및 활용 절차는 다음과 같다.

표준화 검사 계획 수립 → 검사 실시 → 검사 결과 해석과 활용 교사 연수 → 학급별 검사 결과 설명 → 상담이 필요한 학생 선정 → 상담 실시

한국교육개발원(2011).

집단 표준화 검사의 실시를 위해서는 학교, 학년 및 학급별 필요와 요구도를 고려하여 표준화 심리검사 실시계획을 수립하고, 학교 교육과정 일정에 따라 검사를 시행해야 한다. 학급 교사를 대상으로 검사 결과의 해석과 활용에 대한 연수를 실시하여 학생지도에 임할 수 있도록 돕는다. 검사 결과를 학생, 교사 및 보호자 등에게 전달하고 필요시 해석상담 및 심층상담을 진행한다.

(1) 검사의 선정과 실시

집단 표준화 심리검사를 시행할 경우 어떤 검사를 선택할 것인지는 대체로 학교장과 상담교사가 검토하는 경우가 많다. 현재 학생들에게 실시할 필요가 있는 검사는 무엇인지, 학생들의 발달단계와 현재 요구 등을 고려하여 검사를 선정하는데, 이때 검사에 걸리는 시간, 필요한 경비, 채점 및 해석, 검사 결과의 활용을 위해 제공되는 내용 등의 제반 요소도 함께 고려한다(조붕환, 임경희, 2019). 좋은 심리검사는 어떤 요건을 갖추어야 하는지, 검사 선정 시 고려해야 할 사항에 대해서는 2장에서 보다 자세히 다루기로 한다.

검사 결과는 검사를 받는 상황의 영향을 받을 수 있다. 즉 소음이 크거나 계속 누군가가 출입하는 공간이라든지, 식후 졸음이 오는 시간 등의 검사에 적절하지 못한 환경에서 검사를 실시한다면 검사 결과의 신뢰도는 떨어질 수 있다. 따라서 검사 실시에 알맞은 환경과 조건이 필요하다. 조용하고 방해받지 않는 공간, 편안한 의자, 쾌적한 실내 온도와 환기상태, 적절한 조명 등이 갖추어져야 한다. 학생들에게는 검사의 목적과 검사 결과의 의미를 알기 쉽게 설명하여 검사에 관심을 가지고 성실하게 임할 수 있게 한다. 검사는 시험

이 아니라는 점을 상기시켜서 불안과 긴장을 갖지 않도록 한다.

(2) 검사 결과의 해석과 활용

Miller의 5단계 모델은 학교상담에서 심리검사 결과를 해석하는 유용한 지침으로 활용될 수 있다(Guindon, 2003).

① S(Strategize) : 검사 결과를 활용하여 상담목표 달성을 위한 방법을 전략화하기
② C(Connect) : 검사점수를 다른 형태의 자료와 연관짓기
③ O(Open-ended) : 검사 결과의 의미에 대한 학생의 이해를 도울 수 있도록 개방적 질문하기
④ R(Review) : 검사점수가 어떻게 나타나고 있는지, 점수를 누구와 비교할 것인지 검토하기
⑤ E(Emotions) : 결과에 영향을 줄 수 있는 검사 당일 피검사자의 감정상태 확인하기

많은 경우 심리검사는 규준집단 내에서의 상대적인 위치를 나타내는 점수로 제시되므로 심리검사 점수는 규준집단에 의해서 의미가 부여된다는 점을 고려한다. 심리검사 결과는 최대한 신중하게 이해하고 해석한다. 심리검사의 결과는 충분한 검토를 거쳤다 하더라도 검사 결과를 가지고 학생에 대해 단정하지 말고 가설적으로 받아들여 해석한다. 검사 결과는 검사의 규준에 따라 해석한다.

검사 결과는 학생들을 보다 잘 이해하고 학생들이 학과선택이나 직업선택에 필요한 객관적인 자료를 얻을 수 있도록 하는 데 활용되어야 한다. 다양한 검사 결과를 통해 학생들은 자신이 미처 파악하지 못했거나 혹은 충분한 주의를 기울이지 않았던 자신의 새로운 능력을 발견할 수도 있다. 검사 결과는 학생에게 도움이 되는 방향으로만 활용되어야 하며, 불필요하게 공개되어서는 안 된다(조붕환, 임경희, 2019). 이는 검사 결과가 오용되는 문제를 불러일으키며, 인권침해나 개인정보 비밀보장의 침해와 같은 윤리적, 법적 문제를 야기할 수 있으므로 매우 신중할 필요가 있다.

부모에게 검사 결과를 알리는 경우, 부모가 검사 결과에 대해서 무엇을 기대하는지 사전에 살펴보면서 그 기대에 비추어 실망이나 절망, 좌절, 분노 등을 경험하지 않는지 또는 기타 불일치를 경험하지는 않는지 살펴보면서 수용과 공감을 통해 부모의 정서도 함께 다루어 주어야 한다. 시급한 위기에 처한 학생이 발견되는 경우 부모의 동의를 구하여 담임

교사와 임상전문가, 기타 전문기관에 의뢰하도록 한다(박영숙 외, 2019).

학교에서 집단 표준화 검사 결과가 바람직하게 활용되기 위해서는 전 직원을 대상으로 검사 결과 해석과 활용 연수를 실시하고, 학급별로 프로파일 해석 요령을 학생들에게 설명해 주는 과정이 요구된다. 검사 결과를 통해 상담이 필요한 학생 명부를 작성하여 상담을 실시하되, 심층검사가 필요하여 학생을 전문기관으로 의뢰할 때는 부모의 동의와 위클래스 운영위원회의 심의를 거쳐야 한다는 점도 고려할 필요가 있다.

2) 개별 심리검사의 실시 및 활용 절차

학교상담의 개별 심리검사 실시 및 활용 절차는 다음과 같다.

심리검사 신청 → 심리검사 오리엔테이션 → 검사 실시 → 검사 해석 → 심층검사가 필요한 학생 위센터 또는 전문기관 의뢰 → 모니터링 → 종결 및 추수상담

한국교육개발원(2011).

개별 심리검사는 학생이 심리검사를 신청하거나 상담과정에서 필요성이 제기되는 경우 실시하게 된다. 내담자의 문제에 따라 적절한 심리검사를 선정하고, 내담자에게 검사의 목적과 시행 방법을 안내하고 검사를 실시한다. 채점 및 검사 결과를 분석하여 결과를 내담자 또는 내담자의 보호자 등에게 전달하고 해석해 주는 과정으로 이어진다. 필요에 따라 전문기관으로 의뢰하거나 추가적인 심층상담을 진행한다. 외부 기관으로 의뢰할 경우에는 반드시 부모의 동의를 받아야 한다.

심리검사는 상담단계에 따라 다양한 목적으로 활용될 수 있다. 상담 초기에는 내담자에 대해 이해하고 호소문제를 파악하는 데 심리검사를 포함한 다양한 평가가 활용된다. 상담 중기에는 다양한 영역의 검사를 활용하여 내담자의 특성을 보다 깊이 탐색할 수 있다. 내담자의 호소문제나 상담목표에 따라 학업, 진로, 성격, 정신건강 등 각종 검사를 사용할 수 있다. 상담자의 판단이나 주변 사람들의 관찰 정보와 함께 심리검사를 통해 얻게 되는 정보를 토대로 내담자의 자기이해를 증진하고 심층적인 탐색과 자각을 돕는다. 상담 후기에는 상담 초반에 사용하였던 검사를 다시 실시함으로써 내담자의 변화상태를 점검하거나 상담효과를 확인하고 종결 여부를 결정할 수 있다(김계현 외, 2012).

다음은 학업중단 숙려 상담과정에서 심리검사의 활용과정을 보여주는 예시이다. 1~2회기에 걸쳐 심리검사의 선정과 실시, 해석상담 과정이 제시되어 있다.

표 1-13 / 학업중단 숙려 회기별 상담과정에 포함된 심리검사 활용의 예

<table>
<tr><th>회기</th><th>상담과정</th><th colspan="2">내용</th></tr>
<tr><td rowspan="8">1회기</td><td rowspan="2">내담자 탐색</td><td colspan="2">• 학업중단 숙려 상담신청서 작성</td></tr>
<tr><td colspan="2">• 위기 체크리스트 작성(내담자 개인 문제 탐색)</td></tr>
<tr><td rowspan="6">대면상담
(심리검사)</td><td colspan="2">• 학생상담(문제 유형에 따른 심층상담)</td></tr>
<tr><td colspan="2">유형별 심리검사</td></tr>
<tr><td>• 가족갈등, 학교문제, 대인관계</td><td>MMPI-A, SCT, HTP
다요인인성검사</td></tr>
<tr><td>• 진로전환, 진로갈등</td><td>진로탐색검사
직업흥미검사</td></tr>
<tr><td>• 학업문제</td><td>MLST, U & I</td></tr>
<tr><td>• 대인관계, 성격문제</td><td>MBTI</td></tr>
<tr><td rowspan="4">2회기</td><td>보호자 상담</td><td colspan="2">• 보호자 상담 및 갈등 조절</td></tr>
<tr><td>담당교사 상담</td><td colspan="2">• 담임교사와 전화상담
• 학업중단 위기 점검 및 학업 복귀 협의</td></tr>
<tr><td>심층상담
(결과 해석)</td><td colspan="2">• 학업 지속 및 중단 여부 결정을 위한 상담
• 심리검사 해석상담</td></tr>
<tr><td>보호자 상담</td><td colspan="2">• 면접상담(전화상담)으로 갈등 조정</td></tr>
</table>

출처: 위클래스 운영가이드(2019). 서울 남산 위(Wee)센터(2013) 학업중단 숙려제 운영.

(1) 검사의 선정과 실시

심리검사는 상담과 분리된 활동이 아니라 상담의 한 과정이다. 가능하다면 상담과정에서 어떤 검사를 사용할 것인지에 대해 내담자와 의논한다. 검사의 목적과 특성을 알면 내담자는 검사 결과를 통해 더 많은 도움을 받을 수 있다. 검사의 유용성에 대해 확신을 가진 내담자는 능력검사에서도 최대한 노력하고 흥미검사와 성격검사에서도 더 솔직하게 응답하게 된다. 내담자가 검사 선택과정에 참여하게 되면 검사 결과와 해석을 받아들이는 과정에서도 방어적 태도를 거의 보이지 않게 되고, 검사 결과를 보다 객관적으로 인식할 수 있다.

검사에 필요한 도구가 준비되었는지 점검한다. 검사자는 검사 지시문에 익숙해야 하며,

검사 지시문에 쓰인 것 이상이나 그 이하로 검사를 지시해서는 안 된다. 보통 단체검사에서는 검사 지시문을 읽게 하거나 앞에서 한 번 읽어주며 이해하지 못한 학생이 있는 경우 반복해서 읽어준다. 그 이상의 설명은 하지 않는다. 시간을 정확히 지키고 검사 실시 중에 나타나는 학생들의 특이한 행동은 기록해 두어야 한다. 이러한 행동들은 검사 해석 시 고려한다(박영숙 외, 2019).

(2) 검사 결과의 해석과 활용

구본용 등(2010)은 개인 검사 해석과정을 검사 해석 전 단계, 오리엔테이션 단계, 결과 해석 단계, 종결 단계의 4단계로 설명하고 있다. 다음은 각 단계에서 교사 또는 상담자가 고려해야 할 사항을 중심으로 요약한 것이다.

가. 1단계 : 검사 해석 전 단계

① 상담 경위 및 특이점 등을 확인한다.
② 학생이 이전에 받은 검사의 이유와 내용 등을 확인한다.
③ 해당 검사의 매뉴얼 등을 통해 규준, 하위척도의 내용, 점수의 의미 등을 파악한다.
④ 검사 결과를 신뢰해도 되는지 타당도 척도를 검토하고, 재검사 여부를 고려한다.

나. 2단계 : 오리엔테이션 단계

① 학생이 검사를 받게 된 목적을 확인한다.
② 검사 실시 과정에서 나타나는 심리적, 환경적 상태를 파악한다.
③ 결과를 전달하기 전 검사 결과에 대한 학생의 생각을 확인한다.
④ 타당도 문제로 재검사를 하는 경우 별도의 면담을 통해 학생의 상태를 파악한다.

다. 3단계 : 결과 해석 단계

① 검사의 성격과 점수의 의미를 설명한다. 표준점수로 제시된 경우 이에 대해 설명해 준다.
② 타당도 척도를 설명하여 검사 결과에 대한 학생의 수용 정도를 확인한다.
③ 각 하위척도의 특성과 점수의 의미를 설명한다. 여러 척도의 조합에 따른 해석이 필요한 경우 사전에 검사 매뉴얼을 숙지하여 검사 해석을 준비한다.
④ 검사에 사용된 용어는 일반적 의미보다 조작적 정의에 따른 것이므로 상식적으로 이해하지 않도록 의미를 충분히 설명한다.

⑤ 일방적으로 결과를 전달하기보다 해석과정에 내담자를 참여시킨다. 내담자가 검사 결과를 어떻게 이해하고 느끼는지에 대해 소통한다.

⑥ 최종적으로 종합소견을 정리해 준다. 해석과정에서 나온 많은 설명은 혼란을 줄 수 있다. 성격적 측면이나 현재 심리상태 등에 대한 종합적인 설명은 학생의 자기자각을 돕는다.

라. 4단계 : 종결 단계

① 내담자가 새롭게 인식한 내용을 요약해 보게 한다.

② 검사 해석 내용과 자신의 문제를 연결지어서 탐색하도록 통찰을 유도한다.

③ 검사 해석 결과 수용 여부에 대한 내담자의 합리적인 판단을 돕는다.

3) 검사 실시과정에서의 고려사항

심리검사를 실시하고 평가하는 검사자는 다음 사항을 유념할 필요가 있다(AARC, 2012, 김동민 외, 2017 인용 및 수정).

- 모든 검사에는 어느 정도 편향이 있음을 가정한다.
- 자신의 편향과 편견에 대해 인식한다.
- 엄격한 연구 절차를 통해 제작된 검사만 사용한다.
- 타당도와 신뢰도가 좋은 검사만 사용한다.
- 검사하기에 적절할 때와 적절하지 않을 때가 있음을 고려한다.
- 상황에 적합한 검사를 선택하는 방법을 안다.
- 내담자의 문화적 맥락에서 검사를 실시하고, 채점하며, 해석하는 방법을 안다.
- 평가를 총체적인 과정으로 바라보고, 면담, 표준화 및 비표준화 검사를 함께 시행한다.
- 검사가 내담자에게 미칠 수 있는 영향을 알고 고려한다.
- 검사가 편향된 것으로 보이면 내담자를 지지한다.
- 평가과정에서 피검사자를 인간적으로 대한다.

(1) 실시과정에서의 영향요인에 대한 고려

검사를 실시하는 과정에서 다양한 요인이 심리검사 결과에 영향을 줄 수 있다. 이러한 요인에는 검사를 시행하는 조건, 시행 방법, 검사자의 제반 특성과 태도, 검사자와 피검사자 간의 상호작용, 피검사자의 신체적 · 심리적 상태 등이 포함된다. 검사자는 이러한 영향을 최대한 줄일 수 있도록 표준화된 절차를 따라야 한다. 관련 요인을 구체적으로 살펴보면 다음과 같다.

① 관계 형성

검사자와 피검사자 간의 적절한 관계 형성은 검사 실시의 선행조건이다. 검사자와 피검사자 사이에 형성된 라포는 피검사자로 하여금 검사에 관심을 가지고 협조적 태도로 임할 수 있게 한다. 검사자는 능력검사의 경우 주어진 과제에 피검사자가 최대로 집중하면서 수행하는 노력을 기울일 수 있도록 해야 하며, 성격검사를 시행할 때는 피검사자가 일상적인 행동을 있는 그대로 솔직하게 응답할 수 있도록 해야 한다. 특히 투사적 검사의 경우 피검사자가 자신의 반응을 검열하거나 삭제하지 않고 연상되는 반응을 그대로 응답하도록 격려해 주어야 한다.

② 피검사자 변인

일반적으로 피검사자는 심리검사에 대해 부정적이고 거부적인 정서나 양가적인 정서, 두려움, 긴장, 불안, 저항감, 혹은 지나친 기대나 의존감 등 여러 가지 감정을 느낀다. 이는 검사에 대한 갈등을 불러일으켜 피검사자의 반응을 제한하거나 왜곡시킨다.

검사자는 심리검사를 받는 순간 피검사자의 심리적 상태를 인식하고 이를 이해하고 있어야 한다. 검사자는 피검사자들이 가질 수 있는 저항과 두려움을 이해하고 검사가 어떤 목적으로 실시되고 피검사자에게 어떤 이득이 있는지 설명해 주어야 한다. 이를 통해 심리검사에 대한 피검사자의 동기와 자발적인 참여, 정서적 안정이 이루어지고 난 다음 실시하는 것이 바람직하다.

③ 검사자 변인

검사자 변인은 검사과제가 비구조화되고 모호하거나 어렵고 새로운 자극인 경우 검사 결과에 보다 큰 영향을 미친다. 검사 결과에 영향을 미치는 변인으로는 검사자의 연령, 성, 인종, 직업적 지위, 수련과 경험, 성격 특징, 외모 등이 있다. 검사 시행 전이나 시행과정에서 검사자가 보이는 행동, 검사자와 피검사자의 의미 있는 상호작용, 검사자 자신의 기대도 반응 결과에 영향을 미칠 수 있으므로 일관성 있는 태도로 임할 수 있도록 노력해야 한다.

④ 검사상황 변인

표준화된 시행과정에는 지시사항, 시간, 검사 자료뿐만 아니라 검사 환경도 포함된다. 심리검사가 시행되는 장소는 지나친 소음과 자극으로부터 보호되어야 하며 적절한 채광과 통풍, 안정된 좌석과 공간이 요구되며, 외부의 간섭으로부터도 보호되어야 한다. 또한 검사 시행시간과 피검사자의 정서적 안정도나 피로감 등을 고려하여 특별하게 불안정하지 않은 시간과 상황에서 검사가 시행되어야 한다.

(2) 아동과 청소년 발달 특성에 대한 고려

아동과 청소년에 대한 심리평가를 시행할 때는 이들의 발달수준을 고려해야 한다. 발달수준을 고려할 때, 너무 어리거나 주의집중의 어려움으로 인해 오랜 시간 검사를 수행할 수 없는 아동의 경우에는 아동을 이해하는 데 꼭 필요한 검사 위주로 선별하여 실시하는 것이 바람직하다. 또한 일반적으로는 표준화된 실시 절차에 따라 검사를 시행하지만, 일부의 경우에는 연령이나 아동·청소년이 보이는 특성(예, 긴장, 수줍음, 불안 등)을 고려하여 융통성 있게 시행한다(박경, 김혜은, 2017).

Seigel(1989)은 아동에 대한 평가 시 다음과 같은 영역에 주의를 기울여야 한다고 제안하였다.

- **발달력** : 현재 나타나고 있는 문제에 영향을 미쳤을 수 있는 심리적·소아정신과적·의학적·신경학적·사회적·적응적 문제
- **면담** : 부모나 보호자 면담 결과(현 상태에 대한 정보, 증상, 가정 및 학교에서의 행동 특성 및 부적응적 행동)
- **행동관찰 및 기타 검사** : 행동관찰을 통해 얻은 정보, 신경학적 검사를 비롯한 기타 검사 결과
- **아동·청소년 발달에 대한 지식** : 정상발달과 이상발달에 대한 풍부한 지식, 평가준거

4) 검사 결과 활용과정에서의 고려사항

심리검사 결과는 심리적 특성을 수량화한 것으로 대부분 동일한 집단(규준)과 비교하여 제시해 주는 상대적인 통계치이다. 이러한 심리검사 결과는 학생의 개인 간 또는 개인 내의 절대적인 차이를 의미하는 것이 아니며, 규준이 달라지면 검사 결과도 달라질 수 있다.

심리검사 결과는 개인에 대한 대략적이고 가설적인 자료를 제공해 줄 뿐이다. 검사를 활용하는 상담자는 하나의 검사를 통해 얻은 검사 결과가 여러 정보 중 단지 하나의 정보일 뿐이라는 점을 되새길 필요가 있다. 학생의 일상적 행동에 대한 지속적인 관찰 없이 하나의 검사 결과를 가지고 학생에 대해 전체적으로 평가하거나 단정적으로 이해하는 것은 바람직하지 않다. 검사자는 피검사자에 대한 지속적인 관찰과 면담자료를 수집하고, 가능한 한 여러 검사 결과를 통합하여 포괄적으로 이해하려는 노력을 기울여야 한다.

특히 아동이나 청소년은 성장과 발달이 계속되는 시기에 있으므로 검사 결과에 나타난 심리적 특성이나 성격을 단정하지 않도록 해야 한다. 지속적이고 반복된 검사 결과를 통해 이들의 발달상의 변화를 지속적으로 확인함으로써 문제의 발견과 예방, 나아가 학생의 건강한 성장과 발달을 돕는 데 활용해야 한다.

아동이나 청소년의 검사 결과를 해석할 때는 연령과 지능을 비롯한 발달수준이 함께 고려되어야 한다. 검사에 나타난 아동·청소년의 반응이 정상적인 반응인지 병리적인 반응인지는 발달수준에 비추어 판단한다(박경, 김혜은, 2017).

내담자에게 심리검사 결과를 전달하고 해석상담을 진행할 때 고려할 점을 몇 가지 측면으로 나누어 살펴보면 다음과 같다.

(1) 검사점수에 대한 설명

- 검사 결과에 포함된 백분위나 표준점수 등 검사의 채점과정을 설명한다.
- 결과 해석에 필요한 검사 결과의 신뢰도와 타당도를 설명한다.
- 언어적 설명과 함께 도식을 활용하여 내담자가 검사 프로파일을 직접 볼 수 있도록 하고, 쉽게 이해할 수 있도록 분류하여 요약해 준다.
- 검사 결과를 단정적으로 규정하지 말고 가능성의 관점에서 제시한다. 그러나 제시된 점수가 무시되거나 잘못 측정되었다거나 우연이라고 설명하지 않는다.
- 검사 결과가 불변하는 것은 아니며, 내담자의 변화에 따라 유동적일 수 있음을 알려준다.

(2) 검사 결과가 갖는 의미에 대한 설명

- 전문적인 용어 사용을 피하고, 내담자가 이해할 수 있는 쉬운 언어로 풀어서 설명한다.
- 내담자의 인구통계학적 정보, 심리사회적 상태, 이전 치료력 등 이용 가능한 다른 정보들과 관련지어 설명한다.
- 내담자의 장점, 강점과 잠재력을 우선적으로 설명하고, 어려움이 있는 부분에 대해서는 추가적인 질문을 통해 검사 결과의 의미를 명확하게 한다.
- 내담자가 심리검사에 대해 의문을 제기하는 경우, 있는 그대로 수용하고 지나치게 설득하거나 이해시키려 하지 않는다.
- 부정적 점수에 대해 있는 그대로 제시하고, 내담자가 거부하는 경우 이에 대해 논의한다. 내담자가 원하는 결과가 나오지 않은 경우에도 가급적 긍정적으로 마무리하도록 노력한다.

(3) 내담자의 참여를 격려하기

- 검사에 대한 내담자의 생각이나 느낌을 묻는다. 이를 통해 검사에 대한 내담자의 태도와 검사 결과의 유용성을 확인할 수 있다.
- 결과를 내담자에게 일방적으로 전달하기보다 내담자가 해석상담에 참여할 수 있게 한다.
- 가끔 내담자에게 검사 결과를 요약해 보도록 해서 이해하고 있는지 확인한다.
- 내담자의 현재 상태가 검사 결과와 어떤 관련이 있는지 스스로 생각하고 이야기해 볼 수 있도록 돕는다.
- 내담자에게 검사 결과를 직접 요약해 보도록 한다. 불일치하거나 오해가 있는 내용에 대해 함께 논의한다.

(4) 향후 상담을 위한 활용

- 검사 결과를 과거, 현재, 미래의 행동과 관련시켜 현재의 의사결정이나 미래의 장기적인 계획에 활용할 수 있도록 조력한다.
- 내담자가 자신의 강점, 잠재력, 현재 스트레스 수준, 대처능력 및 자원, 동기 등에 대한 자기이해를 심화할 수 있도록 활용한다.
- 검사 결과를 토대로 내담자가 가고자 하는 방향과 목표 등을 보다 효과적으로 설정할 수 있도록 돕는다.

4 학교상담자의 심리검사 윤리

1) 심리검사 관련 상담자 윤리강령

심리검사는 윤리적 문제를 고려하여 매우 신중히 사용되어야 한다. 심리검사의 무분별한 사용은 심리검사에 대한 일반인들의 부정적인 편견을 조장할 수 있으며, 잘 모르고 사용할 경우 심리검사가 가져오는 피해는 매우 크다(전진수, 김완석, 2000).

미국의 경우 미국심리학회(APA, 2010)와 미국상담학회(ACA, 2005)에서 상담자의 심리검사 활용에 관한 윤리지침을 제시하고 있다. 여기에는 적절한 평가도구의 선택, 평가도구를 활용하는 역량, 비밀보장, 다문화 민감성, 사전 동의, 사생활 침해, 적절한 진단, 검사 결과 공개, 검사 실시, 검사 보안, 검사 채점 및 해석에 관한 지침이 포함되어 있다(김동민 외, 2017).

한국에서는 한국상담심리학회(2018)와 한국상담학회(2016)에서 '심리평가' 및 '심리검사' 관련 지침을 제시하고 있다. 관련 내용으로는 검사를 사용하고 해석하는 능력, 검사도구를 선정하고 실시하는 조건, 사전 동의, 검사의 채점·해석·진단에 관한 내용, 검사 보안, 정신장애 진단 등이 있다. 두 학회의 윤리강령 중 심리검사 관련 내용은 다음 <표 1-14>, <표 1-15>와 같다.

표 1-14 / 한국상담심리학회 윤리강령

6. 심리평가
가. 기본 사항 1. 심리평가의 목적은 심리검사를 활용하여 내담자의 자기이해 및 의사결정을 돕고 치료계획을 수립하는 데 있다. 2. 상담심리사는 규정된 전문적 관계 안에서만 심리검사를 활용한 진단, 평가 및 개입을 한다. 3. 심리평가에 대한 상담심리사의 결과 해석, 소견 및 권고는 충분한 정보와 근거를 바탕으로 이루어져야 하며, 상담심리사는 이에 대한 내담자의 알권리를 존중한다. 4. 상담심리사는 심리검사의 결과나 해석을 오용해서는 안 되며, 전문적 자격을 갖추지 않은 사람에 의한 심리검사의 개발, 출판, 배포, 사용에 대해서는 적절한 조치를 취한다. 5. 상담심리사는 내담자 혹은 내담자의 법정대리인의 동의가 있는 경우에만 내담자의 개인 정보가 포함된 심리평가 관련 자료를 공개한다. 단, 공개 대상은 자료를 해석할 만한 충분한 자격을 갖춘 전문가로 제한한다.

나. 검사를 사용하고 해석하는 능력

1. 상담심리사는 심리평가를 수행함에 있어 평가 도구의 채점, 해석과 사용, 관리에 대한 책임이 있으며, 자신이 훈련받은 검사와 평가만을 수행해야 한다. 이는 온라인 검사의 경우에도 해당된다.
2. 상담심리사는 검사도구의 타당도와 신뢰도, 검사도구의 개발과 사용 지침에 대해 이해하고 있어야 한다.
3. 상담심리사는 검사의 실시, 채점 및 해석이 제공되는 온라인 검사의 경우에도 원 검사의 구성 및 해석에 대해 숙지하고 있어야 한다.
4. 상담심리사는 수련생이 심리검사를 유능하게 수행할 수 있는지 지속적으로 감독해야 한다.

다. 사전 동의

1. 상담심리사는 심리평가 전에 내담자 또는 내담자의 법정 대리인에게 사전 동의를 받아야 한다. 사전 동의를 구할 때에는 검사의 목적과 용도, 비용에 대해 내담자가 이해할 수 있도록 설명해야 한다.
2. 상담심리사는 검사 결과를 제공할 때 내담자 혹은 내담자가 사전 동의한 수령인에게 결과를 전달하고 적절한 해석을 제공해야 한다. 이는 집단으로 실시된 검사도 해당된다.

라. 검사의 선택 및 실시

1. 상담심리사는 내담자에게 적절한 심리검사를 선택해야 하며 검사의 타당도와 신뢰도, 제한점 등을 고려한다.
2. 상담심리사는 다문화 배경을 가진 내담자를 위한 심리검사 선택 시, 그의 사회문화적 맥락을 신중히 고려해야 한다.
3. 상담심리사는 표준화된 조건에 따라 검사를 시행한다. 검사가 표준화된 조건에서 시행되지 않거나, 검사 수행 중 일반적이지 않은 행동 혹은 예외적인 상황이 발생할 경우, 그러한 내용을 기록해야 하고, 그 검사 결과의 타당성을 의심하거나 무효 처리할 수 있다.
4. 상담심리사는 신뢰할 수 있는 검사 결과를 얻기 위해 검사지 및 검사도구가 노출되지 않도록 주의하고 그 내용을 언급하지 않을 책임이 있다.

마. 검사 결과의 해석과 진단

1. 상담심리사는 검사 해석에 있어서 성별, 장애, 나이, 성적 지향, 성별 정체성, 사회적 신분, 외모, 인종, 가족형태, 종교 등의 영향을 고려하고, 다른 관련 요인들과 통합 비교하여 검사 결과를 해석한다.
2. 상담심리사는 경험적으로 입증되지 않은 평가 도구를 사용할 경우, 그 도구를 사용하는 목적을 내담자에게 설명하고 결과 해석에 신중해야 한다.
3. 상담심리사는 정신장애에 대한 평가를 하는 경우 각별한 주의를 기울여야 한다. 내담자를 위한 치료 방향, 치료 유형 및 후속조치를 결정하기 위해서 개인 면담 및 평가 방법을 신중하게 선택하고 사용한다.
4. 상담심리사는 내담자의 문제가 그가 속한 문화의 영향을 받는다는 것을 인지하고, 정신장애 진단 시 사회경제 및 문화적 경험을 고려해야 한다.
5. 상담심리사는 정신장애를 진단하는 것이 내담자나 다른 사람들에게 해가 된다고 판단할 경우, 진단 혹은 진단 결과의 보고를 유보할 수 있다. 상담자는 진단이 지니는 긍정적, 부정적 함의를 신중하게 고려한다.

바. 검사의 안전성

1. 상담심리사는 공인된 검사의 전부 또는 일부를 발행자 허가 없이 사용, 재발행, 수정하지 않는다.

2. 상담심리사는 실시한 지 오래된 검사 결과에 기초한 평가를 피하고, 시대에 뒤떨어진 검사 도구를 사용하지 않는다.
3. 상담심리사는 심리검사의 요강, 도구, 자극, 또는 문항이 대중매체, 인터넷(온라인) 등을 통해 노출되지 않도록 해야 하며, 또한 특정한 반응에 대한 구체적인 해석이 대중적으로 공개되지 않도록 해야 한다.

출처: 한국상담심리학회(https://counselors.or.kr)

표 1-15 / **한국상담학회 윤리강령**

제7장 심리검사

제22조(일반사항)

① 상담자는 내담자의 환경(사회적, 문화적, 상황적 특성 등)과 개별적 특성을 고려한 후, 내담자를 조력하기 위한 목적에 적합한 심리검사를 선택해야 한다.
② 심리검사를 실시할 때에는 자격이 있는 사람이 표준화된 절차에 따라 실시해야 하며, 그 과정을 경시해서는 안 된다. 또한 수련상담자는 지도감독자로부터 훈련받은 검사도구를 제대로 이용하는지의 여부를 평가받는다.
③ 상담자는 검사 채점과 해석을 수기로 하건, 컴퓨터를 사용하건, 혹은 다른 서비스를 사용하건 상관없이 내담자의 요구에 적합한 검사 도구를 적용, 채점, 해석, 활용한다.
④ 상담자는 검사 전에 검사의 특성과 목적, 잠재적인 결과, 수령자의 구체적인 결과의 사용에 대해 설명하고 내담자의 동의를 받는다. 이때 상담자는 내담자의 개인적·문화적 상황, 내담자의 결과 이해 정도, 결과가 내담자에게 미치는 영향을 고려한다.
⑤ 상담자는 피검자의 복지, 명확한 이해, 검사 결과를 누가 수령할 것인지에 대한 결정에서 사전 합의를 고려한다.

제23조(검사 도구 선정과 실시 조건)

① 상담자가 검사 도구를 선정할 때 도구의 타당도, 신뢰도, 실용도, 객관도, 심리측정의 한계를 신중하게 고려한다.
② 상담자는 제삼자에게 내담자에 대한 검사를 의뢰할 때, 적절한 검사도구가 사용될 수 있도록 내담자에 대한 구체적인 의뢰 문제와 충분한 객관적인 자료를 제공한다.
③ 상담자는 문화적으로 다양한 집단을 위한 검사 도구를 선정할 경우, 그러한 내담자 집단에게 적절한 심리측정 특성이 결여된 검사 도구를 사용하지 않도록 합당한 노력을 한다.
④ 상담자는 검사도구의 표준화 과정에서 설정된 동일한 조건하에서 검사를 실시한다.
⑤ 상담자는 기술적 또는 다른 전자적 방법들이 검사 실시에 사용될 때, 실시 프로그램이 잘 기능하고 있는지 그리고 정확한 결과를 제공하는지에 대해 점검한다.

제24조(검사 채점 및 해석)

① 상담자는 개인 또는 집단검사 결과 발표에 정확하고 적절한 해석을 포함시킨다.
② 상담자는 검사 결과를 보고할 때, 검사 상황이나 피검사자의 규준 부적합으로 인한 타당도 및 신뢰도와 관련하여 발생하는 제한점을 명확히 한다.
③ 상담자는 연령, 피부색, 문화, 장애, 민족, 성, 인종, 언어 선호, 종교, 영성, 성적 지향, 사회경제적 지위가 검사 실시와 해석에 영향을 미친다는 것을 인식하고, 내담자와 관련된 다른 요인들을 고려하여 적절하

게 검사 결과를 해석한다.

④ 상담자는 기술적인 자료가 불충분한 검사 도구의 경우 그 결과를 해석할 때 주의해야 한다. 그러한 도구를 사용하는 특정한 목적을 내담자에게 명확히 알린다.

⑤ 상담자는 내담자 혹은 심리검사를 수령할 기관에 심리검사 결과가 올바로 통지되도록 해야 한다.

⑥ 상담자는 내담자 이외에는 내담자의 동의를 받은 제삼자 또는 대리인에게 결과를 공개한다. 또한 이러한 자료는 자료를 해석할 만한 전문성이 있다고 상담자가 인정하는 전문가에게 공개한다.

제25조(정신장애 진단)

① 상담자는 정신장애에 대해 적절한 진단을 하도록 특별하고 세심한 주의를 기울인다.

② 상담자는 치료의 초점, 치료 유형, 추수상담 권유 등의 내담자 보살핌을 결정하기 위해 사용되는 개인 상담을 포함한 검사 기술을 신중하게 선택하고 합당하게 사용한다.

③ 상담자는 정신장애를 진단할 때는 내담자의 문제를 규정하는 방식에 문화가 영향을 미친다는 것을 인식하고 내담자의 사회경제적·문화적 경험을 고려한다.

④ 상담자는 어떤 개인이나 집단들에 대해 오진을 내리고 정신병리화하는 역사적·사회적 편견과 오류에 대해 충분히 이해하고 이러한 편견과 오류가 발생하지 않도록 특별한 주의를 기울인다.

⑤ 상담자는 심리검사의 결과가 내담자나 다른 사람들에게 해를 끼칠 수 있다고 판단되면 진단이나 보고를 해서는 안 된다.

출처: 한국상담학회(https://krcpa.or.kr)

2) 학교상담자의 심리검사 윤리 및 법적 책임

학교상담자에게는 학생, 학부모, 지역사회 및 상담자 자신에 대한 윤리적 책임이 있다. 학교상담자를 위한 윤리강령으로 미국학교상담자협회(ASCA)의 학교상담자 윤리(2022)와 한국학교상담학회 윤리강령(2004)에서 제시하고 있는 심리검사 관련 지침은 각각 다음과 같다.

표 1-16 / 미국학교상담자협회 학교상담자 윤리

A.14. 평가 및 해석(Evaluation, Assessment and Interpretation)
a. 학교상담자는 편파가 없고, 학생이 선호하는 언어로 되어 있는, 문화적 감수성을 고려한 타당하고 신뢰할 만한 연구에 기반한 검사와 평가만을 사용한다. b. 학교상담자는 표준화된 평가도구를 선택·관리·해석할 때 모든 전문적 표준과 규제를 준수하고, 상담자의 업무범위에서 도구 사용에 대한 면허, 자격, 역량, 훈련을 받은 평가도구만을 활용한다. c. 학교상담자는 지면 또는 전자적 평가도구와 프로그램을 사용할 때 비밀보장 지침을 염두에 둔다. d. 학교상담자는 평가의 적절성을 판단할 때 학생의 발달 연령, 언어 기술, 모국어, 역량수준을 고려한다. e. 학교상담자는 완전하고 정확한 정보를 학생과 가족에게 제공할 수 있도록 가능한 양적, 질적으로 여러 정보원을 활용하여 학생의 복지를 증진한다.

f. 학교상담자는 학생과 부모/보호자가 이해할 수 있도록 평가도구의 특성, 목적, 결과, 잠재적 영향에 대해 설명한다.
g. 학교상담자는 평가 결과와 해석이 어떻게 사용되는지 모니터링하고, 다른 사람이 이러한 정보를 오용하지 않도록 적절한 조치를 취한다.
h. 학교상담자는 평가기법을 선택하거나 사용할 때, 표준화되지 않은, 즉 규준이 제시되지 않은 집단의 수행에 대해 평가하거나 해석하는 경우 주의한다.
I. 학교상담자는 책무성 측정을 통해 학생의 학업·진로·사회정서적 발달을 지원하고, 특히 기회의 격차가 생기지 않도록 하는 노력의 효과성을 밝히는 학교상담 프로그램 평가 결과를 판단하고 알린다.

출처: 미국학교상담자협회(https://www.schoolcounselor.org)

표 1-17 / **한국학교상담학회 윤리강령**

- 평가도구를 선택하고, 실시하고, 해석할 때는 모든 전문적인 표준을 따른다.
- 상담 수혜자가 이해할 수 있는 언어로 평가도구의 특성, 목적, 결과를 설명해 준다.
- 평가 결과와 해석을 오용하지 않아야 하고, 다른 사람들도 오용하지 않도록 적절한 조치를 취한다.
- 특정 도구가 표준화된 규준 집단에 속하지 않는 사람들의 수행 정도를 평가하고 해석할 때는 신중하게 한다.
- 컴퓨터를 기반으로 한 검사 프로그램들의 경우 상담자는 검사를 실시하고, 채점하고, 해석하는 데 있어서 전통적 평가의 경우와는 다른 보다 특별한 훈련이 필요하다는 것을 알아야 한다.

출처: 한국학교상담학회(https://counselors.or.kr/A01/)

앞서 살펴본 미국심리학회(APA, 2010), 미국상담학회(ACA, 2005), 미국학교상담자협회(ASCA) 학교상담자 윤리(2022), 한국상담심리학회(2018), 한국상담학회(2016), 한국학교상담학회(2004) 윤리강령을 토대로 학교상담자가 심리검사 활용 시 지켜야 할 윤리적 지침을 종합해서 제시하면 다음과 같다.

1. 학생의 발달적, 문화적 특성과 검사의 신뢰성을 고려한 적절한 평가도구의 선택
2. 검사 선택, 실시, 관리, 해석에 요구되는 상담자의 전문성 확보
3. 검사에 대한 사전동의
4. 검사 결과에 대한 비밀보장과 학부모와의 정보 공유
5. 학생과 학부모를 위한 검사의 특성 및 결과에 대한 이해하기 쉬운 안내
6. 검사의 내용과 결과가 일반에 오용되거나 공유되지 않도록 하는 조치
7. 학교상담의 책무성 평가를 통한 효과의 검증과 공유

3) 학교심리검사 관련 근거 법률 및 규정 등

다음으로 학교상담자의 법적 책임에는 비밀보장, 상담활동 연계 및 의뢰, 상담 기록의 관리에 관한 내용이 있다. 심리검사의 사용과정에서 고려해야 할 책임은 심리검사의 실시 및 의뢰 과정에 요구되는 사전 동의 절차와 심리검사 결과의 전달, 공유, 보관에 요구되는 비밀보장과 비밀보장의 예외가 있다. 더불어 다른 상담활동에서와 마찬가지로 검사 실시 및 해석과정에서 알게 된 사실 중 아동 학대 신고의 의무가 있다.

이러한 법적 책임은 「헌법」, 「교육기본법」, 「국가공무원법」, 「개인정보보호법」, 「초중등교육법」, 「공공기록물 관리에 관한 법률」, 「학교폭력예방 및 대책에 관한 법률」, 「아동청소년의 성보호에 관한 법률」, 「아동학대범죄의 처벌 등에 관한 특례법」 등의 적용을 받는다. 구체적인 내용은 다음과 같다.

(1) 비밀보장

대한민국 헌법 제17조

모든 국민은 사생활의 비밀과 자유를 침해받지 아니한다.

교육기본법 제23조3(학생정보의 보호원칙)

③ 제1항에 따른 학생정보는 법률로 정하는 경우 외에는 해당 학생(학생이 미성년자인 경우에는 학생 및 학생의 부모 등 보호자)의 동의 없이 제3자에게 제공되어서는 아니 된다.

국가공무원법 제60조(비밀 엄수의 의무)

공무원은 재직 중은 물론 퇴직 후에도 직무상 알게 된 비밀을 엄수하여야 한다.

국가공무원 복무규정 제4조의2(비밀 엄수)

공무원이거나 공무원이었던 사람은 직무상 알게 된 다음 각 호의 사항을 타인에게 누설하거나 부당한 목적을 위하여 사용해서는 아니 된다. 다만, 법령에 따라 공개하는 경우는 제외한다.

1. 법령에 따라 비밀로 지정된 사항
3. 개인의 신상이나 재산에 관한 사항으로서 외부에 공개될 경우 특정인의 권리나 이익을 침해할 수 있는 사항
4. 그 밖에 국민의 권익 보호 또는 행정목적 달성을 위하여 비밀로 보호할 필요가 있는 사항

학교폭력예방 및 대책에 관한 법률 제21조(비밀누설금지 등)

① 이 법에 따라 학교폭력의 예방 및 대책과 관련된 업무를 수행하거나 수행하였던 자는 그 직무로 인하여 알게 된 비밀 또는 가해학생·피해학생 및 제20조에 따른 신고자·고발자와 관련된 자료를 누설하여서는 아니 된다.

② 제1항에 따른 비밀의 구체적인 범위는 대통령령으로 정한다.

③ 제16조, 제16조의2, 제17조, 제17조의2, 제18조에 따른 자치위원회의 회의는 공개하지 아니한다. 다

만, 피해학생·가해학생 또는 그 보호자가 회의록의 열람·복사 등 회의록 공개를 신청한 때에는 학생과 그 가족의 성명, 주민등록번호 및 주소, 위원의 성명 등 개인정보에 관한 사항을 제외하고 공개하여야 한다.

아동·청소년의 성보호에 관한 법률 제31조(비밀누설금지)

① 아동·청소년대상 성범죄의 수사 또는 재판을 담당하거나 이에 관여하는 공무원 또는 그 직에 있었던 사람은 피해아동·청소년 또는 대상아동·청소년의 주소·성명·연령·학교 또는 직업·용모 등 그 아동·청소년을 특정할 수 있는 인적사항이나 사진 등 또는 그 아동·청소년의 사생활에 관한 비밀을 공개하거나 타인에게 누설하여서는 아니 된다.

(2) 상담활동 및 연계를 위한 동의

개인정보보호법 제15조(개인정보의 수집·이용)

① 개인정보처리자는 다음 각 호의 어느 하나에 해당하는 경우에는 개인정보를 수집할 수 있으며 그 수집 목적의 범위에서 이용할 수 있다.
   1. 정보주체의 동의를 받은 경우

② 개인정보처리자는 제1항제1호에 따른 동의를 받을 때에는 다음 각 호의 사항을 정보주체에게 알려야 한다. 다음 각 호의 어느 하나의 사항을 변경하는 경우에도 이를 알리고 동의를 받아야 한다.
   1. 개인정보의 수집·이용 목적
   2. 수집하려는 개인정보의 항목
   3. 개인정보의 보유 및 이용 기간
   4. 동의를 거부할 권리가 있다는 사실 및 동의 거부에 따른 불이익이 있는 경우에는 그 불이익의 내용

개인정보보호법 제16조(개인정보의 수집 제한)

① 개인정보처리자는 제15조제1항 각 호의 어느 하나에 해당하여 개인정보를 수집하는 경우에는 그 목적에 필요한 최소한의 개인정보를 수집하여야 한다. 이 경우 최소한의 개인정보 수집이라는 입증책임은 개인정보처리자가 부담한다.

② 개인정보처리자는 정보주체의 동의를 받아 개인정보를 수집하는 경우 필요한 최소한의 정보 외의 개인정보 수집에는 동의하지 아니할 수 있다는 사실을 구체적으로 알리고 개인정보를 수집하여야 한다.

③ 개인정보처리자는 정보주체가 필요한 최소한의 정보 외의 개인정보 수집에 동의하지 아니한다는 이유로 정보주체에게 재화 또는 서비스의 제공을 거부하여서는 아니 된다.

개인정보보호법 제17조(개인정보의 제공)

① 개인정보처리자는 다음 각 호의 어느 하나에 해당되는 경우에는 정보주체의 개인정보를 제3자에게 제공(공유를 포함한다. 이하 같다)할 수 있다.
   1. 정보주체의 동의를 받은 경우

② 개인정보처리자는 제1항제1호에 따른 동의를 받을 때에는 다음 각 호의 사항을 정보주체에게 알려야 한다. 다음 각 호의 어느 하나의 사항을 변경하는 경우에도 이를 알리고 동의를 받아야 한다.
   1. 개인정보를 제공받는 자
   2. 개인정보를 제공받는 자의 개인정보 이용 목적
   3. 제공하는 개인정보의 항목

4. 개인정보를 제공받는 자의 개인정보 보유 및 이용 기간
5. 동의를 거부할 권리가 있다는 사실 및 동의 거부에 따른 불이익이 있는 경우에는 그 불이익의 내용

③ 개인정보처리자가 개인정보를 국외의 제3자에게 제공할 때에는 제2항 각 호에 따른 사항을 정보주체에게 알리고 동의를 받아야 하며, 이 법을 위반하는 내용으로 개인정보의 국외 이전에 관한 계약을 체결하여서는 아니 된다.

개인정보보호법 제18조(개인정보의 목적 외 이용·제공 제한)

① 개인정보처리자는 개인정보를 제15조제1항에 따른 범위를 초과하여 이용하거나 제17조 제1항 및 제3항에 따른 범위를 초과하여 제3자에게 제공하여서는 아니 된다.

② 제1항에도 불구하고 개인정보처리자는 다음 각 호의 어느 하나에 해당하는 경우에는 정보주체 또는 제3자의 이익을 부당하게 침해할 우려가 있을 때를 제외하고는 개인정보를 목적 외의 용도로 이용하거나 이를 제3자에게 제공할 수 있다. 다만, 제5호부터 제9호까지의 경우는 공공기관의 경우로 한정한다.

1. 정보주체로부터 별도의 동의를 받은 경우

③ 개인정보처리자는 제2항제1호에 따른 동의를 받을 때에는 다음 각 호의 사항을 정보주체에게 알려야 한다. 다음 각 호의 어느 하나의 사항을 변경하는 경우에도 이를 알리고 동의를 받아야 한다.

1. 개인정보를 제공받는 자
2. 개인정보의 이용 목적(제공 시에는 제공받는 자의 이용 목적을 말한다)
3. 이용 또는 제공하는 개인정보의 항목
4. 개인정보의 보유 및 이용 기간(제공 시에는 제공받는 자의 보유 및 이용 기간을 말한다)
5. 동의를 거부할 권리가 있다는 사실 및 동의 거부에 따른 불이익이 있는 경우에는 그 불이익의 내용

⑤ 개인정보처리자는 제2항 각 호의 어느 하나의 경우에 해당하여 개인정보를 목적 외의 용도로 제3자에게 제공하는 경우에는 개인정보를 제공받는 자에게 이용 목적, 이용 방법, 그 밖에 필요한 사항에 대하여 제한을 하거나, 개인정보의 안전성 확보를 위하여 필요한 조치를 마련하도록 요청하여야 한다. 이 경우 요청을 받은 자는 개인정보의 안전성 확보를 위하여 필요한 조치를 하여야 한다.

개인정보보호법 제22조(동의를 받는 방법)

① 개인정보처리자는 이 법에 따른 개인정보의 처리에 대하여 정보주체(제6항에 따른 법정대리인을 포함한다. 이하 이 조에서 같다)의 동의를 받을 때에는 각각의 동의 사항을 구분하여 정보주체가 이를 명확하게 인지할 수 있도록 알리고 각각 동의를 받아야 한다.

② 개인정보처리자는 제1항의 동의를 서면(「전자문서 및 전자거래 기본법」 제2조제1호에 따른 전자문서를 포함한다)으로 받을 때에는 개인정보의 수집·이용 목적, 수집·이용하려는 개인정보의 항목 등 대통령령으로 정하는 중요한 내용을 행정안전부령으로 정하는 방법에 따라 명확히 표시하여 알아보기 쉽게 하여야 한다.

③ 개인정보처리자는 제15조제1항제1호, 제17조제1항제1호, 제23조제1항제1호 및 제24조 제1항제1호에 따라 개인정보의 처리에 대하여 정보주체의 동의를 받을 때에는 정보주체와의 계약 체결 등을 위하여 정보주체의 동의 없이 처리할 수 있는 개인정보와 정보주체의 동의가 필요한 개인정보를 구분하여야 한다. 이 경우 동의 없이 처리할 수 있는 개인정보라는 입증책임은 개인정보처리자가 부담한다.

④ 개인정보처리자는 정보주체에게 재화나 서비스를 홍보하거나 판매를 권유하기 위하여 개인정보의 처리에 대한 동의를 받으려는 때에는 정보주체가 이를 명확하게 인지할 수 있도록 알리고 동의를 받아야 한다.

⑤ 개인정보처리자는 정보주체가 제3항에 따라 선택적으로 동의할 수 있는 사항을 동의하지 아니하거나 제4항 및 제18조제2항제1호에 따른 동의를 하지 아니한다는 이유로 정보주체에게 재화 또는 서비스의 제공을 거부하여서는 아니 된다.

⑥ 개인정보처리자는 만 14세 미만 아동의 개인정보를 처리하기 위하여 이 법에 따른 동의를 받아야 할 때에는 그 법정대리인의 동의를 받아야 한다. 이 경우 법정대리인의 동의를 받기 위하여 필요한 최소한의 정보는 법정대리인의 동의 없이 해당 아동으로부터 직접 수집할 수 있다.
⑦ 제1항부터 제6항까지에서 규정한 사항 외에 정보주체의 동의를 받는 세부적인 방법 및 제6항에 따른 최소한의 정보의 내용에 관하여 필요한 사항은 개인정보의 수집매체 등을 고려하여 대통령령으로 정한다.

개인정보보호법 제23조(민감정보의 처리 제한)

① 개인정보처리자는 사상·신념, 노동조합·정당의 가입·탈퇴, 정치적 견해, 건강, 성생활 등에 관한 정보, 그 밖에 정보주체의 사생활을 현저히 침해할 우려가 있는 개인정보로서 대통령령으로 정하는 정보(이하 "민감정보"라 한다)를 처리하여서는 아니 된다. 다만, 다음 각 호의 어느 하나에 해당하는 경우에는 그러하지 아니하다.
1. 정보주체에게 제15조제2항 각 호 또는 제17조제2항 각 호의 사항을 알리고 다른 개인 정보의 처리에 대한 동의와 별도로 동의를 받은 경우
2. 법령에서 민감정보의 처리를 요구하거나 허용하는 경우

② 개인정보처리자가 제1항 각 호에 따라 민감정보를 처리하는 경우에는 그 민감정보가 분실·도난·유출·위조·변조 또는 훼손되지 아니하도록 제29조에 따른 안전성 확보에 필요한 조치를 하여야 한다.

(3) 상담기록 및 관리

공공기록물 관리에 관한 법률 제4조(공무원의 의무)

① 모든 공무원은 이 법에서 정하는 바에 따라 기록물을 보호, 관리할 의무를 갖는다.

공공기록물 관리에 관한 법률 제3조(정의)

2. "기록물"이란 공공기관이 업무와 관련하여 생산하거나 접수한 문서, 도서, 대장, 카드, 도면, 시청각물, 전자문서 등 모든 형태의 기록정보 자료와 행정박물을 말한다.

공공기록물 관리에 관한 법률 제18조(기록물의 등록·분류·편철 등)

공공기관은 업무수행 과정에서 기록물을 생산하거나 접수하였을 때에는 대통령령으로 정하는 바에 따라 그 기록물의 등록·분류·편철 등에 필요한 조치를 하여야 한다. 다만, 기록물의 특성상 그 등록·분류·편철 등의 방식을 달리 적용할 필요가 있다고 인정되는 수사·재판 관련 기록물의 경우에는 관계 중앙행정기관의 장이 중앙기록물관리기관의 장과 협의하여 따로 정할 수 있다.

공공기록물 관리에 관한 법률 제19조(기록물 관리 등)

① 공공기관은 대통령령으로 정하는 바에 따라 기록물의 보존기간, 공개 여부, 비밀 여부 및 접근권한 등을 분류하여 관리하여야 한다.
② 공공기관은 대통령령으로 정하는 기간 이내에 기록물을 관할 기록관 또는 특수기록관으로 이관하여야 한다. 다만, 관할 기록관 또는 특수기록관이 설치되지 아니한 공공기관의 경우에는 대통령령으로 정하는 바에 따라 공공기관의 장이 지정하는 부서로 기록물을 이관하여야 한다.
⑥ 공공기관은 기록물의 원활한 수집 및 이관을 위하여 대통령령으로 정하는 바에 따라 매년 기록물의 생산현황을 관할 기록물관리기관에 통보하여야 한다. 이 경우 중앙행정기관의 소속기관에 기록관 또

는 특수기록관을 설치하였을 때에는 중앙행정기관의 기록관 또는 특수기록관이 그 생산현황을 취합하여 중앙기록물관리기관에 통보하여야 한다.

공공기록물 관리에 관한 법률 시행령 제16조(기록화 및 기록관리 대상)

공공기관은 공식적으로 결재 또는 접수한 기록물을 포함하여 결재과정에서 발생한 수정내용 및 이력 정보, 업무수행과정의 보고사항, 검토사항 등을 기록물로 남겨 관리하여야 한다.

위(Wee) 프로젝트 사업 관리, 운영에 관한 규정 제12조(상담기록관리시스템)

① 사업기관의 장은 상담처리의 내용과 과정, 통계수치 등을 상담기록관리시스템(이하 '관리시스템'이라고 한다)에 기록·관리하여야 한다.

참고문헌

교육과학기술부 (2012a). **진로진학상담교사 활동매뉴얼: 중학교.**

교육과학기술부 (2012b). **진로진학상담교사 활동매뉴얼: 일반고.**

교육과학기술부 (2012c). **진로진학상담교사 활동매뉴얼: 특성화고.**

교육부, 한국교육개발원 위(Wee)프로젝트연구특임센터 (2019). **위(Wee) 클래스 운영 가이드.** 전라남도교육청, 한국교육개발원.

구본용, 박제일, 이은경, 문경숙 (2010). **학생상담 및 생활지도 매뉴얼.** 한국청소년정책연구원.

김계현, 황매향, 선혜연, 김영빈 (2012). **상담과 심리검사** (2판). 서울: 학지사.

김동민, 김준엽, 강태훈, 최수미, 정애경 역 (2017). **심리검사 및 평가** (3판). 서울: 센게이지러닝코리아.

김인규, 조남정 (2010). DACUM법을 활용한 전문상담교사의 직무분석 연구. **한국교원교육연구, 27**(2), 97-115.

박경, 김혜은 (2017). **심리평가의 이해와 활용.** 서울: 학지사.

박영숙, 박기환, 오현숙, 하은혜, 최윤경, 이순묵, 김은주 (2019). **현대 심리평가의 이해와 활용.** 서울: 학지사.

이규미 (2017). **상담의 실제 과정과 기법.** 서울: 학지사.

전진수, 김완석 (2000). **직업상담을 위한 심리검사.** 서울: 학지사.

정윤경, 김나라, 방혜진, 이윤진, 김가연 (2016). **2015 학교 진로교육 목표와 성취기준.** 서울: 교육부.

조붕환, 임경희 (2019). **학교상담의 이론과 실제.** 경기: 아카데미프레스.

조성희, 신수경 (2019). **심리검사 해석상담.** 서울: 학지사.

한국교육개발원 (2011). **Wee 프로젝트 매뉴얼 1. 학교상담(Wee 클레스).** 교육과학기술부, 한국교육개발원, 대전광역시교육청.

한국교육개발원 (2012). **Wee 프로젝트 매뉴얼.**

Anastasi, A. (1992). What counselors should know about the use and interpretation of psychological tests. *Journal of Counseling & Development, 70,* 610-615.

American Counseling Association. (2005). *U.S. student to counselor ratios*(Briefing Paper). Alexandria, VA: Author.

American Psychiatric Association. (2010). *Diagnostic and statistical manual of mental disorders.* Washington, DC: APA.

American School Counselor Association. (2021). *ASCA National Model: A Framework for School Counseling Programs* (4th ed.). Alexandria, VA: Author.

Association for Assessment and Research in Counseling. (2012). *Standards for Multicultural Assessment* (4th ed.). Retrieved from http://aarc-counseling.org/resources

Giordano, F. G., Schwiebert, V. L., & Brotherton, W. D. (1997). School counselors' perceptions of the usefulness of standardized tests, frequency of their use, and assessment training needs. *The School Counselor, 44,* 198-205.

Gregory, R. J. (2006). *Psychological Testing: History, Principles, and Applications* (5th ed.). Boston: Allyn and Bacon.

Guindon, M. H. (2003). Assessment. In B. T. Erford (Ed.), *Transforming the school counseling profession* (pp. 331-356). Upper Saddle River, NJ: Merrill Prentice-Hall.

Neukrug, E. (1999). *The world of the counselor: An introduction to the counseling profession.* Pacific Grove, CA: Brooks/Cole.

Seigel, L. S. (1989). IQ is irrelevant to the definition of learning disabilities. *Journal of Learning Disabilities, 22,* 469-478.

Steenbarger, B. N., & Smith, H. B. (1996). Assessing the quality of counseling services: Developing accountable helping systems. *Journal of Counseling and Development, 75,* 145-150.

Studer, J. R. (2005). *The Professional School Counselor: An Advocate for Students.* 조붕환, 임경희, 임은화 공역 (2008). **학교상담의 실제**. 서울: 아카데미프레스.

Talbott, J., Hales, R. E., & Updofsky, S. C. (1988). *The American Psychiatric Press Textbook of Psychiatry.* Washington, DC: A Press, Inc.

미국학교상담자협회 (2022) https://www.schoolcounselor.org

한국상담심리학회 (2022) https://counselors.or.kr

한국상담학회 (2022) https://krcpa.or.kr

한국학교상담학회 (2022) https://counselors.or.kr

CHAPTER 02

심리검사의 이론적 기초

1 심리검사의 의미

1) 심리검사와 심리평가의 정의

심리검사(psychological test)는 용어의 강조점을 어디에 두는가에 따라 다소 다르게 정의된다. 먼저 도구 사용에 초점을 둔 경우, 심리검사는 개인의 심리적 특성을 측정하는 도구로 정의되며, 측정 측면을 강조하는 경우 심리적 특성을 측정하는 과정으로 정의된다. 또한 평가를 강조하는 경우, 심리적 특성을 중심으로 한 개인과 집단의 행동에 대한 평가로 정의되기도 한다. 그러나 심리검사를 활용하는 실천적 입장에서 볼 때, 심리검사는 검사의 선택과 실시, 결과의 해석까지를 포함하는 보다 포괄적인 과정으로 이해된다. 심리검사의 정의에 대한 학자들의 견해는 다음과 같다.

첫째, 도구 사용에 초점을 두는 경우, 심리검사는 인지적, 정의적, 심동적, 사회적 특성이나 특징을 객관적으로 정확하게 측정하는 데 사용하는 방법으로 정의되며(Thurstone, 1925), 어떤 행동표본에 대한 객관적이고 표준화된 측정도구를 의미한다(Anastasi, 1988).

둘째, 측정 측면을 강조하는 경우, 심리검사는 두 사람 이상의 행동을 서로 비교하는 조직적 절차로 정의되며(Cronbach, 1960), 개인에 관한 정보를 객관화하고 수량화하는 도구를 사용하여 객관적으로 정보를 수집하는 과정이나 작업을 의미한다(Walsh & Betz, 2000).

셋째, 평가 측면에서 보면, 심리검사는 비교적 연속적으로 나타나는 어떤 심리적 특성의 기능을 중심으로 한 개인과 집단의 행동에 대한 평가(Guillford, 1954)로 정의된다.

엄밀히 보면 심리적 특성을 측정하는 도구(psychological test)와 '심리검사를 시행하는 작업(psychological testing)'(Kaplan & Saccuzzo, 2001)은 구분되지만(박영숙 외, 2019), 위의 견해들을 종합해 보면 심리검사는 '심리검사를 사용하여 개인의 심리적 특성을 측정함으로써 개인 간 및 개인 내 인지적, 정서적, 행동적 측면을 이해하고 평가하는 과정'이라고 정의할 수 있다.

학교상담자의 심리검사 활용은 검사 시행 절차에 따라 단순히 심리검사를 실시하고 결과를 제공해 주는 것으로 끝나지 않는다. 즉 어떤 검사를, 누구를 대상으로 시행하며, 검사 결과를 어떻게 전달하며, 이를 토대로 이후 상담활동을 어떻게 전개해 나갈 것인지를 결정하는 전 과정이 학교상담자에 의해 수행된다. 더 나아가서는 심리검사를 통해 상담의 성과를 측정하는 데까지 이른다. 이러한 점에서 학교상담자의 심리검사 활용과정은 심리검사를 포함한 심리평가 활동으로 확대된다.

심리평가와 심리검사를 전문적인 의미에서 특별히 구분할 필요가 없다는 견해(Cohen, Serdlik & Smith, 1992)도 있지만, 두 가지를 구분하는 견해가 일반적이다.[1] 일반적으로 심리검사는 심리평가의 주요 부분이지만 개인과 환경에 대한 정보를 종합적으로 수집하는 심리평가에 비해 제한적인 작업으로 인식된다(박영숙 외, 2019).

심리평가(psychological assessment)는 심리검사와 더불어 면담, 행동관찰, 다양한 자료수집, 전문가의 견해 등을 포함하는 포괄적인 개념이다. 심리평가는 '다양한 방식으로 얻은 개인에 관한 사회적, 교육적, 직업적, 과거력 정보 등을 통합하는 과정'이며(AERA, APA & NCME, 1985), 심리평가의 과정에는 의뢰된 문제를 분석하고, 적절한 평가 절차와 심리검사를 결정하여 검사를 시행·채점하고, 심리검사 결과를 해석하고, 그밖에 다른 자료들을 종합하여 효율적으로 전달해 주는 일련의 절차(류경희, 이수연, 전정화, 2020)가 포함된다.

학교상담자는 심리검사 결과를 토대로 내담자를 이해하고, 상담활동을 하며, 상담의 성과를 평가한다. 그러나 심리검사 결과만으로는 개인을 다각적으로 이해하기에 충분하지 않기 때문에, 특히 개인심리검사의 경우, 검사 진행과정에서의 행동관찰뿐만 아니라 검사 해석과정에서의 면담자료와 가족력, 문제의 배경, 환경적 요소 등을 포함한 다양한 자료

1) 심리검사도 심리평가와 마찬가지로 면담과 행동관찰을 시행하는 통합적인 과정이므로 심리검사와 심리평가 사이에 구분이 필요하지 않다고 보는 견해와 심리검사와 심리평가는 차이가 있다고 보는 견해가 있다. 그중 한 가지 견해는 시행 목적의 차이이다. 즉, 심리평가는 문제의 원인을 찾고 문제해결을 돕고자 하는 데 목적이 있는 반면, 심리검사는 개인의 행동을 객관적으로 기술하고 행동을 예측하는 데 목적을 둔다는 점에서 차이가 있다는 것이다.

들을 고려하여 보다 폭넓은 심리평가 활동을 수행하게 된다.

심리검사의 의미를 보다 명확히 이해하기 위해서 관련 용어의 의미를 구분할 필요가 있다. 검사(test), 측정(measurement), 평가(evaluation), 사정(assessment), 진단(diagnosis)의 개념은 다음과 같이 구분된다.

(1) 검사(test)

어떤 표본 행동을 측정하기 위해서 최대 능력(Hood & Johnson, 1997)을 수행하도록 부과되는 과제이다(Anastasi & Urbina, 1997). 적성검사나 성취도 검사와 같이 사람들에게 주어진 시간 동안 최선의 노력을 할 것을 요구하는 일종의 과제를 의미한다(AERA, APA & NCME, 1985). 일반적으로 심리학에서는 인간의 정신능력이나 행동경향성을 측정하기 위해 일련의 질문이나 과제를 통일된 양식으로 제시한 체계적 절차 또는 도구(김영환, 문수백, 홍상황, 2012)를 일컫는다.

(2) 측정(measurement)

물체나 인간이 가지고 있는 어떤 속성을 수량화하는 과정을 말한다. 검사를 하지 않고도 측정은 가능하므로 검사보다 넓은 의미로 사용된다.

(3) 평가(evaluation)

측정 및 검사 결과를 사전에 제시된 기준에 근거해 결과를 판단하는 것으로 다양한 측정 결과들이 비교되는 과정을 일컫는다(Vacc & Loesch, 1994). 인간, 프로그램, 사물의 특성을 측정하는 데 사용되는 모든 방법을 의미하며(American Education Research Association, American Psychological Association, & National Council on Measurement in Education, 1985), 측정(measurement)과 검사(test)를 포함하는 개념이다.

(4) 사정(assessment)

가장 광범위한 개념으로 총평이라는 용어로 사용되기도 한다. 개인에 대한 정보를 산출해 주는 광범위한 평가(evaluative) 절차를 포괄하는 것으로(Hunsley, 2002, 김동민 외, 2019), 개인의 심리적 속성을 측정한 정보들과 함께 면담, 관찰, 체크리스트 등 심리측정적 원리에 근거하지 않은 정보들을 모두 고려한 의사결정이다(Coaley, 2010).

(5) 진단(diagnosis)

심리평가를 통해 의학적 원인과 병의 진행과정, 치료예후 등을 평가 및 예측하는 것(조옥귀, 문지혜, 2021)이다.

종합하면 심리측정, 심리평가, 심리사정 및 진단은 다음과 같이 정의할 수 있다.

① 심리측정(psychological measurement)은 일정한 준거나 표준에 따라 개인의 심리적 특성을 객관적으로 측정하고 기술하는 과정이다.

② 심리평가(psychological evaluation)는 이보다 포괄적인 개념으로 심리검사 결과에 대한 가치 판단과 해석을 포함하는 과정이다.

③ 심리사정(psychological assessment)은 일반적으로 심리평가로 통용된다. 심리검사를 포함한 다양한 질적, 양적 수준의 자료들을 활용하여 개인의 특성을 다각적이고 객관적으로 이해하고 평가하는 것을 의미하며, 과거와 현재 자료를 토대로 미래 행동이나 수행을 예측하는 과정을 포함한다.

④ 심리진단(psychodiagnosis)은 개인의 이상행동과 증상에 대한 심리평가 자료를 통합하여 특정한 정신장애로 분류하는 작업(권석만, 2013)을 의미한다.

그밖에 심리측정과 관련하여 사용되는 척도, 체크리스트, 질문지, 인벤토리 등의 용어를 이해할 필요가 있다.

① **척도**(scale) : 사회과학의 경우 일반적으로 측정도구 또는 측정하는 행위를 일컫는다.

② **평정척도**(rating scale) : 서술적인 단어나 문구로 제시된 평정척도를 제시하고, 평정자에게 적절한 곳에 체크하도록 하는 방법이다. 전혀 그렇지 않다. 그렇지 않다. 그렇다, 매우 그렇다 등의 Likert식 평정척도가 주로 사용된다.

③ **체크리스트**(checklist) : 행동단위를 미리 자세히 분류해서 목록으로 작성하고, 해당되는 곳에 표시하거나 빈도로 표시하는 방법이다.

④ **질문지**(questionnaire) : 어떤 문제에 관해서 작성된 일련의 질문에 대해 대답을 기술하도록 하는 방법이다. 질문지는 미리 구체적이고 제한된 선택지를 주는 구조적 질문지와 반응자가 제한 없이 자유롭게, 창의적으로 반응할 수 있는 비구조적 질문

지가 있다.

⑤ **인벤토리**(inventory) : 진술문에 대한 동의 여부를 판단하는 도구이다. 검사(test)가 대답을 요구하는 일련의 질문과 과제를 제시해 놓은 것으로 최상의 수행을 측정(Cronbach, 1990)하는 시험이라는 용어와 유사하게 사용되는 반면, 인벤토리(inventory) 또는 질문지(questionnaire)는 주로 '성향'을 측정하는 데 사용된다. 성향은 심리적 속성이 '양'보다는 '방향 또는 선호'에서 측정되는 것을 가리키는 것으로, 성격, 흥미, 가치, 태도 등이 이에 해당된다(조옥귀, 문지혜, 2021). 일반적으로 의견이나 수행, 일상생활에서의 일반적인 반응양상에 대해 자기보고식으로 응답하는 형태로 되어 있다.

2) 심리평가의 방법

앞서 설명한 바와 같이 심리평가는 심리검사, 면담, 행동관찰, 다양한 자료수집 및 전문가의 견해를 바탕으로 개인에 관한 사회적, 교육적, 직업적, 과거력 정보 등을 통합하는 과정이다. 여기에서는 학교와 임상장면에서 아동과 청소년을 대상으로 사용되는 심리평가 방법에 대해 살펴보기로 한다.

그리고 임상장면에서 구조화된 면담 방법으로 사용되고 있는 정신상태 평가와 정신장애의 진단기준으로 널리 사용되는 '정신질환의 진단 및 통계편람 제5판(Diagnostic and Statistical Manual of Mental Disorders, DSM-5)'의 분류체계를 소개하기로 한다.

(1) 면담

면담(interview)을 통해 상담자는 내담자가 인식하거나 인정하는 현재의 주요 문제를 상세하게 확인하고, 그러한 문제에 대한 자신과 주변 사람들의 인식과 입장, 역할 등을 검토하고 비교해 볼 수 있다. 또한 내담자의 현재 역할 수행수준, 처해 있는 생활 상황, 의미있는 대인관계, 자신 및 주변환경에 대한 태도 등에 관한 정보를 얻을 수 있으며, 내담자의 발달력, 학업력, 직업력 등 개인의 역사적 자료를 얻을 수 있다. 이를 통해 과거의 의미있는 경험과 환경적 특징을 확인하여 개인을 전체적으로 이해하는 데 활용한다. 그밖에 면담과정에서 확인되는 비언어적 행동, 즉, 표정, 목소리의 강약, 말의 속도, 신체 동작 등 내담자의 행동적 특징을 관찰하고 그 의미를 탐색해 볼 수 있다. 일반적으로 면담은 상담자의 전문성과 개인적 자질, 경험이 갖추어져 있을 때 면담을 통해 무한하게 가치 있는 정보를 얻을 수 있다(김재환 외, 2014).

일반적으로 아동·청소년의 심리평가에서는 아동·청소년과의 면담뿐만 아니라 부모, 교사를 비롯하여 아동·청소년과 밀접한 관련을 맺고 있는 주변 인물들과의 면담과정이 이루어진다. 아동·청소년의 심리평가를 위한 면담은 아동·청소년의 특성, 현재 겪고 있는 문제를 비롯하여 최근의 일상생활에서 드러나는 아동·청소년의 반응 등에 관한 중요 정보를 제공한다. 면담은 아동·청소년과의 신뢰적인 관계 형성을 위한 수단이 될 수도 있으며, 면담에서 얻은 자료를 검사 결과에 대한 해석적 의미의 타당성을 뒷받침하기도 한다. 또한 변화가 필요한 문제행동이나 증상을 확인하고 이를 위한 치료적 계획을 수립하는 데도 많은 기여를 한다(박경, 김혜은, 2017).

면담은 진행되는 전체적인 방식에 따라 구조화된 면담, 반구조화 면담, 비구조화 면담으로 구분된다. 이는 면담의 목적, 면담 결과의 활용, 면담자의 경험과 전문성, 내담자의 상태와 특징, 다루어야 할 내용, 이후의 개입 방향 등에 따라 정한다.

구조화된 면담(structured interview)은 면담을 통해 밝혀야 할 내용이 명확하게 정해져 있고, 면담을 진행하는 순서나 사용되는 언어, 질문 순서가 구체적으로 지시되어 있는 방식이다. 반구조화된 면담(semi-structured interview)은 탐색되어야 할 질문의 내용 범위는 구체화되어 있지만 자료를 수집하는 과정에서 사용되는 언어나 자료수집 방식은 상세하게 제시되어 있지 않은 방식이다. 비구조화된 면담 또는 개방식 면담(flexibly structured interview)은 면담에서 질문해야 할 내용이나 면담의 목적은 정해져 있지만 구체적인 질문 항목이나 면담을 진행하는 방식은 전적으로 면담자에게 맡겨져 있는 방식이다.

구조화된 면담은 좀 더 철저하게 정해진 순서에 따라 정보가 수집되는 경향이 있기 때문에 특정 질문들을 빠뜨리지 않을 수 있으며, 비구조화 면담은 보다 개별화되어 있어서 잘 호응하지 않는 학생들에게는 친밀감을 증진시키는 도구로 유용하게 사용될 수 있다(Clark, 1995). 그러나 이 경우 면담내용이 정해져 있지 않고 상황에 따라 질문을 하기 때문에 가치 있는 정보들을 다루지 못하게 될 수 있다(Vacc & Juhnke, 1997). 아동과 청소년을 위한 비구조화 면담을 진행할 때 다양한 보조자료를 활용할 수 있다.

학교에서의 면담과정에는 표준화 검사와 관찰, 가정환경조사, 생활기록부, 학생면담, 부모면담, 친구면담, 사회성 측정, 자서전이나 일기 등의 비표준화 도구들도 유용하게 활용된다. 뿐만 아니라 학생의 인적사항, 행동발달 상황, 장래 진로희망과 계획, 건강상태에 관한 내용도 면담에 필요한 질문목록에 포함된다. 다음은 학교에서 사용할 수 있는 구조화 면담양식과 비구조화 면담을 위한 보조자료의 예시이다(Studer, 2005). 평가면담을 위한 자료로 미완성 문장이나 단어나 문구, 그림, 카드 등을 활용할 수 있으며, 소시오그램(Sociogram, 사회도) 또한 교우관계 및 사회관계망 확인에 유용하게 활용할 수 있다.

표 2-1 / 아동 · 청소년 대상의 구조화된 면담양식(예시)

구분	내용		
인적사항	1. 이름　2. 나이　3. 학년　4. 주소　5. 연락처		
가족상황	1. 현재 상태: 이혼, 결혼, 별거, 기타(설명)		
	2. 아버지(보호자), 어머니(보호자)		3. 긴급 상황 시 연락할 사람과 연락처
	4. 가족 구성원(이름, 관계, 나이)		5. 가족과 함께 사는 다른 사람
건강	1. 키	2. 몸무게	3. 심각한 질병
	4. 학교 결석 일수	5. 지각 일수	6. 복용 약물
	7. 수면 형태	8. 식사 습관	9. 신체 외형
학업	1. 학급에서의 성적		2. 좋아하는 과목들
	3. 싫어하는 과목들		4. 좋아하는 교사
인간관계	친한 친구들		
활동	1. 좋아하는 활동		2. 클럽 또는 정규교과 이외의 활동들
현재 관심사	1. 학업	2. 진로	3. 개인적/사회적
목표	올해 이루기 원하는 목표		
	1. 학업	2. 진로	3. 개인적/사회적

표 2-2 / 아동 · 청소년 평가면담의 보조자료(미완성 문장 예시)

1. 나는 ______ 을 좋아한다.
2. 때때로 나는 ______ 라고 느낀다.
3. 내 친구들은 ______
4. 내 가족은 ______
5. 내가 가장 이루고 싶은 것 하나는 ______
6. 학교는 ______

표 2-3 / 아동 · 청소년 평가면담의 보조자료(형용사 목록 예시)

* 자신을 가장 잘 설명하는 단어나 문구에 동그라미 하시오.

행복한	슬픈	혼자 있고 싶은	실망한	단정한
단정한	외로운	공부를 열심히 하는	흥분한	따라가는 사람
친절한	영리한	주목하는	관대한	불쌍한 학생
멍청한	욕구불만의	쉽게 따분해지는	운동을 잘하는	성미가 급한
리더다운	바보 같은	부끄러워하는	놀기 좋아하는	성미가 급한
화난	심각한	인기가 많은	단정치 못한	부지런한

표 2-4 / 아동·청소년 평가면담의 보조자료(소시오그램 활용 예시)

1. 소시오그램을 위한 원을 그린다. 가장 중심에 하트를 그리고 그 바깥에 원을 둘러싸게 그린다. 약 4개 정도의 원을 그린다.
2. 하트 안에 자기 자신을 나타내는 이미지를 그리게 한다.
3. 내담자가 가장 중요하다고 생각하는 사람의 이름은 하트 밖의 첫 번째 원에 적고, 그 사람에 대해 연상되는 이미지를 그리게 한다.
4. 그 다음으로 중요하다고 생각하는 사람의 이름을 그 다음 원에 적고, 연상되는 이미지를 그리게 한다.
5. 각 원 안에 있는 사람들에 대해서 내담자와 이야기를 나눈다.

출처: 위클래스 운영매뉴얼(2011).

평가면담에 임할 때 상담자가 고려할 사항은 다음과 같다(박경, 김혜은, 2017).

① 아동·청소년의 개인적 특성과 문제의 성격에 따라 면담 방식을 선택한다.
② 면담의 목적을 충분히 이해하고, 면담 절차와 내용을 사전에 계획하고 정리한다.
③ 필요할 경우 사전에 면담내용 기록에 대한 양해를 구하고, 정확하게 기록해 둔다.
④ 면담에서 얻은 정보는 진단적 목적보다 아동·청소년에 대한 종합적인 이해를 위한 자료로 활용한다.

면담을 진행하는 과정에서는 다음과 같은 점에 유의한다(김청자, 정진선, 2005).

① 먼저 친밀한 관계가 형성되어야 한다.
② 언어적·비언어적 단서에 대해 민감하게 대처한다.
③ 적개심이나 저항을 일으킬 수 있는 지나치게 감정적인 어구나 어조는 피한다.
④ 답을 유도하는 질문, 폐쇄형 질문은 피하는 것이 좋다.
⑤ 진술한 내용보다 그 뒤에 숨어 있는 느낌이나 생각에 더 관심을 둔다.

임상장면의 아동·청소년의 면담과정에는 반구조화 면담도구인 K-SAD-PL과 구조화 면담도구인 DICA-R이 주로 사용되며, 아동청소년행동평가척도(CBCL), ADHD 코너스(Conners) 평정척도 등의 행동평정척도들이 함께 활용된다.

아동·청소년을 대상으로 가장 널리 사용되는 임상 면담도구는 K-SADS-PL(Kiddie-Schedule for Affective Disorders and Schizophrenia for School-Age Children-Present and Lifetime Version)이다. 반구조화된 면담도구(semi-structured interview)이며, DSM-IV 진단 기준에 의거한 32개의 소아청소년 정신과 질환의 현재 및 평생 이환상태와 증상의 심각도

를 평가할 수 있도록 고안되었다. 한국판으로 번안되어 활용되고 있으며(대한소아청소년정신의학회, 2003), 한국판(K-SADS-PI-K)의 경우 ADHD, 틱장애, 우울장애, 불안장애 등에 대한 신뢰도와 타당도가 연구되었다(김영신 외, 2004).

K-SADS는 정서장애나 정신병을 평가하기 위한 목적으로 개발되었으나 광범위한 영역의 정서·행동문제를 살펴보고 DSM 진단준거에 따라 문제를 분류하는 데 널리 사용되고 있다. 이 도구는 특별히 훈련을 받은 숙달되고 노련한 면담자가 시행하여야 하며, 형식이 복잡하고 섬세한 판단을 필요로 한다. 부모면담을 하고 난 후 아동 혹은 청소년을 면담하도록 되어 있으며, 각각 1시간 정도씩 소요된다. 비구조화된 개방형 질문을 비롯하여 매우 구체적인 증상과 그 정도에 대한 평정척도가 포함되어 있는 질문들이 섞여 있다(김재환 외, 2014).

DICA-R(Diagnostic Interview of Children and Adolescents)은 6~17세 아동·청소년을 위한 구조화된 면담도구이다. 6~12세 아동, 13~17세 청소년, 6~17세 자녀를 둔 부모를 위한 세 가지 형태가 있으며, 연령에 따라 적절한 표현을 사용한 것 외에는 유사한 내용으로 구성되어 있다. 총 267개의 문항으로 구성되어 있으며, 약 1시간 정도의 시간이 걸린다. '예', '아니오', '좀처럼 드문'의 구조화된 방식으로 체크하도록 되어 있다. 면담자료는 구체적인 준거에 따라 점수를 매기도록 되어 있어서 경험이 많지 않은 면담자도 시행할 수 있지만 면담의 신뢰도 및 타당도를 높이기 위해서는 면담자 훈련이 필요하다(김재환 외, 2014).

그러나 이러한 면담도구들은 주로 정신과 영역에서 활발하게 활용되고 있으며, 일반 학교나 다양한 임상장면에서 어떻게 활용될 수 있을지에 대해서는 좀 더 많은 연구가 필요하다.

(2) 행동관찰 및 평정척도

행동관찰(behavior observation)은 개인이 특정한 상황에서 어떤 행동을 하는지 유심히 관찰하여 그 행동의 내용을 구체적으로 기술하고, 그 빈도나 강도를 수량화하는 방법이다. 이러한 행동관찰의 내용은 그 사람의 심리적인 특성을 평가하는 객관적인 자료가 된다. 임상적 행동관찰은 자연적 관찰, 구조화된 관찰, 자기관찰, 행동분석법으로 구분된다.

구조화된 관찰(structured observation)은 특정한 자극상황에서 개인이 나타내는 행동을 관찰하는 방법이다. 동일한 상황이나 자극을 제시하고 그러한 상황에 대응하는 행동적 반응을 관찰하여 다른 사람의 행동과 비교함으로써 행동의 부적응 정도를 좀 더 객관적으로 평가할 수 있다. 자기관찰(self-observation)은 자신의 행동을 체계적으로 관찰하는 방법이다. 일일생활 기록지를 통해 매일 시간대별로 어떤 일을 하였으며, 그때의 감정과 생각은 어떠했는지를 관찰하여 기록하게 하기도 한다. 행동분석(behavior analysis)은 어떤 문제행동이 나타나는 전후 상황을 구체적으로 평가하는 방법이다. 학습이론적 관점의 A-B-C 기법이 대표적이다. A는 선행사건(Antecedent), B는 문제행동(Behavior), C는 행동의 결과(Consequences)를 의미한다. 특정한 문제행동이 나타나기 전에 어떤 일이 일어나며 그러한 행동의 결과로 어떤 일이 초래되는지를 구체적으로 평가하는 방법이다. 이러한 행동분석을 통해서 문제행동의 촉발자극과 그 행동의 강화요인을 탐색한다(권석만, 2013).

아동·청소년의 심리평가에서는 행동평정척도와 체크리스트를 많이 활용한다. 행동평정척도는 표준화된 형태의 척도를 통해 아동 및 청소년 자신이나 그들을 잘 알고 있는 정보제공자(부모, 교사 등)가 행동 특성에 대한 종합적인 판단 및 정보를 제공하는 도구이다. 이는 평가 방법 면에서 행동관찰이나 구조화된 행동면담 방법에 비해서는 덜 직접적이다. 그러나 비구조화된 임상면담이나 투사적 기법에 비해서는 행동평가척도가 더 신뢰성 있는 정보를 제공할 수 있다.

대부분의 평가척도는 성인 정보 제공자가 아동과 청소년을 평가한다. 그러나 고학년 아동이나 청소년의 행동을 평가할 때는 그들 자신의 평가 역시 중요하므로 다양한 상황이나 장면에서 자신에 대해 평가함과 동시에 서로 다른 관련 인물들이 아동, 청소년에 대해 평가한다(박영숙 외, 2019). 각 평가자마다 주관적인 평가기준이 다르고 관점의 차이가 존재하므로 다양한 평가자의 평가는 평가의 정확성 향상에 기여하며, 아동과 청소년의 적응상태를 보다 포괄적으로 파악할 수 있는 자료가 된다. 각기 다른 상황에서 나타나는 행동의 차이에 대한 비교와 판단의 근거로 활용할 수 있다.

아동과 청소년의 심리평가에 사용되는 행동평정척도나 체크리스트로는 한국아동청소년행동평가척도(K-CBCL), 한국판 ADHD 코너스(Conners) 평정척도, 한국판 아동기 자폐증 평정척도(K-CARS) 등의 행동평정척도들이 함께 활용된다. 자세한 평정척도의 내용과 활용에 대해서는 7장 정서·행동 관련 영역에서 다루기로 한다.

(3) 정신상태 평가

임상적 장면에서는 면담을 통해서 내담자 또는 환자의 심리적 상태를 체계적으로 평가하는 정신상태 평가(mental state examination)를 시행하는 경우가 많다. 정신상태 평가는 내담자 또는 환자의 행동과 심리적 특성을 체계적으로 평가하는 면담 방법이다. 내담자 또는 환자를 관찰하고, 자기진술을 이끌어내고, 질문을 통해 내담자의 심리적 및 행동적 기능을 평가하는 과정이다. 현재 정신병리적 문제의 평가에 초점을 맞춘 정신상태 평가에서는 일반적인 외모와 면담행동, 면담과 면담자에 대한 태도, 정신운동기능, 감정과 기분, 언어와 사고, 지각과 감각, 기억, 지남력, 일반적인 지적 능력 등이 포괄적으로 검토된다(김재환 외, 2014).

대부분의 정신과 의사가 정신상태 평가를 사용하는 것에 비해 심리학자들은 이 도구를 그리 많이 사용하지는 않는다. 더욱 정밀한 심리검사를 통해 정신상태 평가를 하게 되는 심리학자들은 그 필요성을 덜 느끼기 때문이기도 하다. 그러나 급하게 어떤 결정을 요하는 상황이나 충분한 심리검사를 실시하기 어려운 상황에서는 이 정신상태 평가가 짧고 체계적인 방식으로 모든 영역의 기능을 평가하기 때문에 많은 유용성을 지니고 있다(김동민 외, 2019). <표 2-5>는 정신상태 평가를 통해 평가하는 주요 항목과 내용의 예시이다.

표 2-5 / **정신상태 평가의 주요 항목과 내용 예**

항목	내용 예
일반적 외모와 면담행동 (특징, 얼굴표정, 자세와 동작 등)	• 수수한, 화려한, 깨끗한, 지저분한, 특이한 • 긴장된, 굳어 있는, 피곤한, 평온한 • 느린, 경직된, 조급한
면담자에 대한 태도	• 협조적인, 적대적인, 의심하는, 거부적인, 조정하는, 유혹하는, 양가적인, 무관심한
정신운동기능	• 초조, 과활동성, 지체, 둔화
감정과 정서	• 적대적인, 가변적인, 부적절한, 둔화된, 밋밋한 • 유쾌한, 우울한, 고양된, 초조한, 불안한, 두려운, 놀란
언어와 사고	• 사고의 형식과 흐름: 횡설수설, 우원성, 이탈, 비약, 이완, 신조어, 모호함, 보속성, 작화성, 차단, 지체, 억제, 함묵증, 실어증 • 사고의 내용: 망상, 집착, 강박사고, 건강염려, 자살사고
지각의 혼란	• 환각, 착각
감각과 지각	• 지남력, 주의력, 집중력, 비현실감, 이인체험
기억	• 저하된 기억, 허구적 회상, 작화, 병적 거짓말 • 기억상실, 둔주상태
지능	
판단력과 병식(insight)	
정보의 신뢰성	

(4) DSM-5 분류체계

현재 연구와 임상장면에서 가장 널리 사용되고 있는 정신장애 분류체계는 DSM-5와 ICD-11이다. DSM-5는 미국정신의학회에서 발간하는 『정신질환의 진단 및 통계편람(Diagnostic and Statistical Manual of Mental Disorders)』의 5번째 개정판으로 2013년에 출간되었다. ICD-11은 『세계질병분류(International Classification of Diseases)』의 11번째 개정판으로 2018년에 발표되어 2022년부터 적용되고 있다.

DSM은 특정한 이론적 입장에 치우치지 않고, 장애의 원인이 아니라 증상의 기술적 특징에 근거하여 구성되어 있으며, DSM-5는 범주적 진단체계의 한계를 보완하기 위해 차원적 평가를 도입한 혼합모델을 적용하여 주된 증상과 다양한 공병증상을 심각도 차원에서 평가하도록 되어 있다(권석만, 2013).

DSM-5는 정신장애를 20개의 주요 범주로 나누고 그 하위범주로 300여 개 이상의 장애를 포함하고 있다. DSM-5에 포함된 정신장애의 범주와 하위장애를 <표 2-6>에 제시하였다.

표 2-6 / DSM-5에 제시되어 있는 정신장애의 범주와 하위장애

범주	하위장애
신경발달장애 (Neurodevelopmental Disorder)	• 지적장애, 의사소통장애, 자폐스펙트럼장애, 주의력결핍 과잉행동장애, 특정학습장애, 운동장애
조현병 스펙트럼 및 기타 정신병적 장애 (Schizophrenia Spectrum and Other Psychotic Disorders)	• 조현병, 조현정동장애, 조현형 장애, 단기 정신증적 장애, 망상장애, 분열형 성격장애, 약화된 정신증 증후군
양극성 및 관련 장애 (Bipolar and Related Disorders)	• 양극성장애(제 I 형 양극성장애, 제 II 형 양극성장애), 순환감정 장애
우울장애 (Depression Disorders)	• 지속성 우울장애, 월경전 불쾌감 장애, 파괴적 기분 조절 부전장애
불안장애 (Anxiety Disorders)	• 범불안장애, 특정공포증, 광장공포증, 사회불안장애, 공황장애, 분리불안장애, 선택적 함구증
강박 및 관련 장애 (Obssessive-Compulsive and Related Disorders)	• 강박장애, 신체변형 장애, 저장장애, 모발 뽑기 장애, 피부벗기기 장애
외상 및 스트레스 관련 장애 (Trauma-and Stressor-Related Disorders)	• 외상후 스트레스장애, 급성 스트레스장애, 반응성 애착장애, 탈억제 사회관여장애, 적응장애

범주	하위장애
해리장애 (Dissociative Disorders)	• 해리성 기억상실증, 해리성 정체감 장애, 이인증/비현실감 장애
신체증상 및 관련 장애 (Somatic Symptom and Related Disorders)	• 신체증상 장애, 질병불안장애, 전환장애, 허위성 장애
급식 및 섭식장애 (Feeding and Eating Disorders)	• 신경성 식욕부진증, 신경성 폭식증, 폭식장애, 이식증, 반추장애, 회피적/제한적 음식섭취장애
배설장애 (Elimination Disorders)	• 유뇨증, 유분증
수면-각성 장애 (Sleep-Wake Disorders)	• 불면장애, 과다수면장애, 수면발작증, 호흡관련 수면장애, 일주기 리듬 수면-각성장애, 수면이상증
성기능부전 (Sexual Dysfunctions)	• 남성 성욕감퇴 장애, 발기장애, 조루증, 지루증, 여성 성적 관심/흥분장애, 여성 절정감 장애, 생식기 골반통증/삽입 장애
성 불편증(Gender Dysphoria)	• 성 불편감
파괴적, 충동조절 및 품행장애 (Disruptive, Impulse Control, and Conduct Disorders)	• 적대적 반항장애, 품행장애, 간헐적 폭발성장애, 도벽증, 방화증
물질관련 및 중독장애 (Substance-Related and Addictive Disorders)	• 알코올-관련 장애, 타바코-관련 장애, 기타의 물질-관련 장애, 비물질-관련 장애: 도박장애
신경인지장애 (Neurocognitive Disorders)	• 주요 및 경도 신경인지장애, 섬망
성격장애 (Personality Disorders)	• A군: 편집성 성격장애, 분열성 성격장애, 분열형 성격장애 • B군: 반사회적 성격장애, 연극성 성격장애, 경계선 성격장애, 자기애성 성격장애 • C군: 회피성 성격장애, 의존성 성격장애, 강박성 성격장애
성도착 장애 (Paraphilic Disorders)	• 관음장애, 노출장애, 접촉마찰 장애, 성적피학 장애, 성적가학 장애, 아동성애 장애, 성애물 장애, 의상도착장애
기타 정신질환 (Other Mental Disorders)	• 개인에게 현저한 고통과 함께 사회적, 직업적 지능의 저하를 초래하는 심리적 문제이지만 다른 정신장애의 진단기준을 충족하지 못하는 다양한 경우(카페인 사용장애, 인터넷 게임장애 등)
약물치료로 유발된 운동장애 및 약물치료의 기타 부작용	
임상적 주의의 초점이 될 수 있는 기타의 상태	

3) 심리검사의 분류

심리검사는 검사 제작 및 실시 방법, 검사자극 및 문항의 형태, 검사내용의 특성과 해석 준거 등에 따라 분류할 수 있다.

(1) 표준화 검사와 비표준화 검사

검사 제작 및 실시 방법의 표준화 여부에 따라 표준화 검사(standardized test)와 비표준화 검사(non-standardized test)로 구분한다. 심리검사는 두 가지를 모두 일컫는 것이지만 일반적으로는 표준화 검사만을 뜻할 때가 많다. 이러한 표준화 심리검사는 대체로 개인 내의 차이와 집단 간의 차이를 진단 및 평가하는 데 사용된다.

표준화된 검사는 설계, 실행, 채점 및 해석에 있어 동일한 절차를 따르며(Anastasi & Urbina, 1997; Whiston, 2000), 모집단을 대표하는 피검사자를 표집하여 동일한 지시와 절차에 따라 검사를 시행한 후 객관적 채점 방법에 의하여 규준이 만들어진 검사를 의미한다. 즉 검사도구의 표준화, 절차의 표준화, 채점 및 해석의 표준화를 포함하고 있어서(강봉규, 2004), 언제, 어디서, 누가 실시해도 검사의 실시, 채점, 해석이 동일하게 이루어지도록 모든 과정이 엄격하게 통제된 검사를 말한다(성태제, 시기자, 2006).

비표준화 검사는 엄격하고 체계적인 표준화 절차를 거쳐 제작되지 않은 검사를 말한다. 연구를 위해 개발한 심리검사, 학업성취도를 평가하기 위해 교사들이 제작한 시험문제 등은 비표준화 검사라고 할 수 있다. 비표준화 검사는 타당한 규준이 마련되어 있지 않으므로 검사의 선택과 해석에 주의를 기울여야 한다. 그러나 비표준화된 검사는 대체로 좀 더 유연하며 개인의 성격, 행동 및 인지적 측면에서 보다 큰 통찰을 제공한다(Drum, 1992). 표준화된 많은 도구들이 부모, 교사와 상담자가 제기하는 문제에 대해 항상 답을 해줄 수 있는 것은 아니다. 이러한 이유로 인해, 학교상담자들은 학생들의 학습 스타일, 문화적 배경, 정서 및 인지적 성숙도에 맞는 보다 적합한 평가에 대해 알고 있어야 한다(Vernon, 1993).

(2) 객관적 검사와 투사적 검사

심리검사에 사용된 문항이나 자극의 형태에 따라 객관적 검사와 투사적 검사로 분류해 볼 수 있다.

투사적 검사는 개인의 독특한 심리적 특성에 관심이 있으며, 이러한 개인의 독특성을 측정하기 위해 비구조적 검사과제를 제공한다. 투사적 검사는 무제한으로 개인들이 다양한 반응을 할 수 있도록 하기 위해 검사 지시 방법이 간단하고 일반적인 방법으로 주어지며, 검사자극이 불분명하고 모호하게 주어진다.

투사적 검사는 다음과 같은 장점이 있다. 첫째, 반응의 독특성과 다양성을 들 수 있다. 투사적 검사는 검사자극이 모호하고 검사 지시 방법이 제한되어 있지 않기 때문에 개인의 반응이 다양하고 매우 독특하게 나타나므로 개인을 이해하는 데 매우 유용하다. 둘째, 방어의 어려움이다. 투사적 검사는 자극의 내용이 불분명하기 때문에 피검사자가 자신의 반응 내용을 검토하고 자신의 의도에 맞추어 방어적으로 반응하는 것이 어렵다. 셋째, 무의식적 내용이 반응될 수 있다. 자극적 성질이 매우 강렬하여 평소에는 의식화되지 않던 사고나 감정이 자극됨으로써 이러한 전의식적이거나 무의식적인 심리적 특성이 반응될 수 있다.

다음으로 객관적 검사는 주로 질문지형으로 구성된 검사로서 검사를 통해 평가되는 내용이 정해져 있고 일정한 형식에 따라 반응하도록 구조화되어 있는 검사이다. 개인의 독특성보다 공통적인 특성이나 차원을 기준으로 개인을 상대적으로 비교하는 목적이 있다.

객관적 검사의 장점은 다음과 같다. 첫째, 검사 실시, 채점, 해석의 간편성과 더불어 일반적으로 시행시간이 비교적 짧다. 둘째, 투사적 검사에 비해 검사 제작 과정에서 신뢰도와 타당도 검증이 이루어지고 신뢰도와 타당도가 충분한 검사가 표준화되기 때문에 검사 신뢰도와 타당도가 높다. 셋째, 투사적 검사에 비해 검사자 변인이나 검사 상황변인에 따라 영향을 적게 받고, 객관적인 개인 간 비교가 가능하다는 점에서 객관성이 보장된다.

대부분의 검사는 그 결과를 수량화하여 제시하는 양적인 평가로 이루어지지만, 특성을 서술하는 질적인 평가들도 상담에서는 많이 사용된다. 양적 평가 방법이 질적 평가 방법에 비해 신뢰도나 타당도 면에서 더 철저하게 연구되어 왔지만, 질적인 평가 방법도 많은 이점을 가지고 있다. 질적인 평가의 가장 큰 장점은 내담자에 대해 보다 종합적인 관점을 제시함으로써 내담자가 자기 문제를 해결하는 데 있어서 능동적일 수 있도록 고무하고, 단순한 평가를 넘어서서 평가 자체가 치료의 한 방법으로 활용될 수 있다는 점이다. 또한 질적 평가는 서로 다른 배경을 가지고 있는 내담자에게 보다 쉽게 적용될 수 있다는 장점이 있다(Goldman, 1990).

(3) 개별검사와 집단검사

심리검사 실시장면에 참여하는 인원에 따라 개별검사와 집단검사로 분류할 수 있다.

개인적으로 실시하는 개별검사(individual test)는 대부분 자유반응이나 투사적인 문항을 사용한다. 피검사자의 독특한 반응과 반응시간을 확인할 수 있으며, 검사과정에서 보이는 피검사자의 행동도 관찰할 수 있으므로 검사 결과 해석에 도움이 된다. 그러나 많은 사람을 단기간 내에 선별해야 하는 상황에서는 실용적이지 못하며, 실시 절차를 표준화하기 어렵다는 문제점이 있다. 이러한 개별검사 사용 시에는 검사자의 행동이 피검사자의 수행에 영향을 미칠 수 있으므로 검사자는 구체적인 지침과 명확한 채점규칙에 따라야 하며 체계적인 교육과 훈련이 필요하다.

집단검사(group test)는 표준화된 적성검사나 성취도검사 등에 적용된다. 집단으로 검사가 실시되기 때문에 피검사자의 문항별 반응시간과 검사과정에서 도출할 수 있는 피검자의 태도와 반응에 대한 추가적인 정보는 얻을 수 없다. 그러나 검사시간과 비용면에서 효율적이며, 대부분의 집단검사는 피검사자에게 간단한 지시사항을 읽어주고 시간을 정확히 지킬 수 있도록 안내하는 정도만 개입하면 되기 때문에 검사자의 전문성 등은 덜 요구되는 편이다.

(4) 규준지향검사와 준거지향검사

검사 결과를 해석하는 평가기준을 무엇으로 하는가에 따라 규준지향검사(norm-referenced test)와 준거지향검사(criterion-referenced test)로 구분한다.

규준지향검사(norm-referenced test)는 피검사자가 속해 있는 규준집단에 비추어 상대적 위치나 서열로 나타내는 검사이다. 개인의 검사점수를 해석하는 데 다른 사람의 점수를 고려하는 것이다. 규준지향검사에서 활용하는 z점수와 T점수와 같은 표준점수, 백분위, 기타 변환점수 등이 있다 검사의 채점기준을 통해 개인의 검사 총점을 산출한 뒤, 검사를 받은 다른 사람들의 수행에 대한 정보를 포함하는 새로운 형태로 검사 총점을 변환해서 해석한다. 규준은 원점수의 상대적인 위치를 알기 위해 검사개발 단계에서 구성한 것으로 피검사자가 소속된 집단 전체의 점수분포를 의미한다. 규준지향검사는 선발 또는 배치를 위해 검사를 사용하는 경우에 많이 활용되고 있으며, 대부분의 표준화 검사가 해당된다(윤명희, 서희정, 김경희, 구경희, 2019).

준거지향검사(criterion-referenced test)는 피검사자들의 수행을 각각 독립적으로 평가하려는 것이다. 이는 다른 사람들이 어떤 점수를 받았는지가 개인의 결과에 영향을 미치지 않는다. 점수를 해석하는 기준은 검사개발자가 설정한 절대적 준거이다. 피검사자의 원점수를 준거점수와 비교해서 해당 능력이나 특성의 정도를 판단한다. 준거지향검사는 검사점수 결과 해당 피검사자가 검사내용으로 측정하고자 하는 능력이나 특성을 직접 보여줄 수 있다는 점에서 유용하지만 평가자마다 설정하는 준거점수가 다를 수 있으므로 이에 대한 구체적이고 체계적인 절차가 개발되어야 한다(전용오, 김영빈, 신혜숙, 2016).

(5) 능력검사와 성향검사

검사가 측정하는 특성에 따라 능력검사와 성향검사로 분류되기도 한다.

능력검사(ability test)는 지식, 기술과 같은 능력을 평가하기 위한 검사로서 지능검사, 적성검사, 성취도검사 등이 이에 속한다. 일반적으로 문항의 정답이 있고, 시간 제한이 있으며, 피검사자의 능력을 최대한 발휘할 것을 요구하기 때문에 최대수행검사(maximal performance test) 또는 인지적 검사(cognitive test)라고 볼 수 있다.

성향검사는 성격, 정서, 동기, 흥미, 태도, 가치관 등을 측정하는 비인지적 검사로 정답이나 시간 제한 없이 자신의 일반적이고 전형적인 행동을 선택하도록 하는 정의적 검사(affective test)로 구분하기도 한다.

2 심리측정의 기초 개념

1) 심리적 구인의 측정

대부분의 심리검사는 심리적 특성을 양적으로 측정할 수 있도록 고안된 도구이다. 인간의 심리적 속성은 키나 몸무게와 같이 직접 측정하기 어렵고 추상적인 속성을 지니므로 행동표본을 활용한 간접 측정이 이루어진다. 심리검사를 통해 측정하고자 하는 이러한 심리적 속성을 구성개념(construct, 구인)이라고 한다.

구인(構因)이란 추측해서 존재할 것이라고 믿는 어떤 특성을 가리키는 가설적 개념으로(이종승, 2009) 인간의 행동을 설명하기 위해 사회과학자들이 만들어낸 추상적이고 가설적인 개념이라고 할 수 있다. 심리적 구성개념은 개념적 합의를 통한 개념적 정의와 행동적 용어를 사용한 조작적 정의로 설명되며, 조작적 정의를 통해 추상적인 심리적 특성을 구체적으로 측정할 수 있게 된다.

측정(measurement)은 사람이나 사물, 일 등의 속성이나 특징에 규칙에 따라서 수를 부여하는 과정이다(Stevens, 1946). 엄밀히 말하면 대상의 속성(attribute)에 수를 할당하는 과정이다. 심리검사 결과는 행동을 측정하기 위해 만들어진 문항들에 대해 피검사자가 응답한 결과를 바탕으로 검사의 점수체계에 따라 부여된 점수로 표현되는 것이다. 측정은 다음과 같은 내용을 포함한다(Aguinis, Henle, & Ostroff, 2001).

- 측정은 사람이나 사물, 일의 속성에 초점을 맞추는 것이다.
- 측정은 속성을 양으로 나타내기 위해 사용된다.
- 측정은 척도화와 분류로 구성된다. 척도화는 사람이나 사물, 일의 속성을 양으로 나타내기 위해 숫자를 할당하는 것이며, 분류는 사람, 사물, 사건의 동질성과 이질성에 따라 구분하는 것이다.

2) 척도

척도(scale)는 측정의 개념을 발전시킨 것으로 측정의 기본 단위가 된다. 척도는 측정하고자 하는 대상의 특성을 숫자로 표시하기 위하여 사용하는 점수체계이다. 척도를 사용한 측정 결과는 심리적 속성의 정도 및 여부 등을 나타낸다. 척도의 종류는 명목척도, 서열척도, 동간척도, 비율척도로 구분할 수 있다.

(1) 명명척도

명명척도(nominal scale)는 대상을 구분하거나 분류할 목적으로 이름을 부여하는 것이다. 성별, 학년 등이 명명척도이다. '크다, 작다' 등의 크기, 정도 등의 의미는 없고, 분류의 의미만 있다. 범주를 구분할 뿐 순서는 의미가 없다.

(2) 서열척도

서열척도(ordinal scale)는 대상에 대해 상대적 서열을 부여하는 것이다. 예를 들면, 중요하다고 생각하는 순서대로 나열하도록 하는 것이다. 상대적 서열만 알 수 있을 뿐 정도에 대해서는 알려주지는 않는다. 서열척도에 속하는 리커트(Likert) 척도의 경우 '전혀 동의하지 않는다'와 '약간 동의하지 않는다', '보통이다', '약간 동의한다', '매우 동의한다' 사이에는 동의하는 정도의 간격이 서로 같지 않으므로 서열척도라고 할 수 있다.

(3) 동간척도

동간척도(interval scale)는 각 측정단위 사이의 간격이 동일한 척도이다. 두 대상이 가지고 있는 특성에 대한 측정값의 차이와 다른 두 대상이 가지고 있는 측정값의 차이가 동일한 간격을 가지고 측정된다. 그러나 측정치 사이의 비율은 일정하지 않다. 예를 들어 온도의 경우가 이에 해당된다. 동간척도는 서열척도에 '크다, 작다'의 성질을 더하여 얼마나 큰지, 얼마나 작은지의 정보를 준다.

(4) 비율척도

비율척도(ratio scale)는 명목척도, 서열척도, 동간척도가 가진 모든 성질을 가지고 있으며, 추가적으로 절대영점(absolute zero)의 특성이 있다. 동간척도의 상대영점(relative zero)과 비교했을 때 비율척도의 절대영점은 아무것도 없다는 것을 뜻한다. 길이, 무게, 시간 등이 그 예이다. 비율척도로 측정된 변수는 대상을 구분하거나 분류할 수 있으며, 순위를 만들 수 있으며, 차이를 비교하여 분석할 수 있고, 비율에 대한 분석이 가능하다. 사칙연산을 자유롭게 할 수 있으므로 통계분석 관점에서는 가장 좋다.

표 2-7 / **척도의 종류와 전달하는 정보**

척도	분류	순서(크다, 작다)	동간(같은 간격)	절대영점
명명척도	○	×	×	×
서열척도	○	○	×	×
동간척도	○	○	○	×
비율척도	○	○	○	○

출처: 유진은(2015). **양적연구방법과 통계분석**. 서울: 학지사.

심리검사에서 사용하는 학업성취도, 자아존중감, 불안 등의 심리적 구성개념은 비율척도로 직접 측정할 수 없기 때문에 조작적 정의를 통해 문항을 만들고 검사를 구성하여 간접적으로 측정하게 된다. 예를 들어 불안을 느끼는 정도를 리커트 5점 척도로 측정하는 경우 서열척도를 사용한 것이지만 이를 동간척도로 간주하여 활용한다.

3) 중심경향값과 분산도

(1) 중심경향값

중심경향값(central tendency)은 수집된 자료 분포의 중심에 있는 값에 대한 정보를 준다. 한 집단의 특징을 하나의 수치로 대표하고자 할 때 쓰이는 개념으로 평균(mean), 중앙값(median), 최빈값(mode)으로 제시된다. 어떤 값을 사용할 것인지는 사용 목적과 점수분포의 특징, 측정의 수준을 고려하여 결정한다. 집단 개별점수의 분포에 따라 평균, 중앙치, 최빈치가 다르게 산출된다.

척도가 동간변수와 비율변수일 때는 평균(mean)을 사용하며, 명명변수의 경우는 최빈값(mode)을 사용한다. 서열변수의 경우는 중앙값(median)과 최빈값(mode)을 사용한다. 자료가 정규분포를 따르지 않을 경우 평균, 중앙값, 최빈값을 모두 참조하는 것이 바람직하다.

① 평균

평균(mean)은 전체의 합산점수를 사례 수로 나눈 값이다. 통계치 중 가장 중요한 값이라고 할 수 있다. 그러나 평균은 극단값의 영향을 받으며, 평균이 같더라도 분포는 매우 다르게 나타날 수 있어서 사용이 적절하지 않은 경우가 있다.

② 중앙값

중앙값(median)은 자료를 순서대로 세울 때 중앙에 위치하는 값이다. 자료가 짝수 개인 경우 중앙값은 중앙의 두 값의 평균으로 계산된다. 중앙값은 중앙에 있는 값을 구하기 때문에 극단적인 값의 영향을 덜 받으므로 자료가 정규분포가 아닌 극단적 편포인 경우 평균에 비해 집단의 대표성을 잘 나타내 준다. 산출하기 쉽고, 서열변수에도 적용 가능하다.

③ 최빈값

최빈값(mode)은 자료에서 어떤 값이 가장 빈번하게 나왔는지를 알려주는 값이다. 빈도가 같게 나오는 경우 여러 개일 수도 있다. 빈도가 너무 작거나 분포의 모양이 명확하지 않을 때 최빈값은 안정적이지 못하다.

④ 정규분포와 편포

정규분포(normal distribution)는 세 개의 중심경향값이 한 점에 위치하는 분포를 말한다. 정규분포는 현실에서는 잘 나타나지 않지만 중심경향값이 같고, 좌우대칭이 되는 분포이다. 좌우대칭 혹은 정규분포의 형태를 띠지 않는 분포의 형태를 편포(skewed distribution) 혹은 비대칭분포라고 한다. 대부분의 점수가 높은 쪽 극단에 위치해 있는 경우를 부적 편포(negatively skewed distribution)라고 하며, 대부분의 점수가 낮은 쪽 극단에 위치해 있는 경우를 정적 편포(positively skewed distribution)라고 한다.

⑤ 왜도와 첨도

왜도(skewness)는 반응의 비대칭 정도를 의미하며, 분포의 모양이 어느 쪽으로 어느 정도 기울여졌는지를 알려 준다. 왜도가 음수(-)인 경우를 부적 편포라고 한다. 이는 분포가 왼쪽으로 긴 모양으로 나타난다. 왜도가 양수(+)인 경우를 정적 편포라고 하며, 분포의 모양이 꼬리가 오른쪽으로 길게 나타난다.

첨도(kurtosis)는 분포의 모양이 위로 뾰족한 정도를 의미한다. 첨도가 음수인 경우 중심은 넓고 평평하며 꼬리가 짧은 모양을 이루며, 첨도가 양수인 경우 중심이 뾰족하고 꼬리가 긴 모양을 이룬다. 분포가 뾰족하면 자료의 값들이 골고루 분포되지 않고 극단적으로 몰려 있음을 보여준다. 표준정규분포의 경우 평균, 왜도, 첨도가 모두 0이다.

(2) 분산도

중심경향값을 중심으로 자료가 얼마나 흩어져 있는지 밀집되어 있는지를 보여주는 통계치를 분산도(measure of dispersion)라고 한다. 분산도에는 범위(range), 분산(variance), 표준편차(standard deviation), 사분위편차(quatiles) 등이 있다(유진은, 2015). 자료의 분포에 대해 이해하려면 중심경향값과 분산도를 모두 고려할 필요가 있다.

① 범위

범위(range)는 가장 단순한 형태의 분산도 측정값이다. 최고 점수에서 최저 점수를 뺀 다음 1을 더해서 구한다. 범위는 최고 점수와 최저 점수의 차이를 보여주기는 하지만 대부분의 점수가 어느 위치에 있는지 범위를 통해서는 알 수 없다. 계산은 쉬우나 극단적인 점수가 있는 경우에는 점수의 폭이 크다.

② 분산

분산(variance)은 자료들이 평균에서 얼마나 멀리 떨어져 있는지를 나타낸다. 분산은 편차점수(deviation score, 각 점수에서 평균을 뺀 점수)를 제곱한 값의 평균이다. 즉, 편차점수를 제곱하여 합한 값을 사례수로 나누어서 구한다. 편차점수는 모두 합하면 0이 되어 의미가 없으므로 편차점수를 제곱한 값을 모두 합해야 자료가 평균에서부터 얼마나 떨어져 있는지를 파악할 수 있다.

③ 표준편차

표준편차(standard deviation)는 분산의 제곱근을 구한 값이다. 평균과 마찬가지로 극단점수의 영향을 크게 받으나 표집에 따른 오차가 가장 작으며, 가장 안정성 있는 분산도 지수이다.

④ 사분위편차

사분위편차(quatile)는 자료를 작은 값부터 큰 값으로 정렬한 후 4등분한 점에 해당하는 값이다. 두 번째 사분위편차(Q2)는 중앙값과 동일하고, 네 번째 사분위편차(Q4)는 마지막 값과 동일하기 때문에 첫 번째 사분위편차(Q1)와 세 번째 사분위편차(Q3) 값을 구하여 분포가 얼마나 흩어져 있는지를 판단한다.

⑤ 백분위 점수

백분위 점수(percentile score)는 작은 값부터 큰 값 순으로 정렬했을 때 100등분한 점에 해당하는 값이다. 즉 누적백분율에 대응하는 점수를 말한다. 사분위편차는 백분위 점수 중 25, 50, 75 등분에 해당되는 값이므로 100등분에 해당되는 백분위 점수를 통해 더 자세한 정보를 얻을 수 있다. 백분위(percentile rank)는 등수에 대한 것으로 백분위 점수와 다르다. 10%에 해당하는 등수는 10이고, 백분위 점수는 그 지점에 해당하는 값이다.

4) 원점수와 규준

원점수(raw score)는 검사 결과를 통해 직접 얻은 수치이다. 보편적으로 심리검사의 결과는 수치로 표현된다. 즉 피검사자가 심리검사에 반응하면, 그 결과로 검사점수를 부여받는데, 이때 부여받은 점수가 원점수이다. 그러나 원점수는 단순한 자료일 뿐 피검사자의 수행수준에 대한 정보를 제공해 주는 것이 아니기 때문에 그 자체만으로는 의미있는 해석을 하기가 어렵다.

따라서 특정한 규준집단에서 얻은 점수분포인 규준을 통해 원점수를 의미있게 해석하는 과정이 필요하다. 규준(norm)이란 어느 한 검사에서 얻은 원점수를 의미있게 비교하고 해석할 수 있도록 통계적으로 처리한 전환척도를 의미한다(이종승, 2005). 원점수의 상대적 위치를 설명하기 위하여 쓰이는 일종의 자(scale)로서 규준집단으로부터 얻어지며, 표준화 검사는 모두 규준을 갖는다. 원점수는 규준집단에서 개인의 상대적 위치를 보여주는 점수로 변환되어 그 심리검사에서 보인 개인 수행의 상대적 측정치인 규준점수로 제공된다.

검사를 개발하는 과정에서 규준을 설정하기 위하여 사용되는 집단을 규준집단이라고 하는데, 타당한 규준을 도출하기 위해서는 규준집단이 적절해야 한다. 규준집단이 어떠한가에 따라 규준의 질과 성격이 달라지기 때문이다. 일반적으로 규준의 양호도는 규준집단의 적합성, 대표성, 최신성에 비추어 판단한다(윤명희 외, 2019).

- 피검사자의 능력을 비교하기에 적합한 규준집단을 선정해야 함
- 모집단을 잘 대표할 수 있는 규준집단을 표집해야 하며, 동일한 조건의 경우 표집크기가 클수록 모집단을 잘 대표할 가능성이 커짐
- 현실과 동떨어지지 않은, 다른 조건이 동일한 경우, 최근에 제작된 것일수록 좋은 규준이라 할 수 있음

일반적으로 심리검사에 활용되는 규준은 개인의 수행을 규준집단의 수행에 비추어 판단할 수 있는 상대적 규준과 정상적인 발달과정에 비추어 어느 수준에 도달해 있는가를 알려주는 발달적 규준이 있다(윤명희 외, 2019).

(1) 상대적 규준

대부분의 표준화 심리검사는 어떤 형태로든 집단 내 규준(within-group norm)을 제공해 준다. 상대적 규준은 명확하게 규정된 수량적 의미를 가지고 있으므로 통계분석에 적절하게 활용될 수 있다.

① 백분위

백분위(percentile rank)는 주어진 점수에 대응하는 누적백분율로서 백분위 등수에 관한 것이다. 백분위는 비교집단의 크기와 상관없이 일정한 정보를 제공하기 때문에 자주 사용된다. 백분위는 어떤 점수를 높은 점수부터 낮은 점수로 나열할 때 그 점수보다 낮은 점수를 받은 사람들의 비율로 나타낸다. 백분위가 65라면 비교집단에서 65%의 사람이 그 점수보다 더 아래에 있다는 의미이다. 점수가 높을수록 백분위도 높다. 예를 들어 상위 1% 수준에 해당하는 높은 성취도는 누적백분율, 즉 백분위 99%에 해당한다.

그러나 백분위를 활용하는 데는 다음과 같은 한계가 있다. 첫째 백분위는 서열척도로

동간성(equidistance)이 없기 때문에 상대적 위치에 대한 정보는 제공하지만, 점수들이 실제 어느 정도 차이가 있는지에 대한 정보는 제공하지 않는다. 둘째, 정규분포의 중간 부분에 대부분의 사례가 몰려 있기 때문에 분포의 중간점수 부분은 원점수 차이가 작더라도 백분위의 차이가 크게 나타나지만, 정규분포의 양극단으로 갈수록 실제 원점수 차이가 크더라도 백분위 차이는 작게 나타난다.

② 표준점수

백분위는 실제 분포 모습을 그대로 반영하지 못하기 때문에 많은 검사에서 검사 결과를 표현하는 방법으로 표준점수(standard scores)를 사용한다. 표준점수는 표준편차를 이용하여 개인의 점수가 평균으로부터 떨어져 있는 거리를 표시한 것으로, 원점수에서 평균을 뺀 편차점수를 표준편차로 나눈 점수들을 통칭한다. 또한 표준점수는 평균으로부터 벗어난 편차의 크기뿐 아니라 벗어난 방향까지도 알려주기 때문에 많은 심리검사에서 활용된다.

표준점수는 척도의 단위가 일정한 기준점과 단위의 동간성이 있는 표준편차를 활용하기 때문에 점수가 가지고 있는 의미가 명확하고, 여러 점수를 서로 의미있게 비교하거나 통합할 때 합리적으로 사용할 수 있다. z점수, T점수, 스태나인(stanine) 등이 있으며, 일반적으로 T점수가 가장 많이 사용되고 있다.

• z점수

z점수는 모집단의 분포가 정규분포라고 가정할 때 이용할 수 있다. 원점수의 평균을 0으로, 표준편차를 1로 하는 변환점수를 의미한다. z점수 분포의 반은 양수(+)이고, 반은 음수(-)로 나온다.

$$z = (점수-평균)/표준편차$$

• T점수

z점수는 원점수가 평균보다 낮은 경우에 음수로 표시되며, 대부분 소수점으로 표현된다는 번거로움이 있다. 이를 보완하기 위해 z점수를 평균 50, 표준편차 10으로 전환하여 음수가 나오지 않도록 변환시킨 점수가 T점수이다. 대부분의 원점수가 '평균±3표준편차' 사이에 있기 때문에 T점수는 20~80 사이에 대부분 분포한다. T점수는 다음과 같이 계산된다.

$$T = 10z + 50$$

● **편차 IQ**

초기 지능검사인 스탠포드-비네(Standford-Binet) 지능검사에서는 정신연령(Mental Age: MA)을 생활연령(Chronological Age: CA)에 대비시켜 지적 능력수준을 나타낼 수 있도록 비율지능지수(ratio IQ)의 개념을 제안하였다. 비율 IQ는 정신연령 대 생활연령의 비율에 100을 곱하여 얻은 수치이다.

$$\text{비율 IQ} = (\text{정신연령}/\text{생활연령}) \times 100$$

그러나 비율 IQ는 생활연령이 계속 증가하는 것에 비해 정신연령이 어느 시점부터는 더 이상 증가하지 않아 실제로는 정상이지만 지능이 뒤처진다고 평가되기도 하였다. 또한 연령에 따라 비율 IQ의 분포의 표준편차가 서로 다르기 때문에 다른 연령대와의 비교가 어렵다는 문제점도 있다. 이러한 문제점을 해결하기 위해 웩슬러는 편차지능지수(deviation IQ)를 제안하였다. 즉, 편차 IQ는 모든 연령집단의 IQ분포를 평균 100, 표준편차를 15가 되도록 전환시켜 IQ의 단위를 통일시킨 점수이다.

$$\text{편차 IQ} = 100 + 15z$$

● **스태나인 점수**

스태나인(stanine) 점수는 9간 점수(9단계 점수)라고 불린다. 양극단의 점수를 합하여 1점부터 9점까지의 점수범위로 표시한 9단계 척도이다. 스태나인(stanine)은 Standford nine의 약어이다. 현재 대학수학능력검사의 상대평가를 하는 과목의 등급은 정수로 표기된 표준점수와 원점수를 스태나인(stanine) 방식으로 나누어, 다음과 같은 비율로 산출한다.

표 2-8 / **대학수학능력검사의 상대평가 과목의 등급 비율**

등급	1등급	2등급	3등급	4등급	5등급	6등급	7등급	8등급	9등급
비율	4%	7%	12%	17%	20%	17%	12%	7%	4%
누적비율	4%	11%	23%	40%	60%	77%	89%	96%	100%

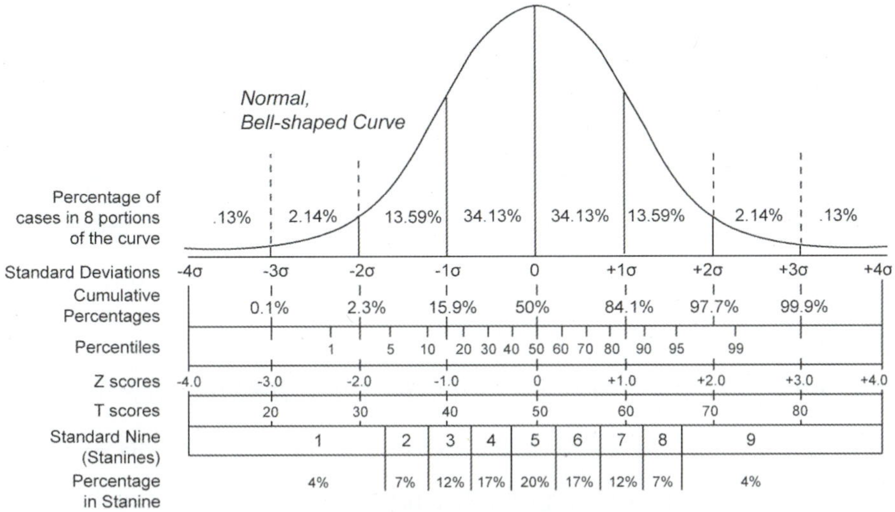

그림 2-1 / 표준점수의 비교

(2) 발달적 규준

발달적 규준은 검사하고자 하는 특성이 연령이나 학년에 따라 점진적으로 성장하고 발달해 나간다는 가정에 기초를 두고 있다. 발달적 규준은 일련의 정상적인 발달과정 또는 단계에서 피검사자가 어디에 속하는지를 나타내준다. 여기에는 연령 및 학년 규준, 정신연령 규준 등이 있다. 연령 및 학년 규준은 개인의 점수를 특정한 연령이나 학년에 있는 사람들의 전형적인 점수에 준하여 의미를 해석할 때 적용한다.

정신연령 규준은 지능검사에서 사용되는 연령 규준의 한 형태이다. 모든 문제를 통과한 연령수준을 기본연령(basal age)으로 설정하고 기본연령보다 높은 연령수준에 속해 있는 검사문항 중 성공적으로 통과한 문항에 대해 월령(month age)으로 계산하여 추가득점(partial credits)을 더해준다(이종승, 2005; Anastasi & Urbina, 1997).

5) 상관계수

상관(correlation)이란 두 변수 간의 관계를 나타내는 개념으로 한 변수가 변함에 따라 다른 변수가 변하는 정도를 의미한다. 교육과 사회과학 연구에서 상관은 아주 중요한 개념으로 두 변수 간의 관계를 나타내며, 한 변수로 다른 변수를 예측하는 데 사용하기도 한다.

상관계수(r)는 –1에서 1까지($-1 \leq r \leq +1$)의 값을 가지며, 크기, 강도, 방향이 있다. 한 변수가 증가함에 따라 다른 변수도 증가하는 경우 양(+)의 상관이 있다고 하며, 한 변수가 증가할 때 다른 변수가 감소하는 경우 음(-)의 상관이 있다고 한다. 두 변수가 서로 독립적일 때는 상관이 없다고 하며 상관계수는 0에 가깝다.

가장 일반적으로 사용되는 상관계수는 피어슨(Pearson)의 적률상관계수(r)로서 동간성을 가정하는 자료들 간의 관계를 분석하기 위해 사용한다. 그러나 사례 수가 30 이하인 경우, 상관관계를 비교적 신속하게 알고자 하는 경우, 척도의 동간성이 보장되지 않는 경우는 스피어만(Spearman)의 등위상관계수를 사용한다.

상관계수의 해석에는 상관계수의 크기와 결정계수의 크기를 활용한다. 상관계수의 경우 상관계수(r)의 값이 0일 경우 상관관계가 없는 것이며, 절대값이 1에 가까워질수록 상관의 정도가 큰 것으로 해석한다. 주로 상관계수가 0.6 이상이면 강한 상관, 0.4~0.6는 중간 정도의 상관, 0.4 이하이면 약한 상관으로 해석한다. 사례 수가 매우 많은 경우 이 기준보다 작은 상관계수라도 통계적으로 의미있는 값으로 판정되기도 한다. 결정계수는 두 변수 X와 Y의 상관이 r일 때, X에 의하여 설명되는 Y의 분산으로 r^2으로 계산되며, X가 Y를 설명하는 정도를 의미한다.

3 심리검사의 요건

심리검사를 선정할 때 고려할 판단기준으로는 검사의 타당도(validity), 신뢰도(reliability), 표준화(standardization)와 규준(norm), 실용성, 문화적 요인 등이 있다.

1) 타당도

타당도(validity)는 측정하고자 하는 어떤 특성 또는 현상을 얼마나 충실하게 측정하고 있는가의 정도를 의미한다. 검사를 통해서 파악하고자 하는 심리학적 구성개념을 충실히 측정할수록 타당도가 높다고 말한다. 타당도는 검사가 갖추어야 할 가장 중요한 요건으로 간주된다(Gladding, 2000; Hood & Johnson, 1997).

타당도를 결정하기 위해서는 대체로 검사가 측정하고자 하는 것이 무엇이든 간에 독립적인 외부의 준거가 필요하다. 측정도구의 타당도를 판단하는 방법이나 준거에 따라 몇 가지로 구분된다. 즉, 내용의 타당성은 어떻게 확보되어 있는가, 준거에 의한 타당성은 어떻게 입증되어 있는가, 구성개념의 타당성은 어떻게 제시되어 있는가 등으로 구분해 볼 수 있다.

(1) 내용타당도

내용타당도(content validity)는 측정하고자 하는 내용을 얼마나 충실히 측정하고 있는지를 논리적으로 분석하여 평가하는 방법이다. 즉 측정하고자 하는 중요한 목표와 내용을 측정도구가 빠뜨리지 않고 포괄하고 있는가의 정도를 말한다.

이는 검사의 타당도를 살펴보는 가장 직접적인 방법으로 주로 그 분야 전문가의 내용분석에 따라 판단된다. 전문가에 의한 내용분석은 면담이나 개방형 설문, 또는 각 문항에 대한 점수평정으로 이루어진다. 다수의 전문가 평정점수를 반영하는 경우 전문가 평정 간의 일치도를 활용하기도 한다. 내용타당도는 주관적 판단에 기초하기 때문에 다른 형태의 타당도보다 오차를 범하기 쉽다. 그러나 내용타당도는 모든 검사 제작과정에서 일차적으로 고려해야 할 사항이다.

(2) 준거타당도

준거타당도(criterion validity)는 어떤 외적 준거와 관련지어서 검사의 타당성을 평가하는 방법이다. 검사의 구인과 이론적으로 관련되어 있는 준거가 되는 다른 변인과의 상관계수로 표현된다. 이때 사용하는 준거의 시간적 속성에 따라 공인타당도와 예측타당도로 나뉜다.

공인타당도(concurrent validity)를 확인하기 위해서는 이미 타당도가 입증된 기존 검사를 준거로 사용하거나, 그 검사의 구인과 이론적으로 관련성이 있는 구인을 측정하는 다른 검사를 준거로 사용한다. 타당도는 동시간대에 측정된 두 검사의 상관관계를 보여줌으로써 둘 사이에 얼마나 공통성이 있는지를 검토하여 타당도를 결정하는 방법이다.

예측타당도(predictive validity)를 제시하기 위해서는 그 검사의 구인과 관련되어서 미래에 나타내게 될 특성을 준거로 사용한다. 즉 현재의 검사 점수가 미래에 발현될 행동특성을 얼마나 정확하게 예측할 수 있는가를 기준으로 타당도를 결정하는 방법이다. 적성검사, 인사선발이나 배치에서 사용되는 검사에서 주로 요구된다.

준거타당도의 평가를 위해서는 먼저 준거가 되는 변인의 신뢰성과 타당성이 확보되어야 한다. 준거로 정한 변인 자체가 믿을 수 없고 타당하지 않으면, 이에 비추어 타당성을 검토하는 것 자체가 의미가 없으므로 준거타당도 확인을 위해서는 준거변인의 타당성과 신뢰성에 대한 확인이 전제되어야 한다.

(3) 구인타당도

구인타당도(construct validity)는 검사가 이론적 구성이나 특질을 측정하는 정도를 평가하는 것이다. 앞서 구인(또는 구성개념)은 어떤 특성이나 속성에 대해 추상적이고 가설적으로 만들어 놓은 개념이라고 언급하였다. 가설적 구인의 타당성 확인은 결국 그 구인이 실제로 존재하는가를 입증하는 문제가 된다.

즉 어떤 검사의 구인타당도를 알아보는 것은 그 검사가 측정하고자 하는 구인이 정말로 존재하며, 그것을 제대로 측정하고 있는지를 확인하는 문제인 것이다. 그러므로 어떤 검사의 구인타당도를 주장하려면 먼저 해당 구인의 존재를 객관적으로 입증할 수 있어야 하고, 그 다음에 해당 검사를 통해 그 구인이 측정 가능하다는 것을 실증적 자료에 근거하여 확인할 수 있어야 한다(이종승, 2009).

즉, 구인타당도의 검증은 구인에 대한 이론적 가설을 경험적 방법으로 검증하는 것이라고 할 수 있다. 여기에는 가설적 구인을 행동적 특성으로 정의하고 확인하는 방법, 중다특성-중다방법에 의한 상관행렬분석, 요인분석 등의 방법이 사용된다.

첫째, 가설적 구인을 행동특성으로 정의하고 확인하는 과정은 다음과 같다. 첫째, 개념에 대한 조작적 정의를 명확히 한다. 그 특성을 가지고 있는 사람이 나타내는 특성에 대한 가설을 세운다. 둘째, 그 특성을 측정하기 위해 만든 검사로 실제 측정을 한다. 셋째, 그 검사에서 점수를 받은 사람의 모습이 예측한 행동특성을 나타내고 있는지 확인한다.

둘째, 중다특성-중다방법(multitriat-multimethod)에 의한 상관행렬분석은 수렴타당도(convergent validity)와 변별타당도(discriminant validity)를 분석하고 그 결과를 기초로 구인타당도를 확인하는 것이다. 수렴타당도는 동일한 구인은 다른 방법으로 측정하더라도 측정치들 간의 상관관계가 높게 나타나는 것을 의미하며, 변별타당도는 서로 다른 구인은 동일한 방법으로 측정하더라도 측정치들 간의 상호상관은 높지 않게 나타나는 것을 의미한다.

셋째, 요인분석은 여러 사람의 실제 검사점수를 사용하여 통계적 분석을 하는 것이다. 요인분석은 검사 문항들이 어떤 구조로 묶여서 몇 개의 요인을 이루며, 요인들 간에 상호 독립적인 특성을 보이는지 등을 보여준다. 개념에 대한 이론이 정립되지 않은 경우, 구인이 몇 개의 요인으로 구성되어 있는지, 어떤 문항들이 같은 요인으로 묶이는지 등에 관한 정보가 없으므로 경험적 자료를 사용하여 검사의 요인구조를 탐색하는 탐색적 요인분석을 사용한다. 그러나 선행연구에 의해 요인의 구조와 특성이 이미 개발되어 있는 경우 확인적 요인분석을 활용한다.

구인타당도는 내용타당도와 준거타당도의 문제점을 보완해 주는 측면이 있다. 내용타당도는 지나치게 주관적인 판단에 의존하고, 준거타당도는 과연 합당한 준거가 무엇인지에 대한 합의를 이끌어내기 어렵기 때문이다. 구인타당도는 다양한 경험적 연구를 통해 많은 자료가 누적되면서 확고해진다.

2) 신뢰도

검사의 신뢰도(reliability)란 검사 결과의 일관성(consistency)을 의미하며(AERA, APA, & NCME, 1999), 검사가 측정하고자 하는 특성을 얼마나 정확하게 측정하는가를 보여준다. 즉 측정의 오차가 적고, 반복해서 측정해도 측정 결과가 일관되게 나타나면 신뢰도가 높다고 간주한다. 검사의 신뢰도는 0부터 1 사이의 값으로 표현되며, 값이 클수록 신뢰도가 높다.

신뢰도는 검사 시기, 문항 세트, 검사자, 채점자를 달리하는 등 다른 검사 조건하에서 동일한 사람들을 대상으로 측정한 점수를 비교하여 확인할 수 있다. 이때 신뢰도를 측정하기 위해 썼던 종류와 방법, 대상 등을 명시하는 것이 중요하다. 이러한 정보는 검사를 선정할 때 각 검사가 얼마나 믿을 만한지를 판단하는 기준으로 활용된다. 신뢰도를 추정하는 대표적인 방법은 다음과 같다.

(1) 검사-재검사 신뢰도

검사–재검사 신뢰도(test-retest reliability)는 같은 검사를 같은 사람들에게 일정한 간격을 두고 두 번 시행한 결과 간의 상관계수로 산출하는 안정성계수이다. 검사–재검사 신뢰도 측정에서 고려해야 할 문제는 두 번의 검사 시행으로 나타날 수 있는 이월효과(carry over effect) 가능성이다. 즉 첫 번째 검사 시행이 두 번째 검사에 영향을 미칠 수 있다는 점이다. 재검사 신뢰도는 전후검사의 실시 간격, 검사 실시 조건 등 여러 요인의 작용으로 진짜 신뢰도보다 과대 추정될 가능성이 많다. 연습이나 기억 효과 외에도 개인의 기분, 건강, 동기 등 일상의 변화가 신뢰도에 영향을 준다(강봉규, 2004). 또한 두 검사 시행 사이의

기간이 길어지면 피검사자의 학습과 성숙 등도 영향을 줄 수 있다

(2) 동형검사 신뢰도

동형검사 신뢰도(parallel-form reliability)는 개발된 검사와 문항의 내용, 반응 과정, 형태, 난이도 수준, 통계적 특성 등이 유사한 다른 검사를 개발하고, 두 검사 점수 간의 상관계수를 구해서 신뢰도를 추정하는 방법이다(박경, 김혜은, 2017). 검사 문항이 다르기 때문에 검사-재검사 신뢰도에 비해 기억효과 및 이월효과가 감소된다. 그러나 두 개의 동형검사를 개발하는 시간과 비용 부담이 크고 두 검사 간의 동질성을 보장하기 어렵다는 단점이 있다.

(3) 반분신뢰도

반분신뢰도(split-half reliability)는 하나의 검사를 한 집단에 실시한 후 전체 문항을 반으로 나누어서 두 개의 동형검사로 간주하여 산출한 상관계수로 추정하는 방법이다. 검사를 두 부분으로 나누는 방법은 문항의 전반부와 후반부로 나누는 방법, 홀수 문항과 짝수 문항으로 나누는 방법, 난수표를 이용해서 나누는 방법 등이 있다. 한 번의 검사 실시로 신뢰도를 구할 수 있고, 이월 및 연습효과, 성숙 등의 측정오차를 극복할 수 있다는 장점이 있다. 그러나 문항 수가 많을수록 신뢰도가 높아지는 경향이 있기 때문에 반으로 나누어 추정된 신뢰도는 과소 추정될 가능성이 있다.

(4) 문항내적합치도

문항내적합치도(inter-item consistency)는 검사에 속한 문항 하나하나를 독립된 동형의 검사로 간주하여 산출한 상관계수로 추정하는 방법이다. 검사를 두 부분으로 나누어 두 부분을 독립된 검사로 간주하고 상관계수를 산출하는 반분신뢰도 산출과 유사한 방식이다. 피검사자가 각 문항에 대해 일관된 반응을 한 정도가 검사문항들의 동질성을 보여준다. 일반적으로 문항내적합치도는 크론바흐 알파(Cronbach α) 계수로 제시되며, 내적일관성 신뢰도라고도 한다.

(5) 평정자 간 신뢰도

채점자의 주관적 평정의 소지가 있는 심리검사의 경우 채점 결과의 객관성과 신뢰성을 검증하기 위해 평정자 간 신뢰도(inter-scorer reliability)가 요구된다. 객관적 검사와 달리

채점자 혹은 평정자에 의한 오차가 발생할 수 있는 투사검사, 서술형 문항, 관찰 및 면접을 통한 평정의 경우가 이에 해당된다. 동일한 검사 결과에 대해 2인 이상의 평정자가 채점한 점수에 대한 상관관계로 제시된다.

이처럼 신뢰도는 검사 자체가 갖는 속성이라기보다는 검사가 사용된 맥락의 영향을 받는다(김동민 외, 2019). 신뢰도에 영향을 미치는 요인에는 다음과 같은 것이 있다. 첫째, 다른 모든 요인이 같다면, 문항 수가 많을수록 검사의 길이가 길수록 신뢰도는 높아진다(Ebel & Frisble, 1991). 많은 문항을 통해 얻은 결과는 적은 수의 문항을 통해 얻어진 결과보다 일관된 결과를 보여줄 가능성이 높다. 둘째, 너무 어렵거나 혹은 너무 쉬운 문항들로 구성된 경우 신뢰도가 작아지는 경향이 있다. 거의 모두 맞추거나 거의 모두 틀리는 문항은 피검사자의 일관된 능력을 보여주지 못하므로 신뢰도를 떨어뜨리며, 추측에 의한 응답은 우연에 의한 결과를 증가시켜서 신뢰도를 떨어뜨린다. 셋째, 검사가 측정하는 내용 영역이 다양할수록 신뢰도가 작아지는 경향이 있다. 측정하는 내용의 범위가 좁아서 검사내용이 유사하면 검사 결과는 일관되게 나타날 가능성이 높으므로 신뢰도가 높아지게 된다. 넷째, 피검사자의 능력이 동질적일수록 신뢰도가 작아지는 경향이 있다. 능력이 비슷한 피검사자들의 검사 결과는 서로 순위상 변동이 일어날 가능성이 많다. 이는 검사 결과의 일관성을 떨어뜨리는 결과로 나타난다.

신뢰도는 타당도와 관련이 있기는 하지만 신뢰성이 있다고 해서 반드시 타당한 것은 아닐 수 있다(Gladding, 2000; Hood & Johnson, 1997). 신뢰도는 매우 높지만 타당도는 없는 측정도구도 있을 수 있다. 신뢰도를 높이는 것은 타당도를 높이기 위한 필요조건은 되지만 충분조건은 되지 못한다. 신뢰도와 타당도 모두 중요하지만 우선순위를 정한다면 타당도를 먼저 고려해야 한다. 오차 없이 정확하게 측정하는 신뢰도는 검사에서 매우 중요한 요건이지만 측정하고자 하는 속성이 아닌 다른 것을 측정하는 경우 정확하게 측정하려는 노력은 의미가 없다.

3) 표준화와 규준

검사의 표준화(standardization)는 검사의 실시, 채점, 해석 방법을 일정하게 만드는 과정이다. 표준화 검사는 '실시, 사용 및 해석을 위한 분명한 지침'과 '적절한 규준 및 기준 점수'가 있어야 한다.

첫째, 실시, 사용 및 해석을 위한 명확하고 세부적인 지침을 작성하여 검사매뉴얼에 제시해 주어야 한다. 즉 검사가 동일한 조건에서 수행되기 위해서는 표준화된 실시 절차를 따라야 한다. 표준화된 실시 절차에는 검사 시행과 관련된 시간 제한, 지시문, 피검사자의 질문을 처리하는 방법, 시행과정에 요구되는 사항 등이 포함된다.

둘째, 적절한 규준 및 기준점수가 제시되어야 한다. 검사점수가 다른 사람들의 점수와 비교 가능한 것이 되려면 검사의 실시 및 채점, 해석조건이 동일하게 적용되어야 한다. 즉 채점 결과로 얻은 점수의 해석을 위해서는 규준이나 기준점수가 필요하다.

가장 중요한 표준화 과정은 규준을 작성하는 것이다. 규준(norm)이란 어떤 검사를 적용하고자 하는 모집단에서 얻은 정상적이고 전형적인 수행 결과를 의미하며(Anastasi & Urbina, 1997), 개인의 점수를 다른 사람의 점수와 비교하여 해석할 때 비교가 되는 점수를 말한다. 준거참조검사의 경우, 검사 결과는 규준에 따라 변환된 표준점수로 제시되므로 검사의 준거가 되는 규준의 작성은 매우 중요하다. 규준 자체가 타당하지 않으면 이에 따라 제시되는 검사 결과 또한 의미가 없어지기 때문이다.

규준을 마련하는 표준화 과정에는 검사가 목적으로 하는 대상(모집단)인 특정 유형의 사람들로 구성된 큰 집단(표본집단)에 검사를 실시하는 절차가 포함된다. 이 표본집단을 표준화 집단이라고 한다. 이 집단은 규준을 확립하는 데 사용되며, 규준집단(norm group)이라고도 한다. 규준집단은 어떤 개인이나 집단의 검사 결과를 그 개인이나 집단이 속해 있는 모집단에 비추어 해석하는 기초가 된다. 규준은 개인의 위치를 판단할 수 있게 하는 기준이 되며, 평균적 수행뿐만 아니라 평균보다 높거나 낮은 수준 등을 평가하는 기준이 된다.

따라서 규준은 정상적이고 전형적이며 규범적인 분포를 가진 것이어야 하며, 규준을 검토할 때는 검사의 표준화 집단이 검사 대상 전체 모집단을 대표하는지, 표준화 집단이 충분히 큰지, 세분화된 하위집단의 규준이 자세히 제시되어 있는지 확인한다. 연령 규준, 학년 규준, 성별 규준, 지역별 규준 등 각 비교집단별로 차이가 심한 경우 규준이 따로 제시될 필요가 있다.

4) 실용성

실용성은 검사 오리엔테이션, 시행과 해석의 용이함을 의미한다. 검사 실시 시간과 비용도 검사 선택에서 고려하게 되는 요인이다. 어떤 검사는 유용한 결과를 제공해 줄 수 있지만 검사 시행에 비용이 너무 많이 들거나 시간이 너무 오래 걸리거나 시행상의 어려움이 있다면 그 검사를 선택하기 어렵다. 정규 학교 일정과 상황에 맞춰서 정해진 검사 일정과 예산은 검사를 결정하는 데 중요한 고려사항이 된다.

때로는 정확성이 조금 떨어지더라도 짧은 검사를 사용하는 것이 좋을 수도 있고, 보다 중요한 결정을 위해서는 검사시간이 오래 걸리더라도 신뢰도가 높은 검사를 사용해야 할 수 있다. 검사에 대한 비용도 재원이 제한적인 기관의 경우 중요하다. 검사 문항을 답지와 별도로 재사용할 수 있는지, 채점방식은 어떤지, 컴퓨터 채점 비용 등도 고려사항이 된다(김계현 외, 2012). 그러나 비용의 경제성, 시행의 간편성, 시간의 효율 등의 실용성은 타당도, 신뢰도, 객관도가 갖추어진 상태에서 부가적으로 고려하는 것이 바람직하다.

검사의 실용성을 판단할 때 다음과 같은 항목을 고려할 수 있다(Neukrug & Fawcett, 2015; 김동민 외, 2017).

- 검사 매뉴얼 및 관련 정보를 이해 및 사용하기에 용이한 정도
- 검사를 치르는 피검사자의 수와 그 수가 원활한 검사 실시에 영향을 미치는지 여부
- 검사를 실시, 채점 및 해석하기 위해 요구되는 훈련이나 교육의 종류
- 검사를 채점하고 결과를 얻기까지의 처리 시간
- 검사 결과를 피검사자에게 설명하기 위해 필요한 시간
- 피검사자에게 검사점수를 설명할 때 도움이 될 수 있는 관련 보조 자료(예, 전문적으로 제작 및 인쇄된 자료)

5) 문화 간 공정성

검사의 모든 측면에서 문화 간 공정성(cross-cultural fairness)이 확보되어야 한다. 검사는 모든 집단을 대상으로 측정하고자 하는 것을 일관성 있게 측정해야 한다. 불공평한 검사 시행으로부터 피검사자들을 보호하고 공정한 점수 해석을 위해 문화적인 언어와 내용을 삭제하거나 줄일 수 있는 문화공평 검사의 개발과 선택이 요구되며, 검사도구를 활용할 때 다양한 소수집단의 사람들에게 문화 간 공정성의 문제가 생기지 않도록 주의해야 한다.

먼저 검사를 선택하거나 해석할 때, 검사가 문화적으로 편파되어 있지는 않은지, 규준 집단이 피검사자들의 다양성을 제대로 반영하지 못한 것은 아닌지 등을 살펴보아야 한다.

검사점수를 해석할 때는 문화적·인종적 장애 및 언어가 미칠 수 있는 요인을 고려해야 하며, 검사 실시 및 채점과정에서는 시각적, 청각적, 이동성 장애에 대한 적절한 배려를 해야 한다. 검사 사용자는 검사의 속성이나 목적에 따라 특정 유형의 규준이나 검사 해석 방법이 부적절할 수도 있음을 이해할 필요가 있다(American Counseling Association, 2003).

4 심리검사의 개발과정

심리검사를 선택할 때, 각 검사의 개발과정은 의미있는 판단기준이 된다. 학교상담자는 심리검사의 개발과정을 좀 더 상세히 이해함으로써 적절한 심리검사를 선정하고, 검사 결과를 보다 통찰력 있게 해석하는 데 활용할 수 있다. 심리검사의 개발과정은 계획 수립, 문항개발, 예비검사, 본검사, 규준 및 검사 매뉴얼 작성으로 요약된다. 각 단계에서 이루어지는 내용을 구체적으로 살펴보기로 한다.[2)]

1) 계획 수립

먼저 어떤 과정을 거쳐 검사를 개발할 것인지 정한다. 여기에는 심리적 구인을 정의하기 위한 이론적·경험적 탐색 과정, 문항의 개발 및 수정 과정, 예비검사 실시와 문항분석 과정, 본검사의 실시와 자료분석 과정, 규준 및 검사매뉴얼을 개발하는 과정 등에 관한 계획이 포함된다.

다음으로는 검사의 목적과 내용, 실시 대상 및 실시 절차, 채점 및 해석 방법 등 검사 자체의 특성에 관한 계획이 필요하다. 좀 더 구체적으로는 문항의 형식과 배치, 문항 수와 소요시간, 시행 절차와 지시사항, 결과를 제시하고 활용하는 방법 등을 계획한다.

2) 문항개발

심리검사를 개발한다는 것은 심리적 특성을 측정할 수 있는 문항을 개발하는 것이라고

2) 이 절의 내용은 김동민 외(2019), 김재환 외(2014), 박영숙 외(2019), 윤명희 외(2019), 전용오 외(2016)에서 심리검사의 개발과 관련하여 제시한 내용들을 토대로 재구성하여 작성하였다.

할 수 있다. 앞서 살펴본 바와 같이 심리적 특성은 관찰 가능한 행동표본을 통해서 추론되는 추상적인 개념이기 때문에 검사개발에서 무엇보다 중요한 것은 측정하려는 심리적 특성을 대표할 수 있는 타당한 행동표본이 무엇인지 결정하는 문항개발 과정이라고 할 수 있다.

문항개발은 측정하려는 심리적 구인에 대한 정의와 예비문항군의 개발, 개발한 문항에 대한 전문가 평정을 통한 문항 수정과정으로 이루어진다.

(1) 심리적 구인의 정의

심리적 구인(특성)은 구체적인 실체가 보이지 않는 추상적인 개념이기 때문에 이에 대한 개념적 합의를 토대로 간접 측정을 하게 된다. 구인에 대한 개념적 합의는 개념적 정의와 조작적 정의로 이루어진다. 개념적 정의는 구인의 특성을 이론에 기초하여 규정하는 것이며, 조작적 정의는 개념적으로 정의된 구인을 측정 가능하도록 구체적인 행동용어로 정의하는 것이다. 이후 문항개발은 이러한 조작적 정의에 기초하여 타당한 대표행동들을 추출하는 과정으로 진행된다.

(2) 예비문항군 작성

심리적 구인에 대한 조작적 정의를 토대로 무엇을 측정할 것인지가 정해지면, 이를 토대로 구체적인 검사문항을 개발한다. 즉 검사문항의 내용과 형식을 정하는 것이다. 이 과정에서는 문헌연구, 전문가 의견, 개방형 질문지, 관찰 등을 통한 경험적 자료의 수집과 분석 등이 이루어진다. 검사의 형식은 심리적 특성에 따라 효과적인 것을 선택한다.

검사의 형식 중 기본이 되는 문항반응양식에는 진위형, 중다선택형, 리커드형, 양극형용사 체크형, 개방형 등이 있다.

① **진위형** : 각 문항에 대해 '예-아니오' 등으로 선택하는 방법

② **중다선택형** : 각 문항에 대해 여러 가지 선택지 중에서 하나를 선택하는 방법

③ **리커트(Likert) 방식** : 각 문항이 제시한 내용에 대해 어느 정도 동의하는지를 1~5점 등의 척도를 이용해서 선택하는 방법

④ **양극형용사 체크형** : 각 문항의 양극단에 서로 반대되는 한 쌍의 형용사를 제시하고, 그 사이를 1~7점 등 연속점수로 제시하여 해당되는 점수에 응답하도록 하는 방법

⑤ **개방형** : 주어진 문항에 대해 정해진 형식 없이 자유롭게 응답하는 방법

최초 예비문항의 수는 최종 척도에서 예상되는 문항 수보다 많아야 한다. 신뢰도가 높은 검사를 개발하기 위해서는 많은 수의 문항을 포함하는 것이 권장되며, 보통 최종 문항 수를 기준으로 적어도 두 배에서 다섯 배 정도의 예비문항을 작성한다. 다양한 문항 제작이 매우 어려운 내용 영역이거나 적은 수의 문항으로도 높은 신뢰도를 얻을 수 있는 구인으로 확인된 경우에는 최소 1.5배 정도가 권장된다(김동민 외, 2019). 그러나 너무 많은 문항을 제작할 경우 예비검사를 시행할 때 시간이 많이 걸리고, 응답자의 피로도가 증가되어 신뢰도를 떨어뜨릴 수 있으므로 예비문항 수는 문항의 난이도, 피검사자 성향 등을 고려하여 적절하게 정하도록 한다.

(3) 전문가 내용타당도 검증

개발된 예비문항은 전문가의 내용타당도 검증을 거쳐 예비검사 문항으로 확정된다. 내용타당도 검증을 위해서는 측정하려는 구인과 문항의 내용적 측면을 잘 알고 있는 전문가가 필요하며, 전문가의 문항 검토 결과는 문항을 수정, 삭제 및 보완하는 데 활용된다. 내용타당도 검증에는 다음 사항들이 포함된다.

첫째, 구성개념의 타당성이다. 측정하려는 구인과 각 문항의 이론적 관련성에 대한 평정과 각 문항이 실제 측정하고자 하는 내용에 부합하는지에 대한 평정이다. 각 문항의 내용타당도를 상, 중, 하와 같은 수준으로 평가하도록 할 수 있다.

둘째, 문항의 명확성과 간결성이다. 단어 선택이나 표현에 문제가 있거나 모호하거나 해석상 명확하지 않은 문항은 전체적인 신뢰도를 저해할 수 있으므로 어색하거나 혼란을 줄 수 있는 표현을 찾아 이를 대신할 수 있는 단어를 제안해 주도록 요청할 수 있다.

그밖에 검사 제작에서 미처 고려하지 못한 사항들을 포함한 검사 전반에 걸친 전문가의 개방형 평가내용도 유용하게 활용된다.

3) 예비검사

검사의 대상이 되는 표본을 표집하여 예비검사를 시행하고, 결과를 분석하여 최종 문항을 선정하는 과정이다. 예비검사 결과를 사용하여 각 문항의 통계적 특성과 신뢰도, 타당도 등을 분석하여 양호한 문항을 선별하여 최종 문항을 확정해 나간다. 더불어 검사의 목적에 부합하지 않거나 의미를 명확하게 전달하지 못하는 등 타당하지 않은 문항을 찾아내어 수정하고, 보완한다.

(1) 예비검사 시행

실제로 검사를 사용할 모집단에서 표본집단을 표집하여 예비검사를 시행한다. 예비검사를 실시할 표본집단의 인원은 예비검사 문항의 2~3배 이상을 권장한다. 이에 앞서 5~10명의 소수 참여자에게 예비검사를 실시하고, 검사 전반에 걸친 개방형 면담 등을 시행하면 오류나 시간 낭비 등을 줄이는 효과가 있다.

예비검사를 마친 후 참여한 피검사자들로부터 잘 이해가 되지 않았던 문항이나 단어, 검사시간에 대한 적합성, 지시사항의 명료성, 검사 절차에 대한 적절성 등 검사를 하면서 느낀 전반적인 생각에 대해 피드백을 받아두면 유용하다(이종승, 2005). 예비검사를 실시하는 목적은 다음과 같다.

첫째, 문항 진술에 사용할 어휘와 표현, 문항 형식의 적절성, 답지의 응답 방법, 검사 체제, 검사에 소요되는 시간의 확인, 지시문의 내용, 검사 실시 중에 일어날 수 있는 문제점을 사전에 검토하고 조절하기 위해 실시된다.

둘째, 문항분석을 위한 자료수집을 하기 위해 실시된다(김영환, 문수백, 홍상황, 2012).

(2) 문항분석

문항분석(item analysis)은 예비검사 결과를 통계적으로 분석하여 타당하고 좋은 문항을 선별해가는 과정이다. 문항분석에서는 다음과 같은 과정이 진행된다.

첫째, 문항의 평균, 표준편차, 왜도와 첨도 등의 통계적 특성을 확인하여 문항의 반응분포를 확인하고, 검사의 특성에 따라 문항난이도, 문항변별도, 문항편파성 등을 검토한다.

① **문항반응분포** : 문항에 대한 응답자들의 반응이 퍼져 있는 정도. 점수의 분산이 큰 문항은 응답자들의 반응이 다양하게 나타나고 있음을 보여줌

② **문항난이도** : 문항의 어렵고 쉬운 정도로 정답 반응의 비율이므로 수치가 클수록 쉬운 문항으로 보며, 난이도가 고루 분포되어야 변별도를 높일 수 있음

③ **문항변별도** : 문항이 피검사자의 능력을 변별하는 정도. 문항점수와 검사 총점 간 상관계수로 표현됨. 모두 맞추거나 모두 틀리는 문항은 변별도가 좋지 않음을 보여줌

④ **문항편파성** : 문항이 특정 집단에 유리하거나 불리한 정도를 의미함. 집단을 분류하여 해당 집단과 문항 전체 상관관계를 분석하여 확인할 수 있음

둘째, 문항-총점 상관 및 내적일관성 신뢰도를 확인하여 각 문항이 전체 신뢰도에 기여하는 정도를 확인한다. 기본적으로 내적일관성 신뢰도 계수인 크론바흐 알파(Cronbach α) 값은 문항들 간의 상관이 높으면 증가된다. 이를 기반으로 전체 신뢰도에 기여할 수 있는 문항을 선별하고, 문항을 제거하였을 때 전체 신뢰도가 높아지는 것으로 나타난 문항은 제외할 것을 고려한다.

검사의 신뢰도를 높이고 싶다면 보다 많은 문항을 검사에 포함하는 것이 도움이 된다. 그러나 검사가 측정하는 영역이 넓거나 다양한 구인을 측정하는 경우는 신뢰도가 낮아질 수 있다는 점도 함께 고려한다. 더불어 문항의 변별도는 높고, 난이도는 중간 정도일 때 보다 높은 신뢰도를 기대할 수 있다.

셋째, 문항 간 상관계수 및 탐색적 요인분석을 통해 각 문항들이 측정하고자 의도하는 구인과 하위요인을 의미있게 반영하고 있는지 확인한다. 탐색적 요인분석은 구인이 명확히 밝혀지지 않은 상황에서 구인타당도를 확인할 수 있는 통계분석 방법으로 각 문항들이 측정하려는 구인과 통계적으로 어떤 관계가 있는지를 확인하고, 상관이 높은 문항들을 묶어 요인을 규명하는 방법이다. 전체 검사 신뢰도에 더 높은 기여를 하면서 의도한 구인을 잘 측정하는 것으로 판단되는 문항들을 선택하여 최종 검사 문항으로 확정한다.

이상적인 심리검사는 최소 개수의 문항으로 일정 수준 이상의 타당도와 신뢰도를 가진 검사라고 할 수 있다. 문항의 수는 검사시간과 밀접한 관련이 있기 때문에 너무 많으면 피검사자의 집중력이 떨어져 무성의하게 반응할 수 있으며, 문항 수가 너무 적으면 심리검사에서 측정하고자 하는 심리적 특성을 제대로 측정하기 어렵다. 따라서 검사에서 측정하고자 하는 심리적 특성을 타당하고 신뢰롭게 잴 수 있는 한도 내에서 최소한의 문항 수가 되도록 조절하는 것이 필요하다(이종승, 2005).

4) 본검사

본검사를 시행하고, 그 결과를 분석함으로써 검사가 목적에 적합하게 만들어졌는지를 확인하는 과정이다.

(1) 본검사 확정 및 시행

본검사는 문항분석 과정을 거쳐 양호하다고 확인된 문항들로 구성된다. 최종적으로 포함될 문항의 수와 문항배열, 실시시간, 실시조건, 검사지시사항 등을 포함하여 본검사를 확정한다.

일반적으로 문항을 배열할 때는 검사 초기부터 어려운 문항에 너무 많은 시간을 보내 검사를 끝까지 마치지 못하는 상황이 발생하지 않도록 쉬운 문항을 앞쪽에 배치하는 것이 바람직하다. 검사 문항의 수와 배열을 확정하고, 주의사항과 응답요령 등을 포함한 검사 지시문을 작성한다. 검사 안내 및 지시문은 모호하거나 장황하지 않고 명료해야 한다. 새로운 형태의 문항이나 응답연습이 필요한 경우는 연습문제를 제시하여 지원할 필요가 있다.

다음으로 확정된 본검사를 표본집단을 선정하여 시행한다. 검사가 잘 만들어졌는지 확인하기 위해서는 모집단을 잘 대표할 수 있는 대상을 표집하는 것이 중요하다. 이 과정에서는 표집을 어떻게 할 것인지, 얼마나 많은 수를 표집할 것인지 등이 고려된다. 표집은 많을수록 좋지만 시간과 비용 등의 문제를 고려하지 않을 수 없으므로 여러 상황을 적정한 크기의 표집을 정한다. 일반적으로 권고되는 표집크기는 200명 정도면 무난하다는 견해가 있고(Croker & Algina, 1986), 예비검사 문항 수의 5~10배 정도를 표본집단으로 하는 것이 적절하다는 견해도 있다(Nunnally, 1970).

(2) 자료 분석

본검사 결과를 분석하여 각 문항의 평균, 표준편차를 포함한 기초 통계자료들과 신뢰도 및 타당도 검증자료를 제시한다. 검사-재검사 신뢰도, 내적일관성 신뢰도, 다른 검사와의 공인타당도 분석 및 예비검사 문항분석 시 탐색적 요인분석을 통해 규명한 구인에 대한 타당도를 확인하는 확인적 요인분석 자료, 검사 특성에 따라 판별분석 자료 등이 제시한다.

5) 규준 및 검사매뉴얼 작성

최종 개발된 검사의 표준화를 위해서는 '적절한 규준 및 기준 점수'와 '실시, 사용 및 해석을 위한 분명한 지침'이 필요하다.

첫째, 검사의 규준 및 기준점수를 제시한다. 이를 위해서는 검사 결과를 일반화할 모집단을 대표할 수 있는 특성을 가진 충분히 큰 표준화 집단을 선정하고, 표준화 실시 절차를 준수하여 검사를 실시한다. 검사 결과를 토대로 검사의 규준을 제시하되 검사의 규준은 모집단의 특성이 잘 반영되도록 구체적으로 제시되어야 한다. 규준참조검사의 경우 규준집단이 표준화 집단이 되며, 준거참조검사의 경우 전문가들이 설정한 기준점수가 기준이 된다. 표준화와 규준에 관한 보다 자세한 설명은 3절 '심리검사의 요건'을 참조하기로 한다.

둘째, 검사의 표준화 실시 및 채점, 해석을 위한 검사사용 설명서를 제작한다. 검사매뉴얼에는 검사목적, 검사의 이론적 배경, 검사 개발과정, 검사 실시 방법, 채점 및 해석 방법, 신뢰도와 타당도, 측정의 표준오차, 규준, 기준점 등을 제시한다. 더불어 검사 실시 및 해석을 위해 필요한 자격 등에 대한 정보도 함께 제시된다.

앞에서 살펴본 심리검사 개발과정에 대한 이해를 토대로 심리검사가 과학적으로 개발된 것인지 점검하는 데 필요한 질문을 정리해 보면 다음과 같다.

① 심리측정의 원리에 따라 문항이 개발되었는가
② 측정하려는 심리적 특성이 이론적, 경험적 탐색을 통해 도출된 것인가
③ 표준화된 실시 및 채점 절차가 제시되어 있는가
④ 검사개발의 과정이 제시되어 있는가
⑤ 규준의 특성과 준거점수가 제시되어 있는가
⑥ 신뢰도 및 타당도 자료가 제시되었는가
⑦ 이론적, 임상적 함의를 담은 검사 결과의 해석지침이 있는가

참고문헌

강봉규 (2004). **심리검사의 이론과 실제(증보판)**. 서울: 동문사.

권석만 (2013). **현대이상심리학**. 서울: 학지사.

김계현, 황매향, 선혜연, 김영빈 (2012). **상담과 심리검사 2판**. 서울: 학지사.

김동민, 강태훈, 김명식, 박소연, 배주미, 선혜연, 이기정, 이수현, 최정윤 (2019). **심리검사와 상담(2판)**. 서울: 학지사.

김영신, 천근아, 김붕년, 장순아, 유희정, 김재원, 조수철, 서동향, 배명옥, 소유경, 노주선, 고윤주, McBurnett, K., & Bennett Leventhal, B. (2004). The Reliability and Validity of Kiddie-Schedule for Affective Disorders and Schizophrenia-Present and Lifetime Version-Korean Version (K-SADS-PL-K). *Yonsei Medical Journal, 45,* 81-89.

김영환, 문수백, 홍상황 (2012). **심리검사의 이론과 실제**. 서울: 학지사.

김재환, 오상우, 홍창희, 김지혜, 황순택, 문혜신, 정승아, 이장한, 정은경 (2014). **임상심리검사의 이해(2판)**. 서울: 학지사.
김청자, 정진선 (2005). **생활지도와 상담**. 서울: 태영출판사.
대한소아청소년정신의학회 (2003). **한국판 K-SADS-PL**. 서울중앙문화사.
류경희, 이수연, 전정화 (2020). **심리검사.** 경기: 양서원.
박경, 김혜은 (2017). **심리평가의 이해와 활용**. 서울: 학지사.
박영숙, 박기환, 오현숙, 하은혜, 최윤경, 이순묵, 김은주 (2019). **현대 심리평가의 이해와 활용**. 서울: 학지사.
성태제, 시기자 (2006). **연구방법론**. 서울: 학지사.
유진은 (2015). **양적연구방법과 통계분석**. 서울: 학지사.
윤명희, 서희정, 김경희, 구경희 (2019). **심리검사 개발부터 활용까지**. 서울: 학지사.
이종승 (2005). **표준화 심리검사**. 경기: 교육과학사.
이종승 (2009). **연구방법론**. 경기: 교육과학사.
전용오, 김영빈, 신혜숙 (2016). **심리검사 및 측정**. 서울: 한국방송통신대학교 출판문화원.
조옥귀, 문지혜 (2021). **스마트한 심리검사와 평가(2판)**. 서울: 창지사.
한국교육개발원 (2011). **Wee 프로젝트 매뉴얼 1. 학교상담(Wee 클레스)**. 교육과학기술부, 한국교육개발원, 대전광역시교육청.
허은영, 김덕경 (2018). **중학교 진로교육의 실제.** 서울: 사회평론아카데미.

AERA, APA, & NCME (1999). *Standard for educational and psychological testing.* Washington, DC: American Psychological Association.
Aguinis, H., Henle, C.A., & Ostroff, C. (2001). Measurement in work and organizational psychology. In N. Anderson, D.S. Ones, H.K. Sinangil, and C. Viswesvaran (Eds.), *Handbook of industrial, work and organizational psychology, 1,* 27-50. London, U.K.: Sage.
American Counseling Association. (2003). *Standards for Qualifications of Test Users.* Alexandria, VA: Author.
American Education Research Association(AERA), American Psychological Association(APA), & National Council on Measurement in Education(NCME). (1985). *Standards for educational and psychological testing.* Washington, DC: American Psychological Association.
American Psychiatric Association. (1980). *Diagnostic and statistical manual of mental disorders* (3rd ed.). Washington, DC: Author.
American Psychiatric Association. (1987). *Diagnostic and statistical manual of mental disorders* (3rd ed., rev.). Washington, DC: Author.
American Psychiatric Association. (1994). *Diagnostic and statistical manual of mental disorders* (4th ed.). Washington, DC: Author.
Anastasi, A. (1988). *Psychological Testing* (6th ed). New York: Macmilan Publishing Co., Inc.

Anastasi, A., & Urbina, S. (1997). *Psychological Testing* (7th ed.). NY: Macmillan.

Clark, A. J. (1995). Projective techniques in the counseling process. *Journal of Counseling & Development, 73,* 311-316.

Coaley, K. (2010). *An introduction to psychological assessment and psychometrics.* Thousand Oaks, CA: Sage.

Cohen, R. J., Serdlik, M. E., & Smith, D. K. (1992). *Psychological Testing and Assessment: An Introduction to Test and Measurement* (2nd ed.). California: Mayfield Publishing Company.

Croker, L., & Algina, J. (1986). *Introduction to classical and modern test theory.* Fort Worth: Holt Rinehart and Winston Inc.

Cronbach, L. J. (1960). *Essentials of psychological testing.* New York: Harper & Row.

Cronbach, L. J. (1990). *Essentials of psychological testing* (5th ed.). New York: Harper & Row Publishers.

Drum, D. J. (1992). A review of Leo Goldman's article "Qualitative assessment: An approach for counselors." *Journal of Counseling and Development, 70,* 622-623.

Ebel, R. L., & Frisble, D. A. (1991). *Essential of educational measurement* (5th ed.). Englewood Cliffs, NJ: Prentice-Hall.

Gladding, S. T. (2000). *Counseling: A comprehensive profession* (4th ed.). Upper Saddle River, NJ: Merrill.

Goldman, L. (1990). Qualitative assessment. *The Counseling Psychologist, 18,* 205-213.

Guillford, J. P. (1954). *Psychometric Methods* (2nd ed.). New York: McGraw-Hill.

Hood, A. B., & Johnson, R. W. (1997). *Assessment in counseling. A guide to the use of psychological assessment procedures* (2nd ed.). Alexandria, VA: American Counseling Association.

Hunsley, J. (2002). Psychological testing and psychological assessment: A closer examination. *American Psychologist, 57,* 139-140.

Kaplan, R. M., & Saccuzzo, D. P. (2001). *Psychological Testing: Principles, Applications and Issues* (5th ed.). Belmont, CA:Wadsworth/ Thompson Learning.

Neukrug, E. S., & Fawcett, R. S. (2015). *Essentials of Testing and Assessment: A Practical Guide to Counselors, Social Workers, and Psychologists.* (3rd ed.). 김동민, 김준엽, 강태훈, 최수미, 정애경 역 (2017). **심리검사 및 평가**. 서울: 센게이지러닝코리아.

Nunnally, J. C. (1970). *Introduction to psychological measurement.* New York: McGraw-Hill Book Company.

Stevens, S. S. (1946). On the theory of scales and measurement. *Science, 103,* 677-680.

Studer, J. R. (2005). *The professional school counselor: An advocate for students.* Belmont, CA: Brooks/cole.

Thurstone, L. L. (1925). A method of scaling psychological and educational tests. *Journal of Educational Psychology, 16,* 433-451.

Tobin, R. M., & House, A. E. (2016). *DSM-5 Diagnosis in the Schools.* 강진령 역(2017). **학교에서의 DSM-5 진단**. 서울: 시그마프레스.

Vacc, N. A., & Juhnke, G. A. (1997). The use of structured clinical interviews for assessment in counseling. *Journal of Counseling & Development, 75,* 470-480.

Vacc, N. A., & Loesch, L. C. (1994). *A professional orientation to counseling* (2nd ed.). Levittown, PA: Accelerated Development.

Vernon, A. (1993). *Developmental assessment and intervention with children and adolescents.* Alexandria, VA: American Counseling Association.

Walsh, W. B., & Betz, N. E. (2000). *Tests & assessment* (4th ed.). Upper Saddle River, NJ: Prentice-Hall.

Whiston, S. C. (2000). *Principles and applications of assessment in counseling.* Belmont, CA: Wadsworth/Thomson Learning.

PART

2

학교심리검사의 활용

CHAPTER 03

학습검사

학교상담은 크게 학업, 진로, 개인·사회적 영역(정서, 성격, 대인관계 등)의 문제들을 다룬다. 이 가운데 학교에서의 상담은 학습 영역에 가장 큰 비중을 둘 필요가 있다. 일반적으로 아동과 청소년들이 고민하는 문제 중 가장 많은 비율을 차지하고 있는 것은 학업이며, 중·고등학생뿐만 아니라 초등학생까지 가장 스트레스를 많이 받는 요인이다.

다른 영역의 상담과 마찬가지로 학습상담에서도 다양한 요소가 고려된다. 효과적인 학습상담을 위해서는 학습부진의 원인에 대한 다각적인 평가가 선행되어야 한다. 즉, 내담자의 문제가 지능이나 기초학습능력 결손 등 인지적 능력의 부족으로 인한 것인지, 지적 능력은 크게 문제가 없으나 심리·정서적, 환경적 어려움으로 인해 성취도가 낮은 것인지, 적절한 학습 방법이나 전략을 몰라서 효율적으로 공부하지 못하고 있는 것인지 등을 검토하는 것은 이후 상담의 방향과 목표를 설정하는 근거가 된다.

학교상담자는 지능, 학업적성, 학습동기, 학습흥미, 학습전략 및 방법 등의 학습 관련 심리검사의 특성과 활용 방법을 숙지함으로써 내담자가 겪고 있는 학습문제의 원인을 파악하여 학생상담에 활용하거나 교사 또는 학부모에게 자문할 수 있는 전문성을 갖추어야 한다.

학습 관련 검사는 크게 능력을 측정하는 검사와 학습 성향을 탐색하는 검사로 구분할 수 있다. 능력검사에는 일반적인 지적 능력을 측정하는 지능검사와 학습평가를 위해 고안된 학력검사, 미래 학업수행능력을 예측해 주는 학업적성검사가 포함된다. 학력검사와 학업적성검사는 표준화 검사 중에서 학교에서 가장 많이 사용되는 검사로서 학생의 학업성취도와 미래 학업수행 능력을 파악하여 진학지도나 진로지도에 활용하는 자료로 활용된다. 그러나 상담장면에서는 이와 더불어 학습동기, 학습흥미, 학습유형, 학습습관 및 학습방법 검사 등과 같은 학습 성향을 탐색하는 검사를 사용해야 하는 경우도 많다. 이러한 검사들은 상담장면에 따라 학생들의 요구나 학부모들의 요청에 따라 실시하고 결과를 활용하여 학습 성향에 따른 장단점을 인식하도록 지도하며 돕는 데 활용된다.

여기에서는 학습 성과에 영향을 미치는 요인들을 개관하고, 이러한 요인을 평가하는 데 사용할 수 있는 표준화 검사와 측정도구들의 특성과 활용 방법을 살펴보기로 한다.

1 학습성과에 영향을 미치는 요인

1) 인지적 요인

(1) 지능

학생들의 학교 학습과 밀접한 관계가 있는 대표적인 인지적 요인으로 지능을 들 수 있다. 학생의 지능을 알기 위해서는 표준화된 지능검사를 이용할 수 있다. 지능검사 점수는 최소한 대단위 집단에서는 학교에서의 성취를 잘 예언한다.

학습부진아의 선별이나 능력별 반 편성에 있어 IQ는 중요한 기초자료로 사용될 수 있다. 그러나 지능검사는 개인의 지적 특성을 알아보는 하나의 유용한 방법이지만 결코 완전한 도구는 아니다. 학업성취도, 학습동기, 환경변인 등 다른 요소들에 대한 고려를 하지 않은 채 IQ만을 유일한 기준으로 하는 것은 매우 위험할 수 있다(김언주, 구광현, 1998).

(2) 학업기초능력

성공적인 학업을 위해서는 필요한 기초능력을 갖추어야 한다. 학교에서 이루어지는 성취도 평가의 결과는 학생들의 학업성취를 보여주는 중요한 지표이기는 하지만 대개 교과별로 이루어지는 검사도구(시험)를 이용한 교사에 의한 평가, 학교 또는 학급 내에서 이루어지는 지역적 평가의 결과이기 때문에 학생이 가지고 있는 학습에 필요한 기본적인 능력들을 구체적으로 파악하는 데는 한계가 있다. 따라서 학업성취가 미진한 학생들의 학업기초능력을 알아보기 위해서는 표준화된 학업성취도 검사를 실시해 볼 필요가 있다.

(3) 선행학습 수준

과목에 따른 선행학습 수준도 학업성취의 요인이 된다. 특정 교과의 성적이 점진적으로 하락하거나 학습을 어려워하는 정도가 심해지는 학생의 경우 선행학습의 결손 누적을 의심해 볼 필요가 있다. 특히 초등학교에서 중학교로, 중학교에서 고등학교로 진급한 초기에 학습에 어려움을 겪는 경우는 일반적인 학업기초능력과 별개로 교과별 선행학습 수준이 문제가 되는 경우가 많다.

(4) 학습 방법 및 전략

학생이 사용하는 학습 방법 및 전략은 학년이 높아질수록 그리고 학습에 필요한 시간이 늘어날수록 학업성취에 큰 영향을 미치게 된다(김계현 외, 2003). 동일한 시간을 학업에 투자하더라도 어떠한 학습 방법이나 전략을 어떻게 사용하느냐에 따라 학업성취에 차이가 있기 때문이다. 따라서 상담자는 학생들이 사용하는 학습의 방법, 전략, 습관 등을 파악하고 그 방법이 지니는 장단점을 이해하고 활용하거나 개선할 수 있도록 도와주어야 한다.

2) 정의적 요인

(1) 학습동기와 흥미

학습에서는 내재적 동기와 외재적 동기 모두가 중요하다. 학생들이 가지는 내재적 동기와 외재적 동기는 학생에 따라, 학습과제에 따라 차이가 있을 수 있다. 따라서 학생들의 동기를 자세히 파악하여 내재적 동기를 북돋우는 한편, 외재적 동기를 적절히 활용할 필요가 있다.

학습자의 흥미는 내재동기를 유발한다. 학습자가 얼마나 자발적으로 그리고 즐거운 마음을 가지고 지속적으로 학습하는가에 따라 학습효과가 결정된다(Schiefele & Csikszentmiihalyi, 1995). 학습흥미는 학업성적을 예측함에 있어 중요한 하나의 요인이 되며, 개인의 동기를 강화시킴으로써 학습반응을 증가시킨다.

더불어 학습흥미는 학습동기, 학업성취, 포부수준, 자아개념 형성과 높은 관련이 있다. 결국 학습에 대한 흥미는 학습과 수행 결과에 직·간접적인 영향을 미치는 요인으로 기능하기 때문에 흥미에 대한 정보를 파악하는 것은 학생의 학습지도에 중요한 의의가 있다.

(2) 자아개념

학습에서 성공한 학생과 실패한 학생 간에는 자아개념에서 차이가 있다. 학생들의 자아개념이 긍정적으로나 부정적으로 형성되는 데는 계속적인 성공이나 실패의 학습경험이 수반된다. 학업성적과 자아개념은 상호작용적인 인과관계를 가지며 서로 정적 상관을 보인다. 또한 여러 연구들이 높은 자아존중감을 가진 학생일수록 학교생활에 보다 잘 적응한다는 결과를 제시하고 있다. 상담자나 교사는 저학년부터 학생들에게 성공적인 학습경험을 많이 제공함으로써 학문적 자아개념을 보다 긍정적으로 형성시킬 수 있도록 도와주어야 한다.

(3) 불안과 스트레스

학생이 얼마나 심리적 안정을 유지하는가도 학업의 중요한 요인이 된다. 학생이 경험하는 학업 또는 학업 외적인 다양한 요인이 학생의 정서적 불안과 갈등을 초래할 수 있으며, 이러한 요인들은 크고 작은 스트레스를 유발한다.

학교에서 학생들이 느끼는 불안 중 전형적인 것은 시험과 관련하여 경험하는 시험불안이다. 많은 연구들이 초등학생에서 대학생에 이르기까지 시험불안과 학업성취 간에 밀접한 관계가 있음을 보고하고 있으며, 학습부진아와 학교생활에서 부적응하는 학생들이 보통 학생들보다 불안 정도가 더 높다고 알려져 있다.

따라서 학교에서는 학생들이 스트레스에 효과적으로 대처할 수 있도록 도와줄 필요가 있다. 학생들이 스트레스 상황에서 부모 등의 가족, 친구, 교사 및 전문가들로부터 필요한 정서적, 물질적 치료를 통한 지원을 받을 수 있도록 사회적 지지를 위한 여건을 마련해 주어야 한다.

3) 환경적 요인

학업성취와 관련되는 환경적 요인으로는 가정환경, 학교환경, 지역사회 및 사회의 분위기 등이 있다. 가정환경 요인으로는 가정의 경제·사회적 환경, 부모의 양육 태도와 학습에 대한 기대, 형제관계 등이 있으며, 학교환경 요인으로는 학교의 물리적 여건, 학교풍토, 교사의 교육 행동, 교사와의 관계, 선후배와의 관계, 또래와의 관계 등이 고려될 수 있다. 나아가 지역사회 및 사회의 분위기 요인으로는 학업에 대한 지역사회의 가치 부여,

지역사회 환경의 향락성 정도, 사회의 물질주의적 가치관 등을 꼽을 수 있다.

이러한 환경적 요인들은 대체로 학생 스스로 고치거나 쉽게 탈피하기가 어려운 부분이다. 따라서 학생들에게 여러 가지 환경적 요인 중 자신에게 이롭지 않은 환경에 대해서는 분리 및 대처하는 능력을 길러주는 접근이 필요하다. 가능한 한 부모를 상담에 참여시켜 부모의 양육행동을 개선하고, 생활 속에서 환경에 대한 대처행동을 가르칠 수 있도록 안내할 필요가 있다. 각각의 관련 요인들을 평가내용을 중심으로 정리하면 다음 <표 3-1>과 같다.

표 3-1 / 학습성과에 영향을 미치는 요인과 평가내용

구분		평가내용
개인 영역	인지	• 지능, 기초학습능력, 선행학습 수준, 학습 방법 및 전략
	정서	• 학습동기, 학습흥미, 자아개념, 불안, 스트레스, 정신건강
	신체	• 뇌 기능 및 감각기관 등의 결함, 신체적 질병
환경 영역	가정	• 경제·사회적 환경, 부모의 양육 행동 및 학습 기대, 형제 관계
	학교	• 학교 여건과 분위기, 교사 및 선후배, 또래 등과의 관계
	지역사회	• 지역사회의 가치와 문화, 지역사회 향락성 정도

2 지능검사

지능검사는 표준화 검사 중 가장 먼저 제작된 것으로 일반적이고 광범위한 학업잠재능력의 전반을 측정한다. 지능검사는 보통 학교장면에서 학업수행 가능성과 잠재력을 측정하기 위해 사용되며 신경학상의 기능, 학습장애의 진단, 문맹자의 지적 수준을 측정하는 데 사용될 수 있다. 지능검사는 일반적으로 실시 형태에 따라 지필검사와 수행검사, 개인검사와 집단검사로 구분되며, 학교장면에서는 학습부진아나 영재아의 특별교육 프로그램 배치 여부를 결정하기 위해 주로 사용된다(조붕환, 임경희, 2019).

지능검사 결과는 아동의 능력에 대한 가설 설정의 근거로 활용하여 해석해야 한다. 단일점수만으로 아동의 능력에 대한 가설을 세워서는 안 되며, 검사 결과와 함께 아동의 심리사회적 배경, 학업수행 및 학교생활 관련 정보, 의학적 정보, 검사하는 동안의 행동 관찰 정보, 검사상황에서의 환경 요소, 다른 검사에서 얻은 정보 등을 통합적으로 사용해서

해석해야 한다.

우리나라에 보급되어 있는 유아, 초등, 중등, 대학 및 일반용 지능검사의 종류는 <표 3-2>와 같다.

표 3-2 / 지능검사의 종류

검사명	대상	측정내용	하위요인	제공처
한국판 웩슬러 아동용 지능검사 5판(K-WISC-V)	초, 중, 고	• 아동이 지닌 인지기능의 전반적인 평가 및 강점과 약점 파악	언어이해, 시공간, 유동추론, 작업기억, 처리속도, 양적추론, 청각작업기억, 비언어 일반능력, 인지효능	인싸이트
한국 카우프만 아동 지능검사 2판(KABC-Ⅱ)	영유아, 아동, 청소년	• 인지적 강점 및 약점 파악, 치료 계획 및 배치 계획 설정	순차처리, 동시처리 계획력, 지식	인싸이트
한국판 카우프만 간편지능검사2 (KBIT2)	만4~90세	• 언어성 및 비언어성 간편지능검사	언어지식, 관계유추, 수수께끼	인싸이트
지능검사 (CHCI)	초3~고3	• CHC이론을 기반으로 한 10개의 인지능력 중 6개 요인을 선정하여 평가	언어력, 추리력, 수리력, 공간지각력, 지각속도, 청취력	한국 가이던스
한국판 비언어 지능검사 2판 (K-CTONI-2)	만5~60세	• 의사소통장애, 청각장애, 뇌손상, 학습장애, ADHD 등의 지적 능력 및 기억력과 주의력을 측정할 수 있는 비언어적 검사	그림유추, 도형유추 그림범주, 도형범주 그림순서, 도형순서	마인드 프레스
다요인 지능검사 (M-FIT)	초2~6	• 아동의 지능 요인을 6가지 영역에서 측정 및 진단	어휘적용력, 언어유추력, 이해력, 도식화능력, 수리력, 공간지각력, 추리력	인싸이트
지능발달검사 (RAVEN)	초3 이상	• 지각력과 시공간 능력을 측정하며, 지적 발달의 잠재력을 평가	동일성, 방향성, 추리력, 변별력, 조직력	한국 가이던스
다중지능검사 (MIAA)	초4~6	• 인간의 다중 지능을 8가지로 구분하여 측정	언어지능, 논리수학지능, 공간지능, 신체운동지능, 대인지능, 음악지능, 개인내적지능, 자연친화지능	인싸이트
다중지능검사 (MIT-C)	11~14세	• 강점지능 파악 및 진로선택에 도움을 주는 평가	언어지능, 수리논리지능, 음악지능, 신체운동지능, 시간공간지능, 자연친화지능,자기성찰지능, 대인관계지능	마인드 프레스
다중지능검사 (MIQ)	초3~중3	• 다중지능이론에 근거하여 다중지능 발달 정도를 평가	언어지능, 논리수학지능, 공간지능, 신체운동지능, 음악지능, 대인지능, 자연탐구지능, 개인내적 지능	한국 가이던스

검사명	대상	측정내용	하위요인	제공처
종합인지기능 진단검사(CAS)	만5~ 12세	• 성취수준 예측 및 학습의 강약점 진단, 지능 측정	계획기능, 주의집중 동시처리, 순차처리	인싸이트
정서지능검사 (K-EQ-i:YV)	초4~ 중, 고	• 개인의 정서적, 개인적, 사회적 차원의 지능과 관련된 정서지능 측정	개인 내적 척도, 대인관계척도, 스트레스 관리 척도, 적응성 척도, 전체 정서지능, 전반적 기분 척도	인싸이트
정서지능검사 (EQ)	초, 중, 고	• 자신 및 타인의 감정을 정확히 알고 적절하게 표현하는 능력인 정서지능을 평가	정서인식능력, 정서표현능력, 감정이입능력, 정서조절능력, 정서활용능력	북스넛
강점지능검사 (SIA)	초, 중	• 강점지능과 흥미를 파악하여 현재의 다중지능 역량수준과 발달 평가	언어지능, 논리수학 지능, 공간지능, 대인관계지능	인싸이트

다음에서는 현재 가장 널리 사용되는 아동·청소년 지능검사인 K-WISC-Ⅴ와 KABC-Ⅱ을 중심으로 검사의 내용과 특성을 알아보고, 최근의 확장된 지능 개념을 측정하는 정서지능검사와 다중지능검사를 소개한다.

1) 한국판 웩슬러 아동용 지능검사 5판(K-WISC-V)

여러 형태의 지능검사 가운데 Wechsler(웩슬러) 지능검사는 1939년에 제작된 이후 여러 차례 개정을 거쳐 유용한 개인용 지능검사로 가장 널리 사용되고 있다. 한국판으로 표준화된 웩슬러 지능검사로는 현재 유아용 K-WPPSI-Ⅳ(Korean-Wechsler Preschool and Primary Scale of Intelligence-Fourth Edition; 박혜원, 곽금주, 박광배, 1996), 아동용 K-WISC-Ⅴ(Korean-Wechsler Intelligence Scale for Children-Fifth Edition; 곽금주, 장승민, 2019), 성인용 K-WAIS-Ⅳ(Korean-Wechsler Adult Intelligence Scale-Fourth Edition; 황순택, 김지혜, 박광배, 최진영, 홍상황, 2012)가 활용되고 있다. 여기에서는 만 6세부터 만 16세 11개월까지 아동의 지능을 평가하는 K-WISC-Ⅴ(곽금주, 장승민, 2019)를 살펴본다.

K-WISC-Ⅴ는 K-WISC-Ⅳ(2003)의 개정판으로 10개의 기본 소검사와 6개의 추가 소검사로 구성된다. 언어이해(VCI), 시공간(VSI), 유동추론(FRI), 작업기억(WMI), 처리속도(PSI)의 5개의 기본지표와 양적 추론(QRI), 청각 작업기억(AWMI), 비언어(NVI), 일반능력(GAI), 인지효율(CPI)의 5개 추가지표를 제공한다. 전체 IQ(Full Scle IQ, FSIQ)는 기본지표의 일부 소검사(공통성, 어휘, 토막짜기, 행렬추리, 무게비교, 숫자, 기호쓰기)로 산출된다. 전체 IQ

는 전반적인 지적 능력을 반영하며, 학업성취를 예측하는 데 활용된다. 전체 IQ는 평균 100을 기준으로 130 이상은 '매우 우수', 120~129는 '우수', 110~119는 '평균 상', 90~109는 '평균', 80~89는 '평균 하', 70~79는 '낮음', 69 이하는 '매우 낮음'으로 범주화하여 제시된다.

표 3-3 / K-WISC-V가 측정하는 능력

지표		소검사	측정하는 능력
기본지표	언어이해	공통성/어휘	• 결정지능과 언어정보를 개념화하는 능력, 언어로 자신의 생각을 표현할 수 있는 능력, 획득된 지식, 언어추리, 언어개념 형성 등에서의 능력
	시공간	토막짜기/퍼즐	• 시각정보를 분석하고, 시공간관계를 이해하는 시공간 추론능력, 정신적 회전능력, 시각작업기억 능력, 시공간 정보처리, 전체-부분관계의 통합과 조합, 시각-운동 통합 등에서의 능력
	유동추론	행렬추리/무게	• 사전 지식이나 문화적 기대, 결정지능으로는 풀 수 없는 새로운 문제를 해결할 수 있는 능력, 귀납적, 유동추리, 광범위한 시각지능, 개념적 사고, 동시정보처리, 분류화 등의 능력
	작업기억	숫자/그림기억	• 주의집중하여 짧은 시간 동안 의식적으로 시청각 정보를 입력하고, 유지하고 조작하여 결과를 재생산할 수 있는 능력, 청각작업기억과 시각정보기억, 이전 정보의 간섭을 덜 받으면서 현재 정보를 처리하는 능력
	처리속도	기호쓰기/동형찾기	• 의사결정을 위해 시각정보를 빠르고 정확하게 처리하는 능력, 처리속도, 특히 단순한 시각적 정보를 빠르게 탐색하고 변별하는 능력
추가지표	양적추론	무게비교/산수	• 암산능력, 양적 관계를 이해하고 적용하는 능력, 언어적 문제해결 능력, 양적 추리기술 능력을 반영
	청각작업기억	숫자/순차연결	• 청각단기기억, 작업기억, 청각적 순차처리능력, 정신적 조작능력, 순행간섭(과거 정보가 현재 정보의 처리과정을 방해하는 효과)을 막아내는 능력과 청각작업기억 능력을 반영
	비언어	토막짜기/퍼즐/행렬추리/무게비교/그림기억/기호쓰기	• 언어적 요구를 최소화하여 아동의 전반적인 지능을 측정, 문제해결 및 정보처리 과정에서 언어 손상으로 인해 겪을 수 있는 불이익의 영향을 상대적으로 적게 받는 능력
	일반능력	공통성/어휘/토막짜기/행렬추리/무게비교	• 작업기억과 처리속도 요구를 최소화하여 전반적인 지능을 측정, 전체 IQ에 비해 상대적으로 작업기억과 처리속도의 영향을 적게 받는 인지능력을 추정
	인지효능	숫자/그림기억/기호쓰기/동형찾기	• 학습, 문제해결, 고차원적 추론과정에서 이루어지는 정보처리의 효율성을 측정, 작업기억과 처리속도 소검사들의 수행을 통해 정보를 얼마나 효율적으로 처리하는가를 반영

출처: 곽금주(2021). **K-WISC-V 이해와 해석**. 서울: 학지사.
조옥귀, 문지혜(2021). **스마트한 심리검사와 평가(2판)**. 서울: 창지사.

K-WISC-V의 소검사가 측정하는 능력은 <표 3-3>과 같으며, K-WISC-V의 소검사별 내용은 <표 3-4>에 제시하였다.

표 3-4 / **K-WISC-V의 소검사별 내용**

구분	소검사	검사내용 및 측정 능력
기본	공통성	• 공통적인 사물이나 개념을 나타내는 두 개의 단어를 듣고, 두 단어가 어떻게 유사한지를 말한다. 언어적 추론, 개념형성, 언어적 문제해결능력이 필요하다.
	어휘	• 그림 문항에서는 소책자에 있는 그림들의 이름을 말하고, 말하기 문항에서는 검사자가 크게 읽어주는 단어의 정의를 말한다. 결정성 지능, 축적된 지식, 언어적 개념화, 언어적 추론, 학습능력, 언어발달, 청각적 지각과 이해, 추상적 사고 등이 필요하다.
	토막짜기	• 제한시간 내에 흰색과 빨간색으로 이루어진 토막을 사용하여 제시된 모형이나 그림과 똑같은 모양을 만든다. 추상적 자극 분석 및 통합능력, 비언어적 개념형성 능력, 시공간적 문제해결 능력 등이 요구된다.
	퍼즐	• 완성된 퍼즐을 보고, 그 퍼즐을 만들 수 있는 세 개의 선택지를 제한시간 내에 찾는다. 비언어적 추론, 추상적 시각자극 분석과 통합, 공간적 시각화와 조직, 부분들 간 관계 파악 등의 능력이 필요하다.
	행렬추리	• 불완전한 행렬을 보고 다섯 개의 반응선택지에서 제시된 행렬의 빠진 부분을 찾아낸다. 유동성 지능, 비언어적 추론 및 문제해결, 공간적 시각화 등의 능력이 요구된다.
	무게비교	• 양쪽 무게가 달라 균형이 맞지 않는 저울 그림을 보고 균형을 맞추는 데 필요한 반응선택지를 찾는다. 양적 추론, 유동적 추론 등의 능력이 필요하다.
	숫자	• 숫자 바로 따라하기에서는 검사자가 큰 소리로 읽어 준 것과 같은 순서로 아동이 따라하고, 숫자 거꾸로 따라하기에서는 검사자가 읽어 준 것과 반대방향으로 따라한다. 단기기억, 계열화 기억, 주의력과 집중력, 작업기억, 정보변환, 정신적 조작 등의 능력이 요구된다.
	그림기억	• 그림을 보여주고 나열된 순서대로 기억하게 한 다음, 그 다음 쪽에서 앞에서 본 그림을 순서대로 가리키거나 말하게 한다. 비언어적, 시각정보에 대한 주의 및 집중력, 단기기억 등이 필요하다.
	기호쓰기	• 간단한 기하학적 모양이나 숫자에 대응하는 기호를 그린다. 기호표를 이용하여 해당하는 모양이나 빈칸 안에 각각의 기호를 주어진 시간 안에 그린다. 단기기억, 학습능력, 시지각, 시각운동협응능력, 인지적 유연성, 주의력, 동기, 시각적 순차처리 능력 등이 필요하다.
	동형찾기	• 반응 부분을 훑어보고 반응 부분의 모양 중 표적모양과 일치하는 것이 있는지 제한시간 내에 표시한다. 시각-운동 처리속도, 단기기억, 시각-운동 협응능력, 인지적 유연성, 시각적 변별력, 집중력, 지각적 조직화, 계획하고 학습하는 능력 등이 요구된다.

구분	소검사	검사내용 및 측정 능력
추가	상식	• 일반적인 지식에 관한 광범위한 주제를 다루는 질문에 대답한다. 결정성 지능, 장기기억, 학교와 환경에서 획득한 정보를 저장 또는 인출하는 능력, 언어적 표현력, 청각적 지각과 이해 등이 필요하다.
	이해	• 일반적인 원칙과 사회적 상황에 대한 이해에 기초하여 질문에 대답한다. 언어적 추론, 언어적 개념화, 언어적 표현, 경험을 평가하여 사용하는 능력, 문제해결 능력, 실제적 지식, 사회적 판단력, 상식 등이 관련된다.
	공통그림 찾기	• 두 줄 또는 세 줄로 이루어진 그림들을 제시하면 아동은 공통된 특성으로 묶일 수 있는 그림을 각 줄에서 한 가지씩 고른다. 추상적 추론 능력, 언어적 표현력 등이 요구된다.
	산수	• 구두로 주어지는 일련의 산수 문제를 제한시간 내 암산으로 풀고 대답한다. 청각적 언어 이해, 정신적 조작, 집중력, 작업기억, 수와 관련된 추론 능력 등이 필요하다.
	순차 연결	• 연속되는 숫자와 글자를 읽어주고 숫자가 많아지는 순서와 한글의 가나다 순서대로 암기하도록 한다. 계열화, 정신적 조작, 주의력, 유연성, 청각작업 기억, 처리속도 등이 관련된다.
	선택	• 무선으로 배열된 그림과 일렬로 배열된 그림을 훑어본 후 제한시간 내에 표적 그림들에 표시한다. 정보처리 속도, 시각적 선택적 주의, 각성, 시각적 무시 등의 능력이 관련된다.

출처 곽금주, 장승민(2019). **K-WISC-V 실시와 채점 지침서**. 서울: 인사이트 심리검사 연구소. 서울: 학지사.
조옥귀, 문지혜(2021). **스마트한 심리검사와 평가**. 서울: 창지사.

K-WISC-V의 해석은 다음과 같은 단계로 진행된다(조옥귀, 문지혜, 2021).

(1) **단계 1: 전반적 인지능력 기술하기**

전체 IQ, 비언어지표, 일반능력지표 중 한 가지를 사용하여 전반적 능력에 대해 진술한다. 전체 IQ를 가장 많이 사용한다. 규준집단과 비교하여 범주(매우 낮음, 낮음, 평균 이하, 평균, 평균 이상, 우수, 매우 우수)로 제시하고, 표준점수, 백분위, 신뢰구간 등을 함께 제시한다.

(2) **단계 2: 지표점수 선택하여 기술하기**

기본 지표점수들을 기술하고, 그 외 지표들은 검사 의뢰 이유와 임상적 상황 등을 고려하여 선택하여 기술한다.

(3) **단계 3: 소검사의 표준점수 보고하기**

(4) **단계 4: 지표 수준에서 강점과 약점 평가하기**

전반적 능력을 반영하는 지표로 전체 IQ를 선택한 경우 전체 IQ와 비교하여 각 지표의 수준을 해석한다. 예를 들어 전체 IQ와 언어이해지표 또는 전체 IQ와 유동추론지표를 비교한 결과, 두 지표 간 점수 차이가 10점 이상인 경우 임상적으로 해석할 필요가 있다.

(5) **단계 5: 소검사 수준에서 강점과 약점 평가하기**

소검사 수준에서 개인 내 강점과 약점을 살필 수 있다. 기본 소검사 10개의 척도화된 점수를 모두 사용하는 경우, 이 점수들의 평균과 각 기본 소검사 간 점수차를 구하여 그 차이가 4점 이상이면 이 차이를 해석한다.

(6) **단계 6: 지표 수준에서 강점과 약점 평가하기**

지표 쌍 비교를 통하여 구체적 인지능력 중 어떤 영역이 다른 영역에서의 능력과 다른가에 대한 정보를 얻을 수 있다.

(7) **단계 7: 소검사 수준에서 쌍 비교하기**

지표점수 산출에 사용된 소검사들 간 쌍 비교를 통해서 지표점수의 해석을 어떻게 하는 것이 좋을지에 대한 정보를 얻을 수 있다. 소검사 쌍에서 점수 차이가 4점 이상 나면 이 차이를 임상적으로 해석해야 한다.

2) 아동용 카우프만 지능검사 2판(KABC-II)

KABC(Kaufman Assessment Battery for Children, Second Edition; Cohen, Swerdlik, & Smith, 1992; Kaufman, & Kaufman, 1983)는 2세 반에서 12세 반까지의 아동을 위해 고안되었으며, 인지처리능력과 습득도를 평가하기 위한 종합지능검사이다. 이후 만 3~18세 아동과 청소년을 대상으로 활용 가능한 KABC-II(Kaufman & Kaufman, 2004)가 개발되었다.

우리나라에서는 문수백과 변창진(1997)이 아동의 지능과 후천적으로 습득한 사실적 지식 수준을 측정하기 위해 Kaufman과 Kaufman(1983)의 KABC를 한국판 'Korean Kaufman Assessment Battery for Children(K-ABC)'으로 1997년에 표준화하였다. 이후 KABC-II(문수백, 2014)로 개정되어 사용되고 있다. 2세 6개월에서 12세 5개월까지 아동을 대상으로 하며, 대략 45~75분 정도 소요된다.

KABC-II는 기본적인 사고처리과정의 장애를 파악하는 데 유용하며, 인지능력과 사고능력에서 개인의 강점과 약점을 파악할 수 있게 되어 있어 학습능력상의 강점과 약점을 파악하는 데 도움을 줄 수 있다. 이 검사가 기존 개인용 지능검사와 구별되는 특징은 다음과 같다(김계현, 황매향, 선혜연, 김영빈, 2012; 윤명희, 서희정, 김경희, 구경희, 2019).

첫째, 지능을 인지처리 과정으로 보고 이를 문제 또는 과제의 해결이 순차처리적인지 동시처리적인지에 따라 측정한다. 둘째, 비언어성 척도가 포함되어 언어장애 아동의 지능을 효과적으로 평가할 수 있다. 셋째, 학교나 가정, 기타 후천적으로 습득한 지식을 지능 척도와 분리하여 평가함으로써 아동의 문제해결력과 문제해결력을 사용해서 습득한 능력을 비교할 수 있다. 넷째, 기존 대다수의 내용 중심 검사와 달리 처리과정 중심의 검사이기 때문에 수행과정에 대한 설명이 가능하다. 다섯째, 주로 좌뇌지향 검사인 전통적 검사들과 달리 좌뇌와 우뇌의 기능을 고루 측정하도록 검사가 구성되어 있다. 한국판 KABC-II 척도와 하위검사의 내용은 <표 3-5>와 같다.

표 3-5 / 한국판 KABC-II 척도와 하위검사의 내용

척도	하위검사	검사내용
순차처리	5. 수회생	• 검사자가 2~9개 사이의 일련의 숫자를 말하고 같은 순서로 반복하게 함
	14. 단어배열	• 검사자가 말한 물체의 이름을 순서대로 해당하는 형태를 지적함
	16. 손동작	• 검사자가 여러 가지 손동작을 책상 위에서 만들어 보이면 순서대로 그대로 따라함
동시처리	13. 블록세기	• 블록이 쌓여 있는 사진을 보고 개수를 정확히 파악하도록 함. 블록은 한 개 이상이 숨겨져 있거나 일부분이 보이지 않는 상태로 되어 있음
	2. 관계유추	• 4~5개 정도의 사진들을 보고 나머지 사진들과 어울리지 않는 한 개의 사진을 찾게 함
	3. 얼굴기억	• 1~2개의 얼굴 사진을 자세히 보게 한 후, 그 사진 속의 사람이 다른 포즈로 여러 사람과 함께 찍은 사진을 보여주고 그 속에서 찾아보도록 함
	15. 형태추리	• 논리적으로 연결된 패턴을 보여주고, 중간에 빠져 있는 패턴을 제시된 보기 중에서 찾게 함
	7. 빠른 길 찾기	• 격자 모양의 장기판 위에서 장난감 개를 뼈가 있는 곳까지 가장 적게 움직여서 찾아갈 수 있는 길을 찾게 함
	4. 이야기 완성	• 어떤 이야기를 말하는 일련의 사진들을 보여주고, 다른 사진들 중 몇 장을 골라 이야기를 이어가는 데 필요한 사진을 선택하여 이야기 전개상 필요한 위치에 두게 함
	12. 삼각형	• 추상적인 그림이 있는 사진을 보고 그 그림과 같은 모양이 되도록 여러 개의 동일한 삼각형 조각을 조립함
	6. 그림통합	• 완성되지 않은 잉크 그림을 보고 비어 있다고 생각되는 부분을 채워 그림에서 묘사된 물체나 동작의 이름을 표현하게 함

척도	하위검사	검사내용
계획력	15. 형태추리	중복
	4. 이야기 완성	중복
	1. 이름기억	• 어류, 식물, 조개류 등의 사진을 보여주고 상상으로 만든 이름을 가르쳐준 후, 검사자가 그 이름을 부를 때 손으로 지적하게 함
	11. 암호해독	• 각각의 수수께끼 그림에 연관된 단어나 개념을 아동에게 설명해 주고 이 수수께끼 그림으로 이루어진 문구나 문장을 크게 읽도록 함
	8. 이름기억 -지연	• 검사자가 어류, 식물, 조개류 등을 호명하면 '1. 이름기억' 검사에서 배운 사물의 이름을 생각하여 해당되는 물체를 지적하여 기억이 지속됨을 보여줌
	17. 암호해독-지연	• '11. 암호해독'에서 배운 조합된 연상들을 이용하여 같은 암호그림으로 이루어진 문구나 문장을 읽음으로써 기억이 지속됨을 보여줌
지식	9. 표현어휘	• 사진에 있는 물체의 이름을 말하게 함
	18. 수수께끼	• 검사자가 물질적인 특징이나 추상적인 특징을 말하면 해당되는 것을 손으로 가리키거나 이름을 말하도록 함
	10. 언어지식	• 6개의 사진에서 특정 어휘의 의미를 나타내는 사진을 선택하거나일방적인 정보를 제시하는 신호에 대한 대답을 의미하는 사진을 선택함

출처: 윤명희, 서희정, 김경희, 구경희(2019). **심리검사 개발부터 활용까지**. 서울: 학지사.

3) 정서지능검사

정서지능은 살로베이와 메이어(Salovey, & Mayer, 1990)에 의해 처음 제시된 개념으로 자신과 타인의 감정과 정서를 정밀하게 들여다보고, 그것들의 차이를 변별하여 관련된 정보를 활용할 줄 아는 능력이다. 정서지능은 사회적 지능이라고 할 수 있으며, 구성요인으로는 자신과 타인의 정서를 평가하는 능력, 자신과 타인이 가지고 있는 감정과 정서의 내용을 구별해 내는 능력, 생각과 행동을 결정하기 위해 정서적인 정보를 활용할 줄 아는 능력 등이 포함된다(윤명희 외, 2019).

현재 사용되고 있는 정서지능검사 중 표준화된 검사는 살로베이와 메이어(Salovey, & Mayer, 1990), 골먼(Goleman, 1995) 등의 이론을 토대로 문용린(1997)에 의해 개발된 정서지능검사는 초등용(저학년 22문항, 고학년 37문항), 중고등용(37문항), 대학생 및 성인용(45개)이 있으며, 정서지능을 정서인식능력, 정서표현능력, 감정이입능력, 정서조절능력, 정서활용능력의 5개 영역으로 구분한다. 개인검사와 집단검사 모두 가능하며 온라인과 오프라인에서 가능한 표준화 검사이다.

초등학교 고학년용의 경우 "나에 대해 나쁜 이야기(욕이나 험담)를 하는 사람이 있어서 기분이 나쁠 때 어떻게 하나요? -a) 기분을 바꿀 수 있다는 다른 생각을 하려고 노력한다. b) 그 사람을 찾아가서 화를 내거나 따진다." 등의 문항과 형태로 되어 있다.

4) 다중지능검사

다중지능(Multiple Intelligence)은 가드너(Gardner, 1983)에 의해 제안된 개념으로, 지능을 특정 문화권이나 상황에서 가치가 있다고 여겨지는 중요한 문제를 해결하거나 결과물을 만들어가는 능력이라고 정의된다. 이는 지능을 논리적 추론능력으로 보는 기존 견해에 반하는 것으로, 고정된 어떤 특정한 내용이 아니라 상황이 환경에 필요한 생각을 가능하게 하는 잠재력(potentiality)로 보는 견해이다. 인간의 지능은 다수의 능력으로 구성되어 있고, 각 능력의 중요성은 동일하며, 각 개인의 지능을 구성하는 다양한 능력 중 강점지능과 약점지능이 존재할 수 있다고 본다.

언어지능(linguistic intelligence), 논리–수학지능(logical-mathematical intelligence), 공간지능(spatial intelligence), 신체운동지능(bodily kinesthetic intelligence), 음악지능(musical intelligence), 대인지능(interpersonal intelligence), 개인내적 지능(intrapersonal intelligence), 자연탐구지능(naturalistic intelligence; 1994년 추가)의 8가지 다중지능이 제안되었다.

우리나라에서 활용 가능한 다중지능검사(Multiple Intelligences Questionnaire: MIQ)는 정종진(2004)이 표준화하여 한국가이던스에서 제공하고 있는 초등용(3~6학년)과 중학생용 각각 5점 척도 80문항이 있다. 각 학생의 다중지능 발달 프로파일을 제공하며, 강점지능과 약점지능에 따른 적합한 진로적성과 직업분야에 대한 정보와 개인마다 효과적인 학습 방법을 제시해 준다. 다중지능검사(MIQ)에서 각 지능요인이 측정하는 능력은 <표 3–6>에 제시하였다.

표 3-6 / 다중지능검사(MIQ)에서 측정하는 능력

지능	특성
언어지능	• 단어의 소리, 리듬, 의미에 대한 감수성과 구어와 문어를 효과적으로 사용하는 능력
논리-수학지능	• 논리, 분석, 수학적 계산, 과학적 문제를 해결하는 능력
공간지능	• 색깔, 모양, 공간, 형태, 구성에 대한 예민한 지각과 시각적 기능을 사용하는 능력

지능	특성
신체운동지능	• 정확한 신체 리듬과 운동, 운동협응기능, 속도조절, 균형, 유연성 등의 기능을 사용하는 능력
음악지능	• 리듬, 멜로디, 음색, 하모니와 같은 음악적 패턴과 요소에 대해 민감하고 음악적 상징 체계를 익숙하게 받아들이고 창조할 수 있는 능력
대인지능	• 사람들과 교류하고 이해하며 그들의 감정과 행동을 잘 이해하고 적절히 대처하며 사회적 기능과 리더십을 사용하는 능력
개인내적 지능	• 자기의 감정상태와 행동방식을 이해하고, 개인적 성장과 자기동기화와 관련된 기능과 직관을 사용하는 능력
자연탐구지능	• 식물, 동물, 환경의 균형을 포함하는 자연세계에 민감성을 보이고 자연현상을 파악하고 분류하는 능력

출처: 한국가이던스(www.guidance.co.kr). 다중지능검사(초등용, MIQ) 결과샘플 참조.

3 학업성취도 평가

학업성취도 평가는 각급 학교에서 치르는 시험을 비롯하여 기초학습능력을 진단하는 검사부터 국가수준의 학업성취도 평가, 국제학업성취도 평가에 이르기까지 적용수준과 범위가 다양하다.

1) 기초학습기능검사

기초학습기능검사(KEDI-Individual Basic Learning Skills Test)는 한국교육개발원에서 유치원과 초등학교 수준의 정상아동 및 장애아동을 대상으로 학업에 기초가 되는 능력을 평가하는 데 사용하기 위한 목적으로 표준화한 개인용 기초학습진단검사이다(박경숙, 윤점룡, 박효정, 2001).

이 검사는 정보처리, 셈하기, 읽기 I, 읽기 II, 쓰기의 5개 소검사로 구성되어 있으며, 연령규준과 학년규준을 제공한다. 따라서 이 검사는 아동의 학습수준을 측정하여 동일 연령 또는 동일 학년의 다른 학생들과 비교할 때 어느 정도 차이가 있는지를 알아보거나, 아동을 학습능력에 따라 분류 또는 배치할 때, 특정 학습부진 아동에게 알맞은 개별화 교수안을 계획하고 효과성을 확인하거나 특정 학생의 학습진전도를 평가할 때 활용할 수 있다.

표 3-7 / 기초학습기능검사의 측정내용

하위검사	측정내용
정보처리	• 학습에 기초가 되는 세 가지 기능, 1) 정보에 대한 학습자의 지각과정, 자극에 반응하는 시각-운동과정, 시각적 기억과 양, 길이, 무게 및 크기에 대한 관찰 능력, 2) 묶기, 분류하기, 공간적 특성과 시간에 따라 순서 짓기 등의 조작 능력, 3) 학습자의 추론 및 적용 능력, 유추, 부조화된 관계 알아내기 등의 관계 능력을 측정
셈하기	• 숫자 변별, 수 읽기 등 셈하기의 기초개념에서부터 간단한 사칙연산, 십진 기수법, 분수, 기하, 측정 영역의 계산 및 응용문제 등 실생활에 필요한 기초적인 수학 지식과 개념을 측정
읽기 I (문자와 낱말의 재인)	• 문자(낱자와 낱자군)를 변별하고 낱말을 다른 사람이 이해할 수 있는 언어음으로 읽는 능력, 1) 사물, 숫자, 기호 및 문자(낱자와 낱자군)를 변별하는 능력, 2) 제시된 낱자의 명칭을 말하는 능력, 3) 제시된 일련의 낱말을 큰 소리로 읽는 낱말 읽기 능력을 측정
읽기 II (독해력)	• 하나의 문장을 제시하고 묵독하게 한 다음 그 문장의 의미, 즉 문장에 나타난 간단한 사실과 정보를 기억하고 재생하여 그 문장의 의미를 가장 잘 나타내는 그림 예시문을 고르도록 하는 문항들로 구성
쓰기	• 낱말 철자를 얼마나 잘 알고 있는가를 알아봄, 1) 사물, 숫자, 기호 및 문자를 변별하는 능력, 2) 낱자의 정확한 철자를 아는 능력(낱소리와 낱자 짝짓기), 3) 낱말의 정확한 철자를 아는 능력(낱말소리와 낱말 짝짓기)을 측정

2) 한국판 웩슬러 기초학습기능검사(K-WFA)

한국판 웩슬러 기초학습기능검사(Korean Wechsler Fundamentals: Academic Skills, K-WFA)는 홍상황, 황순택, 김지혜, 박중규(2015)가 미국 원판인 WFA(Wechsler Fundamentals: Academic Skills, WAF)를 한국판으로 표준화한 간편 성취검사이다. K-WFA는 학습장면에서 가장 필요한 낱말 읽기, 읽고 이해하기, 쓰기 및 셈하기(수계산) 기능이나 성취수준을 측정해 준다. 유치원생부터 고등학교 1학년을 대상으로 하며, A형과 B형이 있다.

이 검사는 규준을 참조하는 표준화된 검사도구로서 개별 수검자의 점수를 학년이나 나이가 같은 또래들과 비교해 주며, 소검사를 통해 해당 영역의 학습에 어려움을 느끼는 수검자를 찾아내고, 경과를 관찰하며 개입에 따른 추가적인 평가와 사정을 할 수 있는 근거를 제공한다. 능력-성취의 차이를 비교하여 저성취자를 확인할 수 있으며, 대안적 성취검사로서 학습기능의 변화를 평가하는 데 활용 가능하다.

3) KISE BATT(국립특수교육원 기초학력검사)

KISE 기초학력검사(Korea Institute for Special Education-Basic Academic Achievement Test: KISE-BATT)는 국립특수교육원에서 2005년 개발되어 학교에서의 학습, 특히 국어와 수학에서 부진을 나타내는 아동과 곤란을 경험하는 아동을 선별 또는 진단하기 위해 개발된 검사이다.

읽기, 쓰기, 수학 개인용 기초학력검사로서 만 5~14세(유치원에서 중학교 3학년 연령) 아동 및 청소년을 대상으로 한다. 심화학력에 의한 학업성취를 제외한 부분을 기초학력으로 간주하며, 가형과 나형의 동형검사로 구성되어 있어서 교육프로그램의 사전·사후효과 측정에 활용할 수 있다. 읽기, 쓰기, 수학 각 영역의 백분위수, 환산점수, 학력지수, 학년 규준을 제시하여 기초학력 지체 여부와 정도에 대한 진단과 교육계획 수립 및 평가에 활용한다.

읽기 검사(360문항)는 선수기능, 음독능력, 독해능력(낱말이해, 문장완성, 어휘선택, 짧은 글 이해)의 3영역으로, 쓰기 검사(300문항)는 선수기능, 표기능력, 어휘구사력, 문장구사력, 글구성 영역의 5영역으로, 수학 검사(780문항)는 수(범자연수, 분수와 소수, 비와 백분율), 도형, 연산(덧셈, 뺄셈, 곱셈, 나눗셈, 암산), 측정(측정, 시간과 화폐, 어림), 확률과 통계, 문제해결의 5영역으로 구성되어 있다. 더불어 피검자 반응형태와 검사영역 간의 점수 차이분석을 통해 어느 정도 학습장애에 대한 진단을 내리는 데 활용할 수 있다(국립특수교육원, 2004).

4) 국가수준 학업성취도 평가(NAEA)

국가수준 학업성취도 평가(National Assessment of Educational Achievement: NAEA)는 우리나라 학생들의 교과별 학업성취수준과 추이를 파악한다. 준거참조평가로 학생들에게 교과별 성취수준(4~1수준)을 제공한다. 2017년 이후 표집학교에서만 평가를 실시한다.

학업성취도 평가 결과에 대한 분석을 통해 학생들이 교육과정 목표에 도달할 수 있도록 조력하고, 교수·학습 방법 및 교육과정 개선 자료를 제공하며, 학업성취에 영향을 주는 요인을 탐색하고 학생, 교사, 학교 변인들 간의 구조적 관계를 파악함으로써 지역과 국가의 교육정책 수립의 자료로 활용한다. 한국교육과정평가원은 지난 20여 년간 적용해 오던 지필평가 방식에서 벗어나 컴퓨터 기반 학업성취도 평가(electronic National Assessment of Educational Achievement: eNAEA)의 2022년 전면 시행을 목표로 2020년부터 컴퓨터 기반

평가를 위한 평가도구와 시스템의 개발 및 적용에 관한 연구를 지속적으로 추진하고 있다(한국교육과정평가원, 2021).

학생평가지원포탈(https://stas.moe.go.kr)에서 초등학교, 중학교, 고등학교별 성취기준(평가기준), 수행평가 도구, 서·논술형 평가 도구, 현장중심 학생평가 도구들을 제공하고 있으므로 이를 활용할 수 있다.

표 3-8 / 2021년 국가수준 학업성취도 평가 계획(표집평가)

학년	교과	평가범위	시간
중학교 3학년	국어, 사회, 수학, 과학, 영어	중1~2학년 전 과정 3학년 1학기 과정	교과별 45분
고등학교 2학년	국어, 수학, 영어	국어, 영어: 범교과 소재 수학: 고등학교 수학과목	교과별 50분

출처: 한국교육과정평가원(https://www.kice.re.kr)

5) 국제 학업성취도 평가

학교교육의 결과를 국제적인 수준에서 파악하고 비교하여 교육과정 개선 및 교육정책 수립에 반영하기 위해 우리나라에서 참여하고 있는 국제 학업성취도 평가는 PISA(Programme for International Student Assessment), TIMSS(the Trends in International Mathematics and Science Study), ICILS(International Computer and Information Literacy Study)가 있다.

PISA(국제학업성취도 평가)는 경제협력개발기구(OECD)에서 각 회원국의 교육 체제의 질을 점검하기 위하여 1998년부터 시작한 3년 주기의 국제학업성취도 평가 연구이다. 우리나라는 첫 주기인 PISA 2000부터 참여하여 지속적으로 높은 성취를 나타내고 있다. 만 15세 학생을 대상으로 학교에서 뿐만 아니라 학교 밖의 익숙하지 않은 상황에서도 학생들이 자신들이 배운 지식을 바탕으로 추론하거나 지식을 적용할 수 있는지 평가하는 역량 중심의 평가로서, 읽기, 수학, 과학 영역의 기본적 소양을 평가한다.

국가별 학업성취수준을 점검하고, 학생의 사회경제적 지위(Socio-Economic Status: SES) 등 가정 배경, 이민과 문화 배경 정보(이주 당시 나이, 의사소통할 때 선호하는 언어 등), 어린 시절 교육 경험(유치원에 다닌 나이, 입학 나이 등), 학교 풍토(학교 소속감, 따돌림 경험 등), 학생 성향 및 학교에 대한 태도(삶에 대한 만족도, 삶의 의미 등), 글로벌 역량의 성향, 학부모 참여(학생-부모 관계), 평가와 책무성(경쟁 분위기, 협동 분위기 등), 학습 시간과 교육과정(과목별 수업

횟수, 과목별 추가 공부 여부 등) 등 교육맥락 변인의 특성을 분석하여 교육정책 수립에 활용한다.

PISA는 주기별로 주영역을 설정하여 해당 영역의 소양을 심층적으로 평가하고 나머지 영역은 공통문항 중심으로 변화 추이만을 평가한다. PISA 2006부터는 지필평가와 더불어 컴퓨터 기반 평가도 함께 실시하고 있다. 컴퓨터 기반 평가로는 컴퓨터 기반 문제해결력 평가, 컴퓨터 기반 수학 평가, 디지털 읽기 소양 평가가 있다. 2018년 '글로벌 역량(Global Competence)'과 2022년 '창의적 사고력(Creative Thinking)' 영역 등이 추가되고 있다.

TIMSS(수학·과학 성취도 추이변화 국제비교 연구)는 국제교육성취도평가협회(International Association for the Evaluation of Educational Achievement: IEA)에서 주관하는 국제 학업성취도 평가 연구이다. 1995년부터 4년을 주기로 초등학교 4학년과 중학교 2학년 학생의 수학·과학 성취도를 국제적으로 비교하고, 수학과 과학 성취도의 변화에 영향을 미치는 관련 변인들을 포괄적으로 파악하여 각국의 교육정책 수립과 교육의 질 개선 자료로 활용한다.

ICILS(국제 컴퓨터·정보 소양 연구)는 국제교육성취도평가협회(IEA)에서 주관하는 국제 학업성취도 평가 연구이다. 컴퓨터·정보 소양 분야에서 시행되는 5년 주기의 국제 비교 연구로서 중학교 2학년 학생을 대상으로 국제적인 수준에서 세계 각국 학생들의 컴퓨터·정보 소양을 컴퓨터 기반 평가(Computer Based Test)로 측정하고 비교·분석한다. 컴퓨터·정보 소양에 영향을 미치는 교육맥락 변인의 영향을 분석하여 교육정책 수립에 활용한다(한국교육과정평가원, https://www.kice.re.kr, 2022.2.23.).

4 학업적성검사

학업적성검사는 장래의 학업 성공을 예측하기 위하여 학습자의 학습에 대한 잠재력을 평가하는 검사이다. 일반지능검사가 전반적인 인지능력을 측정하는 데 비해, 학업적성검사는 지능검사와 검사내용이나 목적이 비슷하지만 학업적성이 어디에 있는지를 진단하여 학습지도와 진학지도 등에 활용된다는 점에서 차이가 있다. 학업적성검사의 타당도는 주로 미래 수행을 예측하는 능력에 근거한 예측타당도로 제시된다(한국교육심리학회, 2000).

학업적성검사와 학력검사를 비교해 보면 두 검사 모두 능력검사의 형태이지만, 적성검사의 목적은 미래 학습의 성공 여부를 측정하는 반면, 학력검사는 가르치고 배운 내용을 얼마만큼 알고 있느냐를 측정하여 개인의 지식, 기술, 성취의 현재 수준을 측정한다. 학력검사도 장래의 학업성취를 예측하는 데 사용될 수 있지만 적성검사의 목적은 처음부터 미래의 성취도나 성공 가능성에 대한 예측을 전제로 한다(이종승, 2005).

일반적으로 학력검사는 교과목과 관련된 영역의 지식이나 기술을 측정하는 데 비해, 적성검사는 어휘력, 수리력, 추상적 사고력 등과 같은 비교적 넓은 영역의 지식과 기술을 측정한다. 일반적으로 교육 및 상담장면에서는 학력검사보다 적성검사가 다양한 학습경험과 배경을 가진 학생들을 상담하는 데 유용한 점이 많다. 국가 차원에서 실시하고 있는 학업적성검사로는 우리나라의 대학수학능력시험과 미국의 대학입학시험인 SAT를 들 수 있다.

1) 청소년 적성검사

한국고용정보원에서 제공하는 고등학생용 적성검사는 학생의 적성요인을 측정하여 개인의 능력 패턴에 적합한 학업 분야를 추천하며, 학업 수행에 적합한 능력과 학업동기 요인을 함께 측정한다. 고등학생용 적성검사는 9개 적성요인과 13개의 하위검사로 구성된다. 적성요인별 최대 능력수준을 진단하여 학업적성능력의 강·약점을 파악하며, 능력에 적합한 학업계열과 관련된 직업분야를 추천한다. 워크넷에서 제공하는 고등학생용 청소년 적성검사의 적성요인과 하위검사의 내용을 <표 3-9>에 제시하였다.

표 3-9 / 고등학생용 청소년 적성검사의 적성요인과 하위검사

적성요인	내용	하위검사
언어능력	• 상황에 가장 적합한 단어를 파악, 사용하고, 글의 핵심적인 내용을 정확하게 이해하며, 언어관계(공통점 등)를 정확히 파악하는 능력	어휘찾기, 주제찾기
수리능력	• 간단히 계산문제를 해결하거나 계산식을 도출할 수 있는 능력	단순수리, 응용수리
추리능력	• 주어진 정보를 종합해서 이들 간의 관계를 논리적으로 추론해내는 능력	문장추리, 수열추리
공간능력	• 추상적 시각적 이미지를 생성하고, 유지하고, 조직하는 능력	심상회전, 부분찾기
지각속도	• 시각적 자극을 신속하게 평가하고 식별해내는 능력	지각속도
과학능력	• 과학의 일반적인 원리를 파악하는 능력	과학원리

적성요인	내용	하위검사
집중능력	• 방해자극이 제시되는 상황에서 방해자극을 배제시키면서 과제를 수행하는 능력 또는 방해자극이 제시되지 않는 상황에 목표과제에 집중하는 능력	집중력
색채능력	• 백색광이 프리즘을 통과할 때 분산에 의해 나타나는 스펙트럼 상에서 색상의 적절한 위치를 파악하는 능력	색채지각
사고유연성	• 주어진 정보를 다른 각도에서 해석하거나 수정하는 능력	성냥개비

출처: 워크넷(https://www.work.go.kr)

2) 대학수학능력시험

대학수학능력시험은 이전의 대학입학시험인 학력고사 이후 1993년부터 시행되었으며, 매년 11월경 실시된다. 시험을 주관하는 기관은 한국교육과정평가원으로 문제 출제에서부터 문제지와 답안지 인쇄 및 배부, 채점, 성적 통지의 전 과정을 관리한다. 대학수학능력시험은 대학 교육에 필요한 수학능력으로서 사고력을 측정하는 평가이며, 고등학교 교육과정의 수준과 내용에 맞춰 출제한다는 기본 방침을 가지고 있다. 2022학년도 수능은 2015 개정 교육과정에 따른 교과 교육과정을 적용하여 출제되었다(한국사 영역은 2009 개정 교육과정에 따름).

수험생은 자신의 희망과 적성에 따라 지원을 희망하는 대학교의 요구를 고려하여 필수 과목인 한국사를 제외한 시험 영역 및 과목에서 선택하여 응시할 수 있으며, 선택 영역은 국어, 수학, 영어, 사회·과학탐구, 직업탐구(일반계고 학생은 응시 불가), 제2외국어/한문 영역이다.

성적통지표는 온라인과 오프라인으로 발급되며, 영역/과목별 표준점수, 백분위, 등급을 기준으로 한 과목별 등급이 기재된다. 영어, 한국사, 제2외국어/한문 영역은 절대평가에 따라 등급만 제공된다. 등급은 영역/과목별 표준점수에 근거하여 수험생을 9등급으로 나누어 수험생이 속해 있는 해당 등급을 표시한다. 영역/과목별 전체 수험생의 상위 4%까지를 1등급으로, 다음 7%까지를 2등급 등으로 하여 순차적으로 등급을 부여한다.

2022년 대학수학능력시험의 영역과 문항 유형 및 배점, 표준점수 및 등급, 통지표 예시를 다음 <표 3-10>~<표 3-13>에 제시하였다(한국교육과정평가원, https://www.kice.re.kr, 2022.2.23.).

표 3-10 / 대학수학능력시험 영역/과목별 출제 범위, 문항유형 및 배점(2022학년도)

<table>
<tr><th colspan="2">영역</th><th>문항 수</th><th>문항유형</th><th>배점</th><th>출제범위(선택과목)</th></tr>
<tr><td colspan="2">국어</td><td>45</td><td>5지선다형</td><td>100점</td><td>• 공통과목: 독서, 문학
• 선택과목(택1): 화법과 작문, 언어와 매체
• 공통 75%, 선택 25% 내외</td></tr>
<tr><td colspan="2">수학</td><td>30</td><td>5지선다형
단답형</td><td>100점</td><td>• 공통과목: 수학 I, 수학 II
• 선택과목(택1): 확률과 통계, 미적분, 기하
• 공통 75%, 선택 25% 내외
• 단답형 30% 포함</td></tr>
<tr><td colspan="2">영어</td><td>45</td><td>5지선다형
(듣기 17문항)</td><td>100점</td><td>• 영어 I, 영어 II를 바탕으로 다양한 소재의 지문과 자료를 활용하여 출제</td></tr>
<tr><td colspan="2">한국사
(필수)</td><td>20</td><td>5지선다형</td><td>50점</td><td>• 한국사를 바탕으로 우리 역사에 대한 기본소양을 평가하기 위한 핵심내용 중심으로 출제</td></tr>
<tr><td rowspan="2">탐구</td><td>사회
·
과학
탐구</td><td>과목당
20</td><td>5지선다형</td><td>과목당
50점</td><td>• 생활과 윤리, 윤리와 사상, 한국지리, 세계지리, 동아시아사, 세계사, 경제, 정치와 법, 사회·문화, 물리학 I, 화학 I, 생명과학 I, 지구과학 I, 물리학 II, 화학 II, 생명과학 II, 지구과학 II 17개 과목 중 최대 택 2</td></tr>
<tr><td>직업
탐구</td><td>과목당
20</td><td>5지선다형</td><td>과목당
50점</td><td>• 1과목 선택: 농업 기초 기술, 공업 일반, 상업 경제, 수산·해운 산업 기초, 인간 발달 중 택 1
• 2과목 선택: 위 5개 과목 중 택 1+성공적인 직업생활</td></tr>
<tr><td colspan="2">제2외국어/
한문</td><td>과목당
30</td><td>5지선다형</td><td>과목당
50점</td><td>• 독일어 I, 프랑스어 I, 스페인어 I, 중국어 I, 일본어 I, 러시아어 I, 아랍어 I, 베트남어 I, 한문 I 9개 과목 중 택 1</td></tr>
</table>

표 3-11 / 2022학년도 대학수학능력시험의 영역별 문항 수, 원점수, 표준점수

영역	문항 수	원점수 만점	표준점수		
			평균	표준편차	범위
국어	45	100	100	20	0~200
수학	30	100	100	20	0~200
영어	45	100			
한국사	20	50			
탐구	20	50	50	10	0~100
제2외국어/한문	30	50			

표 3-12 / 등급별 비율

등급	1	2	3	4	5	6	7	8	9
비율(%)	4	7	12	17	20	17	12	7	4
누적 비율(%)	4	11	23	40	60	77	89	96	100

표 3-13 / 2022학년도 대학수학능력시험 성적통지표(예시)

2022학년도 대학수학능력시험 성적통지표(예시)

수험번호	성명		생년월일	성별	출신고교(반 또는 졸업 연도)		
12345678	홍길동		03.09.05	남	한국고등학교(9)		
영역	한국사	국어	수학	영어	탐구		제2외국어/한문
선택과목		화법과 작문	확률과 통계		생활과 윤리	지구과학 I	독일어 I
표준점수		131	137		53	64	
백분위		93	95		75	93	
등급	2	2	2	1	4	2	2

2021. 12. 10.

한국교육과정평가원장

5 학습동기검사

동기는 인간의 행동 변화에 매우 큰 영향을 주는 요인 중 하나이다. 동기는 어떤 행동을 시작하게 하는 힘이며, 행동의 방향과 강도를 결정하는 요인이다. 학습동기가 높은 학생은 학습에 대한 집중도와 참여도가 높으며, 학습에 대한 흥미는 내재적 동기로 작용한다. 교사와 상담자는 학습지도 및 상담에서 학생의 학습동기가 어떤 특성을 보이는지 먼저 면밀히 살펴볼 필요가 있다.

1) MST 학습동기유형검사

MST 학습동기유형검사는 한근영(2016)이 개발하고 한국가이던스에서 제공하는 검사로서 유·초·중·고등학생과 부모를 대상으로 학습자가 가진 능력 변화에 대한 신념, 목표지향성과 학습동기의 유형 및 수준을 측정한다. 전체 156문항이며, 신뢰도는 무응답, 연속동일반응, 반응일관성, 인상관리척도로 제공된다.

학습자의 목표지향성은 학습지향, 과시지향, 회피지향으로 구분하고, 학습동기 유형을 성장지향(능력증진, 지적흥미, 최적목표, 노력추구, 실패수용)과 고정지향(능력고정, 경쟁중심, 유능과시, 무능회피, 실패회피)으로 나누어 측정되며, 각 하위요소의 조합을 통해 학습동기유형(내부 동기수준이 높은지, 외부 동기수준이 높은지, 무기력한지)을 평가한다.

또한 학습동기 수준과 유형, 학습동기에 영향을 미치는 부모-자녀의 가정환경에 대한 인식과 학습동기를 촉진시키는 양육태도와 비효율적이고 부적응적인 양육방식을 과정 중심적 양육방식과 부적응적 양육환경으로 나누어 평가한다. 부모용(MST Form P)과 자녀용(MST Form L)을 함께 실시하면 부모가 자신이 실행하고 있다고 생각하는 양육방식과 자녀가 인식한 부모의 양육방식을 평가함으로써 부모와 자녀가 가정 내에서 인식하고 있는 '주관적 심리적 환경'에 대한 인식 차이를 확인할 수 있다.

2) 학업동기검사

김아영(2003)이 제작한 학업동기검사(Academic Motivation Test)는 학습자가 스스로 활동을 선택하고 노력하며, 어려움이 있어도 인내를 갖고 해낼 수 있게 하는 원동력으로 작용하는 학업동기의 특성에 초점을 둔 검사이다.

다양한 동기변인 중 학습자가 자신의 수행능력에 대해 보이는 기대나 신념인 '학업적 자기효능감'과 자신의 실패경험에 대하여 건설적으로 반응하는지 여부를 나타내는 '학업적 실패내성'을 측정한다. 총 44문항으로 문항 반응형태는 Likert 6점 척도이다. 초등학생부터 대학생까지 사용 가능하며 개별검사와 집단검사 모두 실시할 수 있다. 소요시간은 10~20분 정도로 비교적 적은 수의 문항으로 빠른 시간 내에 학생들의 학습동기 측면에 대한 평가가 가능하다.

'학업적 자기효능감'은 자신감, 자기조절 효능감, 과제수준 선호의 3개 하위척도로 구성된다. 자신감(8문항)은 자신의 전반적인 학문적 수행능력 및 학습능력에 대해 보이는 신념의 정도를 평가하며, 자기조절 효능감(10문항)은 개인이 자기관찰, 자기판단, 자기반응과 같은 자기조절적 기제를 수행할 수 있는지에 대한 효능 기대를 측정한다. 과제수준 선호(8문항)는 도전적이고 구체적인 목표를 선택하려 하는지, 자신의 기술수준을 뛰어넘는 상황은 피하려고 하는지 등 학습자의 행동 상황 선택을 평가한다.

'학업적 실패내성'은 감정, 행동, 과제난이도 선호의 3개 하위척도로 구성되며, 감정(6문항)은 실패 경험 후 보이는 감정 반응의 긍정·부정 정도를 평가하며, 행동(6문항)은 실패경험 후 이를 만회하기 위한 계획 수립, 방안 강구 정도와 실패경험 후 구체적 현실적 방법으로 이를 극복하기 위한 행동을 보이는 정도를 평가한다. 과제난이도 선호(6문항)는 개인이 학습과제 난이도에 대해 보이는 인지적, 정서적, 행동적 측면을 평가한다.

3) 학업성취동기검사

성취동기는 학습상담에서 가장 많은 연구가 이루어지는 부분이다(김영진, 2003). 학업성취동기검사는 학업성취동기를 향상시키기 위한 학습상담 프로그램 운영에 활용할 수 있다. 프로그램 전후 학생의 학업성취동기의 향상도를 평가하고, 부족한 내용을 후속 프로그램에 추가 및 수정할 수 있다. 김영진(2003)이 제시한 학업성취동기검사 문항은 다음 <표 3-14>와 같으며, 응답방식은 5점 척도이다.

표 3-14 / 학업성취동기검사

번호	문항
1	수업시간에 열심히 듣고 그 자리에서 이해하고 기억하려고 한다.
2	내 성적은 내 실력에 맞는 정도라고 생각한다.
3	공부하는 것과 노는 것은 확실히 구별해서 한다.
4	숙제가 재미없고 싫증이 나도 끝을 맺고야 만다.
5	공부에 있어서 남에게 뒤떨어지기 싫다.
6	좋아하는 과목이나 싫어하는 과목이나 간에 성적을 올리기 위해 열심히 공부한다.
7	어떤 과목이나 한 번 시작하면 끝을 마치고 싶고 미루기 싫다.
8	나의 갈 길이 뚜렷이 정해져 있어 그 방향에 갈 수 있도록 열심히 공부한다.
9	숙제는 제시간에 제출한다.
10	얼마 동안은 정신을 차려 읽으나, 조금 지나면 무엇을 읽었는지 모르게 된다.

번호	문항
11	공부시간 중 나도 모르게 딴 생각을 하는 수가 많다.
12	이성이나 또는 앞으로의 계획을 공상하기 때문에 공부할 때에 주의가 집중되지 않는다.
13	공부하는 시간이 일정하지 않고 아무 때나 마음 내키는 대로 한다.
14	모르는 것을 질문하기 어려워한다.
15	시험 때가 되면 걱정을 하면서도 공부를 하지 않는다.
16	공부를 하려고 하면 피곤하거나 싫증이 나서 능률이 오르지 않는다.
17	공부를 하는 데 흥미가 없기 때문에 예습을 할 때 정신 집중하기가 어렵다.
18	싫은 과목 시간에는 선생님의 이야기를 듣지 않고 그림을 그리거나 편지를 쓰거나 공상을 하게 된다.
19	자리를 잡고 정신을 집중시키려면 시간이 많이 걸린다.
20	문법, 공식, 정의 같은 것은 완전히 이해하려고 하지 않고 그대로 외워 버린다.

6 학습흥미검사

학습자의 흥미가 어디에 있는지를 발견하는 것은 학습지도와 관련된 개인차 변인들 중에서 가장 먼저 고려되어야 할 정의적 특성이다. 학습동기이론들은 학습자의 흥미가 내재동기를 유발한다고 본다. 즉 흥미 있는 과제에 대한 공부는 학습의 질을 향상시킨다. 흥미는 동기를 부여하는 요인으로 작용하고, 강화된 동기는 학습행동을 촉진함으로써 학업성취수준을 높이는 데 기여한다. 결국 학습에 대한 흥미 유무는 학업성취에 많은 영향을 미치게 된다.

교과목에 대한 선호는 교과목의 수행 결과에 직·간접적으로 의미있는 영향을 미칠 뿐만 아니라 희망 직업의 선택과도 관련된다. 즉 학생들은 희망 직업으로 선호하는 교과와 관련된 직업을 선택하는 경향이 높다. 따라서 학습흥미에 대한 정보는 효과적인 학습지도뿐만 아니라 진로지도에 중요한 의미가 있다. 우리나라에 보급된 학습흥미검사를 소개하면 <표 3-15>와 같다.

표 3-15 / 학습흥미검사의 종류

검사명	대상	측정내용	하위요인	제공처
학습흥미검사 (ITS)	초4~ 고3	• 인지양식별 학습흥미와 교과별 학습흥미를 탐색	• 교과별 흥미, 학습유형별 흥미, 학습유형별 특성 및 학습스타일	한국가이던스
기초학습역량검사 (BLCT)	초4~ 고3	• 언어, 논리수학, 공간 영역에서의 현재 능력과 흥미수준 고려하여 강점 평가	• 능력(언어, 논리수학, 공간), 흥미(언어, 논리수학, 공간)	인싸이트
전공흥미검사 (MIT)	중3~ 고3	• 선호활동을 바탕으로 적합한 학과와 고교 선택과목을 추천하기 위한 검사	• 추천전공, 진로성숙도, 진로 및 진학준비도, 선호직업 특성	휴노 스쿨온

여기에서는 조붕환과 임경희(2003)가 표준화하여 한국가이던스에서 제공하고 있는 초등학교 4~6학년용과 중고등학생용 학습흥미검사를 소개한다. 이 검사는 학습흥미를 학습유형별 학습흥미척도와 교과별 학습흥미 척도로 구분하여 측정한다. 초등용은 169문항, 중고생용 152문항이며, 예와 아니오로 응답한다. 이 검사는 학생의 개인별 학습흥미를 학습유형별, 교과별 학습흥미 특성을 분석하여 전체 집단 내의 흥미의 상대적 위치와 개인 내 흥미의 차이에 대한 정보를 제공하며, 학습유형별 학습스타일과 교과별 흥미에 따른 진로 및 상담과 지도 방법을 제공하고 있다.

교과별 학습흥미는 학교 교육과정에 포함된 학습활동에 대한 흥미를 측정한다. 학생이 어떤 과목에서 어느 정도 흥미를 가지고 있는가를 알아보며, 국어흥미, 수학흥미, 사회흥미, 과학흥미, 체육흥미, 음악흥미, 미술흥미, 기술·가정흥미, 영어흥미의 9개 요인으로 구성되어 있다.

학습유형별 학습흥미는 학습상황에서 정보를 받아들이고 과제를 해결할 때 선호하는 학습양식을 측정하며, 사고형 흥미, 탐구형 흥미, 창의형 흥미, 활동형 흥미의 4개 요인으로 구성되어 있다. 이는 학습자의 정보지각방식과 정보처리방식을 토대로 Kolb(1993)가 제시한 구체적인 경험, 추상적인 개념화, 사려 깊은 관찰, 적극적인 실험의 4가지 학습양식과 확산자, 동화자, 수렴자, 조절자의 4가지 학습유형, 그리고 이를 발전시킨 McCarthy(1987)가 제안한 창의형, 사고형, 실용형, 실행형의 4가지 학습유형에 관한 견해에 기반을 두고 있다.

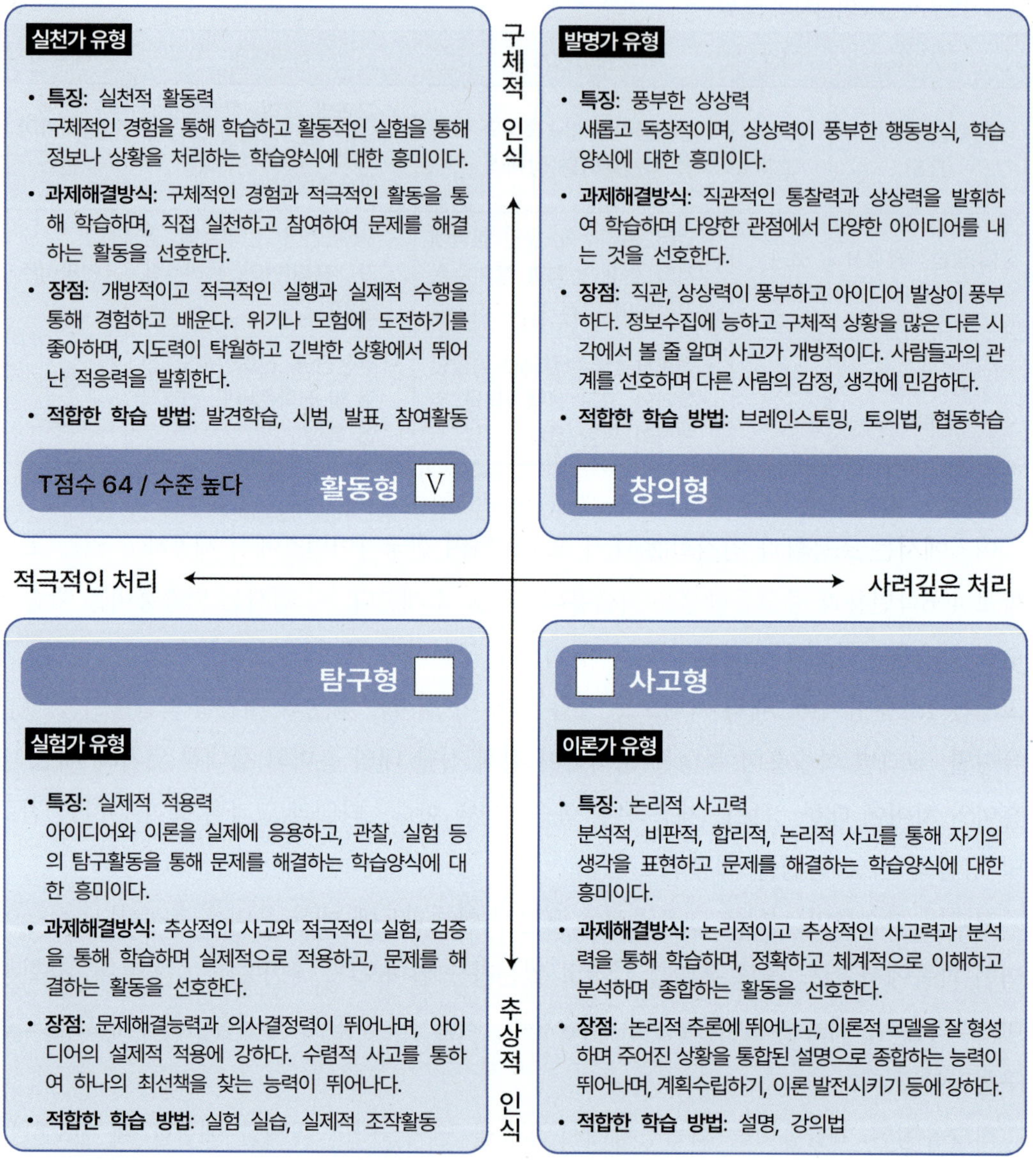

그림 3-1 / 학습유형별 학습흥미

7 학습유형 및 학습전략검사

학습유형은 학습자의 성격특성을 비롯해서 인지적, 동기적, 정서적, 행동적 특성을 포함한다. 이로 인해 많은 학습유형검사와 학습전략검사들이 학습자의 성격특성과 동기, 학습행동과 태도, 학습기술과 학습전략 등을 하위영역으로 포함하는 다양한 접근을 취하고 있다. 이는 학습저해요인검사, 학습부진유형검사, 학습유형검사, 학습전략검사, 학습기술검사, 자기조절학습검사 등 다양한 검사 명칭과 각 검사가 담고 있는 구성요소들에 잘 나타나 있다. 따라서 학습자의 학습행동 특성 파악을 위해 검사를 사용하는 경우, 각 검사가 제공하는 정보가 어떤 요소들을 포함하고 있는지를 자세히 살펴볼 필요가 있다.

일반적으로 심리정서적 측면에 보다 초점을 두고 학습상담을 하는 경우, 학습자의 성격과 동기, 정서와 가정환경 등을 파악하여 학업에 대한 불만이나 장벽요인을 제거하고, 자기효능감을 높임으로써 학업성적을 향상시키려는 접근을 취하게 된다. 이는 학업에 관련된 동기나 불안, 학습무기력 등이 학습부진의 주요인일 경우에 보다 효과적이다. 반면, 학습 방법이나 기술, 학습전략의 비효율적 사용이나 부재로 부진이 나타나는 경우는 학습 방법이나 전략의 사용을 구체적으로 파악하는 것이 보다 효과적이다(김영진, 2003).

우리나라에서 활용되고 있는 학습유형, 학습기술 및 전략 관련 검사를 소개하면 <표 3-16>과 같다.

표 3-16 / 학습유형, 학습기술 및 전략 관련 검사의 종류

검사명	대상	측정내용	하위요인	제공처
U&I 학습유형검사	초~고	• 학습과정에서의 학생의 학습태도 및 행동과 성격양식 탐색	• 학습성격 유형, 학습행동 유형, 학습기술 검사	연우심리개발원
학습유형검사 (TOLI)	중1~고3	• 학습과 관련된 심리적 요인과 학습유형 측정	• 개인적 특성, 학습정서, 학습동기, 학습전략	한국가이던스
MLST-II 학습전략검사	초4~고3	• 성격특성과 학습전략을 측정	• 성격특성, 정서특성, 동기특성, 행동특성	인싸이트
학습전략검사 (LSI-A/LSI-C)	초4~고3	• 학습전략의 핵심적인 방법 측정	• 시간관리, 환경관리, 공부행동관리, 읽기전략, 노트전략, 기억전략, 시험전략, 동기전략, 시험불안전략, 주의집중전략	마인드프레스
ALSA 알자 청소년 학습전략검사	초4~고3	• 학습부진을 극복하기 위한 학습전략 분석 및 프로그램 활용을 통한 학습전략 증진	• 학습동기, 자아효능감, 인지·초인지 전략, 자원관리전략	인싸이트
자기조절학습 검사 (SLT)	초4~고3	• 학습을 효율적으로 수행하기 위해 적절한 자기조절적 학습전략을 구사하는 정도나 능력을 측정	• 자기조절학습전략, 학습자특성, 학습습관	한국가이던스

검사명	대상	측정내용	하위요인	제공처
자기조절학습 검사	고1~3	• 효과적인 학습수행과 관련하여 인지, 동기, 행동을 조절하는 자기주도적 학습능력 진단	• 인지조절, 동기조절, 행동조절	기초학력 향상지원 사이트
자기주도학습 코칭검사 (GSIC)	중1~고3	• 학습에서의 자기주도성, 학습 및 시험상황에서의 학습정서, 학습전략과 학습습관을 측정	• 자율성지지, 자기결정성, 동기, 자기주도성, 학습전략	한국 가이던스
학습저해요인 진단검사	초4~6	• 인지, 동기, 행동, 환경적 측면에서 학습부진 요인 탐색	• 인지적 영역, 정의적 영역, 행동적 영역, 환경적 영역	기초학력 향상지원 사이트
학습종합검사 (WISE)	초4~고3	• 학습자의 종합적인 학습상태 분석, 진단 및 처방에 대한 맞춤형 정보 탐색	• 메타인지, 지능, 학습양식, 학습성향, 학습태도, 귀인, 학업스트레스, 학습된 무기력, 학습환경	인싸이트

1) U&I 학습유형검사

U&I(Uprise & Improve) 학습유형검사는 학습과정에서 보이는 학생의 행동 및 태도, 성격양식을 알아보는 검사이다. 커시(Keirsey)의 성격이론 연구와 히콕스(Heacox)의 학습행동 연구를 바탕으로 학습심리와 관련된 임상경험을 결합하여 개발되었으며, 국내 표준화 작업을 거쳐 2001년 출시되었다(연우심리개발원, 2018).

학습상황에서 성격에 따라 개인이 보일 수 있는 행동양식을 종합적으로 진단함으로써 학습능력 향상에 도움이 되는 정보를 제시하고, 학생 개개인에게 적합한 개별화된 학습증진 프로그램을 개발하고 치료하는 데 활용된다. 초등학생용 106문항, 중고등학생용 164문항, 대학생용 164문항, 일반용 106문항이며, 소요시간은 30분 정도이다.

U&I 학습유형검사는 학습성격 유형, 학습행동 유형, 학습기술 검사로 구성되어 있다. 학습성격유형 검사는 학습상황에서 개인의 성격적인 특성을 측정하며, 각 유형별 기본 욕구와 대표적인 특성은 <표 3-17>과 같다. 학습기술 검사는 학습을 하는 데 사용하고 있는 학습 방법과 효율성 정도를 측정하며, 학습태도, 학습동기, 시간관리, 불안조절, 주의집중, 정보처리, 중심주제, 학업보조, 자기점검, 시험전략의 10개 영역으로 구성되어 있다. 학습행동유형 검사는 학습을 하는 데 있어 학생이 가지고 있는 어려움이 어떤 것인지

측정하며, 반항형, 완벽주의형, 고군분투형, 잡념형, 만족형, 외곬형의 6개 소척도로 구성되어 있다. 연우심리개발원 홈페이지를 활용하면 보다 자세한 내용을 알아볼 수 있다.

표 3-17 / U&I 학습성격유형별 기본 욕구와 대표적인 특성

유형	기본욕구	대표적인 특성
행동형	자유	• 경쟁적이고 모험적이며 변화와 자극적인 것을 좋아함. 에너지를 충분히 발산할 수 있는 동적인 활동을 좋아함
규범형	책임	• 신중하고 꼼꼼하게 계획을 세워 성실하게 일함. 소극적이고 소심하여 정적인 활동을 좋아함
탐구형	지식추구	• 생각이 깊고, 세상에 존재하는 것, 일어나는 일들의 원인과 법칙들에 대한 관심이 많음. 주로 정적이고 혼자서 하는 활동을 선호함
이상형	인간성	• 배려와 이해심이 깊음. 인격적인 관계를 중시하며 늘 조화롭고 평화로운 상황을 선호함. 정적이고 감성적인 활동을 선호함
행동규범형	정의구현	• 규칙과 원칙을 중시하고 어떤 일을 조직하고 추진하는 능력이 뛰어남. 모험적이고 자극적이며 동적인 활동에 관심이 많음
행동탐구형	진리탐구	• 직관적이고 독창적이며 창의력이 뛰어남. 관습과 규범을 따르기보다는 자신의 원칙에 따라 행동하기를 원함
행동이상형	즐거움	• 명랑하고 쾌활하며 재기발랄함. 사교적이며 유머가 뛰어남. 동적이면서도 타인에게 인정받을 수 있는 활동을 선호함
규범탐구형	냉철한 양심	• 신중하며 빈틈이 없는 완벽주의 성향이 강함. 정적이면서 꼼꼼하고 세심한 주의가 요구되는 활동을 선호함
규범이상형	봉사와 헌신	• 모든 행동이 타의 모범이 되고 성실하고 맡은 바 책임을 다함. 조용하게 혼자나 소수가 하는 일이나 타인을 도와주는 일을 좋아함
탐구이상형	개성존중	• 생각이 깊고 독창적이고 창의적임. 새로운 것을 창조하는 데 관심이 많음. 정적이면서도 생각이 요구되는 분야를 선호함
행동규범탐구형	유능성	• 성격유형 중 가장 정확하고 빠르며 적극적임. 하고 싶은 것이 많고 목표지향적임. 동적이면서도 늘 성과가 있는 활동을 선호함
행동규범이상형	명예존중	• 활발하고 적극적이며 예의 바르고 규칙적임. 계획적이고 체계적임. 동적이면서 여러 사람을 다스리는 활동을 선호함
행동탐구이상형	진리탐구와 혁신	• 독창적이며 창의력이 풍부하고 안목이 넓고 다방면에 재능이 많음. 항상 새로운 가능성을 찾고 새로운 시도를 함
규범탐구이상형	도도함과 우아함	• 냉정해 보이면서도 따뜻함이 있고 예의 바르며 책임감이 강함. 정적이면서도 전문성을 인정받을 수 있는 활동을 선호함

출처: 연우심리개발원. U&I 학습유형검사.

2) 학습기술진단검사

학습기술진단검사(Learning Skills Test: LST)는 변영계와 김석우(2002)가 개발한 검사로 초등학교 5~6학년용, 중학생용, 고등학생용이 있으며, 각각 60문항, 70문항, 80문항으로 구성되어 있다. 자기관리, 수업참여, 과제해결, 읽기, 쓰기, 시험치기, 정보처리의 7개 하위검사로 구성하여 학습 방법에 초점을 맞추고 있다. 검사 결과와 연계하여 학습기술 개선 프로그램을 제공하고 있어서 유용하게 활용할 수 있다.

표 3-18 / 학습기술진단검사 하위검사의 구성

하위검사	측정내용
자기관리	• 학습자료 준비와 공간의 조직 및 시간과 계획의 관리, 동기관리를 포함한 신체/심리적 상태 관리, 적절한 도움 요청
수업참여	• 수업에 대한 준비와 능동적 참여, 교사와 급우에 대한 태도, 수업에 관련된 동기와 주의집중, 노트필기 기술
과제해결	• 읽기 및 쓰기 과제해결기술, 가정학습 과제해결기술, 지시사항 파악기술, 가정학습 과제의 파악 및 조직화, 가정학습 중 주의산만에 대한 대처
읽기	• 내용을 읽으며 조직하고, 요점을 찾고, 개관 및 예상하기
쓰기	• 주제 정하고 개요 짜기, 자료수집과 정리 및 표현하고 글을 다듬는 것
시험치기	• 시험 준비, 심리적 대처, 시험계획 및 시간의 관리, 시험공부 요령 파악
정보처리	• 정보의 조직, 관련짓기 및 자기점검

3) MLST-II 학습전략검사

MLST-II 학습전략검사((Multi-dimensional Learning Strategy Test-II)는 박동혁(2014)이 개발하여 인싸이트 심리검사연구소(https://inpsyt.co.kr)에서 제공하는 검사이다. 초등학생용(4~6학년, 115문항), 청소년(중·고등학생용, 185문항), 대학생용(185문항)이 있다. 성격특성, 정서특성, 동기특성, 행동특성의 4개 영역을 측정하며, 자기주도학습지수(LQ)를 산출해 준다. 학습에서의 강·약점과 학습전략의 유형(주도형, 성실형, 잠재형, 정체형)이 무엇인지 제시해 주는데, 이 유형은 학습에 투자되는 학습량과 학습동기의 수준, 학습전략의 효율성 정도에 따라 결정된다.

성격특성은 효능감, 결과기대, 성실성 척도로 구성되며, 정서특성은 우울, 불안, 짜증

척도로 구성되어 있다. 동기특성은 학습, 경쟁, 회피 척도로 구성되어 있고, 행동특성은 시간관리, 수업듣기, 노트필기, 공부환경, 집중전략, 읽기전략, 기억전략, 시험전략의 8개 척도로 구성된다. 더불어 신뢰성 지표(반응일관성, 연속동일반응, 사회적 바람직성, 무응답)와 부가정보(성적, 학습시간, 성적만족도, 심리적 불편감)를 제공한다.

이 검사는 학생들의 학습전략이 얼마나 효과적인지를 이해하고 학습자 자신의 장점과 단점을 이해하여 학습에서의 효율성을 높이는 데 활용할 수 있으며, 학업성취에 영향을 미치는 정서적 특성과 동기수준에 대한 정보를 포함하고 있어서 학생의 학습부진 원인을 탐색하고 이후 공부 방법이나 지도 방법을 수정하고 보완하는 데 활용할 수 있다.

4) 자기조절학습검사

한국교육과정평가원 기초학력향상지원 사이트(http://www.basics.re.kr)에서 제공하는 자기조절학습검사는 고등학교 1~3학년 학생을 대상으로 효과적인 학습을 수행하기 위한 인지, 동기, 행동을 적극적으로 조절하는 자기주도적 학습능력을 진단한다. 자기주도적 학습능력의 정도를 파악하고 학습 과정에 있어 자기조절이 부족한 측면과 그렇지 않은 측면들을 확인하여 적절히 학습능력을 조절하는 데 목적이 있으며, 교사가 학업상담 시 보다 효율적으로 학습지도를 할 수 있도록 도움을 주고, 나아가 교육적 효과성을 평가할 수 있는 준거를 제공해 준다. 자기조절학습검사의 하위요인 및 측정내용은 <표 3-19>와 같다.

표 3-19 / 자기조절학습검사 하위요인 및 측정내용

차원	하위요인	문항 수	측정내용
인지 조절	인지전략의 활용	8	• 학생들이 학습할 때 다양한 인지전략을 어느 정도 자발적이고 적극적으로 활용하는지를 측정
	메타인지전략의 활용	8	• 학생들이 학습할 때 다양한 메타인지 전략을 어느 정도 자발적이고 적극적으로 활용하는지를 측정
동기 조절	숙달목적 지향성	8	• 학습을 하는 이유에 있어 학습에 대한 내재적 가치나 노력 등을 어느 정도로 지향하는지를 측정
	자아효능감	8	• 자신의 학습 및 과제 수행에 있어서 자신의 능력에 대한 기대나 믿음이 어느 정도인지를 측정
	성취가치	8	• 주어진 학습을 가치롭게 여기는 이유에 해당하는 것으로 학습에 대한 중요성, 유용성, 내재적 흥미를 어느 정도 지각하는지를 측정

차원	하위요인	문항 수	측정내용
행동 조절	행동통제	8	• 주의집중이나 지속적인 노력 등으로 자신의 학습행동을 스스로 통제하는 정도를 측정
	학업시간의 관리	8	• 학업시간을 얼마나 효율적으로 계획하고 점검, 관리하는지 그 정도를 측정
	도움 구하기	8	• 어려움에 부딪혔을 때 이를 해결하기 위해 관련 자료를 찾아보거나 아는 이의 도움을 적극적으로 구하는 정도를 측정

출처: 기초학력향상지원사이트(http://www.basics.re.kr)

다음으로 양명희(2016)가 개발하여 한국가이던스에서 제공하는 자기조절학습검사(Self-Regulated Learning Test: SLT)는 학습을 효율적으로 수행하기 위해 적절한 자기조절 학습전략을 구사하는 정도나 능력을 측정한다. 이 검사는 자기조절 학습전략뿐만 아니라 학업성취도에 영향을 주는 동기적 특성과 정서적 특성, 학습습관을 포함하고 있다. 자기조절 학습전략, 학습자 특성, 학습습관 영역으로 나누어 평가하며, 초등용(124문항), 중·고등학생용(178문항), 대학생용(146문항)이 있다.

표 3-20 / 자기조절학습검사 척도 및 측정내용

영역	척도		측정내용
자기 조절 학습 전략	인지 전략	기억전략	• 학습내용을 효율적으로 기억하고 유지하기 위해 구사하는 학습 방법과 전략
		이해전략	• 학습내용에 대한 적극적인 이해, 핵심내용이나 관계 분석 등 심층적 학습을 위해 스스로 구사하는 학습전략
		메타인지	• 자신의 학습과정이나 인지적 과정을 계획, 점검, 조절하기 위한 전략
	동기 전략	정서조절	• 학습하면서 지각하는 좌절, 압박감과 같은 부정적인 정서를 통제하고 긍정적인 방향으로 변화시키는 데 활용하는 전략
		긴장유지	• 보다 나은 결과를 얻고자 자신의 학습과정에 스스로 적절한 긴장감을 불어넣고 유지하는 전략
		동기유발	• 보다 즐겁게 공부할 수 있는 방법을 모색하기 위해 스스로 활용하는 전략
	행동 전략	실천전략	• 계획한 목표를 달성하기 위해 자신의 사고, 정서들을 조절하여 행동으로 옮기는 전략
		시간환경 관리	• 학습에 집중할 수 있도록 자신의 시간과 환경을 효율적으로 관리하고 조성하는 전략
		자원활용	• 다양한 학습 자원들(또래, 교사, 인터넷, 참고자료) 등을 활용하는 능력

영역	척도		측정내용
학습자 특성	학습 동기	자신감	• 학업수행에 필요한 노력과 행동을 해낼 수 있다는 자신의 능력에 대한 믿음의 정도
		중요성 인식	• 학교, 학습을 가치롭게 지각하는 정도, 중요성에 대한 인식 정도
		탄력성	• 학습하면서 경험하는 여러 실패 상황에서도 쉽게 좌절하지 않고 이겨내는 능력, 어려움을 견뎌내는 정도
		학습흥미	• 학습내용에 대한 내재적인 흥미와 호기심, 학습의 즐거움을 느끼는 정도
	정서	긍정정서	• 학습상황에서 보람, 자신감, 즐거움 등의 긍정적 정서를 지각하는 정도
		부정정서	• 학습과 관련하여 압박감, 좌절, 짜증 등의 부정적 정서를 지각하는 정도
		시험불안	• 시험과 관련하여 불안, 긴장, 걱정하는 정도 및 시험에 대한 스트레스
		무기력	• 반복된 실패경험으로 인해 의욕적이지 못하고 침체나 우울을 지각하는 정도
학습 습관	시간관리		• 시간을 효율적이고 계획성 있게 사용하는 정도
	공부환경		• 공부하는 장소가 집중에 도움이 되는 정도 혹은 집중에 방해되는 자극을 스스로 차단하는 능력
	수업태도		• 수업에 대한 적극성 및 수업을 통해 중요한 내용을 파악할 수 있는 정도
	노트필기		• 노트필기를 성실히 하는지 여부와 노트필기 요령 및 노트를 잘 활용하는 정도
	집중전략		• 집중을 유지할 수 있는 능력과 집중이 잘 되지 않을 때의 대처 방법에 대한 측정
	책읽기		• 읽은 내용에 대해 이해하고 핵심내용을 파악하는 정도
	기억전략		• 정확하게 기억하고 기억한 내용을 유지하는 데 필요한 기억 방법과 요령 사용 여부에 대한 측정
	시험준비		• 계획적인 시험 준비 여부와 시험에서 실수를 줄이기 위한 전략 사용 여부에 대한 측정

출처 한국가이던스(www.guidance.co.kr). 자기조절학습검사. 결과샘플 참조.

5) 학습저해요인 진단검사

한국교육과정평가원 기초학력향상지원 사이트에서 제공하며, 초등학교 4~6학년 학생 대상으로 학습부진의 원인을 알아보는 검사이다. 영역별 점수를 전국의 학습지원대상학생(학습부진학생)과 비교하여 학생의 상대적인 위치를 제공하기 때문에, 평균 점수를 기준으로 평균 이상인 경우와 평균 미만인 경우로 나누어 지도지침을 제공한다. 검사 결과를 해석할 때 점수 차이를 세분하여 비교하기보다 환산점수가 평균 이상인지 미만인지를 기준으로 인지, 동기, 행동, 환경적 측면에서 학생의 학습부진 원인이 되는 요소를 파악하여 개별 학생의 지도 지원전략을 세우는 데 활용한다. 다음 <표 3-21>과 같이 4가지 대영역과 12가지 중영역으로 구성되어 있으며, 검사 결과지 예시는 [그림 3-2]와 같다.

표 3-21 / 학습저해요인진단검사의 영역

대영역	중영역
인지적 영역	• 인지전략, 상위인지전략
정의적 영역	• 자아존중감, 시험자신감, 학습의욕
행동적 영역	• 자기행동조절, 자기학습관리, 학습이해확인
환경적 영역	• 교사지지, 부모지지, 또래지지, 교실학습환경

결과지

학교명	테스트초등학교	학년/반/번호	6학년 3반 1번
이름	테스트	성별	남자

점수표

대영역	원점수	환산점수	중영역	원점수	환산점수
인지적영역	70	73	인지전략	55	77
			상위인지전략	15	59
정의적영역	19	23	자아존중감	3	42
			시험자신감	10	38
			학습의욕	6	29
행동적영역	21	33	자기행동조절	10	38
			자기학습관리	8	43
			학습이해확인	3	37
환경적영역	51	63	교사지지	13	60
			부모지지	12	55
			또래지지	12	59
			교실학습환경	14	66

그림 3-2 / 검사 결과지 예시

6) 학습부진유형검사

황매향, 김영빈, 오상철(2010)이 개발한 학습유형 진단검사는 초등학교 4~6학년과 중학교 학습부진 학생(학습지원대상 학생)을 대상으로 개발하고 규준이 설정된 검사로 지필검사와 온라인검사로 사용이 가능하다. 한국교육과정평가원 기초학력향상지원 사이트(www.basics.re.kr)에 교사 인증 과정을 거쳐 인증코드를 받아 검사를 실시하고 결과지를 제공받을 수 있다.

이 검사는 학습유형 검사와 학생의 기본정보 및 위기요소 평가로 구성되어 있다. 학습유형 검사는 학습동기(20문항), 자기통제성(20문항), 학습행동(20문항)의 3개 하위영역, 60문항으로 구성되어 있다. 검사 결과는 3개 대영역 및 하위영역별 학생 점수의 프로파일을 제공하고, 이 중 학습동기와 자기조절능력을 토대로 학생을 4개 유형(노력형, 동기형, 조절형, 행동형)으로 분류하여 각 유형별 학생의 특성에 맞는 집단지도 프로그램을 교사나 상담자가 해당 프로그램 매뉴얼을 활용하여 집단상담 형식으로 진행하도록 되어 있다. 학습부진유형검사의 하위영역별 측정요인과 검사 결과표 예시는 [그림 3-3], 검사 결과의 의미와 지도방향은 <표 3-23>에 제시하였다.

표 3-22 / 학습부진유형검사의 하위영역과 측정요인

검사 및 하위영역		측정요인
학습유형 검사	학습동기	• 목표 유무, 내재적, 외재적 동기, 동기 관련 요인 및 저해요인
	자기통제성	• 만족지연, 즉각만족 추구 경향성
	학습행동	• 주의집중, 공부 방법, 시험 준비, 자원관리
기본정보 및 위기요소	환경 차원	• 부모 무관심, 경제적 곤란, 다문화가정, 비행집단, 기타
	개인 차원	• 학업관련장애, 중독, 건강문제, 기타

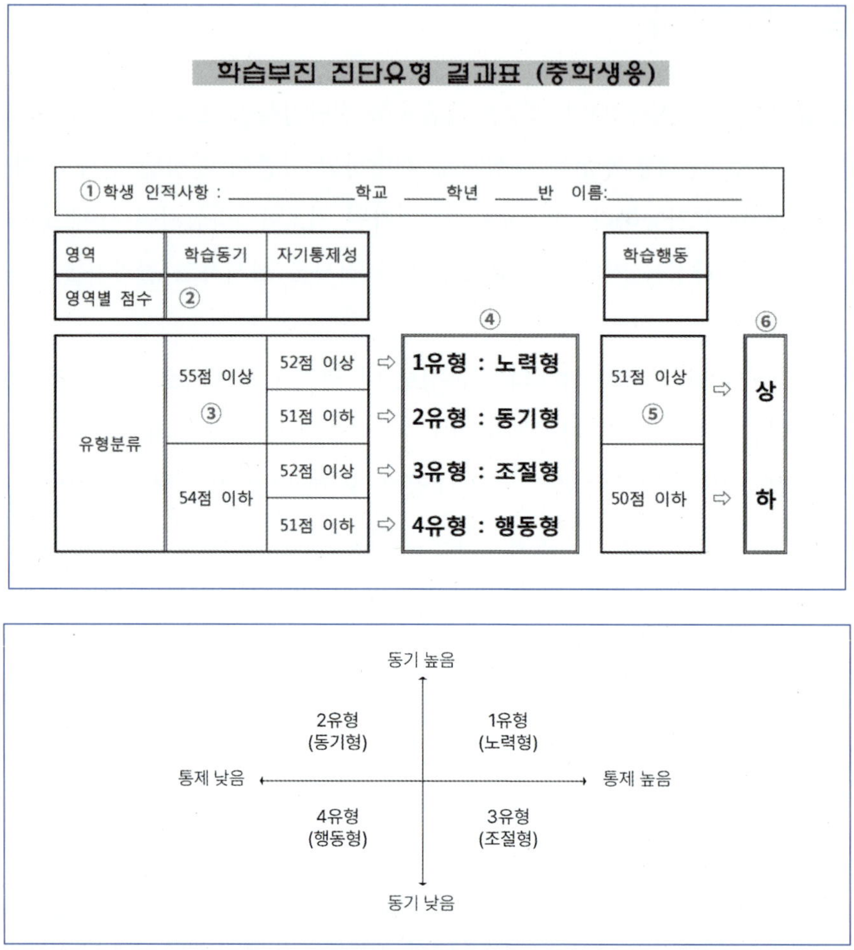

그림 3-3 / 학습부진 진단유형 결과 예시

출처: 기초학력향상지원 사이트(www.basics.re.kr)

표 3-23 / 학습부진유형검사 결과의 의미와 지도방향

요인	하	상
학습동기	• 낮은 점수는 학업에 대한 목표와 가치, 흥미가 낮아서 공부를 하려는 마음이나 의지를 갖고 있지 않음을 의미한다. • 작은 성공경험이나 노력에도 칭찬과 격려를 해주어 학습에 대한 관심과 흥미를 이끌어낼 필요가 있다. • 관련요인과 저해요인을 참고하여 학생의 학습동기를 향상시키키 위한 자신감 회복, 좌절 극복, 시험불안의 해소 등 구체화된 처방이 필요하다.	• 높은 점수는 장래의 목표가 뚜렷하고 공부를 가치있게 생각하며, 학습에 대한 흥미를 갖고 있음을 의미한다. • 학습행동을 하고 학업성취가 향상될 좋은 출발점이다. 동기를 갖고 있음에 대한 격려와 인정이 필요하다. • 학습동기가 높음에도 불구하고 학업성취가 낮다면, 학생이 현 상황에 대한 불안과 자존감 저하가 동반될 수 있으므로 더욱 심리적인 지지가 필요하다.

요인	하	상
자기 통제성	• 낮은 점수는 나중의 큰 만족을 위해 현재의 어려움을 참지 못하고 즉각적인 만족을 추구하는 경향을 의미한다. 규칙을 잘 지키지 않거나 수업시간에 집중하기 어려운 등의 행동으로 나타난다. • 집중시간이나 참는 시간을 처음에는 짧게 두어, 그 시간 동안 참음으로써 더 큰 것을 얻게 되는 긍정경험을 제공하고 점점 더 충동을 조절할 수 있도록 지도한다.	• 높은 점수는 즉각적으로 하고 싶은 일이 있더라도 할 수 있는 상황인지를 살피고, 더 큰 만족을 위해 지금의 욕구를 참을 수 있음을 의미한다. 학습행동을 하기에 좋은 습관을 가지고 있다. • 앞으로 잘 할 수 있음을 구체적인 설명을 통해 지지해 주고, 집중과 공부시간의 질(효과성)을 향상시키는 데에 중점을 두어 지도한다.
학습 행동	• 낮은 점수는 학업에 도움이 되는 학습행동이 무엇인지 모르거나 실제 학습장면에서 사용하지 못함을 의미한다. • 주의집중이나 공부 방법, 시험 준비 등의 기본적인 학습행동을 실전에서 사용할 수 있도록 알려준다. 자원관리 문항을 참고하여 학습에 필요한 시간, 공간, 돕는 사람들이 확보되도록 돕는다.	• 높은 점수는 학업이 도움이 되는 학습행동이 무엇인지 알고 있고 실제 학습장면에서 활용하고 있음을 의미한다. • 학습행동 점수가 높은데 성취수준이 낮다면, 학생이 학업 행동에 대해 잘못 이해하고 있거나 효과적인 방법을 모르기 때문일 수 있다. 주의집중, 읽기, 암기, 수업태도, 시험 준비 등 실제 행동을 관찰하여 문제를 교정해 준다.

출처: 황매향, 김영빈, 오상철(2010). **학습부진유형 진단도구 개발보고서**. 서울: 한국교육과정평가원.

8 기타 학습관련 평가도구

위에 제시한 평가도구 외에도 학습장애평가척도, 주의집중력검사를 비롯하여 시간관리 체크리스트, 시험불안 체크리스트와 학업스트레스검사 등을 학습상담 장면에서 활용할 수 있다.

1) 학습장애평가척도

학습장애평가척도(K-LDES)는 미국 학습장애평가척도(Learning Disability Evaluation Scale: LDES)를 우리나라 언어와 교육 실정에 맞게 번안하여 표준화한 것이다(신민섭, 조수철, 홍강의, 2007). 이 검사는 일차적인 관찰 기회를 가진 전문가들이 객관적인 정보를 보고할 수 있는 도구를 제공하기 위한 것으로, 실생활에서 아동을 매일 접하는 교사나 부모가 평가하도록 되어 있어서 아동의 학습문제를 조기에 발견하여 조속한 치료적 도움을 받도록 하는 데 유용하게 사용될 수 있다.

이 검사는 학습문제를 주의력, 생각하기, 말하기, 읽기, 쓰기, 철자법, 수학적 계산 등 7개 영역으로 범주화하여 학습장애 학생의 가장 공통된 특징을 기술하고 있다. 검사 결과는 7개 하위척도와 이를 합산하여 산출한 학습지수(Learning Quotient: LQ)를 함께 제시한다. 이 검사는 학습문제를 가진 아동의 특성을 정상아동의 특성과 비교하거나 광범위한 평가 프로그램에 대한 의사결정을 내리는 데 유용한 정보를 제공하며, 또한 향상이 필요한 구체적인 학업 영역과 행동특징을 명시함으로써 프로그램 계획을 위한 기초자료를 제공한다.

2) 주의집중력검사

주의집중력검사(Concentration Ability Test)는 학생의 주의력과 집중력을 평가하여 학습부진의 원인을 파악하고 개선하는 데 유용한 정보를 제공한다. 주의집중력을 측정하는 주의집중능력검사(한국집중력센터, 2010)는 초등학교 1학년부터 고등학교 2학년까지의 학생을 대상으로 학생들의 학습 전 과정에 영향을 미치는 주의집중력을 시각주의력, 청각주의력, 학습집중력, 지속적 집중력, 정보처리속도 등 5개 하위척도로 세분화하여 종합적으로 평가한다. 전국 단위 표준화 작업을 통해 일반 아동 및 청소년의 주의집중능력을 연령, 학년 규준으로 객관화하여 상대적 위치를 파악할 수 있으며, 학교 성적 및 태도에 대한 예언력이 높은 검사이다.

3) 시간관리 체크리스트

시간관리는 학습동기, 성격, 가족의 생활습관 등과 밀접한 관련이 있다. 학습동기가 낮은 학생은 학습을 위해 효과적으로 시간을 관리하기 어렵다. 따라서 학습시간을 관리하려면 어느 정도의 학습동기가 선행되어야 한다. 성격적으로 계획을 잘 조직화하는 학생과 중요하지 않은 일에 많은 시간을 할애하는 성격의 학생도 있다. 또한 부모들의 생활습관이 학생들의 시간관리에 영향을 미치기도 한다. 따라서 시간관리 문제를 다루기 위해서는 위의 사항들을 점검해 볼 필요가 있다(오혜영, 2004).

학습상담 시 학생의 시간관리 양상을 확인하기 위해서는 구체적으로 학습시간을 어떻게 관리하고 있는지 점검할 수 있는 목록표<표 3-24>(김영진, 2003)와 시간관리를 방해하는 요인을 점검하는 목록표<표 3-25>(최정원, 이영호, 2006)를 활용할 수 있다. 두 가지 체크리스트 모두 예, 아니오로 응답하도록 되어 있다.

표 3-24 / 학습시간 관리 체크리스트

번호	문항내용
1	학습할 시간을 따로 마련하고 있는가?
2	기분이 내킬 때만 학습을 하는가?
3	학습 시 늘 복습시간을 할애하는가?
4	학습을 시작하기 전 학습할 내용을 개괄하고 시작하는가?
5	특정 과목을 공부하기 위해 규칙적인 시간을 할애하는가?
6	50분 학습 후 약간 휴식을 취하는가?
7	공부 이외에 할 일이 없을 때 학습하는가?
8	수업이 끝난 직후 공책을 수정하기 위한 시간은 갖는가?
9	50분 정도에 읽을 수 있는 교재량을 아는가?
10	학습하기 전 과제를 수행하는 데 필요한 시간을 계산하는가?
11	하루 중 학습이 가장 잘되는 시간을 알고 있는가?
12	과제의 내용에 대한 이해가 부족할 때 선생님에게 질문하는가?
13	시험이 없더라도 규칙적으로 복습을 하는가?
14	오락시간을 따로 정해 놓는가?
15	과제물을 메모하는 습관을 가지고 있는가?

표 3-25 / 시간관리 방해요인 체크리스트

번호	문항내용
1	목표를 분명하게 세우지 않는다.
2	우선순위를 정하지 않는다.
3	한꺼번에 너무 많은 일을 하려고 한다.
4	공부해야 할 내용과 과제를 충분히 파악하지 않는다.
5	계획을 세우지 않는다.
6	교과내용과 관련된 책, 참고서, 인쇄물들을 정리하지 않는다.
7	무엇을 어디에 두었는지 몰라, 찾느라고 시간을 낭비할 때가 있다.
8	책상 정리가 안 되어 어수선하다.
9	공부하고 싶은 의욕이 없다.

10	대체로 인내심이 부족하다.
11	일을 끝까지 마무리짓지 못한다.
12	주의가 산만한 편이다.
13	친구의 전화를 받느라 하던 일이 끊길 때가 많다.
14	친구들과 만나느라 하던 일을 뒤로 미룰 때가 많다.
15	일을 자꾸 미루는 경향이 있다.
16	너무 꼼꼼하게 하느라고 무엇이든 시간이 늦춰지는 편이다.
17	매사에 조급하고 초조해하는 편이다.
18	보통 기분에 따라 일정이 바뀐다.
19	친구들이나 가족, 친척들과 대화를 나누는 시간이 너무 많다.
20	TV 시청, 컴퓨터 사용시간이 긴 편이다.

4) 시험불안 체크리스트

시험불안은 공부와 성적에 대한 과도한 압박과 두려움을 느끼고 대처할 수 있는 능력이 부족하거나 없다고 느낄 때 발생할 수 있다. 학생이 겪고 있는 시험불안의 양상을 정확하게 이해하고 개입함으로써 시험관리 능력의 향상을 도울 수 있다.

시험불안은 1) 시험불안에 대한 자신감 결여와 시험 결과에 대한 지나친 걱정에서 나타나는 인지적 요소 2) 불안, 초조 등 극심한 불안장애로 나타나는 정서적 요소 3) 너무 긴장되어 기억력이 감소되거나 소화장애로 나타나는 행동적 요소로 구분할 수 있다.

시험불안을 경험할 때 나타날 수 있는 인지적, 정서적, 행동적 결과의 예시(박경애 외, 1997)는 다음과 같다.

(1) 시험불안의 인지적 결과

항목	문항내용
1	아무리 해도 난 안 되는 것 같아
2	첫 시험을 잘 쳐야지 남은 시험도 잘 칠 수 있는데
3	시험을 치면서 불안하다는 것은 결과가 나쁠 거라는 징조야
4	답안지를 작성할 때 한 칸씩 밀려 쓸 것 같아
5	이번 시험은 중요한 시험인데, 작년처럼 난 또 망칠 거야, 어떡해

(2) 시험불안의 정서적 결과

항목	문항내용
1	시험을 보기 전에 걱정을 심하게 한다.
2	시험을 치르는 동안 좌절감을 느낀다.
3	시험을 다 본 후에도 계속해서 시험 본 것에 대한 걱정을 한다.
4	시험 점수를 확인하기 직전에 마음이 불안해지기 시작한다.
5	시험공부를 하면서 당연히 알아야 될 기본 지식조차 모르는 것 같아 답답하다.

(3) 시험불안의 행동적 결과

항목	문항내용
1	가슴이 두근거린다.
2	진땀이 난다.
3	소화가 잘 되지 않는다.
4	머리가 늘 아프거나 무거워 깨질 것 같다.
5	잠이 쏟아진다.
6	잠을 깊게 자지 못한다.
7	오줌이 자꾸 마려워 화장실에 자주 간다.
8	손이나 팔이 떨려 글씨를 쓰기가 어렵다.
9	몸에 힘이 빠진다.
10	안절부절못하고 자꾸 들락거린다.
11	몸이 굳어버린다.
12	시험 중에 너무 불안해서 알고 있는 것도 잊어버린다.
13	시험을 치는 동안 긴장이 많이 된다.
14	시험을 충분히 준비한 후에도 몸이 초초해진다.
15	주위에서 조금만 시끄러워도 집중이 되지 않는다.

다음 <표 3-26>은 시험불안 체크리스트(황경렬, 1997)의 예시이다. 응답방식은 전혀 아니다(1점)에서 아주 그렇다(5점) 5점 척도로 되어 있다.

표 3-26 / 시험불안 체크리스트

번호	문항내용
1	시험지를 받고 문제를 한번 훑어볼 때 나도 모르게 걱정이 앞선다.
2	시험공부가 잘 안 될 때 짜증만 난다.
3	시험문제의 답이 알쏭달쏭하고 생각나지 않을 때 시험 준비를 더 열심히 하지 않은 것을 후회한다.
4	부모님이 시험이나 성적에 관해 물어보실 때 겁을 먹고 어찌할 바를 모른다.
5	친구들과 답을 맞추어 보면서 시험에 대해 얘기를 나눌 때 나보다 친구들이 더 좋은 점수를 받았다는 생각에 시달린다.
6	시험 치기 직전 책이나 참고서를 봐도 머리에 잘 안 들어온다.
7	시험지를 받을 때 가슴이 두근거릴 정도로 긴장한다.
8	답안지를 제출할 때 혹시 표기를 잘못하지 않았나 신경이 쓰인다.
9	시험 치기 전날 신경이 날카로워져 소화가 잘 안 된다.
10	답안지에 답을 적는 순간에도 손발이 떨린다.
11	시험문제를 푸는 중에도 잘못 답하지 않았나 걱정하며 애를 태운다.
12	시험을 치다가 시간이 부족하다는 것을 느꼈을 때 허둥대고 당황한다.
13	시험이 끝나고 집으로 돌아갈 때 힘이 빠진다.
14	시험문제가 어렵고 잘 풀리지 않을 때 가슴이 답답하고 입이 마른다.
15	시험날짜와 시간표가 발표될 때 시험 걱정 때문에 마음의 여유가 없어진다.
16	시험공부를 다 하지 못하고 잠이 들었다 깼을 때 눈앞이 캄캄하고 막막하다.
17	틀린 답을 썼거나 표기를 잘못 했을 때 가슴이 몹시 조마조마해진다.
18	선생님이 시험 점수를 불러 주실 때 불안하고 초조하다.
19	자신 없거나 많이 공부하지 못한 과목의 시험을 칠 때 좌절감을 느낀다.
20	부모님께 성적표를 보여 드리기가 두렵다.

결과	해석
35점 이하	**시험에 대한 불안과 걱정이 없는 상태** 불안 때문에 시험을 못 보는 경우는 없지만 지나치게 낮아서 시험에 대해 무감각해졌을 수 있다.
36~60점	**가끔 불안해지는 상태** 평소 시험에는 별로 불안해하지 않지만 시험공부를 하지 않았거나 벼락치기를 할 경우 갑자기 불안해질 수 있다.
61~80점	**자주 불안을 느끼는 경우** 불안과 걱정 때문에 공부하는 것에 비해 그 효과가 나지 않을 가능성이 있다.
81점 이상	**늘 긴장 속에서 사는 경우** 긴장을 이완하는 방법을 반드시 익히고 전문상담자에게 상담을 받도록 한다.

5) 학업스트레스검사

조봉환(2006)이 개발한 학업스트레스검사는 학생의 학업스트레스 요인을 찾아내어 요인에 따른 상담활동을 통해 스트레스 대처와 조절을 위한 개입에 활용할 수 있다. 시험·성적스트레스 4문항, 과제스트레스 4문항, 학습내용스트레스 3문항, 학원스트레스 4문항으로 구성되어 있다. 학업스트레스검사 문항과 내용은 <표 3-27>에 제시하였다. 응답방식은 전혀 아니다(1점)에서 매우 그렇다(4점)의 4점 척도이다.

표 3-27 / 학업스트레스검사 문항

번호	문항내용
1	시험에 대한 압박감이 있을 때
2	시험 결과에 대해 걱정이 될 때
3	성적이 떨어졌을 때
4	성적 때문에 꾸중이나 비난을 받을 때
5	숙제가 많을 때
6	혼자 하기 어려운 숙제를 내 주실 때
7	숙제하라고 잔소리하실 때
8	놀고 싶은데 숙제 때문에 놀지 못했을 때
9	공부를 해도 이해가 되지 않을 때
10	수업시간에 집중이 되지 않을 때
11	선생님의 말씀이 이해가 되지 않을 때
12	학원에서 오랜 시간 동안 공부할 때
13	학원에서 늦게 끝날 때
14	학원에서 보충할 때
15	학원 숙제를 많이 내 주실 때

9 학습검사 활용의 실제

1) 학습문제 유형별 개입

다음 <표 4-29>는 서울시 카운슬러협회(1995, 김청자, 정진선, 2005 재인용), 김창대 등(1994)의 연구, 김동일 등(2011)의 제안을 토대로 학습문제의 양상과 원인에 따른 평가도구와 접근 방법을 종합적으로 정리한 내용이다. 학습상담 시 평가도구 선정과 개입을 위한 유용한 가이드로 활용할 수 있다.

표 3-28 / 학습문제의 원인에 따른 평가도구와 개입 방법

<table>
<tr><th colspan="2">문제양상</th><th>원인</th><th>평가도구</th><th>접근 방법</th></tr>
<tr><td colspan="2">언제부터 하락했는가</td><td>• 교과내용이 갑자기 어려워짐
• 기질적인 원인
• 가정과 친구관계에서의 급격한 변화</td><td>• 교과별 학업수준 평가
• 지능검사
• 기초학습능력검사
• 부모 양육태도검사</td><td>• 구체적인 교과교육 보조 신경심리학적 검사
• 가정의 환경 변화, 친구관계 점검</td></tr>
<tr><td rowspan="3">어떤 식으로 하락 했는가</td><td>계속적 하락</td><td>• 과제의 어려움
• 능력의 부족
• 가정에서의 문제
• 낮은 자존감
• 공부습관의 미형성
• 학습동기의 부족</td><td>• 학업 자아개념검사
• 부모 양육태도검사
• 지능검사
• 학습동기검사
• 다면적인성검사
• 기질 및 성격검사
• 학습전략검사</td><td>• 구체적인 교과교육 보조
• 지능 및 신경심리학적 검사
• 부모 양육환경 검토
• 수용, 격려, 성공경험 제공
• 학습습관 훈련 및 독려
• 학습동기 확인 및 촉진</td></tr>
<tr><td>급격한 하락</td><td>• 가정이나 친구관계에서의 특정사건
• 발달단계에서의 변화
• 갑작스러운 포기</td><td>• 생활사건 변화 검토
• 발달적 변화에 대한 이해
• 환경변화 검토</td><td>• 특정 사건에 대한 검토와 상담
• 변화를 수용하도록 상담
• 환경의 급격한 변화 검토, 격려 및 자존감 증진</td></tr>
<tr><td>과목별 하락</td><td>• 두뇌의 기질적 문제
• 과목에 대한 흥미 차이</td><td>• 흥미 및 진로탐색</td><td>• 지능검사 및 특정능력의 탐색
• 흥미의 탐색과 진로상담</td></tr>
<tr><td rowspan="4">성적과 관련된 정서 및 행동은 어떻게 나타나고 있는가</td><td>노력과 성적의 괴리</td><td>• 공부 방법의 문제
• 두뇌기능의 문제
• 가정에서의 압력 및 발달상의 적응문제</td><td>• 지능검사
• 문장완성검사
• 기질 및 성격검사</td><td>• 효과적인 학습 방법의 교육 및 상담
• 신경심리학적 검사
• 가정의 심리적인 역동 검토</td></tr>
<tr><td>주의집중 문제</td><td>• 두뇌기능 및 집중력 문제</td><td>• 지능검사
• 주의력검사
• 충동성검사
• 가정 및 학교상황 질문지
• 학습전략검사</td><td>• 신경심리학적 검사와 약물치료 검토</td></tr>
<tr><td>불안과 스트레스</td><td>• 과중한 압력, 실패에 대한 두려움
• 시험불안</td><td>• 학습전략검사
• 다면적 인성검사
• 시험불안검사</td><td>• 시험불안 상담
• 가정 배경 및 역동에 대한 탐색
• 인지행동상담을 통한 조력</td></tr>
<tr><td>회의와 반감</td><td>• 교육 경시 분위기
• 지나친 압력
• 부모-자녀 간 진로 갈등</td><td>• 문장완성검사
• 동적 가족화검사
• 진로탐색검사</td><td>• 부모에 대한 교육 및 상담
• 진로심리검사 및 진로상담</td></tr>
</table>

학습상담에서는 현재로서 개선 가능성이 있는 것에 초점을 두어 개입해야 한다는 점을 염두할 것을 권한다. 즉 상담과정에서 내담자를 둘러싸고 있는 학업 저해요인에만 관심을 두기보다 현재 학생이 가지고 있는 장점을 찾아내어 스스로 학업에 활용하도록 돕는 것이 중요하다. 특히 청소년 상담에서는 내담자의 강점을 발굴하여 그 강점이 충분히 기능할 수 있도록 도움을 제공하는 식으로 성장으로 이끄는 접근이 효과적이다.

다음 <표 3-29>는 집단지도 및 상담 시 활용해 볼 수 있는 학습 방법과 기술 프로그램의 회기별 내용 예시이다. 이 프로그램에서는 효과적인 학습을 위해 점검하고 관리해야 할 내용으로 시간관리와 목표설정, 집중력 관리, 읽기, 학습내용 정리와 복습, 시험 준비와 시험보기, 스트레스 관리 등을 다루고 있다. 제시된 프로그램명과 목표, 주요 내용을 참조하여 학급구성원 또는 집단구성원들의 특성에 맞추어 활용할 수 있다.

표 3-29 / 회기별 프로그램(예시)

회기	프로그램 명	목표	주요 내용
1	오리엔테이션 집단의 구조화 및 목표설정	• 프로그램 오리엔테이션 • 친밀감 증진 • 자기개방과 피드백의 준비(학습집단에 대한 기대감을 나눔)	• 첫 만남 • 학습집단 수칙 및 목표설정 • '나의 위치' 활동지 작성 • 자신감을 갖는 자성예언 읽기 • 별칭짓기(명찰)
2	학업스트레스 관리	• 학업스트레스 점검	• 스트레스 점검표 활동지 작성 • 스트레스 극복 방법 알기
3	시험불안 다루기	• 시험불안의 원인과 유형 탐색	• 자신의 시험불안 원인 탐색 및 유형 알기 • 시험불안 극복 방법 연습 • 시험 잘 보는 법 인식
4	학습동기 향상	• 나의 시간관리 탐색 • 효율적인 시간관리 인식	• 지금의 내 생활 돌아보기 • 목표 및 가치의 인식
5	주의집중력 향상	• 주의집중력 향상 중요성 인식	• 주의집중력 향상을 위한 지침 • 주의집중력 평가 및 원인 탐색
6	기억력 향상	• 나의 기억법을 점검 • 기억력 향상 전략 인식	• 기억 실습하기 • 나의 기억법 점검 • 실습전략
7	효과적인 읽기 및 필기	• 효과적인 읽기법 인식 • 나에게 맞는 필기법 인식	• 읽기와 노트필기의 중요성 • 노트필기 방법 - 기본적 맵핑법, 코넬 노트법

회기	프로그램 명	목표	주요 내용
8	나눔과 평가	• 나눔의 시간(앎의 즐거움 깨치기) • 프로그램 평가	• 목표 세우기 • 우선순위 정하기 • 실행하기 • 마음 나누기(롤링페이퍼) • 학습프로그램 평가

출처: 위프로젝트 매뉴얼 1(2011). 가평중학교 예시.

다음으로 우리나라 학교장면에서 많이 나타나고 있는 학업중단 위험군 학생과 완벽주의 학생, 미루는 학생에 위한 학교상담자의 접근 방법을 Blum과 Davis(2010, 강진령 역, 2017)가 제시한 내용을 중심으로 소개한다.

(1) 학업중단 위험군 학생

학업중단 위험군 학생은 대체로 과도한 결석, 무단결석, 또는 지각, 학교생활 내내 학업 및 행동문제, 학교활동에의 참여 결여 또는 불참, 학교로부터 소외감을 느낌, 수업활동에 대한 흥미 결여, 성적 부진 또는 과락, 빈약하거나 비현실적인 자기개념, 좋지 않은 또래관계, 수업시간에 안절부절못함, 좌불안석, 또는 극도의 무기력과 무관심 등을 보인다.

이들이 학업을 중단하는 이유에는 훈육문제와 정학, 학교에 대한 혐오, 낮은 학업성취, 돈이 필요함, 임신, 자녀양육, 또는 결혼, 교사들이나 또래들과의 좋지 않은 관계, 알코올 또는 기타 약물문제 등이 있다.

이들을 위해 학교상담자는 다음과 같은 조치를 취할 수 있다.

첫째, 학업중단 성향 또는 위험군 학생 집단을 확인한다. 출석률 저조, 성적 불량, 좋지 않은 관계, 성적 하락을 보이는 학생들을 확인하고, 수업 출석, 시간 엄수, 준비성, 참여율을 모니터한다. 둘째, 학교행정가와 교사들에게 잠재적인 학업중단 학생들의 특징에 관한 정보를 제공하고, 학생, 학부모, 교사, 상담자가 참석하는 회의를 개최하고, 학부모들을 학교활동에 참여시킨다. 셋째, 대안적인 교수·학습 프로그램의 권장 여부를 결정한다. 교사들에게는 짧은 과제 부과와 즉각적인 피드백 제공을 권장하고, 다른 성인들에게 이 학생들에 대해 좋아하는 기억들을 상기시켜 줄 것을 권장한다. 넷째, 위험군 학생들을 상담하고, 필요하다면 학생들을 위한 멘토링 프로그램을 제공한다.

학업중단 위험군 학생상담에 포함될 내용

- 이들의 이야기를 듣는다.
- 학교에 대한 감정을 이해해 준다.
- 흥미에 대해 알아본다.
- 학업문제에 관해 알아본다.
- 가족과 사회적 영향에 관해 알아본다.
- 포부에 대해 알아본다.
- 긍정적인 사회적 행동을 가르친다.
- 학생의 지원체제 개발을 돕는다.
- 학생들의 목표설정을 돕는다.
- 목표달성을 위한 절차를 확인한다.
- 학교생활에서 일부 결정을 내릴 수 있도록 학생들에게 권한을 부여한다.
- 학생들의 고등학교 이후의 진로와 직업기회 탐색을 돕는다.
- 학생들이 교실 이외에 학교에서의 소속감을 느낄 수 있도록 돕는다.
- 학생들이 진로와 학업 성공을 위한 기회를 인식하도록 돕는다.

(2) 완벽주의 학생

완벽주의 학생들은 대체로 다음과 같은 모습을 보인다. 첫째, 과거의 실수를 곱씹으며, 실수를 두려워한다. 수행에 대해 끊임없이 걱정하며, 자주 미룬다. 둘째, 완벽한 수행을 위해 강박적으로 행동한다. 가장 높은 성취자들과 비교하며, 자신들의 성취는 결코 충분하지 않다고 생각한다. 수업시간에 다루는 모든 것을 이해해야 한다는 부담을 느낀다. 셋째, 자기의 가치를 수행과 동일시하며, 취미, 스포츠, 오락, 보상 등을 즐기지 못한다. 넷째, 비판받는 경우 화를 내거나 상처를 받는다.

학교상담자는 다음 내용을 고려하면서 이들을 도울 수 있다. 첫째, 합리적인 목표를 세우고, 목표를 향한 작업과정을 소중히 여기도록 하며, 결과에 상관없이 노력의 가치를 인정하도록 돕는다. 둘째, 실수를 해도 자신을 가치있는 존재로 받아들이고, 자기가치는 수행에 달려 있는 것이 아니라는 사실을 인정하도록 격려한다. 셋째, 완벽은 착각이라는 사실을 받아들이고, 사람들과 자신의 실수를 소중히 하도록 격려한다. 넷째, 자신의 강점, 성취를 인정하도록 하며, 취미 또는 경쟁적이지 않은 스포츠를 권장한다.

(3) 미루는 학생

미루는 학생들은 다음과 같은 특징을 보인다. 첫째, 활동의 시작을 회피하며, 내일로 연기

한다. 영감이 떠오르기를 기다리거나 완벽한 시간을 기다린다. 둘째, 변화를 두려워하며, 앞으로 나가기 전에 과거를 변화시키고 싶어 한다. 중요한 과업을 낮은 우선순위 활동으로 대체한다. 셋째, 과업을 완벽하게 완수하고 싶어 하며, 아주 높고, 비현실적인 목표 또는 기준을 설정한다. 넷째, 과거의 실수 또는 무능력을 곱씹으며, 과업성취 능력을 의심한다.

미루는 학생들은 완벽주의 학생과 일부 비슷한 모습을 보이기도 한다. 그러나 학교상담자들은 미루는 습관을 다루는 것과 완벽주의적인 사고를 다루는 것은 차이를 두고 접근할 필요가 있다. 상담자는 다음 사항을 고려하여 학생들을 도울 수 있다.

첫째, 자신의 미루는 버릇을 인식하고 인정하도록 한다. 자신의 통제력을 믿고, 다시 미루는 행동이 나타날 수 있지만 통제할 수 있음을 인식하게 한다. 둘째, 완수한 과업의 결과를 마음에 그려보게 한다. 과업을 미루지 않고 성취했던 예외적인 상황을 떠올려보도록 한다. 셋째, 명확하고 성취 가능하며, 측정 가능한 목표를 세우도록 한다. 목표를 단기간에 성취될 수 있는 실행단계별로 나누고, 짧은 시간을 지정하여 첫 번째 실행단계를 완수할 수 있게 한다. 완료된 실행단계를 체크한다. 넷째, 동기는 실행 다음이라는 사실을 기억하며, 우선순위에 따라 과업을 실행에 옮기도록 하고, 완료되면 보상을 제공한다.

2) 학교에서의 학습검사 활용 절차

학교는 모든 학생에게 교육과 상담을 제공해야 하는 책임이 있기 때문에 전체 학생을 대상으로 심리검사가 시행되는 경우가 많다. 특히 학업성취검사, 학습흥미검사, 학업적성검사와 같은 학습검사는 대체로 전체 학생을 대상으로 시행된다. 전체 학생 대상으로 심리검사를 시행하는 경우 해당 학년 학생들의 발달수준과 과업, 학생 및 학부모 등의 요구를 고려하여 검사를 선정할 필요가 있다.

그리고 위클래스 또는 위센터 등에서 개인상담이나 집단상담 프로그램을 통해 학습검사를 실시하는 경우에는 학습검사의 선정을 위해 초기면접과 상담이 우선되어야 한다. 내담자가 상담에 임하게 된 동기와 내담자의 욕구, 현재 학습상태와 경험하고 있는 어려움 등을 고려하여 필요하다고 판단되는 학습검사를 선정하는 과정이 무엇보다 중요하다.

다음 <표 3-30>에서는 학교에서 학습검사의 선정, 실시, 결과 분석과 해석과정을 비롯하여 상담개입과 지원을 제공하는 절차와 내용, 고려사항 등을 흐름에 따라 제시하였다. 끝으로 앞서 제시한 영역별 학습검사 중에서 몇 가지 검사를 선택하여 검사를 상담에서 어떻게 활용해 나갈 수 있을지 예시를 제시하였다.

표 3-30 / 학교 학습검사의 실시 및 상담과정

절차	세부 내용	준비사항	유의사항
초기면접 및 초기상담	• 내담자의 상담신청 이유 및 경위 확인 • 내담자의 욕구 파악(학습 관련 호소문제, 기대 등) • 내담자의 기본 정보 수집 등	• 상담신청서 • 상담동의서 (학생/보호자)	• 학생 및 보호자 동의서 보관
↓			
학습심리 검사 도구 선정	• 관련 학습심리검사 도구 안내(목록표 활용) • 내담자의 주호소 및 욕구에 따른 검사도구 선정 • 내담자의 욕구 및 특성을 고려한 검사도구 선정 - 지능검사 : 학습에 필요한 인지기능의 수준을 평가하고자 할 때 - 학업성취도검사 : 학업기초능력을 알고자 할 때(기초학습기능검사, 학업성취도 평가 등) - 학습동기검사 : 학습에 관한 내외적 동기(목표, 성취, 효능감, 기대-가치, 귀인, 유발-유지 등)를 탐색할 때 - 학습흥미검사 : 학습에 대한 욕구와 활동 선호도를 탐색할 때(학습환경 조건, 개인적 학습 흥미 등) - 학업적성검사 : 미래의 학업 성공을 예측하기 위한 학습자의 학습에 대한 잠재력을 알고자 할 때 - 학습유형검사 : 학습자의 성격과 인지적, 동기적, 정서적, 행동적 특성의 유형을 탐색할 때 - 학습전략검사 : 학습저해 요인과 학습향상을 위한 전략적 방법을 탐색할 때 - 학습장애검사 : 학습 영역과 학습행동에 관한 학습문제를 가진 아동의 특성을 탐색할 때 - 기타 학습 관련 검사	• 심리검사도구 구비 및 검사도구 목록표 준비 • 검사실시 방식 선정(수기, 온라인, 개인, 집단검사 등)	• 피검사자의 특성과 역량 이해 • 검사도구 선정 기준 인지 • 검사도구의 이해 • 학업성적표 참조 • 검사 경험 유무 확인 • 진로 및 성격 등 병행검사 관련성 확인
↓			
학습심리 검사 실시	• 학습심리검사 사전 오리엔테이션 - 검사목적 및 제한점 - 유의사항 및 검사 방법 등 • 심리검사 실시 및 사후 검사 경험에 관한 면담 • 검사 결과 상담 일정 안내	• 심리검사도구 (수기, 온라인) 및 매뉴얼 구비 • 심리검사 시간 확보	• 심리검사 환경조성 • 검사 중 피검사자 관찰
↓			

학습심리 검사 결과 분석 및 해석	• 검사 결과에 대한 프로파일 작성 및 분석(상담자) - 매뉴얼 활용을 통한 결과 분석 및 이해 • 검사 결과 분석에 관한 해석(상담자) • 학습심리검사 결과보고서 작성(분석과 해석 토대)	• 매뉴얼 활용 • 결과 분석과 관련한 전문지식 및 이론 탐색	• 검사 결과 해석에 관한 상담자의 전문적 역량 습득

↓

학습상담 실시	• 검사 결과 분석 및 해석을 통한 학습상담 - 검사 결과에 대한 분석 및 해석 제공 - 내담자의 주호소문제 및 욕구 관련 중심 상담 - 문제해결을 위한 실천 방법 및 개선 방법 탐색 등	• 검사 결과 보고서 • 참고자료	• 검사 결과 상담에 대한 유의사항 숙지

↓

기타 지원 및 추수상담 운영	• 학교 내외의 지원 요소 파악 및 지원 방안 탐색 • 추수상담 안내 및 추수상담 운영	• 외부 관련기관 정보수집	• 필요시 외부기관 연계

출처: 교육부(2021). 위(Wee)클래스 운영가이드 내용 수정 및 재구성.
전라남도 곡성교육지원청 Wee센터(2022). 운영계획서 내용 수정 및 재구성.

3) 학습검사 결과의 활용 예시

(1) 지능검사의 활용

① **검사도구**: MIQ 다중지능검사(중3/ 남)

② **검사 결과 프로파일**

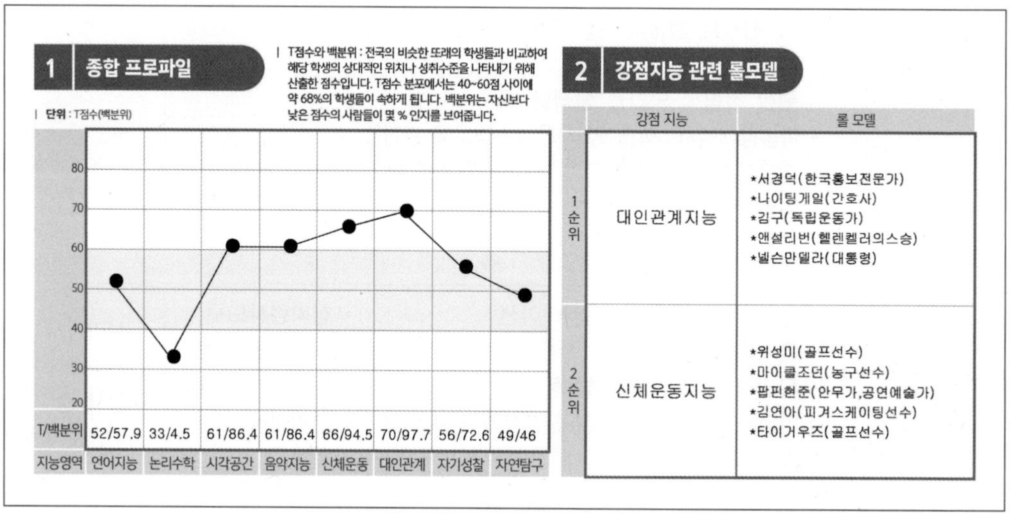

출처: 한국가이던스(http://www.guidance.co.kr). MIQ 다중지능검사. 결과샘플 참조.

③ **검사 결과 특징 분석**

- 강점지능은 대인관계지능과 신체운동지능이며, 약점지능은 논리수학지능과 자연탐구지능임
- 시각공간과 음악지능도 높은 편에 속하며, 높은 활동성과 예술성도 있을 것으로 보임
- 대인관계지능은 사람들과 교류하고 이해하며 사회적 기능과 리더십을 사용하는 능력이며, 신체운동지능은 신체리듬과 운동, 유연성과 같은 기능을 사용하는 능력이므로 긍정적 집단역동의 발달에 기여하며, 잘 발달된 전신운동기능과 신체적 상황에 맞는 반응으로 외향적인 모습을 보일 것으로 추측됨
- 팀을 이루는 학습 방법과 상호작용을 통한 학습에 강점을 보일 것으로 판단됨

④ **상담 방향 및 전략**

- 약점지능을 강점으로 만들기 위한 노력보다는 보완 차원에서 향상시킬 수 있는 활동을 권장
- 강점지능을 향상시키기 위한 활동을 탐색하고 실천하기 위한 방법에 대해서 상담
- 약점지능(논리수학지능/자연탐구지능)을 향상시키기 위한 활동 탐색(검사 결과지에 제시된 내용 활용)
- 강점지능과 진로 및 직업과의 관련성을 주제로 상담
- 강점지능과 관련된 추천직업을 살펴보면서 자신의 흥미와 적성에 맞는 직업 알아보기
- 다중지능검사 결과와 과목별 학업성취도의 관련성 탐색
- 강점지능에 따른 효과적인 학습 방법을 탐색하고 이후 학업성취도 향상 가능성 안내

(2) 학업성취도 평가의 활용

① **검사도구**: K-WFA 한국판 웩슬러 기초학습기능검사(초3/남)

② **검사 결과 프로파일**

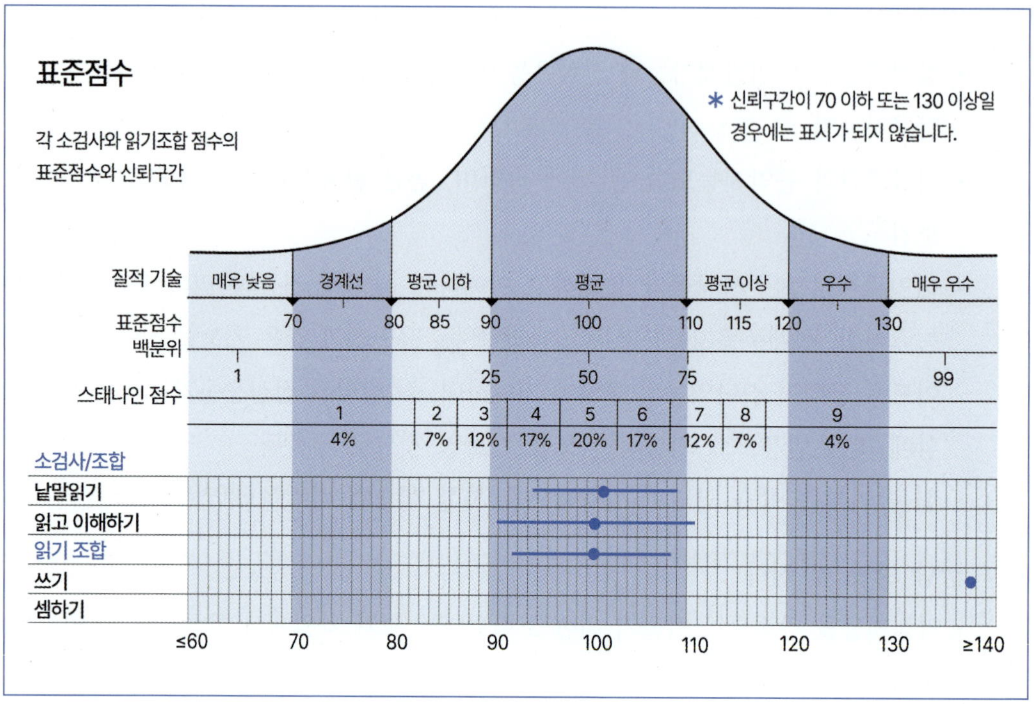

출처: 한국심리주식회사(https://www.koreapsy.co.kr). K-WFA 한국판 웩슬러 기초학습기능검사. 결과 샘플 참조.

③ **검사 결과 특징 분석**

- 낱말 읽기 수준을 학년 기준으로 비교하면 표준점수 101점, 백분위 53%, 현재 평균 수준임(거센소리되기, 두음법칙, 구개음화 영역의 낱말 읽기 문제해결이 되지 않음)
- 읽고 이해하기 수준을 학년 기준으로 비교하면 표준점수 100점, 백분위 50%, 평균 수준에 해당됨(세부 내용 파악 영역의 문제를 해결하지 못함)
- 쓰기 수준을 학년 기준으로 비교하면 137점, 백분위 99%에 해당되어 매우 높은 수준임
- 셈하기 수준을 학년 기준으로 비교하면 표준점수 150점, 백분위는 99.9% 이상으로 매우 높은 수준임(삼각형의 넓이 구하기, 소수의 뺄셈 문제 어려워함)
- 전반적으로 내담자의 기초학습기능 수준은 평균 이상에 해당함

④ **상담 방향 및 전략**

- 기초학습 영역 중 보완해야 할 요소를 정확히 인지하고 문제해결을 위한 학습 방법 상담
- 학교장면에서 읽기와 쓰기에 대한 불안감이 발생하는 원인과 환경적 요소 탐색을

위한 상담(부모의 기대, 담임과의 관계, 교우관계, 기질문제 등)

- 내담자의 효과적인 학습기능 습득 및 향상을 위한 학부모 지도 요령 안내
- 학습장애 관련 특수교육 전문가와 협력하여 상담 및 교육 지원

(3) 학습적성검사의 활용

① **검사도구**: 고등학생 적성검사(고2/남)

② **검사 결과 프로파일**

구분	언어력	수리력	추리력	공간능력	지각속도	과학능력	집중능력	색채능력	사고유연성
백분위	1	25	16	11	58	14	3	21	40
변환점수	63	89	103	81	104	84	71	88	93
수준	최하	중하	중상	하	중상	하	최하	중하	중하

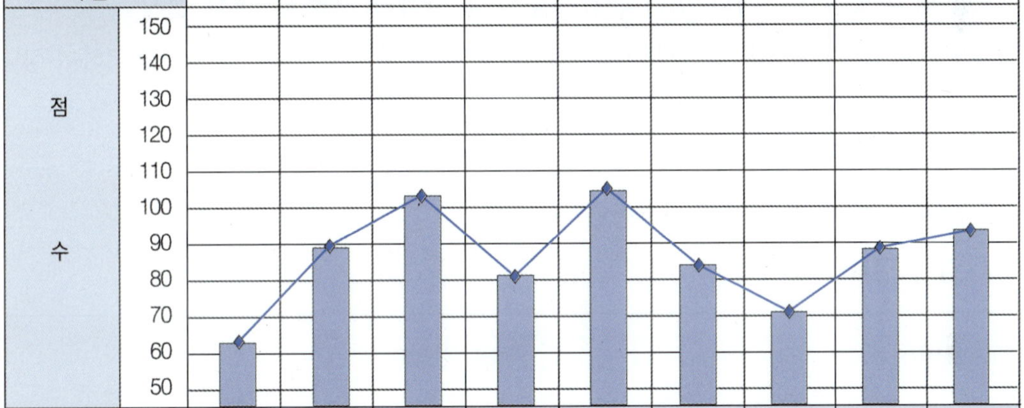

출처: 워크넷(https://www.work.go.kr/consltJobCarpa/jobPsyExam). 고등학생 적성검사. 결과샘플 참조.

③ **검사 결과 특징 분석**

- 적성검사 결과, 수리력과 추리력, 지각속도, 색채능력, 사고유연성 등에서 중간 정도의 능력을 보이며, 언어력과 공간능력, 과학능력, 집중능력에서는 낮은 능력을 보임
- 하위검사별 적성능력을 보면, 지각속도가 동일 학년에 비해 조금 높은 것으로 나타나지만 집중력, 심상회전, 어휘력, 주제찾기 등에서는 낮은 점수를 보임
- 적성능력에 부합하는 직업으로는 경호원, 보험설계사, 항해사, 약사, 자동차영업직 등이 있음
- 내담자가 희망한 직업은 경영자와 통역가인데, 대체적으로 희망한 직업에서 요구하

는 능력과 본인의 적성과는 많은 부분 부합하지 않고 있음(특히 언어와 집중력, 사고)

- 좋아하는 과목은 체육이며, 희망전공은 문학과 생물학인데, 전공에서 요구하는 능력과 내담자의 적성과는 다소 부합하지 않는 면도 나타남

④ **상담 방향 및 전략**

- 검사 결과 희망하는 진학 학과 및 직업에서 요구하는 능력과 자신의 적성과의 부합성에 대해서 깊은 탐색 과정 진행(하위 적성능력 심층 탐색과정 진행)
- 관련 학과의 커리큘럼 정보 수집과 취업 현황 탐색 및 학과 방문 체험 실시
- 본인의 적성에 부합하는 관련 학과 및 직업도 병행하여 탐색
- 내담자 담임 및 학부모와의 병행 상담을 통해 종합적으로 진로 방향 설정
- 담임 및 진로교사와 협력적 관계를 통해 다각적 지원 및 상담 실시
- 진로 및 학과선택 시 전체적 내신성적과 과목별 내신성적 성취도 등을 참고하여 상담

(4) 학습동기검사의 활용

① **검사도구:** MST 학습동기유형검사(초4/남)

② **검사 결과 프로파일**

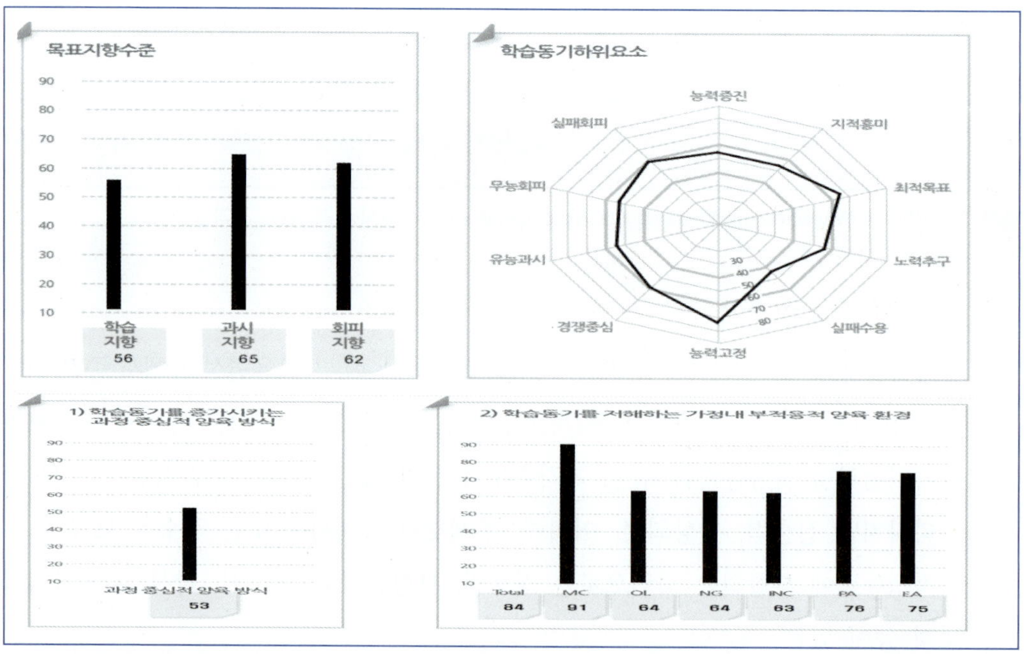

출처: 한국가이던스(http://www.guidance.co.kr/intgr/mainindex/index.asp). MST 학습동기유형검사. 결과샘플 참조.
위프로젝트 매뉴얼 1(2011). 가평중학교 예시.

③ **검사 결과 특징 분석**

- 학습 자체에 대한 흥미는 낮은 편으로, 주위의 시선, 타인의 평가를 매우 의식하며, 자신의 생각이나 감정보다는 다른 사람의 판단이나 기분을 더 중요하게 생각함
- 학습동기유형은 과시지향형으로 남들에게 자신의 유능한 모습을 드러내려는 시도가 강하며, 유능하게 보이고 싶어하기 때문에 과도하게 경쟁하며, 승패에 집착하는 모습이 있음
- 자신이 원하는 분야에서 목적을 달성하지 못하면 다른 분야에서 잘한다는 식의 주장을 나타낼 수 있음
- 내가 결정한 이유보다는 남들에게 잘 보이기 위해서 공부하고 있을 가능성이 있음
- 현재 성적이 높을지라도 만족감이 낮고, 성적이 낮은 경우라면 자포자기한 상태로 보일 수 있으며, 스트레스가 누적되면 심리정서적으로 우울감이 들 수 있음
- 보호자의 양육방식 및 환경과 관련해서는 부적응적 양육환경에서 성장한 가능성이 있어 자신에 대한 만족감이 낮고 좌절 경험에 대한 상처, 우울, 불안, 분노감, 무력감 등을 나타낼 수 있음

④ **상담 방향 및 전략**

- 학습활동에 대한 내담자의 심리내적 및 외적 동기 특성에 대한 다각적 원인을 탐색
- 학습동기의 유형이 부모의 양육방식과 교육관, 가치관, 인생관 등과도 연관되어 있는지 학부모상담 등을 통하여 통합적으로 상담
- 학습동기 유형의 형성에 영향을 미치는 가정내 부적응적 양육환경에 관해 학부모상담 병행
- 학습동기의 결정과 고정지향이 내담자의 심리정서적 건강문제와도 관련되어 있음을 언급하며 상담(역기능적인 동기일 경우 수정 작업이 필요)
- 다양한 유형의 학습동기와 자신에게 적합한 학습동기 탐색을 위한 기회 제공
- 학습동기의 강화를 위한 전략과 지원 방법을 탐색하기 위한 상담 개입 필요

(5) 학습흥미검사의 활용

① **검사도구** : ITS 학습흥미검사(고1/남)

② 검사 결과 프로파일

:: 교과별 흥미도 프로파일

교과목별 학습흥미도는 학교 교육과정의 각 교과목별 학습에 대해 가지고 있는 흥미 정도를 나타내는 지표입니다.

(단위 : T점수)

영역	T점수(백분위)
국어	80(99.9)
수학	63(90.5)
사회	40(16)
과학	61(86.5)
체육	60(84)
음악	57(76)
미술	62(88.5)
기술 · 가정	62(88.5)
영어	69(97)

(매우낮다 20 30 / 낮다 40 / 보통 50 / 높다 60 / 매우높다 70 80)

:: 교과영역별 학습흥미

(A 매우높은흥미 / B 높은흥미 / C 보통 / D 낮은흥미 / E 매우낮은흥미)

교과	국어흥미				수학흥미				사회흥미			
결과	A				B				D			
영역	말하기·듣기	읽기·문학	쓰기	지식	수와 연산	문자식·함수	확률·통계	도형·측정	국사	세계사	지리	사회·경제·정치
흥미도 상	*	*	*	*								
흥미도 중					*	*	*	*	*		*	
흥미도 하										*		*

교과	과학흥미				체육흥미					
결과	B				B					
영역	물리	화학	생물	지구과학	육상	체력	체조	개인단체경기	수영	보건이론
흥미도 상	*						*		*	
흥미도 중		*	*	*	*	*				*
흥미도 하								*		

교과	음악흥미				미술흥미				기술·가정흥미			영어흥미			
결과	B				B				A			A			
영역	가창	기악	창작	감상	미적체험	회화	조형	감상	가족·가정생활	생활기술	생활자원관리	듣기	말하기	읽기	쓰기
흥미도 상				*				*	*	*	*	*		*	
흥미도 중	*	*	*		*	*	*						*		*
흥미도 하															

:: 계열별 학습흥미도

(단위 : T점수)

계열	T점수(백분위)
인문사회계열	65 (93)
자연공학계열	64 (92)
예체능계열	62 (88.5)

(20 30 40 50 60 70 80)

:: 학습유형별 흥미도 프로파일

학습유형별 학습흥미도는 학습장면에서 정보를 받아들이고 주어진 과제를 해결할 때 사용하는 학습양식에 대한 선호도를 알려 주는 지표입니다.

(단위 : T점수)

영역	T점수(백분위)
창의형	55(69)
사고형	72(98)
탐구형	63(90.5)
활동형	57(76)

(매우낮다 20 30 / 낮다 40 / 보통 50 / 높다 60 / 매우높다 70 80)

당신은 사고형 학습유형에서 가장 높은 흥미를 보입니다.

출처: 한국가이던스(http://www.guidance.co.kr/intgr/mainindex/index.asp). ITS 학습흥미검사. 결과샘플 참조.

③ 검사 결과 특징 분석

- 교과별 흥미에서는 국어, 영어, 수학, 실과, 미술, 과학, 체육, 음악에 대해 높은 흥미를 보이나 사회는 낮은 흥미를 보임

- 교과영역별에서는 국어와 기술 · 가정에서 높은 흥미를 보이지만, 사회흥미 중 세계사와 사회 · 정치 · 경제에 대해서는 낮은 흥미도를 보임
- 인문사회계열과 자연공학계열에서도 유사한 높은 흥미도를 보이며, 학습유형에서는 논리력과 사고력을 중요하게 생각하는 사고형으로 나타남. 설명식이나 강의법에 적합한 학습 방법을 선호할 것으로 판단됨

④ **상담 방향 및 전략**

- 사회교과에서 낮은 흥미를 보이기 때문에 내담자가 희망할 경우, 이에 대한 흥미를 강화시키기 위한 활동(관심 있는 사회문제 정보수집 및 토론, 사회참여의 기회 제공 등) 등을 탐색할 수 있도록 상담
- 학습유형으로서 사고형과 탐구형의 특성을 잘 설명하고 자신의 현재 학습유형에 대해서 심층적으로 탐색하고 통찰하기 위한 상담 실시
- 고교학점제 개설과목과 자신의 학습유형 및 흥미교과에 대한 이해를 바탕으로 자신에게 적합한 교과목을 선택하도록 있도록 안내(고교학점제 교육과정 참조)
- 대학진학 및 학점(성적)관리를 위한 측면에서 적성과의 관련성도 고려할 수 있도록 상담 방향 설정

(6) 학습유형 및 학습전략검사의 활용

① **검사도구 :** MLST 학습전략검사(중3/여)

② **검사 결과 프로파일**

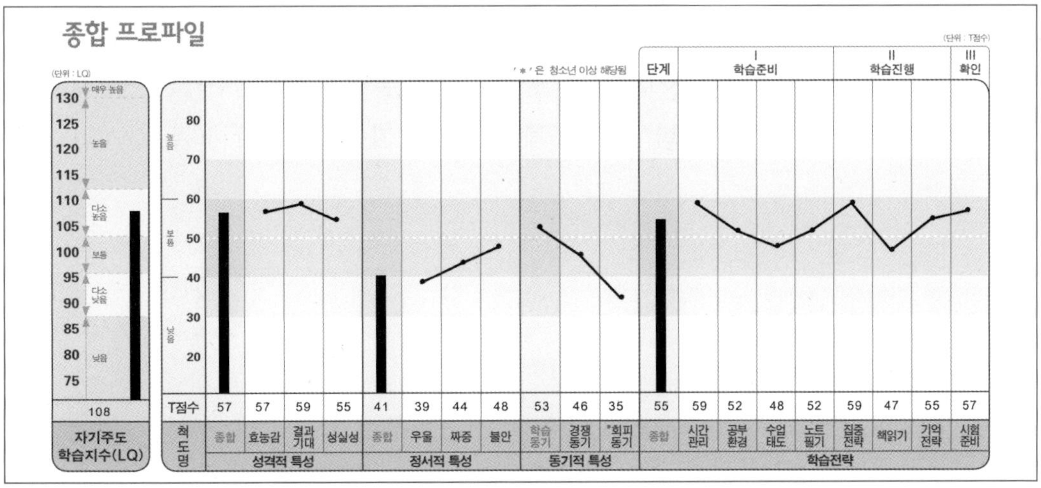

출처: 한국가이던스(http://www.guidance.co.kr). MLST 학습전략검사. 결과샘플 참조.

③ **검사 결과 특징 분석**

- 자기주도학습지수(LQ)는 다소 높음 수준에 해당하며, 학습에 대하여 어느 정도 자신감과 흥미가 있을 것으로 보이고, 누군가 시켜서 하기보다는 스스로 찾아서 공부를 하는 경향이 큼. 학습전략 면에서 다소 부족한 점이 보이며, 이것이 학습 성장에 장애가 될 수 있음
- 성격적인 면에서 다른 사람들에 비해 더 많이 노력하는 편이고, 자신감과 실천력이 높으며, 계획한 공부나 해야 할 일을 마치기 위해 노력하지만 잘 되지 않을 때는 실망감을 갖기도 함
- 정서적으로 안정되어 있으며, 학교와 가정에서 잘 적응하고 있음. 경쟁적 욕구도 있으며, 심리적 어려움이 없기 때문에 학습동기만 높다면 좋은 성적을 성취할 수 있을 것으로 보임
- 남보다 더욱 잘하려고 하는 경쟁심리로 인한 불안과 결과에 대한 높은 기대로 인하여 자칫 지나친 실망감과 좌절감을 경험할 수 있기 때문에 인내를 가지고 꾸준히 노력하는 것이 필요함
- 학습전략에서는 대체적으로 좋은 습관을 가지고 있으나, 공부환경, 수업태도, 노트하기, 책읽기 영역 등에 대해서 좀 더 좋은 습관과 전략을 형성할 필요가 있음

④ **상담 방향 및 전략**

- 공부환경, 수업태도, 노트하기, 책읽기 영역에 관한 전략이 다소 부족하기 때문에 이에 대한 심층적인 상황 파악과 개선 방법 및 실천전략에 관한 상담 진행
- 학업성취도가 비교적 낮은 과목에 대한 심층적인 분석과 전략탐색이 필요
- 높은 결과기대와 학습동기로 인한 정서적 불안 발생과 학업성취와의 관련성 탐색
- 목표설정 및 개선방안 탐색 시 구체성과 실현 가능성을 염두에 두고 개입

참고문헌

가평중학교 (2011). **위프로젝트 매뉴얼 1.**

강진령 역 (2017). **학교상담 핸드북.** 서울: 학지사.

곽금주 (2021). **K-WISC-V 이해와 해석**. 서울: 학지사.

곽금주, 장승민 (2019). **K-WISC-V 실시와 채점 지침서**. 서울: 인사이트 심리검사 연구소.

교육부 (2021). **위(Wee)클래스 운영가이드.**

국립특수교육원 (2004). **KISE-기초학력검사(KISE-BAAT) 개발 연구**. 국립특수교육원.

김계현, 김동일, 김봉환, 김창대, 김혜숙, 남상인, 조한익 (2003). **학교상담과 생활지도**. 서울: 학지사.

김계현, 황매향, 선혜연, 김영빈 (2012). **상담과 심리검사 2판**. 서울: 학지사.

김동일, 신을진, 이명경, 김형수 (2011). **학습상담**. 서울: 학지사.

김아영 (2003). **학업동기검사**. 서울: 학지사.

김언주, 구광현 (1998). **신교육심리학**. 서울: 문음사.

김영진 (2003). **학습상담연구**. 경기: 양서원.

김창대, 이정윤, 임은미, 기택호, 이영선 (1994). **청소년상담문제 연구보고서 9: 성적이 떨어지는 아이들**. 서울: 청소년대화의 광장.

김청자, 정진선 (2005). **생활지도와 상담**. 서울: 태영출판사.

문수백 (2014). **KABC-II: Kaufman Assessment Battery for Children II**. 서울: 인싸이트.

문수백, 변창진 (1997). **KABC: Kaufman Assessment Battery for Children II**. 서울: 인싸이트

문용린 (1997). **종합적성진로진단검사**. 서울: 대교출판사.

문용린 (2011), **문용린 교수의 정서 지능 강의**. 서울: 북스넛.

박경숙, 윤점룡, 박효정 (2001). **기초학습기능검사 실시요강**. 서울: 한국교육개발원.

박경애, 이명우, 권해수 (1997). **시험불안 극복기법**. 서울: 한국 청소년대화의 광장.

박동혁 (2014). **MLST-II 학습전략검사**. 인싸이트 심리검사연구소.

박혜원, 곽금주, 박광배 (1996). 한국형 유아지능검사(WPPSI)의 표준화. **한국심리학회지: 발달, 9**(1), 60-70.

변영계, 김석우 (2002). **학습기술진단검사 실시 및 해석요강**. 서울: 학지사.

신민섭, 조수철, 홍강의 (2007). **한국판 학습장애 평가 척도: 실시요강**. 서울: 학지사.

양명희 (2016). **자기조절학습검사 아동 청소년**. 경기: 한국가이던스.

연우심리개발원 (2018). **U&I 학습유형검사.**

오혜영 (2004). **학습상담**. 서울: 한국가이던스.

윤명희, 서희정, 김경희, 구경희 (2019). **심리검사 개발부터 활용까지**. 서울: 학지사.

이종승 (2005). **표준화 심리검사**. 경기: 교육과학사.

전라남도곡성교육지원청 Wee센터 (2022). **운영계획서.**

정종진 (2004). 초등학생용 표준화 다중지능 검사 개발 연구. **아동교육, 13**(2), 221-238.

조붕환 (2006). 초등학생의 생활스트레스와 스트레스 대처행동 척도 개발을 위한 연구. **아동교육, 15**(3), 5-21.

조붕환, 임경희 (2003). **학습흥미검사**. 서울: 한국가이던스.

조붕환, 임경희 (2019). **학교상담의 이론과 실제(1판)**. 서울: 아카데미프레스.

조옥귀, 문지혜 (2021). **스마트한 심리검사와 평가(2판)**. 서울: 창지사.

최정원, 이영호 (2006). **학습치료 프로그램 학생용 워크북**. 서울: 학지사.

한국교육과정평가원 (2021). **컴퓨터 기반 국가수준 학업성취도 평가(eNAEA)의 검사 도구 정교화 연구**. 서울: 한국교육과정평가원.

한국교육심리학회 (2000). **교육심리학 용어사전**. 서울: 학지사.

한국집중력센터 (2010). **주의집중능력검사 매뉴얼**. 서울: 생각상자.

한근영 (2016). **학습동기유형검사 전문가용 매뉴얼**. 경기: 한국가이던스

홍상황, 황순택, 김지혜, 박중규 (2015). **웩슬러기초학습기능검사 기술 및 해석요강**. 대구: 한국심리주식회사.

황경렬 (1997). 행동적, 인지적, 인지-행동 혼합적 시험불안 감소 훈련의 효과 비교. **한국심리학회지: 상담과 심리치료, 9**(1), 57-80.

황매향, 김영빈, 오상철 (2010). **학습부진유형 진단도구 개발보고서**. 서울: 한국교육과정평가원.

황순택, 김지혜, 박광배, 최진영, 홍상황 (2012). **한국판 웩슬러 성인용 지능검사 4판(K-WAIS®-IV): 기술 및 해석 요강**. 대구: 한국심리주식회사.

Blum, D. J., & & Davis, T. E. (2010). *The School Counselor's Book of Lists* (2nd ed.). 강진령 역(2017). **학교상담 핸드북**. 서울: 학지사.

Cohen, R. J., Swerdlik, M. E., & Smith, D. K. (1992). *Psychological testing ans assessment.* Mountain View, CA: Mayfield.

Gardner, H. (1983). *Frames of mind: The theory of multiple intelligence.* New York: Basic Books.

Goleman, D. (1995). *Emotional Intelligence.* New York: McGraw-Hill.

Kaufman, A. S., & Kaufman, N. L. (1983). *KABC: Kaufman Assessment Battery for Children, administration and scoring manual.* Circle Pines, MN: American Guidance Service.

Kaufman, A. S., & Kaufman, N. L. (2004). *Kaufman Assessment Battery for Children* (2nd ed.). Circle Pines, MN: American Guidance Service.

Kolb, D. A. (1993). *Learning style inventory, LSI-IIa.* Boston: McBer & Company.

McCarthy, B. (1987). T*he 4MAT system: Teaching to learning style with right/left mode techniques.* Barrington, IL: Exel, Inc.

Salovey, P., & Mayer, J. D. (1990). Emotional Intelligence. *Imagination Cognition And Personality, 9*(3), 185-211.

Schiefele, U., & Csikszentmiihalyi, M. (1995). Motivation and ability as factors in mathematics experience and achievement. *Journal for Research in Mathematic Education, 26*(2), 163-181.

마인드프레스 (2022). https://www.mindpress.co.kr

연우심리개발원 (2022). https://unitest.iyonwoo.com

워크넷 (2022). https://www.work.go.kr
인싸이트심리검사연구소 (2022). https://inpsyt.co.kr
한국가이던스 (2022). http://www.guidance.co.kr
한국교육과정평가원 기초학력향상지원사이트 (2022). http://www.basics.re.kr
한국교육과정평가원 (2022). https://www.kice.re.kr
한국심리주식회사 (2022). https://www.koreapsy.co.kr
휴노스쿨온 (2022). https://www.schoolon.kr

CHAPTER 04

진로검사

진로상담은 궁극적으로 내담자의 합리적이고 만족스러운 진로의사결정을 돕는 것을 목적으로 한다. 이는 학업성취 향상을 목적으로 하는 학업상담과는 차이가 있다. 이 때문에 학습상담에서의 심리검사는 학업부진의 원인을 찾는 데 주로 활용되지만, 진로상담에서의 심리검사는 만족스러운 진로의사결정을 위해 내담자 자신과 직업세계에 대한 이해를 확장시키는 탐색도구로 활용되는 경향이 강하다.

그러나 다른 상담 영역에서의 심리검사와 마찬가지로 진로검사는 과학적인 접근을 통해 호소문제를 구체화하고, 내담자를 보다 객관적으로 이해할 수 있는 자료를 제공해 준다. 또한 내담자에게 도움을 줄 영역과 개입 방법을 판단할 수 있는 근거와 상담성과를 확인하는 유용한 도구로도 활용된다.

학교에서의 진로교육과 상담에서 진로검사를 활용하는 목적은 크게 두 가지로 요약된다.

첫째, 학생 또는 내담자 스스로의 자기이해를 돕는다. 심리검사는 적성과 흥미를 비롯한 자신의 특성에 관한 객관적 자료로서 현명한 진로탐색과 결정에 기초자료가 된다. 심리검사가 자기이해를 위한 필수조건이라고 할 수는 없으나 심리검사 결과는 개인 이해를 위한 객관적이고 구조화된 관점을 제공해 준다.

둘째, 교사나 상담자에게는 진로와 관련하여 경험하고 있는 학생 및 내담자의 문제와 원인을 진단하는 데 자료로 활용된다. 심리검사 결과를 선택과 결정의 절대적 근거로 삼는 것은 바람직하지 않지만, 검사 결과는 진로와 관련한 현재 내담자의 상태, 진로 준비, 계열 선택, 대학 및 학과선택 등과 관련하여 해결의 실마리가 되는 정보를 제공해 줄 수 있다.

진로교육과 상담을 제공하는 학교상담자는 진로검사의 정확한 선택과 효과적인 활용을 통해 학생들의 진로관심사와 당면 진로과제, 어려움을 겪고 있는 진로문제의 원인과 양상을 진단하고, 내담자의 자기탐색을 심화시키는 상담도구로 활용함으로써 합리적인 진로선택과 결정을 조력할 수 있어야 한다. 또한 심리검사 결과를 토대로 교사 및 학부모를 위한 전문적인 자문과 상담을 제공할 수 있도록 지속적인 역량 강화를 위해 노력할 필요가 있다.

특히 학교에서 진로검사를 선택하고 활용하는 계획을 세울 때에는 내담자의 진로발달단계에 대한 고려가 반드시 포함되어야 한다. 초·중·고등학생이 경험하는 진로관심사와 문제들은 서로 매우 다른 양상을 보이며, 이는 이후 진로상담의 목표와 개입방향에도 큰 영향을 미치기 때문이다.

여기에서는 먼저 진로이론에 따라 진로검사를 바라보는 관점을 간략히 소개하고, 진로발달단계별로 유용한 진로검사와 측정내용별 진로검사의 종류를 제시한다. 이어서 각급 학교 및 상담기관에서 주로 활용되고 있는 몇 가지 진로검사를 중심으로 특성과 활용 방법을 살펴보기로 한다.

1 진로검사의 분류

1) 진로이론과 진로검사

이재창 등(2017)은 진로이론별로 심리검사를 바라보는 관점을 다음과 같이 제시하고 있다.

(1) 특성-요인이론과 심리검사

특성-요인이론에서는 객관적으로 측정 가능한 개인의 능력과 특성이 있다고 가정하였는데, 그 특성은 적성, 성취, 흥미, 가치, 성격이다. 이러한 개인의 진로 관련 특성의 차이를 알아보는 데 진로검사의 역할이 중요하다고 강조하였다. 특성-요인이론이 진로 특성의 개인차 변인을 평가하는 데 초점을 두고, 검사와 함께 인터뷰나 종합적 평가과정을 시도한 점, 합리적 진로의사결정을 위해 자기이해가 매우 중요하고 따라서 개인을 이해하는 정보의 중요성을 강조한 점들이 심리검사의 발전에 영향을 주었다.

(2) 발달이론과 심리검사

발달이론에서는 심리검사를 통해 개인의 진로 특성을 알아보기보다는 생애주기에서의 진로패턴을 알아보는 데 초점을 두며 심리검사 결과를 통해 자신의 진로탐색에 대한 인식이 강화된다고 보았다. 특히 진로발달에 따른 진로성숙의 측정에 관심이 많고, 최근에는 진로장벽, 불안, 인지요소에 대한 평가에도 관심을 두고 있다.

(3) 사회학습이론과 심리검사

Krumboltz의 사회학습이론에서는 심리검사를 개인의 특성을 알기 위한 목적보다는 새로운 학습경험을 촉진하기 위한 도구로 활용한다. 심리검사는 내담자가 학습했던 기술, 선호도, 흥미 등을 확인시켜 주며 앞으로 보완해야 할 학습의 추가 영역에 대한 정보를 제공해 준다는 데 의미를 두는 것이다.

(4) 인지적 정보처리이론과 심리검사

인지적 정보처리이론에서는 개인이 진로에 대한 결정과 문제해결에 대한 의사결정에서 정보를 어떻게 처리하고 이용하는지에 관심을 두었다. 진로의사결정과 문제해결에 방해가 되는 진로 역기능적 사고를 검사를 통해 평가하고 이를 수정하고자 하는 접근을 하며, 2004년 한국판 『진로사고검사』(이재창, 최인화, 박미진, 2004)가 출판되어 사용되고 있다.

최윤정 등(2014)은 진로이론별로 진로상담 척도를 분류하여 제시하고 있다. 발달이론 영역에서는 진로발달질문지, 진로성숙도검사, 진로적응능력검사, 진로적응성척도를 포함하고 있으며, 사회인지진로이론에서는 자기효능감 척도, 진로결정자기효능감 척도, 결과기대 척도, 진로 결과기대 척도, 목표 척도가 포함되어 있으며, 인지적 정보처리이론에서는 진로사고 척도를 포함하여 제시하고 있다.

2) 진로발달단계와 진로검사

진로발달단계에 따른 진로심리검사 분류는 진로검사 선택 시 각급 학교의 진로상담자들이 참고할 만한 의미있는 자료가 된다.

일반적으로 초등학생을 대상으로 한 진로교육은 자기이해를 중심으로 한 진로인식을 목표로 하고, 중학생의 경우는 직업세계의 탐색을 중심으로 진로탐색에 초점을 두는 반면, 고등학생을 대상으로 한 진로상담은 진로계획과 진로 준비에 보다 중점을 두고 이루어지는 경향이 있다.

다음 <표 4-1>에 제시한 2015년 개정된 우리나라의 학교 진로교육의 세부 목표와 성취기준의 수를 살펴보면, 이러한 경향이 반영되어 있음을 볼 수 있다.

표 4-1 / 2015 개정 학교 진로교육 세부목표와 성취기준의 수

<table>
<tr><th rowspan="2">대영역</th><th rowspan="2">중영역</th><th colspan="2">초등학교</th><th colspan="2">중학교</th><th colspan="2">일반고</th><th colspan="2">특성화고</th></tr>
<tr><th>세부
목표</th><th>성취
기준</th><th>세부
목표</th><th>성취
기준</th><th>세부
목표</th><th>성취
기준</th><th>세부
목표</th><th>성취
기준</th></tr>
<tr><td rowspan="2">자아이해와
사회적 역량개발</td><td>• 자아이해 및 긍정적 자아개념 형성</td><td>2</td><td>5</td><td>2</td><td>7</td><td>2</td><td>4</td><td>2</td><td>4</td></tr>
<tr><td>• 대인관계 및 의사소통 역량개발</td><td>2</td><td>5</td><td>2</td><td>5</td><td>2</td><td>5</td><td>2</td><td>6</td></tr>
<tr><td rowspan="2">일과 직업
세계 이해</td><td>• 변화하는 직업세계 이해</td><td>2</td><td>4</td><td>3</td><td>8</td><td>3</td><td>7</td><td>3</td><td>7</td></tr>
<tr><td>• 건강한 직업의식 형성</td><td>3</td><td>6</td><td>3</td><td>6</td><td>2</td><td>4</td><td>2</td><td>4</td></tr>
<tr><td rowspan="2">진로탐색</td><td>• 교육 기회의 탐색</td><td>2</td><td>5</td><td>2</td><td>4</td><td>3</td><td>7</td><td>3</td><td>7</td></tr>
<tr><td>• 직업정보의 탐색</td><td>2</td><td>4</td><td>2</td><td>5</td><td>2</td><td>6</td><td>2</td><td>6</td></tr>
<tr><td rowspan="2">진로디자인과
준비</td><td>• 진로의사결정 능력 개발</td><td>2</td><td>4</td><td>2</td><td>4</td><td>2</td><td>4</td><td>2</td><td>4</td></tr>
<tr><td>• 진로계획과 준비</td><td>2</td><td>5</td><td>2</td><td>9</td><td>3</td><td>10</td><td>3</td><td>11</td></tr>
<tr><td colspan="2">합계</td><td>17</td><td>38</td><td>18</td><td>48</td><td>19</td><td>47</td><td>19</td><td>49</td></tr>
</table>

이를 고려할 때 진로발달단계에 따라 다음 <표 4-2>와 같은 진로검사와 도구가 유용할 것으로 보인다. 이는 발달단계에 따라 주된 관심사와 진로과제를 확인하는 검사활용의 유용성을 강조한 것으로 다른 단계에 제시된 검사를 활용하면 안 된다는 의미는 아니다. 더불어 최근에는 진로탐색을 돕는 여러 가지 진로보드게임이 개발되어 있어서 초등학생을 위한 유용한 도구로도 활용될 수 있을 것으로 보인다.

표 4-2 / 진로발달단계별 유용한 진로검사 및 도구

학년	진로발달단계	진로검사 및 도구
초등학교	진로인식	• 기초학습기능검사/ 진로발달검사/ 흥미검사/ 진로포부검사/ 진로보드게임
중학교	진로탐색	• 학업성취도검사/ 진로탐색검사/ 진로흥미검사/ 적성검사/ 직업카드
고등학교	진로계획 및 준비	• 대학수학능력시험/ 진로결정수준검사/ 적성검사/ 직업흥미검사/ 직업가치관검사

미국의 경우에도 진로발달단계에 따라 자기이해, 교육 및 직업적 탐색, 진로설계에 대한 능력 및 행동전략에 대한 수준을 정하고, 발달단계에 따른 차별적 진단을 위해 초등학교에서는 가족사(family histories), 개인사(personal narratives), 흥미검사의 활용을 제안하고 있으며, 중학교를 대상으로는 성취도검사, 흥미검사를, 고등학교와 대학교에는 능력검사, 성취도검사, 적성검사, 직업흥미검사, 직업가치관검사의 활용을 제안하고 있는 예가 있다(NOICC, 1989).

3) 진로검사의 내용별 분류

진로검사는 내담자의 자기이해 및 진로선택과 의사결정과정에서 발생하는 개인의 심리적, 행동적인 속성을 알아보는 표준화된 검사도구로서 표준화된 지능검사, 적성검사, 흥미검사, 성격검사, 진로성숙도검사, 가치관검사 등이 이에 속한다(이종범, 2001).

진로검사는 개인의 학업성취와 적성 같은 인지적 능력을 평가하는 검사와 진로 관련 흥미, 성격, 가치관, 진로행동 등의 성향을 탐색하는 검사로 크게 분류되며, 직업세계에 대한 내담자의 이해 정도, 현재 경험하고 있는 진로문제와 장벽, 내담자를 둘러싼 가정 및 사회적 환경에 대한 개인의 인식과 평가 등도 포함된다.

김동민 등(2019)은 진로심리검사를 측정내용에 따라 인지적 검사(능력검사)와 정의적 검사(태도검사)로 분류하여 다음 <표 4-3>과 같이 제시하고 있다.

표 4-3 / 측정내용별 진로심리검사의 분류

구분		심리검사의 종류
인지적 검사 (능력검사)	지능검사	• 한국판 웩슬러 지능검사, KABC-II 등
	성취검사	• 기초학습기능검사, 대학수학능력시험 등
	적성검사	• GATB 일반적성검사, 직업적성검사 등
정의적 검사 (태도검사)	흥미검사	• 진로탐색검사, 직업선호도검사, 스트롱검사 등
	가치검사	• 직업가치관검사
	성격검사	• MMPI, MBTI, CPI, NEO-PI 검사 등
	진로선택 및 발달검사	• 진로발달검사, 진로결정수준검사, 진로성숙도검사, 진로신념검사, 구직욕구진단검사 등

2 진로발달검사

진로발달은 개인의 진로를 형성하기 위해 상호작용하는 심리적, 사회적, 교육적, 신체적, 경제적 및 우연적 요인들까지를 아우르는 총체적 개념으로 정의된다(NVGA, 1973). 그러나 진로발달수준은 진로발달, 진로성숙, 직업발달, 직업성숙, 진로의식발달, 진로의식성숙, 직업의식발달, 진로결정수준 등의 다양한 용어로 이해되고 평가되고 있다(김봉환 외, 2013). 대동소이하게 보이는 이러한 용어들은 진로발달수준을 측정하는 측정도구의 명칭과 특성에도 유사하게 나타나고 있어서 각각의 검사들이 강조점을 어디에 두는가에 따라 다양한 형태와 용어로 개발되어 있음을 염두에 둘 필요가 있다.

진로에 대한 발달적 입장을 제시한 시초로 볼 수 있는 Ginzberg는 직업에 대한 태도, 흥미, 능력, 가치관 등이 아동기부터 일련의 단계를 거쳐 발달하는 것으로 보고, 직업선택은 한번에 끝나는 의사결정이 아니라 여러 차례에 걸쳐 일어나는 발달과정이라고 하였다(Ginzberg, Ginsberg, Axelrad, & Herma, 1951).

이후 진로발달이론에 관해 가장 포괄적 관점을 제시한 Super(1990)도 진로선택과 결정은 특정 시점에 한 번의 의사결정을 통해 이루어지는 것이 아니라 진로발달 과정을 통해 개인의 생애역할, 사건이 상호작용하며 진행되는 것으로 보았다. 각 발달단계마다 서로 다른 발달과업이 있으며, 발달과업을 잘 완수해야 다음 단계로 넘어가게 된다. 각 단계를 성공적으로 잘 마치고 다음 단계를 잘 준비하고 있는지를 나타내는 개념으로 진로성숙(career maturity)이라는 개념을 제시하였다. 즉 진로성숙은 진로 문제와 관련된 개인의 발달 정도와 수준의 지표라고 할 수 있다(Osipow & Fitzgerald, 1996).

구분해 보자면 '진로발달'은 개인의 전체 발달의 한 측면으로서 개인적 특성과 주위 환경과의 밀접한 상호작용의 결과라고 볼 수 있는 반면, '진로성숙'은 진로에 대해 자신이 기대하는 행동과 희망하는 직업군에서 생활하는 타인들의 행동 간의 유사성 정도(Crites, 1969)로 규정된다. 이종범과 이건남(2016)은 진로성숙을 후기 청소년과 성인 초기의 구체적 진로선택을 위한 준비 정도를 의미하는 것으로 보고, 진로발달과 구분하고 있다. 유사한 맥락에서 '직업발달'과 '직업성숙'은 진로에 관한 내용을 직업에 관련된 내용으로 한정하는 차이가 있는 것으로 볼 수 있다. 이에 비해 '진로의식성숙'은 자아이해, 일과 직업세계에 대한 이해를 기초로 자신의 진로를 계획하고 선택하는 과정에서 동일 연령이나 발달단계에 있는 집단의 발달과업 수행 정도에서 차지하는 개인의 상대적인 위치를 말한다(한국교육개발원, 1992).

다음 <표 4-4>는 우리나라에서 아동과 청소년 진로발달수준과 관련하여 많이 활용되고 있는 검사의 종류를 제시한 것이다.

표 4-4 / 진로발달검사의 종류

검사명	대상	측정내용	영역 및 하위요인	제공처
초등학생 진로인식 검사	초5~6	• 진로인식 측정 • 학교생활만족도, 원하는 직업, 알고 싶은 직업, 전공하고 싶은 학과 정보 제공	• 자기이해: 자기탐색, 의사결정성향, 대인관계성 • 진로인식: 직업편견, 직업가치관 • 진로태도: 진로준비성, 자기주도성	워크넷
진로성숙도 검사	중2~고3	• 진로성숙 관련 요인 및 진로미결정 이유 탐색	• 태도: 독립성, 일에 대한 태도, 계획성 • 능력: 자기이해, 정보활용 및 진로결정능력, 직업에 대한 지식 - 행동(진로탐색 및 준비행동)	커리어넷
CMS 진로성숙도 검사	중고생	• 진로선택에 대한 현재 태도와 진로 선택능력 진단	• 태도: 결정성, 독립성, 계획성(중)/ 적극성(고) • 능력: 직업세계정보, 직업선택능력, 직업계획능력(중)/ 합리적 의사결정능력(고)	한국심리 적성검사 연구소
MCI 다면적 진로탐색 검사	초4~6	• 진로적응도 측정 • 진로코드 및 코드별 특징과 생활양식 제시 • RIASEC 유형별 흥미, 능력(2개) 측정	• 진로적응도: 미래지향성, 낙관성, 주도성, 호기심, 자신감 • 코드별 하위영역(5개): 관심, 개발, 탐색, 능력증진, 의미향상 • 생활양식: 여가, 학습, 과제	한국 가이던스
	중고생	• 진로성숙도 측정 • 진로코드 및 코드별 특징과 생활양식 제시 • RIASEC 유형별 흥미, 능력, 가치(3개) 측정	• 진로성숙도: 진로확신도, 진로효능감, 진로준비도 • 코드별 하위영역(7개): 관심, 미관심, 개발, 탐색, 능력개발, 의미탐색, 흥미탐색 • 생활양식: 여가, 학습, 과제	
청소년 진로발달 검사	중2~고3	• 진로성숙도검사	• 진로에 대한 태도와 성향: 계획성, 독립성, 태도 • 진로 관련 지식 정도: 자신에 대한 지식, 직업에 대한 지식, 학과에 대한 지식 • 진로행동	워크넷
		• 진로미결정척도 • 진로미결정의 이유 탐색	• 성격요인: 동기 부족, 결단성 부족 • 정보요인: 직업에 대한 지식 부족, 자신에 대한 이해 부족 • 갈등요인: 직업과 자신과의 갈등, 외적 조건들과 자신과의 갈등	워크넷

검사명	대상	측정내용	영역 및 하위요인	제공처
진로발달 그림검사	유아~초6	• 그림을 통해 연령별 진로발달단계의 내용과 특징을 RIASEC과 연결하여 해석	• 직업성격유형별 진로흥미도, 한국고용직업분류별 흥미도, 진로발달 촉진활동 제공	한국 가이던스

1) 초등학생 진로인식검사

한국고용정보원(워크넷)에서 제공하고 있으며, 초등학교 5~6학년을 대상으로 한다. 초등학생의 진로인식을 자기이해, 직업세계인식, 진로태도의 3가지 측면으로 나누어 측정한다. 학생이 자신과 직업세계에 대해 어떻게 이해하고 있으며, 어떤 태도를 가지고 있는지를 보여준다. 진로인식을 자기이해(자기탐색, 의사결정성향, 대인관계성), 진로인식(직업편견, 직업가치관), 진로태도(진로준비성, 자기주도성), 학교생활만족도, 원하는 직업, 알고 싶은 직업, 전공하고 싶은 학과에 대한 정보를 제공한다.

검사수행 태도를 타당도(사회적 바람직성 척도, 부주의성 척도)와 반응률로 보여준다. 사회적 바람직성 척도 30점 이상, 부주의성 척도 점수 5점 이상, 반응률 70% 이하는 해석에 주의가 필요하다. 초등학생 진로인식검사의 영역과 하위요인은 <표 4-5>에 제시하였다.

표 4-5 / 초등학생 진로인식검사의 내용

영역	하위요인	설명
자기이해	자기탐색	• 자신의 특성을 종합적으로 탐색하려는 태도를 보이는지, 자신의 소질, 관심 등을 이해하는 정도
	의사결정성향	• 합리적으로 자신의 의사를 결정할 필요성에 대한 인식 정도
	대인관계성	• 다양한 집단 내에서의 원활한 의사소통과 인간관계의 원만성 정도
진로인식	직업편견	• 남녀가 해야 할 것에 대한 구분과 직업의 귀천에 대한 편견
	직업가치관	• 일이나 직업에 대한 가치 부여
진로태도	진로준비성	• 현재 공부하는 것과 일(직업)의 관계에 대한 이해, 부모님이 하는 일에 대한 관심 정도, 진로와 관련된 정보수집 방법 및 정도
	자기주도성	• 진로 탐색에서의 적극성, 스스로 문제를 해결하고자 하는 의지

2) 진로성숙도검사

진로성숙도검사(CMI: Career Maturity Inventory)는 John Crites(1978)의 진로발달 모델에 기초하고 있다. 이 모델에 따르면 진로성숙도는 일반요인과 영역요인, 특수요인(specific)으로 구성된 위계체계로 구성된다. 이 중 영역요인은 진로계획 과정(태도 및 능력)과 진로계획 내용(일관성 및 진로선택의 범위)을 포함하고 있다. CMI는 이 가운데 진로계획 과정에 초점을 둔 진로의사결정에 대한 태도(결정성, 참여도, 독립성, 성향, 타협성)와 진로의사결정에 대한 능력(자기평가, 직업정보, 목표선정, 계획, 문제해결)의 두 척도로 구성되어 있다.

우리나라에는 초6~고3 학생을 대상으로 장석민, 임두순, 송병국(1991)이 CMI에 기초하여 개발한 진로성숙도검사가 있으며, 한국직업능력개발원에서 중2~고3 학생을 대상으로 태도, 능력, 행동 측면에서 진로성숙도를 측정하는 한국형 진로성숙도검사를 개발하여 제공하고 있다(임언, 정윤경, 상경아, 2001).

한국직업능력개발원의 진로성숙도검사는 진로성숙과 관련된 다양한 요인을 포함하고 있으며, 진로성숙도뿐만 아니라 진로미결정의 이유에 대한 구체적인 자료를 제공하는 것을 목적으로 한다. 총 145문항이며, 태도, 능력, 행동의 3개 영역 7개 하위검사로 구성되어 있다. 검사 결과는 하위영역별로 원점수, 백분위, T점수 등으로 제시되며, 각 하위영역에 대한 설명과 함께 백분위에 따른 조언표가 제시된다. 진로성숙도검사의 영역과 하위검사는 <표 4-6>에 제시하였다.

표 4-6 / 진로성숙도검사의 내용

영역	하위검사	측정내용
태도	독립성	• 진로결정의 책임을 수용하고 자기 스스로 진로를 탐색하고 선택하려는 태도
	일에 대한 태도	• 직업의 의미에 대한 올바른 인식과 직업에 중요성을 부여하는 정도
	계획성	• 자신의 진로방향을 설정해 보고, 그것을 위한 계획을 수립해 보는 태도
능력	자기이해	• 능력, 흥미, 가치, 신체적 조건, 환경적 제약 등 개인이 진로선택에서 고려해야 할 개인적 특성들에 대한 이해 정도
	정보활용 및 진로결정능력	• 진로와 관련된 정보를 활용하여 자신에게 적합한 진로를 합리적으로 선택할 수 있다고 생각하는 정도
	직업에 대한 지식	• 일반적 직업에 대하여 알고 있는 정도
		• 자신이 관심을 갖는 직업에 대해 구체적으로 알고 있는 정도
행동	진로탐색 및 준비 행동	• 자신의 진로를 적극적으로 탐색하고 준비하는 정도

3) 다면적 진로탐색검사(MCI)

다면적 진로탐색검사(MCI: Multidimensional Career Inventory)는 홀랜드(Holland)의 RIASEC 유형을 기반으로 흥미와 능력에 관한 종합프로파일과 진로코드 및 코드별 특징을 제시해 준다. 진로 영역에 대한 흥미와 효능감, 가치 부여 정도를 확인할 수 있으며, 여가, 학습, 과제 측면에서 어떤 생활양식을 보이는지 탐색할 수 있다.

이동혁, 황매향(2014)이 초 4~6학년용(228문항)과 중고등학생용(237문항)으로 개발하여 한국가이던스에서 제공하고 있다. 아동용과 청소년용은 각각 진로적응도(미래지향성, 낙관성, 주도성, 호기심, 자신감)와 진로성숙도(진로확신도, 진로효능감, 진로준비도)를 함께 측정한다.

표 4-7 / 아동용 진로적응도와 청소년용 진로성숙도의 내용

영역	하위검사	척도 설명
진로 적응도	미래지향성	• 미래에 대한 명확한 꿈과 목표와 분명한 확신
	낙관성	• 자신의 미래와 가능성, 어려움 극복에 대한 긍정적 생각
	주도성	• 스스로 결정을 내리거나 자신의 선택에 대한 책임
	호기심	• 자신의 미래와 새로운 것을 탐색하려는 태도와 적극적 노력
	자신감	• 성공적인 미래 개척에 대한 자신감과 긍정적인 인식
진로 성숙도	진로확신도	• 자신의 미래에 대한 분명한 목표와 확신
	진로효능감	• 자신의 진로목표을 성취하는 데 대한 자신감
	진로준비도	• 자신의 진로목표 성취를 위한 구체적 준비

4) 청소년 진로발달검사

청소년 진로발달검사는 진로성숙도검사와 진로미결정검사로 구성되어 있다. 김봉환, 김아영, 차정은, 이은경(2007)이 개발하여 한국고용정보원(워크넷)에서 제공하고 있으며, 중학교 2학년부터 고등학교 3학년 대상의 총 57문항이다.

개인의 진로에 대한 계획과 직업탐색의 정도, 구체적인 진로행동의 정도를 측정하여 내담자의 상태를 진단하는 의미가 있으나 검사 자체가 자극이 되어 진로 준비에 대한 행동을 촉진하는 데에도 활용할 수 있다.

진로미결정 영역은 진로결정을 하지 못하는 요인이 성격적 요인으로 인한 것인지, 자신과 직업에 대한 정보 부족 때문인지, 갈등요소 때문인지를 보여주며, 적절한 진로성숙을 위해 보완해야 할 영역에 대한 정보가 제공되므로 상담에서 효과적으로 사용할 수 있다.

표 4-8 / 청소년 진로발달검사의 내용

구분	영역	하위요인	척도 설명
진로 성숙도 검사	진로에 대한 태도와 성향	계획성	• 자신의 진로방향과 직업결정을 위한 사전 준비와 계획을 수립하고 있는 정도
		독립성	• 자신의 진로에 대한 탐색, 준비, 선택을 스스로 하고 있는 정도
		태도	• 직업의 의미 및 일의 중요성을 올바르게 인식하고 있는 정도
	진로와 관련된 지식의 정도	자신에 대한 지식	• 자신의 능력, 흥미, 성격, 가치관 등 개인특성에 대해 이해하고 있는 정도
		직업에 대한 지식	• 다양한 직업에 대해 어느 정도의 지식을 가지고 있는 정도
		학과에 대한 지식	• 다양한 학과에 대해 어느 정도의 지식을 가지고 있는 정도
	진로행동의 정도	진로행동	• 자신이 세우고 있는 진로계획을 어느 정도 실천하고 확인하고 있는 정도
진로 미결정 검사	성격요인	동기 부족	• 진로결정을 위하여 자신이 얼마나 진로를 탐색하고 계획하고자 하는 동기의 정도
		결단성 부족	• 진로결정과 관련하여 자신이 가지고 있는 우유부단한 정도
	정보요인	직업에 대한 지식 부족	• 진로결정에서 중요한 직업과 전공에 대한 지식 및 변화에 대한 이해 정도
		자신에 대한 이해 부족	• 진로선택 시 고려해야 할 능력, 흥미, 성격, 가치 등 특성에 대한 자신의 이해 정도
	갈등요인	직업과 자신과의 갈등	• 진로결정 시 개인의 능력 및 신체적 조건, 특성과 직업 간의 갈등 정도
		외적 조건들과 자신과의 갈등	• 진로결정 시 주요 타인(부모, 선생님 등), 사회경제적 문제 등과의 갈등 정도

출처: 워크넷(https://www.work.go.kr)

5) 홀랜드 진로발달검사

홀랜드(Holland)의 직업적 성격유형에 기초한 진로발달 검사는 초·중·고등학생을 대상으로 각각 개발되어 한국가이던스와 인싸이트에서 제공되고 있다. 각 검사의 대상별 측정 내용과 하위요인을 <표 4–9>에 요약하여 제시하였다.

표 4-9 / 홀랜드 진로발달검사

<table>
<tr><th>검사명</th><th>대상</th><th>측정내용 및 하위요인</th><th>제공처</th></tr>
<tr><td>진로발달검사
(CDI)</td><td>초4~
중2</td><td>1. 진로발달
• 자아이해: 성취가능성 인식, 자기특성 이해
• 직업 및 진로탐색: 직업호기심, 정보탐색
• 진로설계 및 준비: 상호의존적 의사결정성향, 자기결정성
2. 진로코드 유형
3. 세부유형별: 흥미, 역량, 직업선호
4. 직업적 성격특성 및 추천직업 제시</td><td rowspan="2">한국
가이던스</td></tr>
<tr><td>진로탐색검사
(Holland's
SDS)</td><td>중등
/고등</td><td>1. 진로정체성: 희망직업과의 일치성, 일관성, 긍정응답률, 변별성
2. 진로성격 유형
3. 세부유형별: 선호하는 활동, 역량, 선호직업, 능력에 대한 자기평가
4. 직업적 성격특성 및 적성에 맞는 직업목록과 희망직업목록, 적성에 맞는 전공계열, 추천 교육분야, 성격특성에 따른 학습 방법, 특기적성 계발 방법, 특성화 고교정보 및 교육 분야 등 제시</td></tr>
<tr><td>Holland
진로발달검사</td><td>초4~6</td><td rowspan="2">1. 검사 결과 타당도 및 영역 간 일치도
2. Holland 진로코드
3. 진로성숙도: 진로동기, 진로이해, 직업편견, 자기이해, 자기주도성
4. 성격적성, 능력적성, 직업적성 영역별 진로코드 점수
5. 코드에 적합한 직업과 성격강점, 선호하는 학습 방법과 태도 및 전공학과 등 제시</td><td rowspan="2">인싸
이트</td></tr>
<tr><td>Holland
진로성숙검사</td><td>중학생</td></tr>
</table>

6) 진로발달그림검사

진로발달그림검사는 유아, 초등학교 저학년과 고학년을 대상으로 진로발달을 촉진하기 위해 조붕환 등(2014)이 제작한 검사이다. Super와 Ginzberg에 의하면 초등학교 저학년 시기는 직업과 일에 대한 호기심과 상상, 공상이 풍부한 환상기에 해당된다. 직업과 일에 대한 그림을 제시하여 그림을 통해 아동이 갖는 직업환상의 내용과 특징을 확인하여 진로발달수준을 체크한다. 검사문항은 제시되는 그림 중 재미있는 것으로 상상되는 직업을 선택하도록 하고 아동의 진로환상의 특징을 실재형, 탐구형, 예술형, 사회형, 기업형, 관습형의 Holland 직업적 성격유형 중 높게 나온 유형과 연결하여 해석하고, 이들의 진로발달에서 직업에 대한 환상을 촉진시키기 위한 안내를 제공한다.

3 적성검사

적성(aptitude)은 진로와 관련된 개인의 여러 가지 심리적 특성 중 가장 대표적인 요인이다. 대부분의 학생들이 진로문제를 언급할 때 가장 먼저 적성을 떠올린다 해도 무방할 만큼 적성은 진로선택 시 가장 중요하게 고려되는 요인이며, 거의 대부분의 고등학교에서 적성검사의 사용은 일반화되어 있다.

적성에 대한 학자들의 정의는 다양하지만 여러 견해를 종합해 보면, 적성은 어떤 특정 분야의 과제나 임무를 수행하는 데 필요한 개인의 능력이자, 그 능력의 발현 가능성이라고 정의할 수 있다. 즉, 적성은 앞으로의 과업에 대한 성공적 수행 가능성을 의미한다. 개인의 능력에 대해 과거의 수행능력을 본다면 이는 성취도에 해당되고 현재의 수행능력을 본다면 능력, 미래의 수행능력으로 본다면 적성이 되는 것이다. 그러나 적성은 일반능력인 지능과 구분되는 것으로 특정 활동이나 업무를 수행하는 데 요구되는 특수능력을 개념화한 것이다. 적성의 개념에는 인간이 타고난 능력과 소질, 학습된 능력이 모두 포함될 뿐만 아니라 그러한 능력을 발휘하는 것에 대한 흥미나 관심 등의 정의적 특성도 포함한다.

적성검사의 사용은 개인이 학업이나 직업과 관련하여 현재 가지고 있는 능력을 측정하고 향후 어떠한 분야에서 직무를 잘 수행할 것인지, 또 그 직무분야에 잘 적응할 것인지를 예측하는 것을 목적으로 한다. 그러나 적성은 미래의 수행 가능성에 대한 예견이기 때문에 산출된 결과를 해석하는 데 있어서 신중할 필요가 있다(Sharf, 2006).

적성검사는 일반적 영역의 적성을 측정하는 일반적성검사(general aptitude tests)와 교사나 과학자, 의사와 같은 특정 직업과 관련된 활동에 대한 적성을 측정하는 특수적성검사(special aptitude tests), 그리고 학업적성검사(scholastic aptitude test)가 있다. 일반적성검사(적성종합검사)는 여러 가지 직업 또는 직업 관련 활동과 관계가 있는 내용으로 여러 개의 하위검사로 구성되어 있으며 진학이나 직업상담에 활용된다. 특수적성검사는 수학, 과학, 음악, 미술 등 예체능 분야에서의 능력을 발휘할 가능성을 측정하며, 학업적성검사는 미래 학업수행 가능성을 측정한다.

우리나라에서 사용되고 있는 표준화된 적성검사는 주로 일반적성검사이며, 특수적성검사는 수학 및 과학의 경우, 영재교육을 하는 대학 등에서 자체적으로 제작하여 실시하고 있으며, 예체능의 경우에도 각 영역의 전문가들이 자체 제작하여 사용하고 있다. 개발된 검사에 따라서 약간의 차이는 있지만 일반적으로 적성검사에서 다루는 적성의 하위요인으로는 일반지능, 언어적성, 수리적성, 공간지각적성, 지각속도, 형태지각, 사무지각, 운동조정능력, 수공능력 등이다(이재창, 2000).

우리나라에 보급되어 있는 초·중·고등학생 대상 적성검사의 종류는 <표 4-10>과 같다. 이어서 커리어넷에서 제공하고 있는 청소년용 직업적성검사의 내용을 구체적으로 살펴보기로 한다.

표 4-10 / 청소년 대상 적성검사의 종류

검사명	대상	내용	제공처
직업적성검사	중고등	• 11개 요인(신체·운동능력, 손재능, 공간지각, 음악능력, 창의력, 언어능력, 수리·논리력, 자기성찰능력, 대인관계능력, 자연친화력, 예술시각)	한국직업능력연구원 커리어넷
고등학생 적성검사	고등	• 9개 요인(언어력, 수리력, 추리력, 공간능력, 지각속도, 과학능력, 집중능력, 색채능력, 사고유연성)	한국고용정보원 워크넷
진로적성검사	중고등	• 진로에 관련된 성격유형, 직업흥미, 다중지능의 하위검사로 구성	서울진로진학정보센터
GATB 적성검사	중고등	• 미국노동부 개발, 일반능력, 언어, 수리, 사무, 공간지각, 과학기계 등의 능력 측정	중앙적성연구소
학과와 적성검사	초중고	• Guilford의 지능구조이론에 기반, 진로와 관련된 능력유형, 인성유형, 선호경향 조합	
적성진단검사	중고등	• 일반적성과 특정직무의 적합성 파악 언어, 수리, 사고, 공간지각, 과학기계의 5개 적성요인과 11개 하위요인, 20개 직무로 분류	
CHCA 적성검사	중고등	• 10개 요인(언어이해력, 수이해력, 논리적 사고력, 시각판단력, 주의집중력, 과학이해력, 협응능력, 음악적성, 미술적성, 운동적성)에 대한 결과를 토대로 적성계열과 학과, 직업정보 제공	한국 가이던스
전공탐색검사 (Holland)	고등	• 진로정체성, 영역별(활동, 역량, 선호직업, 자기평가) 진로유형 프로파일, 적성에 맞는 전공계열, 전공학과, 직업목록, 희망직업목록, 진로유형에 맞는 전공학과 정보	
CATA 적성검사	중등/ 고등	1. 10개 적성계열별(어문, 인문, 사회과학, 법정, 경상, IT/수학, 기계공학/건축, 공학, 보건/의학, 자연과학) 관심수준 측정 2. 하위검사: 어휘적용력, 언어유추력, 수리력, 공간지각력, 수치이해력, 공간활용력, 기계이해력 측정	인싸이트

<table>
<tr><th>검사명</th><th>대상</th><th>내용</th><th>제공처</th></tr>
<tr><td>CACV
종합진로
적성검사</td><td>중등/
고등</td><td>1. 기초적성검사: 언어, 수리, 사회인지, 과학인지, 사무, 공간, 수공, 신체운동, 예술, 대인관계
2. 직업선호도(홀랜드 유형) 관련 직업군 제시</td><td rowspan="6">인싸이트</td></tr>
<tr><td>KCM Ⅱ
대학전공
선택 검사</td><td>고등</td><td>• 전공과 관련된 활동과 직업, 주요 교과에 대한 선호도 (8개의 전공계열 흥미척도와 44개 전공학부/과 흥미척도)</td></tr>
<tr><td>Holland
진로적성검사</td><td>중등</td><td rowspan="2">• Holland 진로코드, 진로포부, 성격적성, 능력적성, 직업적성, 직업분야, 학업성적 측정
(중등) 고교 진학계열, (고등) 문과/이과 계열 제시</td></tr>
<tr><td>Holland
계열적성검사</td><td>고등</td></tr>
<tr><td>Holland
전공적성검사</td><td>고등</td><td>• Holland 진로코드, 진로포부, 성격적성, 능력적성, 직업적성, 직업분야 측정
• (일반고) 학업성적 측정, 대학진학, 전공선택 제시
• (특성화고) 직업선택과 준비활동 제시</td></tr>
<tr><td>Holland
진로적성검사</td><td>특성화
고등</td><td>• Holland 진로코드, 진로포부, 성격적성, 능력적성, 직업적성, 직업분야 측정</td></tr>
</table>

1) 직업적성검사

커리어넷에서 제공하는 직업적성검사는 각 직업에서 요청되는 능력에 대한 면접조사와 직무분석 결과를 기초로 43개 직업군(457개 직업)을 적성 영역별로 분류하여 제시하고 있다. 중학생용(66문항)과 고등학생용(88문항)이 있으며, 응답방식은 자기평가방식의 능력평정 방법을 사용하여 전혀 그렇지 않다(1점)에서 매우 그렇다(7점)로 응답하도록 되어 있다.

검사 결과는 제한된 직업만 제시하는 것이 아니라, 다양한 직업군에서 요구하는 능력과 각 직업군에 대한 개인의 적합성을 알려주는 방식으로 제공된다. 즉, 각 적성 영역별로 상대적으로 높은 능력을 보이는 2~3개 적성 영역과 관련 직업을 제시하며, 각 직업군별로 능력을 보유한 정도를 5등급(낮음, 약간 낮음, 보통, 높음, 매우 높음)으로 구분하여 제시하고 있다.

이 검사는 학교 진로교육 및 상담, 각종 청소년 상담기관에서 교육 및 상담자료로 활용할 수 있으며, 개인이 웹 상에서 자아 성찰을 할 수 있는 도구로서도 활용할 수 있다. 진로선택 상황에서 다양한 직업군과 관련된 자신의 적합성에 대한 정보를 바탕으로 개인의 진로선택의 윤곽을 정하는 데 도움을 줄 수 있으며, 직업세계에서 요청하는 다양한 능력이 무엇이며, 그러한 능력들과 관련된 직업군들이 무엇인가를 제시해 주는 진로교육 자료로 활용 가능하다. 11개의 각 적성 영역이 측정하는 능력은 <표 4-11>과 같다.

표 4-11 / 적성 영역(11개)이 측정하는 능력

측정 영역	측정능력
신체 · 운동능력	• 기초체력을 바탕으로 효율적으로 몸을 움직이고 동작을 학습할 수 있는 능력
손재능	• 손으로 정교한 작업을 할 수 있는 능력
공간지각력	• 머릿속으로 입체적인 물체의 위치나 모습을 상상하여 떠올릴 수 있는 능력
음악능력	• 노래 부르고, 악기를 연주하며, 감상할 수 있는 능력
창의력	• 새롭고 독특한 방식으로 문제를 해결하고, 아이디어를 내는 능력
언어능력	• 말과 글로써 자신의 생각과 감정을 표현하며, 다른 사람의 말과 글을 잘 이해할 수 있는 능력
수리 · 논리력	• 논리적으로 사고하여 문제를 해결하는 능력
자기성찰능력	• 자신을 돌아보고, 생각과 감정을 조절하며, 자신에게 주어진 여러 자원을 관리하는 능력
대인관계능력	• 조직 속에서 구성원들과 협조적이며 원만한 관계를 유지하는 능력
자연친화력	• 인간과 자연이 서로 연관되어 있음을 이해하며, 자연에 대하여 관심을 가지고 탐구, 보호할 수 있는 능력
예술시각능력	• 선, 색, 공간, 영상 등에 민감하게 반응하고 조화롭게 재구성할 수 있는 능력

출처: 진로정보망 커리어넷(https://www.career.go.kr)

4 진로 및 직업흥미검사

흥미(interest)는 일반적으로 개인이 좋아하거나 좋아하지 않는 선호와 관심의 행동경향이라 할 수 있다. 적성과 능력이 잘하는 것과 관련된 것이라면, 흥미는 호기심과 즐거움, 재미와 관련된 것이다. 개인은 여러 활동에 관심을 가지고 수행 결과가 반드시 수월하지 않더라도 즐거움을 느낄 수 있다. 즉, 어떤 사람들은 잘하지 못하는 일을 좋아할 수도 있고 또 어떤 사람들은 잘하는 일을 싫어하기도 한다.

흥미는 일과 직업에 몰입하도록 하는 강력한 변인이 될 수 있다. 일의 능률과 성공을 가져오려면 인지적 요인뿐만 아니라 흥미와 같은 정의적 요인도 같이 조화를 이루어야만 그 일에 대한 보람, 즐거움, 행복감 등을 가져다주어 일에 대한 의미를 느끼게 하기 때문

이라 할 수 있다(이재창, 2005). Tracey와 Hopking(2001)은 직업선택을 예측하는 데 흥미가 능력에 대한 자기평가보다 더 예측력이 높은 것을 밝혀냈다. 최근 각 분야에서 탁월한 능력을 발휘하는 사람들에 관한 연구에 의하면, 그들은 자신의 작업을 즐기기 때문에 그 결과 열심히 수련을 거듭하고 그 과정에서 전문성이 깊어지면서 유능하게 되며(박경애, 이명우, 권해수, 김동일, 1997; 유현실, 1998), 일을 하면서 즐거움과 유능감을 동시에 경험하는 몰입을 경험하는 것으로 알려져 있다(김창대, 2002; Csikszentmihalyi, Rathunde, & Whalen, 1993).

진로이론에 따라 흥미와 흥미검사에 대한 접근양상(이재창 외, 2017)은 다소간의 차이가 있다.

첫째, 특성-요인이론에서는 흥미를 직업선택에서 가장 중요한 특성으로 보고, 특정 직업에서 성공하고 만족도가 높은 사람들의 흥미를 측정하여 이를 진로선택에 확신이 없는 사람들의 흥미와 비교한다. 흥미검사는 직업적 흥미와 일반적 흥미를 측정하며, 일반 활동적 흥미와 달리 직업적 흥미는 그 직업 종사자가 기술하는 흥미와 어느 정도 유사한지를 비교한다.

둘째, 직업적응이론에서는 흥미를 능력과 가치에서 파생된 것으로 본다(Dawis & Lofquist, 1984). 즉 피아니스트가 되는 것에 대한 흥미는 피아노 치는 능력과 피아니스트에 대한 가치로부터 나온다고 보는 것이다. 피아노를 잘 치고 피아니스트의 직업가치를 높게 평가하는 사람은 피아노에 대한 흥미가 높다고 볼 수 있다.

셋째, 진로발달이론의 관점에서는 흥미는 세상에 대한 정보가 직업에 대한 아동의 환상에 영향을 주면서 발달된다고 본다. 아동기 흥미에서 실제 능력은 별로 중요하지 않으며, 효능감을 발달시키는 데 영향을 준다(Tracey, 2002). 아동이 새롭게 갖는 흥미와 관심은 진로성숙에 도움이 되며, 청소년기에는 진로선택에서 흥미의 중요성이 더 커지며, 더 이상 환상이 아닌 흥미를 바탕으로 선택하려는 경향이 강해진다고 본다.

개인의 흥미 영역과 수준을 탐색하는 것은 교육적으로 중요한 가치가 있을 뿐만 아니라 진로상담 및 진로교육에서 기초가 되는 과정이며, 이는 대체로 흥미검사를 통하여 이루어진다. 흥미검사는 진로 영역과 학습 영역에 관한 것으로 분류된다. 진로 영역에서는 직업 영역이나 진로발달과 관련해서 흥미 정도를 측정한다. 주로 직업 탐색활동에서 가장 많이 사용되며, 직업흥미검사는 대개 진로상담이나 조언이 이루어지는 고등학교 진로상담실이나 대학의 진로상담센터, 지역사회의 고용지원센터와 같은 기관에서 널리 사용되고 있다. 학습흥미검사는 초등학생부터 고등학생을 대상으로 교과 및 학습에 관한 흥미를 측정함으로써 학습지도뿐만 아니라 진로지도에도 활용할 수 있기 때문에 각급 학교에서 일반적으로 활용되고 있다(조붕환, 임경희, 2000).

우리나라에 보급되어 있는 아동과 청소년 대상의 진로 및 직업흥미검사의 종류는 다음 <표 4-12>와 같다.

표 4-12 / 청소년 진로 . 직업흥미검사의 종류

검사명	대상	내용	발행처
청소년 직업흥미검사	중고생	• Holland의 일반 흥미 6개(현실, 탐구, 예술, 사회, 진취, 관습)와 기초흥미분야 13개(기계·기술, 사회안전, 농림, 과학·연구, 음악, 미술, 문학, 교육, 사회서비스, 관리·경영, 언론, 판매, 사무회계), 활동, 자신감, 직업 및 학과목록 제공	한국고용정보원 워크넷
대학전공(학과) 흥미검사	고등학생	• 7개의 전공계열(교육, 예술, 인문사회, 정경, 이공, 의료보건, 서비스학) 49개 학과에 대한 활동선호도, 교과목선호도, 직업선호도 측정	
STRONG® 직업흥미검사 II	고등학생	• Holland의 RIASEC 흥미유형 분류에 따른 일반직업분류(GOT), 기본흥미척도(BIS), 개인특성척도(PSS)로 구성됨	어세스타
STRONG™ 진로탐색검사 II	중고생	• 일반직업분류(GOT)만 사용함. 진로성숙도검사와 흥미검사의 2부로 구성	
STRONG™ 진로발달검사	초등학생	• 일반직업분류(GOT)만을 사용함. 진로발달검사, 흥미검사, 유능감 검사의 3부로 구성	
직업흥미검사(H)	중고생	• 홀랜드(Holland)의 6개 흥미유형(일상생활에서 경험할 수 있는 활동 중 선호하는 흥미)과 선호직업(직업상황의 활동 중 선호하는 흥미) 측정	한국직업능력연구원 커리어넷
직업흥미검사(K)	중고생	• 쿠더(Kuder) 흥미이론의 16개 직업흥미군 직업에서 이루어지는 활동들에 대한 흥미도검사, 일상생활에서 실제 경험해 볼 수 있는 활동들에 대한 흥미도검사, 유사한 직업들에 대한 흥미도 검사로 구성	

우리나라에서 활용되고 있는 진로 및 직업흥미검사는 홀랜드(Holland)의 6가지 직업성격유형에 기반한 스트롱(Strong) 검사와 쿠더(Kuder) 이론에 기반한 검사로 대별된다. 먼저 스트롱 흥미검사의 기반이 되는 홀랜드의 직업적 성격유형이론에 대해 살펴보고, 아동 및 청소년 대상의 스트롱 흥미검사와 쿠더 흥미검사에 대해 구체적으로 살펴보기로 한다.

1) 홀랜드(Holland) 직업적 성격유형이론

Holland의 직업적 성격유형이론은 지금까지 직업심리학에 강력한 영향을 미친 것으로 평가되고 있다(황매향 외, 2013). Holland의 직업적 성격유형론의 기본가정은 개인은 6가지 직업적 성격유형에 해당하는 특성을 가지고 있고, 직업환경도 6가지의 작업 및 직무특성을 요구하는 특성이 있다는 것이다. 사람들은 성장하면서 부모, 사회계층, 문화, 물리적 환경 등에 영향을 받아 각자의 독특한 성격이 형성되고 이후 다양한 경험을 통해 좋아하는 활동이 생겨나며, 그 결과 특정한 적성이나 유능감이 형성된다.

직업적 성격유형 모형의 기본원리는 다음과 같다(Holland, 1994).

① 직업선택은 성격의 표현이다.

② 흥미검사는 곧 성격검사이다.

③ 직업전형은 신뢰롭고 중요한 심리적, 사회적 의미를 내포한다.

④ 동일한 직업을 갖고 있는 사람들은 비슷하게 성장해 왔을 것이며 성격도 유사할 것이다.

⑤ 동일한 직업을 가진 사람들은 유사한 성격을 갖고 있기 때문에, 그들은 유사한 방법으로 어떤 상황에 반응하고 문제를 해결하며 특징적인 환경을 조성할 것이다.

⑥ 직업만족, 직업적 안정, 직업적 성취는 개인의 성격과 그들이 일하는 환경의 조화에 따라 결정된다.

Holland 6각형 모형은 6가지 직업적 성격유형 간의 관계를 보여주고 있으며, [그림 4-1]과 같다. RIASEC이라 불리는 Holland 6각형 모형은 개인의 직업적 성격과 실제 직업환경의 성격을 실재형(Realistic), 탐구형(Investigative), 예술형(Artistic), 사회형(Social), 기업형(Enterprising), 관습형(Conventional)으로 분류한다.

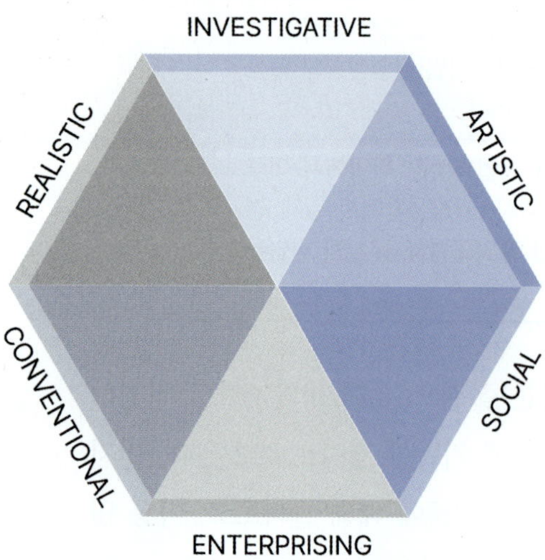

그림 4-1 / Holland의 6각형 모형

각 유형에 대한 개인의 성격특성과 직업환경의 특성, 진로상담 시 유용한 지침에 관한 내용(안창규, 1996; 한국고용정보원, 2008)을 요약하여 제시하면 <표 4-13>과 같다.

표 4-13 / 개인의 성격특성, 직업환경의 특성, 진로상담 개입 지침

유형	성격특성	직업특성	진로상담 개입
실재형 (R)	• 명확하고 체계적이며 질서정연한 일을 선호함 • 구조화된 작업과 사물 다루는 일, 신체활동을 즐김 • 자신의 가치와 신념체계에 위배되지 않는 선에서 사고하고 행동함	• 실행/사물 지향적 특성 • 대표분야는 기계분야 • 전기기사, 소방관, 중장비기사, 목수, 군인, 운전기사, 운동선수 등 • 기계 및 도구의 조작, 신체활동 등이 관련되며, 현실적이고 신중한 성격이 요구됨	• 가능한 한 직접 경험하게 하는 것이 필요하며, 문서나 차트 등 구조화된 자료 활용이 유용함
탐구형 (I)	• 자연과 사회현상을 비판적, 분석적으로 관찰하며, 체계적이고 창조적인 탐구활동을 선호함 • 내성적, 독립적, 지적 호기심이 많고, 객관적 정보 수집과 학문적 문제해결 과정을 선호함	• 사고/아이디어 지향적 특성 • 대표분야는 연구개발 분야 • 언어학자, 심리학자, 물리학자, 생물학자 등의 사회과학 및 자연과학 분야의 학자, 경제 및 경영분석가 등 • 분석적이고 지적인 성격이 요구됨	• 정보의 탐색과 분석 및 문제해결 과정을 촉진시키는 상담이 유용하며, 상담자와의 토론과 논의도 유용함
예술형 (A)	• 창의적이며 심미적인 활동을 선호하며 상상력이 풍부하고 독창적임 • 개방적인 사고체계를 소유하고 있으며 예술적 직감에 의존하여 문제를 해결하려는 경향이 있음	• 창조/아이디어 지향적 특성 • 대표분야는 예술 분야 • 음악가, 화가, 디자이너, 소설가, 시인, 영화/연극배우 등 • 음악, 미술, 문학 등의 예술적 활동이 요구됨	• 자연스럽고 비구조적인 접근이 효과적이며 정보의 탐색과 분석과정에서도 창의적 방식을 적용하도록 돕는 것이 유용함
사회형 (S)	• 사람과 어울리기를 좋아하고 타인의 문제를 듣고, 공감하고, 도와주고, 치료해 주는 것을 선호함 • 이타적이며 감정적이고 배려심이 깊은 편임	• 자선/사람 지향적 특성 • 대표분야는 교육 · 상담 분야 • 사회사업가, 상담가, 간호사, 교사, 성직자 등 • 상담, 교육, 봉사활동이 요구되며 대인관계 능력이 중요함	• 개방적이며 지지적인 환경을 선호함 • 상담자, 주변 인물, 실제 종사자 등과 직접 이야기를 나누어보는 활동이 유용함
기업형 (E)	• 조직의 목표를 이루거나 경제적인 이익을 얻는 활동을 선호함 • 지배적이고, 통솔력, 지도력이 있음 • 말을 잘하고 외향적, 낙관적, 열성적인 성격임	• 관리/과제 지향적 특성 • 대표분야는 경영분야 • 기업대표, 고위관리자, 변호사, 영업사원 등 • 사교, 설득, 지시, 지도활동이 요구되며 경제적 성취와 사회적 지위 획득을 위한 경험활용 및 영업능력이 강조됨	• 직접적이고 도전적인 대화를 선호하며 듣기보다 말하기를 선호함 • 관심분야 종사자들과 이야기하거나 회사 방문 등 직접적인 경험이 유용함
관습형 (C)	• 정확하고 조심성이 있으며 책임감이 강함 • 기존 수립된 체계에 적응, 순응하여 규칙을 따르며 분명하고 구조화된 일을 하는 것을 선호함	• 동조/자료 지향적 특성 • 대표분야는 사무 · 회계 분야 • 회계사, 경리사무원, 의무기록사, 비서, 은행원 등 • 규칙을 만들거나 따르는 활동이 요구되며 현실적이고 성실한 성격과 사무처리 능력이 강조됨	• 구조적이고 체계적인 접근방식 선호함 • 뜻하지 않은 문제가 발생했을 때 유연하게 대처할 수 있도록 돕는 개입이 유용함

Holland(1997)는 개인과 개인 간의 관계, 환경과 환경 간의 관계, 개인과 환경 간의 관계를 설명하는 계측성(calculus), 일치성(congruence), 변별성(differentiation), 일관성(consistency), 정체감(identity)의 5가지 개념을 제안하였다. 검사 결과를 해석할 때는 유형 간의 상대적 중요도의 관계(변별성), 성격과 환경이 얼마나 일치하는가(일치성), 서로 다른 유형 간의 관계(일관성), 개인이 가지고 있는 현재와 미래 목표의 확실성과 안정성(정체성)을 검사 결과와 함께 살펴보아야 한다. 각각의 개념을 간략히 살펴보도록 한다(이재창 외, 2017).

(1) 계측성(calculus)

계측성은 6각형 모형에서의 위치 즉, 유형 간의 거리가 각 유형 간의 상관을 보여준다는 것이다. 즉, 6각형 모형에서 서로 인접한 유형들은 반대 위치에 있는 유형들보다 유사성이 더 높다. 예를 들어, 실재적 유형(R)은 탐구적 유형(I)과 인접하므로 사회적 유형(S)보다 더 유사하다고 볼 수 있다. 인접한 유형이라면 유형 간 상관이 더 높고 반대 위치의 유형이라면 상관이 더 낮다.

(2) 일치성(congruence)

일치성은 6가지 모형에서 개인의 유형과 개인이 속한 환경이 얼마나 일치하고 있는지를 나타낸다. 예를 들어, 사회적 유형의 사람이 사회적 유형의 학과를 다니고 있거나 사회적 유형의 직업에 종사하고 있다면 일치성이 높다고 볼 수 있다. 서로 다른 성격유형의 사람들은 각기 다른 환경을 필요로 하므로 일치성이 높을수록 개인은 자신의 직업에 더 만족하고 더 많은 보상을 받게 된다. 따라서 일치성은 중요한 상담목표로 진로상담에서 내담자는 자신의 특성에 맞는 직업환경을 찾도록 도와주어야 한다.

(3) 변별성(differentiation)

분화도라고도 불리는 변별성은 사람이나 환경이 얼마나 분명하게 한 가지 또는 두 가지 유형에 속하는가에 관한 것이다. 어떤 사람은 한 가지 직업적 성격유형이 두드러지게 나타날 수도 있고 또 어떤 사람은 6가지 모든 직업적 성격유형에 걸쳐 흥미와 적성을 가져 낮은 변별성을 보일 수 있다. 직업적 성격유형에서 변별성이 낮은 사람들은 진로를 결정하는 데 어려움을 느끼게 된다. 따라서 진로상담에서는 이러한 내담자가 6가지 직업적 성격유형에 대한 자신의 흥미, 능력, 가치를 변별하고 이해의 폭을 넓혀 가도록 돕는 것이 목표가 될 수 있다(Sharf, 2006).

(4) 일관성(consistency)

일관성은 6각형 모형에서 나타난 개인의 흥미들이 얼마나 내적 일관성이 있는지를 반영한다. 6각형 모형에서 서로 상관이 높은 인접한 직업적 성격유형을 보이는 것은 그 사람의 직업적 성격특성이 일관되게 특정한 성향을 보이는 것으로 해석될 수 있다. 예를 들어, 실재적(R)이고 탐구적(I)인 흥미가 있는 사람은 실재적(R)이고 사회적(S)인 흥미가 있는 사람보다 더 일관된 것으로 볼 수 있다.

(5) 정체감(identity)

정체감은 개인이 가지고 있는 현재와 미래 목표의 확실성과 안정성을 말하며, 또한 직업환경의 안정성을 지칭한다(Sharf, 2006). 개인적 정체성은 분명하고 안정된 인생의 목표, 흥미, 재능을 가짐으로써 얻게 되며, 환경적 정체성은 환경이나 조직이 분명하고도 통합된 목표, 직무, 보상이 일관되게 주어질 때 생긴다(Holland, 1994). 정체성은 진로상담의 중요한 목표가 될 수 있다. 정체성은 일치성이라는 목표가 완수되었을 때 성취될 수 있다. 즉, 어떤 사람이 사람들을 가르치는 일에 대한 자신의 능력과 흥미에 대해 확신을 가지게 되면 가르치는 일과 관련된 직업을 갖고자 결심을 하게 되며 이러한 과정에서 정체감이 형성된다.

이러한 직업성격유형이론에 기반하여 개발된 진로탐색검사(Self-Directed Search: SDS)는 1953년 직업선호도검사(Vocational Preference Inventory: VPI)를 개발한 이후 8번의 개정과정을 거쳐 현재 직업탐색검사(Holland, Powel, & Fizshe, 1994)로 사용되고 있다. 우리나라에서는 안창규(1996)에 의해 한국판으로 표준화된 이후로 여러 연구자들과 연구기관에서 다양하게 개발되고 표준화되어 많은 상담기관에서 매우 활발하게 활용되고 있다.

2) 스트롱(Strong) 직업흥미검사

스트롱(Strong) 직업흥미검사는 미국의 직업심리학자 스트롱(Strong)에 의해 1927년 처음 개발되어 지속적인 개정을 거쳐 왔다. 스트롱 직업흥미검사는 일반직업분류(GOT), 기본흥미척도(BIS), 개인특성척도(PSS)로 구성된다.

(1) 일반직업분류(General Occupational Themes: GOT)

홀랜드의 직업선택이론이 반영된 RIASEC의 6개 주제로 구성

(2) 기본흥미척도(Basic Interest Scales: BIS)

- GOT의 하위척도로서 GOT보다 더 세분화하여 특정 활동과 주제를 다룸
- 농업, 자연, 군사활동, 운동경기, 기계 관련 활동, 과학, 수학, 의학, 음악/드라마, 미술, 응용미술, 글쓰기, 가정/가사, 교육, 사회봉사, 의료봉사, 종교활동, 대중연설, 법/정치, 판매촉진, 판매, 조직관리, 자료관리, 컴퓨터, 사무의 25개 세부척도 구분

(3) 개인특성척도(Personal Style Scales: PSS)

- 개인이 일반적으로 어떻게 학습하고 일하며 놀고 생활하는지에 대해 탐색
- 개인이 처한 직업환경이나 학습환경과 자신의 흥미를 비교

기본흥미척도(BIS)의 25개 세부척도 내용은 다음 <표 4-14>와 같다.

표 4-14 / 기본흥미척도(BIS) 25개 세부척도

세부척도	설명
농업	• 야외 환경에서의 신체적 노동에 대한 흥미
자연	• 자연 감상, 야영, 사냥, 낚시 등 야외에서의 재창조적 활동에 대한 흥미
군사활동	• 구조화된 환경, 질서 있고 명령의 체계가 분명한 것에 대한 흥미
운동경기	• 경기관람 및 단체 경기나 경쟁적인 스포츠 활동에 대한 흥미
기계 관련 활동	• 기계 장비, 정밀 의료기기 등을 다루는 일이 요구되는 작업에 대한 흥미
과학	• 자연과학에 대한 흥미, 과학이론과 진리에 대한 탐구, 과학적 연구와 실험 등에 대한 관심
수학	• 수를 다루고 통계적 분석에 대한 흥미, 현실-탐구적인 영역에 대한 흥미
의학	• 의학, 생물학 등에 대한 흥미
음악/드라마	• 공연활동에 참여하거나 공연 관람에 대한 흥미
미술	• 순수미술, 디자인, 건축 등 작품의 창조, 관람, 수집하는 것에 대한 흥미
응용미술	• 시각적인 창의성과 공간을 시각화하는 포괄적인 면을 강조하는 항목, 기계 제도 등과 같은 현실적인 예술부문에 대한 흥미
글쓰기	• 문학, 독서, 비평적인 글에 대한 흥미
가정/가사	• 다른 사람을 접대하는 일에 대한 흥미
교육	• 초, 중, 고등학교 교직에 대한 흥미

세부척도	설명
사회봉사	• 사회사업, 사회봉사, 자선활동 등 사람과 함께 일하거나 사람을 돕는 데 대한 인간적 흥미
의료봉사	• 진료상황에서 환자를 직접적으로 돕는 데 대한 관심
종교활동	• 종교교육지도자, 사제, 목사, 사회단체지도자 등과 같이 영적 혹은 종교적 문제에 대한 흥미
대중연설	• 각광받기를 좋아하고 다른 사람들의 생각과 관점에 영향을 주고자 하며, 언어적 활동을 통해 다른 사람을 설득하는 것에 대한 흥미
법/정치	• 논쟁과 토론을 통해 개념을 전달하는 것에 대한 흥미
판매촉진	• 서비스보다 물건을 파는 도·소매활동에 대한 흥미, 구조화된 상점과 같은 환경에서 판매하는 것에 대한 선호
판매	• 방문판매 등과 같은 예상치 않은 상황에서 적극적인 대처를 통한 활약이 가능한 흥미
조직관리	• 다른 사람들을 지휘하고 감독하는 권위와 힘에 대한 흥미
자료관리	• 자료 및 정보를 다루고 처리하는 것에 대한 흥미, 독립성과 의사결정권이 포함되는 위치에서의 흥미
컴퓨터	• 컴퓨터, 프로그래밍, 문서작성, 사무기기를 다루는 작업에 대한 흥미
사무	• 워드프로세싱, 오탈자 교정 등 단순한 사무활동에 대한 흥미

우리나라의 스트롱 흥미검사는 어세스타(http://www.assesta.com/main/main.asp)에서 제공하는 고등학생, 대학생 및 일반인용 STRONG® 직업흥미검사II, 중고등학생용 STRONG™ 진로탐색검사II, 초등학생용 STRONG™ 진로발달검사 등이 있다.

① STRONG® 직업흥미검사 II

고등학생, 대학생 및 성인용 검사이며, 개인의 흥미영역 세분화에 초점을 두고 있으며, 보다 구체화된 직업탐색, 직무선택, 진로계획 등에 사용할 수 있다. 일반직업분류 GOT (General Occupational Themes), 기본흥미척도 BIS(Basic Interest Scales), 개인특성척도 PSS(Personal Style Scales)로 구성되어 있으며, 291문항이다.

일반직업분류(GOT)는 홀랜드(Holland)의 흥미유형척도로 분류되어 있다. 각 유형에 속한 사람들이 좋아하는 활동, 적합한 직업의 종류, 직업, 여가, 생활환경, 관계 등에 대한 정보 및 이와 관련된 직업, 직무, 진로 및 진학정보를 제공한다. 이 검사의 기본흥미척도(BIS)는 6가지 흥미유형을 총 30개 기본흥미척도(BIS)로 구성하여 일반직업분류(GOT)의 6가지 흥미유형점수에 대한 보다 구체적인 정보를 제공한다. 개인특성척도(PSS)는 일상생활 및 일의 세계와 관련된 광범위한 특성(업무형태, 학습스타일, 리더십, 위험감수, 팀 지향)들에 대한 개인의 선호를 측정한다.

② STRONG™ 진로탐색검사 II

중·고등학생용으로 STRONG™ 직업흥미검사의 홀랜드의 육각형 모형 분류체계를 반영한 일반직업분류(GOT)만 제시한다. 중학생 239문항, 고등학생 242문항이다. 진로성숙도검사와 흥미검사의 2부로 구성되어 있다. 진로성숙도검사는 학생이 진로에 대해 탐색할 준비가 되어 있는가를 확인하며, 흥미검사는 직업, 활동, 교과목, 유능감, 성격특성에 대한 문항을 통해 학생의 흥미유형을 포괄적으로 파악할 수 있다.

③ STRONG™ 진로발달검사

초등학교 4~6학년용으로 일반직업분류(GOT)만을 사용한다. 진로발달검사, 흥미검사, 유능감검사의 3부, 총 125문항으로 구성되어 있다. 진로발달검사는 학생의 진로발달 정도를 보여주며, 흥미검사와 유능감검사는 GOT 홀랜드 흥미유형척도와 관련된 활동들을 개인이 얼마나 좋아하는지의 정도와 개인이 스스로 얼마나 잘할 수 있다고 생각하는 정도를 각각 측정한다.

3) 쿠더 흥미검사

쿠더 흥미검사(Kuder's Preference Record: KPR)는 내담자에게 학교 및 직장, 여가생활에서 행해지는 여러 특정 활동과 관련된 각 활동을 명세화한 문항들을 3개씩 짝지어 제시하고 이 중에서 가장 좋아하는 것과 가장 싫어하는 것을 하나씩 강제로 선택하게 한다. 쿠더검사의 흥미 하위요인은 자연, 기계, 계산, 과학/기술, 영업/관리, 예술, 의사소통, 음악, 대인서비스, 일반사무로 구분된다.

우리나라에서 중고등학생용으로 개발된 쿠더형 직업흥미검사로는 현재 커리어넷에서 제공하고 있는 총 96문항으로 구성된 직업흥미검사(K)의 간편형(Short형)이 있다. 교육부 위탁으로 한국직업능력개발원이 1998년에 개발해서 2002년 커리어넷에 탑재하였고, 2009년에 개정작업을 거쳤다. 직업활동, 일상생활, 직업명 등 세 가지 하위척도에 제시된 문항에 대해서 학생들이 스스로 자신의 흥미를 생각하고 응답하는 4점 척도 자기평가 방식으로 되어 있다.

각 흥미군에 따라 구체적으로 하는 일은 다음 <표 4-15>와 같다.

표 4-15 / 직업흥미 영역과 하는 일

흥미영역	하는 일
과학분야 전문직	• 과학분야의 연구를 계획하고 수행하는 일을 한다. 수학, 의학, 생물학, 물리학 등과 관련된 분야에서 체계적인 지식을 축적하며 이를 활용한다.
과학분야 숙련직	• 사실을 관찰, 분류하는 등의 연구 보조활동을 하거나, 의학, 생물학, 물리학 등의 지식을 적용하는 일을 한다.
공학분야 전문직	• 제조, 건설, 운송 분야에서 공학적, 구조적인 설계에 대한 책임을 갖는다.
공학분야 숙련직	• 건설, 전자, 기계와 관련된 분야에서 건설, 제조, 설비 및 수리 등의 일을 숙련된 기술을 바탕으로 수행한다.
소비자 경제분야	• 음식·음료의 조리와 포장, 의류·직물의 제작 및 손질 등에 관련된 일을 한다.
농업/천연 자원 분야	• 기본적으로 야외에서 수행되는 활동으로, 농업, 임업, 어업, 광업 등의 영역에서 식물, 동물을 기르고 돌보며, 곡물을 경작하고, 천연자원을 수집하는 등의 활동이 포함된다.
경영분야 전문직	• 사업체나 정부기관에서 조직의 인력과 자산을 관리하고 효율적으로 운용한다. 재무, 회계, 관리, 경영촉진활동 등이 포함된다.
경영분야 숙련직	• 판매, 판촉, 마케팅을 포함하여 영업촉진과 관련된 재정 및 조직활동이 포함된다.
사무직	• 문서나 자료를 기록, 정리, 보관하는 등의 일로 세심한 주의력, 정확성, 깔끔함, 질서정연함, 빠른 일처리 등을 필요로 한다.
언론직	• 문학작품을 창작 또는 해석하거나, 자신의 생각과 지식을 말이나 글로 표현하는 등 언어의 사용과 관련된 영역이다.
예술분야 전문직	• 음악, 미술, 무용, 디자인, 연극·영화, 체육 등의 분야에서 개인적 재능을 발휘한다.
예술분야 숙련직	• 사진, 산업미술 및 디자인 등의 영역에서 예술적 기능을 응용한다.
서비스 분야전문직	• 사회봉사, 보건, 교육 등 분야에서 사람들의 욕구충족 및 복지와 관련해 높은 책무성을 갖는다.
서비스 분야숙련직	• 서비스, 사회봉사, 건강, 치안, 교통 등 분야에서 사람들의 기호, 욕구, 복지를 충족시킨다.
전산/정보 통신분야	• 정보의 생산, 관리, 교환 등을 목적으로 컴퓨터 소프트웨어, 데이터베이스 시스템, 정보통신망 및 통신처리방식 등을 연구·개발한다.
컴퓨터응용 분야	• 컴퓨터의 다양한 기능을 활용하여 설계, 가공, 창작 등을 한다.

출처: 진로정보망 커리어넷(https://www.career.go.kr)

5 직업가치관검사

직업가치관은 직업을 선택할 때 영향을 끼치는 자신만의 믿음과 신념으로 흥미, 적성, 성격 등과 함께 직업선택에서 중요한 판단기준이 된다. 직업가치관은 직업선택뿐만 아니라 직업생활을 하는 가운데 어려운 상황에서도 포기하지 않게 하는 동기로도 작용한다. 많은 학자들이 자신의 가치관에 맞는 직업환경에서 일할 경우 직업에 대한 만족도도 높음을 보고하고 있다. 자신의 직업가치관을 명확히 이해하는 것은 직업선택에 도움이 될 뿐만 아니라 이후의 직업적응을 예견하는 중요한 요소가 된다(임경희 외, 2019).

자신의 삶에서 지향하는 것, 삶의 방향성을 유지하기 위한 기준이 되는 신념을 일반적으로 가치라 한다. 이러한 개인의 가치는 진로, 직업 또한 개인의 삶의 한 부분이며, 진로선택에도 많은 영향을 미친다. 직업가치는 직업과 관련한 전반적인 태도로 정의될 수 있다. 즉, 직업을 어떻게 보느냐 하는 직업에 대한 관점, 희망 조사 직업에 대한 가치 부여, 직업선택에 있어 바람직한가의 여부를 판단하는 행동기준 및 개념 규정, 직업선택과 직장생활에서의 동기요인, 직장에서의 만족을 결정하는 보상 수단의 종류에 대한 중요도의 판단기준 등으로 정리될 수 있다(박정란, 2006).

모든 의사결정 이면에는 가치가 내재되어 있고, 이러한 가치에 의해 직업을 선택한다(Rosenberg, 1957). Dawis와 Lofquist(1984)는 개인의 가치가 충족될 수 있는 직업을 선택할 때, 또한 그러한 직업환경에서 일할 때 직업만족이 높다고 하였다. 또한 이들은 진로선택과 직업만족에서 가치의 중요성을 강조한 가치중심접근 모델을 주장하면서 흥미는 가치를 근거로 발전되고 따라서 진로에 더 깊은 영향을 미친다고 보았다.

직업가치의 유형을 구분할 때, 일반적으로 직업과 관련하여 가치의 기준을 어디에 두느냐에 따라 밖으로 드러나는 외적 가치와 일을 하면서 얻게 되는 내적 가치로 나누기도 한다. 외적 가치는 수단적 가치로서 명예, 지위, 권력, 보수, 근무환경과 같이 직업조건과 관련되며, 내적 가치는 목적적 가치로서 보람, 만족, 정신적 즐거움 등 일 자체가 갖는 흥미 또는 사회 기여 등과 관계가 있다. 여러 학자들이 직업가치를 구분한 내용(박윤희, 2010)을 토대로 내재적 직업가치와 외재적 직업가치에 해당되는 요소들을 포괄적으로 묶어서 정리해 보면 다음과 같다.

표 4-16 / 직업가치의 구분

내재적 직업가치	외재적 직업가치
기여, 자기표현, 만족, 흥미, 독립성, 성취감, 이타성, 창의성, 심미성, 지적 자극, 경영관리, 독립성, 만족감, 이타성, 자기훈련, 자아발견, 직업흥미, 자아실현, 일에 대한 흥미, 자율성, 자기능력, 사회헌신, 인간중심, 자기표현	보수, 지위, 안정, 권력, 생활양식, 협동성, 경제적 보수, 독립성, 명예심, 안전성, 감독과의 관계, 환경조건, 다양성, 생활방식, 경제적 독립, 직무여건, 지위, 대인관계, 사회적 지위, 인식, 안정, 임금, 후생복지, 직업안정 등 물질적 보상, 조건, 권력추구, 경제우선, 개인주의, 사회인식 중시, 안정추구

직업가치관검사는 개인의 미래 직업만족도나 직업적응을 예측하는 주요 지표로 활용될 수 있다. 다른 특성들과 마찬가지로 직업가치관도 심리검사를 통해 알아볼 수 있다.

1) 한국직업능력개발원 직업가치관검사

한국직업능력개발원(http://career.go.kr)에서 온라인으로 제공하는 직업가치관검사는 중·고등학생을 대상으로 한다. 안정성, 보수, 일과 삶의 균형, 즐거움, 소속감, 자기계발, 도전성, 영향력, 사회적 기여, 성취, 사회적 인정, 자율성의 12개 직업가치를 측정하며, 총 49문항이다. 검사 결과는 개인별로 12가지 직업가치관 점수가 그래프로 제시되며, 4가지 가치지향 유형(안정지향, 의미지향, 변화지향, 성취지향)과 선호하는 직업가치관 3가지를 제시해 주며, 관련직업에 대한 정보가 제공된다. 12가지 직업가치의 내용과 가치지향 유형은 다음과 같다.

표 4-17 / 직업가치의 유형과 가치지향 내용

지향	가치	내용
안정 지향	안정성	• 내가 하고 싶은 일을 계속해서 안정적으로 하는 것을 중시함
	보수	• 일을 통해 돈과 같은 경제적 보상을 얻는 것을 중시함
	일과 삶의 균형	• 일과 개인생활의 균형을 이루는 것을 중시함
의미 지향	즐거움	• 일에서 흥미와 보람을 느끼고 즐거움을 얻는 것을 중시함
	소속감	• 조직 또는 단체의 구성원이 되어 다른 사람들과 함께 일하는 것을 중시함
	자기계발	• 일을 통해서 자신의 능력을 발전시키고 성장해 나가는 것을 중시함

지향	가치	내용
변화 지향	도전성	• 실패를 두려워하지 않고 새로운 일에 도전하는 것을 중시함
	영향력	• 다른 사람에게 영향을 미치고 사람들을 이끄는 것을 중시함
	사회적 기여	• 다른 사람들의 행복과 복지에 기여하는 것을 중시함
성취 지향	성취	• 목표의식이 뚜렷하고, 자신의 능력을 발휘하여 목표한 바를 달성하는 것을 중시함
	사회적 인정	• 다른 사람들에게 인정받고 존경받는 것을 중시함
	자율성	• 일의 내용과 환경을 스스로 결정하고 선택하는 것을 중시함

출처: 진로정보망 커리어넷(https://www.career.go.k)

2) 한국고용정보원 직업가치관검사

한국고용정보원(www.work.go.kr)의 직업가치관검사는 13개의 직업가치를 측정하며, 각 요인별 6문항씩 전체 78문항, 5점 Likert 척도이다. 중학교 3학년부터 성인까지 사용할 수 있으며, 온라인으로 실시하고 결과를 받아볼 수 있다. 검사 결과에서 개인이 희망하는 직업에서 요구하는 가치점수와 자신의 가치점수를 비교할 수 있으며, 희망직업의 가치와 자신의 가치의 유사점과 차이점을 안내해 준다(조붕환, 임경희, 2019). 13개 직업가치의 내용은 <표 4-18>과 같다.

표 4-18 / 한국고용정보원 직업가치관검사의 내용 및 관련 직업

가치	내용
성취	• 스스로 달성하기 어려운 목표를 세우고 이를 달성하여 성취감을 맛보는 것을 중시하는 가치
봉사	• 자신의 이익보다는 사회의 이익을 고려하며 어려운 사람을 돕고 남을 위해 봉사하는 것을 중시하는 가치
개별활동	• 여러 사람과 어울려 일하기보다 자신만의 시간과 공간을 가지고 혼자 일하는 것을 중시하는 가치
직업안정	• 해고나 조기퇴직의 걱정 없이 오랫동안 안정적으로 일하며 안정적인 수입을 중시하는 가치
변화지향	• 일이 반복적이거나 정형화되어 있지 않으며 다양하고 새로운 것을 경험할 수 있는지를 중시하는 가치
심신의 여유	• 건강을 유지할 수 있으며 스트레스를 적게 받고 마음과 몸의 여유를 가질 수 있는 업무나 직업을 중시하는 가치
영향력 발휘	• 타인에게 영향력을 행사하고 일을 자신의 뜻대로 진행할 수 있는지를 중시하는 가치

가치	내용
지식추구	• 일에서 새로운 지식과 기술을 얻을 수 있고 새로운 지식을 발견할 수 있는지를 중시하는 가치
애국	• 국가의 장래나 발전을 위해 기여하는 것을 중시하는 가치
자율	• 다른 사람들에게 지시나 통제를 받지 않고 자율적으로 업무를 해나가는 것을 중시하는 가치
금전적 보상	• 생활하는 데 경제적인 어려움이 없고 돈을 많이 벌 수 있는지를 중시하는 가치
인정	• 자신의 일이 다른 사람들로부터 인정받고 존경받을 수 있는지를 중시하는 가치
실내활동	• 주로 사무실에서 일할 수 있으며 신체활동을 적게 요구하는 업무나 직업을 중시하는 가치

출처: 워크넷(https://www.work.go.kr)

6 진로사고검사[3)]

진로사고검사(Career Thoughts Inventory: CTI)는 인지적 정보처리이론(Cognitive Information Processing: CIP)과 인지치료(cognitive therapy)에 근거를 두고 있다. Sampson, Perterson, Lenz, Reardon과 Saunders(1996)은 내담자가 가지고 있는 진로의사결정상의 부정적 사고를 찾아내어 도전하고 바꾸기 위한 진로사고검사와 함께 활용할 워크북을 개발하였다.

인지적 정보처리이론은 개인이 어떻게 진로결정을 내리고 진로문제해결 및 의사결정 시 정보를 어떻게 이용하는지 등의 정보처리이론을 진로발달에 적용시킨 것이다. 인지적 정보처리 접근의 목표는 내담자가 현재의 진로문제를 해결하고 진로의사결정을 하도록 돕는 데 있을 뿐만 아니라 이후에 발생될 수 있는 문제와 의사결정을 효과적으로 처리하도록 진로문제해결 능력과 진로의사결정 기술을 향상시키는 것이다. 진로사고란 진로선택이나 진로결정 과정에서 나타나는 여러 생각을 말하고, 진로 관련 정보를 어떻게 활용하는지와 관련된 인지적 정보처리를 말한다.

진로사고는 기능적 사고와 역기능적 사고로 구분되며, 역기능적 진로사고(dysfunctional career thinking)는 개인이 진로를 탐색하거나 선택하고자 할 때 혼란을 주고 진로결정을 방해하는 생각들이다.

진로사고검사는 진로의 역기능적 측면을 진단하고, 검사를 통해 드러난 역기능적 진로

3) 이재창 외(2017). 진로상담의 이론과 실제(2판). '9장 진로심리검사'에서 일부 발췌하였다.

사고를 검토하여 적절한 진로선택을 하도록 계획하고, 실제 행동으로 옮길 수 있도록 하는 학습과정이 검사 해석에 포함되어 있다. 진로에 대한 정보를 아는 것을 넘어 이것을 처리하는 과정에서 어떠한 방해요인이 있는지 진단하고 이에 효과적으로 대처할 수 있도록 선별도구로 활용함으로써 개인의 특성에 맞는 진로지도를 할 수 있도록 돕는다.

우리나라의 중·고등학생용 진로사고검사는 이재창, 박미진, 최인화(2003)에 의해 표준화되었으며, 한국가이던스에서 제공하고 있다. 총 48문항으로 의사결정 혼란, 수행불안, 외적 갈등의 3개 하위요인으로 구성되어 있다.

1) 의사결정 혼란

의사결정 과정에 대한 이해 부족 혹은 정서문제로 인해 의사결정 과정을 시작하거나 지속할 수 없는 어려움에 관한 척도이다.

① 진로의사결정 과정에 대한 명확한 이해의 부족
② 의사결정 문제에 압도당해 의사결정 과정을 시작하기 어려워 함
③ 문제해결 과정에서 불안, 우울, 낙담과 같은 부정적인 정서 경험
④ 진로문제를 인식하고 그 문제의 특성을 이해하려고 하나 문제에 압도되어 결국 해결하지 못하는 문제만 인식하게 되는 주기가 반복

2) 수행불안

특정 진로선택에 전념할 수 없는 어려움을 반영하는 척도로 의사결정 과정의 결과에 관한 일반화된 불안감과 함께 동반된다.

① 여러 대안 중 한 가지 대안을 선택하는 데 어려움을 가짐
② 좀 더 나은 대안을 선택하기 위해 다른 대안을 포기하는 데 어려움을 가짐
③ 미결정의 결과로 부차적인 문제인 만성적 미결정이라는 상황에 빠짐
④ 여러 대안에 대한 우선순위를 매기는 데 어려움을 가짐
⑤ 선택안을 축소할 필요성을 느끼면서도 최선의 선택을 하지 못해 결국 해결하지 못하는 문제의 인식으로 되돌아가는 주기가 반복됨

3) 외적 갈등

주변의 타인에게서 얻은 정보의 중요성과 자신이 지각한 정보의 중요성 간의 균형조절에 있어서 어려움을 반영한 척도로 결과적으로 결정에 대한 책임감을 회피하게 만든다.

① 다른 사람을 만족시키는 일과 나 자신이 만족하는 일 간에 적절한 균형을 지키는 데서의 혼란

② 자신의 생각과 다른 사람들의 생각을 구분하지 못함

③ 의사결정을 위해 투입할 중요한 타인의 생각이 어떤 것인지 구별하지 못함

7 진로개발역량검사

진로역량(career competencies)은 직업이나 학업을 준비할 수 있는 지식, 태도 및 기술을 의미하며, 진로개발역량(career development competencies)은 개인이 평생 수행하는 다양한 역할과 경험을 자기주도적으로 선택, 준비, 비교 및 평가하고 합리적으로 관리할 수 있는 지식, 기술, 태도로 정의된다(이지연, 정윤경, 이종범, 2010).

조영아와 정철영(2013)은 고등학생의 진로개발역량을 개인의 진로개발 과정에서 요구되는 역량으로서 삶의 지향을 의식한 진로선택과 그것을 실제로 구현하도록 준비해 나가는 단계에서 요구되는 성향, 지식, 가치, 태도, 기술로 정의하고 있으며, 선곡유화 등(2020)은 고등학생의 진로개발역량을 자기이해를 바탕으로 생애에 걸쳐 자신의 진로에 대한 관심분야를 주도적으로 탐색하고 선택하여 설계하는 과정에서 요구되는 역량의 총체로 정의하고 있다.

1) 진로개발역량검사

진로개발역량검사는 14~19세 청소년(중1~고3)을 대상으로 진로개발역량 수준을 측정한다. 총 53문항으로 서미, 이동혁, 정지희, 김지혜, 조수빈, 김재은, 정혜윤(2021)이 개발하였으며, 진로정보망 커리어넷에서 제공한다.

진로개발역량은 진로설계역량(진로를 합리적인 방식으로 결정하고 계획하여 효과적으로 실천해

나가는 데 필요한 역량)과 진로준비역량(자신의 진로를 효과적으로 준비하고 관리하는 데 필요한 역량)으로 구성되어 있다. 진로개발역량에 따라 자기주도 진로개발자(진로설계와 진로준비 높음), 실천하는 진로개발자(진로설계 높음, 진로준비 낮음), 멈춰 있는 진로개발자(진로설계와 진로준비 낮음), 잠재력 있는 진로개발자(진로설계 낮음, 진로준비 높음)의 4가지 유형이 제시된다.

표 4-19 / 역량별 하위역량과 내용

역량	하위역량	내용
진로 설계 역량	자기이해	• 진로와 관련된 자신의 특성에 대해서 이해하는 역량
	직업이해	• 관심 있는 직업에 대해 이해하는 역량
	진로탐색	• 진로와 관련된 다양한 정보를 탐색하고 활용하는 역량
	진로계획	• 진로목표를 달성하기 위한 계획을 수립하고 구체적인 행동으로 실천하는 역량
진로 준비 역량	낙관성	• 자신의 미래와 진로에 대해서 긍정적인 관점을 유지하는 역량
	지속성	• 진로를 준비하는 과정에서 실패나 좌절에도 불구하고 노력을 계속해가는 역량
	호기심	• 미래와 직업세계에 대해 관심을 가지고, 새로운 기회를 끊임없이 탐색하는 역량
	유연성	• 불확실한 상황에서 자신의 태도와 행동을 적응적으로 변화시키는 역량
	도전성	• 결과가 분명하지 않은 상황에서도 계획을 행동으로 옮기는 역량
	의사소통	• 다른 사람을 이해하고, 자신의 의사를 효과적으로 전달하여, 타인과 협력하는 역량

2) 진로역량검사

진로역량검사는 진로와 관련된 핵심적인 역량을 종합적으로 측정하여 개인의 핵심진로역량에 맞는 직군을 추천하고 직업정보를 제공해 주는 검사이다. 한국가이던스에서 중1~고3 연령의 청소년을 대상으로 제공하며, 총 105문항이다.

핵심진로역량은 의사소통능력, 대인관계능력, 예술/기술능력, 문제해결능력의 4개로 구성되어 있으며, 각 핵심역량별 세부 진로역량 수준이 제시된다. 진로에 대한 핵심역량 뿐만 아니라 실제 직군별 전문가들이 직무현장에서 필요하다고 인식하는 역량이 무엇인지 도출하여 개인이 앞으로 보완해야 할 진로역량을 확인할 수 있다.

표 4-20 / 핵심진로역량과 세부진로역량

핵심진로역량	세부진로역량
의사소통능력	정보습득력
	의사전달력
	문장표현력
대인관계능력	리더십
	팀워크
	사교성
예술/기술능력	음악감각
	미적 감각
	신체능력
	기술능력
문제해결능력	창의성
	수리력
	분석력
	사고력

8 진로결정 관련 척도

진로결정수준은 진로결정과 진로미결정을 양극단으로 하는 연속선상의 한 지점을 지칭하며, 진로와 관련된 결정에 대해 결정자와 미결정자, 그리고 우유부단형으로 구분할 수 있다. 즉, 단순한 진로미결정은 정상적이고 일시적인 현상일 수 있으나 진로에 관한 결정뿐만 아니라 일상생활에서 직면하는 여러 가지 결정을 쉽게 내리지 못하는 만성적인 미결정 상태에 있는 경우도 있다.

진로결정자(the decided)는 명확한 진로선택을 하였으나, 확신을 추구하는 과정에 있는지, 선택한 것을 이행하는 데 도움이 필요한지, 갈등회피를 위해 전략적으로 우유부단한 선택을 했는지에 따라 결정-확신(decided-confirmation) 범주, 결정-실행(decided-implementation) 범주, 결정-갈등 회피(decided-conflict avoidance) 범주로 구분한다.

진로미결정자(the undecided)는 명확한 진로선택을 하지 않았으나 현재로서는 선택을 할 필요가 없는 선택지연-미결정자(undecided-deferred choice), 선택이 필요하지만 자기와 직업, 진로의사결정에 대한 정보와 지식 부족 등으로 선택을 할 수 없는 발달적 미결정자(undecided-developmental), 재능, 흥미, 기회 등이 많으면서 진로미결정 상태에 있는 다중잠재적 미결정자(undecided-multipotential)로 구분한다.

진로미결정자에 비해 우유부단형은 우유부단함, 불안, 좌절, 낮은 자존감을 가지고 있으며 결정을 쉽게 하지 못하는 성격적인 특징을 가지고 있는 이들이다. 미결정에서 높은 점수를 보이는 내담자는 진로선택에 대한 준비가 충분하지 않은 상태에 있으며, 의사결정에 대한 자신감, 독립심, 예측능력 등이 부족할 수 있다. 이런 경우 상담자는 진로의사결정을 촉진하기보다는 진로미결정의 요인이 무엇인지를 먼저 탐색할 필요가 있다.

1) 진로결정수준 척도

진로결정수준검사(Career Decision Scale: CDS)는 Osipow 등(1980)에 의해 개발된 것으로 개인의 진로결정에 방해가 되는 장애요소를 확인하고 진로선택 및 진로미결정 정도를 측정한다. 우리나라에서는 고향자(1993)가 번안하고 타당화하였으나 표준화과정은 거치지 않았다.

4점 척도의 자기보고식 문항 18개와 자유반응형 문항 1개로 모두 19문항으로 구성되어 있다. 2문항은 진로선택에 대한 확신수준을 나타내며, 16문항은 교육과 미결정의 전제조건을 확인한다. 미결정 척도를 통해 내담자의 진로미결정의 원인을 탐색할 수 있다. 진로결정수준검사의 요인분석 결과에서는 진로미결정감, 내적 및 외적 장벽, 접근-접근 갈등, 의존성의 네 요인을 측정하는 것으로 알려져 있다(Savickas, 1990; Shimizu, Vondracek, Schulenberg, & Hostetler, 1988).

표 4-21 / 진로결정수준척도 문항

번호	문항
1	나는 장래 직업을 결정했으며 그 결정에 대해 편안함을 느낀다.
2	나는 현재의 내 전공에 편안함을 느낀다.
3	나에게 재능이 있고 기회도 주어진다면 나는 내가 꿈꾸는 직업을 가질 수 있다고 믿지만, 실제로 그것은 불가능한 일이며, 그렇다고 나는 다른 어떤 대안을 생각해 보지 않았다.
4	나는 똑같이 호감이 가는 직업들 중에서 하나를 결정하느라고 애를 먹고 있다.
5	나는 결국 직업을 가져야 하지만 내가 아는 어떤 직업에도 호감을 느끼지 못한다.

번호	문항
6	나는 ( )이(가) 되고 싶지만 가족이나 친지들의 생각과 다르기 때문에 당장 진로결정이 어렵다. 내 자신과 그들의 생각이 일치되는 직업을 발견하고 싶다.
7	본 경험이 별로 없고 또 당장 진로결정을 할 정도의 충분한 정보가 없기 때문에 혼란스럽다.
8	진로선택에 관한 모든 것이 너무 모호하고 불확실해서 당분간 결정하는 것을 보류하고 있다.
9	나는 내가 어떤 진로를 원하는지 알고 있다고 생각했지만 최근에 그것을 추구하는 것이 불가능하다는 것을 알게 되었다. 그래서 이제 가능한 다른 진로를 모색하려고 한다.
10	나의 진로선택에 확신을 갖고 싶지만 내가 아는 어떤 진로도 나에게 이상적으로 생각되지 않는다.
11	진로를 택해야 할지 알려줄 수 있는 검사라도 받고 싶다.
12	나의 전공분야가 내가 만족할 만한 진로를 제공해 줄 수 있는지 잘 모르겠다.
13	나는 나의 적성과 능력을 잘 모르기 때문에 진로결정은 당장 할 수 없다.
14	나는 나의 관심분야가 어떤 것인지 잘 모른다. 흥미를 끄는 분야가 몇 가지 있지만 나의 진로 가능성과 어떤 관계가 있는지 모르겠다.
15	나는 많은 분야에 관심이 있으며 어떤 진로를 선택하든지 잘 할 수 있다는 것을 안다. 그러나 내가 원하는 하나의 직업을 찾기가 힘들다.
16	나는 진로결정을 했지만 그것을 어떻게 수행해 나갈지 확실하지가 않다.
17	진로결정을 하기 전에 여러 가지 직업에 관해 더 많은 정보가 필요하다.
18	나는 어떤 직업을 선택해야 할지 알고 있지만 결정을 내리기 위해서는 남의 도움이 필요하다고 느낀다.

2) 진로의사결정유형 평가

진로의사결정평가(Assessment of Career Decision Making: ACDM)는 Harren의 진로의사결정 모델(Harren, 1979)에 기초하여 개발된 것으로 미국에서 사용되고 있는 Form K는 9점 척도 94개 문항으로 구성되어 있다(Buck & Daniels, 1985). 우리나라에서는 의사결정유형을 측정하는 3개 하위척도를 번역하고 타당화하였다. 의사결정유형은 의사결정 과정에서 합리적, 직관적, 의존적 유형을 어느 정도 사용하는지 측정한다. 각 유형별 10문항으로 구성되어 있다. 원래 예, 아니오 형태의 응답방식에서 4점 척도(전혀 그렇지 않다에서 아주 그렇다)로 변경하였다.

(1) 합리적 유형

자아와 상황에 대한 정보가 실제적이고 논리적이며, 신중한 평가에 의한 진로결정의 정도를 측정한다. 이러한 유형은 어떤 결정에 도달하기 위해 관련된 자료들을 체계적으로 수집하고 비교하는 논리적 과정을 중요시한다.

(2) 직관적 유형

즉흥적인 느낌과 직관에 의한 진로결정의 정도를 측정한다. 이 유형은 여러 대안 가운데 어떤 하나를 선택할 때 무엇보다 자신의 느낌을 중요하게 생각하고, 이렇게 이미 선택한 것에 대한 확신을 얻기 위해 관련된 자료를 수집한다.

(3) 의존적 유형

진로결정에 대한 책임감과 능력, 적극성이 결여되어 주변 사람들에게 의존하는 진로결정의 정도를 측정한다. 이들은 의사결정 과정에서 타인의 생각에 주로 의존한다.

3) 진로결정 자기효능감 척도

진로결정 자기효능감 간편형 척도(Career Decision-Making Self-Efficacy Scale-Shot Form: CDMSES-SF)는 Taylor와 Betz(1983)가 개발한 CDMSES를 Betz, Klein과 Taylor가 간편형으로 개발한 것이다. 진로결정자기효능감은 개인이 특정 진로영역에 관한 결정행동을 수행할 때 결정에 영향을 미치는 개인적인 신념이라고 할 수 있다. 진로결정자기효능감검사는 진로의 특정 영역에 대한 효능감을 측정하는 것이 아니라, 진로결정과 관련된 행동에 대한 전반적인 자기효능감을 측정한다. 간편형은 자기평가, 직업정보, 목표 선택, 미래 계획, 문제해결의 5개 하위요인 총 25문항 5점 리커트 척도로 구성되어 있다. 우리나라에서는 간편형을 번안하여 타당화한 도구들(이기학, 이학주, 2000; 이은경, 2001)이 사용되고 있다.

9 다양한 진로상담 도구

1) 직업카드

직업카드 분류는 직업에 대한 소개를 카드로 만들어 분류하는 활동을 통해 직업흥미를 탐색하는 방법 또는 도구를 말한다(김봉환, 2011). 직업카드 분류활동으로 진로탐색에 있어서 중요한 자신의 특성(흥미, 가치관 등)을 질적으로 탐색할 수 있으며, 다양한 직업세계를 경험할 수 있고, 직업정보를 구체적으로 탐색할 수 있다.

직업카드 분류의 장점은 카드라는 도구를 통해 직업탐색 활동에 보다 적극적으로 내담자를 유인할 수 있으며, 주어진 문항에 일괄적으로 응답하는 것보다 자신이 직접 흥미있는 직업들을 분류하고 표현해 봄으로써 진로탐색에 주체적으로 참여시킬 수 있다는 점이다. 또한 상담자가 내담자의 진로와 관련한 다양한 특징을 질적 탐색을 통해 파악할 수 있다. 카드를 매개로 내담자와 보다 심도 있고 초점화된 상담을 통해 내담자에 대한 많은 정보를 얻게 되는 것이다. 연구용 진로카드는 여성직업카드, 직업전환 실업자용 직업카드, 새터민용 직업카드, 여자대학생용 직업카드와 같이 특수대상에게 사용되었다.

표 4-22 / 국내 보급용 진로카드 현황

대상	개수	구성요인	보급처/연구자
청소년용 직업카드 2판	90장	• 직업명, 직업 개요, 직업 세부정보(취업분야, 관련직업), 홀랜드코드, 직업분류, 업무수행능력, 지식, 성격	인싸이트
여성용 중고등	95장	• 직업카드 95장, 직업열람카드 4장, 백지카드 2장	
중고생	70장	• 앞면: 직업명, 직업사진, 직업카드번호, 한국고용 직업 분류코드, 직업흥미유형 • 뒷면: 직업 개요, 학력 및 전공, 업무수행능력, 지식, 성격	한국고용정보원 (2006)
중고생	80장	• 앞면: 직업명, 관련그림, 직업카드번호 • 뒷면: 하는 일, 업무수행능력, 필요지식, 관련학과, 되는 길, 향후 직업전망, 관련 자격증, 흥미유형	한국고용정보원 (2009)
중, 고, 대학생	90장	• 앞면: 직업카드번호, WIC-OES코드, 직업명, 직업 개요, 관련 세부정보, 1자리 홀랜드 유형, 직업분류 • 뒷면: 업무수행능력, 지식, 성격	학지사/ 김봉환, 최명운 (2003)
청소년 일반인	210장	• 앞면: 직업명 • 뒷면: 홀랜드코드, 카드일련번호, 직업에서 하는 일, 학력 및 자격, 요구조건, 유사직업	한국직업상담협회/ 김병숙(2006)
초, 중, 고, 대 성인	150장	• 앞면: 홀랜드 유형 부호 및 간략 설명 • 뒷면: 직업명, 홀랜드 유형 부호, 직업명 설명, 능력, 지식, 성격, 흥미, 취업, 자격증, 전공, 전망(10개 항목)	마인드프레스/ 임인재(2011)
중고생	100장	• 앞면: 직업명, 카드번호(홀랜드 6유형이 색깔별로 구분) • 뒷면: 능력, 성격, 흥미, 가치관, 관련학과와 직업, 자격, 전망	한국콘텐츠미디어/ 한국진로교육센터 (2013)

Tyler(1961)가 개발한 직업카드는 내담자에게 카드를 분류하게 하는 작업을 통해 내담자의 직업흥미를 평가할 수 있는 도구이다. 현재 국내에는 한국고용정보원에서 발행한 청소년 직업카드를 비롯해 초등학생용, 중고생용, 성인용, 여성용 등으로 구분되어 몇 종류의 직업카드가 활용되고 있다. 상담자는 직업카드를 구입해 상담에서 활용할 수도 있고, 상담자 자신만의 카드를 만들어 사용할 수도 있다.

카드분류에 사용되는 직업은 대부분 Holland 유형에 의해 기호화되어 있다. 직업카드를 분류하는 것은 내담자들의 흥미, 가치, 능력, 직업선호 등을 분류하거나 우선순위를 매기는 데 도움이 된다. 직업카드는 상담목적과 내담자의 특성에 따라 여러 가지 방법으로 활용할 수 있다. 직업카드를 활용해 게임이나 경매를 할 수도 있고, 직업흥미를 분석하거나 탐색하는 활동을 하기도 하며, 내담자와 함께 직업카드를 만드는 작업을 할 수도 있다. 그중 Gysbers와 Moore(1987)가 제시한 단계가 일반적으로 많이 활용된다.

① 내담자는 카드를 좋아하는 직업, 싫어하는 직업, 미결정 직업(좋아하지도 싫어하지도 않는 직업)으로 구분한다.

② 특정 직업을 선택한 이유와 선택하지 않은 이유에 대하여 이야기한다. 예를 들면, 선택동기는 명예, 보수, 헌신 등의 주제로 나타날 수 있고, 선택하지 않은 이유는 숫자를 다루는 일, 지루한 일, 신체 작업이 많은 일 등으로 표현될 수 있다. 이 작업을 통해 내담자가 좋아하는 일의 특성과 싫어하는 일의 특성을 좀 더 명확히 할 수 있게 된다.

③ 직업의 우선순위를 매긴다. 대부분의 사람들은 7~12가지 정도의 선호 직업을 나열하게 된다. 내담자가 선택한 직업들을 선호하는 우선순위대로 나열해 볼 수 있게 한다.

직업카드 분류방식의 장점은 내담자가 능동적으로 직업분류 과정에 참여하도록 한다는 점이다. 기존의 표준화된 심리검사는 내담자가 검사 결과를 통보받는 수동적인 입장인 데 반해, 직업카드 분류법은 내담자가 직접 카드 분류활동을 함으로써 능동적 주체로 참여 가능하다. 또한 표준화된 심리검사는 규준집단이 다를 경우 사용의 제한이 있을 수 있으나, 직업카드 분류법의 경우 다양한 집단에서 사용할 수 있으며 또한 상담자가 목적에 맞게 변형하여 활용할 수 있다는 점에서 유연성이 높다고 할 수 있다(김봉환 외, 2013).

2) 진로 보드게임

보드게임은 목표와 방법에 따라 연령대별로 다양하게 활용할 수 있는 놀이도구이다. 단순한 재미와 놀이적 요소만을 추구하지 않고 교육적 요소를 결합하여 교육적 의미를 더하는 다양한 보드게임이 소개되고 있다. 보드게임은 일반 놀이와 달리 규칙과 형식을 갖춘 구조화된 형태를 지니고 있어 아동, 청소년의 경우 재미와 의미, 조절과 통제까지 함께 배울 수 있는 장점이 있다. 상담동기가 약하고 말로 자신을 표현하는 데 어려움이 많은 초등학교 상담현장에서는 보드게임을 통해 상담동기도 높이고 자연스럽게 자신의 이야기를 할 수 있도록 활용하고 있다.

표 4-23 / 국내 보급용 진로 보드게임

게임명	구성내용	보급처
직업찾기 게임 Job Bingo	• 7세 이상 사용 • 빙고게임을 통해 재미있게 다양한 직업을 알아보고 교육할 수 있는 도구	한국 가이던스
커리어챌린지	• 초등·중학생 사용, 직업흥미와 탐색 목적 • 개인의 재능, 흥미, 작업환경 선호 등에 잘 맞는 직업을 탐색할 수 있도록 돕기 위해 만들어진 보드게임	마인드 프레스
커리어 마스터	• 중고생용, 직업탐색 목적 • 직업에 대한 설명이 있는 보드판을 이용해 직업명을 맞추는 게임	
커리어스택 젠가	• 11세 이상 사용, 정체성 확립, 진로의식과 탐색 • '사회의 부정적 편견을 가진 직업은 무엇이 있을까요?'와 같은 질문이 적힌 젠가를 뽑고 답해가는 진로게임	
한국판 직업윤리 게임	• 고학년 이상, 올바른 직업윤리와 직업의식 함양 목표 • 플레이어가 회사의 대표로 직업현장에서 결정해야 하는 상황에 대해 답하는 게임	

3) 진로가계도

진로가계도(career genogram)는 Bowen의 가계도를 응용한 것으로 3세대에 걸친 내담자 가족 그림을 그려 보는 것이다. 진로가계도는 진로상담의 '정보수집' 단계에서 사용될 수 있다. 내담자의 '진로'에 초점을 두고 가계도를 그리면서 내담자 가족들의 진로 관련 정보에 초점을 맞추어 정보탐색을 하는 도구(Brown & Brooks, 1991; Dagley, 1984; Gysbers &

Moore, 1987; Okiishi, 1987)로 활용할 수 있다.

더불어 진로가계도는 복잡한 가족형태에 대한 전체 틀을 시각화해 줌으로써 진로와 관련된 내담자의 가족과 역동을 체계적으로 평가하고, 내담자의 진로계획과 다른 가족 구성원과의 관계를 다루는 도구로서 의사결정 단계에서도 유용하게 활용할 수 있다.

다음 [그림 4-2]에 가계도의 기본적인 틀을 제시하였다. 그리는 방법은 일반 가계도를 그릴 때와 동일하게 여성은 원, 남성은 사각형으로 표시하며 ×는 사망, —/—/ 는 이혼을 의미한다. 진로가계도에는 내담자의 형제자매, 부모, 부모의 형제자매, 조부모의 직업도 표시하여 3대까지 가계도를 그린다. 가계도를 좀 더 확장시켜 친가와 외가의 숙부, 숙모, 이모, 삼촌, 사촌까지 포함하여 자세히 그릴 수도 있다. 이를 통해 3대에 걸친 내담자 가족이 진로를 어떻게 선택해 왔는지, 그리고 그것이 내담자에게 어떤 영향을 미쳤는지에 대해서 살펴봄으로써 내담자의 진로결정을 더 잘 이해할 수 있다.

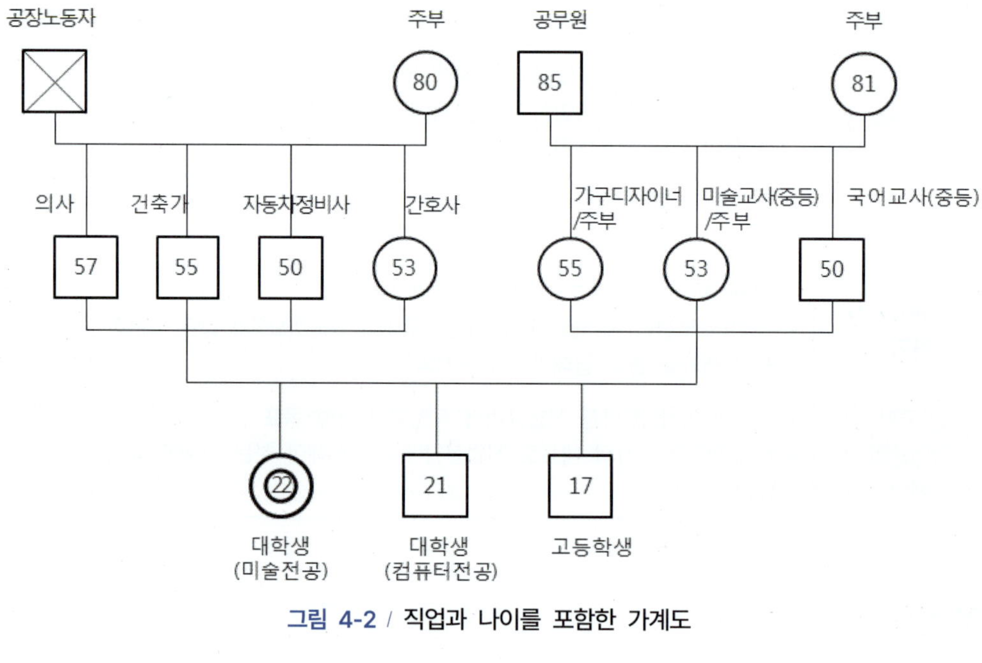

그림 4-2 / **직업과 나이를 포함한 가계도**

진로가계도의 작성과 활용은 진로가계도 목적의 명료화, 가계도 그리기, 분석과 탐색의 순서로 이루어지며, 진로상담에서 이를 활용하는 과정은 다음과 같다(Okiishi, 1987; Malott & Magnuson, 2004; 오인수, 2008).

(1) 1단계 : 내담자와 신뢰관계 형성

진로가계도를 작성하기 전에 내담자와 상담자가 신뢰관계를 형성하는 단계이다. 내담자와 가족에 대한 가벼운 이야기로 대화를 시작할 수 있다. 가족에 관한 이야기를 할 때 상담자는 적극적 경청 기술을 활용하여 내담자와 눈을 마주치고, 내담자의 발언에 반응하며 경우에 따라 내용을 반영할 수 있다. 내담자가 주저함이나 거리낌을 비언어적으로 표현할 때 상담자는 이를 직면하거나 해석함으로써 내담자와의 원활한 의사소통을 통해 신뢰관계를 촉진한다.

(2) 2단계 : 내담자의 진로가계도 작성

가계도 작성에 대한 전체적인 안내를 하고 표현에 필요한 기호와 선 등을 설명한다. 대화를 통해 소개된 가족들을 종이에 자유롭게 표현하도록 안내하거나 예시를 보여주며 내담자가 표현하는 과정에서 상담자가 도와줄 수 있다. 중요한 것은 상담자의 주도가 아닌 내담자의 주도하에 내담자가 직접 가족관계를 표현하도록 하고, 상담자는 촉진시키는 역할을 하는 것이다. 가계도 작성 시 상담자는 내담자의 발달수준을 고려함과 동시에 내담자의 창의적 표현을 격려한다.

(3) 3단계 : 가계도를 통한 진로인식 탐색

작성된 진로가계도를 바탕으로 상담자는 내담자가 가계도를 탐색하도록 돕고 그 과정을 통해 내담자의 진로인식 향상을 조력한다. 상담자는 질문목록을 작성하여 이를 활용함으로써 내담자가 가지게 된 일과 직업에 대한 인식이 가족들과의 상호작용 속에서 어떻게 발전해 왔는지 탐색하도록 도울 수 있다.

가족 구성원과의 관계적 범위(가족 중에서 누가 친근하게 혹은 멀게 느껴지는지), 가족의 역할과 직업특징의 관계(가족들의 직업이 가정에서의 생활과 관계가 있는지), 부모님과의 상호작용(부모님은 내가 요구하는 것을 잘 들어 주시는지) 등을 묻는 질문들을 활용할 수 있으며, 직업의 종류와 유형을 묻는 질문들을 통해 가족 구성원의 직업들을 확인하고 공통점과 유형을 발견하고, 부모님의 관계, 가족 내에서 내담자의 역할, 다른 가족과 내담자의 심리적 밀착관계 등을 탐색하는 것도 유용하다.

4) 진로스토리

진로스토리(career story)는 생애주제를 담은 개인의 진로경험담(Savickas, 2005)이다. 진로스토리는 내러티브 기법을 진로상담에 적용하여 내담자들의 과거 경험과 진로발달, 현재 상태와 진로행동, 미래의 진로를 이야기함으로써 그것이 자신들의 세계에 어떻게 상호작용하는지 그리고 상호작용을 통해서 무엇을 얻고자 하는지를 탐구하는 접근법이다(Young, Valach, & Collin, 2002).

Savickas(2005)는 진로이론을 사회적 구성주의 관점에서 바라보면서 기존의 진로발달이론(Super, 1957, 1980, 1990)을 확장하고 재개념화하였다(Savickas, 2005). 개인은 개인 내적 구조의 성숙 외에도 환경 적응 및 상호작용하는 과정을 통해 직업적 경험에 의미를 형성해가면서 자신의 진로를 스스로 주관적으로 구성해 나간다고 본다(김이준, 김봉환, 2018). 즉, 발달단계나 성숙 자체보다 개인이 당면한 사건과 환경에 대한 적응이 더 중요하며, 여러 선택을 하고 자기 삶의 내러티브를 만들어가면서 개인의 진로가 구성되고 드러난다(Savickas, 2005; Sharf, 2014). 삶의 내러티브를 통한 개인의 진로 구성은 본질적으로 진로에 대한 자기의 생각과 견해이므로, 진로 구성 내러티브 안에는 개인의 가치와 신념, 세계관이 담겨 있다.

Savickas(2002)의 관점은 Super의 발달이론과 이야기 진로상담을 결합한 관점이며, 그 외에도 Holland의 직업성격이론, 아들러 개인심리학 등에서 필요한 요소들을 가져와 통합한 것이다(이재창 외, 2017).

Savickas는 진로상담에서 개인의 생애주제를 담은 진로 관련 경험담을 듣는 것이 중요함을 강조하면서, Savickas의 진로구성인터뷰(CCI)를 활용하여 그들의 진로스토리에 대해 귀를 기울일 수 있다고 제안하였다. Savickas(2015)의 진로구성인터뷰(CCI)는 그가 상담현장에서 발전시킨 자극 질문이다. CCI는 아들러의 진로양식인터뷰(Career Style Interview: CSI)에 그 뿌리를 두고 있으며, 구성주의 진로상담의 초창기부터 사용, 발전해 온 질문목록이자 질문 방법이다. CCI는 대화의 과정과 적극적 경청을 위한 틀을 제공하여 내담자의 주관적인 세계로 들어가는 수단(Savickas, 2011)이므로 개인의 모든 발달단계에 적용할 수 있다.

진로스토리는 일반적으로 커리어스토리인터뷰(Career Story Interview: CSI)라고도 하며, 명칭이 혼용되어 오다가 Savickas(2011)에 의해 CCI로 명명되었다. CCI는 최초 8개 질문

(상담목표 설정, 롤모델, 즐겨 보는 잡지나 TV 프로그램 등, 선호하는 책이나 영화 이야기 또는 좋아하는 과목, 취미, 격언 및 좌우명, 초기기억)으로 출발하였다. 그러다가 현재는 5개(롤모델, 좋아하는 잡지나 TV 프로그램 등, 선호하는 이야기, 격언 및 좌우명, 초기기억)로 질문들을 통합하였다.

표 4-24 / Savickas(2011)의 진로구성인터뷰(CCI)

구분	CCI 질문	해석전략
롤모델	• 당신이 자라면서 존경하거나 본받고 싶은 사람은 누구인가요? 3명을 떠올리고 그에 관해 말해주세요.	되고 싶은 자기상
잡지, TV 프로그램 등	• 당신이 좋아하는 잡지나 TV 프로그램 혹은 웹사이트는 무엇인가요? 그것들을 왜 좋아하고 어떤 점을 좋아하나요?	선호하는 직업(작업)환경
선호하는 이야기	• 당신이 책이나 영화 등에서 최근에 좋아하게 된 이야기가 있다면 말해주세요.	현재 문제해결의 청사진
격언 및 좌우명	• 당신이 좋아하는 격언이나 좌우명에 대해 말해주세요.	현재 필요한 방안
초기기억	• 당신의 어린 시절 기억 중 가장 어릴 때의 기억 3가지를 말해주세요.	현재 문제의 원형

김미숙(2022)은 Savickas(2011)의 진로구성인터뷰(CCI)를 토대로 구성주의에 기반한 중학생 진로상담 도구로서 중학생의 발달단계를 고려하여 진로구성인터뷰(CCI)의 범주와 문항을 개발하였다.

표 4-25 / 중학생 대상 진로스토리 심층면담질문지(CCI) 질문범주 및 문항

범주	문항
1. 삶의 조망 (경험, 상태, 바람)	1. 당신의 과거, 현재, 상상하는 미래를 포함하여 당신 삶(출생~사망) 전체의 인생이야기를 말해주세요. 2. 인생이야기 중에서 기대하거나 상상하는 긍정적 장면은 무엇인가요? 3. 자기 삶의 진로이야기를 포괄하는 제목을 말해주세요. 4. 당신의 과거 이야기 중 삶 전체에 영향을 미칠 만한 특별한 일이 있다면 무엇인가요? 5. 당신의 전체 삶을 말하면서 어떤 감정이 드나요?
2. 롤모델, 좌우명, 선호	1. 당신이 존경하는 인물이나 따르고 싶은 사람이 있다면 누구인가요? 이유가 무엇인가요? 2. 당신이 좋아하는 좌우명(명언, 속담)은 무엇인가요? 이유가 무엇인가요? 3. 당신이 좋아하는 TV 프로그램(웹사이트, 교과목)이 있다면 무엇인가요? 4. 당신이 최근에 책이나 영화 등에서 좋아하게 된 이야기는 무엇인가요?

범주	문항
3. 의미와 가치	1. 당신은 어떤 사람으로 어떤 삶을 살고 싶으며, 현재는 어떤 사람입니까? 2. 당신 삶의 궁극적인 목적은 무엇인가요? 3. 당신의 인생에서 가장 중요하게(의미 있게) 생각하는 가치는 무엇인가요? 4. 당신의 결혼관이나 노후생활에 대한 자신만의 생각을 말해주세요. 5. 인생을 다 살고 죽음을 맞이하는 상황이라고 가정할 때, 자신과 청소년들에게 하고 싶은 말은 무엇인가요?
4. 선택과 고민	1. 당신은 어떤 꿈을 가지고 있나요? 2. 당신 인생에서의 중요한 선택은 어떤 것들이 있을까요? 3. 당신은 중학교 시절의 '진로(직업)선택'에 대해 어떻게 생각하고, 얼마나 중요하다고 생각하나요? 4. 당신의 진로(직업, 대학, 학과 등)선택에 걸림돌이 되는 것은 무엇인가요? 5. 당신이 꼭 성공하기를 바라는 것은 무엇인가요?
5. 자원과 지원	1. 당신의 '진로스토리'와 관련하여 고민이 있다면 무엇인가요? 2. 당신의 고민과 관련하여 무엇이 가장 어려운 부분인가요? 3. 당신의 고민과 관련하여 누구에게 어떤 도움을 받고 싶은가요? 4. 당신의 고민을 해결하는 데 자신과 주변의 강점(자원)과 약점(장벽)은 무엇인가요? 5. 당신의 고민이 해결된다면 당신에게 어떤 변화가 생길까요?

출처: 김미숙(2022)

5) 진로문장완성검사

진로문장완성검사(Career Sentence Completion Test)는 황매향 등(2021)이 2015 개정 교육과정에 제시된 진로교육 목표를 구인으로 하여 하위영역에 따라 각 영역별로 필요한 진로역량과 진로발달을 파악하고 점검하기 위해 현장에서 주로 사용되는 질문들을 정리하여 개발한 것이다.

아동용과 청소년용이 있으며, '자아이해와 사회적 역량개발', '일과 직업세계 이해', '진로탐색', '진로디자인과 준비'의 4개 대영역으로 구성되어 있다. 각각의 대영역은 2개의 중영역으로 구성되어 있으며, 중영역은 1~2개의 하위영역으로 구성되어서 아동용은 총 15개 하위영역, 25문항, 청소년용은 14개 하위영역, 34문항으로 구성되어 있다. 학생들이 진로문장완성검사를 작성한 다음 그 내용을 토대로 상담자가 '진로문장완성검사 해석분류표'를 작성하여 활용한다. 제시된 해석기준을 참고로 진로발달 정도를 예상할 수 있다.

표 4-26 / 진로문장완성검사 영역 및 내용

<table>
<tr><th rowspan="2">대영역</th><th colspan="2">하위영역</th><th rowspan="2">내용 및 문항 예시</th></tr>
<tr><th>아동용</th><th>청소년용</th></tr>
<tr><td rowspan="3">자아 이해와 사회적 역량 개발</td><td>긍정적 자아상</td><td rowspan="2">자기이해 및 긍정적 자아상</td><td rowspan="3">긍정적 자아개념 형성, 엄마 또는 아빠와의 관계에 관한 인식, 자신의 흥미와 적성에 대한 이해 정도, 의사소통 능력정도, 대인관계의 중요성 인식 정도와 형성 능력, 현재 대인관계의 문제점, 의사소통의 어려움, 친구관계 등
예시) 내가 좋아하거나 즐거워하는 활동은 ________________.</td></tr>
<tr><td>자기이해</td></tr>
<tr><td>대인관계 및 의사소통 역량</td><td>대인관계 및 의사소통 역량</td></tr>
<tr><td rowspan="2">일과 직업세계 이해</td><td rowspan="2">직업세계의 이해 및 건강한 직업의식</td><td>직업세계 이해</td><td rowspan="2">일과 직업의 중요성 및 다양성 이해, 직업가치관 정립, 직업세계 특성 이해, 학업에 대한 인식, 현재 학업에서의 어려움 등
예시) 내 생각에 좋은 직업이란 ________________.</td></tr>
<tr><td>건강한 직업의식</td></tr>
<tr><td rowspan="2">진로탐색</td><td rowspan="2">교육기회 및 직업정보 탐색 능력</td><td>교육기회의 탐색</td><td rowspan="2">교육정보 및 진학정보의 중요성 인식과 탐색 능력, 직업탐색 능력, 수검자의 직업 체험 기회 정도 등
예시) 관심 있는 직업에 대해 더 알고 싶을 때, ________________.</td></tr>
<tr><td>직업정보의 탐색</td></tr>
<tr><td rowspan="2">진로 디자인과 준비</td><td>진로의사결정 능력 및 진로 설계와 준비</td><td>진로의사결정 능력</td><td rowspan="2">의사소통 능력, 진로계획 수립의 중요성 인식, 학업과 진로에 대한 계획, 준비성과 실천력, 진로시간 조망 능력 등
예시) 내가 원하는 직업을 갖기 위해, 현재 하고 있는 노력은 ________________이다.</td></tr>
<tr><td>미래에 대한 기대</td><td>진로설계와 준비</td></tr>
</table>

10 진로검사 활용의 실제

1) 진로문제 유형별 개입

청소년 진로상담 장면에서 빈번하게 나타나는 진로문제 유형과 이에 따른 간략한 상담 지침을 제시하면 다음과 같다.

(1) 현실과 이상 간의 괴리로 겪게 되는 진로선택에 대한 고민

학생들이 가장 많이 하는 질문은 진학의 가능성 여부에 관한 것이다. 이때 학생들이 가장 많이 직면하는 문제는 현실과 희망 간의 현저한 차이이다. 희망하는 상급학교와 합격 가능한 상급학교 혹은 진입하고자 하는 직업이 일치하지 않는 경우이다. 이러한 경우 학생들의 눈높이를 현실적인 높이로 조정하도록 조력하는 한편, 진학 가능성도 중요하지만 자신에게 맞는 전공을 선택하는 것도 중요함을 강조하는 것이 도움이 된다.

(2) 진로진학에 대한 막연함과 두려움

진로진학의 선택과 결정은 자아탐색과 자기이해, 자아정체성에 근거를 두어야 하지만 미성숙하고 정체성의 혼란과 역할혼미를 겪고 있는 학생의 경우 자신에 대한 확신이 부족하기 때문에 진로에 대한 막연한 두려움과 불안을 경험할 수 있다. 이러한 학생과의 대화에서는 먼저 현재의 정서상태에 대한 위로와 공감을 전달하되, 특성-요인이론을 적용하여 학생들의 자기이해와 직업세계에 대한 정보탐색을 돕는 대화를 시도하면서 전공이나 직업을 선택하는 과정에 대한 논의를 하는 것이 적절하다.

(3) 전공 및 직업에 대한 정보 부족

학생들은 학업 위주의 교육과정으로 인해 직업정보를 접하고 탐색할 기회가 적을 수 있다. 전공이나 직업에 대한 정보가 충분하지 않으면 합리적인 의사결정을 하기 어렵고 만족스러운 선택이 이루어지지 않을 가능성이 많으며, 전공이나 직업에 대한 편견이나 잘못된 정보로 인해 선택의 폭이 좁아지기도 한다. 이러한 경우 학생이 직업에 대한 기본적인 정보(직무내용, 요구조건, 전망 등)에 대해서 숙지하고 있는지를 확인하고 그렇지 않다면 교사가 안내를 해주거나 관련 정보를 얻을 수 있는 경로와 자료를 제공해 주는 것이 유용하다.

(4) 부모와의 이견

청소년들은 자신의 진로를 결정하는 데 부모의 영향을 많이 받는다. 따라서 부모와 의견이 다르거나 부모의 지나친 기대로 인해 학생들은 갈등상황에 놓이는 경우가 많다. 이런 경우 부모의 의견과 기대에 부합하기 위해 원하지 않는 진로를 선택하기도 하고 부모와 갈등이 해소되지 않아 학생에게 상처로 남기도 한다. 이러한 학생과의 대화에서는 교사가 객관적인 입장을 취할 필요가 있다. 부모의 편을 들어주거나 무조건 학생의 편을 들어주는 것은 적절치 않다. 부모의 의견과 학생의 생각에 대해 보다 자세히 논의하면서 부모와의 이견을 어떻게 조정할지를 주제로 이야기를 나누는 것이 필요하다.

(5) 진로선택지 사이에서의 갈등

진로결정에서 여러 가지 대안을 가지고 있지만 결단을 내리지 못하는 학생들은 몇 가지 선택지 사이에서 어떤 이유로 인해 갈등하고 있는 것으로 볼 수 있다. 결정을 못 내리는 상황이 계속되면 막상 선택이 요구될 때 충동적으로 결정할 가능성이 있으며, 선택지 안에서 무엇을 선택할지에 대한 고민을 하느라 정작 필요한 정보습득과 준비를 할 시간과 기회를 놓칠 수 있다. 이러한 경우 고려하고 있는 대안들이 모두 학생의 특성에 적합한 것인지를 확인하고 각 대안이 가지고 있는 장단점과 가능성에 대해 구체적으로 세밀하게 살펴보도록 하는 것이 선택을 돕는 데 도움이 된다.

(6) 진로의사결정에 대한 회피 및 의존

자신의 미래에 대한 계획과 목표가 세워져 있지 않거나 자신의 진로를 부모와 교사에게 전적으로 의존하는 학생은 진로에 대한 자신의 책임을 회피하는 것으로 볼 수 있다. 이러한 학생 중에는 성격적으로 무기력하거나 우유부단하거나 자신의 삶에 대한 기대와 희망이 없는 경우가 많다. 이러한 경우 먼저 학생의 무기력과 회피, 의존의 원인을 살펴보고 진로선택에 있어 결국 자신이 최종결정자이며 책임자임을 인식시키는 데 초점을 둔다. 과도한 압박을 주거나 책임감을 부여하기보다는 진로선택과 결정을 시도하고자 하는 동기가 생길 수 있도록 격려하고 진로결정 과정에서 교사가 지지자로서 함께 할 수 있음을 확인시켜 주는 것이 도움이 된다.

2) 학교에서의 진로검사 활용 절차

학교에서의 진로검사도 전체 학생을 대상으로 시행되는 경우가 많다. 이는 이후 진학상담을 위한 기초자료로 활용하고 학생으로 하여금 자신에 대한 이해를 심화할 수 있도록 조력하기 위함이다. 특히 진로적성검사, 진로흥미검사, 진로성숙도검사와 같은 진로검사는 대체로 전체 학생을 대상으로 일괄 실시하는 경우가 많다. 검사의 선정을 위해서는 해당 학년 학생들의 발달수준과 과업, 학생 및 학부모 등의 요구를 고려해야 한다.

더불어 진로진학상담교사나 위클래스 등에서 개인상담 또는 집단상담 과정에서 진로검사를 실시할 경우 어떤 진로검사를 사용할 것인지는 현재 학생의 요구와 경험하고 있는 진로문제의 성격, 진로상담의 목적 등에 따라 결정한다. 학교장면에서 진로검사의 선정, 실시, 결과 분석 및 해석과정을 비롯한 상담개입과 지원 절차는 <표 4-27>과 같다.

표 4-27 / 학교 진로검사 업무 흐름도

단계	내용
1. 진로특성 진단 도입환경 파악	• 개인의 진로특성 요인 파악 • 진로특성 진단 교구 및 장소 파악 • 진로특성 진단을 위한 교구 사용 적정유형 파악
⬇	
2. 검사 대상의 목적 설정	• 검사 실시 대상 파악 • 검사 대상의 목적 명료화 • 검사 경험 탐색
⬇	
3. 검사도구 선정	• 검사 실시 대상의 특징 분석 • 검사 실시 방식 확인 • 상담자 역량 파악
⬇	
4. 검사 전 오리엔테이션과 검사 실시	• 검사 목적과 제한점 설명 • 검사 실시 유의사항, 시간 및 방법 공지 • 검사 실시
⬇	
5. 검사 결과 해석을 통한 진로특성 진단	• 검사 해석 과정 • 검사 목적과 기대 재확인 • 하위척도 및 각 점수의 의미 설명 • 검사 결과에 대한 반응 확인
⬇	
6. 심화·보충상담 및 진로탐색 방향 안내	• 검사 해석에 관한 심화·보충상담 실시 • 이후의 진로탐색 방향 안내

출처: 교육부(2012). 진로진학상담교사 직무매뉴얼(중학교).

3) 진로검사 결과의 활용 예시

(1) 진로발달 검사의 활용

① 검사도구 : 청소년 진로발달검사(중2/남)

② 검사 결과 프로파일

<진로성숙도검사 결과>

척도명		T점수	백분위
진로 태도 성향	계획성	48	43
	독립성	36	8
	태도	43	25
진로 관련 지식 정도	자신에 대한 지식	52	57
	직업에 대한 지식	25	1
	학과에 대한 지식	30	2
진로 행동	진로행동	69	97

<진로미결정 검사 결과>

척도명		T점수	백분위
성격 요인	동기부족	73	99
	결단성 부족	65	93
정보 요인	직업에 대한 지식부족	58	79
	자신에 대한 이해부족	48	43
갈등 요인	직업과 자신간의 갈등	66	94
	외적인 조건과의 갈등	64	91

출처: 워크넷(https://www.work.go.kr). 청소년 진로발달검사. 결과 예시 참조.

③ 검사 결과 특징 분석

- 진로성숙도검사와 진로미결정검사 두 영역을 함께 고려해야 함
- 두 검사에서 공통적으로 직업과 전공에 대한 정보 및 변화에 대한 이해가 부족한 것으로 나타남
- 진로성숙도검사의 태도 성향 중 독립성이 매우 낮고, 태도 점수도 낮은 편으로 자신에게 있어 직업이 갖는 의미와 일의 중요성에 대한 이해가 부족하고, 자신의 진로에 대한 탐색, 준비, 선택을 스스로 하기보다는 부모님이나 주변 사람들에게 의지하여 진로선택을 위한 구체적인 행동이 이루어지고 있는 것으로 판단됨
- 진로를 탐색하고 계획하려는 동기가 부족하며, 진로결정과 관련하여 우유부단함을 보이는 반면, 진로행동 점수는 매우 높음
- 이러한 특성은 자신의 능력과 신체조건, 선택 가능한 직업 간의 갈등과 부모, 교사, 친구, 형제 등과의 갈등 또는 사회-경제적 문제 등으로 인한 불안이나 혼란을 증폭시킬 수 있을 것으로 추측됨

④ 상담 방향 및 전략

- 직업이나 학과에 관한 객관적이고 구체적인 자료를 탐색하고, 직접 정보를 찾아보는 기회를 제공하고, 연습하도록 개입의 방향과 목표를 설정
- 진로성숙태도에서 독립성의 향상, 직업의 의미에 대한 탐색, 진로동기의 강화를 목표로 진로상담 개입
- 진로결정에서 동기가 부족하고 책임을 미루며 의사결정을 내리지 못하는 원인에 대한 탐색
- 현재 하고 있는 구체적인 진로행동의 내용이 무엇인지 확인하고, 그러한 진로행동의 목적과 자신에게 있어 일과 직업이 갖는 의미가 무엇인지 탐색
- 부모, 교사 등 중요한 영향을 미치는 사람이 제시한 진로 방향에 대한 의견과 자신의 생각을 구분하는 연습하기

(2) 직업흥미검사의 활용

① 검사도구 : 스트롱 직업흥미검사Ⅱ(고1/여)

② 검사 결과 프로파일

01. GOT 일반직업분류 (General Occupational Themes)

나의 흥미유형 코드
CIA

일반직업분류 척도는 6가지 흥미유형 정보를 바탕으로 개인의 직업분야와 관련된 가장 포괄적인 정보를 제공합니다.

척 도 명	흥미범주	← 흥미가 적어짐 · 흥미가 많아짐 → 30 40 50 60 70	T점수
현 장 형 (R)			39
탐 구 형 (I)			62
예 술 형 (A)			62
사 회 형 (S)			51
진 취 형 (E)			61
사 무 형 (C)			65

02. BIS 기본흥미척도 (Basic Interest Scales)

기본흥미척도는 전공과 직업, 여가생활 등에 대한 탐색을 도울 수 있도록 개인의 흥미에 대한 보다 구체적인 정보를 제공합니다.

◎ 현장형(Realistic): 기계 및 건설분야, 신체활동

척 도 명	· 30 40 50 60 70 ·	T점수
기계/건설		40
컴퓨터/전자기기		40
군사활동		45
안전서비스		40
자연/농업		53
운동경기		41

◎ 탐구형(Investigative): 분석 및 조사분야, 연구활동

척 도 명	· 30 40 50 60 70 ·	T점수
과학		56
연구조사		56
의학		60
수학		59

◎ 예술형(Artistic): 문화 및 예술 분야, 창작활동

척 도 명	· 30 40 50 60 70 ·	T점수
시각예술/디자인		58
공연예술		67
글쓰기/언론		55
요리		61

◎ 사회형(Social): 교육 및 서비스 분야, 봉사활동

척 도 명	· 30 40 50 60 70 ·	T점수
상담/봉사		53
교육		57
인적자원개발		48
사회과학		48
종교/영성		46
보건의료서비스		48

◎ 진취형(Enterprising): 사업 및 법/정치분야, 설득활동

척 도 명	· 30 40 50 60 70 ·	T점수
마케팅/광고		66
판매		60
관리		68
기업운영		60
정치/대중연설		60
법		65

◎ 사무형(Conventional): 사무 및 정보처리 분야, 관리활동

척 도 명	· 30 40 50 60 70 ·	T점수
사무관리		60
세무/회계		73
정보시스템		42
금융/투자		42

03. PSS 개인특성척도 (Personal Style Scales)

개인특성척도는 일상생활 및 일의 세계와 관련된 광범위한 특성에 대한 개인의 선호정보를 제공합니다.

척 도 명	뚜렷한 (25 30 40)	중간 (50)	뚜렷한 (60 70 75)	T점수
업무유형 (Work Style)	▸혼자 일하는 것을 선호 ▸자료, 아이디어, 사물과 관련된 활동을 선호		▸함께 일하는 것을 선호 ▸사람과 관련된 활동을 선호	62
학습유형 (Learning Environment)	▸실용적인 학습을 선호 ▸경험을 통한 단기간의 훈련 선호		▸학문적인 학습을 선호 ▸이론을 통한 장기간의 교육 선호	60
리더십유형 (Leadership Style)	▸책임자 역할이 불편함 ▸지시보다 스스로 과제를 수행함		▸책임자 역할을 선호 ▸지휘·통솔하는 것을 선호	62
위험감수유형 (Risk Taking)	▸위험감수를 싫어함 ▸의사결정이 신중함		▸위험감수를 좋아함 ▸의사결정이 빠름	54
팀지향유형 (Team Orientation)	▸독립적 과제를 선호 ▸혼자서 문제 해결을 선호		▸팀 과제를 선호 ▸팀과 함께 문제 해결을 선호	54

04. 문항반응요약

백분율(%)

구 성	매 우 싫 음	싫 음	관심 없음	좋 음	매 우 좋 음
직 업	3	71	4	21	2
교 과 목	13	43	11	15	7
활 동	7	51	2	36	4
여 가 활 동	11	22	52	11	4
사람들유형	44	13	13	25	3
특 성	0	11	33	44	11
합 계	9 %	53 %	10 %	24 %	4 %

TR지수(총응답지수): 291

TI지수(일관성지수): 21

출처: 어세스타(https://www.assesta.com). STRONG® 직업흥미검사II. 결과 예시 참조.

③ 검사 결과 특징 분석

- GOT 일반직업분류는 CIA로 사무형이 다소 우세하지만, 탐구형(I), 예술형(A), 진취형(E)이 모두 비슷한 수준이며, 현장형(R)은 매우 낮은 흥미를 보임
- 문항반응요약의 부정응답률(62%)이 긍정응답률(28%)에 비해 높음
- GOT 흥미유형과 연계한 기본흥미척도(BIS)를 살펴보면, 사무형(C)의 경우 세무/회계(T=73)가 매우 높고, 예술형(A)에서는 공연예술(T=67), 진취형(E)에서는 관리(T=68점)가 가장 높음
- 재정회계 및 세무 보고와 관련된 활동에 대한 흥미, 사람들을 관리 · 감독 · 지시하는 권한을 가지는 것에 대한 흥미, 다양한 공연에 참여하거나 관람하는 것에 대한 흥미가 높은 것으로 제시됨
- 개인특성척도(PSS)를 보면, 업무유형 측면에서는 함께 일하는 것을 선호하며, 사람과 관련된 활동을 선호함. 학습유형 측면에서는 학문적인 학습을 선호하고 이론을 통한 장기간의 교육을 선호하며, 리더십 유형 측면에서는 책임자 역할을 선호하고, 지휘통솔하는 것을 선호하는 것으로 나타남

④ 상담 방향 및 전략

- GOT와 BIS의 정보와 PSS 결과를 통합하여 각 척도의 결과들을 연결지어 탐색함으로써 자신의 흥미에 대한 이해를 심화하고 직업선택의 범위를 줄이는 데 활용하기
- GOT의 흥미유형 코드에 따른 BIS의 세부 척도를 연결지어 전공과 직업, 여가생활 등의 측면에서 탐색하기
- PSS 척도를 통해 업무유형, 학습유형, 리더십 등 일상생활 측면의 선호경향을 탐색하고, PSS를 기초로 직업선택에 대한 결정을 수정하거나 구체화하기
- GOT 일반직업분류의 4개 유형에서 비슷한 선호도가 나타난 점에 대해 탐색하기
- 내담자가 선호하거나 고려하고 있는 직업을 수행하게 될 때 가장 편안하게 쓸 수 있는 직업활동 유형에 대한 이해를 심화하기
- GOT에서 CIA로 나타난 흥미유형과 BIS에서 나타난 세무/회계와 관리척도의 높은 점수, PSS에서 나타난 함께 일하는 것에 대한 선호와 이론을 통한 교육의 선호, 지휘통솔하는 것에 대한 선호를 공통적으로 반영할 수 있는 직업특성에 대한 탐색과 논의하기

(3) 진로사고검사의 활용

① 검사도구 : 진로사고검사(고3/남)

② 검사 결과 프로파일

*** 진로사고검사 결과**

<종합점수>

원점수 37 | 37 (9.5) / T점수(백분위)

<의사결정 혼란>

원점수 2 | 32 (4) / T점수(백분위)

<수행불안>

원점수 13 | 44 (27) / T점수(백분위)

<외적 갈등>

원점수 8 | 54 (66) / T점수(백분위)

*** 정보처리 영역 피라미드**

<자기 정보 영역>

원점수 7 | 47 (38) / T점수(백분위)

<직업 정보 영역>

원점수 5 | 38 (11.5) / T점수(백분위)

<의사결정기술 영역>

원점수 24 | 39 (13.5) / T점수(백분위)

<실행과정 영역>

원점수 1 | 24 (2) / T점수(백분위)

* CASVE 주기 진로의사결정 단계

<의사소통>

원점수 0 | 28 (2) / T점수(백분위)

<분석>

원점수 2 | 34 (5) / T점수(백분위)

<종합>

원점수 6 | 47 (38) / T점수(백분위)

<평가>

원점수 10 | 51 (54) / T점수(백분위)

<실행>

원점수 6 | 42 (21) / T점수(백분위)

* 내담자가 동의한 부정적 진로사고 문항
- 나는 부모, 형제, 자매보다 더 성공해야 한다.
- 나에게 중요한 사람들의 의견이 나의 전공이나 직업선택을 더욱 어렵게 한다.
- 나에게 중요한 사람들에게서 듣는 진로선택에 관한 이야기들은 늘 혼란스럽다.

출처: 한국가이던스(https://www.guidance.co.kr). 중고등학생용 진로사고검사. 결과 예시 참조.

③ 검사 결과 특징 분석

전체 검사 결과는 진로사고검사, 정보처리영역 피라미드, CASVE주기 진로의사결정단계에 대한 결과와 피검사자가 동의한 부정적 진로사고 문항으로 제시됨. 이 세 영역과 부정적 진로사고의 내용을 종합하여 내담자의 진로사고에 대해 이해하는 것이 효과적임

㉠ 진로사고검사 종합점수는 낮음. 진로에 대한 부정적인 생각이 많지 않고, 의사결정 혼란이나 수행불안은 별로 느끼지 않는 편이나 외적 갈등은 다소 경험하고 있음(T=54)

- 자기에게 맞는 진로선택 대안들이 무엇인지 잘 알고 있으며, 진로에 대한 자신의 생각에 자신감을 가지고 최종 결정을 내릴 수 있으며, 자신에게 맞는 진로를 선택

하기 위한 과정을 원만히 진행하고 있는 것으로 보임

- 다만 부모, 형제, 친구, 교사 등이 진로에 대해서 하는 이야기와 자신의 의견이 맞지 않아 진로선택에 다소간의 혼란을 느낄 소지가 있음

㉡ 정보처리영역 피라미드에서는 모든 영역이 평균보다 낮으며, 특히 실행과정영역 점수가 매우 낮음. 이는 진로 문제해결과정에 초인지를 효과적으로 활용하고 있음을 의미

- 자신의 문제가 어디에 있는지 점검할 수 있고 문제해결에 사용되는 전략의 선택과 순서를 통제함으로써 독립적이고 효과적으로 진로문제를 해결할 수 있음
- 다만 자기정보영역이 다른 영역에 비해서는 높은 편이므로 자신의 경험을 부정적으로 지각하고, 자신의 흥미와 기술이 부족하다고 느낄 수 있음

㉢ CASVE주기 진로의사결정단계에서도 평가영역((T=51)을 제외한 모든 영역이 평균보다 낮아서 진로의사결정의 각 단계에 요구되는 적절한 역량을 발휘하고 있는 것으로 판단됨

- 특히 의사소통단계의 점수가 가장 낮은데, 이는 자신의 진로문제를 잘 인식하고 있고 문제를 해결하기 위한 동기가 높음을 의미함
- 다만 다른 영역에 비해 다소 높은 평가영역의 점수는 다양한 전공이나 직업, 진로 관련 대안 중에서 하나를 결정하는 데 어려움을 경험할 가능성이 있음을 의미함

㉣ 내담자가 동의한 부정적 진로사고 문항내용에서 부모, 형제, 자매 등 중요한 사람들과의 관계와 의견들이 내담자에게 혼란을 경험하게 하는 요인으로 작용하고 있음이 시사됨

④ 상담 방향 및 전략

- 내담자의 진로동기와 직업에 대한 이해도가 높으며, 진로의사결정 과정에서 다양한 전략을 사용하고 있음을 격려하기
- 완벽한 결정을 하려고 하기보다 자신과 진로에 대한 정보와 진로의사결정 과정을 이해하기
- 자신에게 맞는 선택에 대해 우선순위를 매기고, 최종 선택을 하는 연습하기
- 주변 사람들의 의견과 자신의 견해의 차이로 인한 혼란이 부정적 진로사고와 갈등 요인으로 작용하고 있음을 탐색하기

- 주변 사람들의 생각과 자신의 생각을 구분하고, 진로선택에서 주변 사람들의 의견과 자신의 의견 간의 균형을 맞출 수 있는 방안 탐색하기
- 진로선택의 최종 책임이 자신에게 있음을 이해하고 수용할 수 있도록 격려하기

(4) 진로개발역량검사의 활용

① 검사도구 : 진로개발역량검사(중2)

② 검사 결과 프로파일

<진로개발역량 유형>

<10가지 하위역량별 점수>

진로설계역량(평균점수: 45)		진로준비역량(평균점수: 49)	
구분	점수	구분	점수
자기이해	46	낙관성	41
직업이해	50	지속성	50
진로탐색	36	호기심	48
진로계획	48	유연성	47
		도전성	57
		의사소통	48

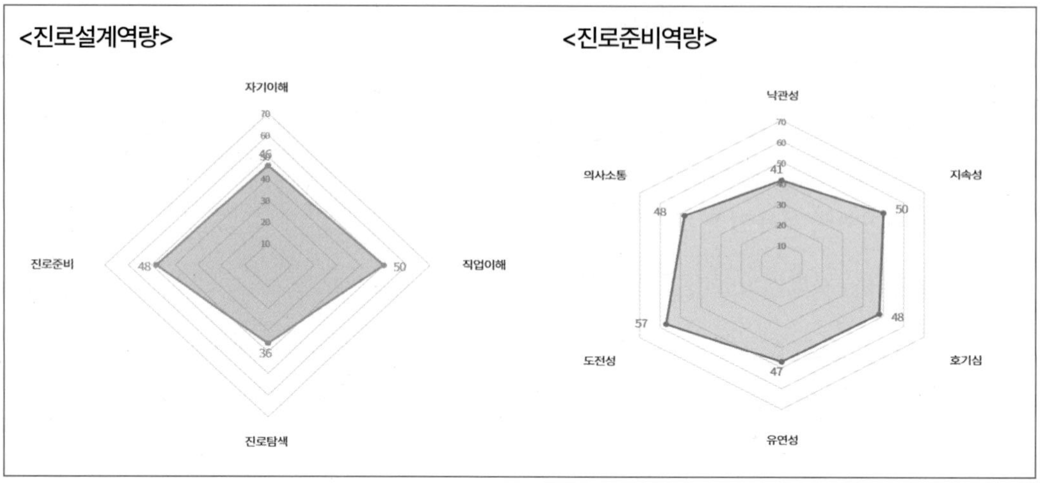

출처: 진로정보망 커리어넷(https://www.career.go.kr). 진로개발역량 검사. 결과 예시 참조.

③ 검사 결과 특징 분석

- 검사 결과는 진로개발역량 유형과 진로설계역량 점수 및 진로준비역량 점수로 제시됨
- 내담자는 '멈춰 있는 진로개발자' 유형으로 나타남. 현재나 미래 진로를 명확하게 결정하고 싶지만 어떻게 결정을 해야 할지 명확하지 않은 상태라고 할 수 있음
- 진로설계역량과 진로준비역량은 보통 정도 수준임. 합리적 진로결정과 계획, 효과적 실천에 필요한 역량과 자신의 진로를 효과적으로 준비하고 관리하는 데 필요한 역량이 충분하다고 보기는 어려움
- 진로설계역량에서는 직업이해(50점)는 높고, 진로탐색(36점)은 낮음. 자신이 관심 있는 직업에 대한 구체적인 정보를 많이 알고 있는 편이지만 다양한 정보를 탐색하고 활용할 수 있는 능력은 잘 발휘되지 않고 있는 것으로 보임
- 진로준비역량에서는 도전성(57점)은 매우 높고, 낙관성(41점)은 낮음. 결과가 분명하지 않은 상황에서도 계획을 행동으로 옮기는 모험가 기질은 높은 편이지만, 진로탐색 및 결정과정에서 발생할 수 있는 진로장벽에 대해 불안과 염려를 느낄 수 있음

④ 상담 방향 및 전략

- 진로와 관련하여 내담자에게 어떤 역량이 발달되어 있으며, 앞으로 어떤 역량을 더 개발할 필요가 있는지 탐색하기

- 현재 내담자가 자기가 원하는 직업에 관한 구체적인 정보들을 알고 있다는 점을 격려하기
- 불확실한 미래에도 불구하고 다양한 시도를 통해 구체적인 진로준비를 하고 있는 모습과 행동과 계획을 실행해 나가는 자신감과 책임감을 격려하기
- 아직 일어나지 않는 미래에 대한 내담자의 불안과 염려를 확인하고 다루기
- 진로탐색 방법을 보다 다양하게 활용할 수 있도록 확장시키는 활동계획 세우기
- 현재에 집중하며 실천 가능한 진로목표를 세우고 실천해 나가는 연습하기

(5) 직업카드의 활용

직업카드는 학생의 수준과 학교상황 및 상담자의 창의적 역량에 따라 다양한 방법으로 활용할 수 있다. 현재 직업카드를 활용한 교육 및 상담프로그램은 주로 직업카드 분류활동을 적용한 직업흥미탐색, 직업 업무수행능력 탐색, 직업의식 탐색, 직업지식 탐색, 직업성격 탐색활동 등으로 이루어지고 있다.

다음에서는 직업카드 분류활동의 목표와 단계별 과정을 제시하고, 이를 적용한 활동 예시를 제시하기로 한다.

① 직업카드 분류활동의 목표

- 직업흥미를 탐색한다.
- 다양한 직업세계에 대해 알게 하고, 자신의 홀랜드 유형에 대해 살펴보게 한다.
- 카드분류활동의 결과를 요약하고, 진로 및 직업 관련 정보를 찾는 방법을 제시한다.

② 직업카드 분류활동 진행방식

개인별 진행방식과 소집단 진행방식, 학급진행방식을 활용할 수 있다.

③ 직업카드 분류활동의 단계별 과정

직업카드를 분류활동은 기본적으로 도입단계, 분류단계, 주제 찾기 단계, 순위 결정 단계, 직업목록/ 홀랜드 유형 탐색 단계, 결과 요약 및 정보 제공 단계로 구성된다. 이러한 과정은 상황과 여건에 따라 상담자가 융통성 있게 운영할 수 있다.

다음은 직업카드 분류활동의 단계별 과정을 적용한 ‘직업흥미 탐색활동’의 예시 자료이다.

표 4-28 / 직업흥미 탐색활동지 (예시)

<1단계: 분류단계>

직업카드를 '좋아하는 직업', '싫어하는 직업', '결정할 수 없는 직업'의 세 종류로 나누어 보세요.

	직업명	카드 개수
좋아하는 직업		
싫어하는 직업		
결정할 수 없는 직업		

<2단계: 주제 찾기 단계>

직업카드를 싫어하는 이유가 비슷한 것끼리 분류하고, 싫어하는 이유와 해당 카드의 직업명과 개수를 적어보세요.

싫어하는 이유	직업명	카드 개수

직업카드를 좋아하는 이유가 비슷한 것끼리 분류하고, 좋아하는 이유와 해당 카드의 직업명과 개수를 적어보세요.

좋아하는 이유	직업명	카드 개수

<3단계: 순위 결정 단계>

가장 좋아하는 직업카드 3개를 순서대로 골라 적어보세요.

순위	직업명	홀랜드 흥미유형	좋아하는 이유
1			
2			
3			

<4단계: 직업목록/ 홀랜드 유형 탐색 단계>

- 직업분류별 직업목록을 이용하여 새롭게 관심이 가는 직업을 찾아보세요.
- 홀랜드의 6가지 직업성격유형에 대한 설명을 읽고 자신에게 적합하다고 생각되는 유형은 무엇인지 찾아보세요.

<5단계: 결과 요약 및 정보 제공 단계>

- 내가 좋아하는 직업들의 특징은 ___________________________
- 내가 싫어하는 직업들의 특징은 ___________________________
- 직업목록에서 새롭게 관심이 가는 직업에는 ___________________
- 내 성격과 비슷한 홀랜드 유형은 __________________________
- 이 시간의 직업흥미 탐색활동을 통해서 나는 ________________

출처: 김봉환, 최명운(2003). 중고등학생 및 대학생용 직업카드 활용 매뉴얼.

참고문헌

고향자 (1993). 한국 대학생의 의사결정유형과 진로결정수준 분석 연구. **학생생활연구, 18**(1), 57-76.

교육부 (2012). **진로진학상담교사 직무매뉴얼(중학교).**

김동민, 강태훈, 김명식, 박소연, 배주미, 선혜연, 이기정, 이수현, 최정윤 (2019). **심리검사와 상담(2판).** 서울: 학지사.

김미숙 (2022). **중학생의 진로선택 과정과 유형에 관한 질적 탐구**. 순천대학교 대학원 박사학위논문.

김봉환 (2011). 진로교육에서 직업카드 활용의 현황과 과제. **열린교육연구, 19**(1), 175-196.

김봉환, 강은희, 강혜영, 공윤정, 김영빈, 김희수, 선혜연, 손은령, 송재홍, 유현실, 이제경, 임은미, 황매향 (2013). **진로상담(한국상담학회 상담학총서 6).** 서울: 학지사.

김봉환, 김아영, 차정은, 이은경 (2007). 청소년용 진로발달검사 개발과 타당화 연구. **상담학연구, 8**(2), 583-602.

김봉환, 최명운 (2003). **중고등학생 및 대학생용 직업카드 활용 매뉴얼.** 서울: 학지사.

김이준, 김봉환 (2018). 프로티언 커리어와 구성주의 진로상담의 관련성 탐구. **인문사회21, 9**(3), 185-200.

김창대 (2002). 몰입(Flow)이론을 적용한 진로상담 모형. **청소년상담연구, 10**(1), 5-30.

박경애, 이명우, 권해수, 김동일 (1997). **천재들의 삶과 꿈**. 서울: 청소년대화의 광장.

박윤희 (2010). 진로교사의 가치 및 윤리적 이슈. **진로진학상담교사 역량개발**(2010). 교육과학기술부.

박정란 (2006). **여성 새터민의 직업가치와 진로의사결정과정 연구**. 이화여자대학교 대학원 석사학위논문.

서미, 이동혁, 정지희, 김지혜, 조수빈, 김재은, 정혜윤 (2021). **학생 진로개발역량 검사 활용도움서**. 부산: 한국청소년상담복지개발원.

선곡유화, 임현정, 서우석 (2020). 고등학생의 진로개발역량과 진로교육 경험, 부모지지 및 자기주도

학습의 구조적 관계. **진로교육연구, 33**(2), 133-155.
안창규 (1996). 진로탐색검사의 표준화를 위한 연구. **한국심리학회지: 상담 및 심리치료, 8**(1), 169-200.
오인수 (2008). 초등학생 진로교육의 새로운 접근: 가계도를 활용한 진로상담. **초등교육연구, 21**(2), 49-73.
유현실 (1998). **재능의 발달 과정에 관한 연구: 체육 재능을 중심으로**. 서울대학교 대학원 석사학위논문.
이기학, 이학주 (2000). 대학생의 진로태도성숙 정도에 대한 예언변인으로서의 자기효능감 효과검증에 대한 연구. **한국심리학회지: 상담 및 심리치료, 12**(1), 127-136.
이동혁, 황매향 (2014). **MCI 다면적진로탐색검사**. 경기: 한국가이던스.
이은경 (2001). **자기효능감이 진로발달에 미치는 영향**. 이화여자대학교 대학원 박사학위논문.
이재창 (2000). 진로교육과 개인의 특성 발견. **진로교육연구, 12**, 1-24.
이재창 (2005). **생활지도와 상담(2판)**. 서울: 문음사.
이재창, 박미진, 최인화 (2003). 진로사고검사의 한국 표준화 연구. **한국심리학회지: 상담 및 심리치료, 15**(3), 529-550.
이재창, 최인화, 박미진 (2004). **진로사고검사 Workbook**. 서울: 한국가이던스.
이재창, 조붕환, 최인화, 임경희, 박미진, 김진희, 정민선, 최정인, 김수리 (2017). **상담전문가를 위한 진로상담의 이론과 실제(2판)**. 경기: 아카데미프레스.
이종범 (2001). **고등학교에서의 진로검사도구 활용에 대한 연구**. 서울대학교 대학원 석사학위논문.
이종범, 이건남 (2016). **진로발달검사(CDI) 전문가용 매뉴얼**. 경기: 한국가이던스.
이지연, 정윤경, 이종범 (2010). **창의인재 양성을 위한 진로교육 활성화 방안**. 서울: 한국직업능력개발원.
임경희, 박미진, 정민선, 한수미, 이종범, 김진희, 홍지형, 문승태, 김수리, 최인화, 조붕환, 이인혁 (2019). **직업기초능력 향상을 위한 자기개발과 진로설계(2판)**. 서울: 학지사.
임언, 정윤경, 상경아 (2001). **진로성숙도 검사 개발보고서**. 서울: 한국직업능력개발원.
장석민, 임두순, 송병국 (1991). **중·고등학생 진로성숙도 검사 표준화연구**. 충북: 한국교육개발원.
조붕환, 박미진 (2014). **진로발달그림검사**. 경기: 한국가이던스.
조붕환, 임경희 (2000). 초등학생 진로인식을 위한 학습흥미검사 개발에 관한 연구. **진로교육연구, 11**, 231-257.
조붕환, 임경희 (2019). **학교상담의 이론과 실제(1판)**. 경기: 아카데미프레스.
조영아, 정철영 (2013). 고등학생의 진로개발역량과 진로준비행동 및 사회적 지지의 관계. **농업교육과 인적자원개발, 45**(4), 53-77.
최윤정, 김지연, 김하나, 최정아, 이은숙, 이재선, 윤병배, 임효신, 이미지 (2014). **진로상담 척도 핸드북**. 서울: 학지사.
한국고용정보원 (2008). **직업선호도 검사 개정 연구 보고서(1차년도)**. 서울: 한국고용정보원.
한국교육개발원 (1992). **진로성숙도 표준화 연구**. 한국교육개발원.
황매향, 김계현, 김봉환, 선혜연, 이동혁 (2013). **심층 직업상담: 사례적용 접근.** 서울: 학지사.
황매향, 이동혁, 천민지, 홍샛별 (2021). **진로문장완성검사 전문가용 매뉴얼**. 경기: 한국가이던스.

Brown, D., & Brooks, L. (1991). *Career counseling techniques*. 김충기, 김희수 공역 (2003). **진로상담의 기술**. 서울: 시그마프레스.

Buck, J. N., & Daniels, M. H. (1985). *Assessment of Career Decision Making(ACDM) Manual.* Los Angeles, CA: Western Psychological Services.

Crites, J. O. (1969). *Vocational psychology.* New York: McGraw-Hill.

Crites, J. O. (1978). *Career Maturity Inventory: Theory and research handbook* (2nd ed.). Monterey, CA: CTB/MaGraw-Hill.

Csikszentmihalyi, M., Rathunde, K., & Wahlen, S. (1993). *Talented teenagers: The roots of success and failure.* Cambridge, UK: Cambridge University Press.

Dagley, J. (1984). *A vocational genogram.* (Mimeographed.). Athens, GA: School of Education, University of Georgia.

Dawis, R. V., & Lofquist, L. H. (1984). *A psychological theory of work adjustment: An individual differences model and its applications.* Minneapolis, MN: University of Minnesota Press.

Ginzberg, E., Ginsburg, S. W., Axelrad, S., & Herma, J. L. (1951). *Occupational choices.* New York: Columbia University Press.

Gysbers, N. G., & Moore, E. J. (1987). *Career counseling: Skills and techniques for practions.* Englewood Cliffs, NJ: Prentice Hall.

Harren, V. A. (1979). A model of career decision making for college students. *Journal of Vocational Behavior, 14,* 119-133.

Holland, J. L. (1994). *Making vocational choices.* 안창규, 안현의 역(1997). **홀랜드 직업선택이론.** 서울: 한국가이던스.

Holland, J. L. (1997). *Making vocational choices: A theory of vocational personalities and work environments* (3rd ed.). Odessa, FL: Psychological Assessment Resources.

Holland, J. L., Powel, A. B., & Fizshe, B. A. (1994). *Self-directed search: Professional users guides.* Odessa, PL: Psychological Assessment Resources.

Malott, K. M., & Magnuson, S. (2004). Using genograms to facilitate undergraduate students' career development: A group model. *Career Development Quarterly, 53,* 178-186.

National Vocational Guidance Association. (1973). *Position paper on career development.* Washington, DC: National Vocational Guidance Association.

NOICC (1989). Oklahoma State Department of Career and Technology education. (2000). *Oklahoma's Guidance School-to-Work Model.* Oklahoma City, Oklahoma: Department of Education.

Okiishi, R. W. (1987). The genogram as a tool in career counseling. *Journal of Counseling and Development, 66,* 139-143.

Osipow, S. H., Carney, C. G., Winter, J., & Koschier, M. (1980). *The Career Decision Scale* (3rd rev.). Columbus, OH: Marsthon Consulting and Press.

Osipow, S. H., & Fitzgerald, L. F. (1996). *Theories of career development* (4th ed.). Needham, MA: Allyn & Bacon.

Rosenberg, M. (1957). *Occupations and values.* Glenco, The Free Press.

Sampson, J. P. Jr., Peterson, G. W., Lenz, J. G., Reardon, R. C., & Saunders, D. E. (1996c). *Career Thoughts Inventory workbook.* Odessa, FL: Psychological Assessment Resources.

Savickas, M. L. (1990). The career decision-making course: Description and field test. *The Career Development Quarterly, 38*(3), 275-355.

Savickas, M. L. (2002). Career construction: A developmental theory of vocational behavior. In D. Brown & Associates (Eds.), *Career choice and development* (4th ed., pp. 149-205). San Francisco: Jossey-Bass.

Savickas, M. L. (2005). The theory and practice of career construction. In S. D. Brown & R. W. Lent (Eds.), *Career development and counseling: Putting research and theory to work* (pp. 42-70). Hoboken, NJ: John Wiley & Sons.

Savickas, M. L. (2011). *Career counseling.* Washington, DC: American Psychological Association. 김봉환, 김소연, 정희숙 역 (2016), **커리어카운슬링**. 서울: 박영스토리.

Savickas, M. L. (2015). *Life-design counseling manual.* Rootstown, OH: Vocopher.

Sharf, R. S. (2014). *Applying career development theory to counseling* (6th ed.). 김진숙, 김정미, 서영숙 역 (2016). **진로상담: 아동기부터 성인기까지 진로발달이론의 적용**. 서울: 박학사.

Sharf, R. S. (2006). *Applying career development theory to counseling* (4th ed.). Pacific Grove, CA: Thomson Brooks/Cole

Shimizu, K., Vondracek, F. W., Schulenberg, J. E., & Hostetler, M. (1988). The factor structure of the Career Decision Scale: Similarities across selected studies. *Journal of Vocational Behavior, 32,* 213-225.

Super, D. E. (1957). *The psychology of careers.* New York: Harper & Bros.

Super, D. E. (1980). A life-span, life-space approach to career development. *Journal Vocational Behavior, 16,* 282-298.

Super, D. E. (1990). A life-span, life-space approach to career development. In D. Brown, L. Brooks, & Associate (Eds.), *Career choice and development: Applying contemporary theories to practice* (2nd ed.). San Francisco, CA: Jossey-Bass.

Taylor, K. M., & Betz, N. E. (1983). Applications of self-efficacy theory to the understanding and treatment of career indecision. *Journal of Vocational Behavior, 22,* 63-81.

Tracey, T. J. (2002). Development of interest and competency beliefs: A 1year longitudinal study of fifth to eighth-grade student using the ICA-R and structural equation modeling. *Journal of Counseling Psychology, 49,* 148-163.

Tracey, T. J., & Hopkins, N. (2001). Correspondence of interests and abilities with occupational choice. *Journal of Counseling Psychology, 48,* 178-189.

Tyler, L. E. (1961). Research explorations in the realm of choice. *Journal of Counseling Psychology, 8*(3), 195-202.

Young, R. A., Valach, L., & Collin, A. (2002). A contextual explanation of career. In D. Brown, & Associates (Eds.), *Career Choice and Development* (4th ed., pp. 206-252). San Francisco: Jossey-Bass.

어세스타 (2022). http://www.career4u.net
인싸이트심리검사연구소 (2022). https://inpsyt.co.kr
한국가이던스 (2022). http://www.guidance.co.kr
한국고용정보원 워크넷 (2022). https://www.work.go.kr
한국직업능력연구원 커리어넷 (2022). https://www.career.go.kr

CHAPTER 05

성격검사

성격검사는 성격을 구성하는 폭넓은 특성을 측정하고 기술함으로써 개인의 사고와 행동을 보다 깊고 넓게 이해할 수 있도록 도움을 주며, 이후 행동을 예측하는 데에도 활용될 수 있다. 또한 성격검사의 결과는 개인의 성격적 문제점을 파악하고 병리적인 문제를 진단하는 근거로 활용되기도 한다.

성격검사는 검사자극의 성격과 측정하는 성격특성 및 제시되는 결과의 양상 등에 따라 몇 가지로 구분해 볼 수 있다. 검사자극이 구조화되어 있는 객관적 검사와 비구조화되어 있는 투사적 검사가 있으며, 일반적인 성격특성을 측정하는 검사와 병리적인 성격특성을 중심으로 측정하는 검사가 있다. 또한 성격특성을 범주별로 구분해서 각각의 정도를 보여주는 검사가 있는가 하면, 성격특성을 유형으로 구분해서 제시해 주는 검사도 있다.

우리나라에 보급되어 활용되고 있는 아동 및 청소년 성격검사는 <표 5-1>과 같다. 다음에서는 학교 및 상담기관, 임상장면에서 많이 활용되고 있는 아동 및 청소년용 성격검사를 중심으로 객관적 검사와 투사적 검사로 나누어 살펴보기로 한다.

표 5-1 / 아동 및 청소년 성격검사의 종류

검사명	대상	구성요인 및 특성	발행 및 제공
MMPI-A 청소년 다면적인성검사	13~18세	• 성격 및 정신병리를 포괄적으로 평가하며, 임상척도와 청소년 고유의 문제를 측정하는 척도와 규준 제공	마음사랑
PAI-A 청소년 성격평가 질문지	12~18세	• 일반형/ 단축형 • 임상적 문제, 병리를 진단, 평가함. 타당도 척도, 임상척도, 치료척도, 대인관계척도로 구성	인사이트
JTCI 아동, 청소년 기질 및 성격검사	3~6세/ 7~11세/ 12~18세	• 기질과 성격을 구분하여 종합적으로 평가하여 사고방식, 감정양식, 행동패턴, 대인관계 양상, 선호경향 등을 측정	마음사랑
아이젱크 성격검사	9~15세	• 정신병적 경향성, 외-내향성, 신경증적 경향성, 허위성의 4가지 성격 차원을 측정	인사이트
청소년 인성검사	중, 고	• 성격 5요인(외향성, 호감성, 성실성, 개방성, 정서적 불안정성)에 따른 성격특성 측정	워크넷
성격 5요인검사	초4~6/ 중, 고	• 성격 5요인에 따른 성격적 특성, 적응수준, 내적 에너지 수준, 부적응적 특징 문항으로 구성	한국 가이던스
NEO 성격검사	초4~6/ 중, 고	• 발달적 적응상의 문제에 기저하는 기질적 성격 5요인 구조와 행동장애 등의 예측과 지도 및 치료적 상담의 효율성을 위한 정보제공	인사이트
KCYP 아동청소년인성검사 (자기보고/부모보고)	초3~고	• 자아강도, 정신증, 신체화, 정서혼란, 위축, 주의결함과잉행동, 학습곤란, 미디어 과다몰입, 사회관계, 가족관계, 비행 척도로 구성	한국 가이던스
KPRC 한국아동청소년 인성평정척도 (표준형, 단축형)	초4~6/ 중, 고	• 타당도척도(무응답, 검사-재검사, L, F), 자아탄력성척도, 임상척도(언어발달, 운동발달, 불안, 우울, 신체화, 비행, 과잉행동, 가족관계, 사회관계, 정신증)로 구성	인사이트
KCPI 한국아동성격검사 (일반형, 단축형)	초4~6	• 부모평정용 한국아동인성평가척도(KPRC)를 자기보고형으로 개발	인사이트
KAPI-S 한국청소년성격검사 (일반형, 단축형)	중, 고	• 부모평정용 한국아동인성평가척도(KPRC)를 자기보고형으로 개발	인사이트

검사명	대상	구성요인 및 특성	발행 및 제공
MMTIC/MBTI 성격유형검사	초3~ 중3/고	• 외향-내향, 감각-직관, 사고-감정, 판단-인식의 4개 차원, 8개 지표를 통해 성격을 측정하여 16개 성격유형으로 구분	어세스타
에니어그램 심리역동검사	초4~6/ 중, 고	• 타고난 기질에 따른 생활특징, 힘의 원천, 잠재력 경향성, 스트레스 안정의 방향, 친구관계, 진로적성, 갈등대처 방식 제시	한국 가이던스
CST-A 성격강점검사 (단순형/종합형)	중, 고	• 긍정심리학에 근거하여 6개 핵심덕목과 관련된 24개 성격강점과 주관적 행복도 측정	인사이트
로샤	아동~ 청소년	• 비구성적이고 대칭적인 잉크반점 자극을 통해 개인의 사고, 정서, 현실지각, 대인관계 방식 등 투사, 지각과 연상과정을 측정	한국 가이던스 인사이트
TAT 주제통각검사	중, 고	• 인물이 등장하는 사회적 장면의 그림자극을 통해 가족관계와 대인관계 상황에 포함된 사고의 내용, 욕구의 내용과 위계, 성격구조의 역동을 투사	한국 가이던스 인사이트
AAT 주제통각검사	12~19세	• 청소년을 위해 고안된 대인관계 장면과 주요 주제들을 포함, 부모와의 가족관계, 형제자매, 또래관계, 신체적/성적 학대, 방치 등 포함	한국심리주 식회사
CAT 아동주제통각검사	3~10세	• 아동에게 필수적인 상황에 관한 동물 그림자극을 통해 아동의 욕구, 정서, 콤플렉스, 갈등 및 대인관계, 성격역동을 투사	한국심리 주식회사
SCT-C/SCT-A 문장완성검사	초등/ 중, 고	• 자기개념, 가족에 대한 지각, 타인 및 세상에 대한 지각, 과거 및 미래에 대한 태도, 목표나 꿈에 대한 태도, 학업, 부정적 감정과 스트레스 반응 등 측정	인사이트
SCT 문장완성검사	초등/ 중, 고	• 문장에 나타난 감정적 색채, 맥락을 통해 가족관계, 대인관계, 자기개념 영역에서의 정서, 태도, 기제가 투사, 형식적 특성, 내용적 특성에 대한 분석 가능	한국 가이던스
K-FSCT 문장완성검사 II	아동~ 청소년	• 인물을 향한 태도와 소망들, 부정적 감정의 원인, 상황에서의 특징적인 반응 경향들, 감정수준 등을 객관적으로 측정	한국심리 주식회사

1 객관적 성격검사

1) MMPI-A(청소년 다면적 인성검사)

MMPI(The Minnesota Multiphasic Personality Inventory)는 세계적으로 가장 널리 쓰이고, 가장 많이 연구되어 있는 객관적 성격검사이다. MMPI는 1943년 미국 미네소타 대학병원의 임상심리학자 Stark Hathaway와 정신과 의사 Jovian Mckinley에 의하여 비정상적인 행동을 객관적으로 측정하기 위한 도구로 개발되었다. MMPI는 총 550문항에 신뢰도 확인을 위한 같은 내용의 16문항을 포함하여 총 566문항으로 구성되었다.

이후 시대와 문화적 변화에 따라 새로운 규준의 필요성이 대두되면서 1980년대 초부터 재표준화 작업이 이루어져 1989년 MMPI-2가 개발되었다. MMPI-2는 원판의 기본 타당도척도와 임상척도의 틀을 유지하고 있어서 검사 결과 해석에서 원판의 내용을 그대로 적용할 수 있으며, 새로운 타당도척도, 내용척도, 보충척도 및 PSY-5 척도를 추가하여 총 567문항으로 개발되었다.

MMPI는 성인용으로 개발되어 청소년에게도 사용되어 왔으나 청소년에게 적용하는 데 따르는 문제들로 인해 MMPI-A(Butcher et al., 1992)가 개발되었다. MMPI-A도 MMPI-2와 마찬가지로 원판의 기본 타당도 척도와 임상척도의 틀을 유지하고 있다. 그러나 청소년에게 부적절한 문항들이 삭제되거나 수정되었고, 청소년을 위한 새로운 문항들을 포함하여 총 478문항으로 개발되었다.

국내에서는 1963년 정범모, 이정균, 진위교가 MMPI를 한국판으로 처음 표준화하였고, 이후 1989년에는 한국임상심리학회에서 원판 MMPI를 재표준화하였다. 1989년 미국에서 발행된 MMPI-2를 2005년에 김중술 등(2005)이 한국판으로 표준화하였으며, 2008년 미국에서 출판된 50개 척도 338문항의 MMPI-2 재구성판(MMPI-2-RF)이 한경희 등(2011)에 의해 국내에 소개되었다. 1992년 미국에서 개발된 MMPI-A는 13~18세 청소년을 대상으로 한국판 다면적인성검사-청소년용(김중술 외, 2005)으로 표준화되었다.

(1) 검사의 구성

MMPI-A는 검사태도를 측정하는 10개의 타당도척도(Validity Scales)와 10개의 임상척도(Clinical Scales)를 기본으로 한다. 임상소척도(Clinical Subscales), 내용척도(Content Scales)

및 내용소척도(Content Component Scales), 재구성임상척도(Restructural Clinical Scales, RC), 성격병리 5요인 척도(PSY-5 Scales), 보충척도(Supplementary Scales)가 있으며, 결정적 문항이 제시된다.

10개의 타당도척도는 MMPI의 무응답(Canot Say, ?), 부인(Lie, L), 비전형(Infrequency, F), 교정(Correction, K) 4개 척도와 MMPI-2와 MMPI-A에서 추가된 무선반응비일관성척도(Variable Response Inconsistency, VRIN), 고정반응 비일관성(True Response Inconsistency, TRIN), 비전형-후반부(Back F, F(B), 비전형-정신병리(Infrequency-Psychopathology, F(P), 증상타당도(Symptom Validity, FBS), 과장된 자기제시(Superlative Self-Presentation, S) 6개 척도로 구성되어 있다.

임상척도는 척도 1 건강염려증(Hypochondriasis, Hs), 척도 2 우울증(Depression, D), 척도 3 히스테리(Hysteria, Hy), 척도 4 반사회성(Psychopathic Deviate, Pd), 척도 5 남성특성-여성특성(Masculinity-Feminity, Mf), 척도 6 편집증(paranoia, Pa), 척도 7 강박증(Psychasthenia, Pt), 척도 8 정신분열증(Schizophrenia, Sc), 척도 9 경조증(Hypomania, Ma), 척도 0 내향성(Social Introversion, Si)이다.

임상척도의 명칭은 현재의 정신과적 진단명과 일치하지 않는 부분이 있고, 실제 임상장면에서 해당 임상척도명과 일치하지 않는 진단명을 받게 되는 경우가 많아 척도명 대신 척도에 붙인 번호를 사용하는 것이 일반적이다.

임상척도는 <표 5-2>, 내용척도는 <표 5-3>, 보충척도는 <표 5-4>, 성격병리 5요인 척도는 <표 5-5>에 척도와 특징을 제시하였다.

표 5-2 / MMPI-A 임상척도

임상척도	특징
척도 1 건강염려증	• 다양한 신체 증상의 호소와 이러한 증상들이 다른 사람을 조종하는 데 사용되고 있지 않은가를 측정하며, 높은 점수는 건강, 질병, 신체기능에 대한 과도한 집착을 반영한다.
척도 2 우울증	• 우울증상을 측정하는 것으로 검사 당시 느끼는 비관 및 슬픔의 정도를 나타내며, 높은 점수는 낮은 활력, 죄책감, 염세주의, 자살사고와 관련되며, 신체적 증상, 불안, 공포, 걱정, 섭식문제를 보인다.
척도 3 히스테리	• 특정한 신체적 증상을 나타내는 문항과 자신은 아무 심리적 혹은 정서적 문제도 가지고 있지 않음을 나타내는 문항들로 높은 점수는 미성숙하고, 의존적이고 자기중심적이며, 타인의 관심과 애정을 요구한다.

임상척도	특징
척도 4 반사회성	• 주로 가정이나 권위적 대상 일반에 대한 불만, 자신 및 사회와의 괴리, 일상생활에서의 권태 등이 측정되며, 높은 점수는 품행문제, 학교적응문제, 거짓말, 사기, 절도, 분노폭발, 공격성과 관련된다.
척도 5 남성성- 여성성	• 직업 및 취미에 대한 관심, 심미적 및 종교적 취향, 능동성-수동성, 그리고 대인감수성을 반영한다. 소년에서 높은 점수는 전형적인 여성적 관심패턴을 시사하며, 소녀에서 높은 점수는 전형적인 남성적 관심패턴을 시사한다.
척도 6 편집증	• 대인관계에서의 민감성, 의심성, 자기정당성을 나타내며, 높은 점수는 타인의 말이나 태도에 민감하고, 타인을 불신하며 의심이 많고 피해망상을 보이기도 한다.
척도 7 강박증	• 오랫동안 지속되어 온 만성적 불안을 측정한다. 높은 점수는 불안, 우울, 다른 정서적 고통과 관련되며, 주의집중이 어렵고 우유부단하며 자기비판적이고 실패에 대해 죄책감을 느끼는 경향이 있다.
척도 8 정신분열증	• 다양한 사고, 감정, 행동 등의 장애, 특히 외부 현실에 대한 해석의 오류, 망상, 환각 등을 측정한다. 점수가 높은 경우 타인을 신뢰하지 못하고 스트레스에 취약하며 위축되고 대인관계에서 고립되어 있다.
척도 9 경조증	• 과장성, 흥분성, 사고의 비약, 자기중심성, 기분의 고양, 인지적·행동적 과잉활동을 측정한다. 높은 점수는 학업문제, 약물사용, 행동화 문제를 보이며, 충동적, 자기중심적, 과대망상적 경향이 있다.
척도 0 내향성	• 사회적 장면에서의 불편함, 고립, 일반적 부적응 및 자기비하 등을 반영하며, 높은 점수는 수줍음이 많고 소심하고 친구를 사귀기 어려우며 자신감이 부족하고 지나치게 억제하는 경향이 있다.

표 5-3 / MMPI-A 내용 척도

척도명	측정내용
A-anx(불안)	• 긴장, 잦은 걱정, 수면장애 등의 불안증상, 혼란, 주의집중의 어려움, 과제 지속의 어려움
A-obs(강박성)	• 사소한 일에 대한 과도한 걱정, 나쁜 말에 대한 반추적 사고, 결정 어려워함
A-dep(우울)	• 우울 증상의 측정
A-hea(건강염려)	• 신체 증상에 대한 호소를 측정
A-aln(소외)	• 타인과의 정서적 거리감 측정
A-biz (기태적 정신상태)	• 정상집단은 일반적인 부적응과 관련되며, 임상집단을 기태적인 감각경험이나 정신병과 관련된 다른 증상 및 행동을 측정
A-ang(분노)	• 분노조절과 관련된 문제를 측정
A-cyn (냉소적 태도)	• 염세적인 태도를 측정

척도명	측정내용
A-con (품행문제)	• 절도, 좀도둑질, 거짓말, 기물파손, 무례, 욕설, 반항적 행동과 같은 다양한 행동 문제를 측정
A-lse (낮은 자존감)	• 자신에 대한 부정적인 견해를 측정
A-las(낮은 포부)	• 저조한 학업수행 및 학교활동 참가 회피를 측정
A-sod (사회적 불편감)	• 사회적 불편감 및 사회적 위축을 측정
A-fam(가정문제)	• 부모와의 갈등 및 부모 간 갈등을 측정
A-sch(학교문제)	• 학업문제 및 학교에서의 행동문제들을 측정, 일반적 부적응의 좋은 지표
A-trt (부정적 치료지표)	• 의사나 정신건강 전문가에 대한 부정적인 태도를 측정

출처: 김재환 외(2006). **임상심리검사의 이해**. 학지사.

표 5-4 / MMPI-A 보충척도

척도명	측정내용
MAC-R(MacAndrew의 알코올 중독)	• 물질남용과 관련된 문제를 측정, 외향적이고 자기과시적이며, 모험적인 경향성을 측정
ACK (알코올/약물문제 인정)	• 알코올이나 다른 약물사용과 관련된 문제를 인정하는 정도를 측정
PRO (알코올/약물문제 가능성)	• 알코올이나 약물문제를 보일 가능성을 측정
IMM(미성숙)	• 대인관계 양식, 인지적 복합성, 자기인식, 판단력 및 충동조절의 측면에서 미성숙함을 측정
A(불안)	• 심리적 고통, 불안, 불편감, 일반적인 정서적 혼란을 측정
R(억압)	• 관습적이고 복종적인 태도, 불쾌한 상황에 대한 회피 경향성을 측정

표 5-5 / MMPI-A 성격병리 5요인(PSY-5) 척도

척도명	측정내용
AGGR(공격성)	• 공세적이고 도구적인 공격성을 측정
PSYC(정신증)	• 현실과의 단절, 즉 이상한 감각, 지각의 경험, 현실감각의 결여, 이상한 믿음이나 태도를 측정
DISC(통제결여)	• 위험을 추구하고 충동적이며 관습에 얽매이지 않는 성향을 측정
NEGE(부정적 정서성/신경증)	• 광범위한 영역의 불쾌한 정서, 특히 불안, 걱정, 죄책감 등의 정서를 측정
INTR(내향성/낮은 긍정적 정서성)	• 유쾌한 감정을 경험하기 힘들고, 사회생활을 회피하며, 목표를 추구하거나 책임을 완수할 에너지가 부족한 정서적 성향을 측정

(2) 해석 및 활용

MMPI는 정상인과 정신과 환자 집단을 준거집단으로 경험적 제작방식으로 개발되었다. 일차적인 목적은 정신과적 진단분류를 위한 측정이며, 일반적 성격특성을 측정하기 위한 것은 아니다. 그러나 병리적 분류의 개념이 정상인의 행동과 비교될 수 있다는 전제하에 MMPI를 통한 정상인의 행동 설명 및 일반적 성격특성에 관한 유추도 어느 정도 가능할 수 있다. 따라서 MMPI는 개인의 인성특성의 비정상성 혹은 징후를 평가하여 상담 및 정신치료에 기여하고, 비정상적이고 불건전한 방향으로 진전될 가능성을 미리 찾아내어 예방 및 지도책을 도모하기 위한 검사(김영환 외, 2004)로 활용할 수 있다.

검사 결과는 피검사자에 대한 가설을 제공하는 도구로 활용하는 것이 바람직하다. 검사에서 나타난 결과와 매뉴얼에 제시된 척도의 특징들을 그대로 단정적으로 받아들여 피검사자에게 적용하거나 해석하는 것은 지양해야 한다. 면담이나 다른 검사 결과들을 함께 통합적으로 검토하며 피검사자의 성격 역동과 특징을 이해하는 것이 좋다.

MMPI 검사 결과에 대한 해석은 다음과 같은 절차로 제시된다(박영숙 외, 2019).

- 피검사자의 특징적인 검사태도를 고려한다.
- 개별 척도(타당도척도와 높은 임상척도)를 해석한다.
- 2코드를 해석한다.
- 낮은 임상척도를 고려한다.
- 내용척도, 보충척도, 성격병리 5요인 척도, 결정적 문항을 검토한다.
- 전체 프로파일에 대해 형태분석을 한다.

2코드 해석은 가장 보편적으로 사용하는 코드 유형에 대한 해석으로 가장 높이 상승되어 있는 2개의 임상척도를 고려하여 해석하는 것이다. 임상척도들 간의 관계를 고려하는 형태해석(configural interpretation)을 하면 각각의 임상척도를 개별적으로 해석할 때보다 진단적으로 더욱 풍부하고 유용한 정보를 얻을 수 있으며, 다양한 척도들 간의 관계는 매우 중요한 진단적 및 해석적 정보를 제공해 준다. 상승척도 쌍은 프로파일에서 가장 높게 상승한 임상척도들을 의미한다. 척도 5와 척도 0은 임상적인 증상이나 문제를 직접적으로 측정하지 않기 때문에 상승척도 쌍을 결정할 때는 제외하며, 적어도 *T*점수 65점 이상 상승한 프로파일을 대상으로 한다.

2) 청소년 성격평가 질문지(PAI-A)

청소년 성격평가 질문지(Personality Assessment Inventory for Adolescent: PAI-A; Morey, 2007)는 임상적으로 중요한 변인들을 다루고 있는 자기보고형 객관적 성격검사로서 성인용 PAI(Morey, 1991) 344문항에 근거를 두고 개발되었다. PAI는 임상진단, 정신병리의 전형 및 치료계획에 필요한 정보를 얻기 위한 객관적 성격검사로서 임상적으로 중요한 변인들을 측정할 수 있도록 하기 위한 성격검사이다. 임상장면에서 가장 많이 활용되는 MMPI와 활용목적이 유사한 검사라고 볼 수 있다. 우리나라에서는 김영환, 김지혜, 오상우, 임영란, 홍상황(2001)에 의해 한국판으로 표준화되어 청소년용과 성인용으로 활용되고 있다.

PAI-A는 총 264문항으로 4점 척도로 되어 있으며 중복문항이 없다. 4개의 타당성척도, 11개의 임상척도, 5개의 치료척도, 2개의 대인관계척도 등 서로 다른 영역을 측정하는 척도로 구성되어 있다. 개인 온라인 검사는 불가능하고, 학교나 단체를 통한 지필검사가 가능하다. 검사 실시 시간은 약 45분 정도 소요된다.

PAI-A는 청소년들이 나타내는 여러 가지 문제를 파악하여 사전에 예방하고 이들을 적절하게 지도하기 위한 정확한 평가가 가능하며, 중고생 규준뿐만 아니라 비행청소년 규준이 따로 마련되어 있어서 여러 장면에서 활용할 수 있다. 개인용 결과표뿐만 아니라 담임교사용과 상담교사용 결과표가 제공되어 사전 예방 지도 및 상담에 활용할 수 있는데, 치료 및 대인관계척도를 해석할 때 주의가 요구되는 학생을 위험 수준과 잠재위험 수준으로 구분하여 알려주고 있어서 상담 및 지도에 도움을 준다. 이러한 결과의 활용은 윤리적 측면에서 민감하고 조심해야 할 부분이므로 철저히 보안을 유지하며 지나치게 검사 결과에만 의존하여 학생을 판단하는 자세는 지양해야 한다.

표 5-6 / PAI-A 척도 및 내용

척도		내용
타당도 척도	비일관성 (ICN)	• 문항에 대한 반응과정에서 피검사자의 일관성 있는 반응태도를 알아보기 위한 정적 또는 부적 상관이 높은 문항 쌍으로 구성
	저빈도 (INF)	• 부주의하거나 무선적인 반응태도를 확인하기 위하여 정신병적 측면에서 중립적이고 대부분의 사람이 극단적으로 인정하거나 인정하지 않는 문항들로 구성
	부정적 인상 (NIM)	• 지나치게 나쁜 인상을 주거나 꾀병을 부리는 태도와 관련이 있으나 임상집단에서는 이렇게 반응하는 비율이 매우 낮음
	긍정적 인상 (PIM)	• 자신을 좋게 보이려 하며 사소한 결점도 부인하려는 태도를 측정

척도		내용
임상 척도	신체적 호소(SOM)	• 건강과 관련된 문제에 대한 집착과 신체화 장애 및 전환증상 등의 구체적인 신체적 불편감을 의미하는 문항, 전환(SOM-C), 신체화(SOM-S), 건강염려(SOM-H)의 3개 하위척도
	불안(ANX)	• 불안의 상이한 여러 특징을 평가하기 위해 불안현상과 객관적인 징후에 초점을 둔 문항, 인지적(ANX-C), 정서적(ANX-A), 생리적(ANX-P) 불안의 3개 하위척도
	불안 관련 장애(ARD)	• 구체적인 불안과 관련이 있는 증상과 행동에 초점을 둔 문항, 강박장애(ARD-O), 공포증(ARD-P), 외상적 스트레스(ARD-T)의 3개 하위척도
	우울(DEP)	• 우울의 증상과 현상에 초점을 둔 문항, 인지적(DEP-C), 정서적(DEP-A), 생리적(DEP-P) 우울의 3개 하위척도
	조증(MAN)	• 조증과 경조증의 정서적, 인지적, 행동적 증상에 초점을 둔 문항, 활동수준(MAN-A), 과대성(MAN-G), 초조성(MAN-I)의 3개 하위척도
	망상(PAR)	• 망상의 증상과 망상형 성격장애에 초점을 둔 문항, 과경계(PAR-H), 피해망상(PAR-P), 원한(PAR-R)의 3개 척도
	조현병(SCZ)	• 광범위한 조현병의 증상에 초점을 둔 문항, 정신병적 경험((SCZ-P), 사회적 위축(SCZ-S), 사고장애(SCZ-T)의 3개 하위척도
	경계선적 특징(BOR)	• 불안정하고 유동적인 대인관계, 충동성, 정서적 가변성과 불안정, 통제할 수 없는 분노 등을 시사하는 경계선 성격장애의 특징에 관한 문항, 정서적 불안정(BOR-A), 정체감 문제(BOR-I), 부정적 관계(BOR-N), 자기손상(BOR-S)의 4개 하위척도
	반사회적 특징(ANT)	• 범죄행위, 권위적 인물과의 갈등, 자기중심성, 공감과 성실성의 부족, 불안정, 자극추구 등에 초점을 둔 문항, 반사회적 행동(ANT-A), 자기중심성(ANT-E), 자극 추구(ANT-S)의 3개 하위척도
	알코올문제(ALC)	• 문제적 음주와 알코올 의존적 특징에 초점을 둔 문항
	약물문제(DRG)	• 약물사용에 따른 문제와 약물의존적 특징에 초점을 둔 문항
치료 척도	공격성(AGG)	• 언어적 및 신체적 공격행동이나 공격적 행동을 자극하려는 태도와 관련된 분노, 적대감 및 공격성과 관련된 특징과 태도에 관한 문항, 공격적 태도(AGG-A), 언어적 공격(AGG-V), 신체적 공격(AGG-P)의 3개 하위척도
	자살관념(SUI)	• 무력감과 자살에 대한 일반적이고 모호한 생각부터 자살에 관한 구체적인 계획에 이르기까지 자살하려는 관념에 초점을 둔 문항
	스트레스(STR)	• 가족, 건강, 직장, 경제 및 다른 중요한 일상생활에서 최근에 경험하는 스트레스와 관련된 문항
	비지지(NON)	• 접근이 가능한 지지의 수준과 질을 고려해서 지각된 사회적 지지의 부족에 관한 문항
	치료거부(RXR)	• 심리적 및 정서적 측면의 변화에 대한 관심과 동기를 예언하기 위한 척도로 불편감과 불만, 치료에 참여하려는 동기, 변화의 필요성에 대한 인식, 새로운 아이디어에 대한 개방성 및 책임을 수용하려는 의지 등에 관한 문항

척도		내용
대인 관계 척도	지배성 (DOM)	• 대인관계에서 개인적 통제와 독립성을 유지하는 정도를 평가하기 위한 척도, 점수가 높은 사람은 지배적이고 낮은 사람은 복종적임
	온정성 (WRM)	• 대인관계에서 지지적이고 공감적인 정도를 평가하기 위한 척도, 대인관계를 온정과 냉담 차원으로 개념화하여 점수가 높은 사람은 온정적이고 외향적이며, 낮은 사람은 냉정하고 거절적임

3) 아동, 청소년 기질 및 성격검사(JTCI)

한국판 청소년용 기질 및 성격검사는 독일판 청소년용 JTCI(Junior Temporament and Character Inventory 12-18: JTCI 12-18)를 오현숙과 민병배(2004)가 중·고·대학생을 대상으로 실시하도록 표준화하였다. 총 82문항으로 '그렇지 않다'(0점)에서 '그렇다'(3점)의 Likert 4점 척도이다. 아동용은 Cloninger, Svrakic 및 Przybeck(1993)이 개발한 아동용 기질 및 성격검사(The Junior Temperament and Character Inventory: JTCI 7~11)를 민병배, 오현숙, 이주영(2007)이 표준화하였다. 아동용은 부모가 5점 척도로 평정하도록 되어 있다.

기질 및 성격검사(Temperament and Character Inventory: TCI. Cloninger, Przybeck, Svrakic, Wetzel, 1994)는 Cloninger의 심리생물학적 인성모델에 기초하여 개발된 검사이다.

TCI는 기질과 성격의 차이를 고려하지 않는 다른 인성검사들과 달리 인성(personality)에서 타고난 부분인 기질(temperature)과 기질을 바탕으로 후천적으로 형성된 성격(character)을 구분하면서 현재의 인성발달에 영향을 미친 요인들을 이해하고 그 원인을 생물학적 요인과 환경적 요인으로 나누고, 인성을 이루는 두 개의 구조인 기질(temperature)과 성격(character)을 구분하여 측정한다.

기질은 자극에 대해 자동적으로 일어나는 정서적 반응성향으로 정의되며, 신경전달물질인 도파민, 세로토닌, 노르아드레날린 등의 영향을 받는 다분히 생물학적이고 유전적인 성향이며 일생 동안 비교적 안정적인 속성을 보인다. 성격은 체험하는 것에 대한 개인적 해석에 의해 형성되며 자기개념(self-concept)과 관련이 있다(박영숙 외, 2019). 기질척도는 자극추구, 위험회피, 사회적 민감성, 인내력 4개이며, 성격척도는 자율성, 연대감, 자기초월 3개로 총 7개 척도이다. 이 가운데 인성발달의 지표로 활용되는 척도는 자율성과 연대감 척도이다.

표 5-7 / JTCI 청소년용(12~18세)과 아동용(7~11세) 척도 및 하위척도

<table>
<tr><th rowspan="2">구분</th><th rowspan="2">척도명</th><th rowspan="2" colspan="2">하위척도명</th><th colspan="2">문항 수</th></tr>
<tr><th>청소년용</th><th>아동용</th></tr>
<tr><td rowspan="3">기질 척도</td><td>자극추구 (NS)</td><td colspan="2">• NS1: 탐색적 흥분/관습적 안정성
• NS2: 충동성/심사숙고
• NS3: 무질서/절제
• NS4: 자유분방/질서정연</td><td>14</td><td>14</td></tr>
<tr><td>위험회피 (HA)</td><td colspan="2">• HA1: 예기불안/낙천성
• HA2: 불확실성에 대한 두려움
• HA3: 낯선 사람에 대한 수줍음
• HA4: 쉽게 지침/활기 넘침</td><td>13</td><td>15</td></tr>
<tr><td>사회적 민감성 (RD)</td><td colspan="2">• RD1: 정서적 감수성
• RD2: 정서적 개방성
• RD3: 친밀감/거리두기
• RD4: 의존/독립(아동용)</td><td>9</td><td>12</td></tr>
<tr><td rowspan="6">성격 척도</td><td rowspan="2">인내력(P)</td><td>• P: 인내력</td><td>청소년용</td><td rowspan="2">8</td><td rowspan="2">12</td></tr>
<tr><td>• P1: 근면
• P2: 끈기
• P3: 성취에 대한 야망
• P4: 완벽주의</td><td>아동용</td></tr>
<tr><td>자율성(SD)</td><td colspan="2">• SD1: 책임감/책임전가
• SD2: 목적의식
• SD3: 유능감/무능감
• SD4: 자기수용/자기불만</td><td>14</td><td>12</td></tr>
<tr><td>연대감(C)</td><td colspan="2">• C1: 타인수용
• C2: 공감/둔감
• C3: 이타성/이기성
• C4: 관대함/복수심
• C5: 공평/편파</td><td>14</td><td>22</td></tr>
<tr><td rowspan="2">자기초월 (ST)</td><td>• ST1: 창조적 자기 망각/자의식
• ST2: 우주만물과의 일체감
• ST3: 영성 수용/합리적 유물론</td><td>청소년용</td><td rowspan="2">10</td><td rowspan="2">8</td></tr>
<tr><td>• ST1: 환상
• ST2: 영성</td><td>아동용</td></tr>
<tr><td>총문항수</td><td colspan="3"></td><td>82</td><td>86</td></tr>
</table>

출처: 민병배, 오현숙, 이주영(2007). **기질 및 성격검사 매뉴얼**. ㈜ 마음사랑.
오현숙, 민병배(2004). **기질 및 성격검사**. 서울: ㈜ 마음사랑.

제시된 각 척도가 갖는 특성을 간략히 요약하면 다음과 같다.

(1) 자극추구(NS: Novelty Seeking)

우리 뇌 구조의 행동조절 체계 중 행동활성화 체계(Behavioral Activation System: BAS)와 관련된 척도이다. 새로운 자극이나 보상 단서 앞에서 이러한 자극에 끌리면서 행동이 활성화되는 유전적 경향성과 관련된다. 흥분과 보상을 추구하는 활동을 하며 처벌과 단조로움을 회피하는 기질적 성향을 나타낸다. 이 척도에서의 높은 점수를 받는 사람은 신기하고 새로운 자극에 대해 쉽게 이끌리며 빨리 흥분한다. 충동적이며 호기심이 많은 반면, 지루하고 단조로운 것을 참기 힘들어하며 작은 실패에도 쉽게 좌절하며 분노한다.

(2) 위험회피(HA: Harm Avoidance)

우리 뇌 구조의 행동조절 체계 중 행동억제 체계(Behavioral inhibition System: BIS)와 관련된다. 처벌이나 위험 단서 앞에서 보이는 수동적 회피 성향으로 행동이 억제되거나 위축되는 유전적 경향성을 나타낸다. 처벌이 예상될 때 이를 회피하기 위해 행동이 억제되며 이전에 하던 행동을 중단하는 기질적 성향을 측정한다. 이 척도에서 점수가 높은 사람은 조심성이 많고 꼼꼼하며 겁이 많고 잘 긴장한다. 걱정과 근심이 많으며 부정적 사고가 많다. 익숙하지 않은 상황에 대한 두려움이 많고 쉽게 위축되며, 스트레스를 잘 받고 자주 피곤하며 쉽게 지친다.

(3) 사회적 민감성(RD: Reward Dependence)

우리 뇌 구조의 행동조절 체계 중 행동유지 체계(Behavioral Maintenance System: BMS)와 관련된다. 사회적 보상 신호에 민감하게 반응하는 유전적 경향성을 나타낸다. 사회적 보상 신호(타인의 칭찬, 찡그림 등)와 타인의 감정(기쁨, 슬픔, 분노, 고통 등)을 민감하게 파악하고 이에 따라 정서반응이나 행동반응이 달라지는 민감성을 측정한다. 이 척도에서 높은 점수를 받는 사람은 감수성이 풍부하고 타인에게 공감적이며, 자신의 감정을 잘 표현한다. 사회적 접촉을 좋아하고 다른 사람과의 교류에 열려 있다.

(4) 인내력(P: Persistence)

사회적 민감성과 같이 우리 뇌 구조의 행동조절 체계 중 행동유지 체계(Behavioral

Maintenance System: BMS)와 관련된다. 사회적 민감성은 사회적 관계에서 지속성 성향으로 나타나는 반면, 인내력은 지속적인 강화가 없더라도 한번 보상된 행동을 오랫동안 지속하는 유전적 경향성을 나타낸다. 미래의 보상이 예상되지만 지금 당장은 보상이 주어지지 않거나 간헐적으로만 처벌이 주어지더라도 한번 시작한 행동을 계속하려는 기질적 성향을 측정한다. 이 척도에서의 높은 점수는 근면하고 끈기가 있고 좌절과 피로에도 불구하고 열심히 일하며 꾸준히 노력하는 경향으로 나타난다. 보상이 기대될 때 더 한층 노력하며 난관에 부딪치면 오히려 더 열심히 하는 경향이 있다.

(5) 자율성(SD: Self-Directedness)

개인이 자신을 얼마나 자율적인 자아로 이해하는가를 나타낸다. 자기결정력과 의지력의 두 개념에 기초하는 특성으로 자신이 선택한 목표와 가치를 이루기 위하여 상황에 맞게 자신의 행동을 통제, 조절, 적응시키는 능력을 측정한다. 점수가 높은 사람은 성숙하고 강하며 자족적이고 책임감 있고 믿을 만한 사람으로 보이며, 목표지향적이고 건설적이며 자존감이 높고 자신을 신뢰한다.

(6) 연대감(C: Cooperativeness)

개인이 자신을 얼마나 사회의 한 일부로서 이해하는가와 관련된 척도로 타인에 대한 수용능력 및 타인과의 동일시 능력을 측정한다. 이 점수가 높은 사람은 타인에게 관대하고 친절하며 협조적인 특성을 보인다. 자신의 욕구나 선호만큼 타인의 욕구나 선호를 이해하고 존중한다.

(7) 자기초월(ST: Self-Transcendence)

개인이 자신을 얼마나 우주의 한 부분으로 이해하는가와 관련된다. 우주와 자연에 자신을 동일시하며 수용하고 일체감을 느끼는 능력을 측정한다. 높은 점수의 사람은 정서적으로 집중되어 있을 때 자기와 시공간을 잊고 몰입할 수 있으며, 창조적이고 독창적이 될 수 있다. 꾸밈이 없고 마음에 충만감이 있으며, 참을성이 있고 사심이 없는 모습으로 나타난다. 자신의 성공뿐 아니라 실패에 대해서도 감사할 줄 아는 겸손한 모습으로 나타난다.

표 5-8 / 한국판 TCI 검사군의 구성

한국판 검사명	독일판 검사명	실시대상	문항 수	실시방식
기질 및 성격검사-유아용	JTCI 3~6	취학 전 유아/아동	86	양육자 보고
기질 및 성격검사-아동용	JTCI 7~11	초등학생	86	양육자 보고
기질 및 성격검사-청소년용	JTCI 12~18	중, 고등학생	82	자기보고식
기질 및 성격검사-성인용	TCI-RS	대학생, 성인	140	자기보고식

출처: 민병배, 오현숙, 이주영(2007).

표 5-9 / 기질 차원별 주요 특징

기질 차원	높음	낮음
자극추구	• 충동적인 • 주변을 활발히 탐색하는 • 마음이 쉽게 변하는 • 쉽게 흥분하는 • 성질이 급한 • 씀씀이가 헤픈 • 화를 잘 내는	• 심사숙고하는 • 경직되고 융통성 없는 • 우직스러운 • 태연자약하고 금욕적인 • 성미가 느린 • 검소하고 절약하는 • 절제하는
위험회피	• 조심성 많은 • 미리 염려하고 걱정하는 • 쉽게 지치는 • 억제된 • 비관적인 • 두려움이 많은 • 수줍어하는	• 자신감 있는 • 걱정 근심이 없는 • 정력적이고 활력이 넘치는 • 거리낌이 없는 • 낙관적인 • 위험을 무릅쓰는 • 사교적인
사회적 민감성	• 동정심 많은 • 따뜻한 • 감수성이 예민한 • 감정이 쉽게 변하는 • 마음을 여는 • 의존적인	• 감정에 쉽게 영향을 안 받는 • 정서적으로 차가운 • 둔감하고 실용적인 • 혼자 지내는 • 거리를 두고 떨어져 지내는 • 독립적인
인내력	• 부지런한 • 끈기 있는 • 성취에 대한 야망이 있는 • 성공을 위해 많은 희생을 함 • 완벽주의자	• 게으른 • 의지가 약한 • 야망이 없는 • 능력보다 더 적게 성취함 • 실용주의자

출처: 민병배, 오현숙, 이주영(2007).

표 5-10 / **성격 차원별 주요 특징**

성격차원	높음	낮음
자율성	• 책임감 있는 • 목적의식이 있는 • 자원이 풍부한 • 자기를 수용하는 • 잘 훈련된	• 책임을 전가하는 • 목적의식이 없는 • 무능한 • 공허한 • 훈련이 안된
연대감	• 마음이 부드러운 • 공감적인 • 도움을 주고 싶어하는 • 자비심이 많은 • 원칙적이고 공정한	• 너그럽지 못한 • 민감하지 못한 • 적대적인 • 복수심이 많은 • 기회주의적인
자기초월	• 자기를 잊는 • 묵묵히 따르는 • 영적인 • 밝게 열려 있는 • 이상주의적인	• 상상력이 부족한 • 통제적인 • 유물론적인 • 소유욕이 많은 • 관습적인

출처: 민병배, 오현숙, 이주영(2007).

4) 청소년 인성검사

워크넷에서 제공하고 있는 청소년 인성검사는 Costa와 McCrae(1992)가 제시한 성격 5요인 모델을 바탕으로 한다. 이는 일반인들이 자신이나 남들의 성격을 기술할 때 쓰는 단어(특히 형용사)들을 분석하여 제시한 것으로 5요인은 외향성(Extraversion), 친화성(Agreeableness), 개방성(Openness to experience), 민감성(Neuroticism), 성실성(Conscientiousness)이다. 전체 320문항이며, 단축형은 180문항이다. 이 검사는 기본적으로 5요인에 해당하는 성격을 측정하며, 반응의 정직성과 정확성을 측정하는 사회적 바람직성 척도와 반응의 부주의를 찾기 위한 부주의성 척도를 제공한다.

표 5-11 / **청소년 인성검사 하위요인**

요인	하위요인	설명
외향성	• 친밀, 사회성, 리더십, 활동성, 자극추구, 긍정정서	• 다른 사람과의 상호작용을 추구하며 관심과 주목을 받고 싶어 하는 정도
호감성	• 신뢰, 정직, 이타, 협조, 겸손, 동정	• 개인이 다른 사람을 대하는 태도를 반영하며 타인과 편안하고 조화로운 관계를 유지하는 정도

요인	하위요인	설명
성실성	• 유능감, 정돈, 규칙준수, 성취지향, 자제, 신중	• 사회적 규칙, 규범, 원칙들을 준수하고자 하는 정도
개방성	• 상상, 심미, 감수성, 경험추구, 지적 호기심, 가치	• 다양한 경험과 가치를 추구하고 수용하는 정도
정서적 불안정성	• 불안, 분노, 우울, 자의식, 충동, 심약	• 정서적으로 불안정한 정도를 나타내는 요인으로 민감성, 정서적 안정성으로 불리기도함

출처: 워크넷(https://www.work.go.kr)

5) 네오 인성검사

네오(NEO) 인성검사는 Costa와 McCrae(1992)가 Big5 성격요인을 평가하기 위해 개발한 검사이다. 우리나라에는 이를 바탕으로 한국가이던스에서 개발한 NEO 성격검사(안현희, 김동일, 안창규, 2006)가 있다. 초등학교 3~6학년을 대상으로 한 아동용과 중고등학생을 대상으로 한 청소년용, 대학생과 성인 대상의 성인용이 있으며, 실시시간은 약 40~45분이다. Likert 5점 척도이며 '전혀 그렇지 않다' 0점부터 '매우 그렇다' 4점까지 선택한다. 신경증(N), 외향성(E), 개방성(O), 친화성(A), 성실성(C)의 5개의 요인구조와 18개의 하위척도로 구성되어 있으며, 타당도 문항 2개를 합하여 총 148문항이다.

표 5-12 / 네오 인성검사 요인 및 하위척도

요인	하위척도
신경증(N)	불안, 적대감, 우울, 충동성, 위축, 정서충격
외향성(E)	사회성, 지배성, 자극추구
개방성(O)	창의성, 정서성, 사려성
친화성(A)	온정성, 신뢰성, 관용성
성실성(C)	유능감, 조직성, 동조성

6) 아동청소년인성검사(KPRC)

한국아동인성평정척도(KPRC: The Korean Personality Rating Scale for Children, 김지혜, 조선미, 홍창희, 황순택, 2005)는 아동의 심리적 장애나 정신과적 문제를 선별 진단하기 위해 개발된 도구로 보호자 평정을 통해 아동의 인지, 정서, 행동의 문제를 다차원적으로 평가하도록 되어 있다. 이 검사는 한국아동인성검사(K-PIC: Korean Personality Inventory for Children, 김승태 외, 1997)를 부분적으로 수정하여 개발한 것으로 평정방식을 4점 척도로 바꾸고, 자폐증 척도와 중복문항을 삭제하였다.

K-PIC는 아동에게서 나타날 수 있는 여러 가지 병리적 측면을 측정하기 위한 임상척도뿐만 아니라 정신병리에 대한 저항력과 스트레스에 대한 적응잠재력을 측정하기 위한 자아탄력성척도(ERS)가 구성되어 있어서 치료장면에서의 선별진단뿐만 아니라 학교장면에서 심리적 도움을 필요로 하는 아동들을 조기에 발견하여 1차적 예방을 위한 프로그램을 수립하는 데 활용할 수 있다(김승태 외, 1997).

KPRC는 타당도척도(4개), 자아탄력성척도(Ego-Resilience, ERS), 임상척도(10개)의 총 15개 척도, 177문항으로 구성되어 있다. 타당도척도 4개는 무응답, 검사-재검사, 거짓말, 빈도 척도이며, 임상척도는 발달척도 2개(언어발달, 운동발달), 정서관련 척도 3개(불안, 우울, 신체화), 행동문제 관련 척도 2개(비행, 과잉행동), 정신병척도, 가족관계척도, 사회관계척도의 10개 척도가 있다.

KPRC 프로파일은 발달, 정서, 행동, 대인관계 및 현실접촉의 영역에서 아동의 현재 위치를 표준점수로 나타내므로 아동들의 문제를 포괄적으로 평가할 수 있다. 표준점수는 범주적이라기보다 차원적인 의미를 가지므로 문제에 대한 진단적 가능성보다는 문제의 심각성을 반영하는 것으로 활용한다.

표 5-13 / KPRC 척도 구성 및 내용

척도		내용
타당성 척도	거짓말 (Lie, L)	• 일반적으로 아동에게서 흔히 나타나는 문제행동을 부정하고 아주 바람직한 방향으로 기술하려는 보호자의 방어적인 태도를 측정
	검사-재검사 (Test-Retest, T-R)	• 각 문항에 대해 얼마나 주의를 기울여 일관성 있게 응답했는지 측정
	빈도 (Frequency, F)	• 의도적이거나 비의도적인 증상의 과장이나 무선반응과 같은 일탈된 반응태세를 가려내기 위한 척도
	무응답(?)	• 응답하지 않은 문항
자아탄력성(ERS)		• 여러 가지 심리적 문제에 대한 아동들의 대처능력이나 적응잠재력을 측정

척도		내용
임상 척도	언어발달(Verbal Development, VDL)	• 언어적 능력에서 발달의 전체나 기능상의 손상을 측정
	운동발달(Physical Development, PDL)	• 정신운동기능이나 동작성 능력에서 발달의 지체나 기능상의 손상을 측정
	불안 (Anxiety, ANX)	• 자연현상이나 동물, 대인관계 또는 사회관계에서의 두려움이나 불안, 긴장을 측정
	우울 (Depression, DEP)	• 우울한 기분, 자신감의 결여, 활동성의 저하, 가정불화, 흥미 감소, 사회적 철회 등 우울과 관련된 특징을 측정
	신체화(Somatization, SOM)	• 심리적인 문제를 신체증상으로 나타내는 신체화의 경향을 측정
	비행 (Delinquency, DLQ)	• 반항과 불복종, 공격성과 적대감, 거짓말, 도벽 등 비행이나 품행상의 문제를 측정
	과잉행동 (Hyperactivity, HPR)	• 주의산만, 과잉행동, 충동성과 이에 수반되는 문제 등을 의미하는 문항으로 구성되어 있고, 주의력결핍 과잉행동장애 아동을 가려내기 위한 척도
	가족관계 (Family, FAM)	• 가족 내의 역동이 아동의 부적응이나 정신병리에 영향을 미치는 정도를 평가. 가정불화와 가정 내의 긴장, 부모와 자녀와의 관계, 부부관계의 위기, 자녀에 대한 무관심 등을 의미하는 문항으로 구성되어 있음
	사회관계(Social Relationship, SOC)	• 또래관계나 어른들과의 관계 등 아동의 사회관계에서 어려움이나 소외를 측정
	정신증 (Psychosis, PSY)	• 상동적 행동, 부적절하고 특이한 언행, 망상과 환각, 비현실감 등 언어, 사고, 행동에서의 특이함이나 현실접촉의 어려움을 측정하는 문항으로 구성되어 있고 정신병적 증상이 있는 아동을 가려내기 위한 척도임

7) 성격유형검사(MBTI/MMTIC)

성격유형검사(MBTI)는 Jung 심리유형론에 토대하여 Katharine Cook Briggs와 Isabel Briggs Myers에 의해 개발된 검사이다. 이는 개인이 외부로부터 정보를 수집하는 인식기능과 수집한 정보에 근거해서 결정을 내리는 판단기능에서 선호하는 방법이 근본적으로 다르다는 점에 기초한다.

개인의 인식기능은 감각(S: Sensing)과 직관(N: iNtution)으로 구분되며, 판단기능은 사고(T: Thinking)와 감정(F: Feeling)으로 구분된다. 또한 이러한 기능을 사용할 때 어떤 태도를 취하는가에 따라 외향(E: Extraversion)과 내향(I: Introversion) 및 판단(J: Judging)과 인식(P: Perceiving)으로 구분하여 심리적 에너지의 방향과 나타나는 생활양식을 설명한다. MBTI는 4가지의 분리된 선호경향으로 구성되어 있다. 선호경향은 Jung의 심리유형론에 따르면 교육이나 환경의 영향을 받기 이전에 이미 인간에게 잠재되어 있는 선천적 심리 경향을 말하며, 개인은 자신의 기질과 성향에 따라 4가지 이분척도에 따라 둘 중 하나의 범주에 속하게 된다.

MBTI는 개인이 쉽게 응답할 수 있는 자기보고를 통해 인식하고 판단할 때의 각자 선호하는 경향을 찾고, 또 이러한 선호 경향들이 하나 또는 여러 개가 합쳐져서 인간의 행동에 어떠한 영향을 미치는가를 파악하여 실생활에 응용할 수 있도록 제작된 것이다. 우리나라에서는 1988~1990년에 심혜숙과 김정택(1993)에 의해 한국판으로 표준화되었다. MBTI는 중학교 3학년부터 성인을 대상으로 하며, 초등학교 3학년부터 중학교 2학년까지는 MMTIC를 활용한다.

(1) 어린이 및 청소년 성격유형검사(MMTIC)

어린이 및 청소년 성격유형검사(Meisgeier-Murphy Type Indicator for Children: MMTIC)는 만 8~13세 아동 및 청소년을 대상으로 하며, 이론적인 틀과 문항 구성은 MBTI의 선호도 지표를 그대로 적용한다. Meisgeier 등(1987)에 의해 개발되었으며, 한국 표준화는 김정택과 심혜숙(1994)에 의해 이루어졌다.

MMTIC는 70개 문항으로 구성되어 있으며, 검사-재검사에 의한 신뢰도는 EI척도 .76, SN척도 .65, TF척도 .63, JP척도 .63이다. 검사에 소요되는 시간은 30분 정도이며, 채점은 자가채점과 컴퓨터 채점 모두 가능하다. 답이 빠져 있는 문항과 양쪽 모두 표기한 문항은 두 질문의 점수를 더해 중간점수를 준다. MMTIC 선호도 점수는 단지 선호도의 방향만을 표시해 주며, 점수의 크기가 선호도의 발달 정도나 아동의 어떤 능력을 설명해 주지는 않는다.

아동의 선호도가 결정되지 않는 경우에는 '결정되지 않은(undetermined)'라는 의미로 'U' 부호를 쓴다. 점수가 미결정 영역(U-band)에 있는 것은 선호도의 방향이 아직 충분히 명료하지 않음을 의미한다. 아동은 심리유형이 발달하는 과정에 있으므로 실제 장면에 적용할 때는 융통성 있게 활용하되 유형 또는 선호성의 방향을 의미하는 것으로 활용한다(김정택, 심혜숙, 1994).

MBTI의 네 가지 선호지표의 특징은 다음과 같다(김정택, 심혜숙, 제석봉, 1995, 2009).

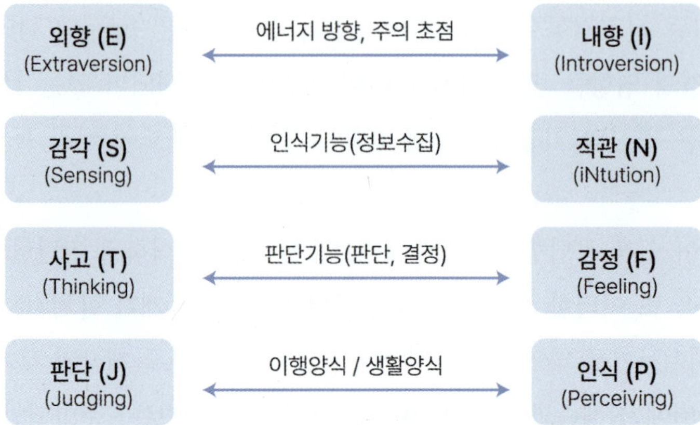

그림 5-1 / MBTI의 네 가지 선호지표의 특징

① 외향적 태도(Extroversion, E)**와 내향적 태도**(Introversion, I)

외향과 내향은 주의 초점, 에너지의 방향을 나타낸다. 외향적 태도(E)는 주로 외적세계를 지향하므로 관심을 외부세계의 사람이나 사물에다 쏟는다. 이러한 사람은 환경에다 영향력을 행사하고 외부세계의 중요성을 확인하고 영향력을 증대하고 싶어 한다. 내향적 태도(I)는 주로 내적세계를 지향하므로 외부세계에서 벗어나 자신의 내부세계에 더 초점을 두며 자신 안으로 몰입하는 경향이 있다.

② 감각적 인식(Sensing, S)**과 직관적 인식**((iNtuition, N)

감각과 직관은 정보를 수집하는 인식기능이다. 융은 모든 인식활동을 감각과 직관으로 나누었다. 이 두 기능은 어떤 합리적인 방향에 얽매이지 않고 자유롭게 작용하기 때문에 비합리적 기능으로 본다. 감각적 인식(S)은 오감을 통해 정보를 관찰하고 인식하는 경향이 있다. 감각은 구체적으로 존재하는 것을 통해 이루어진다. 직관(N)은 통찰을 통해 가능성, 의미, 관계를 인식하는 것을 말한다. 전체를 파악하고 본질적인 패턴을 통해 인식하는 경향이 있으며, 통찰을 통해 가능성, 의미, 관계를 인식하는 경향이 있다.

③ 사고적 판단(Thinking, T)**과 감정적 판단**(Feeling, F)

사고와 감정은 판단하고 결정하는 판단기능이다. 융은 사고와 감정을 합리적 기능이라고 본다. 이는 판단 방법이 생활사건들을 이성의 법칙에 따라 조화시키려고 하기 때문이다. 사고(T)는 객관적인 판단기준에 근거하여 정보를 비교분석하여 의사결정을 하는 경향이다. 사고는 인정에 얽매이지 않고 인과 원리에 따라 이루어진다. 감정(F)은 객관적인 기준보다 인간중심의 가치에 따라 타인에게 어떤 영향을 주는가에 따라 의사결정과 선택을 하는 경향이 있다. 상대적인 가치와 문제의 장점 등을 고려하여 결정하며 개인이나 집단의 가치를 중시한다.

④ **판단적 태도**(Judgment, J)**와 인식적 태도**(Perception, P)

판단과 인식은 외부세계에 대한 생활양식을 나타낸다. 판단(J)은 구조화되고 조직화되는 것을 선호하며, 생활을 조절하고 통제하며 계획을 세우고 질서있게 생활하기를 원한다. 정보를 느긋하게 받아들이는 것이 아니라 결정을 내릴 만큼의 정보를 얻었다 싶으면 재빨리 결론에 도달하려 한다. 인식(P)은 상황에 맞추어 적응하며 자율적으로 살아가는 것을 선호한다. 들어오는 정보 그 자체를 즐기며, 모든 경험에 개방적이고 자발적으로 상황에 대처해나가는 경향이 있다.

표 5-14 / **선호지표별 대표적 표현**

외향(Extraversion)	내향(Introversion)
• 자기외부에 주의집중 • 외부활동과 적극성 • 정열적, 활동적 • 말로 표현 • 경험한 다음에 이해 • 쉽게 알려짐	• 자기내부에 주의집중 • 내부활동과 집중력 • 조용하고 신중 • 글로 표현 • 이해한 다음에 경험 • 서서히 알려짐
감각(Sensing)	**직관(iNtuition)**
• 지금, 현재에 초점 • 실제의 경험 • 정확, 철저한 일처리 • 사실적 사건묘사 • 나무를 보려는 경향 • 가꾸고 추수함	• 미래 가능성에 초점 • 아이디어 • 신속 비약적인 일처리 • 비유적, 암시적 묘사 • 숲을 보려는 경향 • 씨뿌림
사고(Thinking)	**감정(Feeling)**
• 진실, 사실에 주 관심 • 원리와 원칙 • 논거, 분석적 • 맞다, 틀리다 • 규범, 기준중시 • 지적 논평	• 사람, 관계에 주 관심 • 의미와 영향 • 상황적, 포괄적 • 좋다, 나쁘다 • 나에게 주는 의미 중시 • 우호적 협조

판단(Judging)	인식(Perceiving)
• 정리 정돈과 계획 • 의지적 추진 • 신속한 결론 • 통제와 조정 • 분명한 목적의식과 방향감각 • 뚜렷한 기준과 자기의사	• 상황에 맞추는 개방성 • 이해로 수용 • 유유자적한 과정 • 융통과 적응 • 목적과 방향은 변화할 수 있다는 개방성 • 재량에 따라 처리될 수 있는 포용성

다음은 MBTI의 16가지 성격유형과 유형별 선호경향에 대한 설명이다(Myers & McCaulley, 1985; 김정택, 심혜숙, 제석봉, 1994).

ISJT 세상의 소금형	ISFJ 임금 뒤편의 권력자	INFJ 예언자형	INTJ 과학자형
ISTP 백과사전형	ISFP 성인군자형	INFP 잔다르크형	INTP 아이디어 뱅크형
ESTP 수완 좋은 활동가형	ESFP 사교적인 유형	ENFP 스파크형	ENTP 발명가형
ESTJ 사업가형	ESFJ 친선도모형	ENFJ 언변능숙형	ENTJ 지도자형

그림 5-2 / MBTI의 16가지 성격유형

- **ISTJ(세상의 소금형)**

  신중하고 조용하며 집중력이 강하고 매사에 철저하다. 구체적, 체계적, 사실적, 논리적, 현실적인 성격을 띠고 있으며, 신뢰할 만하다. 만사를 체계적으로 조직화시키려고 하며 책임감이 강하다. 성취해야 한다고 생각하는 일이면 주위의 시선에 아랑곳하지 않고 꾸준하고 건실하게 추진해 나간다.

- **ISFJ(임금 뒤편의 권력자형)**

  조용하고 친근하고 책임감이 있으며 양심 바르다. 맡은 일에 헌신적이며 어떤 계획의 추진이나 집단에 안정감을 준다. 매사에 철저하고 성실하고 정확하다. 기계분야에는 관심이 적다. 필요하면 세세한 면까지도 잘 처리해 나간다. 충실하고 동정심이 많고 타인의 감정에 민감하다.

- **INFJ(예언자형)**

인내심이 많고 독창적이며 필요하거나 원하는 일이라면 끝까지 이루려고 한다. 자기 일에 최선의 노력을 다한다. 타인에게 말없이 영향력을 미치며, 양심이 바르고 다른 사람에게 따뜻한 관심을 가지고 있다. 확고부동한 원리원칙을 중시한다. 공동선을 위해서는 확신에 찬 신념을 가지고 있기 때문에 존경을 받으며 사람들이 따른다.

- **INTJ(과학자형)**

대체로 독창적이며 자기 아이디어나 목표를 달성하는 데 강한 추진력을 가지고 있다. 관심을 끄는 일이라면 남의 도움이 있든 없든 이를 계획하고 추진해 나가는 능력이 뛰어나다. 회의적, 비판적, 독립적이고 확고부동하며 때로는 고집스러울 때도 많다. 타인의 감정을 고려하고 타인의 관점에도 귀를 기울이는 법을 배워야 한다.

- **ISTP(백과사전형)**

차분한 방관자이다. 조용하고 과묵하며, 절제된 호기심을 가지고 인생을 관찰하고 분석한다. 때로는 예기치 않게 유머 감각을 나타내기도 한다. 대체로 인간관계에 관심이 없고, 기계가 어떻게 왜 작동하는지 흥미가 많다. 논리적인 원칙에 따라 사실을 조직화하기를 좋아한다.

- **ISFP(성인군자형)**

말없이 다정하고 친절하고 민감하며 자기능력을 뽐내지 않고 겸손하다. 의견의 충돌을 피하고 자기견해나 가치를 타인에게 강요하지 않는다. 남 앞에 서서 주도해 나가기보다 충실히 따르는 편이다. 일하는 데에도 여유가 있다.

- **INFP(잔다르크형)**

정열적이고 충실하나 상대방을 잘 알기 전까지는 이를 드러내지 않는 편이다. 학습, 아이디어, 언어, 자기독립적인 일에 관심이 많다. 어떻게 하든 이루어내기는 하지만 일을 지나치게 많이 벌이려는 경향이 있다. 남에게 친근하기는 하지만 많은 사람들을 동시에 만족시키려는 부담을 가지고 있다. 물질적 소유나 물리적 환경에는 별 관심이 없다.

- **INTP(아이디어 뱅크형)**

조용하고 과묵하다. 특히 이론적 과학적 추구를 즐기며, 논리와 분석으로 문제를 해결하기를 좋아한다. 주로 자기 아이디어에 관심이 많으나, 사람들의 모임이나 잡담에는 관심이 없다. 관심의 종류가 뚜렷하므로 자기의 지적 호기심을 활용할 수 있는 분야에서 능력을 발휘할 수 있다.

- **ESTP(수완 좋은 활동가형)**

현실적인 문제해결에 능하다. 근심이 없고 어떤 일이든 즐길 줄 안다. 기계 다루는 일이나 운동을 좋아하고 친구 사귀기를 좋아한다. 적응력이 강하고 관용적이며, 보수적인 가치관을 가지고 있다. 긴 설명을 싫어한다. 기계의 분해 또는 조립과 같은 실제적인 일을 다루는 데 능하다.

- **ESFP(사교적인 유형)**

사교적이고 태평스럽고 수용적이고 친절하며, 만사를 즐기는 형이기 때문에 다른 사람들로 하여금 일에 재미를 느끼게 한다. 운동을 좋아하고 주위에 벌어지는 일에 관심이 많아 끼어들기 좋아한다. 추상적인 이론보다는 구체적인 사실을 잘 기억하는 편이다. 건전한 상식이나 사물뿐 아니라 사람들을 대상으로 구체적인 능력이 요구되는 분야에서 능력을 발휘할 수 있다.

- **ENFP(스파크형)**

따뜻하고 정열적이고 활기에 넘치며 재능이 많고 상상력이 풍부하다. 관심이 있는 일이라면 어떤 일이든지 척척 해낸다. 어려운 일이라도 해결을 잘하며 항상 남을 도와줄 태세를 가지고 있다. 자기능력을 과시한 나머지 미리 준비하기보다 즉흥적으로 덤비는 경우가 많다. 자기가 원하는 일이라면 어떠한 이유라도 갖다 붙이며 부단히 새로운 것을 찾아 나선다.

- **ENTP(발명가형)**

민첩하고 독창적이고 안목이 넓으며 다방면에 재능이 많다. 새로운 일을 시도하고 추진하려는 의욕이 넘치며, 새로운 문제나 복잡한 문제를 해결하는 능력이 뛰어나며 달변이다. 그러나 일상적이고 세부적인 면은 간과하기 쉽다. 한 일에 관심을 가져도 부단히 새로운 것을 찾아나간다. 자기가 원하는 일이면 논리적인 이유를 찾아내는 데 능하다.

- **ESTJ(사업가형)**

구체적이고 현실적이고 사실적이며, 기업 또는 기계에 재능을 타고난다. 실용성이 없는 일에는 관심이 없으며 필요할 때 응용할 줄 안다. 활동을 조직화하고 주도해 나가기를 좋아한다. 타인의 감정이나 관점에 귀를 기울일 줄 알면 훌륭한 행정가가 될 수 있다.

- **ESFJ(친선도모형)**

  마음이 따뜻하고 이야기하기 좋아하고, 사람들에게 인기가 있고 양심 바르고 남을 돕는 데에 타고난 기질이 있으며 집단에서도 능동적인 구성원이다. 조화를 중시하고 인화를 이루는 데 능하다. 항상 남에게 잘 해주며, 격려나 칭찬을 들을 때 가장 신바람을 낸다. 사람들에게 직접적이고 가시적인 영향을 줄 수 있는 일에 가장 관심이 많다.

- **ENFJ(언변능숙형)**

  주위에 민감하며 책임감이 강하다. 다른 사람들의 생각이나 의견을 중히 여기고, 다른 사람들의 감정에 맞추어 일을 처리하려고 한다. 편안하고 능란하게 계획을 내놓거나 집단을 이끌어 가는 능력이 있다. 사교성이 풍부하고 인기 있고 동정심이 많다. 남의 칭찬이나 비판에 지나치게 민감하게 반응한다.

- **ENTJ(지도자형)**

  열성이 많고 솔직하고 단호하고 통솔력이 있다. 대중 연설과 같이 추리와 지적 담화가 요구되는 일이라면 어떤 것이든 능하다. 보통 정보에 밝고 지식에 대한 관심과 욕구가 많다. 때로는 실제의 자신보다 더 긍정적이거나 자신 있는 듯한 사람으로 비칠 때도 있다.

8) 청소년 성격강점검사(CST-A)와 아동 성격강점검사(KICS)

청소년 성격강점검사(Character Strengths Test for Adolescents: CST-A)는 권석만, 김지영, 하승수(2011)가 Perterson과 Seligman(2004)이 개발한 VIA(Values in Action Inventory of Strengths) 분류체계에 입각하여 청소년(10~17세)에 맞게 자체적으로 개발한 것이다. 개인의 성격적 강점을 알아보기 위한 VIA 분류체계에 따른 24개의 성격강점을 측정하는 하위척도와 주관적 행복 척도, 긍정왜곡 성향을 측정하는 사회적 선호도 척도를 포함하여 모두 26개의 하위척도로 구성되어 있다. '전혀 그렇지 않다(0점)'부터 '매우 그렇다(3점)'의 Likert 4점 척도이다.

24개 성격강점은 지혜/지식 관련 강점(창의성, 호기심, 개방성, 학구열, 지혜), 인간애 관련 강점(사랑, 이타성, 사회지능), 용기 관련 강점(용감성, 끈기, 진실성, 활력), 절제 관련 강점(관대성, 겸손, 신중, 자기조절), 정의 관련 강점(책임감, 공정성, 리더십), 초월 관련 강점(감상력, 감사, 낙관성, 유머감각, 종교성)이다.

아동 성격강점검사(Korean Inventory of Character Strengths for Children, KICS)는 아동의 성격강점 및 대표강점을 파악하는 것을 목적으로 김광수 등(2015)이 개발한 검사이다. 24개의 성격강점 중에서 용서, 겸손, 신중성 강점 문항은 각 4문항씩, 나머지 성격강점은 각 5문항씩 총 117문항이다. 개인별 검사를 통해 산출된 원점수에 근거한 개인 내 비교를 통해서 24개의 강점 순위를 결정하여 개인 내에서 상대적으로 탁월한 성격강점을 파악하여 제시된다. Likert 5점 척도로 '전혀 그렇지 않다'면 1점, '매우 그렇다'면 5점으로 평정한다.

KICS의 단축형 검사인 KICS-S(한선녀, 2022)는 지성(창의성, 호기심, 개방성, 학구열, 지혜), 인간애(사랑, 친절, 사회지능), 용기(용감성, 끈기, 진실성, 활력), 절제(용서, 겸손, 신중성, 자기조절), 정의(시민의식, 공정성, 리더십), 초월(심미안, 감사, 낙관성, 유머, 영성)의 6가지 미덕 요인과 각 미덕의 실현과 관련된 성격강점을 반영한 24문항으로 되어 있으며, KICS와 동일한 5점 척도이다.

표 5-15 / KICS 단축형(KICS-S) 문항

번호	문항
1	배울 기회가 생기면 곧바로 적극 참여한다.
2	누가 시키지 않아도 열심히 배우고 익힌다.
3	깊고 폭넓게 생각하고 판단한다.
4	문제가 생기면 슬기롭게 해결해 나간다.
5	도움이 필요한 사람을 보면 나서서 돕는다.
6	사람들을 친절하게 대한다.
7	상대방의 기분을 잘 맞추어 준다.
8	친구가 원하는 것을 잘 알아차린다.
9	두렵지만 옳은 일이라면 나서서 한다.
10	목표를 이루기 위해 힘들어도 이겨낸다.
11	한번 시작한 일은 끝까지 해낸다.
12	솔직함은 나의 장점이다.

번호	문항
13	내게 잘못한 사람에 대해 이해하려 한다.
14	말하기 전에 깊이 생각한다.
15	실수하지 않으려고 조심스럽게 행동한다.
16	당장 하고 싶은 일이 있어도 참고 기다릴 수 있다.
17	맡은 역할에 최선을 다한다.
18	내가 속한 모둠에 협조적이다.
19	모둠활동을 할 때 모두에게 공평한 기회를 준다.
20	친구들은 자주 나를 대표로 뽑는다.
21	좋은 책이나 영화를 보며 큰 감동을 느낀다.
22	지금까지 받아 온 것들에 대해 감사함을 느낀다.
23	좋은 일이 생기면 도움을 준 사람들을 떠올린다.
24	힘들 때 밝은 미래를 생각하며 이겨낸다.

9) 한국판 DSM-5 성격질문지

한국판 DSM-5 성격질문지(Personality Inventory for DSM-5: PID-5)는 성격장애를 측정하기 위한 검사도구이다. 성격 5요인 모델과 성격장애의 부적응적 특성을 바탕으로 Krueger 등(2012)이 개발하였으며, 신소영과 황순택(2016)이 한국판으로 타당화하였다. 병리적 성격 특질 5요인과 25개의 하위양상으로 구성되어 있으며, 총 220문항이다. '전혀 아니다' 0점에서 '매우 그렇다' 3점까지의 4점 Likert 척도이다. PID-5는 여러 연구에서 신뢰도와 타당도가 검증되었으며 연구 및 임상장면에서 유용한 것으로 평가되고 있다.

그러나 이후 검사를 쉽고 빠르게 실시하기 위하여 25문항의 PID-5 간편형(Personality Inventory for DSM-5—Brief Form: PID-5-BF)이 개발되었다(Krueger et al., 2012). 이는 병리적 성격 특질의 5개 상위영역만 측정하여 성격병리 평가의 유용성에 제한이 있지만 간편하게 자가실시하여 병리적 성격의 특질을 개략적으로 확인하는 데 활용된다. Maples 등(2015)은 5개 영역뿐만 아니라 양상(facet)도 측정할 수 있는 100문항의 PID-5 단축형(Personality Inventory for DSM-5—Short Form: PID-5-SF)을 개발하였으며, 홍태화(2016)에 의해 K-PID-5 SF로 타당화되었다.

여기에서는 25문항으로 구성된 간편 DSM-5 성격검사(11~17세용) 질문지의 문항 구성과 문항내용을 <표 5-16>에 제시하였다. 병리적 성격특질의 5개 영역의 내용은 다음과 같다.

① **부정적 정서성**

광범위하고 높은 수준의 부정적 정서(예, 불안, 우울, 죄책감/수치심, 걱정, 분노)에 대한 빈번하고 강렬한 경험과 이들의 행동적(예, 자해), 대인관계적 발현(예, 의존성)

② **애착상실**

대인관계 상호작용으로부터의 위축(친구와의 일상적인 상호작용에서부터 친밀한 관계에 이르는 범위)과 특히 쾌감을 경험하는 제한된 능력을 포함한 제한된 감정 경험 및 표현, 사회감정적 경험에 대한 회피

③ **적대성**

다른 사람과 갈등을 유발하는 행동들. 다른 사람의 욕구와 느낌에 대한 무지와 자기 강화를 위해 다른 사람을 착취하는 것을 포함하는 냉담성과 반감뿐만 아니라, 과장된 자기중요감 및 이에 수반하는 특별대우에 대한 기대

④ **탈억제**

즉각적인 만족을 추구하는 성향. 과거에 학습한 것이나 미래에 발생할 결과를 고려하지 않고, 현재의 생각, 느낌 및 외부자극에 의해 유발되는 충동적인 행동으로 이어짐

⑤ **정신병적 경향성**

문화적으로 부합하지 않는 이상하고 기이하고 특이한 행동 및 인지를 광범위하게 보이며, 이는 과정(예, 지각, 해리)과 내용(예, 믿음)을 모두 포함함

표 5-16 / 간편 DSM-5 성격검사(PID-5-BF) 11~17세용 문항

성격특질 영역	문항 수	문항 번호
부정적 정서성(negative affect)	5	8, 9, 10, 11, 15
애착상실(detachment)	5	4, 13, 14, 16, 18
적대성(antagonism)	5	17, 19, 20, 22, 25
탈억제(disinhibition)	5	1, 2, 3, 5, 6
정신병적 경향성(psychoticism)	5	7, 12, 21, 23, 24

번호	문항
1	사람들은 나를 무모하다고 할 것이다.
2	나는 전적으로 충동적으로 행동하는 것 같다.
3	나는 내가 그렇다는 것을 잘 알면서도 성급한 결정을 자제하지 못한다.
4	나는 신경 쓰이 일들은 아무것도 하고 싶지 않다.
5	다른 사람들은 나를 무책임하다고 생각한다.
6	나는 미리 계획을 잘 세우지 못한다.
7	다른 사람들은 종종 내 생각을 이해하지 못한다.
8	나는 거의 모든 것에 대해 걱정한다.
9	나는 사소한 일로도 쉽게 감정적으로 된다.
10	혼자 있는 것은 다른 무엇보다도 두렵다.
11	나의 일 처리 방식이 효과가 없다는 것을 알면서도 그 방식을 고집한다.
12	나는 실제로 그곳에 있지 않은 것들이 내 눈에는 보인다.
13	나는 연애를 하고 싶지 않다.
14	나는 친구를 사귀는 것에는 관심이 없다.
15	나는 별것 아닌 일에도 쉽게 짜증이 난다.
16	나는 사람들과 너무 가까워지는 것을 원하지 않는다.
17	내가 다른 사람들의 기분을 상하게 하더라도 나에게는 별일이 아니다.
18	나는 어떤 것에도 열정이 없는 편이다.
19	나는 사람들의 주의를 끌고 싶다.
20	나보다 하찮은 사람들을 상대해야 할 때가 종종 있다.
21	나에게는 이해가 되지만 남들에게는 이상하게 여겨지는 생각을 종종 한다.
22	나는 내가 원하는 것을 얻기 위해 사람들을 이용한다.
23	나는 의식이 멍해졌다가 갑자기 회복될 때가 종종 있는데, 그 사이에 많은 시간이 흘러갔음을 알게 된다.
24	내 주위의 것들이 현실이 아닌 것처럼 느껴지거나 보통 때보다 더 생생하게 느껴질 때가 종종 있다.
25	나는 다른 사람을 이용하는 것쯤은 어렵지 않다.

2 투사적 성격검사

투사적 성격검사는 모호하고 비구조화된 검사자극에 대한 개인의 반응을 분석하여 사고의 과정과 내용, 정서와 성격상의 다양한 특징, 자신과 환경에 대한 태도, 주요한 갈등과 방어, 심리적인 부적응, 정신병리 등을 측정하는 검사이다. 모호하고 비구조화된 자극에 반응하는 과정에서 개인마다 독특한 반응 양식과 내용이 드러나게 되는데, 이러한 각 개인의 독특한 반응들은 자극 자체의 특징이기보다는 피검사자의 고유한 내적 정신활동과 성격특성이 투사된다고 보는 것이 투사적 성격검사의 기본 가정이다.

투사적 성격검사의 가장 중요한 특징은 인지평가나 객관적 성격검사 등의 표준화된 검사와 달리 피검사자가 인식하지 못하고 있는 개인의 의식 영역 바깥에 있는 정신현상을 측정한다는 점이다. 또한 검사과정 동안 자신의 내적 경험과 상태를 은폐하거나 과장하기가 어렵거나 불가능하다.

그러나 투사적 성격검사는 검사를 실시하고 채점하고 해석하는 과정에서 검사자의 주관이 개입될 소지가 비교적 적은 객관적 검사와 달리 검사자에 따라 피검사자의 반응이 다를 수도 있고, 채점과 해석과정에 검사자의 주관이 개입될 수밖에 없다. 또한 대부분의 투사적 검사는 실시와 채점, 해석이 매우 복잡하여 상당한 수준의 전문성을 갖추지 않으면 사용하기 어렵다는 한계가 있다. 그리고 다른 유형의 심리검사에 비해 검사의 타당도가 충분히 입증되지 않았기 때문에 검사를 매우 조심스럽게 사용해야 한다. 특히 투사적 성격검사에서 시사되는 해석적 가설은 이 검사 외의 다른 자료를 통해 지지되는 범위 내에서 잠정적인 결론으로 채택하는 것이 해석의 오류를 줄이는 데 도움이 된다.

임상장면에서 많이 사용되고 있는 아동과 청소년 대상의 투사적 성격검사로는 로샤검사, 주제통각검사(TAT)와 한국판 아동용 주제통각검사(K-CAT), 문장완성검사(SCT), 집-나무-사람검사(HTP), 동작성 가족화검사(KFD), 동작성 학교그림검사(KSD) 등이 있다.

1) 로샤(Rorschach)

로샤(Rorschach)는 로샤, 로르샤흐, 로르샤하, 료사 등으로 표기되고 있다. 로샤 검사는 1921년 Herman Rorschach가 연구논문을 통해 잉크반점검사를 소개한 이후 현재까지 매우 빈번하게 사용되고 있는 투사적 심리검사 중의 하나이다. 다른 어떤 검사보다도 개인의 성격을 다차원적으로 이해하는 데 도움을 준다. 로샤 검사는 개인의 사고, 정서, 현실지각, 대인관계 방식 등 다양한 측면의 인격특성에 관한 정보를 제공한다. 로샤 검사는 정상인을 대상으로 한 심리평가뿐만 아니라 임상심리학과 신격정신의학 장면에서 유용하고 결정적인 진단평가 도구로 활용되고 있다.

로샤 검사는 1921년 로샤에 의해 소개된 이후 Klopfer, Beck, Hertz, Piotrowski, Rapaport, Schafer에 의해 독자적인 체계들이 발전되어 왔다. 1970년대 초 Exner와 동료들이 이들을 비교, 분석하고 통합하여 Exner 로샤 종합체계(1974)를 출판하였으며, 2003년 네 번째 개정판이 출판되었다. 최근 연구들은 Exner 종합체계를 채택하는 경우가 대부분이다.

아동과 청소년을 대상으로 하는 경우에도 구조요약 점수와 지표를 해석하는 기준이 달라지는 것일 뿐 채점 방법과 해석과정은 성인의 경우와 동일한 채점기준과 해석 방법을 적용할 수 있으므로 성인용 로샤 검사에 익숙한 임상가는 누구나 아동과 청소년에게 로샤 검사를 실시할 수 있다. 그러나 아동과 성인 간 로샤검사를 실시하고 해석할 때는 상당한 차별적인 지식과 임상실습이 필요하며, 아동·청소년의 연령에 따른 발달적 규준과 아동·청소년기의 심리장애에 대한 전문적 지식이 필요하다. 아동의 특성에 따라 때로는 표준화된 실시 방법을 융통성 있게 변화시켜 적용할 필요가 있으며, 해석 시 아동과 청소년의 발달적 특성을 고려하는 것이 중요하다(신민섭, 김은정, 김지영, 2007).

(1) 검사의 구성

로샤 검사는 로샤가 데칼코마니 기법으로 제작한 카드를 지금까지도 사용하고 있다. 각 카드의 크기는 약 17cm×24cm이며, 무채색 카드(카드 I, IV, V, VI, VII), 유채색 카드 각각 5장으로 총 10장이다. 유채색 카드 2매는 검정색과 붉은색(카드 II, III)이 혼합되어 있고, 나머지 3매는 여러 가지 색채(카드 VIII, IX, X)가 혼합되어 있다. 카드에 제시되어 있는 잉크 블롯은 체계화되어 있지 않고 불분명하며 뚜렷한 의미가 없다. 카드 자체는 명백한 어떤 대상이나 사물을 지칭하고 있지 않으나 불분명한 다양한 함축적 의미가 암시되는 자극카드에 각 피검사자가 다양한 반응을 투사할 수 있다.

(2) 실시 절차

검사상황에서 발생할 수 있는 불안을 완화시키고, 부드럽고 편안한 분위기를 조성한다.

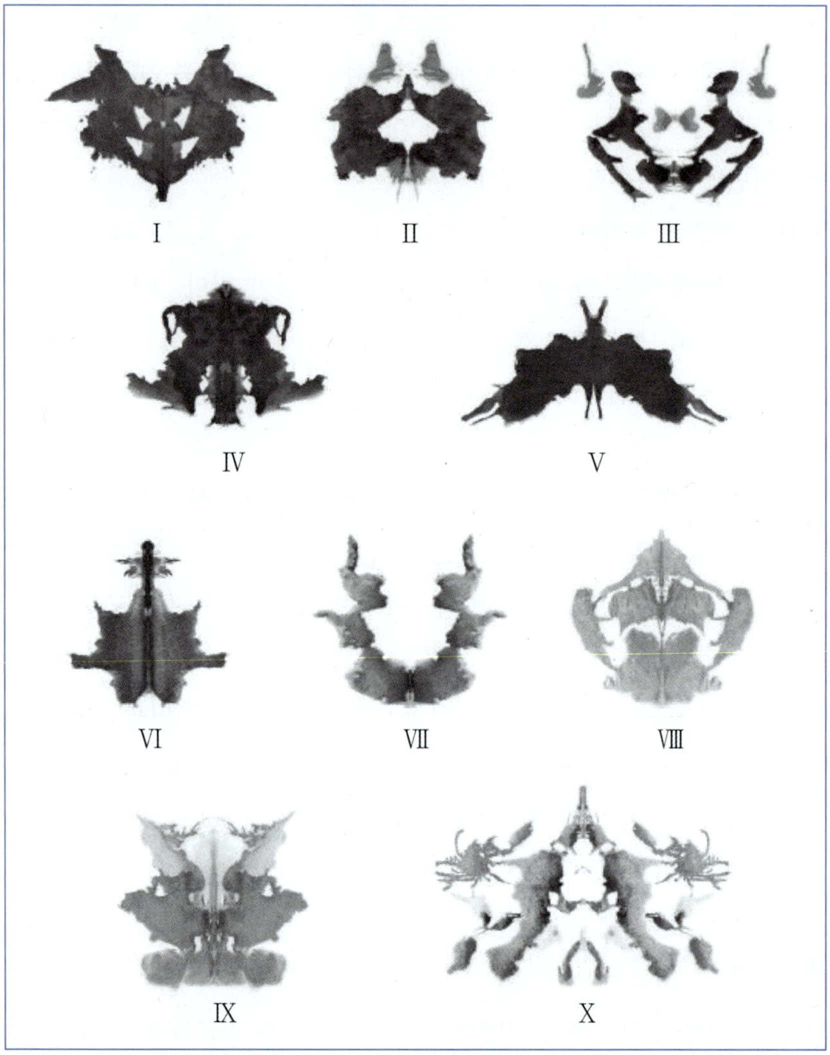

그림 5-3 / 로샤 검사 카드

검사를 소개할 때는 '잉크반점'이라는 사실적 표현을 쓴다. 피검사자가 검사에 대해 자세한 정보를 요청할 경우에도 검사자는 반응에 영향을 줄 수 있는 말은 가급적 피하고, 정해진 절차에 따라 지시한다. 자리배치는 검사자와 피검사자가 마주 앉는 것보다는 옆으로 90도 직각으로 앉거나 동일한 방향으로 앉는 것이 적절하다. 얼굴을 정면으로 맞대는 방향으로 앉으면 검사자의 비언어적 메시지가 민감하게 작용하여 검사 반응에 영향을 미칠 수 있기 때문이다.

검사 실시는 반응단계와 질문단계로 구분된다. 반응단계에서는 피검사자가 로샤 카드를 한 장씩 보면서 카드의 잉크 반점이 무엇으로 보이는지 자유롭게 응답하도록 한다. 다음 질문단계에서는 그 반응들을 다시 검토하면서 카드의 어떤 영역에서 그렇게 보았는지, 무엇을 보았는지, 어떤 특징 때문에 그렇게 보았는지 등을 피검사자에게 질문하고 확인한다. 이는 이후 채점에서 반응내용, 반응영역, 반응결정인 등을 가능한 정확하게 채점하기 위한 것이다. 자유연상단계에서의 지시문은 "지금부터 몇 장의 잉크반점 카드를 보여 드리겠습니다. 카드에서 보이는 것을 모두 말해주세요."이다.

상상력을 검사한다는 잘못된 개념을 갖지 않도록 피검사자가 본 것을 말하는 검사임을 주지한다. 반응의 양이 적다든가 어떤 유형의 반응을 암시하는 말을 해서는 안 되며 카드를 돌려보도록 지시하는 것도 피한다. 피검사자가 "카드를 돌려봐도 되나요?"라고 질문하면 "마음대로 하세요."라고 대답한다. 그러나 피검사자가 Ⅰ번 카드에서 한 개의 반응만 하는 경우에는 검사자는 Ⅰ번 카드에 한해서 "좀 더 충분하게 보도록 하세요. 좀 더 볼 수 있을 것 같은데요."라고 격려한다. Ⅰ번 카드에서 2~3개의 반응을 한 후 "몇 개나 반응해야 합니까?"라고 질문하면 다시 "마음대로 하시면 됩니다."라고 응답한다. 검사를 실시하는 동안 피검사자의 응답을 말한 그대로 기록하며, 피검사자가 카드를 보는 방향을 표시해 둔다.

• 아동과 청소년의 경우

학령기 이후의 아동은 성인과 같은 실시 방법이 적용될 수 있고 그 반응도 성인에게 쓰여지는 기호 범주로 분류할 수 있다. 그러나 유아는 지각이 미분화된 상태이므로 질문하기 어렵거나 반응을 기록하는 것이 불가능한 경우가 많다. 성인의 기호 범주로 반응을 분류하고 해석할 수 있는 것은 학령기 이후부터 가능하고 따라서 로샤 검사에서의 형식분석은 학령기 이후부터 가능하다(조현춘, 송영혜, 이명희, 1995).

아동과 청소년을 대상으로 로샤를 실시할 경우 검사에 대한 협조를 얻고, 불안을 완화시켜 타당한 검사 결과를 얻기 위해 라포를 형성하는 것이 가장 중요하다. 로샤 검사가 검사배터리의 일부로 실시될 때는 아동의 집중 정도와 협조 수준을 고려해야 하고, 너무 힘들어하지 않는지를 계속 살펴보아야 한다. 성인보다 자주 쉬고, 자리에 앉거나 일어서고 싶어 하면 허용한다.

아동과 청소년을 검사할 때에도 가능한 한 표준적인 실시 절차를 따라야 한다. 그러나 지나치게 저항적이거나 비협조적인 아동과 청소년의 태도로 검사가 힘든 경우, 예외적으로 각 카드에 대해 반응을 하게 한 다음 바로 질문단계로 들어가는 수정된 절차를 사용할 수 있다. 이런 절차를 사용하는 경우 다음과 같은 지시문을 사용한다.

"이것을 보고 나에게 무엇처럼 보이는지 말해주고, 내가 그것을 볼 수 있도록 보여주어요. 네가 본 대로 나도 볼 수 있도록 그것이 어디에 있고 무엇 때문에 그렇게 보이는지를 말해주어요."

(3) 채점 및 해석

로샤 검사에서는 피검사자의 반응에 나타난 상상력보다는 지각과 이해의 흐름에 관심을 가지고, 반응내용보다 반응형식에 주목하는 것이 중요하다. 로샤 검사의 채점은 잉크반점 자료의 상이한 측면에 나타난 피검사자의 언어적 반응을 분석하여 부호로 바꾸는 과정이다. 이는 해석을 위한 과정으로 피검사자의 전반적인 반응스타일과 심리적 특징을 평가할 수 있게 해준다.

채점에서 가장 중요한 두 가지 원칙은 "로샤 채점 부호나 점수는 피검사자가 반응을 한 그 시점에서의 인지적 작업을 나타내야 한다는 것"과 "반응에 나타난 모든 요소가 채점에 나타나야 한다는 것"이다(Exner, 1993).

채점은 위치, 발달질, 반응결정인, 형태질, 쌍반응, 반응내용, 평범반응, 조직화점수, 특수점수로 구성된다.

- **반응영역** : 잉크반점의 어느 부분에서 반응이 일어났는가
- **발달질** : 반응영역은 어떤 발달수준을 나타내는가, 반응에서 의미있는 조직화나 통합 정도는 얼마나 사용되었는가
- **반응결정인** : 반응을 결정하는 데 영향을 준 잉크반점의 특징은 무엇인가
- **형태질** : 반응은 잉크반점의 특징에 얼마나 잘 부합하는가
- **쌍반응** : 사물을 대칭적으로 지각하고 있는가
- **반응내용** : 반응은 어떤 내용 범주에 속하는가
- **평범반응** : 일반적으로 흔히 일어나는 반응인가
- **조직활동** : 자극을 조직화하여 응답했는가
- **특수점수** : 특이한 언어반응을 비롯하여 특이한 반응의 특징이 있는가

그밖에 반응 수, 반응 시간, 채점 항목 간의 비율 및 관계 등이 계산된다.

여기서는 반응영역과 반응결정인의 기호 및 채점기준에 대해서만 소개하기로 한다.

① 반응영역 채점기호 및 기준

사용된 잉크반점의 영역에 따라서 반응을 분류한다.

표 5-17 / 반응영역 및 채점기준

영역	기호	기준
전체 반응(Whole Response)	W	• 반점 전체를 사용한 경우
평범 부분반응(Common Detail Response)	D	• 흔히 사용하는 반점 영역을 사용한 부분
이상 부분반응(Unusual Detail Response)	Dd	• 드물게 사용하는 반점 영역을 사용한 부분
공간반응(Space Response)	S	• 흰 공간을 사용한 경우(WS, DS, DdS)

② 반응결정인(determinants) 채점 기호 및 기준

반응을 결정한 잉크반점의 성질에 따라 분류한다.

표 5-18 / 반응결정인 및 채점기준

결정인	기호	기준
형태(Form)	F	• 형태반응. 전적으로 잉크반점의 형태에만 근거한 반응
운동 (Movement)	M	• 인간운동반응. 인간의 활동, 동물이나 가공적 인물이 인간과 같은 활동을 하는 반응
	FM	• 동물운동반응. 동물의 운동으로 종 특유의 운동을 포함한 반응
	m	• 무생물운동반응. 무생물, 비생물의 움직임을 포함한 반응
유채색 (Chromatic Color)	C	• 순수색채반응. 형태에 대한 언급 없이 유채색 특징에만 근거한 반응
	CF	• 색채형태반응. 색채에 근거해 반응하고 형태를 부차적으로 사용한 반응
	FC	• 형태색채반응. 형태에 근거해 반응하고 색채를 부차적으로 사용한 반응
	Cn	• 색채명명반응. 색채 이름이 반응됨
무채색 (Achromatic Color)	C´	• 순수무채색반응. 형태에 대한 언급 없이 무채색 특징에만 근거한 반응
	C´F	• 무채색-형태반응. 무채색에 근거해 반응하고 형태를 부차적으로 사용한 경우
	FC´	• 형태무채색반응. 형태에 근거해 반응하고 무채색 특징을 부차적으로 사용한 경우
음영-재질 (Shading-Texture)	T	• 순수재질반응. 형태에 대한 언급 없이 잉크반점의 음영특징이 재질을 나타내는 반응
	TF	• 재질-형태반응. 잉크반점의 음영특징이 재질을 나타내고 형태가 부차적으로 사용된 반응
	FT	• 형태-재질반응. 형태에 근거해 반응하고 잉크반점의 음영특징이 재질을 나타내는 데 부차적으로 사용된 반응

결정인	기호	기준
음영-차원 반응 (Shading-Dimension)	V	• 순수차원반응. 형태에 대한 언급 없이 잉크반점의 음영특징이 깊이나 차원을 나타내는 반응
	VF	• 차원-형태반응. 잉크반점의 음영특징이 깊이나 차원을 나타내고 형태가 부차적으로 사용된 반응
	FV	• 형태-차원반응. 형태에 근거해 반응하고 음영특징이 깊이나 차원을 나타내는 데 부차적으로 사용된 반응
음영-확산 (Shading-Diffuse)	Y	• 순수음영반응. 형태에 대한 언급 없이 잉크반점의 음영특징에만 근거한 반응
	YF	• 음영-형태반응. 재질이나 차원에 대한 언급 없이 잉크반점의 음영특징에만 근거하고 형태가 부차적으로 사용된 반응
	FY	• 형태음영반응. 형태에 근거해 반응하고 재질이나 차원에 대한 언급 없이 음영특징이 부차적으로 사용된 반응
형태-차원 반응 (Form Dimension)	FD	• 형태에 근거한 차원 반응. 잉크반점의 윤곽이나 형태에 근거하여 깊이, 거리, 차원을 지각한 반응
쌍반응(Pairs) & 반사반응 (Reflections)	(2)	• 쌍반응. 잉크반점의 대칭에 근거하여 두 가지 동일한 대상을 지각한 반응. 반사되거나 거울에 비친 것은 아님
	rF	• 반사-형태반응. 잉크반점의 대칭에 근거하여 일정한 형태가 없는 대상이 반사되거나 거울에 비친 것으로 지각한 반응
	Fr	• 형태-반사반응. 잉크반점의 대칭에 근거하여 일정한 형태가 있는 대상이 반사되거나 거울에 비친 것으로 지각한 반응

표 5-19 / 로샤 반응 기록지(Sequence of Scores)

카드 번호	반응 번호	영역과 발달질	영역 번호	결정 인과 형태질	(2)	내용	평범 반응	Z-점수	특수 점수

채점한 결과를 체계적으로 요약해 놓은 표를 구조적 요약(structural summary)이라고 한다. 구조적 요약지는 상단부, 하단부로 나뉜다. 상단부에는 위치, 발달질, 결정인, 형태질, 반응내용, 조직활동, 특수점수 등 각 변인의 빈도 및 비율을 기록한다. 하단부에는 상단부의 빈도 수치를 사용해 만들어 낸 비율, 백분율을 산출한 점수들을 기록하고, 7개의 자료영역과 6개의 특수지표 점수를 산출한다. 이는 해석을 위한 기초자료가 된다.

자료영역은 핵심영역(Core Section), 관념영역(Ideation Section), 중재영역(Mediation Section), 처리영역(Processing Section), 정서영역(Affect Section), 대인관계영역(Interpersonal Section), 자기지각영역(Self Perception Section)이다.

특수지표(Special Indices)는 지각 및 사고지표(PTI: Perceptual-Thinking Index), 우울증지표(DEPI: Depression Index), 대응손상함지표(CDI: Coping Deficit Index), 자살지표(S-CON: Suicide Constellation, Suicide Potential), 과민성지표(HVI: Hypervigilance Index), 강박성지표(OBS: Obsessive Style Index)이다.

(4) 해석

로샤 검사의 결과를 해석하는 방법은 다양한데, 통계적인 자료에 근거한 객관적 해석 방법과 임상가의 주관적 경험을 강조하는 임상적 해석 방법으로 나눌 수 있다. 이러한 방법에 따라 결과 해석이 다소 달라질 수 있으나 로샤 검사를 통해 개인이 지니고 있는 사고나 공상의 주된 내용, 욕구와 충동, 정서상태와 정서조절능력, 인지적 접근양식, 무의식적 갈등 등을 평가할 수 있다(조옥귀, 문지혜, 2021).

로샤의 해석과정은 세 가지 일반적 범주의 자료, 구조적 자료, 점수계열, 언어적 표현을 모두 고려해야 한다. 구조적 자료는 기본적인 해석적 가설을 형성하는 데 가장 유용하다. 그러나 구조적 자료에만 의존한 해석은 오류의 가능성이 있으므로 점수계열이나 언어적 표현을 종합적으로 검토해야 한다. 결과를 보다 의미있는 방식으로 통합할 수 있으려면 피검사자에 대한 기본 정보, 검사가 실시되는 맥락과 반응 태도, 다른 검사자료, 행동관찰이나 과거력 등 다양한 출처의 정보를 활용할 수 있어야 한다(박영숙 외, 2019).

Exner(2003)는 검사자료를 군집으로 분류하여 해석할 것을 제안하였다. 사람들의 기본적인 특징에 관한 7개의 군집(정서적 특징, 통제와 스트레스 내성, 인지적 중재, 관념, 정보처리, 대인지각, 자기지각)과 상황과 관련된 스트레스에 관한 군집별로 검토하도록 하고 있다.

표 5-20 / **반응결정인별 해석적 의미**

범주	기호	해석적 의미
형태(Form)	F	• 통제 또는 지연(delay)과 관련
운동 (Movement)	M	• 높은 수준의 개념화, 공상, 지연과 관련
	FM	• 즉각 만족을 추구하고자 하는 욕구와 관련
	m	• 과도한 긴장을 만드는 상황적 스트레스와 관련
유채색 (Chromatic Color)	C,CF,FC,Cn	• 정서 및 정서표현의 조절과 관련
무채색 (Achromatic Color)	C,C´F,F	• 정서적 제약, 억제와 관련
음영-재질 (Shading-Texture)	T,TF,FT	• 정서적 애정 욕구, 정서적 대인관계 접촉과 관련
음영-차원 반응 (Shading-Dimension)	V,VF,FV	• 부정적인 내적 성찰(introspection), 고통스러운 자기 평가와 관련
음영-확산 (Shading-Diffuse)	Y,YF,FY	• 통제할 수 없는 느낌, 무력감, 불안감과 관련
형태-차원 반응 (Form Dimension)	FD	• 내성과 관련
쌍반응(Pairs) & 반사반응(Reflections)	(2)	• 자기초점(self-focus)과 관련
	rF,Fr	• 자아중심성 또는 자기초점과 관련

출처: Howard(1989), 박영숙 외(2019) 재인용.

채점과 해석과정에서 전산프로그램이 활용되기도 한다. 로샤 채점 및 해석 시스템(Rorschach Scoring and Interpretation System)을 통해 전산으로 결과가 제공되고 있으며, 로샤 검사 결과의 기초가 되는 구조요약뿐만 아니라 해석 보고서를 산출하여 임상 및 상담 장면에서 활용할 수 있다(로샤코리아, www.Rorschach.co.kr).

2) 주제통각검사(Thematic Apperception Test: TAT)

주제통각검사(Thematic Apperception Test, TAT)는 로샤 검사와 함께 널리 사용되고 있는 투사적 검사로서 로샤에 비해 상대적으로 분명한 상황이 제시되는 검사이다. 그림에 대한 이야기를 통해 개인을 이해하려는 시도는 Galton(1879)의 자유연상 실험과 Brittain(1907)의 청소년 그림 이야기 연구 등으로 시도되어 왔으며, TAT는 Morgan과 Murray(1935)에 의해 처음 소개되었다. 이후 Murray(1938)는 욕구-압력체계를 근거로 한 TAT 이론체계를 발전시켰으며, 검사도판은 1943년까지 세 차례 개정되면서 31매로 표준화되고 검사요강이 출판되었다.

TAT는 개인의 성격과 환경과의 상호관계를 보여주며, 개인의 동기, 정서, 기분, 콤플렉스, 갈등, 대인관계 및 성격 역동, 특히 개인이 자각하지 못하는 억제된 요소들을 드러나게 해준다. 다른 투사적 검사와 마찬가지로 정신분석적 입장을 따르고 있다.

Murray(1943)는 사람들이 모호한 상황을 자신의 과거 경험과 현재 소망에 따라 해석하는 경향이 있으며, 반응 시 자신의 경험과 의식, 무의식적 감정 그리고 욕구와 부합되는 방향으로 이야기를 전개하는 경향이 있다고 하였다. Bellak(1959)은 TAT의 기본 가정으로 통각(apperception)과 외현화(externalization), 정신결정론(psychic determination)을 제안하였다. 개인은 단순하고 순수하게 지각하기보다 내적 욕구에 의해 어느 정도로 왜곡된 통각 과정을 나타내며, TAT에서 전의식 수준에 있는 내적 욕구가 의식화되는 외현화 과정을 통해 반응하며 이런 모든 것이 정신역동적으로 의미가 있다고 보았다.

임상장면에서는 TAT를 단독으로 사용하거나 일차적으로 선택하기보다 로샤 검사가 먼저 선택되고, 로샤 검사에서 동기나 성격역동, 주요 갈등영역 등이 충분히 파악되지 못한 경우 부가적으로 사용되는 것이 일반적이다(박영숙 외, 2019). 또한 인간관계를 통해 나타난 외적 정서반응 면과 자아심리가 투사된 정신역동적 면을 잘 드러내줌으로써 공격성, 우울감, 대인관계 등과 같이 환경과 인간관계에서 현실적응에 일어나는 개인의 성격내용을 규명하는 데 유용한 검사로 인정되고 있다. 검사를 통해 내적인 상태, 욕구와 동기, 문제해결방식, 갈등 등을 포함한 여러 가지 성격 측면들이 평가될 수 있으므로 진단과 치료의 목적뿐 아니라, 교육, 사회, 산업장면에서도 활용되고 있다.

(1) 검사의 구성

TAT 도판은 31매의 그림으로 구성되어 있으며, 31매의 도판 가운데 11매는 전 연령 모든 피검사자에게 공통적으로 적용되며, 남자 성인, 여자 성인, 소년, 소녀용으로 각각 9매씩의 도판이 구분되어 있다. 한 사람에게 20장을 제시하도록 되어 있다. 도판 가운데 한 개의 백지 카드가 포함되어 있으며 각 카드의 뒷면에는 카드를 선정할 때 고려할 남자와 여자, 소년과 소녀의 성별, 연령이 구별되어 제시되어 있다.

표 5-21 / TAT 도판 적용 대상

도판 구분	매수	적용 대상 및 도판 번호
공용도판	11	• 모든 내담자에게 공통 적용 • 도판 1, 2, 4, 5, 10, 11, 14, 15, 16, 19, 20
남자도판	8	• 성인남자 M, 소년 B • 도판 3BM, 6BM, 7BM, 8BM, 9BM, 12BM, 17BM, 18BM
여자도판	7	• 성인여자 F, 소녀 G • 도판 3GF, 6GF, 7GF, 8GF, 9GF, 17GF, 18GF
성인도판	1	• 성인남자 M, 성인여자 F -도판 13MF
성인여자도판	1	• 성인여자 F – 도판 12F
소년소녀도판	1	• 소년 B, 소녀 G –도판 12BG
소년도판	1	• 소년 B- 도판 13B
소녀도판	1	• 소녀 G- 도판 13G

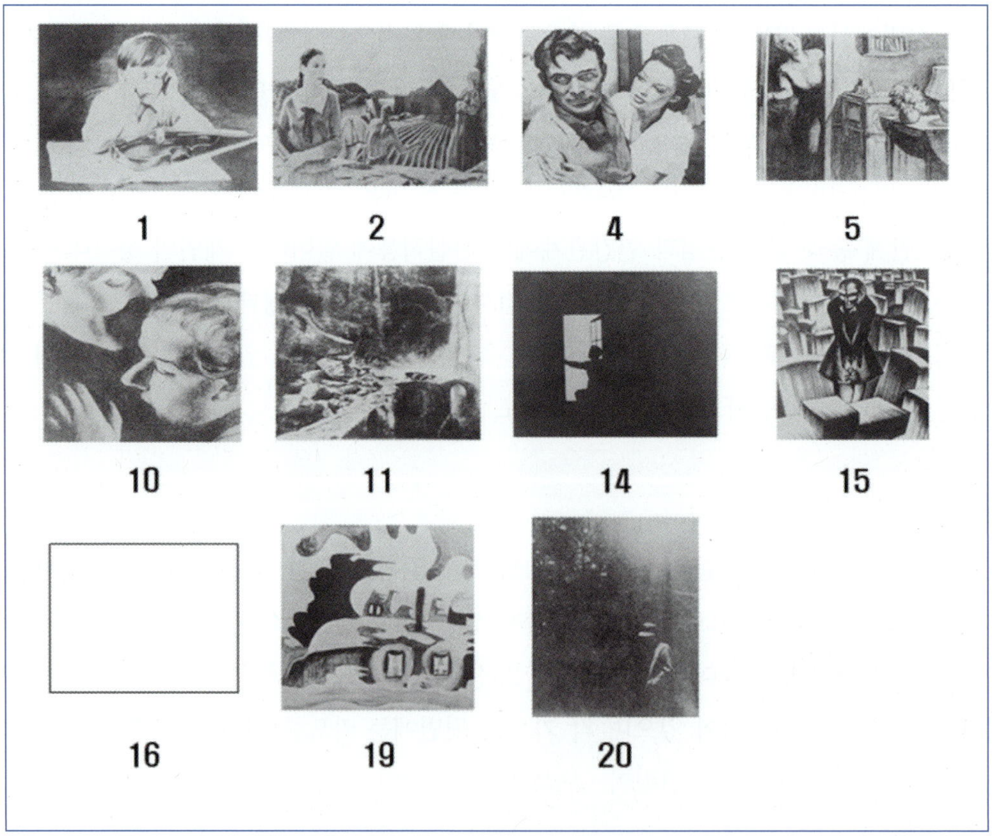

그림 5-4 / TAT 공용 도판

다음은 TAT 공용도판 중 일부 도판의 내용과 전형적 주제를 제시한 것이다.

표 5-22 / 도판의 특성과 전형적 주제 예시

도판 1

한 어린 소년이 탁자 위에 놓인 바이올린을 바라보고 있다.

- 전체 성격에 대해 말해주는 가장 중요하게 해석되는 도판
- 부모와의 관계(강압적이고 지배적인지, 수용적이고 이해적인지 등) 투사
- 자율과 권위에 대한 순종, 자립에 대한 갈등과 죄책감 관련 주제
- 성취욕구와 성공이 성취되는 수준
- 공격성, 초자아적 불안 등

도판 2

시골풍경으로 전경은 한 젊은 여자가 손에 책을 들고 있고, 배경은 한 남자가 들판에서 일을 하고 있다. 나이 든 여자는 쳐다보고 있다.

- 가족관계에 관한 중요한 지표
- 가족으로부터의 자유와 보수적 순응 주제
- 임신, 동성애, 야망, 성 역할, 형제 간 경쟁 등이 나타남

도판 14

남자(혹은 여자)의 실루엣이 밝은 창문 반대에 보인다. 그림의 나머지는 완전히 까맣다.

- 성적 정체성, 아동기의 공포 관련 주제
- 자살적 성향이 의심되는 사람에게는 절대적인 카드
- 다양한 이야기, 단순한 계획, 철학적인 합리화, 소망, 야망, 걱정 등 표현

도판 19

눈 덮인 오두막집 위로 구름으로 이루어진 것들이 나와 있는 이상한 그림이다.

- 다른 그림에 비해 모호하고 기이한 방식으로 그려져 이야기 전개가 어려움
- 피검사자의 불안, 불안정성 표현
- 안전에 대한 욕구, 환경의 어려움을 극복해 가는 방식에 대한 정보 제공

출처: 박영숙 외(2019). **현대 심리평가의 이해와 활용**. 서울: 학지사.

(2) 실시 절차

TAT의 표준 절차는 피검사자가 이야기를 하면 검사자가 기록 용지에 반응을 기록하는 것이다. 그러나 피검사자에게 자가실시를 하도록 안내하거나 집단검사로 실시하기도 한다. 집단검사는 스크린에 그림을 비추고 피검사자들이 이야기를 스스로 쓰도록 하는 것이다. 상상을 자극하여 나온 반응내용을 분석해야 하므로 이완된 상태에서 자유롭게 상상하고 언어로 표현할 수 있도록 충분하게 라포형성을 하여 편안한 분위기를 조성해야 한다.

성별과 연령에 따라 20장의 카드를 골라 번호순으로 배열하고 피검사자의 반응기록지와 초시계를 준비한다. 검사는 2회에 걸쳐 시행한다. 1회와 2회의 검사지시는 차이가 있으며, 피검사자의 연령과 지능수준에 따라서도 차이가 있다. 2회 검사는 적어도 하루 정도의 시간 간격을 두고 시행한다. 상황에 따라 검사에 할당하는 시간이나 카드 종류, 실시 방법, 채점과 해석 방법 등은 약간 다르게 시행될 수 있다.

검사자는 지시문 외에는 가급적 아무 말도 하지 않는 것이 좋다. 피검사자가 세부적인 사항에 대해 질문을 하면 "그냥 하고 싶은 대로 하면 됩니다." 또는 "떠오르는 생각을 바탕으로 자연스럽게 이야기를 만들어 주세요." 정도로 말해 준다. TAT 검사 실시요강(Murray, 1943)에서 청소년이나 평균 지능 이상의 성인을 대상으로 하는 1회와 2회 표준지시문은 다음과 같다.

〈1회 검사 지시문〉

"이것은 지능의 한 형태인 상상력 검사입니다. 지금부터 한 번에 한 장씩 그림 몇 장을 보

여 드리겠습니다. 그림을 보면서 극적인 이야기를 만들어 보세요. 그림에 나타난 장면이 있기까지 어떤 일들이 있었고, 현재는 무슨 일이 일어나고 있으며, 그림 속의 인물들은 무엇을 느끼고 생각하고 있는지 이야기해 주십시오. 그리고 앞으로 어떤 결과로 이어질지도 이야기해 주십시오. 생각이 떠오르는 대로 이야기해 주세요. 어떻게 하는지 이해하셨습니까? 한 카드에 5분 정도 이야기할 수 있습니다. 자 여기 첫 번째 카드를 보시고 이야기를 만들어 보세요."

〈2회 검사 지시문〉
"오늘도 지난 번과 같이 하면 됩니다. 단지 좀 더 자유롭게 상상해 보도록 하세요. 오늘은 일상적인 현실을 무시하고 상상하고 싶은 대로 상상해서 이야기를 만들어 보세요. 신화, 동화, 우화 같이 말입니다. 자 여기 첫 번째 카드가 있습니다."

〈백지카드 지시문〉
"이 백지카드에서 무엇을 볼 수 있는지 한번 봅시다. 이 백지에서 어떤 그림을 상상해 보고 자세하게 이야기해 주세요."

(3) 분석 및 해석

TAT는 사용하는 사람만큼이나 다양한 실시 방법과 해석 방법이 있다고 할 정도로 공식적이고 보편적으로 통용되는 표준화된 해석방식이 있는 것은 아니다. 이는 정도의 차이는 있지만 다른 투사적 검사도 비슷하다. 임상심리학자들은 TAT를 실시하고 해석함에 있어 Murray(1943)가 실시요강에서 제시한 사항들을 나름대로 약간씩 변형하거나 자신의 고유한 방법을 사용하기도 한다(김재환 외, 2014). 현재 많이 쓰이는 체계는 Bellak(1993)이 제시한 정신분석에 기초한 직관적 해석법으로 반응내용 기저의 무의식적 내용을 자유연상을 이용하여 해석하는 방법이다. 해석에 분석용지를 활용하는데, 포괄적이고 채점이 용이하며 이야기를 여러 영역에서 평가할 수 있고 수량화할 수도 있다(박영숙 외, 2019). 여기서는 Murray가 제시한 주인공 중심의 해석 방법인 욕구-압력 분석법과 Bellak이 제시한 분석용지를 소개한다.

Murray의 욕구-압력 분석법은 개인의 욕구와 환경의 압력 사이의 상호작용 결과를 분석하는 방식으로 다음과 같은 과정으로 이루어진다.

① 주인공을 찾는다. 대체로 다음과 같은 경우 주인공으로 본다.

- 제일 먼저 이야기에 등장하는 인물
- 이야기 전체에서 피검사자가 관심을 집중시키는 인물
- 중요한 행동을 주동하는 입장에 있는 주요 인물
- 이야기를 전환시키는 역할을 하는 인물
- 다른 사람으로부터 행동을 강요받는 인물
- 연령, 성, 기타 심리적 특징이 피검사자와 유사한 인물

② 환경의 요구와 압력을 분석한다.

- 인적 압력

압력(pressure)	내용
착취(acquisition)	• 주인공을 강탈, 착취
친화(affiliation)	• 주인공과 사교적, 동료관계
공격(aggression)	• 주인공에게 언어적, 신체적, 파괴적 공격
인지(cognizance)	• 주인공에 대해 호기심, 알고 싶어함
존경과 복종(deference)	• 주인공에게 순응, 혹은 존경
지배(dominance)	• 주인공에게 명령, 강요, 행동을 억제하거나 유인함
모범(example)	• 주인공에게 좋거나 나쁜 모델이 됨
전달(exposition)	• 주인공에게 가르쳐주고 설명해 줌
양육(nurturance)	• 주인공을 양육, 격려, 보호, 돌봄
배척(rejection)	• 주인공을 거부, 경멸, 자존심 손상, 비난, 버림
확보(retention)	• 주인공이 바라는 것을 보유하고 제공해 주지 않음
성(sex)	• 주인공과 사랑에 빠짐
구원(succorance)	• 주인공으로부터 보호와 동정을 바람
가정불화(Family inssupport)	• 주인공 가정의 안정과 화목 결여
보상(gratuity)	• 주인공이 태어날 때부터 인종, 국가, 가계, 경제적 숭배 받음
경쟁(rival)	• 주인공의 애정, 승인의 욕구를 좌절시키는 부모, 형제, 타인 등장
동생 출산(birth of sibling)	• 1~6세 사이의 주인공에게 동생이 태어나서 생기는 호기심, 경쟁심, 공격성
지배-양육 (dominance-nurturance)	• 주인공에게 부모가 일생동안 달성하지 못한 점을 부가 시킴

압력(pressure)	내용
공격-지배 (aggression-dominance)	• 주인공에게 벌을 줌, 벌에 대한 위협, 강압적 행동, 구타, 억제
사기 또는 배신 (deception or betrayal)	• 성인의 거짓말이나 사기로 생기는 주인공 어린이의 의심, 불신

• 환경 압력

압력(pressure)	내용
재해(disaster)	• 자연재해, 불의의 사고
운명(luck)	• 주인공의 행복이 무엇에 기인하는지 불분명, 불안, 요행
불행(affliction)	• 주인공이 아닌 환경에서 일어난 질병, 결핍, 실패
결여(lack)	• 물질적 빈곤, 욕구대상의 상실
위험(danger)	• 자연에서 오는 물리적 위험과 불행
다양성(variety)	• 환경의 변화가 없고 무미건조함으로 받는 영향

• 내적 압력

압력(pressure)	내용
죽음(death)	• 주인공의 죽음
질환(illness)	• 주인공의 질환
좌절(frustration)	• 주인공의 행동에서 일어나고 있거나 예상되는 욕구좌절
죄(guilt)	• 주인공의 범법행위나 비행에 대한 죄악감, 종교적, 도덕적 죄의식
신체부적절(physical inadequacy)	• 주인공의 신체적 부적절감
심리부적절(mental inadequacy)	• 주인공의 심리적 부적절감
수술(operation)	• 수술에 대한 공포, 압력
열등감(inferiority)	• 신체적, 사회적, 정신적 열등감

③ 주인공의 반응에서 나타나는 욕구를 분석한다.

• 사물이나 상황에 대한 주인공의 활동에서 드러나는 욕구

욕구	내용
성취(achievement)	• 성취, 지식 및 기술 획득, 승리, 명성 획득, 창조적 활동수행
획득(acquisition)	• 사회적, 반사회적 획득, 변화 추구

욕구	내용
변화, 여행, 모험추구 (change, travel, adventure)	• 쉴 새 없이 계속 움직임, 새로운 광경이나 장소 갈구, 모험추구
인지(cognizance)	• 호기심, 관찰, 실험, 지적 탐구, 탐색
구성(construction)	• 정리, 정돈, 배열, 조직화, 건축 등 창조, 구성
만회(couneraction)	• 실패나 장애 극복, 자존심 만회, 열등감 극복
흥분과 탕진 (exitance & dissipitation)	• 정서적 흥분, 탕진, 위험한 놀이 탐닉
섭취(nutriance)	• 음식과 음료 섭취, 즐김
수동(passivity)	• 휴식, 수면, 안락함, 평온
유희(play)	• 놀이, 오락, 사교적 모임, 유흥, 흥겨운 생활
확보(retention)	• 물건 수집, 저장, 보존, 절약, 검소
관능(sentinence)	• 향락적, 심미적 쾌락 추구
이해(understanding)	• 지식과 지혜 추구, 독서, 경험 추구

• 다른 사람에 대한 주인공의 활동에서 드러나는 욕구

욕구	내용
친화(affiliation)	• 타인과의 집단적, 정서적 친화 욕구
공격(aggression)	• 감정적, 언어적, 신체적 공격
지배(dominance)	• 타인의 행동과 생각을 지배, 설득, 지도
전달(exposition)	• 소식 전달, 강의, 보도
양육(nurturance)	• 동정, 위로, 보호, 염려, 간호
승인과 자기과시 (recognition, exhibition)	• 타인의 인정, 관심과 주목, 명성
거부(rejection)	• 경멸, 비난, 배척, 무관심, 냉담, 타인 요구 거부
성(sex)	• 이성교제, 성행동
구원(succorance)	• 타인의 지지와 보호를 바람, 충고와 도움을 바람
우월(superiority)	• 성취의 욕구, 승인의 욕구
유사(similiance)	• 타인의 감정이입, 주변 사람들을 모방, 본받는 것
불일치(contrariance)	• 남과 다르게 행동하고 싶고 독특하고 싶은 욕구

• 다른 사람에 의해 야기된 활동에 대한 주인공의 반응에서 드러나는 욕구

욕구	내용
굴종(abasement)	• 비난과 처벌을 피하기 위한 마지못해 따름. 타인과 관계 유지를 위한 순응, 패배, 사과, 체념, 무저항
자율(autonomy)	• 자율적 행동에 대한 욕구
비난 회피(blame-avoidance)	• 불명예나 비난을 두려워하여 잘못을 삼감. 비판 받을 만한 무언가를 하는 것에 대한 유혹을 피함
존경과 복종(deference)	• 타인에 대한 복종, 명령에 순응, 암시나 권유에 협조
재난 회피(harm-avoidance)	• 파괴나 위험, 죽음을 두려워하고 걱정함
방어(defence)	• 공격, 비난, 비평으로부터 자신을 방어
은둔(seclusion)	• 외부 접촉을 회피, 은둔
불가침(inviolability)	• 자존심 손상과 박탈을 방어, 좋은 평판을 위한 심리적 거리 유지
해독 회피(noxious-avoidance)	• 불쾌한 감각을 회피함

④ 주인공이 애착을 표현하고 있는 대상을 분석한다.

주인공의 마음속에 유쾌함이나 불쾌함의 감정을 일으키는 사물, 활동, 사람, 관념을 부착 대상(cathexes)이라고 한다. 주인공에게 긍정적이거나 부정적 감정을 일으키는 부착 대상이 무엇인지 찾는다.

⑤ 주인공의 내적인 심리상태를 분석한다.

주인공이 경험하는 내적 심리상태가 행복한가, 갈등을 느끼고 있는가, 비관적인가를 분석한다.

⑥ 주인공의 행동이 표현되는 방식을 분석한다.

주인공이 환경적 힘에 자극될 때 반응하는 행동양식을 분석한다. 공상수준, 행동이전 수준, 억제된 행동수준, 행동수준으로 구분하며, 행동수준은 몸짓으로만 표현되는 제스처, 능동적 반응, 수동적 반응, 외향적 행동, 내향적 행동으로 구분된다.

⑦ 일의 결말을 분석한다.

이야기 상황의 결말이 행복한가, 불행한가, 성공적인가, 실패인가, 문제해결이 이루어지고 욕구충족적인가, 갈등해결이 이루어지지 못하고 문제해결이 지연되는 상태인가 살펴본다.

표 5-23 / Bellak의 TAT 분석용지

1. 주요주제:

2. 주 인 공: 나이 성별 직업 능력

3. 주인공의 욕구와 충동
   a) 주인공의 행동적 욕구:
   b) 등장인물, 대상, 환경:
   c) 생략된 인물, 대상, 환경:

4. 환경(세상)에 대한 개념

5. a) 부모 인물(남 여):
      피검사자의 반응
   b) 동년배 인물(남 여):
      피검사자의 반응
   c) 형제자매(남 여):
      피검사자의 반응

6. 주요 갈등

7. 불안의 본질
   신체적 위해 또는 처벌 _______ 인정받지 못함 _______
   애정결핍(상실) _______ 질병, 부상 _______
   버려짐 _______ 박탈 _______
   과잉통제를 받거나 무기력 _______ 외로움 _______
   집어삼켜짐 _______ 기타 _______

8. 갈등과 공포에 대한 주요 방어
   억압 _______ 반동형성 _______ 분열 _______
   퇴행 _______ 부인 _______ 내사 _______
   고립 _______ 취소 _______ 합리화 _______
   기타 _______

9. '잘못된 행동'에 대한 처벌로 표현된 초자아의 적합성
   적절함 _______ 부적절함 _______
   가혹함(또는 즉각 처벌) _______ 일관되지 않음 _______
   관대함 _______ 초기 반응의 지연 정도 _______
   말더듬 _______ 기타 초자아의 간섭 _______

10. 자아의 통합
   주인공: 적합 _______ 부적합 _______
   결과: 행복 _______ 불행 _______
   현실적 _______ 비현실적 _______
   충동 통제 _______

이야기에서 나타난 사고과정
   전형적 _______ 독창적 _______ 적절 _______
   완성적 _______ 미완성 _______ 부적절 _______
   혼합적 _______ 구체적 _______ 오염된 _______

지능

성숙수준

기질적 징후

출처: 박영숙, 박기환, 오현숙, 하은혜, 최윤경, 이순묵, 김은주(2019). **현대 심리평가의 이해와 활용**. 서울: 학지사.

3) 한국 아동용 회화통각검사(Korean Children Apperception Test: K-CAT)

아동용 주제통각검사(CAT)도 주제통각검사(TAT)와 마찬가지로 정신역동적 접근을 지향하고 있다. 개념이나 이론적 측면에서 동일하게 제작되었으며, 일반적인 해석의 원칙도 동일하게 적용된다. 다만 CAT는 연령에 따른 아동의 주요 발달과업이나 갈등내용에 대한 정보를 기초로 아동의 각 연령에 적합한 발달과업이나 갈등의 내용이 나타나고 있는지, 특정 단계에서 해결되지 않은 발달과업에 집착하고 고착되어 있는지 등을 파악할 필요가 있다.

한국판 아동용 회화통각검사(K-CAT, 김태련, 서봉연, 이은화, 홍숙기, 1976)는 미국판 CAT를 한국 아동에게 맞게 수정한 것이다. CAT 도판들은 미국 아동의 성장과정에 관계되는 문제나 일상생활에 관련되는 문제를 투사시킨 검사이기 때문에 문화배경 및 성장양식을 달리하는 상이한 문화권의 아동들에게는 부적합한 점이 있었기 때문이다.

(1) 검사의 구성

아동용 주제통각검사(CAT)는 10개 표준도판과 10개 보충도판으로 구성되어 있다. CAT는 동물자극이 등장하는 표준판(CAT)과 사람자극이 등장하는 사람그림판(CAT-H), 보충판(CAT-S)이 있으며, 우리나라에서는 K-CAT가 활용되고 있다. 한국판인 K-CAT는 표준도판 9개, 보충도판 9개로 구성되어 있다.

① 아동용 주제통각검사 표준판(Children Apperception Test: CAT)

Bellak(1949)이 3~10세의 아동에게 실시하기 위해 제작한 투사적 검사이다. 성인을 대상으로 하는 TAT는 도판들의 자극장면이 성인에게 맞게 그려져 있어서 아동에게는 적합하지 않다. CAT는 도판의 자극장면들을 어린이에게 맞는 그림들, 즉 유아기와 아동기에 주로 나타나는 여러 가지 심리적 문제들이 쉽게 투사될 수 있는 그림들로 바꾸고, 도판에 등장하는 주인공도 동물들로 바꾸어서 제작되었다. 이는 어린이들은 인간자극보다 동물자극에 대해 더 잘 동일시되며, 사람자극보다 동물자극에 대해서 더 많은 아동 특유의 심적 내용이 투사될 것이라는 가정에 기반한 것이다. 동물은 의식수준에서는 어린이의 친구로서, 꿈에서는 동일시 대상으로서 중요한 역할을 한다. CAT 또한 TAT와 마찬가지로 대인관계, 사회적 상호작용, 동일시 방식 등과 같은 구체적인 문제들을 반영하는 반응들이 나타나며, 공포, 공격성, 애정의 대상인 원천 등에 관한 단서도 얻을 수 있다.

② **아동용 주제통각검사-사람판**(Children's Apperception Test Human Figures: CAT-H)

CAT 표준도판 그림에 등장하는 주인공만 사람으로 바꾸어 그린 것이다. CAT-H가 등장하게 된 이유는 어떤 아동들은 동물자극을 제시할 때 더 잘 반응하고, 어떤 아동들은 인간자극을 제시할 때 더 잘 반응한다는 연구보고들과 이러한 선호도는 특정 성격 변수와 연관될 가능성이 있으며, 방어양식, 연령, 지능 및 정신병리와의 관계가 있을 것이라는 가정들 때문이다. 또한 7~10세 아동 특히, 지능이 높은 아동의 경우 때때로 동물자극을 너무 유치하다고 여기며, 방어경향을 보이기도 한다. CAT-H는 CAT와 TAT 적용 연령 간격을 메워줄 수 있다.

③ **아동용 주제통각검사-보충판**(Supplement to the Children's Apperception Test: CAT-S)

CAT 보충판(CAT-S)은 특수한 문제장면들에 대한 아동의 반응이나 현재 겪고 있는 긴장을 알아보기 위한 것이다. 모든 아동에게 공통적으로 나타나는 보편적인 문제에 반드시 포함되지는 않지만 빈번하게 발생하는 상황을 조명하기 위해 고안되었다. CAT-S는 나이가 적은 아동들과 정신연령이 5~6세 이하인 아동, 일시적인 또는 영구적인 신체장애를 가졌거나 장애를 경험한 적이 있는 아동에게 실시할 수 있다(김태련 외, 1993).

다음은 K-CAT 표준도판 중 일부 카드의 내용과 카드가 갖는 해석적 의미를 제시한 것이다.

표 5-24 / CAT 표준도판의 내용과 해석적 의미

도판 1

세 마리의 병아리가 음식이 있는 큰 탁자에 둘러앉아 있는 가운데 한편에 닭이 떨어진 채로 있다.

먹는 것과 부모에게 충분한 먹이를 공급받고 있는지와 관련되어 있으며, 누가 더 많이 먹는가, 누가 더 착한가와 같이 형제 간의 경쟁에 대한 주제가 나타나기도 한다. 구강기 만족이나 욕구좌절, 섭식문제 등을 파악할 수 있다.

도판 6

이빨과 발톱을 가진 호랑이가 원숭이에게 덤벼들고 있다.

외부의 위협이나 공격성에 대한 두려움에 반응하는 아동의 방식을 보여준다. 일부 아동의 경우 그 두려움의 정도가 너무 커서 도판을 보는 것조차도 거부하는 경우가 있으며, 어떤 경우에는 전혀 무섭지 않은 내용으로 바꿔서 이야기하기도 한다.

도판 7

두 마리의 어른 원숭이가 소파에 앉아 차를 마시고, 다른 한 마리의 원숭이 그 옆에 앉아 아기 원숭이와 이야기한다.

가족관계 속에서 아동이 자신의 역할을 어떻게 지각하고 있는지를 보여준다. 앞에서 이야기하는 어른 원숭이는 부모 중 한 명에 대한 아동의 지각을 보여 줄 수 있는데, 아기 원숭이에게 친절하게 무언가를 말하는 것인지, 혼을 내거나 훈육하고 있는 것인지를 통해 아버지와 어머니 중 누가 자상하고 누가 지배적인지 파악할 수 있다.

출처: 박경, 김혜은(2017).

(2) 실시 절차

아동용 회화통각검사 요강(김태련 외, 1993)에 제시된 K_CAT 실시 절차는 다음과 같다.

검사를 실시하기 위한 사전준비로는 아동에게 적절한 책상과 의자, 아동용 회화통각검사 표준판, 아동용 회화통각검사 보충판, 기록용지를 준비하고 있어야 하며, 피검사자의 긴장 완화와 자유로운 반응 유도를 위한 놀이를 활용할 수도 있어야 한다. 검사장소는 잡음이 적고 다른 사람의 방해가 없는 조용한 곳이어야 하고, 조명과 온도가 잘 맞아야 하며 기분 좋게 검사받을 수 있는 곳이어야 한다. 시간 제한은 없으나 한 도판에만 매달리지 않도록 시간을 배분하는 것이 좋다. 검사를 실시할 수 있을 만큼 라포가 충분히 형성되었다고 생각되면 다음과 같은 지시로 검사를 실시한다.

"지금부터 그림을 가지고 이야기하는 놀이를 해보아요. 내가 그림들을 보여줄 테니, 그림들을 보고 거기에 어떤 일이 일어나고 있는지 말해보아요. 자, 이 그림을 보아요. 여기 나온 동물들은 지금 무엇을 하고 있어요?" (어느 정도 이야기가 진행된 다음) "그럼 이 일이 있기 전에는 어떤 일이 일어났겠어요? 그럼 다음에는 어떻게 되겠어요?"라고 하면서 등장 동물들의 행동 및 감정과 상황의 진행과정을 이야기하게 한다.

이후 어떤 장소인가, 이야기에 나오는 동물은 몇 살인가, 이야기가 어떤 식으로 끝나겠는가 등 심층질문을 할 수 있다. 한 도판에 대해 이야기를 다 마친 뒤에 이야기의 특수한 사항들에 대해 보다 상세히 물어본다. 도판의 순서는 이론적 및 실제적 이유로 정해져 있으므로 가능한 한 정해진 순서(도판 번호순서)대로 제시하는 것이 좋다.

(3) 분석 및 해석

Bellak(1975)은 CAT에서 이야기의 내용을 해석할 때 10가지 변인에 초점을 두어서 시행할 것을 권하였다. 임상용 기록 및 분석 용지에 각 항목이 포함되어 있으며, 검사의 해석은 기록 및 분석 용지를 토대로 한다. 다음에서는 K-CAT 임상용 기록 및 분석 용지의 변인을 중심으로 살펴보기로 한다.

① 주제

주제는 하나의 이야기로 나타날 수도 있고, 여러 개의 이야기를 통해 나타날 수도 있다. 이야기의 내용에서 주제가 무엇인지 파악한다. 대개 여러 주제가 복잡하게 얽혀 있는 경우가 많은데, 모든 주제에 대해 간략하게 기록하여 관련성을 살펴본다. 주제가 공통적인 경향이 있을 때에는 기술적 수준, 해석적 수준, 진단적 수준으로 나누어 기록하기도 한다.

② 주인공

어떤 대상에 자기를 동일시하는지와 관련된다. 대체로 여러 이야기의 내용 중 자주 주인공으로 등장하는 인물이나 대상이 아동이 동일시하는 상으로 볼 수 있다. 이야기를 진행하는 동안 동일시하는 대상이 바뀌면서 주인공이 바뀔 수도 있다.

③ 주인공의 욕구와 추동

아동의 욕구는 이야기 속 주인공의 행동에 반영되는 경우가 많다. 아동 자신의 욕구와 직접 연결될 수도 있고 실제 행동과는 반대로 공상 속에서 대리만족되는 내용일 수도 있다.

④ 환경에 대한 개념

주변 상황을 적대적인 곳으로 지각하는지, 친절하고 다정한 곳으로 지각하는지, 착취적이고 위험한 곳으로 지각하는지 등이다. 기술이 일관될수록 아동의 성격형성이나 일상생활에 대한 유용한 단서로 활용될 수 있다.

⑤ 주변 인물에 대한 지각

등장하는 인물들을 자기 주위의 어떤 인물과 동일시하고 그들을 어떻게 지각하는지, 대상관계의 특성이 어떤지 살펴본다.

⑥ 주요 갈등

갈등의 특성과 강도를 파악하고, 그러한 갈등으로 일어나는 불안을 아동이 어떻게 방어하는지 확인한다.

⑦ 불안

주된 불안이 신체적 상해, 처벌, 사랑을 잃어버리는 것, 버려지는 것과 관련된 것인지, 정상적인 발달과정에서 나타나는 것인지, 정신병리적 수준인지 등을 검토한다.

⑧ 주요 방어기제

욕구, 갈등, 불안에 대한 어떤 방어기제를 사용하는지, 이러한 방어기제들이 성격의 기능을 해치지 않으면서 성공적으로 활용되고 있는지 살펴본다.

⑨ 초자아의 적절성

주인공의 실수나 일탈행동 등에 대한 처벌이 주인공의 잘못에 적절하게 주어진 것인지 살펴봄으로써 아동의 도덕적 개념과 초자아의 적절성을 파악한다.

⑩ 자아의 통합

내적 충동이나 현실적 요구, 초자아의 명령에 어떻게 반응하고 조절하는지 살펴본다. 아동의 자아강도를 보여주며, 외부 자극에 얼마나 민감하고 어떤 자극에 더 취약한지 알 수 있다. 이는 CAT를 수행하는 과정에서도 나타날 수 있다.

표 5-25 / K-CAT 임상용 기록 및 분석 용지

<table>
<tr><th colspan="5">[도판 1]</th></tr>
<tr><td rowspan="2">1. 진술내용</td><td>1) 자발적 진술</td><td colspan="3"></td></tr>
<tr><td>2) 질문 후의 진술</td><td colspan="3"></td></tr>
<tr><td colspan="2" rowspan="2">2. 주제</td><td>기술적 수준</td><td>해석적 수준</td><td>진단적 수준</td></tr>
<tr><td></td><td></td><td></td></tr>
<tr><td colspan="2">3. 주인공의 동일시</td><td colspan="3"></td></tr>
<tr><td rowspan="4">4. 주인공의 주 욕구</td><td>1) 주인공의 행동적 욕구</td><td colspan="3"></td></tr>
<tr><td>2) 도입된 대상과 내포된 욕구</td><td colspan="3"></td></tr>
<tr><td>3) 간과된 대상과 내포된 욕구</td><td colspan="3"></td></tr>
<tr><td>4) 세부 강조와 내포된 욕구</td><td colspan="3"></td></tr>
<tr><td rowspan="4">5. 주변 인물에 대한 지각</td><td>1) 부모에 대한 지각</td><td colspan="3"></td></tr>
<tr><td>2) 동년배에 대한 지각</td><td colspan="3"></td></tr>
<tr><td>3) 어린 대상에 대한 지각</td><td colspan="3"></td></tr>
<tr><td>4) 큰 대상에 대한 지각</td><td colspan="3"></td></tr>
<tr><td>6. 주요 갈등</td><td></td><td colspan="3"></td></tr>
<tr><td>7. 불안의 특성</td><td></td><td colspan="3"></td></tr>
<tr><td>8. 주요 방어기제</td><td></td><td colspan="3"></td></tr>
<tr><td>9. 초자아의 적절성</td><td></td><td colspan="3"></td></tr>
<tr><td>10. 자아 강도</td><td></td><td colspan="3"></td></tr>
<tr><td>임상적 특징</td><td></td><td colspan="3"></td></tr>
</table>

출처: K-CAT 임상용 기록 및 분석용지. 서울: 한국가이던스.

4) 집-나무-사람검사(House-Person-Tree: H-T-P)

집-나무-사람검사(HTP)는 Buck(1948)에 의해 처음 개발되고, Buck과 Hammer(1969)에 의해서 발전된 검사이다. 피검사자에게 집, 나무, 사람을 그리게 하여 그림을 통해 성격을 진단하는 투사적 검사이다. 집, 나무, 사람은 남녀노소를 막론하고 누구든지 친밀감 있는 주제이다. 검사를 통해 피검사자의 성격의 단면을 분석하고 환경과의 상호작용 양상을 파악해 볼 수 있으며, 환경에 대한 태도와 무의식적인 감정과 갈등을 파악하는 자료로 활용할 수 있다.

(1) 실시 방법

검사의 실시를 위해서는 A4 용지, 연필, 지우개가 필요하다. 집, 나무, 사람을 차례로 그리도록 한다. 사람 그림의 경우 피검사자가 그린 성과 다른 성을 한 장 더 그리도록 한다. 다른 투사검사와 마찬가지로 피검사자가 그리고 싶은 대로 자유롭게 그리도록 해야 하며, 그림의 모양이나 크기, 위치, 방법에 대해서는 어떠한 단서도 제공하지 않아야 한다. 피검사자가 여러 질문을 하는 경우 "그리고 싶은 대로 그리면 됩니다"라고 말한다.

① 집 그림

용지를 가로 방향으로 놓아준다. 그리고 싶은 집을 그려보도록 한다. 검사자는 검사를 실시하는 동안 피검사자를 주의 깊게 보면서 주목되는 내용이 있으면 기록해 둔다. 종이를 세로로 돌려 그리는 경우 기록해 둔다. 소요되는 시간도 기록한다. 그림을 그리고 난 후 그림에 대한 질문을 하면서 대답을 그림에 기록해 둔다. 사후 질문은 다음과 같은 내용으로 한다.

- 이 집은 누구의 집인가요?
- 이 집은 어디에 있나요?
- 이 집 근처에 다른 집도 있나요?
- 이 그림에서 날씨는 어떤가요?
- 이 집은 멀리 있는 집인가요? 가까이 있는 집인가요?
- 이 집에 누가 살고 있나요?
- 누구와 이 집에서 살고 싶나요?
- 이 집은 무엇으로 만들어졌을까요?
- 이 집의 분위기는 어떤가요?
- 마음에 드는 부분은 어디인가요? 마음에 들지 않는 부분이 있다면 어디인가요?

② 나무 그림

용지를 세로 방향으로 놓아주고, 그리고 싶은 나무를 그리도록 한다. 다른 지시사항은 집 그림과 동일하다. 사후질문은 다음과 같다.

- 이 나무는 무슨 나무인가요?
- 이 나무는 몇 살인가요?
- 이 나무는 죽어 있을까요? 살아 있는 나무인가요?
- 한 개의 나무만 있나요? 숲속에 있는 나무인가요?
- 이 나무의 건강은 어떠한가요?
- 이 나무 주변에는 어떤 것들이 있나요?
- 이 나무가 하고 싶은 것은 무엇일까요?
- 나중에 이 나무는 어떻게 될까요?
- 나무를 그리면서 생각나는 사람은 누구인가요?
- (상처 등이 있다면) 이것은 무엇인가요? 어떻게 해서 생겼나요?
- 마음에 드는 부분은 어디인가요? 마음에 들지 않는 부분이 있다면 어디인가요?

③ 사람 그림

용지는 세로로 놓아준다. 그리고 싶은 사람을 전체 모양이 나오도록 그리게 한다. 막대기 모양의 사람을 그리지 않도록 한다. 그리기가 끝나면 피검사자가 그린 그림의 반대 성을 가진 사람을 하나 더 그리도록 한다. 남자와 여자 그림 각각에 대해 다음과 같은 사후 질문을 한다.

- 이 사람은 누구인가요?
- 이 사람의 나이는 몇 살인가요?
- 결혼했나요? 결혼했다면 가족은 몇 명인가요?
- 이 사람은 친구들이 많을까요? 적을까요? 어떤 친구들이 있나요?
- 이 사람은 무엇 하는 사람인가요?
- 이 사람의 기분은 어떠한가요?
- 지금 이 사람은 무엇을 생각하고 있나요?
- 이 사람은 건강한 사람인가요? 약한 사람인가요?
- 이 사람이 하고 싶은 것이 있다면 무엇인가요?
- 나중에 이 사람은 어떻게 될 것 같나요?
- (그림에서 이해하기 어려운 부분이 있으면) 이것은 무엇인가요? 왜 그렸나요?
- 마음에 드는 부분은 어디인가요? 마음에 들지 않는 부분이 있다면 어디인가요?

(2) 해석

HTP의 해석을 위해서는 전체적 분석과 형식적 분석, 내용적 분석을 함께 고려한다. 먼저 전체적 분석을 통해 그림의 전체적인 인상, 조화, 구조 등을 평가한다. 다음으로 그림을 그려 나가는 순서, 그림의 위치, 크기, 음영, 생략 등을 통해 성격을 이해해가는 형식적 또는 구조적 분석을 한다. 그리고 무엇을 그렸는지를 중심으로 왜곡과 강조된 부분의 의미를 분석하는 내용적 분석을 함께 고려한다. 그림만 가지고 성격의 단면을 추론하기보다 그림을 그린 후 질문에 대한 피검사자와의 면접내용과 행동관찰, 검사의 태도 등을 함께 고려한다.

다음에 제시한 해석내용은 김동연 외(2002), 신민섭(2002), 강봉규(2004)가 제시한 내용을 중심으로 정리한 것이다.

① 구조적 분석

구조적 분석은 형식적 분석이라고도 하며 HTP의 모든 그림에 공통적으로 적용된다. 그림을 그려 나가는 순서, 용지에 그림이 그려진 위치, 그림의 크기, 연필의 힘, 선의 농담, 불연속적인 선의 성질, 그림의 대칭성, 지우기 등을 고려한다.

- **그림의 순서**

그림의 순서는 피검사자의 내적인 갈등과 심리적 방어를 반영한다. 집 그림은 지붕, 벽, 문, 창문의 순서로, 나무 그림은 줄기, 가지, 잎의 순서로, 사람 그림은 얼굴, 눈, 코, 입, 목, 몸, 팔, 다리 순서로 그리는 것이 일반적이다.

- **그림의 크기**

그림의 크기는 자기존중감, 자아팽창, 자기에 대한 과대평가 등을 나타내며, 공격성이나 충동적 가능성을 시사한다. 보통 A4 용지에서 사람 그림은 20cm 정도 크기로 그리며, 종이의 2/3 정도의 공간을 사용한다.

- 작은 그림 : 자신이 환경에 부적응적이며 작은 존재라는 느낌을 가지고 있는 것을 시사
- 위쪽에 치우쳐서 아주 작게 그린 그림 : 에너지 수준이 낮고, 자기 자신에 대한 통찰 및 자신감과 자존감이 부족함 반영

- **그림을 그린 위치**

그림의 위치는 종이의 중앙에 있는 것이 보통이며 이는 적정한 수준의 안정감을 느끼

고 있음을 의미한다.

- 전체적으로 왼쪽에 치우쳐 있는 것 : 자의식이 강하고 내향적인 성향, 행동 통제를 잘하는 경향
- 아래쪽에 위치한 그림 : 안정되고 침착한 성향을 나타내며, 내면의 불안정감을 반영

● 연필의 힘과 선의 농담

연필의 힘은 피검사자의 에너지 수준과 긴장 정도, 공격성 및 충동성을 의미한다.

- 강약의 변화가 적당한 것 : 유연한 태도로 외부에 적응하고 있음을 보여줌
- 그림의 어떤 부분이 진하게 그려진 것 : 그 부분에 대한 고착이나 그것이 상징하는 것에 대한 억압을 나타냄
- 매우 약한 선 : 적응을 잘 못하고 두려움과 불안정감을 느끼며, 자신감이 없고 우울증 및 폐쇄적인 사고의 경향성을 나타냄
- 그림의 윤곽선이 확실하며, 힘 있고 끊어지지 않는 경우: 외부로부터 자신을 지키고자 하는 욕구를 나타냄

● 연필선의 모양

- 긴 연필선 : 자신을 적절히 통제하는 사람에게서 많이 나타나며 짧은 연필선은 과도하게 흥분을 잘하는 경향과 충동적인 사람에게서 나타나기 쉬움
- 직선 : 자기주장적이고 민첩함과 의사결정을 잘 내리는 능력, 단호함, 공격적인 기분과 관계
- 톱니 모양의 선 : 적대적인 감정과 관련
- 둥근 선 : 의존적이거나 여성적인 면과 관련
- 연필의 선 방향이 일정하여 망설임이 없는 경우 : 목표를 정하는 것이 가능하고 인내심 있는 안정된 경향을 나타냄
- 방향이 일정하지 않은 선 : 자기확신이 없고 불안정한 경우에 나타나기 쉬움

● 지우는 것

지우개를 적당히 사용하는 것은 가소성과 순응성을 시사하며, 지나치게 사용하는 것은 내적 갈등이 있음을 반영한다. 어떤 부분을 몇 번이고 고쳐 그리는 것은 그 부분과 그것이 상징하는 것에 대한 갈등을 나타낸다.

- **그림의 방향**

  피검사자의 환경에 대한 태도와 감정을 시사한다.

  - 사람 그림에서 몸통은 정면을 향하고 있으나 얼굴을 옆으로 돌려 그린 것 : 사회적으로 무엇인가 잘 되어가지 않으며, 죄의식을 느끼고, 정직함의 결여를 시사
  - 완전히 옆으로 향하여 한쪽 팔과 한쪽 다리만 보이는 사람을 그리는 것 : 환경에 직면하는 것을 두려워하는 자기폐쇄적 사고와 진실된 자기를 감추고 친근한 것에만 접촉하려는 경향을 반영

② 내용적 분석

내용적 분석에서는 각 그림들의 필수적인 부분에 대한 묘사가 가지는 의미를 가설적 추론으로 활용하는 것이 바람직하다. 묘사된 부분에 대한 해석을 일대일 대응시키면서 피검사자에 대해 단정적으로 의미를 부여하지 않도록 한다. 피검사자가 처해 있는 환경에 대한 이해와 면담, 관찰자료 등을 함께 고려하여 그림의 특징들이 시사하거나 반영하고 있는 내용을 검토해야 한다. 특히 어린 아동은 그림 발달이 미분화되어 표현되는 시기이므로 내용적 분석에서 지나치게 세밀한 부분까지 의미를 부여하는 것은 지양한다.

㉠ 집 그림

집은 일차적으로 '사람이 사는 곳'이기 때문에, 집 그림은 자아와 현실과 관계를 맺는 정도 및 양상, 개인만의 내적 공상에 대한 정보를 제공한다. 집은 가족이 함께 모여서 사는 공간이며, 성장하여 온 가족상황이 반영되어 있기 때문에 집 그림에는 가정생활, 가족관계, 가족구성원 각각에 대해 가지고 있는 표상, 생각, 그와 관련된 여러 감정, 소망들이 투영되어 나타난다.

- **지붕**

  지붕은 사람으로 보면 머리에 해당하는 부분이므로 내적인 공상활동, 자기 자신의 생각이나 관념, 기억과 같은 내적 인지과정과 관련되는 것으로 가정한다.

  - 지붕을 크게 그린 경우 : 내적 인지활동을 매우 강조하거나 중요하게 여기며, 대인관계에서 좌절감을 느끼고 위축되어 욕구충족을 추구하거나 자폐적 공상에 몰두하는 경향성
  - 지붕을 너무 작게 그린 경우 : 내적인 인지과정이 활발하지 않거나 회피하고 억제억압하는 경향성

- 지붕의 선이 약한 그림 : 자기통제가 약함을 의미
- 지붕의 기왓장을 하나하나의 선을 세밀하게 그리는 것 : 강박적 성향을 반영

● 벽

벽은 집이 견고하게 서 있도록 지탱해 주고, 외부와 내부를 분리시키며, 외적인 환경에서 집의 내부를 보호해 주는 역할을 한다. 그러므로 벽은 자아통제력과 자아강도와 관계가 있으며, 외적인 위협은 물론 자기 자신을 보호하는 역할을 하는 것으로 가정한다.

- 벽의 선이 적절히 연결되어 있고 직선으로 그려져 선의 질이 적당할 때 : 자아통제력과 자아강도가 적절한 수준에 있는 것으로 볼 수 있음
- 벽의 지면의 선을 특히 강조할 경우 : 현실수준의 불안을 의미

● 문

문은 집과 외부세계를 연결하는 통로이다. 문은 타인이 자신의 삶에 들어오도록 허용하는 것, 자신이 세상으로 나아가는 통로를 의미하므로 세상과 자기 자신 간의 접근가능성을 나타낸다. 즉, 환경과의 적극적 직접적인 상호작용 및 대인관계 태도로 가정된다.

일반적으로 한쪽으로 여는 문, 적당한 크기로 손잡이가 그려지고, 장식을 너무 많이 그리지 않고, 선의 질이나 음영 정도가 적당하고, 집의 바닥선과 높이가 같으며, 집에서 가장 큰 벽면에 그리고, 문이 다른 물건 같은 것으로 가려져 있지 않도록 그리면 대체로 적절한 것으로 본다.

- 작은 문 : 대인관계, 사회성의 결핍과 무력감, 현실도피를 뜻함
- 큰 문 : 적극적인 사회성을 뜻함
- 문의 자물쇠 등의 장치를 확실히 강조하는 경우 : 의심이 많거나 방어적인 감수성을 나타냄
- 특별히 강조된 문 : 타인에 대한 의존과 적극적인 대인관계를 반영

● 창문

창문은 인간의 눈과 같은 것으로 출입문보다 적극적인 것은 아니지만 환경과의 수동적 접촉을 뜻한다. 창문은 자신이 세상을 내다보거나 다른 사람이 집 안을 들여다볼 수 있는 통로이다. 일반적으로 큰 창문을 하나 그리거나 작은 것을 두세 개 그리고,

크기가 적당하며, 집의 벽에 위치하고, 화분이나 커튼으로 창문이 많이 가려지지 않게 그린 것이 적절하다고 본다.

- 창문을 그리지 않은 경우 : 외부세계의 접촉을 피하고 때로 적의적임을 의미
- 문과 창문을 모두 그리지 않는 경우 : 정신분열증을 시사, 주의 깊은 관찰이 필요
- 출입문과 커튼의 강조 : 강박경향을 시사

● **계단이나 출입로**

현관으로 향하는 계단이나 오솔길 모양으로 출입로를 그리는 경우 세상과 문과의 직접적인 연결통로를 그렸다는 의미에서 타인과 접촉하고 관계를 맺고 있는 느낌을 의미한다. 대개 종이 밑쪽에 직선 모양으로 그리는 경우 적절한 수준임을 나타낸다고 본다.

● **집과 지면이 맞닿은 선**

집과 지면이 맞닿는 것을 표시하기 위해 선을 그리는 경우 현실과의 접촉 및 안정성을 나타내는 것으로 가정한다. 현실로부터 떨어져서 공상에 몰입해 있는 정신분열증 환자는 땅에 닿지 않고 공중에 떠 있는 듯한 집을 그린다.

● **다른 사물을 그려 넣은 경우**

울타리, 산, 나무, 해, 잔디 같은 것을 그리는 아동의 경우 그 의미를 잘 관찰한다. 잔디나 나무가 적당한 정도로 그려진 경우는 내적으로 생동감과 에너지가 있음을 의미할 수 있지만, 나무가 너무 커서 지붕을 다 덮어버릴 정도이면 자기를 돌보거나 지배하는 강력한 부모와 같은 자기대상을 경험하고 있음을 의미할 수 있다. 해는 어린이의 경우 발달적으로 미성숙한 시기이므로 일반적으로 볼 수 있는 표현이지만 지나치게 강조된 경우는 강한 애정욕구 및 애정에 대한 좌절감을 시사한다.

ⓛ 나무 그림

나무와 사람 그림은 '신체상' 혹은 '자기개념'과 같은 성격의 핵심적 측면이 나타난다. 나무에는 좀 더 깊고 무의식적인 핵심감정이 드러나는 한편, 사람 그림에서는 좀 더 의식적인 수준에서 자기 자신과 환경과의 관계에 대해 가지고 있는 인식들이 반영된다. 즉 나무는 좀 더 심층적인 수준에서의 자기와 자기개념에 부여된 내면 감정이 투영되는 반면, 좀 더 현실생활에서 느끼고 있는 자기 자신에 대한 태도와 감정들은 사람 그림에 투사된다.

Buck(1948)에 의하면 나무의 기둥은 피검사자의 내적 자아강도에 대한 주관적인 느낌을 나타내고, 나무의 가지는 환경으로부터 만족을 추구하는 피검사자의 능력을, 나무의 전체적인 조직화는 피검사자의 개인 내적인 균형감을 반영한다고 본다.

● 나무 기둥

나무의 기둥은 나무를 지탱해 주는 기능을 하는 가장 중심적인 부분이므로, 성격구조가 얼마나 견고한지, 즉 자기 혹은 내면화된 자기대상의 힘과 감정을 나타낸다.

- 기둥의 윤곽선을 강하게 그리는 것 : 자신의 성격구조에 대한 위협에 지나치게 방어하려는 경향성
- 기둥의 윤곽선을 너무 흐리게 그리는 경우 : 정체성 상실, 자아의 붕괴에 대한 긴박감, 강한 불안감을 시사
- 매우 큰 나무줄기 : 환경에 대한 적극성을 의미
- 작은 나무줄기 : 자아의 무력감과 자신감 결여를 의미
- 기둥에 상처가 있거나 옹이구멍이 있는 것 : 흔히 성장과정에서 경험한 외상 사건, 자아의 상처를 의미
- 옹이가 한쪽 면에서 반대쪽 면까지 그려진 경우 : 상당한 자아의 손상감과 상처를 유발한 외상 사건을 의미
- 옹이구멍 안에 동물을 그리는 것 : 좀 더 안전한 장소, 자신의 위축된 모습을 숨기고 싶은 장소를 찾고 싶다는 소망을 의미

● 뿌리

뿌리는 나무가 땅에 설 수 있도록 땅에 든든히 기반할 수 있도록 해주는 부분이다. 나무 그림에서 뿌리는 상징적으로 내적으로 느끼는 자기 자신에 대한 안정감, 자기 자신의 근본적인 모습에 대한 이해 및 현실지배력과 관련된다.

- 뿌리를 그리지 않은 경우 : 현실 속의 자기 자신에 대한 불안정감, 자신 없음을 나타냄
- 뿌리를 지나치게 강조하여 그리는 경우 : 자신감 결핍, 불안감에 대한 반응, 실제로는 자신에 대해 불안정하게 느끼지만 과도하게 보상하려는 시도를 반영
- 나무의 줄기에 비해 큰 뿌리 : 현실 적응에 크게 장애가 있음을 의미
- 지면의 선 : 불안 감정을 의미, 용지 하한선에 그린 경우 높은 불안과 우울감, 대인관계의 미약함을 시사

- 가지

나무의 가지는 나무가 양분을 흡수하여 성장하고 세상을 향해 뻗어나가는 부분이다. 주어진 환경으로부터 어떤 만족이나 무엇을 성취하려는 것을 의미하며 다른 사람들에게 접촉하는 데 필요한 자원, 현재 상황에 대처할 수 있는 능력, 지금보다 나아질 수 있는 자원, 성취하고자 하는 소망과 이를 위해 노력하는 태도, 순응성 등을 반영할 수 있다. 무의식적인 의미에서는 사람 그림에서의 팔과 유사하다고 할 수 있다.

- 지나치게 크게 그린 경우 : 성취동기나 포부수준이 매우 높거나, 환경과의 상호작용에서 자신이 없고 불안하지만 과잉보상하려는 과잉활동 가능성
- 너무 작게 그린 경우 : 상황 대처에서의 수동성, 세상과 환경을 향한 태도에서의 억제
- 나무줄기에 잘 조화된 가지의 그림 : 환경에 적응할 능력이 높다고 느낌
- 가지가 말랐거나 부러진 가지 : 심적인 외상 경험, 무력감, 위화감, 수동성을 의미
- 위로 뻗은 무성한 나뭇가지 : 공상적이긴 하나 희망적이고 활동적, 정열적임을 시사
- 수양버들 같이 나무줄기와 가지가 휘어지는 것 : 현실도피, 후퇴, 자폐, 퇴행을 의미

- 나뭇잎

나뭇잎은 줄기나 가지에 준하여 해석한다.

- 나무줄기와 가지는 길고 큰 데 비하여 나뭇잎이 작은 경우 : 유아나 노인에게 많음. 성인의 경우 정신적, 신경증적 퇴행을 고려
- 나무줄기나 가지가 지나치게 작은 데 비하여 나뭇잎을 지나치게 크게 그린 경우 : 만족에 대한 과도한 욕구, 불안을 시사
- 나뭇잎이 둥글게 그려진 경우 : 사교적이고 명랑한 성격을 시사

ⓒ 사람 그림

사람 그림에는 '자기개념'이라는 성격의 핵심적 측면이 투사된다. 나무는 좀 더 무의식적이고 심층적인 자기개념이나 핵심감정이 투영되는 반면, 사람 그림에는 의식적인 수준에서의 자기개념, 자기표상, 자기에 대해 가지고 있는 태도나 감정들이 투사된다.

일반적으로 사람 그림은 전체적으로 균형이 맞고 신체 부위가 다 그려져 있으며, 적당히 옷을 입고 있고, 다른 물건이나 사물이 그려져 있지 않으며, 편안하게 선 자세이거나 어떤 활동을 하고 있는 모습이다. 피검사자가 7세 이상인 경우 자기와 같은 성별의 사람을 먼저 그리고 남자와 여자 그림의 키가 비슷하거나 남자를 약간 더 크게 그리는 것이

일반적이다.

- **머리**

머리는 상징적으로 인지적 능력, 지적 능력 및 공상활동에 대한 정보를 나타낼 수 있다. 머리를 너무 크게 그린 경우 자신의 지적 능력에 대해 불안감을 느끼지만 이를 과도하게 보상하고자 하는 욕구를 반영한다. 과시적으로 표출하거나 내적인 소망 충족적 공상에만 과도하게 몰두할 가능성을 시사한다. 6세 이하 아동의 경우 몸에 비해 머리를 크게 그리는 것이 정상적이다. 반대로 너무 작게 그린 경우 자신의 지적 능력, 공상세계와 관련된 부적절감을 느끼고, 지적 표현과 관련하여 수동적이고 억제적이고 위축된 태도를 보일 수 있다.

- **얼굴**

외모에 대해 불안감을 느끼고 자신 없어 하는 경우 얼굴을 그리지 않고 뒤통수를 그리기도 한다. 옆 얼굴을 그리는 경우는 자신감이 부족하거나 자신의 외모가 창피하고 걱정이 되어 사회적 접촉을 피하고 있을 가능성이 있다.

- **눈**

눈은 외부로부터 정보를 받을 뿐 아니라 사람의 태도나 기분을 드러내 준다. 집 그림에서의 창문처럼 눈은 다른 사람들과 어떻게 관계를 맺는지, 정서적 자극을 어떻게 받아들이고 반응하는지에 관한 정보를 제공해 준다.

- 눈을 너무 크게 그린 경우 : 타인과의 정서적 교류에서의 지나친 예민함
- 너무 작게 그린 경우 : 사회적 상호작용에서 위축되고 회피하려는 경향
- 너무 진하게 그리거나 강조하는 경우 : 타인과의 감정적 교류에서의 불안감과 긴장감, 타인과의 상호작용에서 의심, 방어적 태도, 편집증 경향을 시사

- **귀**

귀는 타인으로부터 정보를 받아들이는 통로이다. 귀를 그리지 않는 경우는 종종 있으나 정서적 자극을 받아들이고 자신의 감정을 느끼고 표현하는 데 불안하고 자신이 없으며, 사회적 상황이나 감정 교류 상황을 회피하고 위축되는 경향을 나타낼 수 있다. 너무 크게 그리는 경우 대인관계 상황에서 너무 예민함을 의미하고, 너무 작게 그린 경우 정서적 자극을 피하고 싶어하며 위축되어 있음을 의미할 수 있다.

- **코**

코도 외부세계의 정보를 받아들이는 통로이다. 정서적 자극을 어떻게 받아들이고 반응하는지와 외모에 대한 관심 정도를 보여준다. 너무 크게 그린 경우 주변 사람과의 관계에서 정서적 자극에 너무 예민하거나 외모에 지나친 관심을 의미하며, 너무 작게 그린 경우 외모에 자신이 없고 위축되어 있으며, 타인과의 감정 교류에 수동적이고 회피적인 태도를 보일 수 있다.

- **입**

입은 세상과 직접 의사소통을 하는 부분이며 음식을 받아들임으로써 사람을 살아갈 수 있게 해준다. 입은 그 사람의 생존, 심리적인 충족과 관련된 여러 가지 정서적 측면을 보여준다.

- 입을 너무 크게 그린 경우 : 타인과의 정서적 교류에서의 불안감. 과도하게 적극적이고 주장적이고 심지어 공격적인 태도로 불안감을 보상
- 너무 작게 그린 경우 : 내적 상처를 받지 않기 위해 정서적 상호작용을 회피하거나 거절, 과거의 절망감과 우울감 경험 가능성 시사
- 입의 모양을 가로선 하나만 그어 표현한 경우 : 정서적 교류에서 무감각하고 냉정한 태도
- 환하게 웃고 있는 모습 : 애정을 지나치게 원하며 친밀한 관계에 대한 지나친 몰두
- 치아를 그리는 경우 : 정서적 욕구충족에서의 심한 좌절감, 상처받는 것에 대한 불안을 시사

- **머리카락**

타인이 자신의 외모를 어떻게 생각하는가에 관심이 많고, 이를 얼마나 중요시하는지를 반영한다. 머리카락이 진하게 강조되는 경우 지나치게 자신 있거나 적극적, 자기주장적으로 행동하며, 때로 공격적인 태도를 보일 수 있다. 자신의 외모나 성적인 매력에 대해 자신이 없고 불안감을 느끼고 있지만 오히려 이를 과잉보상하려는 의미를 가진 경우가 많으며, 자기애적 성격이나 히스테리성 성격특성을 보일 수 있다. 반대의 경우 성적인 면에서 지나치게 수동적이거나 억제적인 태도를 시사한다.

- **목과 어깨**

목은 머리의 인지적 활동(사고, 공상, 감정)과 몸에서 일어나는 신체적 반응을 연결하는

통로이므로 마음과 몸에서 일어나는 경험에 대해 스스로 통제감을 느끼고 편안함을 느끼는 것으로 가정된다. 어깨는 무게를 지탱하는 능력으로 상징적으로 책임을 지는 능력과 관련된다.

- 너무 가늘고 긴 목 : 자기 행동에 대해 통제력을 상실할 위험이 높은 상황에서 지나치게 위축되고, 억제되는 경향
- 너무 굵은 목 : 자신의 행동과 생각을 통제하는 데 대한 지나친 집착을 반영, 경직되고 융통성 없이 억제적이고 완고한 행동을 보일 가능성
- 어깨를 너무 크게 그린 경우 : 책임감이 지나치게 강하고, 상황을 지배하거나 과도하게 권위를 내세우고자 하는 태도를 반영
- 어깨를 너무 작게 그린 경우 : 책임감 있게 완수하는 능력에 대한 자신감 결여 및 부적절감. 책임감을 느껴야 하는 상황에서 위축되고 수동적 자세를 취하는 경향을 시사

- **몸통**

몸통은 내적인 힘을 보유하고 있는 부분이다. 자신이 가진 내적인 힘에 대해 유용하고 적절하게 느끼는 경험을 반영한다.

- 몸통을 너무 길게 그린 경우 : 지나친 활동성을 통해 자신의 내적 힘이 부족하다는 느낌을 과잉보상하려는 경향
- 너무 넓게 그린 경우 : 주변 사람에게 많은 요구를 하거나 권위주의적인 태도를 취함으로써 내적 힘의 결핍감을 과잉보상하려는 경향

- **팔과 손**

팔은 외부환경과 직접적인 접촉을 하는 신체 부위이다. 팔은 환경과 어떻게 상호작용하는가, 현실 속에서 어떻게 대처하고 자신의 욕구를 충족하는가에 대한 정보를 제공해 준다. 손은 세상과의 교류, 자신의 욕구충족을 위한 행동, 현실에서의 대처행동을 보다 정교하게 할 수 있는 신체 부분이므로 환경에 대한 통제능력과 방식을 구체적으로 반영해 준다.

- 팔을 너무 길게 그리는 경우 : 세상과 교류하는 능력에 대한 부적절감을 과잉보상하려는 경향
- 팔을 너무 굵게 그리는 경우 : 세상과 타인에 대한 지나친 통제와 지배적 행동을 통해 무능력감을 과잉보상하려는 경향

- 팔을 너무 짧고 약하게 그린 경우 : 자신의 대처능력이나 상호작용 능력에 대한 부적절감, 행동에서의 억제, 수동성을 시사
- 너무 크게 그려진 손 : 자신의 환경 통제와 대처능력에 대한 부적절감을 과행동성이나 주장성으로 과잉보상하려는 경향
- 너무 작게 그려진 손 : 환경 통제와 대처능력에 대한 부족감, 수동적이고 억제적인 방식으로 행동하는 경향을 시사
- 두 손을 다 그리지 않을 경우 : 심한 내적 갈등 시사

- **다리와 발**

다리는 목표 지점을 향해 자기의 위치를 옮기고, 환경의 위협으로부터 도피할 수 있게 해주며, 현실상황에서 지탱해 설 수 있게 해주는 부분이다. 발은 땅과 직접적인 접촉을 하는 부분이며, 세상에 위치시키는 일차적인 부분으로 욕구를 충족시켜 줄 수 있는 원천으로부터 자율성을 적절하게 성취할 수 있게 한다.

- 다리를 너무 길거나 굵게 그린 경우 : 자율성, 독립성에 대한 욕구, 과잉행동성 혹은 과잉추구적인 행동을 통해 부적절감을 과잉보상하려는 경향을 시사
- 다리를 너무 짧거나 가늘게 그린 경우 : 세상에 대처하는 것에 대한 부적절감, 억제경향성, 수동적 태도
- 발을 너무 크게 그리는 경우 : 독립성에 대한 지나친 강조. 자율성에 대한 부적절감을 과잉보상하려는 경향
- 너무 작게 그린 경우 : 자율성에 대한 부적절감과 두려움
- 두 발 모두 그리지 않는 경우 : 자율성에 대한 불안감, 스스로 해야 한다는 것에 대한 불안
- 동그스름한 모양으로 그린 경우 : 미숙한 자율성 발달수준을 시사
- 발끝을 뾰족하게 그린 경우 : 자율성의 성취와 관련된 적대감과 공격성, 억압된 분노감

5) 동작성 가족화 검사(KFD)

동작성 가족화 검사(Kinetic Family Drawing: KFD)는 Burns와 Kaufman(1970)에 의해 개발된 기법으로 아동 자신을 포함한 가족 구성원 모두가 어떤 일을 하고 있는 그림을 그리

도록 하여 각 인물들에게 움직임을 도입한 투사검사이다. 아동의 저항을 적게 하면서 가족 내에서 자신의 위치나 역할에 대한 지각, 부모-형제를 포함한 가족관계에 대한 정보를 단시간 내에 알아보고자 할 때 유용하다.

Burns는 Buck의 HTP에 움직임이 포함되어 있는 동작성 집-나무-사람검사(Kinetic House-Tree-Person Test: KHTP)를 개발하였다. 이는 그림에 표현된 움직임을 통하여 개인 내적 욕구들에 대한 단서를 얻을 수 있다고 보았기 때문이다. 이후 Hulse(1951)은 DAP, KHTP보다 더 확장되고 수정된 가족화 검사(Family Drawing Test: FDT)를 처음 사용하면서 가족 그림을 통해 가족에 대한 지각, 부모, 형제에 대한 지각, 자신에 대한 지각, 가족 안에서 자신의 위치에 대한 중요한 정보를 얻을 수 있다고 하였다. Burns와 Kaufman(1970)은 Hulse의 가족화 검사에 움직임을 추가하여 동작성 가족화(Kinetic Family Drawing: KFD)를 개발하였다. 이 검사는 1960년대 대중적인 각광을 받기 시작하였으며, 이후 가족치료에 적용되면서 활발히 사용되었다.

(1) 실시 방법

그림을 그리기 적합한 책상 위에 A4 용지와 연필, 지우개를 준비한다. 용지는 가로로 놓아준다. "OO을 포함해서 가족들이 무언가 하고 있는 그림을 그려보세요. 만화나 막대기 같은 사람이 아닌 완전한 사람을 그려주세요. 무엇이든 어떠한 행위를 하고 있는 그림을 그려야 합니다."라고 지시한다. 그림을 그리기 힘들어 하는 아동의 경우 "그림 솜씨를 보려고 하는 것이 아니니 그릴 수 있는 만큼 그려보세요."라고 격려한다. 그리는 도중 여러 가지 질문에 대해서는 "마음대로 그리고 싶은 대로 그리세요."라고 하고 어떠한 단서도 주지 않는다.

그림을 그리는 동안 그림을 그리는 순서나 그리는 태도 등 과정을 잘 관찰한다. 가족 중 그리지 않은 사람이 있더라도 "누구는 없네. 그려볼까?"라고 제안하여 나중에 다시 그려 넣는 일이 없도록 한다. 그림을 그린 후 그린 순서, 인물의 나이, 하고 있는 행위, 생략한 사람, 가족 이외에 그린 사람이 있는지 질문하여 기록한다.

간혹 사람을 그리는 것을 힘들어 하거나 가족을 그리는 것을 불편하게 느끼는 경우, 동물 가족화 또는 물고기 가족화를 사용하면 아동들이 좀 더 쉽고 편안하게 반응할 수 있다. 이 경우 다양한 크기의 종이와 크레파스, 풀, 가위, 동물 그림, 물고기 그림 등을 준비한다. 그림을 그리지 못할 경우 오려 붙일 수 있지만 가능한한 그리도록 한다. 빈 어항이 그려져 있는 종이를 제시해 주거나 직접 어항을 그리도록 할 수 있다. 다음과 같은 지시문을 줄 수 있다.

> "가족이 동물로 변했다고 상상해 보세요. 가족을 어떤 동물로 표현할 수 있을까요? 자신은 물론 가족을 동물로 그려보세요."
> "어항에 물고기의 가족을 꾸며 보세요. 반드시 물고기 가족이 무엇인가를 하고 있는 그림을 그려야 합니다. 자신이 꾸미고 싶은 것이 최대한 많이 표현될 수 있도록 그려주세요."

그러나 동물가족화나 물고기 가족화의 경우, 명확한 평가영역과 채점지침이 개발되어 있지 않으므로 참고서적을 활용하여 상담자가 참고자료로 활용해 볼 수 있다.

(2) 해석

동적 가족화는 가족이 무엇인가 하고 있는 것을 그리는 것으로 현재의 가족 모습이 나타나기도 하고 자신이 바라는 가족 모습이 나타나기도 하므로 그림 자체만으로 해석하는 것은 적절하지 않다. 아동의 현재 상황과 연결시켜 검토하면서 아동이 설명할 수 있도록 하며, 그림의 해석기준에 맞추어 일방적으로 해석하고 진단하지 않도록 한다.

Burns와 Kaufman(1970)은 동작성 가족화의 해석을 각 인물의 특징, 활동내용, 양식, 상징의 4개 영역으로 제안하였다. Mayer(1978)가 개발한 채점체계는 Burns와 Kaufman의 이론적, 임상적 가설에 바탕을 두어 개발한 채점체계로서 인물들의 특징, 활동내용, 스타일, 상징에 관한 변인들이 정의되어 있으며, 각 항목을 0점(무, 적응), 1점(유, 부적응)으로 채점할 수 있으므로 자료를 통계처리할 경우 유용하다(신유정, 2003).

① 인물의 특징(figure characteristics)

그림 속 인물에 대한 아동의 감정을 반영한다.

표 5-26 / 인물의 특징

특징	내용
음영	• 신체부분에 음영이 그려진 경우, 그 신체 부분에의 몰두, 고착, 불안을 시사
윤곽선	• 강박적 사고와 관련됨
신체부분의 과장	• 그 신체부분의 기능에 대한 집착과 관련됨
신체부분의 생략	• 그 신체부분의 기능의 거부와 그 부분에 집착된 불안 또는 죄의식과 관련됨

특징	내용
얼굴표정	• 가족활동 안에서 내담자가 지각하는 정서반응과 관련됨
얼굴표정의 생략	• 가족 내에서 느끼는 갈등이나 정서적 어려움을 회피하거나 거리감을 두려는 시도와 관련됨
회전된 인물상	• 기울거나 옆으로 누워 있는 경우, 가족에 대한 거절, 다른 가족구성원과의 분리감정을 시사
정교한 묘사	• 관심이나 욕구를 반영, 과도한 표현은 강박적이고 불안정한 심리상태를 시사
필압	• 굵고 강한 선은 공격적이고 활동적이며, 약하고 가는 선은 우울하고 소극적임을 시사

② 인물의 활동내용(action)

- **상호작용** : 가족 모두가 상호작용하고 있는가 아니면 일부가 상호작용하고 있는가, 상호작용 행위가 없는가에 따라 가족의 전체적 역동성을 엿볼 수 있다.
- **각 인물의 행위를 중심으로 가족 내 역할 유형** : 아버지, 어머니, 자기상을 중심으로 분석한다. 대체로 아버지상은 TV, 신문 보기, 일하는 모습이 많이 나타나고, 어머니상은 부엌일이나 청소 등과 같은 가사일을 하고 있는 모습이 많다. 자기상은 공부, TV보기, 노는 모습 등으로 표현된다. 양식 및 상징 등을 함께 고려하여 전체적 관점에서 해석한다.

③ 양식(style)

아동이 그림을 그릴 때 독특하게 사용하는 기법이다. 양식은 일반적 양식, 구분, 종이접기, 포위, 가장자리, 인물 하선, 상하부의 선 등으로 분류할 수 있다.

표 5-27 / 양식(style)이 갖는 해석적 의미

양식	내용
일반적 양식	• 복잡하거나 명백한 장벽을 나타내지 않고 온화하고 우호적인 상호관계를 암시하는 그림. 가족관계에서 자기의 감정과 상태, 신뢰감을 나타냄
구분	• 하나 또는 그 이상의 직선이나 곡선을 사용하여 그림에서 인물들을 의도적으로 분리함. 가족구성원으로부터 자신과 그들의 감정을 철회하고 분리시키려는 욕구를 표현
종이 접기	• 검사용지를 접어서 몇 개의 사각 형태를 만들고 그 안에 가족구성원을 그림. 구분의 극단적 양식으로 가족관계 내에 존재하는 강한 불안이나 공포를 시사
포위	• 책상, 그네, 자동차 등의 사물을 이용하여 하나 또는 그 이상의 인물을 어떤 사물이나 선으로 둘러쌈. 강한 불안이나 불안의 표현

양식	내용
가장자리	• 인물상을 용지의 주변에 그림. 방어적이며, 문제의 핵심에서 회피하려는 경향, 친밀한 관계를 맺는 것에 대한 강한 저항을 시사
인물 하선	• 인물상 아래에 선을 긋는 경우. 가족구성원 상호 간의 인간관계의 불안전성 시사
상하부의 선	• 용지 위쪽에 그려진 선은 불안, 걱정, 공포가 존재함을 시사하며. 아래쪽에 그려진 선은 붕괴직전에 놓여 있는 가정, 스트레스를 시사

④ 상징(symbol)

인물 외에 그림에 나타난 사물이 상징하는 의미가 있을 때 상징이 되는 사물을 통해서 인물들 간의 에너지 흐름을 해석할 수 있다. 상징은 문화적 배경에 따라서 다른 의미를 가질 수 있으므로 이를 고려할 필요가 있다. 의미를 부여할 수 있는 상징물을 영역화하면 다음과 같다.

표 5-28 / 상징이 되는 사물이 갖는 해석적 의미

상징	내용
공, 축구공, 그 밖에 던지는 물체, 빗자루, 먼지떨이 등	• 공격성, 경쟁심
태양, 전등, 난로 등의 열과 빛이 적절할 때	• 애정적, 온화, 희망적
빛이나 열이 강렬하고 파괴적일 때	• 애정 욕구, 증오심
칼, 총, 날카로운 물체, 불, 폭발물 둥	• 분노, 거부, 적개심
자전거, 오토바이, 차, 기차, 비행기 등	• 힘의 과시(의존적 요소에 의한)
물과 관계되는 모든 것, 비, 바다, 호수, 강 등	• 우울 감정, 억울함

출처: 신민섭(2007). **그림을 통한 아동의 진단과 이해(증보판)**. 서울: 학지사.

⑤ 역동성

인물을 그린 순서, 인물의 위치, 크기, 인물 간의 거리, 얼굴의 방향, 특정 인물의 생략, 가족구성원이 아닌 타인의 묘사 등을 통해 가족 간의 역동성을 이해할 수 있다.

6) 학교생활그림검사

학교생활그림검사(Kinetic School Drawing: KSD)는 아동의 학교문제를 평가하고자 Burns와 Kaufman(1972), Prout와 Phillips(1974)가 투사적인 기법으로 KSD의 활용을 제안하였으며, Knoff와 Prout(1988)가 실시지침과 채점기준을 제시하여 임상적 기법의 하나로 널리 사용되고 있다. Knoff와 Prout는 아동과 청소년들이 학교 내에서 그들과 관련성이 있는 학교 인물 즉 자신, 친구들, 교사가 무엇인가를 하고 있는 그림을 그리게 함으로써 학교 환경 내에서의 상호관계 및 학업성취를 알아볼 수 있다는 가정 하에 학교생활그림(Kinetic School Drawing: KSD)을 개발하였다.

KSD는 학생에게 자기 자신과 교사, 친구들이 무엇인가를 하고 있는 그림을 그리게 함으로써 학교상황에서 자신을 어떻게 인식하고 있는지 파악할 수 있어서 학생들의 정서적, 사회적 상태를 평가하는 측정도구로 광범위하게 사용되고 있다. 또한 학교장면을 주제로 한다는 점에서 학교상담사들의 선호도도 높다(Andrews & Janzen, 1998).

KSD는 학교 내에서 생활하는 가운데 학생들이 어떤 어려움을 갖고 있는지를 측정하고, 그것이 태도와 행동에 어떤 영향을 미치며 고립장면과 특별한 관계, 또는 청소년들에게 어려움을 주는 상호작용을 파악하는 데 유용하다. 학교에서의 의미 있는 타인 가운데서 관계에 대한 아동과 청소년의 지각을 측정하는 투사검사로 활용할 수 있다. 청소년상담과 심리치료를 위한 유용한 자료로 활용할 수 있다.

(1) 실시 방법

검사의 지시사항만 다를 뿐 동적가족화검사(KFD)의 실시 방법과 동일하다. 아동에게 A4용지, 연필, 지우개를 준다. 용지는 가로방향으로 준다. 검사는 수행단계와 질문단계로 이루어진다. 수행단계에서는 "자신과 선생님, 한 명 또는 한 명 이상의 친구가 무엇인가를 하고 있는 그림을 그려보세요."라고 지시한다.

(2) 해석

KSD의 해석은 Burns와 Kaufman(1972)의 해석을 기초로 한다. 즉 인물의 특징(chara-teristics)과 활동(action), 그림의 양식(style)과 상징(symbol), 역동성(dynamics)을 검토한다. 학교, 교사, 교우관계에 대한 자신의 관점과 인식을 고려하여 그림에서 인물의 크기, 행동, 인물 간 관계를 나타내는 특징을 살펴보고, 그림에 표시된 교사, 자신, 친구에 대한 묘사를 통해서 안면표정, 거리, 크기 등을 평가항목으로 설정하여서 학교적응을 엿볼 수 있다. KSD에서 등장하는 친구가 자신과 상호작용하는 정도는 곧 학교생활적응 정도를 반영하는 것으로 가정한다. 그림의 각 인물에 대한 정밀성은 개인의 성실성이나 묘사되는 인물에 대한 마음상태가 반영될 수도 있다.

다른 투사검사와 마찬가지로 해석상의 오류를 범할 수 있는 여지가 있으므로 다른 검사와 함께 실시하여 보다 구체적이고 명확하며 풍부한 접근을 하는 것이 바람직하다. 단 하나의 학교생활그림을 통해 아동의 심리역동적 기제를 해석하는 것은 위험하므로 신중을 기할 필요가 있다.

7) 문장완성검사(SCT)

문장완성검사(Sentence Completion Test: SCT)는 투사적 검사 중 가장 간편한 검사이지만 시행과 해석에 있어 간편함에 비해 피상적이지 않은 유용한 검사라고 할 수 있다. SCT는 연상검사의 응용으로 발전하였으며, Galton에 의해 자유연상법(free association test)이 처음 연구된 이후, Wundt와 Cattell에 의해 단어연상법(word association test)으로 발전하였다. 그 후 다시 단어연상법이 다시 문장완성검사로 발전하게 되었는데, 대표적인 것이 워싱턴대학의 문장완성검사(Washington University Sentence Completion Test: WUSCT)이다.

다른 투사검사와 마찬가지로 검사과정에서 피검사자의 기본적인 동기, 태도, 갈등, 공포 등이 반영된다고 가정한다. 문장완성검사에서 피검사자에 의해 완성된 문장은 내재된 동기, 욕구, 태도, 갈등, 두려움, 대인관계의 문제, 원망, 자아상, 자아중심성, 가족 및 타인에 대한 태도 등을 반영한다(Gregory, 2000). 문장에 나타난 개인의 소망과 욕구, 인물에 대한 태도와 갈등의 원인, 부정적인 감정과 상황에서의 특징적인 행동방식 등을 성격이론에 기초하여 분석한다. 그러나 다른 투사검사에 비해 검사자극이 더 분명하고 피검사자가 검사자극의 내용을 감지할 수 있도록 구성되어 있어서 다른 투사검사에 비해 의식수준의 심리적 현상이 잘 반응되는 경향이 있지만, 면접과정에서는 잘 나타나지 않는 개인의 갈등이나 병리적 내용에 대한 정보를 제공해 줄 뿐만 아니라 다른 검사들에서 나타나는 역동적 내용을 확인해 줄 수 있다(한국초등상담교육학회, 2006).

검사를 실시하는 기관, 실시 대상 등에 따라 여러 형태로 구성되어 다양하게 활용되고 있다. 자기보고식으로 진행되며 상담장면에서 활용도가 매우 높다. 다만 문장완성검사는 단독으로 사용하기보다는 MMPI와 같은 객관적 성격검사와 함께 사용하는 것을 권장한다.

(1) 검사의 구성

대부분의 문장완성검사는 4~15가지 주제를 포함한 40~100문항 정도로 구성되어 있다. 여러 형태의 문장완성검사 가운데 가장 많이 사용되고 있는 것은 Sacks의 문장완성검사(Sentence Completion Test: SSCT)와 Rotter의 미완성문장검사((Incomplete Sentences Blank: RISB)이다. Sacks의 청소년용 문장완성검사는 가족관계, 학교생활, 대인관계, 자기개념의 4개 영역을 세분하여 10개의 영역으로 구분하였으며, 38문항으로 구성되어 있다. 각 영역에 대해 피검사자가 보이는 손상의 정도에 따라 3점 척도로 평가한다. 다음은 Sacks의 청소년용 문장완성검사의 영역과 문항내용의 일부이다.

표 5-29 / **Sacks의 청소년용 문장완성검사(SSCT) 영역 및 내용**

영역		문항내용
가족관계 영역	어머니에 대한 태도	• 엄마와 나는 ______________
	아버지에 대한 태도	• 우리 아빠는 ______________
학교생활 영역	학업에 대한 태도	• 우리 선생님은 ______________ • 나의 학교생활은 ______________
대인관계 영역	친구나 친지에 대한 태도	• 다른 사람들은 나를 ______________ • 친구들과 나는 ______________
자기개념 영역	부정적인 것에 대한 태도	• 내가 가장 우울할 때는 ______________ • 내게 제일 걱정되는 것은 ______________
	긍정적인 것에 대한 태도	• 내 생애에서 가장 행복한 날은 ______________ • 현재 나의 큰 즐거움은 ______________
	자신의 능력에 대한 태도	• 내가 가장 자신하는 것은 ______________ • 요즘 나는 ______________
	과거에 대한 태도	• 내가 좀 더 어렸다면 ______________
	미래에 대한 태도	• 내 소원이 마음대로 이루어진다면 ______________
	목표에 대한 태도	• 내가 앞으로 하고 싶은 일은 ______________ • 언젠가 나는 ______________

출처: 류경희, 이수연, 전정화(2020). **심리검사**. 양서원.

국내에 보급되어 있는 문장완성검사들이 평가하는 영역과 내용은 다음과 같다.

표 5-30 / 문장완성검사별 평가 영역

<table>
<tr><th>검사명</th><th colspan="2">영역</th><th>제공</th></tr>
<tr><td rowspan="6">문장완성검사
아동용(30문항)
청소년용(40문항)</td><td>자기영역</td><td>강점, 약점, 자기개념</td><td rowspan="6">인싸이트</td></tr>
<tr><td>가족영역</td><td>엄마, 아빠, 형제자매, 가족분위기</td></tr>
<tr><td>타인 및 세상</td><td>아동: 친구, 타인
청소년: 친구, 타인, 세상, 권위상</td></tr>
<tr><td>행복, 꿈, 욕구</td><td></td></tr>
<tr><td>학업</td><td>공부, 학교생활</td></tr>
<tr><td>부정적 감정과
스트레스 반응</td><td>두려움, 걱정, 슬픔, 스트레스, 반응</td></tr>
<tr><td rowspan="3">문장완성검사
초등용(33문항)
중고등용(38문항)</td><td>가족 영역</td><td>어머니, 아버지 및 가족에 대한 태도</td><td rowspan="3">한국
가이던스</td></tr>
<tr><td>자기개념 영역</td><td>자신의 능력, 과거, 미래, 두려움, 죄책감, 목표 등에 대한 태도</td></tr>
<tr><td>대인관계 영역</td><td>친구와 지인, 권위자에 대한 태도</td></tr>
<tr><td rowspan="2">문장완성검사 II
청소년용(100문항)</td><td colspan="2">개인의 소망과 욕구들, 인물에 대한 갈등과 원인, 감정, 상황에 대한 특징적인 행동방식을 Murray 성격이론에 기초하여 분석</td><td rowspan="2">한국심리
주식회사</td></tr>
<tr><td colspan="2">인물을 향한 태도와 소망, 부정적 감정의 원인, 상황에서의 특징적인 반응 경향, 감정수준 측정</td></tr>
</table>

일반적으로 문장완성검사에 포함되는 평가내용을 좀 더 구체적으로 살펴보면 다음과 같다.

- **가족관계**: 가족에 대한 태도, 자기를 대하는 가족의 태도, 가정의 분위기 등
- **교우관계**: 사교성, 교우에 대한 태도 등
- **신체관계**: 자기의 외모, 신체조직 및 기능에 관한 생각, 열등감, 편견 등
- **직장관계**: 근로의욕, 직장에서의 인간관계, 일에 대한 태도 등
- **일반적인 대인관계**: 이성이나 동성에 관한 태도, 성역할, 권위자나 성인에 대한 태도, 대인관계에서 위기장면에 놓였을 경우의 태도, 이웃관계 등
- **학교관계**: 학교에서의 문제나 인간관계 등
- **감정**: 불안이나 행복감의 존재와 대상, 좋아하거나 싫어하는 대상, 심리적 외상 등
- **일상생활태도**: 유년기, 소년기와 현재의 생활, 습관 등
- **자기상**: 자기 자신을 어떻게 보고 있는가, 현재의 자기와 이상상, 자존심, 욕구불만이나 갈등 시의 행동 등
- **기타**: 사물이나 현상에 관한 느낌 등

출처: 김계현, 황매향, 선혜연, 김영빈(2012). **상담과 심리검사(2판)**. 서울: 학지사.

(2) 실시 방법

검사의 종류에 따라 문항 수가 다르지만 대개 수행시간은 20~30분 정도이다. 자기보고식 검사이기 때문에 개인과 집단 모두에게 실시할 수 있다. 소요시간은 피검사자의 신중함이나 우유부단한 경향, 또는 충동적이거나 혹은 검사를 대충했을 가능성이 있음을 알려주는 지표가 될 수 있으므로 기록해 둘 필요가 있다.

초등학교 3학년 이상되어야 사용 가능하지만, 더 어린 아동의 경우 검사자나 보호자의 도움을 받아 시행할 수 있다. 표준적인 실시 방법은 피검사자가 직접 문장을 읽고 반응을 써야 하지만, 어린 아동이거나 노인, 심하게 불안해서 검사를 수행할 수 없는 사람은 검사자가 문장을 읽어주고 피검사자가 대답한 것을 검사자가 받아 적는 것이 좋다. 특히 아동이나 청소년의 경우, 상담센터에 자발적으로 오기보다는 부모님이나 선생님의 권유로 오는 경우가 많으므로 면담 시 검사자가 문장을 읽어주고 답변을 기록하면서 문장완성검사를 실시하면 면담자료가 보다 풍부해질 수 있다.

문장완성검사를 실시할 때 가장 중요한 점은, 오랫동안 생각하면서 최선의 반응을 선택하도록 하는 것이 아니라, 미완성 문장을 읽고 가장 먼저 생각나는 문장을 쓰도록 하는 것이다. 오래 생각하게 되면 자유연상을 활발하게 하기보다는 방어적이 될 수 있기 때문이다.

검사지를 주고 지시문을 함께 읽으면서 시행 방법을 알려준다. 지시문은 다음과 같다. "다음에 제시된 문장은 뒷부분이 빠져 있습니다. 각 문장을 읽으면서 맨 먼저 떠오르는 생각으로 뒷부분을 이어 문장이 완성되도록 하면 됩니다. 시간의 제한은 없으나 되도록 빨리 하십시오." 문장 속에 있는 단어의 의미를 물어볼 때는 간단하게 단어를 설명해 줄 수는 있으나, 문장 전체의 뜻을 물어본다면 "생각한 대로 하면 된다"고 대답한다.

(3) 채점 및 분석

문장완성검사는 단독으로 분석하는 것도 유용하지만 다른 투사검사 또는 객관적 성격검사 결과와 비교하면서 활용하는 것이 피검사자를 보다 풍부하게 이해하는 데 도움이 된다.

평가 방법은 두 가지로 나누어 볼 수 있다. 응답내용에서 투사되는 내재된 동기를 분석하는 주관적이고 직관적인 분석 방법과 각 문장에 할당된 점수를 통한 객관적 분석 방법이다. 문장완성검사의 형태는 매우 다양할 뿐만 아니라 평가도 임의적으로 이루어진다. 검사의 표준화가 이루어지지 않았으며 평가와 분석에 대한 명확한 기준이 없는 것이 문제점으로 지적된다. 일반적으로 문장완성검사는 피검사자의 욕구를 질적으로 분석해 주관적으로 해석하지만 점수를 통한 객관적인 평가 방법이 사용되기도 한다.

Sacks의 SSCT 채점은 각각의 영역을 묻는 문장에 대한 반응을 종합하여 2점(정서적 갈등이 지적되고 치료적 도움이 필요한 심한 손상), 1점(정서적 갈등은 있으나 치료는 필요 없는 정도의 경미한 손상), 0점(의미 있는 손상이 발견되지 않음), ×(충분한 증거가 부족하면 확인 불가능한 것으로 봄)로 채점한다.

Rotter 문장완성검사는 부정적인(갈등) 응답(4~6점), 중립적인 응답 또는 무응답(채점하지 않음), 긍정적인 응답(0~2점)으로 점수화된 척도를 사용하여 적응 정도를 좀 더 객관적으로 평가한다. 전체 점수범위는 0~24점이며, 점수가 높을수록 부적응적인 것으로 평가한다. 이러한 방법은 평가자 간의 신뢰도가 매우 높게 나타나고, 다양한 부적응 연구에 사용될 수 있는 장점을 가진다(Merrell, 1999).

표 5-31 / Rotter의 문장완성검사 반응범주의 예

반응범주	내용
생략반응	• 반응이 없거나 의미를 추론하기 어려울 정도로 간단한 반응
갈등반응	• 적대감이나 불행을 암시하는 반응
긍정적 반응	• 긍정적 또는 희망적 태도를 암시하는 반응
중립반응	• 긍정적, 부정적 감정을 포함하지 않는 반응

참고문헌

강봉규 (2004). **심리검사의 이론과 기법(증보판)**. 서울: 동문사.

강진령 역 (2018). **DSM-5 아동·청소년 정신건강 가이드북**. 서울: 학지사.

권석만, 김지영, 하승수 (2011). **성격강점검사 전문가 지침서(청소년용)**. 서울: 학지사.

김계현, 황매향, 선혜연, 김영빈 (2012). **상담과 심리검사(2판)**. 서울: 학지사.

김광수, 김경집, 김은향, 양곤성, 하요상, 한선녀 (2015). **아동 성격강점검사 전문가지침서**. 서울: 학지사.

김동연, 공마리아, 최외선 (2002). **HTP와 KHTP 심리진단법**. 대구: 동아문화사.

김승태, 김지혜, 송동호, 이효경, 주영희, 홍창희, 황순택 (1997). **한국아동인성검사**. 서울: 한국가이던스.

김영환, 김재환, 김중술, 노명래, 신동균, 염태호, 오상우 (2004). **다면적 인성검사실시 요강(개정판)**. 서울: 한국가이던스.

김영환, 김지혜, 오상우, 임영란, 홍상황 (2001). **성격평가질문지 실시요강**. 서울: 학지사.
김재환, 오상우, 홍창의, 김지혜, 황순택, 문혜신, 정승아, 이장한, 정은경 (2006). **임상심리검사의 이해.** 서울: 학지사.
김재환, 오상우, 홍창희, 김지혜, 황순택, 문혜신, 정승아, 이장한, 정은경 (2014). **임상심리검사의 이해(2판)**. 서울: 학지사.
김정택, 심혜숙 (1994). **어린이 및 청소년 성격유형검사 안내서**. 서울: 한국심리검사연구소.
김정택, 심혜숙, 제석봉 (1995). **MBTI 개발과 활용.** 서울: 한국심리검사연구소.
김정택, 심혜숙, 제석봉 (2009). **MBTI 개발과 활용**. 서울: 어세스타.
김중술, 한경희, 이정흠, 민병배, 문경주 (2005). **다면적 인성검사 II 매뉴얼**. 서울: ㈜ 마음사랑.
김지혜, 조선미, 홍창희, 황순택 (2005). **한국아동인성평정척도 실시요강**. 서울: 한국가이던스.
김태련, 서봉연, 이은화, 홍숙기 (1976). **아동용회화통각검사**. 서울: 이화여자대학교 인간발달연구소.
김태련, 서봉연, 이은화, 홍숙기 (1993). **아동용회화통각검사**. 서울: 한국가이던스.
류경희, 이수연, 전정화 (2020). **심리검사**. 경기: 양서원.
민병배, 오현숙, 이주영 (2007). **기질 및 성격검사 매뉴얼.** 서울: ㈜ 마음사랑.
박경, 김혜은 (2017). **심리평가의 이해와 활용.** 서울: 학지사.
박영숙, 박기환, 오현숙, 하은혜, 최윤경, 이순묵, 김은주 (2019). **현대 심리평가의 이해와 활용**. 서울: 학지사.
신민섭 (2007). **그림을 통한 아동의 진단과 이해(증보판)**. 서울: 학지사.
신민섭 (2002). **그림을 통한 아동의 진단과 이해**. 서울: 학지사.
신민섭, 김은정, 김지영 (2007). **아동·청소년 로샤의 이론과 실제**. 서울: 학지사.
신유정 (2003). **어머니의 취업유무에 따른 유아의 동작성 가족화 비교**. 성신여자대학교 대학원 석사학위 논문.
심혜숙, 김정택 (1993). 어린이 심리경향 검사(C-MBTI)의 한국 표준화에 관한 일 연구. **한국심리경향 학회지, 1**(1), 1-20.
안현희, 김동일, 안창규 (2006). **NEO 아동 및 청소년 성격검사의 해석과 활용**. 서울: 한국가이던스.
오현숙, 민병배 (2004). **기질 및 성격검사**. 서울: 마음사랑
조옥귀, 문지혜 (2021). **스마트한 심리검사와 평가 (2판)**. 서울: 창지사.
조현춘, 송영혜, 이명희 (1995). 아동의 로샤 반응. **정서·행동 장애연구, 24**, 63-79.
한경희, 문경주, 이주영, 김지혜 (2011). **다면적 인성검사 II 재구성판 매뉴얼 개정판**. 서울: ㈜ 마음사랑.
한국초등상담교육학회 (2006). **한국형 초등학교 생활지도와 상담**. 서울: 학지사.
한선녀 (2022). **단축형 아동 성격강점 검사의 개발 및 타당화**. 서울교육대학교 교육전문대학원 박사학위 논문.

Andrews, J., & Janzen, H. (1988). A global approach for the interpretation of the Kinetic School Drawing(KSD): A quick scoring sheet, reference guide, and rating scale. *Psychology in the Schools, 25*, 217-237.
Bellak, L. (1949). The use of Oral Barbeturates in Psychotherapy. *Am J Psychiatry, 15*, 849-850.

Bellak, L. (1959). *Thematic apperception test in clinic use.* In L. E. Abt & L. Bellak (Eds.). New York: Alfred A. Knopf.

Bellak, L. (1975). *The T.A.T, C.A.T, and S.A.T in clinical use* (3rd ed.). New York: Grune & Stratton.

Bellak, L. (1993). *Psychoanalysis as a science.* Boston: Allyn & Bacon.

Brittain, H. L. (1907). A study in imagination. *Pedagogical Seminary, 14,* 137-207.

Buck, J. (1948). The H-T-P technique, a qualitative and quantitative scoring manual. *Journal of Clinical Psychology, 4,* 317-396.

Buck, J., & Hammer, E. F. (1969). *Advances in the House-tree-person Technique; Variations and applications.* Los Angeles, Western Psychological Services.

Burns, R. C., & Kaufman, D. H. (1972). *Actions, styles and symbols in Kinetic Family Drawings(K-F-D): An interpretative manual.* New York: Brunner/Mazel.

Burns, R. C., & Kaufman, S. H. (1970). *Kinetic Family Drawing(K-F-D): An introduction to understanding children through kinetic drawing.* New York: Brunner/Mazel.

Butcher, J. N., Williams, C. L., Graham, J. R., Archer, R. P., Tellegen, A., Ben-Porath, Y. S., & Kaemmer, B. (1992). *Minnesota Multiphasic Personality Inventory-Adolescent(MMPI-A): Manual for administration scoring, and interpretation.* Minneapolis: University of Minnesota Press.

Cloninger, C. R., Przybeck, T. R., Svrakic, D. M., & Wetzel, R. D. (1994). *The Temperament and Character Inventory(TCI): A guide to its development and use.* St. Louis, Missouri.

Cloninger, C. R., Svrakic, D. M., & Przybeck, T. R. (1993). A psychobiological model of temperament and character. *Archives of General Psychiatry, 50,* 975-990.

Costa, P. T., & MacCrae, R. (1992). *NEO-PI-R professional manual.* Odessa, FL: Psychological Assessment Resources.

Exner, J. E. (1974). *The Rorcharch: A comprehensive system, Vol 1.* New York: Wiley.

Exner, J. E. (1993). *The Rorcharch: A comprehensive system, Vol 2: Interpretation* (2nd ed.). New York: Wiley.

Exner, J. E. (2003). *The Rorcharch: A comprehensive system* (4th ed.). New York: John Wiley.

Galton, F. (1879). Phychometric experiments. *Brain, 2,* 149-162.

Gregory, R. J. (2000). *Psychological Testing-History, Principles, and Applications.* Boston: Allyn & Bacon.

Howard, J. C. (1989). The Rorchach test: Standardization and contemporary developments. In S. Wetzler & M. M. Katz (Eds.), *Contemporary approaches to psychological assessment.* New York: Brunner/Mazel Publishers.

Hulse, W. C. (1951). The emotionally disturbed child draws his family quarterly. *Journal of Child Behavior, 3,* 152-174.

Knoff, H. M., & Prout, H. T. (1988). *Kinetic Drawing System for Family and School: A Handbook.* California: Western psychological Service.

Krueger, R. F., Derringer, J., Markon, K. E., Watson, D., & Skodol, A. E. (2012). Initial construction of a maladaptive personality trait model and inventory for DSM-5. *Psychological Medicine, 42,* 1879-1890.

Maples, J. L., Carter, N. T., Few, L. R., Crego, C., Gore, W. L., Samuel, D. B., & Krueger, R. F. (2015). Testing whether the DSM-5 personality disorder trait model can be measured with a reduced set of items: An item response theory investigation of the Personality Inventory for DSM-5. *Psychological Assessment, 27,* 1195-1210.

Meisgeier, C., Murphy, E., & Beidler, P. (1987). The development of the Meisgeier-Murphy Type Indicator for Children. *Journal of Psychological Type, 13,* 15-22.

Merrell, K. W. (1999). *Behavioral, Social, and Emotional Assessment of Children & Adolescents.* NJ: Lawrence Erlbaum.

Morey, L. C. (1991). *Personality Assessment Inventory Manual.* Odessa, FL: Psychological Assessment Resources.

Morey, L. C. (2007). *Personality Assessment Inventory(PAI) Professional Manua*l (2nd ed.). Lutz, FL: PAR.

Morgan, C. D., & Murray, H. A. (1935). A method for investigation fantasies. *Archives of Neurology and Psychiatry, 34,* 289-306.

Murray, H. A. (1938). *Explorations in personality.* New York: Oxford University Press.

Murray, H. A. (1943). *Thematic apperception test manual.* Boston: Harvard College Fellows.

Myers, I. B., & McCaulley, M. H. (1985). *Theory, psychometrics application.* 김정택, 심혜숙, 제석봉 (1994). **MBTI 개발과 활용**. 서울: 한국심리검사연구소.

Peterson, C., & Seligman, M. E. P. (2004). *Character strengths and virtues: A handbook and classification.* New York: Oxford University Press/Washington, DC: American Psychological Association.

Prout, H. T., & Phillips, P. D. (1974). A clinical note: The kinetic school drawing. *Psychology in the Schools, 11,* 303-306.

마음사랑 (2002). http://www. maumsarang.kr

어세스타 (2022). http://www.career4u.net

인싸이트심리검사연구소 (2022). https://www.inpsyt.co.kr

한국가이던스 (2022). http://www.guidance.co.kr

한국고용정보원 워크넷 (2022). https://www.work.go.kr

한국심리주식회사 (2022). https://www.koreapsy.co.kr

CHAPTER 06

정서 · 행동검사

청소년의 정서 · 행동문제는 유아기 때부터 발생되는 경우가 많지만 정서와 행동의 문제가 드러나서 교육과 상담, 치료의 대상으로 부각되는 것은 아동이 보다 구조화된 집단생활을 시작하게 되는 초등학교 시기부터라고 할 수 있다. 아동은 학교생활을 하면서 집단 속에서 문제를 일으킴으로써 그들이 가지고 있는 행동과 정서의 문제를 드러내게 되며 비로소 교육과 치료의 대상이 된다. 아동기에 이러한 정서 · 행동의 문제를 조기에 발견하여 해결해 주지 않으면 점차 심한 장애로 고착되어 청소년기의 비행과 반사회적 행동으로 나타나거나 심각한 정신건강의 문제로 발전될 수 있다. 따라서 초등학교 시기부터 보다 적극적인 치료와 상담이 이루어질 것이 요구된다(조붕환, 임경희, 2019).

일반적으로 학교생활을 통해 나타나는 문제로는 학업과 관련된 성적불량, 학습부진, 학습태도 등과 불안증, 소외감, 우울증, 비사회성 등과 같은 정서 및 성격적 문제, 학교의 규칙이나 규율을 범하거나 반사회적인 행동을 하는 행동에 관한 문제 등을 들 수 있다. 그런데 학교에서는 학교의 규칙이나 규율을 어기는 행위나 반사회적인 행동을 주로 문제행동으로 보는 경향이 있고, 이러한 행동을 하는 학생을 주로 생활지도의 대상으로 다루고 있다(이재창, 2005).

많은 교사나 부모들은 청소년의 행동문제에 초점을 맞춤으로써, 이들이 내면에 가지고 있는 정서적인 문제에 접근하지 못하는 경향이 많다. 주의산만, 과잉행동, 공격성 등의 행동문제를 보이는 청소년은 교사나 부모, 또래들의 주의를 끌기에 충분할 정도로 산만하며, 과잉행동을 하고, 주위의 또래들을 괴롭히는 행동을 하는 반면, 이들이 스스로 내면에서 겪고 있는 대인관계, 정서조절, 신체증상, 불안, 위축과 같은 잠재되어 있는 정서문제는 상대적으로 부모나 교사의 초점에서 밀려나기 쉽기 때문이라고 할 수 있다(권형자, 조붕환, 2001).

이 장에서는 아동과 청소년이 경험하고 있는 정신건강 문제를 우울과 불안 등으로 대체로 내재화되어 있는 정서문제와 과잉행동, 공격행동 등 외현화되어 있는 행동문제로 분류하여 각 문제행동이 가지는 특징과 유형을 분류하고, 진단과 평가를 위한 기준과 도구들을 소개하기로 한다. DSM-5에 포함되어 있는 아동 및 청소년 정신건강문제의 경우, DSM-5의 진단기준을 제시하고, 더불어 우리나라에서 많이 활용되고 있는 정신건강문제의 평가도구들을 소개하였다. 또한 발달특성상 주 양육자 및 교사 등의 관찰과 보고 또한 중요한 평가 자료가 될 수 있으므로 가능한 경우 아동 및 청소년의 자기보고형 평가척도와 더불어 부모 및 교사가 활용할 수 있는 체크리스트 등을 함께 제시하였다.

1 정서 · 행동문제의 분류

정서 · 행동의 문제 양상은 매우 다양하여 모든 특성을 하나의 개념으로 정의하기는 어렵지만 일반적으로 불안, 우울, 공포 등과 같은 내재화된 형태와 주의산만, 과잉행동, 공격성, 충동성 등과 같은 외현화된 형태로 나타난다.

정서 · 행동문제를 보이는 아동을 정서 · 행동장애로 진단하는 데에는 다음과 같은 점이 고려되어야 한다. 첫째, 행동의 정도가 일반적인 양상과는 상당히 다른 '극심한' 상태를 나타내야 한다는 점, 둘째, 문제가 쉽게 사라지지 않는 '만성적'인 것이어야 한다는 점, 셋째, 행동이 사회 · 문화적 잣대로 보아 수용하기 어려운 것이어야 한다는 점 등이다(국립특수교육원, 1999).

「장애인 등에 관한 특수교육법 시행령」(제정 2008. 5. 26, 대통령령 제20790호)에서 규정하고 있는 정서 · 행동장애에 대한 정의는 다음과 같다.

> 장기간에 걸쳐 다음 각 목의 어느 하나에 해당하여, 특별한 교육적 조치가 필요한 사람
> ① 지적 · 감각적 · 건강상의 이유로 설명할 수 없는 학습상의 어려움을 지닌 사람
> ② 또래나 교사와의 대인관계에 어려움이 있어 학습에 어려움을 겪는 사람
> ③ 일반적인 상황에서 부적절한 행동이나 감정을 나타내어 학습에 어려움이 있는 사람
> ④ 전반적인 불행감이나 우울증을 나타내어 학습에 어려움이 있는 사람
> ⑤ 학교나 개인 문제에 관련된 신체적인 통증이나 공포를 나타내어 학습에 어려움이 있는 사람

아동기 정서·행동장애를 분류하는 체계로는 일반적으로 질적 분류체계와 양적 분류체계를 많이 사용한다. 질적 분류체계의 대표적인 예로는 미국정신의학회의 정신장애 분류체계(DSM)를 들 수 있다. 이 관점은 주로 정신 내면의 주관성에 따른 임상관찰에 의존하는 것으로 비체계적임에도 불구하고 임상적 현장에서 흔히 채택되는 반면, 진단평가 현장에는 의미 있는 영향을 주지 못하는 편이다. 양적 분류체계의 대표적인 예로는 Quay의 차원분류체계를 들 수 있다. Quay는 통계적 요인분석에 근거하여 서로 상관관계에 있는 군집행동들을 개개 행동군의 범주로 제시하였다.

1) Quay의 양적 차원 분류체계에 따른 행동특성

Quay의 양적 차원 분류체계에서 주요 행동군의 차원적 분류와 그에 따른 행동특성은 다음과 같다(김원경 외, 2009).

(1) 품행장애(conduct disorder)

일반 아동도 싸우고, 때리고, 소리를 지르고, 대부분의 일탈된 아동이 나타내는 행동을 하지만 품행장애 아동은 그 정도가 매우 심한 공격적 행동을 표출한다. 이들은 또래에게 인기가 없고 또래 아동들을 죄책감 없이 고의적으로 괴롭힌다. 이런 아동들이 나타내는 사회화되지 않은 공격적 행동은 신체적 또는 언어적 공격성을 특징으로 한다. 또한 이 장애는 어린 나이에도 나타나고 사회화된 공격성보다 더 흔하다.

(2) 사회화된 공격성(socialized aggression)

품행장애 아동과 마찬가지로 사회화된 공격성을 나타내는 아동은 정상 아동보다 심한 정도의 공격적인 행동을 한다. 그러나 품행장애 아동과 다르게 또래들에게 인기가 있고, 비행하위 문화의 규준과 규칙을 준수한다. 그러나 사회화된 공격성을 나타내는 아동들은 전문적 비행인은 아니다. 왜냐하면 비행은 법적 용어이나 사회화된 공격 유형은 또래그룹 상황 내의 비행활동과 관계가 있다. 사회화된 공격행동은 아동기나 청년기 이후에 더 빈번하게 발생한다. 이 범주의 특정 행동 증상들은 또래 그룹 상황에서 발생하는 비행활동들을 포함한다. 품행장애와 관련된 명백한 반사회적 행동과는 다르게 사회화된 공격성과 관련된 많은 행동은 내향적 반사회적 행동으로 나타난다. 따라서 비폭력적이고, 직접적이며, 다른 사람과 대적하지는 않는다.

(3) 주의력 결함/미성숙(inattention-immaturity)

주의력 결함과 미성숙 영역에 속하는 아동은 학습장애 범주에 속하는 아동들이 경험하는 문제와 비슷한 문제를 가진다. 이들은 인지적 혹은 통합적인 문제를 가지며, 충동통제와 좌절, 사고과정에서 문제를 경험한다. 시·청각자극을 조직하고 해석하는 데 어려움을 가지며, 감정이 쉽게 자주 변하고, 종종 무력감을 나타낸다.

(4) 불안/위축(anxiety-withdrawal)

아동의 위축과 불안은 일반적으로 흔히 나타난다. 이러한 아동은 전형적으로 자기의식적이고, 과잉반응을 보이고, 종종 사회기술에 결함을 가진 것을 특징으로 한다. 이들은 환상에 빠져들고, 사회적으로 고립되며, 우울과 공포를 느끼고, 정상적인 활동에 참여를 잘 하지 못하며, 신체적 고통을 호소한다.

(5) 정신증적 행동(psychotic behavior)

정신증 행동을 가진 아동들은 병리학적으로 심한 중증현상에 속한다. 자신과 현실에 대한 태도가 전반적으로 손상되어 있다. 대개 손상은 일상생활을 방해하고 관찰자가 이해할 수 없을 정도로 심각하다.

(6) 과잉행동(hyperactivity)

과잉행동을 가진 아동들은 흔히 과잉행동, 주의력결핍장애, 과잉행동을 동반한 주의력결핍장애를 나타낸다. 그리고 과잉운동장애 아동들의 이러한 문제들은 대부분 과잉행동과 관련되어 있다. 과잉행동 아동의 문제들은 전형적으로 불안정하고, 예측할 수가 없고, 주의가 산만하고, 충동적이며, 성급하고, 파괴적인 행동으로 나타난다.

2) 연령대별로 고려해야 할 사항과 흔하게 발생하는 정신장애

(1) 연령대별로 고려되어야 할 사항(DSM-5 진단기준)

정신질환의 진단 및 통계편람 제5판(DSM-5)에서 제시하고 있는 정신장애에 대해 연령대별로 고려될 수 있는 정신장애의 내용은 <표 6-1>과 같다.

표 6-1 / 연령대별로 고려되어야 할 사항(DSM-5 진단기준)

학령기전(만 2~5세)	학령기(만 6~12세)	청소년기(만 13~17세)
• ADHD (고도이면, 만 3세 이상) • 자폐스펙트럼장애 • 의사소통장애 • 유분증 • 지적장애(지적발달장애) • 적대적 반항장애 • 선택적 함구증 • 분리불안 • 특정공포증	• ADHD • 적응장애 • 품행장애 • 유분증 • 지적장애(지적발달장애) • 불면장애 및 사건수면 • 특정학습장애 • 주요우울장애 • 강박장애 • 적대적 반항장애 • 외상후 스트레스 장애 • 뚜렛장애(틱) • 발모광(털뽑기장애) • 사회불안장애 • 특정공포증 • 신체증상장애	• ADHD • 적응장애 • 신경성 식욕부진증 • 양극성장애 • 폭식증 • 품행장애 • 지속성 우울장애(기분저하증) • 지적장애(지적발달장애) • 불면장애 • 범불안장애 • 특정학습장애 • 주요우울장애 • 폐쇄성 수면 무호흡 저호흡 • 강박장애 • 적대적 반항장애 • 공황장애 • 외상후 스트레스장애 • 투렛장애(틱) • 조현병 • 사회불안장애 • 특정공포증 • 신체증상장애 • 물질사용장애

출처: American Psychiatric Association(2013).

아동과 청소년의 정신장애에 관한 결정을 내릴 때는 연령에 대한 고려가 매우 중요하다. 연령대별로 유병률이 높게 나타나는 정신장애에 대한 이해는 진단과 선별을 위해 먼저 고려할 사항이 된다. 연령대별로 유병률이 높은 것으로 정신장애와 고려할 수 있는 측정도구는 다음과 같다(강진령 역, 2018).

① 0~5세

발달적 손상과 파괴적 행동문제가 지배적이다. 이 연령대에서 고려해야 할 일반적인 선별 평가척도는 일반적인 발달평가, 자폐스펙트럼 선별검사, 사회·정서학습 측정도구들이 있다.

② 6~12세

주의력결핍과잉행동장애(ADHD), 파괴적, 충동조절 및 품행장애, 지적발달장애, 불안장애, 기분장애가 지배적이다. 이 연령대에서 고려해야 할 일반적인 선별 평가척도는 ADHD 증상 평가척도, 불안평가 척도, 우울증, 자폐스펙트럼 선별검사들이 있다.

③ 13~18세

주요우울장애, 불안장애, 외상후스트레스장애, 섭식장애, ADHD, 물질사용장애, 품행장애가 지배적이다. 이 연령대에서 고려해야 할 일반적인 선별 평가척도는 ADHD 증상 평가척도, 불안평가 척도, 우울증 평가척도들이 있다.

(2) 아동들에게서 흔한 정신장애

아동에게 흔히 발생하는 정신장애에 대해 정신질환의 진단 및 통계편람 제5판(DSM-5)에서 제시하고 있는 내용은 <표 6-2>와 같다(강진령 역, 2018).

표 6-2 / 아동들에게서 흔한 DSM-5 진단 요약

구 분	내 용
주의력결핍 과잉행동장애	• 다수의 장면에서 발현되는 증상과 함께 발달적으로 부적절하고 부주의 및/또는 과잉행동으로 인한 지속적 어려움
신경성 식욕부진증	• 부정적인 결과에도 불구하고 지속되는 비만을 피하고 싶은 욕구가 동반된 제한적인 섭식과 음식 회피
자폐 스펙트럼장애	• 발달적으로 부적절하고 지속적인 현저한 사회적 관련성 손상과 제한된 흥미와 행동패턴
양극성장애	• 급속사고, 수면욕구 감소, 지속성 높은 기력, 그리고 특이한 위험감수와 함께 여러 날 동안의 별개의 고양된 기분 삽화
신경성폭식증	• 3개월 이상의 재발성 폭식삽화에 이은 사후 강렬한 보상 욕구 (예, 제거 또는 하제 사용)
품행장애	• 1년 동안 반복적인 사회적 규칙 위반과 다른 사람들의 권리 침해
유분증	• 심리적 적응과 함께 보통 만성변비로 인한 부적절한 대변 범람
범불안장애	• 6개월 이상의 지속되고 만연된 변화하는 걱정이 없는 날보다 있는 날이 더 많으며, 긴장, 피로, 과민성, 집중곤란 같은 증상을 초래함
주요우울장애	• 2주 이상의 새로운 신경식물 증상(예, 집중력 상실, 기력 저하, 수면 또는 식욕 변화)과 연계된 기분 저하(또는 과민성)
강박장애	• 원치 않는 사고의 시간 소모적인 내적 반복 및/또는 반복적인 특정 행동 또는 정신적 행위 유형(예, 청소, 숫자 세기)에 대한 지속적 초점

구 분	내 용
적대적 반항장애	• 6개월 이상의 성인 규칙과 요구에 대한 발달적으로 부적절한 적대성과 반항
공황발작	• 심박수 증가와 생리적 각성 같은 신체증상이 동반된 갑작스러운 걱정 또는 공포 (재발성 발작이 두려워지고 기능에 영향을 준다면, 공황장애가 고려됨)
공포증 (사회 또는 특정)	• 6개월 이상의 회피와 고통수준의 기능 이상을 초래하는 대상 또는 상황에 대한 과도한 공포
외상후 스트레스장애	• 외상성 경험이 외상을 떠올리는 대상 회피, 미래 위협에 대한 과각성, 그리고 원치 않는 재경험(악몽 포함)이 1개월 이상 이어짐

2 정서 · 행동문제 평정척도

1) 학생 정서 · 행동특성검사

학생 정서 · 행동특성검사는 학생의 정서 · 행동문제를 조기에 발견하고 악화를 방지하기 위해 교육부에서 전국의 초등학교 1, 4학년과 중학교 1학년, 고등학교 1학년 학생을 대상으로 실시하고 있는 검사이다. 검사 실시의 목적은 첫째, 학생의 성격특성과 긍정적 자원 파악 및 안내 둘째, 학생 정서 · 행동특성검사 및 관리체계 구축으로 학생 정서 · 행동문제 조기 발견 및 악화 방지 셋째, 학생 정서 · 행동문제에 대한 적절한 개입을 통해 학습부진 문제 보정 및 학교생활 부적응 학생 예방 · 관리 넷째, 학교의 역량강화 및 예방 · 지원시스템 구축으로 학생 정서 · 행동문제 예방 다섯째, 학교–지역사회 및 관계부처 공조체제 구축으로 학생 정서 · 행동문제, 학습부진, 학교생활 부적응 대응의 효율성을 제고하는 데 있다. 여기서는 초등학생용 CPSQ-II(Child Personality and Mental Health Screening Problems Screening Questionnaire, Second Version)와 청소년용 학생 정서 · 행동특성검사 AMPQ-III(Adolescent Personality and Mental Health Problems Screening Questionnaire, Third Version)의 요인별 내용과 학생 정서 · 행동특성검사의 판정기준에 대해 살펴보기로 한다(교육부, 학생정신건강지원센터, 2022).

(1) 초등학생용 학생 정서 · 행동특성검사(CPSQ-II)

CPSQ-II는 정서 · 행동문제를 집중력 부진(주의력결핍, 과잉행동장애, 품행장애), 불안/우울

(불안장애, 우울증, 심리적 외상반응, 신체화 성향, 강박 성향), 학습/사회성 부진(언어장애 및 사회적 의사소통장애, 학습장애, 지적장애, 자폐스펙트럼장애, 강박성향 등), 과민/반항성(우울증, 기분조절장애, 반항장애, 품행장애)으로 구성되었고, 개인의 성격특성(내적: 성실성, 자존감, 개방성, 외적: 타인이해, 공동체의식, 사회적 주도성)과 학교폭력 피해, 부모-자녀와의 관계, 전반적 삶의 질, 상담경험, 지원 선호도에 대한 총 65문항으로 구성되어 있다(류재연 외, 2020).

① 초등학생용 정서·행동특성검사(CPSQ-II)의 요인별 내용

- 집중력 부진
  - 집중력 부족, 부주의함, 충동성, 행동문제 등으로 구성되며, 다양한 상황에서 관련 행동조절의 어려움과 관련된 항목 포함
  - 이 요인의 점수가 높을수록 위의 문제를 가질 가능성이 있음
- 불안/우울
  - 분리불안장애 등의 불안장애, 우울증, 심리적 외상반응, 신체화성향, 강박성향 등에서 흔한 정서·행동문제로 구성
  - 이 요인의 점수가 높을수록 위의 문제를 가질 가능성이 있음
- 학습/사회성 부진
  - 판단력과 적응능력, 학습능력, 대인관계 및 의사소통 능력과 관련된 항목이 포함
  - 언어장애 및 사회적 의사소통장애, 학습장애, 지적장애, 자폐스펙트럼장애, 강박성향 등 흔히 학습과 사회성 부진을 초래하는 정서·행동문제의 경향성을 파악
  - 이 요인의 점수가 높을수록 위의 문제를 가질 가능성이 있음
- 과민/반항성
  - 우울증 및 기분조절장애, 적대적 반항장애, 품행장애에서 흔한 정서·행동문제로 구성
  - 불안정한 정동, 자극 과민성, 반항적 행동, 자존감 저하가 포함
  - 이 요인의 점수가 높을수록 위의 문제를 가질 가능성이 있음

② 초등학생용 학생 정서·행동특성검사(CPSQ-II) 판정기준

초등학생용 학생 정서·행동특성검사(CPSQ-II)의 요인별 문항 및 절단점은 <표 6-3>에 제시하였으며, 결과 판정기준은 <표 6-4>와 같다.

표 6-3 / CPSQ-II의 요인별 문항 및 절단점

<table>
<tr><th colspan="3">구분</th><th>원점수</th><th>문항</th><th>절단점</th></tr>
<tr><td rowspan="6">성격 특성</td><td rowspan="3">내적</td><td>성실성</td><td>0~12</td><td>5, 9, 12, 17</td><td></td></tr>
<tr><td>자존감</td><td>0~12</td><td>1, 13, 15, 16</td><td></td></tr>
<tr><td>개방성</td><td>0~12</td><td>3, 8, 14, 24</td><td></td></tr>
<tr><td rowspan="3">외적</td><td>타인이해</td><td>0~12</td><td>4, 7, 21, 22</td><td></td></tr>
<tr><td>사회적 주도성</td><td>0~12</td><td>2, 6, 20, 23</td><td></td></tr>
<tr><td>공동체의식</td><td>0~12</td><td>10, 11, 18, 19</td><td></td></tr>
<tr><td colspan="2">위험문항</td><td>학교폭력피해</td><td>0~6</td><td>39, 56</td><td>1점</td></tr>
<tr><td colspan="2">외부요인</td><td>부모-자녀관계</td><td>0~12</td><td>59, 60, 61, 62</td><td>초1 남학생 6점/ 여학생 5점
초4 남학생 6점/ 여학생 5점</td></tr>
<tr><td rowspan="4">요인</td><td rowspan="4">정서·행동 특성</td><td>집중력 부진</td><td>0~21</td><td>34, 35, 36, 37, 44, 47, 53</td><td>초1 남학생 7점/ 여학생 5점
초4 남학생 8점/ 여학생 6점</td></tr>
<tr><td>불안/우울</td><td>0~30</td><td>28, 29, 30, 31, 32, 45, 48, 51, 52, 54</td><td>초1 남학생 7점/ 여학생 8점
초4 남학생 8점/ 여학생 8점</td></tr>
<tr><td>학습/사회성 부진</td><td>0~24</td><td>27, 33, 40, 41, 42, 51, 52, 53</td><td>초1 남학생 5점/ 여학생 5점
초4 남학생 6점/ 여학생 5점</td></tr>
<tr><td>과민/반항성</td><td>0~12</td><td>25, 26, 31, 55</td><td>초1 남학생 4점/ 여학생 4점
초4 남학생 5점/ 여학생 5점</td></tr>
<tr><td colspan="3">기타</td><td>-</td><td>57, 58, 63, 65</td><td>-</td></tr>
<tr><td colspan="3">정서 · 행동문제 총점</td><td>0~84</td><td>25~38, 40~42, 44∽48, 50∽55</td><td>초1 남학생 20점/ 여학생 17점
초4 남학생 21점/ 여학생 19점</td></tr>
</table>

표 6-4 / 초등학생용 학생정서 · 행동특성검사(CPSQ-II) 판정기준

<table>
<tr><th>판정기준</th><th colspan="3">결과판정</th><th>원점수 범위</th></tr>
<tr><td rowspan="8">정서 · 행동문제 총점</td><td rowspan="4">일반관리</td><td rowspan="2">초1</td><td>남</td><td>20~22점</td></tr>
<tr><td>여</td><td>17~19점</td></tr>
<tr><td rowspan="2">초4</td><td>남</td><td>21~24점</td></tr>
<tr><td>여</td><td>19~21점</td></tr>
<tr><td rowspan="4">우선관리</td><td rowspan="2">초1</td><td>남</td><td>23점 이상</td></tr>
<tr><td>여</td><td>20점 이상</td></tr>
<tr><td rowspan="2">초4</td><td>남</td><td>25점 이상</td></tr>
<tr><td>여</td><td>22점 이상</td></tr>
<tr><td>문항 39, 56 점수 총점</td><td colspan="3">학교폭력피해</td><td>1점 이상</td></tr>
</table>

(2) 청소년용 학생 정서 · 행동특성검사(AMPQ-III)

AMPQ-III는 학생이 자신의 성격 및 정서 · 행동특성에 대하여 직접 대답하는 방식으로 진행되며, 각 문항은 4점 척도 또는 '예/아니요'로 대답하도록 구성되었다. AMPQ-III는 정서 · 행동 문제를 심리적 부담(자해, 자살, 학교폭력 피해, 피해의식, 관계사고, 반향성향, 폭식), 기분문제(우울증, 기분조절장애, 조울증 등의 기분장애, 신체화 성향, 강박성향), 불안문제(시험 및 사회적 상황 등에 대한 공포증, 강박성향, 심리적 외상 반응, 환청, 관계사고), 자기통제 부진(학습부진, 주의력결핍과잉행동장애, 품행장애, 인터넷 또는 스마트폰 중독)으로 구성되었고, 개인의 성격특성(내적: 성실성, 자존감, 개방성, 외적: 타인이해, 공동체의식, 사회적주도성), 위험문항(학교폭력 피해, 자살관련)과 기타 전반적 삶의 질, 상담경험, 지원 선호도를 묻는 총 63문항으로 구성된 검사이다(류재연 외, 2020).

① 청소년용 학생정서·행동특성검사(AMPQ-III)의 요인별 내용

- 심리적 부담
  - 자해, 자살, 학교폭력피해, 피해의식, 관계사고, 반항성향, 폭식, 스트레스 등과 관련된 항목 포함
  - 이 요인의 점수가 높을수록 위의 문제를 가질 가능성이 있음
- 기분문제
  - 우울증, 기분조절장애, 조울증 등의 기분장애, 신체화성향, 강박성향 등에서 흔한 정서 · 행동문제와 관련된 항목 포함
  - 이 요인의 점수가 높을수록 위의 문제를 가질 가능성이 있음
- 불안문제
  - 시험 · 사회적 상황 등에 대한 공포증 또는 불안장애, 강박성향, 심리적 외상반응, 환청 · 관계사고 등과 관련된 항목 포함
  - 이 요인의 점수가 높을수록 위의 문제를 가질 가능성이 있음
- 자기통제 부진
  - 학습부진, 주의력결핍 과잉행동장애, 품행장애, 인터넷 또는 스마트폰 중독 등에서 흔한 정서 · 행동문제와 관련된 항목 포함
  - 이 요인의 점수가 높을수록 위의 문제를 가질 가능성이 있음

② 청소년용 학생 정서·행동특성검사(AMPQ-III) 판정기준

2022 청소년용 학생 정서·행동특성검사(AMPQ-III)의 요인별 문항 및 절단점은 <표 6-5>에 제시하였으며, 결과 판정기준은 <표 6-6>과 같다.

표 6-5 / AMPQ-III의 요인별 문항 및 절단점

구분			원점수	문항	절단점
성격특성	내적	성실성	0~12	3, 7, 10, 17	
		자존감	0~12	1, 11, 14, 15	
		개방성	0~12	2, 6, 12, 24	
	외적	타인이해	0~12	5, 13, 21, 22	
		공동체의식	0~12	8, 9, 18, 19	
		사회적 주도성	0~12	4, 16, 20, 23	
위험문항		학교폭력피해	0~6	27, 51	2점
		자살	0~6	53, 57	2점
			0~6	60	문항 60에 '예'라고 응답하고 49번과 62번의 합이 '5점' 이상
외부요인		부모-자녀관계	0~12	59, 60, 61, 62	초1 남학생 6점/ 여학생 5점 초4 남학생 6점/ 여학생 5점
요인	정서·행동문제	심리적 부담	0~30	27, 31, 34, 47, 51, 52, 53, 55, 56, 57	중1 남학생 6점/ 여학생 7점 고1 남학생 7점/ 여학생 7점
		기분문제	0~21	26, 29, 32, 35, 48, 53, 54	중1 남학생 10점/ 여학생 11점 고1 남학생 10점/ 여학생 11점
		불안문제	0~27	35, 36, 37, 38, 39, 41, 43, 44, 45	중1 남학생 13점/ 여학생 11점 고1 남학생 13점/ 여학생 11점
		자기통제 부진	0~24	28, 30, 32, 33, 34, 40, 48, 55	중1 남학생 10점/ 여학생 10점 고1 남학생 11점/ 여학생 10점
기타			-	58, 59, 61, 63	-
정서 · 행동문제 총점			0~93	25~41, 43~48, 50~57	중1 남학생 31점/ 여학생 33점 고1 남학생 33점/ 여학생 31점

* 문항 25, 46, 50은 정서·행동문제 총점에는 포함되지만, 개별 요인 점수에는 포함되지 않음
* 성격특성 및 기타에 해당하는 문항은 정서·행동문제 총점 산정에 포함되지 않음
* 신뢰도 문항은 총 3개 문항(42번, 49번, 62번)이며, 총점 산정에는 포함되지 않음
* 자살시도 문항(60번)에 '예'로 응답한 학생 중에서 신뢰도 문항(49번, 62번)의 합이 '5점' 이상인 학생은 관심군(자살위기)으로 선별, 개인면담(자살 관련 면담지 활용)·조치

표 6-6 / 청소년용 학생 정서·행동특성검사(AMPQ-III) 판정기준

판정기준	결과 판정			원점수 범위
정서 · 행동문제 총점	일반관리	중1	남	31~36점
			여	33~38점
		고1	남	33~38점
			여	31~36점
	우선관리	중1	남	37점 이상
			여	39점 이상
		고4	남	39점 이상
			여	37점 이상
문항 53, 57 점수 총점	우선관리(자살위기)			2점 이상
문항 60				자살시도 문항에 '예'로 응답하고 신뢰도 문항(49번, 62번)의 합이 '5' 이상인 경우
문항 27, 51 점수 총점	학교폭력피해			2점 이상

2) 국립특수교육원 정서 · 행동검사

국립특수교육원 정서 · 행동검사(NISE—K · EBS: National Institute of Special Education-Korean · Emotional and Behavioral Scale)는 시대적, 문화적 상황을 반영한 검사도구의 요구와 교육현장에서의 정서 · 행동문제에 대한 정확한 진단과 평가의 필요에 따라 유아용, 초등학교 저학년용, 초등학교 고학년 및 중등용으로 개발되었다(류재연 외, 2020).

(1) 유아용 정서 · 행동검사

유아용 정서 · 행동검사는 과잉행동, 감정표현, 공격성향, 주의산만, 피해의식, 타인의존, 불안우울, 무기력증, 상호작용, 자기평가, 신체증상, 특이행동의 12개 요인으로 구성되어 있다. 이 요인은 다시 내면화, 외현화, 관계성, 신체성의 4요인으로 분류되는데 내면화는 타인의존, 불안우울, 무기력증의 3개 요인이며, 외현화는 과잉행동, 감정표현, 공격성향, 주의산만, 피해의식의 5개 요인으로, 관계성은 상호작용과 자기평가 2개 요인, 신체성은 신체증상과 특이행동 2개 요인이다.

유아용 정서 · 행동검사의 영역별 반분신뢰도는 Spearman–Brown 공식으로 추정하였는데 추정된 반분신뢰도는 .77~.97 사이에 분포하였으며, Cronbach의 α계수를 사용하여 추정한 문항내적합치도는 .80~.97 사이에 분포하였다. 본 검사는 3점 척도로 문항에 응답을 할 수 있도록 하였으며, 사용된 총 문항은 101개로 유아용 정서 · 행동검사의 요인과 문항 수는 <표 6-7>에 제시하였다.

표 6-7 / 유아용 정서·행동검사의 요인과 문항 수

구분		문항 수
내면화	타인의존	9문항
	불안우울	5문항
	무기력증	12문항
외현화	과잉행동	14문항
	감정표현	10문항
	공격성향	14문항
	주의산만	6문항
	피해의식	8문항
관계성	상호작용	5문항
	자기평가	6문항
신체성	신체증상	4문항
	특이행동	8문항
4요인	12요인	101문항

(2) 초등저학년용 정서 · 행동검사

초등학교 저학년용 정서 · 행동검사는 불안위축, 자기평가, 신체증상, 감정상태, 주의산만, 일탈행동, 분노조절, 자폐성향, 타인의존 상호작용, 교류의지의 11개 요인으로 구성되어 있다. 이 요인은 다시 내면화, 외현화, 관계성의 3요인으로 분류되는데, 내면화는 불안위축, 자기평가, 신체증상, 감정상태의 4개 요인으로, 외현화는 주의산만, 일탈행동, 분노조절, 자폐성향의 4개 요인, 관계성은 타인의존, 상호작용, 교류의지의 3개 요인이다.

초등학교 저학년용 정서 · 행동검사의 영역별 반분신뢰도는 .71~.97 사이에 분포하였으며, 문항내적합치도 Cronbach α는 .68~.96 사이에 분포하였다. 본 검사는 3점 척도로 문항에 응답을 할 수 있도록 하였으며, 사용된 총 문항은 122개로 초등학교 저학년용 정서 · 행동검사의 요인과 문항 수는 <표 6-8>에 제시하였다.

표 6-8 / 초등학교 저학년용 정서·행동검사의 요인과 문항 수

구분		문항 수
내면화	불안위축	13
	자기평가	6
	신체증상	6
	감정상태	9
외현화	주의산만	27
	일탈행동	13
	분노조절	13
	자폐성향	7
관계성	타인의존	9
	상호작용	14
	교류의지	5
3요인	11요인	122문항

(3) 초등 고학년 및 중등용 정서 · 행동검사

초등학교 고학년 및 중등용 정서 · 행동검사는 불안위축, 건강염려, 감정상태, 자기평가, 자기절제, 신체증상, 주의산만, 일탈행동, 폭력행동, 과잉행동, 분노조절, 자폐성향, 상호작용, 타인인식, 교류의지, 타인의존의 16개 요인으로 구성되어 있다. 이 요인은 다시 내면화, 외현화, 관계성의 3요인으로 분류된다. 내면화는 불안위축, 건강염려, 감정상태, 자기평가, 자기절제, 신체증상의 6개 요인, 외현화는 주의산만, 일탈행동, 폭력행동, 과잉행동, 분노조절, 자폐성향의 6개 요인, 관계성은 상호작용, 타인인식, 교류의지, 타인의존의 4개 요인이다.

초등학교 고학년 및 중등용 정서 · 행동검사의 영역별 반분신뢰도는 .78~.98 사이에 분포하였다. 문항내적합치도 Cronbach α는 .70~.98 사이에 분포하였다. 본 검사는 3점 척도로 문항에 응답을 할 수 있도록 하였으며, 사용된 총 문항은 153개로 초등학교 고학년 및 중등용 정서 · 행동검사의 요인과 문항 수는 <표 6-9>에 제시하였다.

표 6-9 / 초등학교 고학년 및 중등용 정서·행동검사의 요인과 문항 수

구분		문항 수
내면화	불안위축	11
	건강염려	5
	감정상태	11
	자기평가	5
	자기절제	6
	신체증상	7
외현화	주의산만	13
	일탈행동	16
	폭력행동	8
	과잉행동	12
	분노조절	8
	자폐성향	7
관계성	상호작용	10
	타인인식	18
	교류의지	7
	타인의존	9
3요인	16요인	153

(4) 점수의 해석

척도점수가 13점 이하이면 해당 영역은 '일반적인 수준'에 해당한다. '일반적인 수준'은 피검자의 검사 결과를 살펴볼 때 정서·행동의 문제가 심각하지 않다는 것을 의미한다. 척도점수가 14점이면 예방적 차원에서 피검사자의 정서·행동에 대한 관심이 필요한 수준을 의미한다. 척도점수 15점은 다양한 상황을 고려하여 현실적 문제해결을 위한 지원이 필요한 수준이라고 할 수 있다. 척도점수 16점 이상이면, 특수교육을 포함한 다양한 지원이 반드시 신속하게 제공되어야 한다.

① 척도점수 13점 이하, 일반적인 수준이다.
② 척도점수 14점, 예방적 차원의 적절한 관심이 필요하다.
③ 척도점수 15점, 다른 결과까지 참고하여 지원할 수 있는 수준이다.
④ 척도점수 16점 이상, 특수교육 및 다른 지원이 꼭 필요한 수준이다.

3) KISE 정서 · 행동장애학생 선별척도

KISE 정서·행동장애학생 선별척도는 초등학교 2학년과 5학년 학생을 대상으로 표준화한 검사로 정서·행동장애라는 진단 이전의 1차적인 선별과정에서 사용하기 위해 개발되었다. 본 검사의 평정 결과에 의해 정서·행동장애학생으로 의심된다고 해도 바로 정서·행동장애학생이라는 명칭을 붙이는 것은 삼가야 한다. KISE 정서·행동장애 선별척도는 일선학교 교사가 특별한 훈련을 받지 않고도 실시할 수 있는 간편한 도구이나 교사가 평정할 학생을 6개월 이상 관찰할 시간을 가진 다음 본 척도로 평정해야 한다. 본 선별척도는 총 65문항으로 구성된 5단계 평정척도로 담임교사가 각 문항을 읽고 전혀(1), 조금(2), 보통(3), 꽤(4), 매우(5) 중에서 학생의 상태를 가장 잘 나타내는 항목에 동그라미 표시를 하게 되어 있다(류문화, 서경희, 1999).

본 검사의 문항내적합치도 Cronbach α는 .81~.96으로 나타났으며 하위영역별로 살펴보면 가 행동군(.89), 나 행동군(.96), 다 행동군(.95), 라 행동군(.89), 마 행동군(.81)으로 나타났다. 행동특성 영역별 문항 수와 총점은 <표 6-10>에 제시하였다.

표 6-10 / 행동특성 영역별 문항 수, 총 문항 수

행동특성별 영역		문항 수	총점
(가) 행동군	• 동료나 교사들과의 대인관계에 부정적인 문제를 나타내는 행동군	9	45
(나) 행동군	• 정상적인 환경에서 부적절한 행동이나 감정을 나타내는 행동군		
	(1) 주의집중결함·과잉행동장애	18	90
(다) 행동군	(2) 행위장애군	17	85
(라) 행동군	• 늘 불안해하고 우울한 기분으로 생활하는 행동군	13	65
(마) 행동군	• 학교나 개인문제에 연관된 정서적인 장애 때문에 신체적인 통증이나 공포를 느끼는 행동군	8	40
전체		65	325

4) 한국 아동청소년 행동평가척도(K-CBCL)

한국판 아동청소년 행동평가척도(Korean Child Behavior Checklist: K-CBCL)는 Achenbach와 Edelbrock(1983)가 아동의 문제행동과 사회적 능력을 평가하기 위해 만든 CBCL을 오경자 등(1997)이 국내에서 만 4~17세를 대상으로 표준화한 것이다. K-CBCL은 사회능력척도와 문제행동증후군 척도로 구성되어 있다.

사회능력척도는 친구나 또래와 어울리는 정도, 부모와의 관계 등 사회성을 평가하는 사회성 척도, 학업수행척도의 2개 척도와 이를 합산한 총 사회능력 점수의 3개 척도로 구성되어 있다. 문제행동증후군 척도는 119개의 문제행동 항목으로 구성되어 있다. 각 항목은 0점(전혀 문제 없다), 1점(가끔 보이거나 정도가 심하지 않은 경우), 2점(자주 있거나 심한 경우)의 3점 척도로 평정한다. 문제행동증후군 척도는 위축, 신체증상, 우울/불안, 사회적 미성숙, 사고의 문제, 주의집중문제, 비행, 공격성, 성문제, 정서불안정, 내재화 문제, 외현화 문제, 총 문제행동척도로 총 13개의 척도로 구성되어 있다. 이 중 성문제척도는 4~11세에만 적용하며, 우리나라 척도에만 포함되어 있는 정서불안정척도는 6~11세만 적용한다.

CBCL은 부모가 평정하도록 되어 있고 부모용 문항을 아동청소년 자신이 보고할 수 있도록 만든 청소년 자기행동평가척도(Youth Self Report, YSR: Achenbach, 1991)와 교사용 아동행동평가척도(Child Behavior Checklist Teacher's Report Form, CBCL-TRF: Achenbach & Edelbrock, 1986)가 있다(한국초등상담교육학회, 2014).

5) 아동 · 청소년 정서 · 행동장애 척도 K-BASC-2(부모, 교사보고식)

아동 · 청소년 정서 · 행동장애검사(K-BASC-2)는 청소년의 사고, 정서 및 행동을 포괄적으로 평가하기 위해 안명희가 개발한 검사로 본 검사는 청소년의 자기인식과 타인에 대한 태도를 바탕으로 이들의 긍정적 성격특성, 사회성 기술, 적응탄력성 그리고 문제행동 양상에 대한 포괄적 정보를 제공하는 다차원적(multi-dimensional) 검사도구이다. 부모보고형 평정척도와 상호보완적으로 활용이 가능하고 개인 혹은 집단으로 실시가 가능하다(https://www.inpsyt.co.kr). 검사의 특징으로는 첫째, 성격특성과 긍정적 적응기술을 포괄적으로 평가하여, 정서장애의 선별과정뿐만 아니라 상담 및 심리치료 장면에서의 예후를 평가하는 데 필요한 적응탄력성을 측정할 수 있다. 둘째, 정확하고 차별화된 진단을 위해 긍정적 적응적 행동 및 임상적 행동을 포괄적으로 평가하는 소척도뿐만 아니라 주의집중문제, 과잉행동, 우울 혹은 불안 등의 구체적인 문제행동 혹은 특정장애의 평가가 가능한 소척도를 두루 포함한다. 셋째, 학교장면에서 경미한 학습장애부터 정신지체의 발견에 이르기까지 청소년기 문제행동의 다양한 유형과 심각도를 정밀하게 평가하여 선별을 가능하게 한다. 넷째, 청소년기 발달특성과 문제행동 양상에 두드러지는 연령과 성별의 차이를 감안하여 고안되었다. 아동·청소년 정서·행동장애척도의 하위검사 구성은 <표 6-11>과 같다.

표 6-11 / 아동·청소년 정서·행동장애척도(K-BASC-2)의 하위검사 구성

종합척도	소척도	소척도 요인수
학교문제	• 학교에 대한 태도, 교사에 대한 태도	2요인
내면화 문제행동	• 비정형성, 통제소재, 사회적 스트레스, 불안, 우울, 부적절감	6요인
주의력결핍/과잉행동	• 주의집중문제, 과잉행동	2요인
개인적 적응	• 부모와의 관계, 대인관계, 자긍심, 자아신뢰감	4요인
정서증상 지표	• 사회적 스트레스, 불안, 우울, 부적절감, 자긍심, 자아신뢰감	6요인

6) 정서 · 행동문제 평정척도

정서 · 행동문제 평정척도(조붕환, 임경희, 2003)는 우리나라의 특수교육진흥법의 정서 · 행동장애아에 대한 정의를 바탕으로, 아동의 정서 · 행동문제를 양적으로 분류하는 체계를 따르면서, 정서와 행동의 문제를 평정할 수 있는 자기보고형 척도이다. 정서 · 행동문제척도의 전집문항은 Walker Problem Behavior Identification Checklist(Walker, 1983), The Child Behavior Rating Scale(Cassel, 1981), School Behavior Checklist(Miller, 1978), Burks' Behavior Rating Scales(Burks, 1979), Korea-Child Behavior Checklist(오경자 외, 1997), KISE 정서 · 행동장애학생 선별척도(국립특수교육원, 1999), ADHD 종합교사평정척도(Ulmann et al., 1984) 등을 토대로 5개 하위요인 40개 문항으로 구성되었다. 하위요인별 신뢰도는 관계형성의 어려움 .83, 신체증상 .81, 주의력결핍 · 과잉행동 .78, 공격행동 .76, 부적절한 감정표현 .71이다. 정서 · 행동문제 전체적인 문항내적합치도 Cronbach α는 .91로 나타났으며, 문항내용은 <표 6-12>와 같다.

표 6-12 / 정서·행동문제 평가척도

요인	문 항	전혀 그렇지 않다	그렇지 않다	조금 그렇다	거의 항상 그렇다
관계 형성의 어려움	1. 나는 주로 혼자 있거나 혼자서 논다.	①	②	③	④
	2. 아무도 나를 좋아하지 않는 것 같다.	①	②	③	④
	3. 나는 친구가 없는 편이다.	①	②	③	④
	4. 나는 여럿이 함께 하는 활동을 싫어한다.	①	②	③	④
	5. 나는 친구에게 부탁을 하기가 어렵다.	①	②	③	④
	6. 나는 쉽게 친구를 사귀지 못한다.	①	②	③	④
	7. 나는 혼자 있는 것을 좋아한다.	①	②	③	④
	8. 나는 학교생활이 재미가 없다.	①	②	③	④
	9. 나는 친구들과 사이좋게 지내지 못한다.	①	②	③	④
신체화	10. 나는 가끔 놀라서 잠을 깬다.	①	②	③	④
	11. 나는 자주 머리가 아프다.	①	②	③	④
	12. 나는 속이 자주 메슥거린다.	①	②	③	④
	13. 나는 공부시간에 배가 아플 때가 있다.	①	②	③	④
	14. 나는 밥맛이 없을 때가 있다.	①	②	③	④
	15. 나는 자주 피곤하다.	①	②	③	④
	16. 나는 무서운 꿈을 꾼다.	①	②	③	④
	17. 나는 숨쉬기 어려울 때가 있다.	①	②	③	④
	18. 나는 자주 열이 나는 것처럼 느껴진다.	①	②	③	④
주의력 결핍 과잉 행동	19. 나는 공부시간에 손이나 발을 자꾸 꼼지락거리거나 만진다.	①	②	③	④
	20. 나는 칭찬을 받거나 벌을 받아도 금방 다시 주의가 산만해진다.	①	②	③	④
	21. 나는 문제를 풀 때 문제를 끝까지 읽지 않는 편이다.	①	②	③	④
	22. 나는 계속해서 주의를 기울여야 하는 과제는 하고 싶지 않다.	①	②	③	④
	23. 나는 연필이나 지우개를 잘 잃어버린다.	①	②	③	④
	24. 나는 주의를 기울이지 않아서 실수를 하거나 사고를 낸다.	①	②	③	④
	25. 나는 공부시간에 차분하게 앉아 있기 힘들다.	①	②	③	④
	26. 나는 글자를 잘 빠뜨리고 쓰는 편이다.	①	②	③	④
공격 행동	27. 나는 작은 일에도 트집을 잡을 때가 있다.	①	②	③	④
	28. 나는 남이 하는 일에 훼방을 놓을 때가 있다.	①	②	③	④
	29. 나는 나에게 무엇을 하지 못하게 하면 따지거나 덤빈다.	①	②	③	④
	30. 나는 별 것 아닌 일로 싸우곤 한다.	①	②	③	④
	31. 나는 하루 종일 화가 날 때가 있다.	①	②	③	④
	32. 나는 아무 이유 없이 울 때가 있다.	①	②	③	④
부적절한 감정 표현	33. 나는 말을 더듬거나 제대로 못할 때가 있다.	①	②	③	④
	34. 나는 남이 때리고 괴롭혀도 덤비지 않는다.	①	②	③	④
	35. 친구의 물건을 일부러 망가뜨린 적이 있다.	①	②	③	④
	36. 나는 생각 없이 잔인한 행동을 한 적이 있다.	①	②	③	④
	37. 갑자기 친구를 밀치거나 때린 적이 있다.	①	②	③	④
	38. 나는 변덕스럽다는 말을 자주 듣는다.	①	②	③	④
	39. 나는 가출을 해본 적이 있다.	①	②	③	④
	40. 나는 친구가 좋은 물건을 가지고 있으면 빼앗고 싶다.	①	②	③	④

7) 심리건강검사(MHI)

심리건강검사(MHI)는 이민수, 이민규, 박준호가 청소년들이 경험하는 대표적인 부정적 정서인 우울, 불안, 분노의 인지·정서·행동·신체증상 가운데 어떠한 영역에서 주로 문제를 갖고 있는지를 측정하기 위해 개발한 검사이다(http://www.guidance.co.kr). 대상은 초등학교 4~6학년, 중학교 1~3학년, 고등학교 1~3학년이며 검사시간은 40분, 140문항이다.

검사의 특징은 갈수록 신체적 건강뿐만 아니라 심리적 건강도 중요시되고 있음에 따라 기존의 외국 검사를 번안하여 사용하지 않고, 한국 우울증척도(이민수, 이민규, 2003)를 기반으로 한국의 청소년들이 자주 경험하는 부정적인 정서와 관련한 다양한 증상들의 유무와 그 수준을 파악할 수 있도록 개발된 검사로 정신건강의학과 전문의, 임상심리학자로 구성된 전문가들의 검증을 통해 한국 청소년들의 심리건강 특성을 반영한 문항들을 활용하였다는 점이다. 본 검사의 하위검사와 측정내용은 <표 6-13>과 같다.

표 6-13 / 심리건강검사(MHI)의 하위검사와 측정내용

하위검사		측정내용
타당도	비일관성	• 문항을 이해하는 데에 어려움이 있거나 무작위로 응답했는지 알아보기 위한 척도
	긍정왜곡	• 자신을 실제보다 긍정적인 모습으로 보이려고 하는 경향을 알아보기 위한 척도
	부정왜곡	• 자신을 실제보다 부정적인 모습으로 보이려고 하는 경향을 알아보기 위한 척도
우울		• 인지, 행동 및 상태, 정서, 신체증상(예시 문항 : 가족이나 친구가 도와주더라도 울적한 기분이 나아지지 않는다.)
불안		• 인지, 정서, 신체증상(예시 문항 : 사소한 것이라도 지나치게 걱정한다.)
분노		• 인지, 정서, 행동, 신체증상(예시 문항 : 화나게 한 사람에게 복수하는 상상을 한다.)
스트레스 대처자원		• 내적 자원, 외적 자원(예시 문항 : 나는 장점을 많이 가지고 있다.)
스트레스 대처방식		• 문제지향적 대처, 감정적 대처(예시 문항 : 문제 해결을 위해서 여러 가지 시도를 한다.)

8) 한국판 벡 자살사고척도(K-BSS)

벡의 자살사고척도(Beck Scale for Suicide Ideation: BSS)는 김지혜, 이은호, 권해수, 황순택, 홍상황이 성인 및 청소년의 자살사고를 파악하고 그 심각도를 측정하기 위한 자기보

고형 평가도구이다(https://www.koreapsy.co.kr). 벡 자살사고척도는 임상가가 환자의 자살 위험성을 평가할 때 흔히 고려하는 다양한 태도와 행동을 측정할 수 있으며, 임상적으로 좀 더 면밀하게 살펴볼 필요가 있는 구체적인 자살 관련 특징들을 드러내준다.

벡 자살사고척도(BSS)는 21개의 문항으로 구성되어 있다(Beck, Steer, & Ranieri, 1988). 처음 19개의 항목은 자살 관련 소망, 태도, 계획의 심각도를 측정한다. 각 항목에서 개별 문장은 자살 생각의 심각도를 0점에서 2점까지로 측정한다. 자살 사고의 다양한 측면을 반영하는 19개 항목은 <표 6-14>와 같다.

표 6-14 / 벡의 자살사고척도

번호	문항	0	1	2
1	살고 싶은 소망			
2	죽고 싶은 소망			
3	삶이나 죽음에 대한 이유			
4	적극적인 자살 시도			
5	수동적인 자살 시도			
6	자살 생각의 지속성			
7	자살 사고의 빈도			
8	자살 사고에 대한 태도			
9	자살 행동에 대한 통제			
10	자살 시도에 대한 망설임			
11	자살 시도의 이유			
12	자살 계획의 구체성			
13	자살 수단에 대한 가용성 또는 기회			
14	자살을 실행할 수 있는 능력			
15	실제 자살 시도에 대한 기대			
16	실제 자살 준비의 정도			
17	유서			
18	마지막 정리			
19	속임수와 은폐			

❸ 청소년기 정서 · 행동문제의 진단 및 평가

1) 우울

(1) 특징 및 유형

아동기 우울증은 단독으로 나타나기보다는 주의력결핍장애 및 파괴적 행동장애와 함께 발생하는 경우가 더 많다고 보고되고 있다. 우울증은 기분장애의 하위유형으로 우울증상의 정도나 지속기간 등에 따라 다양하게 구분되는데 DSM-5에서는 우울장애를 파괴적 기분조절부전장애, 주요우울장애(주요우울 삽화 포함), 지속성 우울장애(기분저하증), 월경전 불쾌감장애, 물질/약물치료로 유발된 우울장애, 다른 의학적 상태로 인한 우울장애, 달이 명시된 우울장애, 명시되지 않은 우울장애로 구분하고 있다. 학급에서 주로 발견되는 우울한 학생들은 일반적으로 우울증이라고 일컬어지는 주요우울장애와 우울한 기분이 지속되는 파괴적 기분조절부전장애 증상을 보이는 경우가 많다(권준수 외, 2015).

① 주요우울장애

주요우울장애(major depressive disorder)는 가장 심한 증세를 나타내는 우울증의 유형으로 핵심적 증상은 하루의 대부분, 그리고 거의 매일 지속되는 우울한 기분이 주관적 보고 또는 객관적 관찰을 통해 지속적으로 나타나며, 거의 모든 일상 활동에 대한 흥미나 즐거움이 하루의 대부분 또는 거의 매일 뚜렷하게 저하되어 있다. 주요우울장애는 사춘기 이전의 소년, 소녀들에게서는 비슷한 비율로 나타나지만 청소년과 성인의 경우 여성이 남성보다 두 배 정도 높게 나타난다.

② 파괴적 기분조절부전장애

파괴적 기분조절부전장애(Disruptive Mood Dysregulation Disorder)는 다음과 같은 상태가 12개월 이상 지속되고, 이에 해당하는 모든 증상이 없는 기간이 연속 3개월 이상 되지 않아야 하며, 6세 이전 또는 18세 이후에 처음으로 진단될 수 없어야 한다.

기준은 다음과 같다. 첫째, 고도의 재발성 분노발작이 언어적(예, 폭언) 또는 행동적(예, 사람이나 사물에 대한 물리적 공격성)으로 나타나며, 상황이나 도발자극에 비해 그 강도나 지속시간이 극도로 비정상적이다. 둘째, 분노발작이 발달수준에 부합하지 않는다. 셋째, 분노발작이 평균적으로 일주일에 3회 이상 발생한다. 넷째, 분노발작 사이의 기분이 지속적으로 과민하거나 거의 매일, 하루 중 대부분의 시간 동안 화가 나 있으며, 이것이 객관적으로 관찰될 수 있어야 한다(예, 부모, 선생님, 또래집단).

(2) 진단 및 평가

① **아동용 우울척도**(Children's Depression Inventory: CDI)

Kovacs와 Beck(1977)이 아동기 우울증의 인지적, 정서적, 행동적 증상들을 평가하기 위해 개발한 자기보고형 척도이다. 하위영역은 우울정서, 행동장애, 흥미상실, 자기비하, 신체증상의 5가지 영역으로 구성되어 있다. Beck의 성인용 우울척도(Beck's Depression Inventory: BDI, 1967)를 8세에서 13세 아동의 연령에 맞게 변형시킨 것을 우리나라 아동에 맞게 조수철과 이영식(1990)이 서울 시내 초등학교의 4, 5, 6학년 아동을 대상으로 신뢰도와 타당도를 검증하였다. 검증 결과에 따르면 검사-재검사 신뢰도는 .82, 반분신뢰도는 .71, 내적 일관성 계수는 .88로 비교적 신뢰도가 양호한 것으로 나타났다.

② **한국어판 아동우울척도 2판 표준형**(K-CDI 2: SR)

한국어판 아동우울척도 2판 표준형(K-CDI 2: SR)은 CDI를 김지혜, 이은호, 황순택, 홍상황(2019)이 소아청소년의 우울증상 여부 및 심각도를 평가하기 위한 목적으로 표준화한 검사이다. 검사 대상은 아동 및 청소년으로 아동·청소년이 직접 응답하는 자기보고형으로 28개의 문항으로 구성되어 있다. 우울증상에 대한 전체점수와 정서적 문제, 기능적 문제에 대한 점수를 제공하며, 문항 반응과 결정문항을 통해 아동·청소년의 현재 상태를 자세히 파악할 수 있다.

이 척도는 만 7세부터 17세까지 아동 및 청소년들의 우울증상을 평가하기 위한 것으로, 현재 우울증을 겪고 있는 아동·청소년을 선별하는 데 사용되며, 우울증상의 정도 및 범위에 대한 지표를 제시하여 줌으로써 우울증을 임상적으로 진단하는 데 유용한 정보를 제공한다. 또한 우울증의 가능성이 있는 아동·청소년을 조기에 선별해 내는 데 도움이 될 뿐 아니라 치료효과도 모니터할 수 있으며, 아동·청소년기 우울증의 감정적, 기능적 특성을 다양한 관점에서 종합적으로 평가할 수 있다.

본 검사는 아동·청소년이 직접 응답하는 자기보고형(단축형, 표준형)과 부모가 아동·청소년에 대해 평가하는 부모용, 교사가 아동·청소년에 대해 평가하는 교사용으로 구분되어 있다(https://www.inpsyt.co.kr). 각 문항마다 세 가지 선택지가 있으며, 문장 구조는 단순하여 읽기 능력이 낮아도 응답이 가능하다. 한국어판 아동우울척도 2판 표준형(K-CDI 2: SR) 검사의 세부적인 내용은 <표 6-15>에 제시되어 있다.

표 6-15 / 한국어판 아동우울척도 2판 표준형(K-CDI 2: SR) 검사의 구성

<table>
<tr><th rowspan="2">특징</th><th colspan="2">자기보고형</th><th rowspan="2">부모용</th><th rowspan="2">교사용</th></tr>
<tr><th>표준형</th><th>단축형</th></tr>
<tr><td>문항 수</td><td>28</td><td>12</td><td>17</td><td>12</td></tr>
<tr><td rowspan="3">점수의 유형</td><td>총점</td><td>총점</td><td>총점</td><td>총점</td></tr>
<tr><td>척도점수:
• 정서적 문제
• 기능적 문제</td><td rowspan="2">없음</td><td>척도점수:
• 정서적 문제
• 기능적 문제</td><td>척도점수:
• 정서적 문제
• 기능적 문제</td></tr>
<tr><td>하위척도 점수:
• 부정적 기분/ 신체적 증상
• 부정적 자존감
• 비효율성
• 대인관계 문제</td><td>없음</td><td>없음</td></tr>
</table>

* 정서적 문제: 부정적 기분, 신체적 증상, 부정적 자존감 등의 우울 증상을 의미
* 기능적 문제: 비효율성, 대인관계 문제 등의 우울증상을 의미

③ DSM-5 주요우울장애(Major Depressive Disorder) 진단기준

정신장애의 진단 및 통계편람(DSM-5)에 제시되어 있는 주요우울장애의 진단기준을 소개하면 <표 6-16>과 같다(권준수 외, 2015).

표 6-16 / DSM-5의 주요우울장애 진단기준

진단기준
A. 다음의 증상 가운데 5가지(또는 그 이상)의 증상이 2주 연속으로 지속되며 이전의 기능상태와 비교할 때 변화를 보이는 경우, 증상 가운데 적어도 하나는 (1) 우울 기분이거나 (2) 흥미나 즐거움의 상실이어야 한다. **주의점**: 명백한 다른 의학적 상태로 인한 증상은 포함되지 않아야 한다. 1. 하루 중 대부분 그리고 거의 매일 지속되는 우울 기분에 대해 주관적으로 보고(예, 슬픔, 공허감 또는 절망감)하거나 객관적으로 관찰됨(예, 눈물 흘림) (주의점: 아동 · 청소년의 경우는 과민한 기분으로 나타나기도 함)

2. 거의 매일, 하루 중 대부분, 거의 또는 모든 일상 활동에 대해 흥미나 즐거움이 뚜렷하게 저하됨.
3. 체중 조절을 하고 있지 않은 상태에서 의미 있는 체중의 감소(예, 1개월 동안 5% 이상의 체중 변화)나 체중의 증가, 거의 매일 나타나는 식욕의 감소나 증가가 있음(주의점: 아동에게서는 체중 증가가 기대치에 미달되는 경우)
4. 거의 매일 나타나는 불면이나 과수면
5. 거의 매일 나타나는 정신운동 초조나 지연(객관적으로 관찰 가능함, 단지 주관적인 좌불안석 또는 처지는 느낌뿐만이 아님)
6. 거의 매일 나타나는 피로나 활력의 상실
7. 거의 매일 무가치함 또는 과도하거나 부적절한 죄책감(망상적일 수도 있는)을 느낌(단순히 병이 있다는 데 대한 자책이나 죄책감이 아님)
8. 거의 매일 나타나는 사고력이나 집중력의 감소 또는 우유부단함(주관적인 호소나 객관적인 관찰 가능함)
9. 반복되는 죽음에 대한 생각(단지 죽음에 대한 두려움이 아닌), 구체적인 계획 없이 반복되는 자살사고, 또는 자살 시도나 자살 수행에 대한 구체적인 계획

B. 증상이 사회적, 직업적, 또는 다른 중요한 기능 영역에서 임상적으로 현저한 고통이나 손상을 초래한다.

C. 삽화가 물질의 생리적 효과나 다른 의학적 상태로 인한 것이 아니다.

주의점: 진단기준 A부터 C까지는 주요우울 삽화를 구성하고 있다.

주의점: 중요한 상실(예, 사별, 재정적 파탄, 자연재해로 인한 상실, 심각한 질병이나 장애)에 대한 반응으로 진단기술 A에 기술된 극도의 슬픔, 상실에 대한 반추, 불면, 식욕 저하, 그리고 체중의 감소가 나타날 수 있고 이는 우울 삽화와 유사하다. 비록 그러한 증상이 이해될 만하고 상실에 대해 적절하다고 판단된다 할지라도 정상적인 상실 반응 동안에 주요우울 삽화가 존재한다면 이는 주의 깊게 다루어져야 한다. 이러한 결정을 하기 위해서는 개인의 과거력과 상실의 고통을 표현하는 각 문화적 특징을 근거로 한 임상적인 판단이 필요하다.

D. 주요우울 삽화가 조현정동장애, 조현병, 조현양상장애, 망상장애, 달리 명시된, 또는 명시되지 않은 조현병 스펙트럼 및 기타 정신병적 장애로 더 잘 설명되지 않는다.

E. 조증, 삽화 혹은 경조증 삽화가 존재한 적이 없다.

주의점: 조증 유사 혹은 경조증 유사 삽화가 물질로 인한 것이거나 다른 의학적 상태의 직접적인 생리적 효과로 인한 경우라면 이 제외 기준을 적용하지 않는다.

2) 불안

(1) 특징 및 유형

불안장애(anxiety disorder)는 불안을 주된 증상으로 하는 장애로서 불안이 나타나는 다양한 양상에 따라 여러 하위유형으로 구분된다(권석만, 2005).

① 범불안장애

범불안장애(generalized anxiety disorder)는 일상생활 속에서 겪게 되는 여러 가지 사건이나 활동에 대해 지나치게 걱정함으로써 만성적 불안과 과도한 걱정을 나타내는 장애이다. 이러한 과도한 걱정은 조절이 되지 않아 늘 불안감과 초조감에 시달리게 되고 주의집중이 되지 않으며 근육이 긴장되고 쉽게 짜증이 나거나 피곤해지며 수면곤란이 나타나기도 한다.

② 공포증

공포증(phobia)은 특정한 대상이나 상황에서 심한 두려움을 느끼게 되어 회피행동을 나타내는 장애이다. 공포증은 두려워하여 회피하는 대상에 따라 여러 가지 유형으로 구분되는데, 특정한 대상(뱀, 개, 거미)이나 상황(높은 곳, 폭풍)에 대한 공포를 지니는 특정공포증(specific phobia), 특정한 장소(쇼핑센터, 극장, 운동장, 엘리베이터, 지하철)에 대해 공포를 지니는 광장공포증(agoraphobia), 다른 사람 앞에서 어떤 일을 해야 할 때 심한 공포감을 느끼는 사회공포증(social phobia)이 있다.

③ 공황장애

공황장애(panic disorder)는 갑작스럽게 엄습하는 강렬한 불안과 공포를 주된 증상으로 하는 장애이다. 공황장애를 지닌 사람들은 예상하지 못한 상황에서 갑작스럽게 심장이 빠르고 강하게 뛰며 진땀이 나고 손발이 떨리고 질식할 것처럼 어지럽고 구토가 나며 곧 죽거나 미칠 것 같은 강렬한 공포를 경험하는 공황발작(panic attack)을 반복적으로 경험한다.

④ 강박장애

강박장애(obsessive-compulsive disorder)는 원하지 않는 생각과 행동을 반복하게 되는 불안장애로서 불안을 유발하는 부적절한 강박사고와 불안을 완화시키기 위한 강박행동을 반복적으로 나타낸다. 강박사고는 반복적 의심, 물건을 순서대로 정리하려는 충동, 음란한 생각, 공격적이거나 신성모독적 생각, 오염에 대한 생각들이 있다. 강박행동은 손 씻기, 확인하기, 정돈하기, 숫자세기, 기도하기와 같은 행동들이 있다.

⑤ 외상후 스트레스장애

외상후 스트레스장애(posttraumatic stress disorder)는 학대, 자연재해나 전쟁, 사고, 납치, 강간 또는 사랑하는 사람의 심각한 상처나 폭력에 의한 죽음 등과 같은 충격적인 외상사건을 경험하고 난 후에 불안감이 지속되는 장애이다.

⑥ 분리불안장애

분리불안장애(separation anxiety disorder)는 아동이 보호자로부터 격리되는 것에 대해 과도한 두려움을 갖는 것으로 이들은 격리될 때 어떤 무서운 일이 자신이나 부모에게 일어날 것이라고 두려워한다. 가정에서 부모가 자녀를 떠날 때 또는 학교와 같은 어떤 장소에 자녀를 내버려둘 때 나타난다(임영식 외, 2005).

(2) 진단 및 평가

① 아동 표출불안척도

아동 표출불안척도(Revised Child Manifest Anxiety Scale, RCMAS)는 Castenada(1956) 등이 사용한 CMAS(Children's Manifest Anxiety Scale)를 Reynold와 Richmond(1978)가 개정한 것이다. 우리나라에서는 최진숙과 조수철(1990)이 번안하였다. 초등학교 1학년부터 고등학생까지 실시할 수 있는 총 37문항의 자기보고형 검사이며, 9개의 허구문항과 28개의 불안문항으로 구성되어 있다.

② 특성불안검사

특성불안검사는 특성불안을 측정하기 위하여 Spielberger(1970)가 제작한 상태-특성불안 평정척도(The State-Trait Anxiety Inventory: STAI) Form X-1과 Form X-2를 김정택(1978)이 번안한 자기평가 질문지이다.

상태불안검사는 바로 그 순간에 어떻게 느끼고 있는가를 묻는 문항으로 구성되어 있고, 특성불안검사(STAI Form X-2)는 사람의 기질이나 특성의 측면에서 불안수준을 측정하기 위하여 평상시에 어떻게 느끼고 있는가를 묻는 각각 20개 문항으로 되어 있고 4단계 평정척도로 되어 있다.

③ 아동불안척도 2판(RCMAS-2)

아동불안척도 2판(RCMAS-2)은 김지혜, 이은호, 홍상황, 황순택(2021)이 아동의 불안을 신체적, 사회적, 수행, 걱정으로 나누어 종합적으로 평가하여 개입의 필요성과 방향을 설정할 목적으로 개발한 검사이다. 검사 대상은 아동이며 49개 문항으로 구성되어 있다.

이 검사의 특징은 다음과 같다. 첫째, 불안에 대해 신체적 불안, 걱정, 사회적 불안, 수행 불안으로 나누어 측정하여, 정보를 제공함으로써 개입의 필요성 여부와 방향을 종 더 세부적으로 설정 가능하다. 둘째, 타당도 척도인 불일치 반응, 방어성을 제시하여, 아동이 문항에 타당하지 않거나 왜곡된 응답을 했는지 평가할 수 있다. 셋째, 결과지를 통해 검사대상자의 개별 문항을 모두 확인할 수 있다. 넷째, 불안증상의 정도 및 수준에 대한 지표를 제시하여 건강, 상담, 임상, 생활지도 등 다양한 장면에서 활용할 수 있도록 되어 있다(https://www.inpsyt.co.kr). 아동불안척도 2판(RCMAS-2)의 척도 구성은 <표 6-17>과 같다.

표 6-17 / 아동불안척도 2판(RCMAS-2) 척도 구성

척도	하위척도	약호	측정내용
타당도 척도	불일치 반응	INC	• 문항에 얼마나 주의를 기울여 일관성 있게 응답했는가를 알아보기 위한 척도
	방어성	DEF	• 일상적인 생활에서 완벽하지 않음을 스스로 수용할 수 있는지를 평가하는 척도
불안	신체적 불안	PHY	• 신체적 증상으로 나타나는 불안수준을 파악할 수 있는 척도
	걱정	WOR	• 강박적인 염려수준을 파악할 수 있는 척도로서, 모호하고 정의하기 힘든 것에 대한 두려움을 느끼는 정도를 측정
	사회적 불안	SOC	• 대인관계 시 사람들 앞에서 느끼는 불안의 정도를 파악하기 위한 척도
	수행 불안	PER	• 시험, 음악연주, 공개적인 발표 등 특정과제를 수행할 때 느끼는 불안의 정도를 파악하기 위한 척도

④ DSM-5 범불안장애(Generalized Anxiety Disorder) 진단기준

정신장애의 진단 및 통계편람(DSM-5)에 제시되어 있는 범불안장애의 진단기준을 소개하면 <표 6-18>과 같다(권준수 외, 2015).

표 6-18 / DSM-5 범불안장애 진단기준

진단기준
A. (직장이나 학업과 같은) 수많은 일상 활동에 있어서 지나치게 불안해하거나 걱정(우려하는 예측)을 하고, 그 기간이 최소한 6개월 이상으로 그렇지 않은 날보다 그런 날이 더 많아야 한다.
B. 이런 걱정을 조절하기 어렵다고 느낀다.
C. 불안과 걱정은 다음의 6가지 증상 중 적어도 3가지 증상과 관련이 있다(지난 6개월 동안 적어도 몇 가지 증상이 있는 날이 없는 날보다 더 많다).

주의점: 아동에서는 한 가지 증상만 만족해도 된다.
1. 안절부절못하거나 낭떠러지 끝에 서 있는 느낌
2. 쉽게 피곤해짐
3. 집중하기 힘들거나 머릿속이 하얗게 되는 것
4. 과민성
5. 근육의 긴장
6. 수면 교란(잠들기 어렵거나 유지가 어렵거나 밤새 뒤척이면서 불만족스러운 수면상태)

D. 불안이나 걱정, 혹은 신체 증상이 사회적, 직업적, 또는 다른 중요한 기능 영역에서 임상적으로 현저한 고통이나 손상을 초래한다.

E. 장애가 물질(예, 남용약물, 치료약물)의 생리적 효과나 다른 의학적 상태(예, 갑상선기능항진증)로 인한 것이 아니다.

F. 장애가 다른 정신질환으로 더 잘 설명되지 않는다(예, 공황장애에서 공황발작을 일으키는 것, 사회불안장애[사회공포증]에서 부정적 평가, 강박장애에서 오염이나 다른 강박사고, 분리불안장애에서 애착 대상과의 분리, 외상후 스트레스장애에서 외상 사건을 상기시키는 것, 신경성 식욕부진증에서 체중 증가, 신체증상장애에서 신체적 불편, 신체이형장애에서 지각된 신체적 결점, 질병불안장애에서 심각한 질병, 조현병이나 망상장애에서 망상적 믿음의 내용에 대해 불안해하거나 걱정하는 것).

3) 위축 · 고립

최근 많은 교사나 부모들이 주의산만, 과잉행동, 공격성 등의 행동문제를 보이는 학생들로 인해 어려움을 호소하고 있다. 이러한 행동문제를 겪고 있는 학생은 산만하고 과잉행동을 하며 주위의 또래를 괴롭히는 행동을 하기 때문에 교사나 부모, 또래에게 잘 드러난다. 그러나 위축 · 고립과 같은 정서적 문제를 보이는 학생은 상대적으로 간과되는 경향이 많다. 이런 학생은 대체로 항상 조용하게 지내기 때문에 분노조절에 실패하여 폭발적으로 화를 표현하거나 울음을 터뜨리는 등의 행동문제를 보이지 않는 이상 교사나 부모의 관심사에서 밀려나기 쉽다(한국초등상담교육학회, 2014).

(1) 특징 및 행동 유형

위축 · 고립된 행동을 하는 학생은 연대의식이 없고 생산성 없는 활동을 하고 있는 것처럼 보이며, 종종 친구와 어울리기를 원하지만 좋은 관계를 유지하는 데 어려움을 느낀다. 이들에게서 가장 중요하게 나타나는 행동은 사회적 고립이다. 위축 · 고립된 행동을 나타내는 학생에게서 발견될 수 있는 심각한 측면은 자신에 대한 억압 및 지속적으로 나타나는 낮은 자존감 등이다. 위축 · 고립에 관련된 연구(김명희, 2005; 이종락, 2002)를 중심으로 초등학교 학생의 위축행동과 고립행동의 유형 및 특징을 살펴보면 다음과 같다.

① 상호 무관심형

- 상대방의 말과 놀이에 무관심하다.
- 혼자서 책 보는 것을 선호한다.
- 혼자 하는 놀이를 선호한다.
- 보통 혼자 있는 경우가 많다.
- 운동장이나 길에서 혼자 다닌다.
- 친구들과 말하지 않고 지낸다.
- 동네 아이들과 어울리지 않는다.

② 놀이기능 미숙형

- 놀이의 수준이 너무 낮다.
- 생각하고 말하는 수준이 낮다.
- 놀이에 흥미를 갖고 있지 못하다.
- 친구들과의 놀이에 참여하지 않고 구경만 한다.
- 또래와의 활동에 자발적으로 참여하는 경우가 매우 드물다.
- 친구들로부터 선택되는 예가 드물다.
- 친구들로부터 따돌림을 받는다.
- 친구들이 가까이 하지 않으려고 한다.

③ 보살핌형

- 다른 사람의 보살핌을 받기만 한다.
- 다른 사람이 하는 일을 따라 한다.
- 조그만 일에도 혼날까 봐 겁부터 먹는다.
- 공연히 얼굴을 붉히거나 유난히 수줍음을 탄다.
- 다른 사람이 조금만 뭐라고 해도 당황하거나 쩔쩔맨다.
- 어른이 조금이라도 꾸중을 하면 울기부터 한다.
- 자기보다 약한 아이에게도 대항하지 못한다.
- 남의 비판에 대해 매우 민감하고 곧 실망하곤 한다.

④ 의사표현 부적절형

- 상황에 맞지 않는 언행을 한다.
- 자기 생각만으로 행동한다.
- 권리를 주장하는 것을 매우 어렵게 생각하고 느낌을 나타내려 하지 않는다.
- 말을 할 때 풀이 죽은 목소리거나 매우 낮은 목소리로 말한다.
- 눈을 쳐다보는 것을 회피한다.
- 남의 지시에 싫어도 말 못하고 따른다.
- 친구들에게 자신의 감정이나 의사를 나타내지 못한다.
- 낯선 사람 앞에서는 말을 잘 못한다.
- 여러 사람 앞에서 아는 것도 발표하기를 꺼린다.
- 수업 준비물이 없어도 같이 쓰자는 말을 못한다.
- 지명을 받았을 때 재촉받고서야 마지못해 일어난다.

(2) 진단 및 평가

위축·고립행동의 평가와 진단을 위한 방법은 다양하나, 여기서는 사회·정서적 고립 척도, 아동 행동평가척도(K-CBCL), 사회성 측정법, 외로움 척도에 대해 살펴보기로 한다.

① 사회·정서적 고립 척도

초등학교 고립 학생을 선별하기 위한 사회·정서적 고립 척도(허승희, 1993)는 초등학교 3학년에서 6학년 학생을 대상으로 정서적 외로움, 사회적 외로움, 정서적 고립, 사회적 고립의 4개 영역 32문항으로 구성되어 있다. 정서적 외로움은 애착을 느낄 수 있는 친밀한 대상이 없기 때문에 느끼는 분리의 고통을 말하며, 사회적 외로움은 개인이 접근 가능한 사회적 인간관계가 형성되지 못하기 때문에 느끼는 분리의 고통을 말한다. 정서적 고립은 현재의 사회적 인간관계에서 친밀감과 애착을 표현할 수 있는 가까운 대상이 없는 상태를 말하며, 사회적 고립은 현재의 사회적 인간관계에서 집단 내에서 수용받거나 가치 있게 인정받지 못하는 상태를 말한다. 고립 척도의 각 하위척도의 재검사 신뢰도는 .86, 반분 신뢰도는 .82로 보고되어 있으며, 문항내적합치도 Cronbach α는 .88이다. 점수는 1에서 5까지 리커트 척도에 의해 계산되고, 총 점수는 32점에서 160점 사이에 분포되며, 96.14점 이상인 학생을 선정한다.

② 아동 행동평가척도(K-CBCL)

K-CBCL(Korea-Child Behavior Checklist)은 Achenbach와 Edelbrock(1983)이 개발한 CBCL을 우리나라에서 오경자 등(1997)이 번역하여 표준화한 한국판 행동평가도구다. K-CBCL은 1991년의 CBCL을 기초로 하고 있으며, 크게 사회능력 척도와 문제행동 증후군 척도로 구성되어 있다. 사회능력척도는 사회성 척도, 학업수행 척도로 구성되어 있고, 문제행동 증후군 척도는 위축, 신체증상, 우울/불안, 사회적 미성숙, 사고의 문제, 주의집중 문제, 비행·공격성·성 문제, 정서 불안정의 8개 척도 120문항으로 구성되어 있다. 각 하위척도의 문항내적합치도 Cronbach α는 .62~.87이다. 이 가운데 위축행동은 9문항으로 구성되어 있으며 문항내적 합치도는 .76이다.

③ 사회성 측정법

사회성 측정법은 또래 사이의 인기도와 수용도를 사회적 능력의 지표로 보는 것이다. 학생에게서 또래 놀이활동이나 학급의 모둠활동을 할 때 함께 하고 싶은 친구, 생일날 초대하고 싶은 친구, 수업시간에 모둠조를 같이 하고 싶은 친구, 점심시간에 같이 놀고 싶은 친구 등을 조사함으로써 또래집단에서 구성원 간의 상호선택, 의사교환 및 상호작용 패턴에 관한 자료를 수집하고 분석하는 방법으로 학생의 사회적 지위를 규명할 수 있다. 일반적으로 교우도 지위(인기 있는, 거부된, 무시된, 논쟁적인)를 분류하도록 한다. 거부된 아동은 또래집단에서 거부된 결과로 생긴 사회적 지위를, 무시된 아동은 또래집단에서 소외되거나 무시된 결과로 생긴 지위를 의미한다.

연구자들은 사회성 측정법에 의해 소외되거나 무시된 학생을 사회적 고립아라고 명명하고, 이러한 학생 집단의 행동이 곧 위축행동임을 주장하였다. 그러나 사회적 고립아 집단의 행동을 위축행동의 전형으로 보는 것은 논란의 여지가 있고, 거부된 학생 집단의 행동에서도 위축행동이나 고립행동이 나타날 수 있다.

④ 외로움 척도

외로움 척도(Asher, Hymel, & Renshaw, 1984)는 아동이 지각하고 있는 외로움을 사정한다. 이 척도는 자기보고형 24문항으로 구성되어 있으며, 그중 8문항은 아동의 취미나 흥미와 관련되어 있는 것으로 점수를 계산할 때에는 포함되지 않는다. 이 문항들은 아동이 자신의 태도를 나타내는 데 있어서 좀 더 마음의 문을 열고 편안해지도록 돕기 위해서 포함된 문항들이다. 득점 범위는 최저 16점에서 최고 80점이며, 점수가 높을수록 외로움의 정도가 큰 것으로 볼 수 있다(강위영 외, 1999).

4) 주의력결핍 과잉행동

주의력결핍 과잉행동장애(Attention Deficit Hyperactivity Disorder: ADHD) 아동은 주의 집중력이 약하고, 충동적이며, 공격적인 행동 및 자기의 정서 표현을 적절하게 하지 못해 동료, 가족, 교사와 좋은 인간관계를 맺지 못하여 자신감과 자아존중감의 확립이 어렵다. 일상생활에서 전형적으로 나타내는 주의산만한 행동은 이들이 갖고 있는 내적인 감정들이 겉으로 드러날 기회를 주지 않기 때문에 이들은 대부분 잠재능력에 비해 학업성적이 열등하고, 학업 이외의 과제를 수행할 때 가지고 있는 능력보다 낮은 평가를 받고 있다(송영혜 외, 1998).

(1) 주의력결핍 과잉행동 아동의 특징

ADHD 아동은 인지, 정서, 행동적인 측면에서 결함을 나타내며 주요 증상은 크게 주의산만, 과잉행동 및 충동성으로 나뉜다. ADHD는 하나의 특정 증상이 두드러지는 것이 아니라 아동의 인지적, 행동적, 정서적 특성들이 매우 복합적으로 얽혀 있으므로 증상과 관련된 복합적인 측면들을 동시에 고려해야 한다.

① 인지적 특성

인지적 측면에서 ADHD 아동에게 나타나는 주요 특성은 주의집중 시간이 매우 짧은 것이다. 가정이나 학교에서 과제에 주의를 기울이지 못하고 어떤 활동에서 다른 활동으로 주의가 쉽게 바뀌는 경향을 들 수 있다. 주의력이 결핍된 아동과 학업성적과의 관계에서 50~60%의 아동이 성인이 되어서도 학습에 결함을 나타낸다고 하였다(Milich & Loney, 1979). 이러한 학업의 실패는 학습에 대한 주의집중력이 부족한 데에서 오는 경우와 학습장애를 공유했기 때문에 학습에 결함을 나타낼 수도 있다고 보고 있다(Lambert & Sandoval, 1980).

과잉행동을 보이는 아동은 학업수행 능력이 부족한데, 그 특징으로는 과잉활동이 지적 능력의 결함과 관계가 있거나, 학업수행의 실패에 대한 반응으로 과잉활동 경향이 나타날 수 있다. 그리고 일반적인 지적 능력의 결함과는 별도로 특정한 주의결핍이 과잉활동성을 설명해 줄 수 있다. 실제로 지능이 높은 저학년 ADHD 아동의 경우 교육과정이 비교적 단순한 저학년 수준에서는 좋은 학업성적을 유지할 수 있으나 고학년으로 올라갈수록 교육과정이 복잡해지면서 주의집중의 어려움으로 인해 학업성적이 떨어지고, 학습에 흥미를 잃게 된다. 따라서 부적절한 행동, 충동적인 문제해결 방식과 낮은 자존감이나 반항장애 등의 문제를 일으키는 경향이 많다.

② 정서적 특성

정서적 측면에서 ADHD 아동은 정상집단에 비해 부정적 정서를 표현함으로써 더 쉽게 좌절감을 느끼고 해결하기 어려운 과제 조건에서 빨리 포기하는 경향을 나타내며, 이들은 정상 통제 집단보다 앞으로의 수행에 대해 낙관적인 태도를 보임으로써 자신의 유능성을 과장해서 말함으로써 자기상을 강화한다(김소라, 1995). ADHD 아동은 또래와의 경쟁심이 강하고 행동 유형의 변화가 많으며 감각운동 놀이에 더 많이 참여하지만 전체적인 놀이에 참여하는 경우가 적고, 단체 행동에서 협동하지 않는다(Alessandri, 1992). 또한 또래에게 말을 거는 빈도가 일반 아동보다 더 많으며(Pelham & Bender, 1982), 말은 많이 하지만 사회성이 있는 긍정적인 말을 적게 한다. ADHD 아동과 일반 아동 간의 언어적인 상호작용 수준과 효과적인 표현을 사용하는 능력은 일반 아동과 언어적 상호작용을 할 때보다 더 떨어진다. ADHD 아동은 전체적인 놀이보다는 개인적인 놀이에 몰두하며, 또래 간에 경쟁심이 강하고, 일반 아동보다 말은 많이 하지만 사회성이 있는 긍정적인 말은 적게 하는 것으로 보인다.

③ 행동적 특성

ADHD 아동의 행동적 특성으로는 지나친 활동성과 충동성을 들 수 있다. 이 장애를 보이는 아동은 침착하지 못하고 조용히 앉아 있지 못하며, 항상 움직이고 뛰어다닌다. 또한 생각하지 않고 충동적으로 행동하여 가정 내의 사소한 사고나 교통사고 등의 피해를 입을 가능성이 크다. 사회적 상황에서 중요한 타인들, 특히 아동의 어머니, 또래와의 상호작용에서 매우 부적절하고, 공격적이며, 문제를 많이 일으키는 것으로 나타났다. 특히 남자 아동의 경우 이런 경향이 두드러진다(Pelham & Bender, 1982). ADHD 아동 중 적어도 30~35%가 아동 품행장애와 반사회적 행동 증상이 발달하는데 즉, 거짓말을 하거나, 도벽, 허풍을 떨고, 다른 아동들과 자주 싸움을 하며 어른들의 말을 잘 듣지 않는다. 이러한 행동들은 ADHD 아동들의 사회적인 적응을 더욱 어렵게 만들고 따라서 아동들의 문제를 심화시키는 주요한 원인이 되고 있다(박난숙, 1992).

(2) 진단 및 평가

학교나 지역사회에서 ADHD가 의심되는 아동에게 손쉽게 시행해 볼 수 있는 간이평가척도는 보다 정밀한 검사를 시행할 필요가 있는 아동을 골라내는 선별검사로 활용할 수 있다. 대개 본인의 평가는 문제가 없다고 보고하는 경우가 많으므로 부모나 교사 같은 보호자의 평가를 많이 사용한다. 그중 대표적인 것에는 부모평가척도로 Conners 부모평가척도(Goyette et al., 1978), 소아행동점검표(Achenbach & Edenbrock, 1983), 가정상황평가척도(Barkley, 1981) 등이 있다. 교사평가척도로 Conners 교사평가척도(Goyette et al., 1978), 학교상황평가척도(Barkley, 1981) 등이 있다.

① ADHD 평정척도 K-ARS(Korean ADHD Rating Scale)

ADHD 평정척도 K-ARS(Korean ADHD Rating Scale)는 학령기 아동의 ADHD 증상을 평가하기 위해 고안되었다. ARS-IV(ADHD Rating Scale)는 DSM-IV의 ADHD 진단 준거를 토대로 Dupaul(1992)에 의해 개발된 부모 및 교사가 실시하는 행동평정척도이다. ARS는 주의력결핍과 과잉행동-충동성 두 차원의 18문항으로 구성되어 있다. 홀수 문항은 주의력결핍을 측정하고, 짝수 문항은 과잉행동-충동성을 측정하게 구성되어 있으며, 부모-교사 간의 선별지가 동일한 체크리스트로 이루어져 있어 부모-교사 간의 평정 일치도를 쉽게 알 수 있다.

한국판 ADHD 평가척도 K-ARS(Korean ADHD Rating Scale)는 ARS-IV(ADHD Rating Scale)를 소유경 등(2002)이 타당도를 검증하고, 김영신 등(2003)이 동일 아동을 대상으로 우리나라 학령기 아동의 규준자료를 제시하였다. K-ARS 문항은 총 18개 문항으로, 아동의 행동의 심각도에 따라서 0점(전혀 그렇지 않다)에서 3점(매우 자주 그렇다)까지 4점 리커트 척도로 응답된다. 2점 이상의 점수는 아동의 발달단계에 비하여 비정상적인 것으로 간주된다. 부모평가점수에서 13점 이상이거나 교사평가점수에서 18점 이상일 경우를 ADHD 선별기준으로 정하고 있다.

부모용은 '지난 6개월 동안' 아동이 보인 행동에 대해 평정하도록 되어 있는데 비해, 교사용은 '지난 6개월 동안 또는 학년이 시작된 이후' 아동이 보인 행동에 대해 평정하도록 함으로써 아동을 안 지 6개월이 되지 않은 교사도 평정이 가능하도록 되어 있다. K-ARS 행동평가지 학부모용의 문항은 <표 6-19>와 같다.

표 6-19 / K-ARS 행동평가지(학부모용)

번호	문항	전혀 그렇지않다 (0점)	그렇지 않다 (1점)	그렇다 (2점)	매우 자주그렇다 (3점)
1	학교 수업이나 일, 혹은 다른 활동을 할 때, 주의집중을 하지 않고 부주의해서 실수를 많이 한다.				
2	가만히 앉아 있지를 못하고 손발을 계속 움직이거나 몸을 꿈틀거린다.				
3	과제나 놀이를 할 때 지속적으로 주의집중하는 데 어려움이 있다.				
4	수업시간이나 가만히 앉아 있어야 하는 상황에서 자리에서 일어나 돌아다닌다.				
5	다른 사람이 직접 이야기하는 데도 잘 귀기울여 듣지 않는 것처럼 보인다.				
6	상황에 맞지 않게 과도하게 뛰어다니거나 기어오른다.				
7	지시에 따라서 학업이나 집안일이나 자신이 해야 할 일을 끝마치지 못한다.				
8	조용히 하는 놀이나 오락활동에 참여하는 데 어려움이 있다.				
9	과제나 활동을 체계적으로 하는 데 어려움이 있다.				
10	항상 '끊임없이 움직이거나' 마치 '모터가 달려서 움직이는 것처럼' 행동한다.				
11	공부나 숙제 등, 지속적으로 정신적 노력이 필요한 일이나 활동을 피하거나 싫어하거나 또는 하기를 꺼려한다.				
12	말을 너무 많이 한다.				
13	과제나 활동을 하는 데 필요한 것들(장난감, 숙제, 연필 등)을 잃어버린다.				
14	질문을 끝까지 듣지 않고 대답한다.				
15	외부 자극에 의해 쉽게 산만해진다.				
16	자기 순서를 기다리지 못한다.				
17	일상적인 활동을 잊어버린다(예, 숙제를 잊어버리거나 도시락을 두고 학교에 간다).				
18	다른 사람을 방해하고 간섭한다.				

② 단축형 Conners 평정척도

단축형 Conners 평정척도(Abbreviated Conners Teacher Rating Scale-Revised: ACTRS-R)는 ADHD 아동의 주요 증상이 되는 행동적 문제를 Conners(1969)가 93문항으로 제작한 것을 Goyette, Conners와 Ulrich(1978)가 10문항으로 축약하여 개정한 것으로 오경자와 이혜련(1989)이 번안한 검사이다. ADHD 아동을 분류하는 교사 평균치는 17점이며, 오경자와 이혜련(1989)에 의한 단축형 Conners의 문항내적합치도 Cronbach α는 .92이다. 단축형 Conners 평정척도의 문항은 <표 6-20>과 같다.

표 6-20 / 단축형 Conners 평정척도

번호	관 찰 된 행 동	정 도			
		전혀없음 (0점)	약간 (1점)	상당히 (2점)	아주심함 (3점)
1	차분하지 못하고 너무 활동적이다.				
2	쉽사리 흥분하고 충동적이다.				
3	다른 아이들에게 방해가 된다.				
4	한 번 시작한 일을 끝내지 못한다.				
5	늘 안절부절못한다.				
6	주의력이 없고 쉽게 주의분산이 된다.				
7	요구하는 것이 있으면 금방 들어주어야 한다(쉽게 좌절이 된다).				
8	자주, 또는 쉽게 울어 버린다.				
9	금방 기분이 확 변한다.				
10	화를 터뜨리거나 감정이 격하기 쉽고 행동을 예측하기 어렵다.				
점 수 계					
판 정					

③ 코너스 교사평정척도(CTRS-R)

Conners(1969)에 의해 개발된 것은 39문항으로 구성되었으나, Goyette 등(1978)이 이를 바탕으로 개정한 코너스 교사평정척도(CTRS-R)는 28문항으로 구성되어 있다. CTRS-R은 행동문제, 과잉행동 등을 측정하는 데 유용하며, 3세부터 17세 아동을 대상으로 진단기준이 보고되어 있다. 하위요인은 품행문제, 과잉행동, 부주의-수동성, 과잉행동 지수로 나뉘어져 있다. 코너스 교사 평정척도(Conners Teacher Rating Scale: CTRS-R)의 문항은 <표 6-21>과 같다.

표 6-21 / 코너스 교사평정척도(Conners Teacher Rating Scale: CTRS-R)

번호	항목	전혀	조금	꽤	매우
1	어색해하며 안절부절못함				
2	조용히 해야 할 때에 시끄럽게 함				
3	요구가 즉시 해결되어야 함				
4	경솔하고 분별없음				
5	감정폭발과 예측할 수 없는 행동을 나타냄				
6	비난에 대해 지나치게 민감함				
7	주의산만 혹은 주의 지속시간의 문제를 가짐				
8	다른 아동을 방해함				
9	공상에 잠김				
10	뿌루퉁하고 신경질적임				
11	기분이 수시로 변함				
12	다투기를 좋아함				
13	권위에 복종하는 태도를 보임				
14	안절부절못하고 항상 활동적임				
15	흥분하거나 충동적이기 쉬움				
16	교사의 관심을 지나치게 요구함				
17	집단에 수용되지 못함				
18	다른 아동을 쉽게 따름				
19	공정성의 개념이 없음				
20	리더십의 부족				
21	시작한 과제를 끝내기 어려움				
22	유치하고 미숙함				
23	실수를 부인하거나 타인을 비난함				
24	다른 아동과 어울리지 못함				
25	반 친구들과 비협조적임				
26	쉽게 좌절함				
27	교사에게 비협조적임				
28	학습에 어려움을 가짐				

* 요인별 문항

품행문제 : 4, 5, 6, 10, 11, 12, 23, 27
과잉행동 : 1, 2, 3, 8, 14, 15, 16
부주의·수동성 : 7, 9, 18, 20, 21, 22, 26, 28
과잉행동지수 : 1, 5, 7, 8, 10, 11, 14, 15, 21, 26

④ 주의력결핍 과잉행동장애 종합 교사평정척도

미국 일리노이대학교 아동행동발달연구소의 연구자(Ulmann et al., 1984)들이 개발한 평정척도로 5세부터 12세까지 천 명 이상의 아동을 대상으로 표준화하였다. 주의집중(6문항), 과잉행동(5문항), 사회성 기술(7문항), 적대적 행동(6문항) 등의 영역에 대한 아동 행동특성을 파악하는 24개의 문항으로 구성되어 있다.

⑤ DSM-5 주의력결핍 과잉행동장애(Attention-Deficit/Hyperactivity Disorder) 진단기준

미국 정신의학회에서 정한 정신장애의 진단 및 통계편람(Diagnostic and Statistical Manual of mental disorders-fifth edition, DSM-5)에 제시되어 있는 주의력결핍 과잉행동장애의 진단기준을 소개하면 <표 6-22>와 같다(권준수 외, 2015).

표 6-22 / DSM-5 주의력결핍 과잉행동장애 진단기준

진단기준
A. 기능 또는 발달을 저해하는 지속적인 부주의 및 과잉행동-충동성이 (1) 그리고/또는 (2)의 특징을 갖는다.
· **부주의**: 다음 9개 증상 가운데 6개 이상이 적어도 6개월 동안 발달수준에 적합하지 않고 사회적 · 학업적/직업적 활동에 직접적으로 부정적인 영향을 미칠 정도로 지속됨 **주의점**: 이러한 증상은 단지 반항적 행동, 적대감 또는 과제나 지시 이해의 실패로 인한 양상이 아니어야 한다. 후기 청소년이나 성인(17세 이상)의 경우에는 적어도 5가지의 증상을 만족해야 한다. a. 종종 세부적인 면에 대해 면밀한 주의를 기울이지 못하거나, 학업, 작업 또는 다른 활동에서 부주의한 실수를 저지름(예, 세부적인 것을 못 보고 넘어가거나 놓침, 작업이 부정확함) b. 종종 과제를 하거나 놀이를 할 때 지속적으로 주의집중을 할 수 없음(예, 강의, 대화 또는 긴 글을 읽을 때 계속해서 집중하기가 어려움) c. 종종 다른 사람이 직접 말을 할 때 경청하지 않는 것처럼 보임(예, 명백하게 주의집중을 방해하는 것이 없는데도 마음이 다른 곳에 있는 것처럼 보임) d. 종종 지시를 완수하지 못하고, 학업, 잡일 또는 작업장에서의 임무를 수행하지 못함(예, 과제를 시작하지만 빨리 주의를 잃고 쉽게 곁길로 샘) e. 종종 과제와 활동을 체계화하는 데 어려움이 있음(예, 순차적인 과제를 처리하는 데 어 려움, 물건이나 소지품을 정리하는 데 어려움, 지저분하고 체계적이지 못한 작업, 시간 관리를 잘 하지 못함, 마감 시간을 맞추지 못함) f. 종종 지속적인 정신적 노력을 요구하는 과제에 참여하기를 기피하고, 싫어하거나 저항함(예, 학업 또는 숙제, 후기 청소년이나 성인의 경우에는 보고서 준비하기, 서류 작성하기, 긴 서류 검토하기) g. 과제나 활동에 꼭 필요한 물건들(예, 학습 과제, 연필, 책, 도구, 지갑, 열쇠, 서류 작업, 안경, 휴대폰)을 자주 잃어버림 h. 종종 외부 자극(후기 청소년과 성인의 경우에는 관련이 없는 생각들이 포함될 수 있음)에 의해 쉽게 산만해짐 I. 종종 일상적인 활동을 잊어버림(예, 잡일하기, 심부름하기, 후기 청소년과 성인의 경우에는 전화 회답하기, 청구서 지불하기, 약속 지키기)

2. **과잉행동-충동성**: 다음 9개 증상 가운데 6개 이상이 적어도 6개월 동안 발달수준에 적합하지 않고 사회적, 학업적/직업적 활동에 직접적으로 부정적인 영향을 미칠 정도로 지속됨
   주의점: 이러한 증상은 단지 반항적 행동, 적대감 또는 과제나 지시 이해의 실패로 인한 양상이 아니어야 한다. 후기 청소년이나 성인(17세 이상)의 경우, 적어도 5가지 증상을 만족해야 한다.
   a. 종종 손발을 만지작거리며 가만두지 못하거나 의자에 앉아서도 몸을 꿈틀거림
   b. 종종 앉아 있도록 요구되는 교실이나 다른 상황에서 자리를 떠남(예, 교실이나 사무실 또는 다른 업무 현장, 또는 자리를 지키는 게요구되는 상황에서 자리를 이탈)
   c. 종종 부적절하게 지나치게 뛰어다니거나 기어오름(주의점: 청소년 또는 성인에서는 주관적으로 좌불안석을 경험하는 것에 국한될 수 있다)
   d. 종종 조용히 여가 활동에 참여하거나 놀지 못함
   e. 종종 "끊임없이 활동하거나" 마치 "태엽 풀린 자동차처럼" 행동함(예, 음식점이나 회의실에 장시간 동안 가만히 있을 수 없거나 불편해함, 다른 사람에게 가만히 있지 못하는 것처럼 보이거나 가만히 있기가 어려워 보일 수 있음)
   f. 종종 지나치게 수다스럽게 말함
   g. 종종 질문이 끝나기 전에 성급하게 대답함(예, 다른 사람의 말을 가로챔, 대화 시 자신의 차례를 기다리지 못함)
   h. 종종 자신의 차례를 기다리지 못함(예, 줄 서 있는 동안)
   I. 종종 다른 사람의 활동을 방해하거나 침해함(예, 대화나 게임, 활동에 참견함, 다른 사람에게 묻거나 허락을 받지 않고 다른 사람의 물건을 사용하기도 함, 청소년이나 성인의 경우 다른 사람이 하는 일을 침해하거나 꿰찰 수 있음)

B. 몇 가지 부주의 또는 과잉행동-충동성 증상이 12세 이전에 나타난다.

C. 몇 가지 부주의 또는 과잉행동-충동성 증상이 2가지 또는 그 이상의 환경에서 존재한다(예, 가정, 학교나 직장, 친구들 또는 친척들과의 관계, 다른 활동에서).

D. 증상이 사회적 · 학업적 또는 직업적 기능의 질을 방해하거나 감소시킨다는 명확한 증거가 있다.

E. 증상이 조현병 또는 기타 정신병적 장애의 경과 중에만 발생되지는 않으며, 다른 정신질환(예, 기분장애, 불안장애, 해리장애, 성격장애, 물질 중독 또는 금단)으로 더 잘 설명되지 않는다.

5) 적대적 반항행동과 공격행동

적대적 반항장애(Oppositional Defiant Disorder: ODD) 행동을 보이는 아동은 부모를 포함한 권위 있는 대상에게 반항적인 태도와 행동을 지속적으로 보이는 경우에 진단된다. 반항적이고, 불복종적이고, 도발적인 행동을 하지만 규칙을 어기거나 타인의 권리를 침해하는 반사회적 행동이나 공격적인 행동은 두드러지게 나타나지 않는다는 점에서 품행장애(Conduct Disorder)와 다르다. 품행장애 아동은 신체적 폭력이나 위협, 재산 파괴, 사기나 도둑질, 심각한 법 위반과 같은 폭력적이고 무책임한 행동을 반복적으로 보인다. 이러한

장애를 지닌 아동이나 청소년은 학교나 가정의 규칙을 지키지 않으려 한다. 이러한 행동들은 대인관계 형성, 학업수행 등의 기능에 손상을 가져오고 다른 사람의 감정을 알아차리지 못하고 공감능력이 부족하여 대인관계가 원만하지 않으며 적대적이어서 학교에서의 적응에 어려움을 겪는다(초등상담교육학회, 2014).

(1) 적대적 반항행동과 공격행동

① 적대적 반항행동

어른에게 거부적이고 적대적이며 반항적인 행동을 지속적으로 나타내는 경우를 적대적 반항장애(Oppositional Defiant Disorder)로 분류한다. DSM-5에 따르면, 이 장애는 세 가지 핵심증상, 즉 분노하며 짜증내는 기분, 논쟁적이고 반항적인 행동, 복수심으로 이루어져 있다. 적대적 반항장애를 지닌 아동들은 화를 잘 내고 어른의 요구나 규칙을 무시하며 어른에게 논쟁을 통해 도전하고 고의적으로 타인의 기분을 상하게 하거나 귀찮게 한다. 적대적 반항장애를 가진 아동은 차분해지기 어려워하거나 천성이 까다로운 기질적 특징이 있으며, 이러한 특성이 주변의 상황과 상호작용함으로써 적대적 반항장애 형성에 영향을 미친다. 이들의 부모는 자녀가 말을 잘 듣게 하기 위해 잔소리를 하고 꾸짖는 경우가 잦고, 이들은 학교에도 자주 비난이나 처벌을 받는 상황에 처하게 되는데 이러한 상황이 영향을 줄 수 있다(초등상담교육학회, 2014).

② 공격격인 행동

폭력, 방화, 도둑질, 거짓말, 가출 등과 같이 난폭하거나 무책임한 행동을 통해 타인을 고통스럽게 하는 행위를 반복적으로 나타내는 경우를 품행장애(Conduct Disorder)로 분류한다. 청소년들이 나타내는 소위 '비행 행동'이 빈번한 경우는 이러한 품행장애에 해당된다. 품행장애로 진단되기 위해서는 다른 사람의 기본적 권리를 해치거나 나이에 적합한 사회적 규범을 어기는 행동양상이 지속적으로 반복되어야 한다(권석만, 2013). 이 장애를 지닌 아동이나 청소년은 학교나 가정의 규칙을 지키지 않으려 한다. 예를 들면, 귀가시간을 지키지 않거나 가출을 하고, 혹은 학교에서 무단결석이 빈번하다. 가벼운 정도는 거짓말을 하거나 무단결석, 밤늦은 귀가와 같이 다른 사람에게 해를 입히는 정도가 적으며, 중간 정도는 기물 파손, 피해자와 대면하지 않은 상황에서 도둑질하는 것과 같이 다른 사람에게 약간의 피해를 입히는 것을 말하며, 심각한 정도는 성적 강요, 잔혹한 신체 손상, 무기 사용, 강도와 같이 다른 사람에게 심각한 상해를 입히는 것을 말한다(초등상담교육학회, 2014).

(2) 적대적 반항행동과 공격적인 행동의 진단

① DSM-5 적대적 반항장애(Oppositional Defiant Disorder) 진단기준

정신장애의 진단 및 통계편람(DSM-5)에 제시되어 있는 적대적 반항장애의 진단기준을 소개하면 <표 6-23>과 같다(권준수 외, 2015).

표 6-23 / DSM-5 적대적 반항장애 진단기준

진단기준
A. 분노/과민한 기분, 논쟁적/반항적 행동 또는 보복적인 양상이 적어도 6개월 이상 지속되고, 다음 중 적어도 4가지 이상의 증상이 존재한다. 이러한 증상은 형제나 자매가 아닌 적어도 한 명 이상의 다른 사람과의 상호작용에서 나타나야 한다.
분노/과민한 기분 1. 자주 욱하고 화를 냄 2. 자주 과민하고 쉽게 짜증을 냄 3. 자주 화를 내고 크게 분개함 **논쟁적/반항적 행동** 4. 권위자와의 잦은 논쟁, 아동이나 청소년의 경우는 성인과 논쟁함 5. 자주 적극적으로 권위자의 요구나 규칙을 무시하거나 거절 6. 자주 고의적으로 타인을 귀찮게 함 7. 자주 자신의 실수나 잘못된 행동을 남의 탓으로 돌림 **보복적 특성** 8. 지난 6개월 안에 적어도 두 차례 이상 악의에 차 있거나 앙심을 품음 **주의점**: 진단에 부합하는 행동의 지속성 및 빈도는 정상 범위 내에 있는 행동과 구별되어야 한다. 다른 언급이 없다면, 5세 이하의 아동인 경우에는 최소한 6개월 동안 거의 매일 상기 행동이 나타나야 한다. 5세 이상의 아동인 경우에는 6개월 동안 일주일에 최소한 1회 이상 상기 행동이 나타나야 한다(진단기준 A8). 이런 빈도에 대한 기준은 증상을 기술하기 위한 최소 기준을 제공한 것일 뿐이며, 반항적 행동이 동일한 발달수준에 있고 성별이나 문화적 배경이 같은 다른 사람들에게서 전형적으로 관찰되는 것보다 더 빈번하고 강도가 높은지와 같은 다른 요인들도 고려해야 한다.
B. 행동장애가 개인 자신에게, 또는 자신에게 직접적으로 관련 있는 사회적 맥락(예, 가족, 또래 집단, 동료)내에 있는 상대방에게 고통을 주며, 그 결과 사회적, 학업적, 직업적, 또는 다른 중요한 기능 영역에서 부정적인 영향을 준다.
C. 행동은 정신병적 장애, 물질사용장애, 우울장애 도는 양극성장애의 경과 중에만 국한에서 나타나지 않는다. 또한 파괴적 기분조절부전장애의 진단기준을 충족하지 않아야 한다. **현재의 심각도 명시할 것:** 경도: 증상이 한 가지 상황(예, 집, 학교, 직장, 또래 집단)에서만 나타나는 경우다. 중증도: 증상이 적어도 2가지 상황에서 나타나는 경우다. 고도: 증상이 3가지 이상의 상황에서 나타나는 경우다.

② DSM-5 품행장애(Conduct Disorder) 진단기준

정신장애의 진단 및 통계편람(DSM-5)에 제시되어 있는 품행장애의 진단기준을 소개하면 <표 6-24>와 같다(권준수 외, 2015).

표 6-24 / DSM-5의 품행장애 진단기준

진단기준
A. 다른 사람의 기본적 권리를 침해하고 연령에 적절한 사회적 규범 및 규칙을 위반하는 지속적이고 반복적인 행동 양상으로, 지난 12개월 동안 다음의 15개 기준 중 적어도 3개 이상에 해당되고, 지난 6개월 동안 적어도 한 개 이상의 기준에 해당된다.
사람과 동물에 대한 공격성 1. 자주 다른 사람을 괴롭히거나, 위협하거나, 협박함 2. 자주 신체적인 싸움을 검 3. 다른 사람에게 심각한 신체적 손상을 입힐 수 있는 무기 사용(예, 방망이, 벽돌, 깨진 병, 칼, 총) 4. 다른 사람에게 신체적으로 잔인하게 대함 5. 동물에게 신체적으로 잔인하게 대함 6. 피해자가 보는 앞에서 도둑질을 함(예, 노상강도, 소매치기, 강탈, 무장강도) 7. 다른 사람에게 성적 활동을 강요함 **재산 파괴** 8. 심각한 손상을 입히려는 의도로 고의적으로 불을 지름 9. 다른 사람의 재산을 고의적으로 파괴함(방화로 인한 것은 제외) **사기 또는 절도** 10. 다른 사람의 집, 건물 또는 자동차를 망가뜨림 11. 어떤 물건을 얻거나 환심을 사기 위해 또는 의무를 피하기 위해 거짓말을 자주 함(즉, 다른 사람을 속임). 12. 피해자와 대면하지 않은 상황에서 귀중품을 훔침(부수거나 침입하지 않고 상점에서 물건 훔치기, 문서 위조) **심각한 규칙 위반** 13. 부모의 제지에도 불구하고 13세 이전부터 자주 밤늦게까지 집에 들어오지 않음 14. 친부모 또는 양부모와 같이 사는 동안 밤에 적어도 2회 이상 가출, 또는 장시간 귀가하지 않은 가출이 1회 있음 15. 13세 이전에 무단결석을 자주 함
B. 행동장애가 사회적, 학업적, 또는 직업적 기능 영역에서 임상적으로 현저한 손상을 초래한다.
C. 18세 이상일 경우, 반사회성 성격장애의 기준에 부합되지 않는다.

6) 인터넷 과의존

인터넷은 이제 모든 연령층에서 일상생활을 해나가는 데 없어서는 안 될 중요한 역할을 담당하고 있다. 특히, 청소년의 경우, 학업과 관련된 정보검색, 친구들과의 메신저나 메일을 통한 의사소통, 영화나 연극티켓 예약 등 생활의 한 부분이 되었다. 그러나 인터넷의 급속한 보급에 따라 인터넷 과다 사용으로 인한 폐해도 점점 확산되어 나가고 있다. 특히 청소년이 인터넷을 지나치게 사용하거나 인터넷에 중독적으로 몰입함으로써 신체적 증상을 비롯하여 가족과의 갈등, 대인관계 부적응, 정상적인 학교생활의 어려움, 성적의 저하, 비행문제나 정신건강의 문제에 이르기까지 다양한 문제를 낳고 있다(장재홍, 신효정, 2003).

(1) 특징 및 유형

인터넷 중독 장애(Internet Addiction Disorder: IAD)라는 용어는 Goldberg에 의해 처음 제안된 용어로, 병리적이고, 강박적으로 인터넷을 사용하는 것을 말한다. 인터넷 중독 장애라는 용어 이외에도 인터넷 증후군(Internet Syndrome), 웨바홀리즘(Webaholism), 가상중독(Virtual Addiction), 병적인 인터넷 사용(Pathological Internet Use) 등 다양한 용어로 지칭되고 있으며 학술적으로 아직 정립된 용어가 없으나(김종범, 한종철, 2001), 이순묵 등(2005)은 인터넷 중독의 개념을 '개인적인 만족감을 얻기 위하여 시작된 인터넷 사용 행동이 점차 사용시간이 증가되어 동일한 만족을 얻기 위해 더 많은 시간을 지속하게 되고, 중단했을 때 신체적 · 심리적으로 불쾌감과 불만족을 초래하여 분명하게 사회적 · 심리적 · 신체적으로 부정적인 영향이 발생되고 있음에도 불구하고 자기통제력을 상실하여 부적응적인 인터넷 사용 행동이 지속되고 있을 때'라고 정의하고 있다.

인터넷은 청소년들의 정서적 욕구를 충족시켜 주는 최상의 조건을 제공하는데 인터넷의 특징을 다음과 같이 세 가지로 정리할 수 있다(이형초, 심경섭, 2006). 첫째, 익명성과 다양성이다. 인터넷은 잠시나마 나를 숨길 수도 있고, 새로운 또 다른 나를 얼마든지 창조할 수 있는 환경을 제공한다. 둘째, 즉시성이다. 인터넷 공간에서는 다양한 형태의 메일과 답글을 통해 나에 대한 반응이 곧바로 온다. 따라서 참을성이 약한 청소년들에게 따분함이나 지루함을 전혀 주지 않는 특징이 있다. 셋째, 대인관계 형성이 쉽고 빠르다. 인터넷 공간에서는 시간과 공간을 뛰어넘어 쉽게 사람을 사귈 수 있다. 이러한 배경에서 청소년들은 단순히 과다 사용을 넘어 자신도 모르는 사이에 인터넷 중독에 이르게 된다.

청소년들은 학업과 관련된 정보검색 등 인터넷을 유용하게 활용하기도 하지만 인터넷 게임의 과다 사용으로 인해 문제를 야기하기도 한다. 이러한 인터넷 게임을 좁게 정의하면, 최근의 경향에서 보는 바와 같이 '인터넷을 통해 멀티플레이어가 가능하도록 고안된 멀티미디어형 게임'을 지칭한다고 할 것이다. 이러한 정의는 첫째, 컴퓨터 통신망으로 인터넷의 고도화와 보편화를, 둘째, 상호방식으로 실시간 다중접속을 가능케 하는 멀티미디어 기능을 그리고 셋째, 컴퓨터 텍스트 구성방식으로는 멀티미디어적 속성을 강조하는 것이다(성윤숙, 2006). 성윤숙(2006)은 인터넷 게임의 특성을 첫째, 인터넷의 고도화는 인터넷의 전반적인 기술적 발전에 따라 인터넷 게임을 가능케 하는 네트워크의 안전성이 확보되고 있다는 것을 뜻한다. 둘째, 가장 중요한 요소인 멀티플레이 속성이다. 인터넷 게임의 가장 독특한 특성이자 매력은 바로 인간과 상호작용을 가능하게 한다는 것이다. 셋째, 최근의 온라인 게임은 그래픽과 사운드 요소가 강조되고 있는데 특히 3D 그래픽은 다른 게임과 달리 사용자에게 현실감과 현전감을 부여하는 중요한 기능을 수행한다고 보았다. 아동 및 청소년이 인터넷 게임에 과의존 상태를 인터넷 게임중독이라 할 수 있는데 한국정보문화진흥원(2006)은 아동 및 청소년의 인터넷 게임중독을 '아동 및 청소년의 게임 사용시간 증가로 인하여 신체적 · 정신적으로 불안감을 초래하거나 일상생활에 부정적 영향을 유발하는 것으로, 현실세계보다는 게임 속의 가상세계를 지향하며 스스로 자신의 게임행동을 통제하기 힘들거나 습관적으로 게임을 지속하게 되는 특성'으로 정의하고 있다.

(2) 진단 및 평가

① 인터넷 게임중독 척도

• 초등학생용 인터넷 게임중독 척도와 해석

아동용(만 9~12세) 인터넷 게임중독 척도를 구성하는 각 문항은 게임중독과 관련한 자기인식보다는 자신의 게임행동의 현재 상태에 대한 서술문으로 구성되었으며, 하위요인별 문항 수는 게임지향적 생활 6문항, 내성과 통찰력 상실 7문항, 금단과 정서경험 7문항, 전체적으로 20문항으로 구성되었다. 하위요인별 문항내적합치도 Cronbach α는 게임지향적 생활 .68, 내성과 통찰력 상실 .85, 금단과 정서경험 .80, 전체적으로 .89로 나타났다(한국정보문화진흥원, 2006). 초등학생용 인터넷 게임중독 척도는 <표 6-25>, 인터넷 게임중독 유형별에 따른 척도 해석은 <표 6-26>에 제시되어 있다.

표 6-25 / 초등학생용 인터넷 게임중독 척도

번호	문항내용	전혀 그렇지 않다	때대로 그렇다	자주 그렇다	항상 그렇다
1	게임으로 인해 학교생활이 재미없게 느껴진다.	①	②	③	④
2	게임을 하는 것이 친한 친구와 노는 것보다 더 좋다.	①	②	③	④
3	게임 속의 내가 실제의 나보다 더 좋다.	①	②	③	④
4	게임에서 사귄 친구들이 나를 더 알아준다.	①	②	③	④
5	게임에서 사람을 사귀는 것이 더 편하다.	①	②	③	④
6	내 캐릭터가 다치거나 죽으면 실제로 내가 그렇게 된 것 같다.	①	②	③	④
7	게임을 하느라 학교 숙제를 할 시간이 없다.	①	②	③	④
8	게임을 하느라 해야 할 일을 못한다.	①	②	③	④
9	게임하는 시간이 점점 길어진다.	①	②	③	④
10	처음에 계획했던 게임시간을 지키기 어렵다.	①	②	③	④
11	게임을 그만하라는 말을 듣고도 그만두기가 어렵다.	①	②	③	④
12	게임하는 시간을 줄이려고 하지만 잘 안 된다.	①	②	③	④
13	게임을 안 하겠다고 마음먹고도 다시 게임을 하게 된다.	①	②	③	④
14	게임을 하면서 전보다 짜증이 늘었다.	①	②	③	④
15	다른 할 일이 많아도 게임을 먼저 한다.	①	②	③	④
16	게임을 못하면 하루가 지루하고 재미없다.	①	②	③	④
17	게임을 안 할 때도 게임 생각이 난다.	①	②	③	④
18	야단을 맞더라도 게임을 하고 싶다.	①	②	③	④
19	게임을 하지 못하면 불안하다.	①	②	③	④
20	누가 게임을 못하게 하면 화가 난다.	①	②	③	④
합 계					
		총점		/80	

일반 사용자	35점 이하	잠재적 위험 사용자	36점~45점	고위험 사용자	46점 이상

표 6-26 / 초등학생용 인터넷 게임중독 척도 해석

유형	분류기준	특성	비고
고위험 사용자	46점 이상 (게임중독 점수)	• 현실세계보다는 가상의 게임세계에 몰입하여 게임공간과 현실생활을 혼돈하거나 게임으로 인하여 현실세계의 대인관계나 일상생활에 부적응문제를 보이며, 부정적 정서를 나타낸다. • 혼자서 하루 2시간, 주 5~6회 이상 게임을 하며 게임행동을 조절하는 데 어려움을 보인다. 일반적으로 자기통제력이 낮아 일시적인 충동이나 즉각적인 만족을 추구하며 인내력과 효율적인 문제해결 능력이 부족한 경향을 보인다. 또한 공격적 성향이 높으며 자신에 대해 부정적으로 생각하는 경향이 강하다.	전문적 치료 지원 및 상담 요망
잠재적 위험 사용자	36~45점 (게임중독 점수)	• 고위험 사용자에 비해 낮은 수준이나 가상세계에 대해 더 많은 관심을 두고 게임에 몰입하는 경향을 보이며 게임과 현실생활을 혼돈하거나 게임으로 인하여 현실세계의 대인관계, 일상생활에 문제를 나타내기도 한다. • 하루 1시간 30분, 주 3~4회 정도, 혼자서 게임을 하는 경향이 있다. • 공격적 성향을 보이며, 자기통제력이 낮고 충동적이며 자기 위주로 생각하고 말보다는 행동이 앞서는 경향이 있다. 자신에 대해 부정적으로 생각하는 경향을 나타내기도 한다.	게임중독 행동주의 및 예방 프로그램 요망
일반 사용자	35점 이하 (게임중독 점수)	• 게임 습관을 스스로 조절할 수 있으며, 게임과 현실세계에 대한 구분이 명확하여 게임으로 인해 정서적인 영향을 받지 않는다. • 하루 1시간 이하, 주 1~2회 이하 친구와 형제 등 주변 사람들과 함께 게임을 하는 등 인터넷 게임 사용을 적절하게 조절할 수 있다. • 자신의 욕구를 조절하고 효율적으로 문제를 해결하는 경향을 보인다. 일시적인 충동에 의하거나 즉각적인 만족을 주는 문제행동을 회피하고 인내할 수 있는 능력이 높다. 자신에 대해 긍정적으로 생각하는 경향이 강하다.	지속적 자기점검 요망

• 중 · 고등학생용 인터넷 게임중독 척도와 해석

청소년용(만 13~18세) 인터넷 게임중독 척도(한국정보문화진흥원, 2006)를 구성하는 각 문항은 게임중독과 관련한 자기인식보다는 자신의 게임행동의 현재 상태에 대한 서술문으로 구성되었으며, 하위요인별 문항 수는 게임지향적 생활 5문항, 내성과 통찰력 상실 8문항, 금단과 정서경험 7문항, 전체적으로 20문항으로 구성되었다. 하위요인별 문항내적합치도

Cronbach α는 게임지향적 생활 .73, 내성과 통찰력 상실 .90, 금단과 정서경험 .87, 전체 .92로 나타났다. 중·고등학생용 인터넷 게임중독 척도는 <표 6-27>, 인터넷 게임중독 유형별에 따른 척도 해석은 <표 6-28>에 제시되어 있다.

표 6-27 / 중·고등학생용 인터넷 게임중독 척도

번호	문항내용	전혀 그렇지 않다	때대로 그렇다	자주 그렇다	항상 그렇다
1	게임을 하는 것이 친한 친구들과 어울리는 것보다 더 좋다.	①	②	③	④
2	게임공간에서의 생활이 실제 생활보다 더 좋다.	①	②	③	④
3	게임 속의 내가 실제의 나보다 더 좋다.	①	②	③	④
4	게임에서 사귄 친구들이 실제 친구들보다 나를 더 알아준다.	①	②	③	④
5	게임에서 사람을 사귀는 것이 더 편하고 자신 있다.	①	②	③	④
6	밤늦게까지 게임을 하느라 시간 가는 줄 모른다.	①	②	③	④
7	게임을 하느라 해야 할 일을 못한다.	①	②	③	④
8	갈수록 게임을 하는 시간이 길어진다.	①	②	③	④
9	점점 더 오랜 시간 게임을 해야 만족하게 된다.	①	②	③	④
10	게임을 그만두어야 하는 경우에도 게임을 그만두는 것이 어렵다.	①	②	③	④
11	게임하는 시간을 줄이려고 노력하지만 실패한다.	①	②	③	④
12	게임을 안 하겠다고 마음먹고도 다시 게임을 하게 된다.	①	②	③	④
13	게임 생각 때문에 공부에 집중하기 어렵다.	①	②	③	④
14	게임을 못한다는 것은 견디기 힘든 일이다.	①	②	③	④
15	게임을 하지 않을 때에도 게임 생각을 하게 된다.	①	②	③	④
16	게임으로 인해 생활에 문제가 생기더라도 게임을 해야 한다.	①	②	③	④
17	게임을 하지 못하면 불안하고 초조하다.	①	②	③	④
18	다른 일 때문에 게임을 못하게 될까 봐 걱정된다.	①	②	③	④
19	누가 게임을 못하게 하면 신경질이 난다.	①	②	③	④
20	게임을 못하게 되면 화가 난다.	①	②	③	④
합 계					
		총점		/80	

일반 사용자	37점 이하	잠재적 위험 사용자	38점~48점	고위험 사용자	49점 이상

표 6-28 / 중·고등학생용 인터넷 게임중독 척도 해석

유형	분류기준	특성	비고
고위험 사용자	49점 이상 (게임중독 점수)	• 현실세계보다는 가상의 게임세계에 몰입하여 게임공간과 현실생활을 혼돈하거나 게임으로 인하여 현실세계의 대인관계나 일상생활에 부적응문제를 보이며, 부정적 정서를 나타낸다. • 하루 2시간 30분 이상 매일 게임을 하는 경우가 많으며, 게임을 하느라 친구와 어울리지 못하는 등 게임행동을 적절하게 조절할 수 없는 상태이다. • 일반적으로 자기통제력이 낮아 일시적인 충동이나 즉각적인 만족을 추구하며 인내력과 효율적인 문제해결 능력이 부족한 경향을 보인다. 또한 공격적 성향이 높으며 자신에 대해 부정적으로 생각하는 경향이 강하다.	전문적 치료 지원 및 상담 요망
잠재적 위험 사용자	38~48점 (게임중독 점수)	• 고위험 사용자에 비해 낮은 수준이나 가상세계에 대해 더 많은 관심을 보이며 게임에 몰입하여 게임과 현실생활을 혼돈하거나 게임으로 인하여 현실세계의 대인관계, 일상생활에 문제를 나타내기도 한다. • 2시간 이상, 주 5~6회 정도 게임을 한다. • 공격적 성향을 보이며 자기통제력이 낮고 충동적이며 자기 위주로 생각하고 말보다는 행동이 앞서는 경향이 있다. 자신에 대해 부정적으로 생각하는 경향을 보인다.	게임중독 행동주의 및 예방 프로그램 요망
일반 사용자	37점 이하 (게임중독 점수)	• 게임 습관을 스스로 조절할 수 있으며, 게임과 현실세계에 대한 구분이 명확하고 게임으로 인한 정서적인 변화를 경험하지 않는다. • 하루 1시간 30분 이하, 주 1~2회 이하로 게임을 하는 등 인터넷 게임 사용을 적절하게 조절할 수 있다. • 자신의 욕구를 적절히 조절할 수 있으며 효율적으로 문제를 해결하는 경향을 보인다. 일시적인 충동에 의하거나 즉각적인 만족을 주는 문제행동을 회피하고 인내할 수 있는 능력이 높다. 자신에 대해 긍정적으로 생각하는 경향이 강하다.	지속적 자기점검 요망

② 인터넷중독 진단척도(K-척도)

인터넷중독은 인터넷을 과다 사용하여 인터넷 사용에 대한 금단과 내성을 지니고 있으며, 이로 인해 일상생활의 장애가 유발되는 상태로 개념화하고 있는데(한국정보화진흥원, 2011), 한국정보화진흥원이 개발 및 고도화(2011)한 한국형 인터넷중독 진단척도(K-척도)를 유아용(관찰자용), 청소년용, 성인용으로 구분하여 소개하기로 한다(한국정보화진흥원, 2011).

● 유아용 인터넷중독 진단척도

인터넷중독 진단척도(K-척도) 중 유아용(만 5~9세, 관찰자용) 인터넷중독 진단 척도는 <표 6-29>, 유아용(만 5~9세, 관찰자용) 인터넷중독 척도 결과 산출 방법은 <표 6-30>에 제시하였다.

표 6-29 / 유아용(만 5~9세) 인터넷중독 진단 척도(관찰자용)

번호	항목	전혀 그렇지 않다	그렇지 않다	그렇다	매우 그렇다
1	식사나 휴식 없이 화장실도 가지 않고 인터넷을 한다.	①	②	③	④
2	인터넷을 하다가 그만두면 또 하고 싶어서 조를 때가 많다.	①	②	③	④
3	인터넷을 못하게 되면 초조하고 안절부절못해 한다.	①	②	③	④
4	인터넷을 하고 있을 때만, 흥미진진해 보이고 생생해 보인다.	①	②	③	④
5	인터넷을 안 할 때, 다른 것에 집중하지 못하고, 불안해 보인다.	①	②	③	④
6	다른 할 일이 있을 때도 인터넷을 사용한다.	①	②	③	④
7	인터넷을 못하게 되면 지루하고 재미없어 한다.	①	②	③	④
8	인터넷을 하는 시간이 하루 중 가장 편안해 보인다.	①	②	③	④
9	과다한 인터넷 사용으로 인해 공부에 집중하지 못하고 산만함을 보인다.	①	②	③	④
10	게임에서 빨간 피가 튀는 장면을 볼 때에 무덤덤하게 반응한다.	①	②	③	④
11	인터넷 사용으로 인해 불규칙한 생활을 하는 것 같다.	①	②	③	④
12	정해진 사용을 하겠다고 약속하지만 대부분은 약속을 지키지 않는다.	①	②	③	④
13	인터넷을 오래 하느라 아이의 체중이 변화한 것 같다.	①	②	③	④
14	인터넷을 하지 못하게 하면 화를 내거나 짜증을 부린다.	①	②	③	④
15	정해진 사용 시간을 잘 지킨다.	①	②	③	④

표 6-30 / 유아용(만 5~9세) 인터넷중독 진단척도 결과 산출 방법(관찰자용)

채점 방법	〔1단계〕 문항별	전혀 그렇지 않다: 1점, 그렇지 않다: 2점, 그렇다: 3점, 매우 그렇다: 4점 ※ 단, 문항 15번은 다음과 같이 역채점 실시 [전혀 그렇지 않다: 4점, 그렇지 않다: 3점, 그렇다: 2점, 매우 그렇다: 1점]
	〔2단계〕 총점 및 요인별	총 점 ▶ ① 1~15번 합계 요인별 ▶ ② 1요인 일상생활장애(1, 6, 9, 11, 13번) 합계 ③ 3요인 금단(5, 7, 3, 14번) 합계 ④ 4요인 내성(10, 12, 15, 2번) 합계

고위험 사용자군	총 점▶ ① 44점 이상 요인별▶ ② 1요인 14점 이상 ③ 3요인 12점 이상 ④ 4요인 14점 이상 판 정: ①에 해당하거나, ②~④ 모두 해당되는 경우
잠재적 위험 사용자군	총 점▶ ① 40점 이상~43점 이하 요인별▶ ② 1요인 13점 이상 ③ 3요인 11점 이상 ④ 4요인 13점 이상 판 정: ①~④ 중 한 가지라도 해당되는 경우
일반 사용자군	총 점▶ ① 39점 이하 요인별▶ ② 1요인 12점 이하 ③ 3요인 10점 이하 ④ 4요인 12점 이하 판 정: ①~④ 모두 해당되는 경우

● 청소년용 인터넷중독 진단척도

인터넷중독 진단척도(K-척도) 중 청소년용 인터넷중독 진단척도(만 10~19세 이하)는 <표 6-31>, 청소년용(만 10~19세) 인터넷중독 척도 결과 산출 방법은 <표 6-32>에 제시하였다.

표 6-31 / 청소년용(만 10~19세 이하) 인터넷중독 진단 척도

번호	항목	전혀 그렇지 않다	그렇지 않다	그렇다	매우 그렇다
1	인터넷 사용으로 건강이 이전보다 나빠진 것 같다.	①	②	③	④
2	오프라인에서보다 온라인에서 나를 인정해 주는 사람이 더 많다.	①	②	③	④
3	인터넷을 하지 못하면 생활이 지루하고 재미가 없다.	①	②	③	④
4	인터넷을 하다가 그만두면 또 하고 싶다.	①	②	③	④
5	인터넷을 너무 사용해서 머리가 아프다.	①	②	③	④
6	실재에서보다 인터넷에서 만난 사람들을 더 잘 이해하게 된다.	①	②	③	④
7	인터넷을 하지 못하면 안절부절못하고 초조해진다.	①	②	③	④
8	인터넷 사용 시간을 줄이려고 해보았지만 실패한다.	①	②	③	④
9	인터넷을 하다가 계획한 일들을 제대로 못한 적이 있다.	①	②	③	④
10	인터넷을 하지 못해도 불안하지 않다.	①	②	③	④
11	인터넷 사용을 줄여야 한다는 생각이 끊임없이 들곤 한다.	①	②	③	④
12	인터넷 사용시간을 속이려고 한 적이 있다.	①	②	③	④
13	인터넷을 하고 있지 않을 때는 인터넷이 생각나지 않는다.	①	②	③	④
14	주위 사람들이 내가 인터넷을 너무 많이 한다고 지적한다.	①	②	③	④
15	인터넷 때문에 돈을 더 많이 쓰게 된다.	①	②	③	④

표 6-32 / 청소년용(만 10~19세) 인터넷중독 진단척도 결과 산출 방법

<table>
<tr><td rowspan="2">채점 방법</td><td>〔1단계〕
문항별</td><td>전혀 그렇지 않다: 1점, 그렇지 않다: 2점, 그렇다: 3점, 매우 그렇다: 4점
※ 단, 문항 10번, 13번은 다음과 같이 역채점 실시: [전혀 그렇지 않다 : 4점, 그렇지 않다 : 3점, 그렇다 : 2점, 매우 그렇다 : 1점]</td></tr>
<tr><td>〔2단계〕
총점 및 요인별</td><td>총 점▶ ① 1~15번 합계
요인별▶ ② 1요인 일상생활장애(1,5,9,12,15번) 합계
③ 3요인 금단(3,7,10,13번) 합계
④ 4요인 내성(4,8,11,14번) 합계</td></tr>
<tr><td rowspan="3">고위험 사용자군</td><td>중고교생</td><td>총 점▶ ① 44점 이상
요인별▶ ② 1요인 15점 이상 ③ 3요인 13점 이상 ④ 4요인 14점 이상</td></tr>
<tr><td>초등학생</td><td>총 점▶ ① 42점 이상
요인별▶ ② 1요인 14점 이상 ③ 3요인 13점 이상 ④ 4요인 13점 이상</td></tr>
<tr><td colspan="2">판 정 : ①에 해당하거나, ②~④ 모두 해당되는 경우</td></tr>
<tr><td rowspan="3">잠재적 위험 사용자군</td><td>중고교생</td><td>총 점▶ ① 41점 이상~43점 이하
요인별▶ ② 1요인 14점 이상 ③ 3요인 12점 이상 ④ 4요인 12점 이상</td></tr>
<tr><td>초등학생</td><td>총 점▶ ① 39점 이상~41점 이하
요인별▶ ② 1요인 13점 이상 ③ 3요인 12점 이상 ④ 4요인 12점 이상</td></tr>
<tr><td colspan="2">판 정 : ①~④ 중 한 가지라도 해당되는 경우</td></tr>
<tr><td rowspan="3">일반 사용자군</td><td>중고교생</td><td>총 점▶ ① 40점 이하
요인별▶ ② 1요인 13점 이하 ③ 3요인 11점 이하 ④ 4요인 11점 이하</td></tr>
<tr><td>초등학생</td><td>총 점▶ ① 38점 이하
요인별▶ ② 1요인 12점 이하 ③ 3요인 11점 이하 ④ 4요인 11점 이하</td></tr>
<tr><td colspan="2">판 정 : ①~④ 모두 해당되는 경우</td></tr>
</table>

● 성인용 인터넷중독 진단척도

인터넷중독 진단척도(K-척도) 중 성인용 인터넷중독 진단척도(만 20세 이상 성인용)는 <표 6-33>, 성인용(만 20~49세) 인터넷중독 진단척도 결과 산출 방법은 <표 6-34>에 제시하였다.

표 6-33 / 성인용(만 20세 이상 성인용) 인터넷중독 진단척도

번호	항목	전혀 그렇지 않다	그렇지 않다	그렇다	매우 그렇다
1	인터넷 사용으로 인해 학교 성적(업무 실적)이 떨어졌다.	①	②	③	④
2	인터넷을 하는 동안 더욱 자신감이 생긴다.	①	②	③	④

번호	항목	전혀 그렇지 않다	그렇지 않다	그렇다	매우 그렇다
3	인터넷을 하지 못하면 무슨 일이 일어났는지 궁금해서 다른 일을 할 수 없다.	①	②	③	④
4	'그만 해야지' 하면서도 번번이 인터넷을 계속하게 된다.	①	②	③	④
5	인터넷 사용 때문에 피곤해서 수업(업무)시간에 잔다.	①	②	③	④
6	인터넷을 하다가 계획한 일을 제대로 못한 적이 있다.	①	②	③	④
7	인터넷을 하면 기분이 좋아지고 쉽게 흥분한다.	①	②	③	④
8	인터넷을 할 때 마음대로 되지 않으면 짜증이 난다.	①	②	③	④
9	인터넷 사용시간을 스스로 조절할 수 있다.	①	②	③	④
10	피곤할 만큼 인터넷을 하지 않는다.	①	②	③	④
11	인터넷을 하지 못하면 안절부절못하고 초조해진다.	①	②	③	④
12	일단 인터넷을 시작하면 처음에 마음먹었던 것보다 오랜 시간 인터넷을 하게 된다.	①	②	③	④
13	인터넷을 하더라도 계획한 일들을 제대로 한다.	①	②	③	④
14	인터넷을 하지 못해도 불안하지 않다.	①	②	③	④
15	인터넷 사용을 줄여야 한다는 생각을 끊임없이 한다.	①	②	③	④

표 6-34 / 성인용(만 20~49세) 인터넷중독 진단척도 결과 산출 방법

구분		내용
채점 방법	〔1단계〕 문항별	전혀 그렇지 않다: 1점, 그렇지 않다: 2점, 그렇다: 3점, 매우 그렇다: 4점 ※ 단, 문항 9번, 10번, 13번, 14번은 다음과 같이 역채점 실시 [전혀 그렇지 않다: 4점, 그렇지 않다: 3점, 그렇다: 2점, 매우 그렇다: 1점]
	〔2단계〕 총점 및 요인별	총 점▶ ① 1~15번 합계 요인별▶ ② 1요인 일상생활장애(1, 5, 6, 10, 13번) 합계 ③ 3요인 금단(3, 8, 11, 14번) 합계 ④ 4요인 내성(4, 9, 12, 15번) 합계
고위험 사용자군	총 점▶ ① 42점 이상 요인별▶ ② 1요인 14점 이상 ③ 3요인 12점 이상 ④ 4요인 13점 이상	
	판 정: ①에 해당하거나, ②~④ 모두 해당되는 경우	
잠재적 위험 사용자군	총 점▶ ① 39점 이상~41점 이하 요인별▶ ② 1요인 13점 이상	
	판 정: ①~② 중 한 가지라도 해당되는 경우	
일반 사용자군	총 점▶ ① 38점 이하 요인별▶ ② 1요인 12점 이하 ③ 3요인 11점 이하 ④ 4요인 12점 이하	
	판 정: ①~④ 모두 해당되거나 고위험 및 잠재적 위험군에 속하지 않는 경우	

※ 인터넷중독 진단 결과

인터넷중독에 대한 고위험 사용자군과 잠재적 위험 사용자군, 일반 사용자군으로 분류하고 이 중 고위험군과 잠재적 위험군을 인터넷중독으로 구분하는데, 인터넷중독 진단 결과별 특성은 <표 6-35>와 같다.

표 6-35 / 인터넷중독 진단 결과별 특성

구분	주요 특성	진단 의견
고위험 사용자군	• 인터넷 사용에 대한 금단과 내성 증상을 보이며, 이로 인한 일상생활장애 발생	• 인터넷중독 경향성이 매우 높으므로 관련기관의 전문적 지원과 개입 필요 → 집중치료 요망
잠재적 위험 사용자군	• 인터넷 사용에 대한 금단과 내성, 일상생활장애 중 한 가지 이상의 증상 경험 • 인터넷 사용조절력 감소, 이에 따른 심리적 사회적 기능 저하	• 인터넷중독 관련 정신건강 분야의 전문적인 상담 필요 → 상담개입 요망
일반 사용자군	인터넷을 이용목적에 맞게 사용조절	자기관리 및 예방 요망

③ 스마트폰중독 진단척도(S-척도)

스마트폰중독은 스마트폰을 과다 사용하여 스마트폰 사용에 대한 금단과 내성을 지니고 있으며, 이로 인해 일상생활의 장애가 유발되는 상태로 개념화하고 있는데(한국정보화진흥원, 2012), 2011년 한국정보화진흥원이 신규 개발한 표준화된 스마트폰중독 진단척도(S-척도)를 청소년용(만 10~19세 이하 청소년용) 스마트폰중독 진단척도와 성인용(만 20세 이상 성인용) 스마트폰중독 진단척도로 구분하여 소개하기로 한다(한국정보화진흥원, 2011).

● 청소년용 스마트폰중독 진단척도(S-척도)

스마트폰중독 진단척도(S-척도) 중 청소년용(만 10~19세 이하 청소년용) 스마트폰중독 진단척도는 <표 6-36>, 청소년용(만 10~19세) 스마트폰중독 척도 결과 산출 방법은 <표 6-37>에 제시하였다.

표 6-36 / 청소년용 스마트폰중독 진단척도(만 10~19세 이하 청소년용)

번호	항목	전혀 그렇지 않다	그렇지 않다	그렇다	매우 그렇다
1	스마트폰의 지나친 사용으로 학교 성적이 떨어졌다.	①	②	③	④
2	가족이나 친구들과 함께 있는 것보다 스마트폰을 사용하고 있는 것이 더 즐겁다.	①	②	③	④

번호	항목	전혀 그렇지 않다	그렇지 않다	그렇다	매우 그렇다
3	스마트폰을 사용할 수 없게 된다면 견디기 힘들 것이다.	①	②	③	④
4	스마트폰 사용시간을 줄이려고 해보았지만 실패한다.	①	②	③	④
5	스마트폰 사용으로 계획한 일(공부, 숙제, 학원 등)을 하기 어렵다.	①	②	③	④
6	스마트폰을 사용하지 못하면 온 세상을 잃은 것 같은 생각이 든다.	①	②	③	④
7	스마트폰이 없으면 안절부절못하고 초조해진다.	①	②	③	④
8	스마트폰 사용시간을 스스로 조절할 수 있다.	①	②	③	④
9	수시로 스마트폰을 사용하다가 지적을 받은 적이 있다.	①	②	③	④
10	스마트폰이 없어도 불안하지 않다.	①	②	③	④
11	스마트폰을 사용할 때 '그만해야지'라고 생각하면서도 계속한다.	①	②	③	④
12	스마트폰을 너무 자주 또는 오래 한다고 가족이나 친구들로부터 불평을 들은 적이 있다.	①	②	③	④
13	스마트폰 사용이 지금 하고 있는 공부에 방해가 되지 않는다.	①	②	③	④
14	스마튼폰을 사용할 수 없을 때 패닉상태에 빠진다.	①	②	③	④
15	스마트폰 사용에 많은 시간을 보내는 것이 습관화되었다.	①	②	③	④

표 6-37 / 청소년용(만 10~19세) 스마트폰중독 진단척도 결과 산출 방법

채점 방법	〔1단계〕 문항별	전혀 그렇지 않다: 1점, 그렇지 않다: 2점, 그렇다: 3점, 매우 그렇다: 4점 ※ 단, 문항 8번, 10번, 13번은 다음과 같이 역채점 실시 [전혀 그렇지 않다: 4점, 그렇지 않다: 3점, 그렇다: 2점, 매우 그렇다: 1점]
	〔2단계〕 총점 및 요인별	총 점▶ ① 1~15번 합계 요인별▶ ② 1요인 일상생활장애(1, 5, 9, 12, 13번) 합계 ③ 3요인 금단(3, 7, 10, 14번) 합계 ④ 4요인 내성(4, 8, 11, 15번) 합계
고위험 사용자군	총 점▶ ① 45점 이상 요인별▶ ② 1요인 16점 이상 ③ 3요인 13점 이상 ④ 4요인 14점 이상	
	판 정: ①에 해당하거나, ②~④ 모두 해당되는 경우	
잠재적 위험 사용자군	총 점▶ ① 42점 이상~44점 이하 요인별▶ ② 1요인 14점 이상 ③ 3요인 12점 이상 ④ 4요인 13점 이상	
	판 정: ①~④ 중 한 가지라도 해당되는 경우	
일반 사용자군	총 점▶ ① 41점 이하 요인별▶ ② 1요인 13점 이하 ③ 3요인 11점 이하 ④ 4요인 12점 이하	
	판 정: ①~④ 모두 해당되는 경우	

● 성인용 스마트폰중독 진단척도(S-척도)

스마트폰중독 진단척도(S-척도) 중 성인용(만 20세 이상 성인용) 스마트폰중독 진단척도는 <표 6-38>, 성인용(만 20~49세) 스마트폰중독 진단척도 결과 산출 방법은 <표 6-39>에 제시하였다.

표 6-38 / 성인용(만 20세 이상 성인용) 스마트폰중독 진단척도

번호	항목	전혀 그렇지 않다	그렇지 않다	그렇다	매우 그렇다
1	스마트폰의 지나친 사용으로 학교 성적이나 업무능률이 떨어진다.	①	②	③	④
2	스마트폰을 사용하지 못하면 온 세상을 잃을 것 같은 생각이 든다.	①	②	③	④
3	스마트폰을 사용할 때 그만해야지 라고 생각은 하면서도 계속한다.	①	②	③	④
4	스마트폰이 없어도 불안하지 않다.	①	②	③	④
5	수시로 스마트폰을 사용하다가 지적을 받은 적이 있다.	①	②	③	④
6	가족이나 친구들과 함께 있는 것보다 스마트폰을 사용하고 있는 것이 더 즐겁다.	①	②	③	④
7	스마트폰 사용시간을 줄이려고 해보았지만 실패한다.	①	②	③	④
8	스마트폰을 사용할 수 없게 된다면 견디기 힘들 것이다.	①	②	③	④
9	스마트폰을 너무 자주 또는 오래 한다고 가족이나 친구들로부터 불평을 들은 적이 있다.	①	②	③	④
10	스마트폰 사용에 많은 시간을 보내지 않는다.	①	②	③	④
11	스마트폰이 옆에 없으면, 하루종일 일(또는 공부)이 손에 안 잡힌다.	①	②	③	④
12	스마트폰을 사용하느라 지금 하고 있는 일(공부)에 집중이 안 된 적이 있다.	①	②	③	④
13	스마트폰 사용에 많은 시간을 보내는 것이 습관화되었다.	①	②	③	④
14	스마트폰이 없으면 안절부절못하고 초조해진다.	①	②	③	④
15	스마트폰 사용이 지금 하고 있는 일(공부)에 방해가 되지 않는다.	①	②	③	④

표 6-39 / 성인용(만 20~49세) 스마트폰중독 진단척도 결과 산출 방법

채점 방법	구분	내용
채점 방법	[1단계] 문항별	전혀 그렇지 않다: 1점, 그렇지 않다: 2점, 그렇다: 3점, 매우 그렇다: 4점 ※ 단, 문항 4번, 10번, 15번은 다음과 같이 역채점 실시 [전혀 그렇지 않다: 4점, 그렇지 않다: 3점, 그렇다: 2점, 매우 그렇다: 1점]
	[2단계] 총점 및 요인별	총 점▶ ① 1~15번 합계 요인별▶ ② 1요인 일상생활장애(1, 5, 9, 12, 15번) 합계 ③ 3요인 금단(4, 8, 11, 14번) 합계 ④ 4요인 내성(3, 7, 10, 13번) 합계

고위험 사용자군	총 점▶ ① 44점 이상 요인별▶ ② 1요인 15점 이상 ③ 3요인 13점 이상 ④ 4요인 13점 이상
	판 정: ①에 해당하거나, ②~④ 모두 해당되는 경우
잠재적 위험 사용자군	총 점▶ ① 40점 이상~43점 이하 요인별▶ ② 1요인 14점 이상
	판 정: ①~② 중 한 가지라도 해당되는 경우
일반 사용자군	총 점▶ ① 39점 이하 요인별▶ ② 1요인 13점 이하 ③ 3요인 12점 이하 ④ 4요인 12점 이하
	판 정: ①~④ 모두 해당되거나 고위험 및 잠재적위험군에 속하지 않는 경우

※ 스마트폰중독 진단 결과

스마트폰중독에 대한 고위험사용자군과 잠재적위험사용자군, 일반사용자군으로 분류하고 이중 고위험군과 잠재적위험군을 스마트폰중독으로 구분하는데, 스마트폰중독 진단 결과별 특성은 <표 6-40>과 같다.

표 6-40 / 스마트폰중독 진단 결과별 특성

구분	주요 특성	진단 의견
고위험 사용자군	• 스마트폰 사용에 대한 금단과 내성증상을 보이며, 이로 인한 일상생활장애 발생	• 스마트폰중독 경향성이 매우 높으므로 관련기관의 전문적 지원과 개입 필요 → 집중치료 요망
잠재적 위험 사용자군	• 스마트폰 사용에 대한 금단과 내성, 일상생활장애 중 한 가지 이상의 증상 경험 • 스마트폰 사용조절력 감소, 이에 따른 심리적·사회적 기능 저하	• 스마트폰중독 관련 정신건강 분야의 전문적인 상담 필요 → 상담개입 요망
일반 사용자군	• 스마트폰을 이용목적에 맞게 사용 조절	• 자기관리 및 예방 요망

④ 스마트폰 과의존 통합척도

스마트폰 과의존이란 과도한 스마트폰 이용으로 스마트폰에 대한 현저성이 증가하고, 이용 조절력이 감소하여 문제적 결과를 경험하는 상태로 조절실패(self-control failure), 현저성(salience), 문제적 결과(serious consequences)의 3요인으로 구성되어 있다. 조절실패는 이용자의 주관적 목표 대비 스마트폰 이용에 대한 자율적 조절능력이 떨어지는 것, 현저성은 개인의 삶에서 스마트폰을 이용하는 생활패턴이 다른 행태보다 두드러지고 가장 중요한 활동이 되는 것, 문제적 결과는 스마트폰 이용으로 인해 신체적·심리적·사회적으로 부정적인 결과를 경험함에도 불구하고 스마트폰을 지속적으로 이용하는 것으로 개념화하고 있다. 스마트폰 과의존 통합척도는 2002년 한국지능정보사회진흥원이 개발, 고도화한 표준화된 한국형 인터넷 과의존척도(K-척도)와 2011년 개발한 스마트폰 과의존 척도(S-척도)를 기반으로 2016년 '스마트폰 과의존 통합척도'로 개발되었다(과학기술정보통신부, 한국지능정보사회진흥원, 2022).

● 유아동용(관찰자용) 스마트폰 과의존 척도

유아동용(관찰자용) 스마트폰 과의존 척도는 총 9문항으로 구성되어 있으며, 4점 만점 척도를 사용하고 있다. 척도에 대한 총점을 산출한 후 각 대상별 기준범수에 따라 스마트폰 과의존 수준을 고위험군, 잠재적 위험군, 일반 사용자군의 3개의 유형으로 분류한다. 이 중 고위험군과 잠재적 위험군을 스마트폰 과의존위험군으로 구분하고 있으며, 과의존 유형을 구분하는 점수는 고위험군 28점 이상, 잠재적 위험군 27점~24점이다. 척도에 대한 점수는 1, 2, 3번 문항은 역산하는 척도로 ① → 4점, ② → 3점, ③ → 2점, ④ → 1점으로 변환하여 결과를 산출하도록 되어있다. 유아동용(관찰자용) 스마트폰 과의존 척도는 <표 6-41>에 제시하였다.

표 6-41 / 유아동용(관찰자용) 스마트폰 과의존 척도

요인	항목	전혀 그렇지 않다	그렇지 않다	그렇다	매우 그렇다
조절 실패 (역문항)	1. 스마트폰 이용에 대한 부모의 지도를 잘 따른다.	①	②	③	④
	2. 정해진 이용시간에 맞춰 스마트폰 이용을 잘 마무리한다.	①	②	③	④
	3. 이용 중인 스마트폰을 갖고 노는 것을 좋아한다.	①	②	③	④
현저성	4. 항상 스마트폰을 가지고 놀고 싶어한다.	①	②	③	④
	5. 다른 어떤 것보다 스마트폰을 갖고 노는 것을 좋아한다.	①	②	③	④
	6. 하루에도 수시로 스마트폰을 이용하려 한다.	①	②	③	④
문제적 결과	7. 스마트폰 이용 때문에 아이와 자주 싸운다.	①	②	③	④
	8. 스마트폰을 하느라 다른 놀이나 학습에 지장이 있다.	①	②	③	④
	9. 스마트폰 이용으로 인해 시력이나 자세가 안 좋아진다.	①	②	③	④

● 청소년 · 성인 · 고령층 스마트폰 과의존 척도

청소년 · 성인 · 고령층(자기보고용)용 스마트폰 과의존 척도는 총 10문항으로 구성되며, 4점 만점 척도를 사용하고 있다. 고위험군은 스마트폰 사용에 대한 통제력을 상실한 상태이다. 대인관계 갈등이나 일상의 역할문제, 건강문제 등이 심각하게 발생한 상태에 해당한다. 잠재적 위험군은 스마트폰 사용에 대한 조절력이 약화된 상태이다. 대인관계 갈등이나 일상의 역할에 문제가 발생하기 시작한 단계로 본다. 일반군은 스마트폰을 조절된 형태로 사용하는 것으로 해석된다. 청소년 · 성인 · 고령층(자기보고용)용 스마트폰 과의존 척도는 <표 6-42>에 제시하였다.

표 6-42 / 청소년 · 성인 · 고령층(자기보고용)용 스마트폰 과의존 척도

요인	항목	전혀 그렇지 않다	그렇지 않다	그렇다	매우 그렇다
조절 실패	1. 스마트폰 이용시간을 줄이려 할 때마다 실패한다.	①	②	③	④
	2. 스마트폰 이용시간을 조절하는 것이 어렵다.	①	②	③	④
	3. 적절한 스마트폰 이용시간을 지키는 것이 어렵다.	①	②	③	④
현저성	4. 스마트폰이 옆에 있으면 다른 일에 집중하기 어렵다.	①	②	③	④
	5. 스마트폰 생각이 머리에서 떠나지 않는다.	①	②	③	④
	6. 스마트폰을 이용하고 싶은 충동을 강하게 느낀다.	①	②	③	④
문제적 결과	7. 스마트폰 이용 때문에 건강에 문제가 생긴 적이 있다.	①	②	③	④
	8. 스마트폰 이용 때문에 가족과 심하게 다툰 적이 있다.	①	②	③	④
	9. 스마트폰 이용 때문에 친구 혹은 동료, 사회적 관계에서 심한 갈등을 경험한 적이 있다.	①	②	③	④
	10. 스마트폰 때문에 업무(학업 혹은 직업 등) 수행에 어려움이 있다.	①	②	③	④

* 대상별 척도 문항은 동일하나 과의존위험군 유형을 구분하는 기준점수는 상이함
- 청소년: 고위험군 31점 이상, 잠재적 위험군 30점~23점
- 성인: 고위험군 29점 이상, 잠재적 위험군 28점~24점
- 60대: 고위험군 28점 이상, 잠재적 위험군 27점~24점

⑤ 인터넷 게임 장애 진단 면담 도구

인터넷 게임 장애 진단 면담 도구(Diagnostic Interview Schedule for DSM-5 Internet Gaming Disorder: DIS-IGD)는 한국정보화진흥원(2014)에서 개발한 인터넷 게임 장애의 진단

군을 선별하기 위하여 개발된 구조화된 면담 도구이다. DIS-IGD는 인구통계학적 정보, 인터넷 사용패턴, 경과, 진단 준거, 공존/배제 진단, 면담 신뢰도, 최종 요약의 7개 영역으로 구성되어 있다. 구체적인 구성내용은 <표 6-43>과 같다.

표 6-43 / 인터넷 게임 장애 진단 면담 도구의 구성내용

Part I. 인구통계학적 정보
평가일시, 평가자명, 피면담자의 간단한 인구통계학적 정보, 학교 및 가족상태에 대한 기초적인 질문들이 있다.

Part II. 인터넷 사용패턴
인터넷 사용 용도, 게임명과 장르, 게임을 하는 장소와 사용시간, 게임에 얼마나 많은 비용을 사용하는지 등을 묻는다.

Part III. 경과
게임 시작 시기, 사용량이 비약적으로 증감했거나 게임을 하지 않았던 시기, 그리고 각 시기별 구체적인 이유를 묻는다. 피면담자의 사용 추이와 관련 원인을 살핌으로써, 앞으로의 사용량 변화를 추정하여 비록 현재는 문제 수준이 아니지만 향후 잠재적 위험 가능성을 예측해 볼 수 있다. 아울러 피면담자 개인의 인터넷 게임의 보호/취약 요인에 대한 부가 정보를 얻어 치료적 개입을 위한 단서를 얻을 수 있다.

Part IV. 진단 준거
집착, 조절 실패, 금단 및 내성, 부정적 결과 등 DSM-V에 제시된 9개 진단준거들을 탐지하기 위한 질문들로 구성되어 있다. 개별 진단준거에 대해 평균적으로 2문항의 탐색질문이 포함되어 있다.

Part V. 공존/ 배제 진단
과도한 게임 사용이 다른 정신과적 장애로 인한 것이 아님을 확인하기 위해 정신과적 장애의 유무 및 치료력을 살피는 질문들로 구성되어 있다. 인터넷 게임 중독이라 진단하지 말아야 할지, 아니면 인터넷 게임중독을 주진단, 2차진단, 혹은 공병장애로 진단할지 판단하는 데 도움을 준다.

Part VI. 면담 신뢰도
면담이 끝난 뒤 면담 질문에 대한 피면담자의 이해 및 협조 정도를 평정하고 동시에 피면담자의 병식수준을 살핌으로써, 최종적으로 면담 정보의 신뢰성에 대한 정보를 얻을 수 있게 하였다.

Part VII. 최종 요약
최종 진단 및 증상의 심각도를 평가하는 질문으로 구성되어 있다.

증상 부분은 집착, 통제 상실, 내성, 금단, 기분전환, 부정적 결과의 큰 카테고리 내에 DSM-5의 인터넷 게임 장애의 각 진단기준에 대하여 알아보는 1~3개의 탐색질문이 포함되어 있다. 각각의 질문에 대해서는 증상 있음과 증상 없음의 이분문항으로 평가하게 되어 있으며, 각 진단기준에 해당하는 탐색질문 중 어느 하나의 질문에 '증상 있음'으로 체크되는 경우, 해당 진단기준의 요건을 충족한 것으로 본다.

DSM-5의 진단기준에 따라 총 9개의 진단 준거 중에서 5개 이상의 진단 준거를 충족하게 되면 '인터넷 게임 장애'로 진단한다. DIS-IGD의 타당도 검증을 위하여 인터넷 게임 중독 분야의 다년간의 임상경험을 지닌 정신과 전문의의 DSM-5 진단과의 진단 일치도를 검증한 결과 DIS-IGD가 DSM-5의 진단기준에 의거한 정신과 전문의의 진단과 높은 일치율을 보이는 타당한 도구임이 입증된 바 있으며, 임상전문가의 진단과 비전문가의 평정자 간 일치도 및 한 달 간격으로 실시된 검사-재검사의 일치율도 확인되었다(한국정보화진흥원, 2013). 다음은 진단 준거의 일부이다.

Loss of Control 1. 사용충동 억제 실패	6M 이내 ☐ 12M 이내 ☐ 12M 이내 ☐
LC1. 게임을 시작하면 도중에 멈추기 힘듭니까?	
이 부분에서 면담자는 수검자가 게임을 한 번 시작하면 오랜 시간 동안 멈출 수 없는지를 판단해야 한다. 만약 게임 한 판과 다른 판 사이에 멈출 수 있거나 게임을 중단해야 하는 상황에 멈출 수 있다면 'Y'로 채점해서는 안 된다.	Y N
LC2. 다른 일을 하다가도 게임 생각이 나면, 컴퓨터를 켜게 됩니까?	
학업적/직업적 수행을 포함한 어떤 목적이 있는 행동을 하는 과정에서 게임을 촉발하는 단서/생각에 얼마나 자동적으로 반응하는지를 알아보는 질문이다. 면담자가 시간적 여유나 여러 상황을 고려해서 컴퓨터를 켜게 된다면 '자동적'이라고 볼 수 없다. 다만 면담자가 게임을 촉발하는 단서/생각에 따르는 빈도가 높다면 충동억제에 문제가 있다고 보고 'Y'에 체크한다.	Y N

이 우측에 있는 6M 이내/ 12M 이내/ 12M 이상은 'Y'로 체크됐을 때 그 증상이 언제부터 지속되었는지 체크하는 것이다. 가령 LC1에 '예'라 고 응답했을 때, 그런 증상이 현재로부터 6M 이내 시작되었다면 6M 이내에 체크하면 된다. 대부분 문제 증상은 비슷한 시기에 시작되므로 매번 이 질문을 되풀이할 필요는 없다.

⑥ 청소년 스마트폰 과의존 자가진단척도

청소년 스마트폰 과의존 자가진단척도는 김동일 등(2016)이 개발하고 타당화한 척도이다. 이 척도는 총 27문항으로 현저성(5문항), 충동·강박적 사용(4문항), 금단(5문항), 내성(4문항), 문제(5문항), 대인 간 갈등(6문항) 등 6개의 하위요인으로 구성되어 있다. 문항내적합치도 Cronbach α는 .94였고, 하위영역의 현저성은 .79, 충동·강박적 사용은 .71, 금단은 .84, 내성은 .76, 문제는 .82, 대인 간 갈등은 .82이다. 스마트폰 과의존척도의 문항 구성 및 신뢰도와 청소년 스마트폰 과의존 자가진단 척도는 <표 6-44>에, 문항은 <표 6-45>에 각각 제시하였다.

표 6-44 / 스마트폰 과의존척도의 문항구성 및 신뢰도

하위요인	문항 번호	문항 수
현저성	1, 2, 3, 4, 5	5
충동·강박적 사용	6, 7, 8, 9	4
금단	10, 11, 12, 13, 14	5
내성	15, 16, 17, 18	4
신체·일탈 등의 문제	19, 20, 21, 22, 23	5
대인 간 갈등	24, 25, 26, 27	4
전체	1~27	27

표 6-45 / 청소년 스마트폰 과의존 자가진단척도

번호	문 항	전혀 그렇지 않다	그렇지 않다	보통이다	그렇다	매우 그렇다
1	스마트폰이 옆에 있으면 다른 일에 집중할 수 없다.	①	②	③	④	⑤
2	평소 스마트폰을 사용할 생각에 다른 일에 집중할 수 없다.	①	②	③	④	⑤
3	스마트폰 생각이 머리에서 떠나지 않아 힘들다.	①	②	③	④	⑤
4	스마트폰이 없는 내 삶은 생각할 수도 없다.	①	②	③	④	⑤
5	스마트폰 게임과 SNS에 대한 생각이 하루 종일 나를 지배하고 있다.	①	②	③	④	⑤
6	스마트폰 메신저에 바로바로 답장을 해야 하기 때문에 다른 일을 할 수 없다.	①	②	③	④	⑤
7	스마트폰 알림 소리가 들리면 하던 일을 중지하고 스마트폰을 살펴본다.	①	②	③	④	⑤
8	아침에 눈을 뜨자마자 스마트폰에 접속하지 않으면 불안하다.	①	②	③	④	⑤
9	확인하지 못한 문자나 알림이 있을까 봐 수시로 스마트폰을 꺼내 확인한다.	①	②	③	④	⑤
10	스마트폰을 사용하는 데 방해를 받으면 나도 모르게 폭력적이 된다.	①	②	③	④	⑤

번호	문 항	전혀 그렇지 않다	그렇지 않다	보통이다	그렇다	매우 그렇다
11	스마트폰을 사용하지 못할 때 날카로워지고 예민해진다.	①	②	③	④	⑤
12	스마트폰을 사용하지 못하게 하면 화가 난다.	①	②	③	④	⑤
13	스마트폰을 오랫동안 사용하지 못하면 초조하고 불안해진다.	①	②	③	④	⑤
14	스마트폰 사용을 제재하는 부모님(혹은 주변 사람들)에게 화가 난다.	①	②	③	④	⑤
15	요즘 들어 스마트폰을 그만 사용하라는 말을 자주 듣는다.	①	②	③	④	⑤
16	스마트폰 사용시간이 점점 늘어나는 것 같다.	①	②	③	④	⑤
17	생각보다 스마트폰을 더 많이 사용하게 되어 다른 일을 하는 데에 지장이 있다.	①	②	③	④	⑤
18	스마트폰 게임을 하다가 '한번만 더 해야지' 하고 마음을 먹지만 결국 오랜 시간 동안 하게 된다.	①	②	③	④	⑤
19	스마트폰을 더 하고 싶어서 어른들에게 자주 거짓말을 한다.	①	②	③	④	⑤
20	밤늦게까지 스마트폰을 사용하느라 잠이 부족하다.	①	②	③	④	⑤
21	스마트폰을 오래 사용해서 손목이 아프다.	①	②	③	④	⑤
22	스마트폰을 많이 사용해서 학교 성적이 떨어졌다.	①	②	③	④	⑤
23	스마트폰 게임 아이템을 구입하기 위해서 돈을 훔친 적이 있다.	①	②	③	④	⑤
24	스마트폰 앱(메신저 등)으로 친구랑 주로 이야기하다 보니 실제 관계에서는 멀어진다.	①	②	③	④	⑤
25	스마트폰에 집중하느라 옆에 있는 친구에게 소홀해져서 싸운 적이 있다.	①	②	③	④	⑤
26	데이터 한도 초과로 부모님 스마트폰을 사용하다가 자주 혼이 난다.	①	②	③	④	⑤
27	앱이나 아이템을 구입하느라 지출한 비용이 많아 가족과 갈등을 겪은 적이 있다.	①	②	③	④	⑤

⑦ DSM-5 인터넷게임장애(Internet Gaming Disorder) 진단기준

정신장애의 진단 및 통계편람(DSM-5)에 제시되어 있는 인터넷게임장애의 진단기준을 소개하면 <표 6-46>과 같다(권준수 외, 2015).

표 6-46 / DSM-5의 인터넷게임장애 진단기준

제안된 진단기준
게임을 하기 위해, 그리고 흔히 다른 사용자들과 함께 게임을 하기 위해 지속적이고 반복적으로 인터넷을 사용하는 행동이 임상적으로 현저한 손상이나 고통을 일으키며, 다음 중 5가지(또는 그 이상) 증상이 12개월 동안 나타난다.
1. 인터넷 게임에 대한 몰두(이전 게임 내용을 생각하거나 다음 게임 실행에 대해 미리 예상함. 인터넷 게임이 하루 일과 중 가장 지배적인 활동이 됨) **주의점**: 이 장애는 도박장애 범주에 포함되는 인터넷 도박과 구분된다. 2. 인터넷 게임이 제지될 경우에 나타나는 금단 증상(이러한 증상은 전형적으로 과민성, 불안 또는 슬픔으로 나타나지만, 약리학적 금단 증상의 신체적 징후는 없음) 3. 내성-더 오랜 시간 동안 인터넷 게임을 하려는 욕구 4. 인터넷 게임 참여를 통제하려는 시도에 실패함 5. 인터넷 게임을 제외하고 이전의 취미와 오락 활동에 대한 흥미가 감소함 6. 정신사회적 문제에 대해 알고 있음에도 불구하고 과도하게 인터넷 게임을 지속함 7. 가족, 치료자 또는 타인에게 인터넷 게임한 시간을 속임 8. 부정적인 기분에서 벗어나거나 이를 완화시키기 위해 인터넷 게임을 함(예, 무력감, 죄책감, 불안) 9. 인터넷 게임 참여로 인해 중요한 대인관계, 직업, 학업 또는 진로 기회를 위태롭게 하거나 상실함
주의점: 이 장애의 진단은 도박이 아닌 인터넷 게임만 포함한다. 업무 및 직업상 요구되는 활동으로서 인터넷 사용은 포함하지 않으며, 그 외에 기분 전환이나 사회적 목적의 인터넷 사용 또한 포함되지 않는다. 마찬가지로, 성적인 인터넷 사이트도 제외한다. **현재의 심각도를 명시할 것:**
인터넷게임장애는 일상적 활동의 손상 정도에 따라 경도, 중증도, 고도로 나뉜다. 인터넷게임장애가 덜 심각한 사람은 증상이 더 적고 일상에서의 손상도 더 적을 것이다. 심각한 인터넷게임장애가 있는 사람은 컴퓨터 앞에서 더 많은 시간을 보내며, 대인관계 또는 진로 및 학업 기회에 있어서도 상실이 더 클 것이다.

4 학교상담에서의 DSM-5[4)]

다음에서는 아동, 청소년에 대한 오랜 임상경험을 기반으로 Tobin과 House(2016)가 제시하고 있는 학교상담에서의 DSM-5 활용에 관한 미국의 현황과 전망을 소개하였다.

4) 이 절은 강진령 역(2018) '학교에서의 DSM-5 진단'의 일부 내용을 발췌 및 재구성한 것이다.

1) 학교심리학자의 DSM-5 활용

정신질환의 진단 및 통계편람(Diagnostic and Statistical Manual of Mental Disorders: DSM)은 DSM-III(American Psychiatry Association: APA, 1980)까지만 해도 학교심리학자들의 전문적 활동이나 일상 업무에 직접적인 영향을 미치지는 못하였다. 그러나 DSM-III-R(APA, 1987)이 출간되면서 학교장면에서 DSM의 활용에 관한 출판물과 워크숍이 등장하였다. DSM-IV(APA, 1994)는 미국 내 정신건강 서비스 제공에 있어서 광범위하게 경제, 정치, 사회적 변화가 일어나고 있는 맥락에서 출간되었으며, 이런 변화로 인해 학교심리학자들과 아동 대상 개업 임상가들의 과업에 정신의학적 진단이 추가되었다.

학교심리학자들은 다른 응용분야 심리학자들 못지않게 행동 및 행동문제의 평가와 기술에 관여해왔다. 그러나 이들은 전통적으로 적어도 학교에서 근무하는 경우, 정신의학적 분류체계의 언어로 이러한 평가 결과를 발표하는 일에는 관여하지 않았다. 학교심리학자들의 고도로 능숙한 평가는 보통 교육시스템 내에서 아동·청소년에 대한 특수한 서비스를 제공할 적격성을 확정짓거나, 개별교육프로그램 계획을 돕고 이들의 변화와 진척상황을 모니터링하는 일에 중점을 두고 이루어져 왔다. 이러한 분류체계는 주로 학교장면과 교육목적 내에서 제한적으로 개발된 것이었다. 대부분의 학교심리학자들의 심리평가에는 행동관찰, 심리검사, 과거사 기록, 그리고 아동 또는 청소년의 삶에 있어서의 중요한 타인들의 보고 내용들이 포함되어 있지만, 보통 이 정보가 DSM-5 분류체계 내에서는 어떻게 제시될 것인지에 대한 내용은 담고 있지 않았다.

최근까지 이러한 업무는 학교심리학자들의 핵심 역할로 인식되지 않았다. 그러나 다양한 형태의 영향력이 작용하게 되면서 급기야 이러한 상황에 변화가 일어나기 시작했다. 학교심리학자들과 이들을 고용한 교육체계는 정신의학적 분류가 학교심리학자들의 역할의 일부가 되어야 하는지 여부에 대해 점차 높은 관심을 보이고 있다. 이 쟁점에 강력하게 작용하는 요인은 경제적인 문제다.

정서·행동 분류에 있어서 어떤 전문직들이 개입해야 하는지, 어떤 활동이 요구되는지 일치된 의견은 없다(정신의학적 진단. 정신건강 평가, 행동적 진단 등). 전문가로서의 자부심과 자만심, 의학적·심리학적 실행에 대한 법적 정의, 전문가의 자율성과 경제적 경쟁에 대한 학파/협회의 경쟁, 그리고 20세기와 21세기 초의 정신건강 진료 형태의 형성과 재형성에 기여해 온 사회적 힘 등이 모두가 각기 역할을 해왔다.

임상 및 상담심리학자들은 일상적으로 DSM-5 형식 내에서 내담자 분류 업무를 담당하게 된다. 학교, 클리닉, 레지던트, 병원 장면에서의 경험을 고려해 볼 때 학교심리학자들이 임상 및 상담심리학 분야의 동료들처럼 정신의학적 분류를 능숙하게 할 수 있다고 주장할 수 있다. 부적응 이해는 모든 응용심리학자들의 핵심 과업이며, DSM-5 분류체계는 정신병리 치료에 중요한 도구이다. 모든 응용 전문분야에 있어서 심리학자들은 이 도구의 지속적인 발달과 적용에 있어서 역할을 개발하고 유지할 필요가 있다.

전문적인 심리학의 응용은 미국의 모든 주에서 법적으로 규정된 활동이다. 아동·청소년의 정서·행동문제를 부호화하기 위해 DSM-5 분류체계를 활용하는 등의 전문성을 개발하는 것은 학교심리학자들에게 적절한 전문적 활동이다. 더 나아가 이러한 전문성은 점차 요구가 커질 것이고, DSM-5의 사용은 결국 현재 임상 및 상담심리학자들과 마찬가지로 학교심리학자들의 핵심활동이 될 것이다.

2) 아동·청소년에 대한 DSM-5 적용 시 유의점

현재 아동 대상의 학교심리학자나 다른 심리학자들을 위한 정확한 DSM-5 사용법 학습에서 가장 중요한 점은 DSM-5에는 '아동들만을 위한 절'이 없을 뿐만 아니라 '아동들만을 위한 진단' 역시 없다는 사실을 인식하는 것이다. DSM-III, DSM-III-R, DSM-IV, DSM-5에 이르기까지 미국정신의학회의 확고한 입장은 기본적인 정신건강 현상은 연령이나 발달단계와 상관없이 근본적으로 동일하다는 것이다. 학교심리학자들도 보통 성인 또는 노인 인구를 대상으로 활동하는 심리학자들처럼 DSM-5의 전체 본문 내용에 익숙해져야 한다.

대부분의 논평가들은 DSM-5의 체계를 아동·청소년들에게 적용하는 것은 특히 쉽지 않다는 사실에 동의한다. 아동·청소년 대상의 전문가들은 통상적으로 아주 다른 초기 특성을 다루게 된다. 청소년들은 거의 대부분 치료나 다른 심리서비스를 스스로 찾지 않으며, 성인 보호자(부모, 교사 등)가 이들을 의뢰한다. 기본적으로 아동·청소년들이 걱정하는 것은 이들의 보호자가 걱정하고 있는 것이 아닐 수 있다. 성인들은 자신들의 염려를 초래하는 행동 때문에 아이들을 의뢰한다. 이러한 요인은 어떤 문제가 주목되고 탐색되어야 하며, 더 잘 이해되어야 하는지에 대해 상당한 영향을 미치게 되어 이러한 인식에 의해 진단이 내려지게 된다.

또한 아동·청소년들은 성인에 비해 환경적 변수에 더 영향을 받는 경향이 있다. 즉 이들의 행동은 상황적으로 더욱 특이하다. 문제를 비롯해서 청소년들의 적응과 기능의 많은 측면은 성인에 비해 보다 더 유동적이고 점진적이다. 이러한 가소성은 범주적 분류체계에 있어 문제가 된다. 이 체계에서는 분류 대상 또는 개인들이 고의적으로 변화되지 않는다면 비교적 일정하다고 가정하기 때문이다. 환경적 우연변수에 대해 반응성이 크다는 것은 청소년 문제를 이해하고 진단하는 데 있어서 상황적 특성과 변수 평가에 보다 높은 수준의 주의를 기울여야 함을 시사한다.

또한 청소년과 성인 간의 언어적, 인지적 차이가 고려되어야 한다. 임상면담 맥락에서의 구두보고 자료는 흔히 성인 평가에 비해 아동·청소년 평가에서는 훨씬 수용하기 어려운 자료로 간주된다. 이로 인해 부모뿐 아니라 다른 부수적인 정보제공자들과의 면담, 행동평정척도, 자연관찰, 공식적인 심리검사는 성인 평가의 경우보다 아동·청소년 평가에서 더욱 중요한 역할을 한다.

참고문헌

강진령 역 (2018). **DSM-5 아동·청소년 정신건강 가이드북**. 서울: 학지사.

과학기술정보통신부, 한국지능정보사회진흥원 (2022). **2021 스마트폰 과의존 실태조사.** 한국지능정보사회진흥원.

교육부, 학생정신건강지원센터 (2022). **학생정서·행동특성검사 및 관리 매뉴얼.** 학생정신건강지원센터.

국립특수교육연구원 (1999). **KISE 정서·행동장애학생 선별척도**. 경기: 국립특수교육연구원.

권석만 (2005). **현대이상심리학**. 서울: 학지사.

권석만 (2013). **현대이상심리학 (2판)**. 서울: 학지사.

권준수, 김재진, 남궁기, 박원명, 신민섭, 유범희, 윤진상, 이상익, 이승환, 이영식, 이헌정, 임효덕 공역 (2015). **정신질환의 진단 및 통계 편람 (제5판)**. 서울: 학지사.

권형자, 조붕환 (2001). 정서·행동장애 아동을 위한 통합적 집단상담. **교육과학연구, 7**(1), 27-58.

김동일, 정여주, 이윤희, 김병관, 전호정 (2016). 청소년 스마트폰 중독 자가진단 척도 개발 및 타당화. **상담학연구, 17**(3), 319-335.

김명희 (2005). **아동행동지도**. 서울: 교육아카데미.

김소라 (1995). **주의력 결핍 과잉행동 아동의 과제 수행에 대한 기대와 귀인양식.** 연세대학교 대학원 석사학위논문.

김영신, 소유경, 노주선, 최낙경, 김세주, 고윤주 (2003). 한국어판 부모 및 교사용 ADHD 평가척도 (K-ARS)의 규준 연구. **신경정신의학, 42**(3), 352-359.

김원경, 조홍중, 허승준, 추연구, 윤치연, 박중휘, 이필상, 김일명, 문장원, 서은정, 유은정, 김자경,

이근민, 김미숙, 김종인, 이신동 (2009). **최신특수교육학 (2판)**. 서울: 학지사.
김정택 (1978). **특성불안과 사회성과의 관계**. 고려대학교 대학원 석사학위논문.
김종범, 한종철 (2001). 인터넷 중독 하위집단의 특성 연구. **한국심리학회지: 상담 및 심리치료, 13**(2), 207-219.
김지혜, 이은호, 홍상황, 황순택 (2021). **RCMAS-2 아동불안척도 전문가 지침서**. 서울: 인싸이트.
김지혜, 이은호, 황순택, 홍상황 (2019). **K-CDI 아동우울척도 전문가 지침서.** 서울: 인싸이트,
류문화, 서경희 (1999). **KISE 정서·행동장애학생 선별척도**. 충남: 국립특수교육원.
류재연, 이태수, 이준석, 김지연 (2020), **국립특수교육원 행동발달평가 척도 개발 연구('19~'20)－정서·행동검사(NISE－K·EBS)－.** 충남: 국립특수교육원.
박난숙 (1992). **Methylphenidate 치료가 주의력결핍 과잉행동아의 인지 · 행동 및 사회, 학습, 정서적 적응에 미치는 효과.** 연세대학교 대학원 석사학위논문.
박효수, 권정혜, 전종수 (2013). **인터넷 중독 진단척도 타당도 고도화 연구**. 한국정보화진흥원.
성윤숙 (2006). **청소년과 인터넷 게임의 이해.** 서울: 국가청소년위원회.
소유경, 노주선, 김영신, 고선규, 고윤주 (2002). 한국어판 부모, 교사 ADHD 평가척도의 신뢰도와 타당도 연구. **신경정신의학, 41**(2), 283-289.
송영혜, 정은희 (1998). 형제 놀이를 이용한 ADHD 아동의 놀이치료사례. **놀이치료연구, 2**(1), 99-120.
신소영, 황순택 (2016). 한국판 DSM-5 성격검사(PID-5)의 신뢰도와 타당도. **한국심리학회지 사회 및 성격, 30**(3), 1-24.
오경자, 이혜련 (1989). 주의력결핍 과잉활동증 평가도구로서의 단축형 Conners 평가척도의 활용. **한국심리학회지, 8**(1), 135-142.
오경자, 이혜련, 홍강의, 하은혜 (1997). **K-CBCL 아동·청소년 행동평가 척도**. 서울: 중앙적성연구소.
이민수, 이민규 (2003). 한국우울증척도의 개발. **신경정신의학, 42**(4), 492-506.
이순묵, 반재천, 이형초, 최윤경, 이순영 (2005). **성인 인터넷 중독 진단척도 개발연구**. 서울: 한국정보문화진흥원.
이재창 (2005). **생활지도와 상담 (개정판)**. 서울: 문음사.
이종락 (2002). **초등학교 고립아동에 대한 문화 기술적 연구.** 창원대학교 박사학위논문.
이형초, 심경섭 (2006). **인터넷 중독 완전정복**. 서울: 시그마프레스.
임영식, 김혜원, 설인자, 조아미, 한상철 공역 (2005). **청소년 이상심리학**. 서울: 시그마프레스.
장재홍, 신효정 (2003). 청소년 인터넷 중독 예방프로그램의 효과. **한국심리학회지: 상담 및 심리치료, 15**(4), 651-672.
조붕환, 임경희 (2003). 아동의 정서·행동문제 자기보고형 평정척도 개발 및 타당화 연구. **한국심리학회지 : 상담 및 심리치료, 15**(4), 729-746.
조붕환, 임경희 (2019). **학교상담자를 위한 학교상담의 이론과 실제**. 서울: 아카데미프레스.
조수철, 이영식 (1990). 한국형 소아우울 척도의 개발. **신경정신의학, 29**(4), 943-956.
최진숙, 조수철 (1990). 소아 불안의 측정. **신경정신의학, 29**(3), 691-702.
한국정보문화진흥원 (2006). **유·아동 및 청소년의 인터넷 게임중독 척도 개발연구**. 서울: 한국정보문화진흥원.
한국정보화진흥원 (2011). **인터넷 중독 진단 척도 개발 연구**. 한국정보화진흥원.

한국초등상담교육학회 (2014). **한국형 초등학교 생활지도와 상담 (개정판)**. 서울: 학지사.
허승희 (1993). 국민학교 아동을 위한 사회 정서적 고립척도 개발. **초등교육연구, 7,** 19-34.
홍상황, 김종미, 안이환, 황순택, 유현실, 정혜원 (2009). **아동·청소년 교우관계문제 검사**. 서울: 학지사.
홍태화 (2016). **한국판 DSM-5 성격질문지 단축형(PID-5-SF)의 구성과 타당도.** 충북대학교 석사학위논문.

Achenbach, T., M, & Edelbrock, C. (1986). *Manual for the Teacher's Report Form and Teacher Version of the Child Behavior Profile.* Burlington: University of Vermont, Department of Psychiatry.
Achenbach, T. M. (1991). *Manual for the Youth Self-Report & 1991 Profile.* Burlington: University of Vermont, Department of Psychiatry.
Achenbach, T. M., & Edelbrock, C. S. (1983). *Manual for the Child Behavior Checklist and Revised Child Behavior Profile.* Burlington: University of Vermont, Associates in Psychiatry.
Alessa ndri, S. M. (1992). Attention, play and social behavior in ADHD Preschools. *Journal of Abnormal Child Psychology, 20*(3), 289-302.
American Psychiatric Association. (1980). *Diagnostic and statistical manual of mental disorders* (3rd ed.). Washington, DC: Author.
American Psychiatric Association. (1987). *Diagnostic and statistical manual of mental disorders* (3rd ed., rev.). Washington, DC: Author.
American Psychiatric Association. (1994). *Diagnostic and statistical manual of mental disorders* (4th ed.). Washington, DC: Author.
American Psychiatric Association. (2013). *Diagnostic and statistical manual of mental Disorders* (5th ed.). Arlington, VA, American Psychiatric Association.
Asher, S. R., Hymel, S., & Renshaw, P. D. (1984). Loneliness in children. *Child Development, 55,* 1456-1464.
Barkley, R. A. (1981). *Hyperactive children: A Handbook for diagnosis and treatment.* New York: Guilford Press.
Beck, A. T., Steer, R. A., & Ranieri, W. F. (1988). Scale for suicide ideation: Psychometric properties of a self-report version. *Journal of Clinical Psychology, 44,* 499-505.
Burks, H. F. (1979). *Burks' behavior rating scales: Preschool and kindergarten edition.* California; WPs.
Cassel, R. N. (1981). *The child behavior rating scales.* California: WPS.
Castenada, A., McCandless, B. R., & Palermo, D. S. (1956). The Children's Form of the Manifest Anxiety Scale. *Child Development, 27*(3), 317-326.
Conners, C. K. (1969). A teacher rating scale for use in drug studies with children. *American Journal of Psychiatry, 125,* 884-888.
Dupaul, G. J. (1992). How to assess attention-deficit hyperactivity disorder within school

settings. *School Psychology Quarterly, 7*(1), 60-74.

Goyette, C. H., Conners. C. K., & Ulrich, R. F. (1978). Normative data on revised conners parent and teacher rating scales. *Journal of Abnormal Psychology, 6,* 21-236.

Kovacs, M., & Beck, A. T. (1977). An Empirical clinical approach toward a definition of childhood depression. In J. G. Schulterbrandt, & A. Raskin (Eds.), *Depression in children: Diagnosis, treatment, and conceptual model* (pp. 1-25). New York: Raven Press.

Krueger, R. F., Derringer, J., Markon, K. E., Watson, D., & Skodol, A. E. (2012). Initial construction of a maladaptive personality trait model and inventory for DSM-5. *Psychological Medicine, 42,* 1879-1890.

Lambert, N. M. & Sandoval, J. (1980). The prevalence of learning disabilities in a sample of children considered hyperactive. *Journal of Abnormal Child Psychology, 8,* 33-50.

Milich, R. S., & Loney, J. (1979). The role of hyperactivity and aggressive symptomatology in predicting adolescent outcome among hyperactive children. *Journal of Pediatric Psychology, 4,* 93-112.

Miller, L. C. (1978). *School behavior checklist.* California: WPS.

Pelham, W. E., & Bender, M. E. (1982). Peer relationships in hyperactive children : Description and treatment. *Advances in Learning and Behavioral Disabilities, 1,* 365-436.

Reynolds, C. S., & Richmond, B. O. (1978). What I think and feel: A revised measure of children's manifest anxiety. *Journal of Abnormal Psychology, 6,* 271-280.

Spielberger, C. D., Gorsuch, R. L., & Lushene, R. E. (1970). *Manual for the State-Trait Anxiety Inventory.* Pal. Alto, CA: Consulting Psychologist Press.

Ulmann, R. K., & Sleator, E. K. (1984). *ADD-H children: Which behaviors are helped by stimulants?* Unpublished manuscript, University of Illinois.

Walker, H. M. (1983). *Walker problem behavior identification checklist.* California: WPS.

Tobin, R. M., & House, A. E. (2016). *DSM-5 Diagnosis in the Schools.* 강진령 역(2017). **학교에서의 DSM-5 진단**. 서울: 시그마프레스.

마음사랑(2002). http://www. maumsarang.kr

마인드프레스(2022). https://www.mindpress.co.kr

어세스타(2022). http://www.career4u.net

워크넷(2022). https://www.work.go.kr

인싸이트심리검사연구소(2022). https://www.inpsyt.co.kr

한국가이던스(2022). http://www.guidance.co.kr

한국고용정보원 워크넷(2022). https://www.work.go.kr

한국심리주식회사(2022). https://www.koreapsy.co.kr

PART

3

심리검사를 활용한 학교상담 성과 연구

CHAPTER 07

학교상담 평가에 대한 이해

1 학교상담의 성과 입증에 대한 요구[5)]

현재 학교상담 관련 수요자들은 상담 성과 및 효과에 대해 문제를 제기하고 있으며, 학교상담자들은 이러한 시대적·상황적 요구에 응할 준비가 필요하다. 상담자의 개입과 프로그램의 결과가 문서화되고 홍보되지 않으면 학교상담 프로그램은 위기에 놓이게 될 것이다. 한국은 2005년 이후 본격적인 학교상담활동이 전개되고 있지만 현재로서는 아직 프로그램의 효과를 증명하는 자료를 충분히 제공하는 데까지는 이르지 못하고 있다. 이는 학교상담자의 역할에 대한 잘못된 생각과 상담성과에 대한 의심으로 이어지기도 한다.

미국의 경우 초창기에 학교상담전문직은 학교상담자의 역할과 학생들과의 개인적인 조력관계에 중점을 두었지만 1960년대 초반부터 현재에 이르기까지 책무의 문제가 학교상담자의 역할과 기능에 필수적인 것으로 등장하였다(Aubrey, 1982; Hohensill, 1981). 교육재정이 줄어들면 어설프고 비효율적으로 보이는 인력과 프로그램은 수시로 제거되었으며, 이때 학교상담자와 학교상담 프로그램은 제거되는 대상에 포함되는 경우가 흔했다(Gibson & Mitchell, 1999). 이는 학교상담이 유익하고, 비용 면에서도 효율적이라는 점을 정당화하고 방어해야 할 필요를 제기하게 하였다(Gillies, 1993; Whiston, 2003).

학교상담의 성과를 입증해 보이는 것은 학교상담 성공의 열쇠가 된다. 학교상담 프로그

5) 이 절은 '학교상담자의 책무성 평가에 대한 인식'(임경희, 2015)의 일부를 수정하여 제시한 것이다.

램의 유용한 효과와 학교상담 프로그램을 운영하는 상담자의 수행능력은 학생들의 수행을 촉진하고 능력을 향상시키며 학생 성장을 돕는 데 필수적이다. 그러나 자격증만으로는 능력을 입증할 수 없으며(Loesch, 2000), 프로그램의 효과를 입증해 내지 못한다면 그것은 비윤리적인 행동에 가깝다(Gladding, 2000). 학교상담자들이 학교상담활동의 중요성을 주장하려면 상담활동 결과에 대한 평가를 통해 현재 학교상담활동이 학생들의 성장과 발달에 도움이 된다는 것을 보여주어야 한다. 학교상담자들은 자신의 입지를 확고히 하기 위해 객관적 자료를 통해 입증해내야 하는 과제에 당면해 있다.

상담은 개인적 관계이고 너무 많은 변수가 관여되므로 측정하기 어렵다는 주장이 많으나 모든 교육자들은 학생의 성취와 관련하여 책무성을 공유해야만 한다. Brown과 Trusty(2005)는 학교상담의 성과가 과연 상담활동에 의한 것인지를 입증해야 한다고 본다. 학교상담의 성과는 졸업률, 지식 획득, 출석률, 행동과 학업성취와 같은 성과자료(outcome data)만으로 입증되는 것은 아니며, 상담자가 한 일과 학생이 알거나 할 수 있게 된 것 사이에 눈에 띄는 관련성을 찾고 보여주어야 한다고 주장한다. 상담자의 노력이나 상담활동과 학생의 성과 간의 인과관계를 입증하는 것이 더 중요하다고 보고 있다. White(2007)는 학교상담 프로그램에 참여한 학생 수나 실시한 시간 등으로 상담의 성과를 입증하는 현재의 전통적 방식은 충분하지 않다고 본다. 즉 프로그램 실행 사전-사후검사만으로는 불충분하며 심리검사뿐만 아니라 양적, 질적 평가가 필요하다고 주장한다.

Sink(2009)는 학교상담 프로그램은 없어지거나 유용화되지 못한 요소들을 정기적으로 점검받아야 하며, 학생들이 중요한 생애발달 기술을 학습하고 증명하고 있는지 평가되어야 한다고 말한다. 또한 학생과 학부모를 위한 서비스와 개입 향상을 위해 학교상담 인력의 업무수행이 정규 평가되어야 하며, 학교상담 프로그램 평가 지도자들에 의해 관련자들의 요구도 조사가 문서화되고 파악되어야 한다고 주장하고 있다.

학교상담자들은 상담 및 프로그램의 성과를 거두고, 제공한 서비스를 평가하고 이를 입증하는 데 있어 적극적인 역할을 해야 한다. 한국의 경우 상담성과에 대한 구체적인 평가기준과 활용지침 등이 마련되어 있지는 않으나 학교상담자의 직무수행과 관련하여 Wee 센터 운영매뉴얼에 업무영역에 대한 지침과 영역별 평가지표가 제시되어 있으므로, 이를 토대로 다양한 심리검사 및 평가척도들을 활용하여 상담의 성과를 평가하고 입증해 보일 수 있다.

2 학교상담 평가의 목적과 평가영역

1) 학교상담 평가의 목적

학교상담에 대한 평가는 학교상담자의 고유업무라고 할 수 있다. 다음은 교육부에서 제시한 위클래스 고유업무 중 행정영역에 대한 내용이다. 학교상담자의 행정영역의 고유업무에 사례관리와 평가가 포함되어 있으며, 여기에는 상담활동 결과 보고 및 평가업무가 포함되어 있는 것을 볼 수 있다.

표 7-1 / 위클래스 고유업무 중 행정영역

영역	직무	세부업무
행정	상담환경 조성	• 위클래스 시설관리 • 위클래스 비품 구입 및 관리 • 상담·심리검사 자료 구입 및 관리
	연간계획 수립	• 학생, 보호자, 교직원 상담 관련 요구조사 • 위클래스 운영 연간계획 수립
	홍보	• 연중 위클래스 운영 홍보 • 각종 프로그램 소개
	사례관리 및 평가	• **상담기록 및 관리** • **상담활동 결과 보고 및 평가** • 위클래스 운영 및 관리에 필요한 행정

출처: 위클래스 운영가이드(2019).

미국학교상담자협회(ASCA)의 학교상담 국가모델(4판, 2019)[6]은 4가지 구성요소[7] 중 평가하기(assess)[8]에 대해 "학생이 최선의 결과를 성취할 수 있도록 정기적으로 프로그램의

6) 미국학교상담자협회(ASCA)의 학교상담 국가모델(4판, 2019)에서는 3판(2012)에서 제시한 학교상담에 대한 기초(foundation), 관리(management), 전달(delivery), 책무성(accountability)을 정의(define), 관리하기(manage), 전달하기(delivery), 평가하기(assess)로 변경하였다. 명사 대신 동사를 사용함으로써 학교상담자가 해야 할 일을 보다 적극적이고 기술적으로 제시하였다.

7) 정의하기(Define)에는 학생 표준과 학교상담자 표준이 들어 있다. 학생 표준은 학생 성공을 위한 마음자세와 행동에 관한 것으로 모든 학생을 위한 유·초·중등교육(K-12)에서의 대학 준비, 진로 준비, 생활 준비를 위한 표준이 포함된다. 관리하기(manage)에는 신념, 비전, 사명 진술문과 프로그램 계획이 포함된다. 전달하기(Delivery)에는 직접적 학생 서비스와 간접적 학생 서비스가 있다. 직접적 서비스는 지도, 평가와 조언, 상담이 있으며, 간접적 서비스는 자문, 협력, 의뢰가 포함된다.

8) 책무성(accountability)은 책임을 가진 이들에게 다소 부정적인 어감을 주고 경우에 따라서는 비난을 연상하게 되므로 평가(assess)로 바뀌었다. 평가(assess)는 비난이나 책임을 제시하지 않고, 프로그램의 효과성을 확인하고, 필요한 수정을 하려는 노력을 평가할 필요성을 반영하기 때문이다.

효과성을 평가하는 것으로 정의하고, 학교상담자는 이를 통해 프로그램의 효과성을 검증하고, 학교상담 프로그램의 기획과 전달을 개선하며, 학교상담 프로그램의 결과로 학생이 얼마나 달라졌는지를 보여주어야 한다"라고 설명하면서, 학교상담자는 다음과 같은 자료를 수집하고 분석하도록 제안하고 있다.

- 지도, 평가, 조언과 상담을 통해 어떤 활동에 누가 참여했는지
- 학생들이 학교상담 활동에 참여함으로써 학생들이 배우게 될 마음자세(mindsets)와 행동(behaviors)은 무엇이었는지
- 학습이 학생의 출석률, 성취도 또는 규율에 어떻게 영향을 미쳤는지

학교상담 평가의 목적은 첫째, 학생의 복지와 성장을 조력하고, 둘째, 학교상담자의 전문적 성장을 도움으로써, 셋째, 효과적인 학교상담활동을 전개하고 개선하며, 넷째, 효율적인 학교상담 시스템을 구축해감으로써, 다섯째, 국가와 사회 지원에 기여하는 데 있다.

위의 목적에 맞추어 학교상담에 대한 평가 결과는 다음과 같이 활용될 수 있다.

첫째, 학교상담에 대한 평가 결과는 학교상담 연간 운영계획을 수립하는 기초자료로 활용된다. 이는 각 학교 특성에 맞는 학교상담 프로그램을 유지하고, 개발하며, 개선하는 근거자료가 된다.

둘째, 상담자의 전문성 신장과 평가의 기초자료로 활용된다. 학교상담자에 대한 컨설팅과 평가, 자기 실적 평가자료로 활용됨으로써 학교상담의 효율성과 질 제고에 기여한다.

셋째, 학교상담자의 직무분석, 인적자원의 배분, 예산의 적절한 배분과 사업의 우선순위를 고려하여 사업을 수행할 수 있도록 하는 근거자료로 활용된다.

2) 학교상담의 평가영역

학교상담에 대한 평가는 학교상담 프로그램 평가(program assessment)와 학교상담자 평가(school counselor assessment and appraisal)로 구성된다.

학교상담 프로그램에는 개인상담을 비롯한 각종 집단상담과 학급단위 심리교육 등이 포함되며, 이에 대한 평가에는 학교상담자와 활동에 참여한 학생, 학부모, 교사 등이 참여한다. 주로 상담활동 전후의 변화와 상담활동에 대한 만족도 평가 등이 수행된다. 반면, 학교상담자 평가는 상담자 수행에 대한 평가를 일컬으며, 상담자 자기평가, 동료 및 관리

자 평가 등이 가능하다.

위클래스 운영가이드(2019)에서는 학교상담의 평가영역을 조직 운영, 프로그램, 연계 및 자원활용, 성과분석 영역으로 나누어 제시하고 있다. 이 가운데 조직운영 영역과 연계 및 자원활용 영역은 대체로 학교상담자에 대한 평가의 성격이 강하며, 프로그램 영역과 성과분석 영역은 학교상담 프로그램에 대한 성과평가지표를 포함하고 있다. 구체적인 세부영역과 평가지표는 다음과 같다.

표 7-2 / 학교상담 영역별 평가지표

대영역	세부영역	평가지표
조직운영	조직관리	• 운영계획, 운영규정, 업무분장, 서비스 제공 원칙, 자문위원회
	전문성 신장	• 전문상담교사의 전문성, 교육훈련, 수퍼비전, 관리자의 지원
	예산관리	• 예산확보 방안, 예산편성의 적절성
	실적관리	• 문서관리, 파일관리, 공부관리
	시설환경	• 시설, 비품관리, 상담실 공간 확보, 청결, 안전성, 환경정리
프로그램	서비스 제공	• 개인상담, 집단상담, 프로그램(행사), 심리검사, 교육, 자문, 홍보
	질적 수준	• 상담 및 프로그램의 다양성, 지속적 종합적 사례관리, 사례회의 보고서 발간
	교육, 자문	• 학생, 학부모, 교사교육 및 자문
연계 및 자원활용	내부연계	• 부처 간의 원활한 소통 및 협력
	외부연계	• 위센터, 지역의 유관기관 연계, 교의 지정
	자원활용	• 학생상담자원봉사자, 대학생 멘토, 학생학부모교사멘토
성과분석	재의뢰비율	• 이용학생의 재의뢰비율
	학업중단율	• 이용학생의 학업중단비율
	만족도	• 학생, 학부모, 교사의 위클래스 만족도

출처: 위프로젝트 매뉴얼 1-학교상담 위클래스 자료(2011).

임경희(2015)는 '학교상담자의 책무성 평가에 대한 인식' 연구에서 학교상담의 책무성 평가영역을 '학교상담자에 대한 평가', '학교상담 개입 성과에 대한 평가', '상담 및 프로그램 운영 실적에 대한 평가', '학교상담 시스템에 대한 평가'의 4가지로 구분하여 제시하고 있다. 이는 학교상담 프로그램 평가와 학교상담자 평가뿐만 아니라 학교의 상담시스템에 대한 평가를 아우르는 것이다. 다음은 평가영역 및 방법에 대한 구체적인 내용과 예시이다.

표 7-3 / 학교상담 책무성 평가영역 및 방법

구분	내용	예시
평가영역	학교상담자에 대한 평가	• 자질, 전문성, 상담만족도 등
	학교상담 개입 성과에 대한 평가	• 학업성적 향상, 폭력 감소 등
	상담 및 프로그램 운영 실적 평가	• 심리검사, 집단상담 등 운영 실적 등
	학교상담 시스템에 대한 평가	• 인적, 물적 자원 확보 실태 등
평가방법	상담 수요자 만족도 양적 평가	• 학생, 학부모 평가 질문지 등
	상담 수요자 만족도 질적 평가	• 상담 개입 후 후기 작성 등
	상담실적에 대한 양적 평가	• 상담 및 심리평가 횟수, 참여인원 등
	상담성과에 대한 양적 평가	• 학교폭력 발생 감소율, 학업성적 향상 등
	상담성과에 대한 질적 평가	• 전문가 지도감독, 상담사례 발표 등
학교상담 업무 평가요소	업무처리 능력, 학교상담자로서의 인성적 자질, 상담자의 윤리, 학생/학부모 등 상담만족도, 학교상담 홍보활동, 전문적 상담능력, 지역사회 연계 및 대외활동, 상담실적, 상담실의 인적/물적자원 운영 능력	
상담능력 평가요소	의사소통기술, 경청능력, 비언어적 기술 활용 능력, 촉진적 관계 형성 능력, 동기 부여 능력, 상담에 임하는 열정, 상담 문제와 내용의 명료화 능력, 상담 문제와 내용에 대한 이해도, 적합한 해결방안 도출 능력, 상담문제의 해결방법에 대한 창의적 접근	

3) 미국학교상담자협회(ASCA) 학교상담자 전문성 표준

미국학교상담자협회(ASCA, 2019)가 학교상담자 평가를 위해 사용하도록 제안하고 있는 자료에는 학교상담자 전문성 표준과 역량 평가, 학교상담자 수행평가 템플릿 등이 있다. 다음은 미국학교상담자협회(ASCA, 2019)가 제시한 학교상담자의 전문성 표준이다. 학생표준과 마찬가지로 마음자세 표준과 행동표준으로 나누어 제시하고 있다. 이는 학교상담자의 전문성을 평가하는 데 참고자료로 활용될 수 있다.

(1) 마음자세 표준(mindsets standards)

학교상담자는 다음과 같은 마음자세를 갖는다.

M1. 모든 학생은 배울 수 있고 모든 학생은 성공할 수 있다.
M2. 모든 학생은 질 높은 교육을 받을 권리와 기회를 가져야 한다.
M3. 모든 학생은 고등교육 기회를 준비할 수 있도록 고등학교를 졸업해야 한다.
M4. 모든 학생은 학교상담 프로그램을 이용할 수 있어야 한다.
M5. 효과적인 학교상담은 학교상담자, 학생, 가족, 교사, 관리자와 기타 교직원, 교육관계자들이 함께 관여하는 협력적 과정이다.
M6. 학교상담자는 학교, 지역교육구, 주, 국가의 지도자이다.
M7. 학교상담 프로그램은 학생의 학업, 진로, 사회/정서적 성과를 증진하고 향상시킨다.

(2) 행동표준(behaviors standards)

표 7-4 / 미국학교상담자협회의 학교상담자 행동표준

전문적 기초 (Professional Foundation)	직·간접 학생 서비스 (Direct & Indirect Students Services)	계획 및 평가 (Planning & Assessment)
B-PF-1. 발달, 학습, 상담 및 교육이론을 적용한다.	B-SS-1. "학생 성공을 위한 ASCA 학생 표준: 마음자세와 행동"에 맞춰 대집단, 학급, 소집단, 개인 단위 지도를 기획하고 수행한다.	B-PA-1. 각 학교와 지역교육구에 맞는 학교상담 프로그램의 신념, 비전, 사명 진술문을 만든다.
2. 교육분야의 시스템, 법적 문제, 정책, 연구 및 최근 동향에 관한 이해를 보인다.	2. 대집단, 학급, 소집단, 개인 단위로 평가와 조언을 제공한다.	2. 성취도, 출석률, 규율, 기회, 자원에서의 차이를 확인한다.
3. 학교상담 전문직에 관한 법적, 윤리적 원칙을 적용한다.	3. 소집단, 개인 단위로 단기 상담을 제공한다.	3. 학생 자료에 기반하여 연간 학생 성과목표를 세운다.
4. 학교상담 표준과 역량을 적용한다.	4. 학교와 지역사회의 적절한 자원을 활용하여 의뢰한다.	4. 연간 학생 성과목표와 학생 자료에 맞추어 실행계획을 세우고 수행한다.
5. "학생 성공을 위한 ASCA 학생 표준: 마음자세와 행동"을 활용하여 학교상담 프로그램 실행에 대해 알린다.	5. 학생 성취와 성공을 지원하는 자문을 제공한다.	5. 학교의 지역사회와 접촉하며 프로그램 성과를 보고한다.
6. 학생의 성공과 기회에 미치는 문화적, 사회적, 환경적 영향에 대해 이해하고 있음을 보인다.	6. 학생 성취와 성공을 위해 가족, 교사, 관리자와 기타 교직원, 교육관계자들과 협력한다.	6. 국가적 권고와 학생/학교 자료에 맞추어 적절하게 시간을 사용한다.

전문적 기초 (Professional Foundation)	직·간접 학생 서비스 (Direct & Indirect Students Services)	계획 및 평가 (Planning & Assessment)
7. 학교상담 프로그램의 개발과 실행을 통해 리더십을 발휘한다.		7. 학교상담 프로그램에 대한 교장과 기타 관리자의 동의를 받는다.
8. 학교상담 프로그램을 옹호한다.		8. 학교상담 프로그램을 위한 자문위원회를 설립하고 소집한다.
9. 학교상담 프로그램의 수행을 통해 체계적 변화를 창출한다.		9. 적절한 학교상담자 수행평가과정을 활용한다.

3 학교상담 프로그램 평가 절차

학교상담 성과에 대한 평가는 학생, 보호자, 교사의 요구와 학교의 실태를 분석하는 것에서 출발해서 학교상담 프로그램에 대한 학생, 보호자, 교사의 만족도를 확인하여 공유하는 것으로 마무리된다고 할 수 있다. 이러한 평가과정은 평가계획 수립, 평가도구 제작 및 선택, 평가 실시, 평가 결과 분석, 평가보고서 작성과정으로 진행된다.

학교상담 프로그램 평가에 사용되는 방법과 평정도구에 대해서는 '2절. 심리검사를 활용한 학교상담 성과 연구'와 '3절. 학교상담 성과 평정척도'에서 구체적으로 제시하기로 하고, 여기에서는 학교상담 프로그램 평가과정을 계획 수립과 요구조사, 성과보고서 작성으로 나누어 살펴보기로 한다.

1) 학교상담 운영 및 평가계획

학교상담에 대한 평가활동도 학교상담 활동의 일부이므로, 학교상담 연간 평가계획은 학교상담 전체 활동 운영계획 안에 포함되어 수립된다.

다음은 초·중등학교 위클래스(Wee Class) 운영계획과 위스쿨(Wee School) 교육과정에 제시된 학교상담의 연간 운영내용 예시자료이다. 각 학교마다 학교상담 운영계획 수립을 위한 요구조사와 상담활동에 대한 평가 및 보고활동이 포함되어 있음을 확인할 수 있다 (*표 참조).

표 7-5 / **위클래스 연간 운영계획(예시)**

영역	활동내용	목표	실시시기												비고
			3	4	5	6	7	8	9	10	11	12	1	2	
개인 상담	대면상담	수시	●	●	●	●	●	●	●	●	●	●	●	●	
	전화 및 사이버상담	수시	●	●	●	●	●	●	●	●	●	●	●	●	
	위기상담	연중	●	●	●	●	●	●	●	●	●	●	●	●	
	학교폭력 피·가해학생 상담지원	연중	●	●	●	●	●	●	●	●	●	●	●	●	
	정서·행동특성검사 후속 상담지원	연중		●	●	●	●	●	●	●	●	●			
	학업중단숙려제 상담지원	연중	●	●	●	●	●	●	●	●	●	●	●	●	
집단 상담	자아성장	4회	●	●				●	●						
	사회성 향상	4회		●	●				●	●					
	동기강화	4회			●	●				●	●				
	분노조절	4회				●	●				●	●			
	보호자 대상 집단상담	2회						●					●		
교육	또래상담자 양성	연중		●	●	●	●	●	●	●	●	●	●		희망자
	학생 특별교육	수시	●	●	●	●	●	●	●	●	●	●	●	●	대상자
	보호자 상담연수	2회	●						●						희망자
	교사 상담연수	2회		●						●					전직원
심리검사	개인심리검사	수시	●	●	●	●	●	●	●	●	●	●	●	●	희망자
자문	교사	수시	●	●	●	●	●	●	●	●	●	●	●	●	
	보호자	수시	●	●	●	●	●	●	●	●	●	●	●	●	
상담 행사	인사릴레이	연중				●						●			희망자
	상담 주간	2회		●						●					희망자
	사과데이	1회								●					전교생
행정 홍보	**(*) 요구조사**	1회	●												담임교사 협조
	예산편성 및 결산	2회	●											●	
	연간운영계획 수립	1회	●												행정실 협조
	위클래스 환경개선	수시	●	●	●	●	●	●	●	●	●	●	●	●	
	네트워크 구축	1회	●												
	전문기관 연계	수시	●	●	●	●	●	●	●	●	●	●	●	●	
	(*) 사례관리 및 기록	수시	●	●	●	●	●	●	●	●	●	●	●	●	
	홍보	수시	●	●	●	●	●	●	●	●	●	●	●	●	
	(*) 평가	1회										●			
	(*) 연간운영 결과 보고	1회												●	
전문성 강화	역량강화 연수	4회													분기별
	수퍼비전	수시	●	●	●	●	●	●	●	●	●	●	●	●	연중

출처: 위클래스 운영자료(2019).

표 7-6 / 중학교 위클래스 상담실 월별 운영계획(예시)

월	주요 활동	대상	비고
3월	담임교사 상담지원	담임교사	집중업무
	연간 활동계획 수립, 상담실 환경조성		
	(*) 학생, 교사 대상 요구조사, 요상담학생 조사	학생, 교사	
	1학기 상담주간 및 상담지원	학생, 보호자	
	또래상담자 홍보 및 모집	2~3학년	
	상담실 안내 및 홍보, 가정통신문 발송	전교생	
	위클래스 체험	1학년	점심시간
4월	개인상담, 심리검사, 사이버상담, 연계상담대상 학생 신청	전교생	집중업무
	집단상담 대상자 모집	2~3학년	
5월	심리검사 결과 상담 필요학생 상담	요상담학생 등	집중업무
	전문기관 상담 의뢰	대상학생	
	집단상담 운영	신청학생	
	보호자 교육(자녀와 함께 성장하는 부모)	신청 보호자	
6월	또래상담자 동아리 운영	대상학생	집중업무
	집단상담 운영	대상학생	
7월	상담기관연계 학생상담	의뢰학생	
8월	2학기 프로그램 계획 및 준비		
9월	또래상담자 동아리 활동	해당학생	매주 월요일
	2학기 상담주간 및 상담지원	학생, 보호자	
10월	학교폭력 피·가해학생 대상 집단상담	대상학생	
11월	**(*) 또래상담자활동 우수사례 발굴 및 제출**	대상학생	
	스트레스 관리 프로그램	대상학생	
	학교폭력 피·가해학생 대상 집단상담	대상학생	
12월	**(*) 또래상담활동 평가회**	대상학생	
연중	개인상담, 심리검사, 사이버상담, 연계상담	전교생	
	학생 정서·행동특성검사 후 전문기관 연계 및 상담지원	대상학생	

출처: 위클래스 운영자료(2019). 부산 화명중학교 위클래스 상담실 월별 운영계획.

표 7-7 / 위(Wee) 스쿨 대안교육부 업무계획(예시)

영역	활동	추진내용	목표	실시시기											
				3	4	5	6	7	8	9	10	11	12	1	2
상담 영역	상담 활동	입교 면접상담	6회	●	●	●				●	●	●			
		상담사례 개념화를 위한 사례회의	7회		●	●	●			●	●	●	●		
		개인상담	상시		●	●	●	●		●	●	●	●	●	
		부모상담(가족프로그램 포함)	상시		●	●	●	●	●	●	●	●	●	●	●
		문화예술치유(명상 포함)	상시		●	●	●	●		●	●	●	●	●	
		심성계발(집단상담) 수업 관리	상시		●	●	●	●		●	●	●	●	●	
		(*) 상담일지 작성	상시		●	●	●	●		●	●	●	●	●	
		각종 심리검사 및 활용	상시		●	●	●	●		●	●	●	●	●	
		유관기관 연계 및 자문의 사업	필요시		●	●	●	●		●	●	●	●		
		동행 프로그램	7회			●	●	●		●	●	●	●		
	교육 활동	학생 이해 및 공감력 향상을 위한 교직원 사례회의	필요시		●	●	●	●		●	●	●	●		
		수퍼비전 및 솔루션 사례회의	필요시			●	●	●				●	●		
		학부모 성장 교육(가족캠프)	2회		●						●				
	평가 활동	**(*) 추수상담 및 사례 관리**	필요시						●					●	●
		상담자료 원적교 송부	복교시					●					●		
		(*) 상담시스템 상담기록 및 보고	수시		●	●	●	●	●	●	●	●	●	●	

출처: 전남 Wee 스쿨 '이음'학교 2021. 부서별 업무계획-대안교육부.

표 7-8 / 초등학교 생활상담부 상담활동(예시)

항목		내용	일정
상담 및 치유 지원	내방상담	• 개인상담, 집단상담, 학부모상담	연중
	전화상담	• 학생상담, 학부모상담	연중
	온라인상담	• 홈페이지, SNS를 활용한 상담 등	연중
	심리평가	• 인성, 진로, 학습, 기타	의뢰시
	표준화심리검사	• 인성, 진로	1학기 중 (3, 4학년 대상)
	학생 정서·행동 특성검사결과 관리	• 관심군 학생 상담·관리 및 외부전문기관 연계	연중 (1, 4학년 대상)
	학업중단숙려제 상담 지원	• 학업중단숙려제 안내 및 숙려기간 중 상담 실시	사안발생 시

<table>
<tr><th colspan="2">항목</th><th>내용</th><th>일정</th></tr>
<tr><td></td><td>치유지원</td><td>• 문화예술(옛이야기, 연극 등) 치유프로그램 연계
• 위센터, 병원, 전문심리치료기관 치료연계·치료비 지원
• 청소년 인터넷 스마트폰 이용습관 진단조사 후 과의존 위험군 상담·치료 서비스 연계</td><td>연중</td></tr>
<tr><td rowspan="5">교육
및
연수</td><td>예방교육</td><td>• 심리교육, 생명감수성 함양 교육</td><td>연중</td></tr>
<tr><td>특별교육</td><td>• 학교폭력 가해학생 및 보호자 특별교육
• 생활교육위원회조치 및 교권침해 학생 교육</td><td>사안발생 시</td></tr>
<tr><td>또래상담</td><td>• 또래상담 운영·지원</td><td>연중</td></tr>
<tr><td>교사연수</td><td>• 일반교사 대상 상담 관련 연수 운영 및 안내</td><td>연중</td></tr>
<tr><td>학부모연수</td><td>• 학부모 학교폭력예방 및 상담 등 관련 연수</td><td>연중</td></tr>
<tr><td>지역사회
연계</td><td>지역사회
자원 활용</td><td>• Wee센터 및 외부협력기관 연계협력망 구축·관리</td><td>연중</td></tr>
<tr><td rowspan="2">기타</td><td>홍보</td><td>• 교원 및 학부모 대상 홍보</td><td>연 1회 이상</td></tr>
<tr><td>보고</td><td>(*) 상담기록물 작성 및 관리, 통계 관리, 보고 등</td><td>연중</td></tr>
</table>

출처: 서울증산초등학교 2022 교육과정-생활상담부 상담활동(세부실천계획).

2) 요구조사

요구조사는 학교상담 운영계획 수립을 위한 기초자료가 된다. 학교상담 활동 운영계획은 학생, 학부모, 교사의 요구조사 결과를 반영하여 수립되어야 하므로 운영계획을 수립하기 이전에 학생, 보호자, 교사의 요구와 상담관련 실태를 분석하고, 교사의 학생 관찰을 통하여 학생들이 겪고 있는 어려움의 유형을 조사할 필요가 있다. 요구조사의 과정은 설문지 제작, 설문 실시 기안, 결재, 설문 실시, 설문지 수거, 자료 분석, 결과보고서 작성 및 운영계획 수립에 반영하는 과정으로 진행된다.

요구조사 질문지의 개발은 프로그램 수혜자의 우선순위와 요구를 정하는 데 중요한 과업이다(Johnson, 2000). 프로그램의 방향을 결정하기 위해서는 학교상담 프로그램에 관심이 있는 모든 사람들(학생, 학부모, 지역사회 구성원, 학교위원회 위원, 교사, 기타 프로그램의 성공에 영향력을 미치는 사람들)에 대한 평가가 이루어져야 한다(VanZandt & Hayslip, 2001). 질문지를 개발하는 과정에서 필요한 정보를 얻는 데 사용할 수 있는 방법으로는 개인적 만남, 포커스 그룹 또는 인터뷰 등이 있다. 요구조사 질문지를 개발하기 위한 면담과정에 필요한 질문의 예시는 다음과 같다(Studer, 2005).

1. 오늘날 학령기 아동이 당면하고 있는 걱정거리라고 생각되는 것은 무엇인가?
2. 고등학교를 졸업할 때 학생들은 무엇을 할 수 있어야 한다고 기대하는가?
3. 학령기 아동의 학업적 자아개념을 향상시킬 수 있는 프로그램은 어떤 것이 있다고 생각하는가?
4. 학생들이 자신의 요구를 만족시킬 수 있도록 도와줄 수 있는 좋은 자문가가 될 수 있는 인적자원에는 어떤 사람들이 있는가?
5. 유치원에서부터 고등학교 학생들이 학업적 성공을 이룰 수 있도록 돕기 위해 교직원들은 어떤 전략을 실행할 수 있는가?
6. 학생들이 중등과정 이후의 선택을 하는 데 도움이 되는 가장 좋은 방법은 무엇인가?
7. 학생들이 학업과 자신이 가지고 있는 미래의 목표와의 관계를 이해할 수 있도록 도와주기 위해 학교 교육과정은 무엇을 할 수 있는가?
8. 자신과 일의 세계를 이해하기 위해서는 어떤 기술이 필요하다고 생각되는가?
9. 교직원들은 어떤 방법으로 목표를 성취할 수 있는 전략을 가르칠 수 있는가?
10. 개인들이 자신과 다른 사람을 이해하고 존중할 수 있도록 하는 데 필요한 태도와 지식, 대인관계 기술에는 어떤 것이 있는가?
11. 학생들은 어떻게 의사결정을 하고 목표를 설정하는가?
12. 학생들이 안전과 생존기술을 이해하고 적용할 수 있도록 도울 가장 좋은 전략은 무엇인가?

다음은 위클래스 운영가이드(2019)에서 제시하고 있는 학생용 요구조사 질문지이다.

표 7-9 / 요구조사 질문지(학생용)

1. 여러분은 자신의 고민을 지금까지 어떻게 해결했습니까? (3개 선택) 그에 대한 만족도는 어떠했습니까?

구분	내용	1,2,3순위	만족도(1,2,3,4,5점)				
예시	친구 또는 선후배의 도움으로	2	1	2	3	4	5
1	가족과 대화를 통해서						
2	친구 또는 선후배의 도움으로						
3	평소 가까운 성인의 도움으로						
4	전문가의 도움(의사, 심리사, 병원 등)						
5	담임선생님의 도움으로						
6	위(Wee) 클래스						
7	혼자 해결하거나 인터넷을 참고하여						
8	고민을 해결하지 않는다						
9	종교지도자						
10	학원선생님						
11	기타						

2. 지금까지 위의 사람을 선택한 주된 이유는 무엇입니까? (선택 3개)

구분	내용	1,2,3순위		
예시	나의 고민을 잘 해결해 주기 때문에	1		
1	나의 고민을 잘 들어주기 때문에			
2	나에게 도움이 되는 이야기를 많이 해주기 때문에			
3	쉽게 찾아갈 수 있기 때문에			
4	나의 고민을 다른 사람에게 이야기하지 않을 것이기 때문에			
5	나의 고민을 잘 해결해 주기 때문에			
6	그 사람이 그 분야에 전문가이기 때문에			
7	기타 :			

3. **여러분이 요즘 (3개월 전~지금) 가장 많이 고민하고 있는 분야(순위 7개)는 무엇이고, 이 문제로 위(Wee) 클래스에서 상담을 받고 싶은가요?**

구분	분야	고민순위 (1~7)	상담받고 싶다 (o, x)
예시	친구관계	1	o
	자신의 성격에 대한 불만	2	x
1	학업(시험불안, 주의집중, 무기력)		
2	학교생활(결과, 결석, 외박, 자퇴 등)		
3	친구관계		
4	선후배와의 관계		
5	정신건강(우울, 불안, 자해, 자살 등)		
6	교사와의 관계		
7	자신의 성격에 대한 불만		
8	성격문제로 타인과 마찰		
9	가족문제(부모, 형제, 경제적 어려움 등)		
10	학교폭력 가해 관련		
11	학교폭력 피해 관련		
12	흡연/음주		
13	인터넷/ 게임/ 약물 등 중독		
14	이성과의 관계		
15	성문제		
16	외모		
17	건강		
18	기타 :		

4. 앞으로 위(Wee) 클래스를 이용하게 된다면 어떤 이유일까요? (선택 3개)

구분	내용	선택순위(1,2,3)
예시	자발적으로	1
1	자발적으로(스스로)	
2	부모님(보호자)의 권유	
3	친구의 소개	
4	선생님의 권유	
5	선도 조치 또는 징계	
6	학교활동 일부(체험활동, 심리검사, 집단상담)	
7	기타 :	

5. 앞으로 위(Wee) 클래스에서 도움을 받고 싶다면 언제 이용하고 싶은가요? (선택 2개)

구분	내용	선택순위(1,2)
예시	수업시간	1
1	수업시간(일과 중)	
2	점심시간	
3	일과 후	
4	기타 :	

6. 앞으로 위(Wee) 클래스에서 어떤 도움을 받고 싶은가요? (선택 3개)

구분	내용	선택순위(1,2,3)
예시	개인상담	1
1	개인상담(1 : 1 상담)	
2	집단상담(그룹상담)	
3	각종 심리검사	
4	교육프로그램(대인관계, 진로, 자존감 향상)	
5	기타 :	

7. 앞으로 여러분은 위(Wee) 클래스 이용 후 어떤 변화를 생각하고 있는가요? (선택 7개)

구분	분야	순위(1~7)
예시	학교생활에 대한 자신감 향상	1
1	나의 소중함 발견	
2	꿈과 미래에 대한 계획 설정	
3	학교생활에 대한 자신감 향상	
4	긍정적인 사고 증진	
5	집중력과 학력 향상(성적 향상)	
6	학생으로서의 규칙 준수	
7	또래친구와의 관계 개선	
8	선생님과의 관계 개선	
9	부모님과의 관계 개선	
10	성격의 변화로 마찰 없는 편안한 생활	
11	사회적, 정서적으로 성장된 생활	
12	내 삶을 새롭게 출발할 수 있는 기회	
13	자아존중감 향상으로 위기행동 예방	
14	생활습관 개선	
15	타인을 이해하는 능력 향상	
16	소통하는 기술 향상	
17	기타	

8. 나는 나의 고민이나 어려움이 몇 점(100점 기준)이면 위(Wee) 클래스에서 도움 받을 것 같은가요?

구분	0~10점	~20점	~30점	~40점	~50점	~60점	~70점	~80점	~90점	~100점
예시										
나의 고민										

9. 위(Wee) 클래스 이용 후의 고민이나 어려움이 몇 점(100점 기준)이 되면 만족할 것 같은가요?

구분	0~10점	~20점	~30점	~40점	~50점	~60점	~70점	~80점	~90점	~100점
이용 전										
이용 후										

10. 위(Wee) 클래스를 이용하고 싶지 않은 주된 이유는 무엇입니까? (선택 1,2,3,4,5)

구분	분야	순위(1~5)
예시	주변 사람들과 상담으로 고민을 해결할 수 있어서	3
1	문제학생이라고 인식할까 봐	
2	상담내용이 공개될까 봐	
3	징계받는 느낌이 들어서	
4	불이익이 걱정되어서	
5	부모님께 알려질까 봐	
6	위(Wee) 클래스에서 내 문제를 해결하지 못할까 봐	
7	나의 문제는 누구도 해결할 수 없기 때문에	
8	주변 사람들과 상담으로 고민을 해결할 수 있어서	
9	위(Wee) 클래스 위치가 방문하기 어려운 곳에 있어서(환경)	
10	현재는 고민이 없으나 앞으로 고민이 생긴다면 이용하겠다.	
11	친구들이 놀릴까 봐	
12	기타 :	

11. 위(Wee) 클래스가 더욱 발전을 위하여 개선되어야 할 사항이 있다면 자유롭게 적어주십시오.

출처: 위클래스 운영가이드(2019). 요구조사 설문지(학생용).

3) 평가 실시 및 성과보고서 공유

일반적으로 학교상담 프로그램 전체에 대한 평가는 학생, 학부모, 교사 등을 대상으로 학기말에 만족도 평가 형태로 이루어지며, 개별 집단상담 프로그램이나 개인상담 성과에 대한 평가 또한 프로그램이나 개인상담 실시 이후의 만족도로 평가하는 경우가 많다. 그러나 상담성과를 보다 구체화하기 위해서는 심리검사나 평정척도를 사용하여 사전과 사후의 변화를 제시하는 것이 권장된다. 이러한 결과는 통계분석 및 표나 그래프 등으로 나타낼 수 있으며, 상담과정에서 나타나는 질적 변화과정을 그림이나 글로 서술하여 표현될 수도 있다.

학교상담 성과보고서는 연간 성과보고서와 프로그램별 활동보고서로 작성된다. 연간 학교상담 성과보고서는 매년 학교상담 활동의 효과성을 평가하여 프로그램을 개선하고, 활동내용을 수요자에게 알리며, 다음 연도 활동계획 수립에 활용하려는 데 목적을 두고 작성한다.

각 프로그램별 활동보고서는 각종 상담 및 프로그램 활동이 끝난 후에 실적을 토대로 작성하되, 여기에는 수요자(학생, 학부모, 교사) 만족도 조사 결과와 프로그램 참여 전후의 변화, 각종 상담성과를 보여줄 수 있는 기록(상담활동에 참여한 학생의 개인 활동지나 소감문 등)이나 사진 등을 함께 제시할 수 있다.

참고문헌

교육부, 한국교육개발원, 대전광역시교육청 (2011). **위프로젝트 매뉴얼 1-학교상담 (Wee 클래스).** 한국교육개발원.

임경희 (2015). 학교상담자의 책무성 평가에 대한 인식. **초등상담연구, 14**(2), 149-173.

전남교육청, 한국교육개발원 (2019). **위클래스 운영가이드.** 교육부·한국교육개발원 위(Wee)프로젝트연구특임센터.

ASCA (2019). *ASCA National Model: A Framework for School Counseling Programs* (4th ed.). American School Counselor Association.

Aubrey, R. (1982). Program planning and evaluation: Road map of the 80s. *Elementary School Guidance and Counseling, 17,* 52-60.

Brown, D., & Trusty, J. (2005). The ASCA National Model, accountability, and establishing causal links between school counselors' activities and student outcomes: A reply to Sink. *Professional School Counseling, 9*(1), 13-15.

Gibson, R. L., & Mitchell, M. H. (1999). *Introduction to counseling and guidance* (5th ed.). Upper Saddle River, NJ: Merrill Prentice-Hall.

Gillies, R. M. (1993). Action research for school counselors. *The School Counselor, 41,* 69-72.

Gladding, S. T. (2000). *Counseling: A comprehensive profession* (4th ed.). Upper Saddle River, NJ: Merrill Prentice Hall.

Hohensill, T. H. (1981). The future of the counseling profession: Three issues. *Personnel and Guidance Journal, 60,* 133-334.

Johnson, L. S. (2000). Promoting professional identity in an era of educational reform. *Professional School Counseling, 4,* 31-40.

Loesch, L. C. (2000). *Assessing counselor performance. Highlights: An ERIC/CAPS Digest.* Ann Arbor, MI: Clearinghouse on counseling and personnel services (ERIC/CAPS Digest No. ED304635).

Sink, C. A. (2009). School counselors as accountability leaders: Another call for action. *Professional School Counseling, 13*(2), 68-74.

Studer, J. R. (2005). *The professional school counseling: An advocate.* CA: Thomson Brooks/cole

VanZandt, Z., & Hayslip, J. (2001). *Developing your school counseling program: A handbook for systemic planning.* Belmont, CA: Wadsworth/Thomson Learning.

Whiston, S. C. (2003). Outcome research on school counseling services. In B. T. Erford (Ed.), *Transforming the school counseling profession* (pp.435-448). Upper Saddle River, NJ: Merrill Prentice-Hall

White, F. A. (2007). The professional school counselor's challenge: Accountability. *Journal of Professional Counseling: Practice, Theory, and Research, 35*(1), 62-70.

CHAPTER 08

상담연구방법과 상담성과 연구의 실제

1 상담연구방법

상담자는 연구를 통해 효과가 입증된 자료에 근거해서 상담개입을 해야 한다. 상담은 시간이 제한되어 있는 활동이므로 상담자는 목표를 세우고, 개입을 하고, 적절한 시기에 성과를 입증해야 한다. 상담성과에 대한 평가와 연구는 이후 개입의 방향을 정하고, 적절한 개입을 구상하며, 상담의 성과를 입증하는 데 요구되는 중요한 작업이다.

상담자는 과학자-실무자[9]로서 책임 있는 연구를 수행해야 한다(Haring-Hidore & Vacc, 1988). 상담자는 자신이 사용한 개입이 연구 결과에 근거를 둔 것이며, 임상적으로 타당하고(Crane & McArthur, 2002; Kent & Hersen, 2000), 바람직한 결과를 가져온다(Hayes, Barlow, & Nelson-Gray, 1999; Kent & Hersen, 2000)는 증거를 제시해야 한다. 상담에서의 연구는 연구 자체를 위한 것이 아니라 상담의 수혜자와 상담에 종사하는 사람들에게 기여하기 위한 목적으로 수행되어야 한다(최한나, 김은하, 김형수, 2013).

학교상담에서 수집되는 자료는 면담, 관찰, 그림 등을 통한 질적 형태의 자료와 숫자 형태의 평정척도를 통한 양적 자료가 있다. 연구 방법을 분류하는 여러 가지 기준이 있지만,

9) 상담 실제와 교육장면에서 증거에 기반한 처치가 강조되면서 상담에서의 주관적 경험과 객관적 증거를 바탕으로 효과적인 처치를 통해 비용을 절약하는 접근으로 과학자-실무자(scientist-practitioner) 모형이 관심을 받아왔다(Corrie & Callanan, 2001).

여기에서는 먼저 자료의 형태 및 질문의 성격에 따라 질적 연구와 양적 연구로 구분하여 살펴보기로 한다.

1) 질적 연구

질적 연구(qualitative research)는 연구대상의 독특성을 이해하는 데 목적이 있다. 주로 연구참여자와의 인터뷰나 관련 기록물을 통해 자료를 수집한 후 연구참여자의 관점을 이해하는 것에 초점을 두고, 새로운 이론을 개발하거나 특정 사건에 대한 재해석이 이루어진다. 따라서 특정 대상에 대해 거의 알려진 바가 없을 때 활용되는 경우가 많다.

질적 연구는 연구대상의 독특한 특성을 연구하기 때문에 소수의 연구참여자나 특정 사례를 선정하여 최대한 자연스러운 상황에서 자료를 수집하여 연구를 진행한다. 인위적으로 연구설계를 하지 않고 현상 그대로를 포착하는 데 관심이 있으며, 연구대상의 관점과 연구대상이 처한 특정 상황, 연구대상이 경험하는 개인적 의미를 강조한다.

주로 연구참여자(개인 또는 집단)에 대한 면담이나 관찰 등을 통해 자료를 수집하며, 눈에 띄는 모든 변수를 고려하여 서술 형태로 자료가 수집된다. 사례연구, 근거이론, 현상학, 내러티브 연구 등이 이에 속한다.

표 8-1 / 상담분야의 질적 연구 방법

구분	사례연구	내러티브 연구	근거이론 연구	문헌연구
연구대상	• 특정 사건, 특정 인물, 조직, 기관, 프로그램	• 독특한 개인	• 어떤 현상에 대한 반응, 행동, 상호작용을 경험한 개인들	• 문헌자료
주 연구문제	• 사례에 대한 특성 이해	• 개인의 경험에 대한 이야기 분석	• 연구참여자의 관점에서 이론 개발	• 기존 문헌의 분석을 통한 연구문제 해결
자료수집 방법	• 문서와 기록, 관찰, 면접 등	• 면접, 일기, 일상적 대화 등	• 다수의 면접	• 신문기사, 논문, 책 등
자료분석	• 사례에 대한 기술	• 개인의 이야기에 대한 분석	• 개방코딩, 축코딩, 선택적 코딩	• 동향분석, 내용분석, 메타분석, 리뷰연구

출처: 이윤주, 문명현, 송영희, 김미연, 김예주, 김여흠, 지연정(2014). **알기 쉬운 상담연구방법**. 서울: 학지사.

2) 양적 연구

양적 연구(quantitative research)는 주로 척도를 통해 다수의 연구대상의 응답을 수집하고 이를 바탕으로 척도의 측정개념 간의 관계를 검증한다. 대체로 숫자나 범주형 자료를 사용하여 객관적 형태로 자료를 분석한다. 양적 연구는 인과관계의 설명을 목적으로 하며, 이를 규명하기 위해 가설을 세우고 검증한다. 연구자가 선택한 변수만을 고려하며, 보편적인 양상을 연구하는 것이므로 대표성이 보장되는 다수의 연구대상을 선정한다. 관련되지 않은 변인을 통제하고 사전에 가설을 설정하고, 이를 검증하는 과정으로 진행된다.

(1) 실험연구

실험연구(experimental research)는 하나의 변인이 다른 변인에 미치는 효과를 검증하는 것으로, 인과관계의 규명을 목적으로 한다. 여기에서 조작되는 변인을 독립변인, 관찰되는 변인을 종속변인이라고 한다. 연구자는 독립변인이 종속변인에 미치는 영향을 측정하며, 종속변인이 독립변인의 효과에 어떻게 반응하는지에 관심이 있다(Shavelson, 1996).

학교상담의 예를 들면, 특정 프로그램(독립변인)을 실시함으로써 프로그램 참여자의 목표행동(종속변인)이 어떻게 변화되었는지를 확인하는 연구가 이에 속한다.

(2) 기술연구

기술연구(descriptive research)는 '현상에 대한 기술'이라는 의미에서 사람, 사물, 과정에서 일어나는 특성을 파악하는 연구이다. 원인과 결과를 고려하지 않고, 특정 현상의 존재를 전체적으로 확인하고자 한다. 관심 대상인 현상에 대해 정확히 이해하고 주요 특성들을 분명하게 제시하기 위해 사용한다(고홍월 외, 2013).

현상이 어떠한지에 대한 기술은 이후 임상적으로 후속 연구 질문에 대한 기초를 확립해 줄 수 있으므로 종종 연구과정의 첫 번째 단계에서 활용된다(Rosnow & Rosenthal, 2005). 기술연구의 결과는 새로운 방법, 가설 및 이론을 제공하는 데 활용된다. 기술연구는 이론에 근거하여 출발해야 하며, 도출된 결과는 다시 이론에 경험적 근거를 제공하여 이론의 기초가 되어 이론을 재구성하고 보다 체계적으로 만들어주는 역할을 한다.

양적 연구 방법을 적용한 기술연구는 조사연구와 발달적 연구 방법을 활용할 수 있으며, 질적 연구 방법에서의 기술연구는 사례연구, 내용분석연구, 문화기술지 등이 활용된다.

(3) 조사연구

조사연구(survey research)는 어떤 현상을 이해하기 위해 특정 시점의 자료를 수집하고 이를 분석하여 연구하는 방법이다. 현상을 나타내는 데이터를 수집하고, 면담이나 질문지를 통해 자료를 얻는 방법 등이 있다. 일반적으로 조사연구는 자료를 수집하여 통계분석을 실시한다. 학교상담에서 수행되는 조사연구로는 요구 조사, 정서·행동문제 실태 조사, 상담만족도 조사를 예로 들 수 있다.

(4) 상관연구

상관연구(relational research)는 존재하는 변인들 간의 관계를 알아보고자 하는 것으로 둘 이상의 현상 간의 관계를 연결하는 데 관심이 있다. 두 변인이 연관이 있는지, 있다면 그 연관성의 패턴과 강도는 어떠한지를 확인하고자 하는 것이다(Rosnow & Rosenthal, 2005). 일반적으로 어떤 현상과 관련된 변인은 하나가 아니라 여러 개가 있을 수 있는데 상관연구는 변인을 조작하지 않기 때문에 많은 변인 간의 관계를 분석할 수 있다. 주로 질문지를 사용하여 양적 자료를 수집하고 이에 대한 상관분석이나 회귀분석, 구조방정식 모형 등을 활용하여 분석한다. 학교상담의 경우 청소년 내담자와 상담자 간의 촉진적 관계 형성 정도가 상담성과와 관련이 있는지를 확인하는 연구 등을 예로 들 수 있다.

2 상담연구에서의 통계분석

1) 기술통계와 추리통계

양적 연구에서 통계는 기술, 설명, 예측, 인과추론 등을 목적으로 사용되며, 기술통계와 추리통계로 구분된다.

기술통계(descriptive statistics)는 주어진 집단의 특성을 기술하고 요약한 통계치로서 자료의 특성을 보여준다. 여기에는 평균, 표준편차와 같은 중심경향값과 분산도를 대표하는 값들이 포함된다. 기술통계로는 주어진 집단에 대한 기술과 설명은 가능하지만 이를 통해 모집단의 특성을 예측하거나 추정하지는 않는다.

반면 추리통계(inferential statistics)는 모집단에서 표본을 추출하여 분석한 후, 그 결과를 통해 모집단의 특성을 추론하고 모집단 전체로 일반화하는 것이 목적이다. 표집을 하는 통계분석에서는 표본을 통해 모집단의 특성을 추론하고자 하는 것이므로 추리통계를 사용하는 경우가 많다. 추리통계는 표집에 따른 오차를 고려하여 표본에서 얻은 측정치를 모집단으로 얼마나 일반화할 수 있는지 확률적으로 추정한다. 모집단에서 추출된 특정의 표본에 대해서 설정한 가설을 검증하고 확률을 추정하기 위해서 사용할 수 있다. 추리통계는 통계적 유의성의 여부를 확인하고, 특정 가설을 채택 혹은 기각할 것인지를 결정하는 데 도움이 된다.[10)]

예를 들어 청소년의 공감능력과 학교적응의 관계를 탐색하는 경우, 연구에 참여한 청소년들(표본)을 대상으로 도출한 결과가 전체 청소년(모집단)에도 동일하게 해당된다고 설명할 수 있는지 추리통계를 사용하여 통계적인 의미를 확인할 수 있다.

2) 변수

변수(variable)는 속성에 따라 여러 수준으로 분류하거나 다양한 값으로 측정할 수 있는 어떤 사건, 사물, 현상을 나타내는 개념이다. 변인이라고도 하며, 양적 연구나 질적 연구에 관계 없이 사용되는 핵심적인 개념이다. 상담연구에서는 다양한 심리적 구인(구성개념)들이 변수로 사용된다.

① 양적 변수와 질적 변수

변수의 속성을 수량화할 수 있는지 여부에 따라 양적 변수(quantitative variable)와 질적 변수(qualitative variable)로 구분한다. 양적 변수는 수량화가 가능한 변수이며, 질적 변수는 수량화가 불가능한 변수이다.

② 연속변수와 비연속변수

주어진 범위 내에서 어떠한 값이라도 취할 수 있는지 아니면 단지 몇 개의 유목으로만 구분되는지에 따라 연속변수(continuous variable)와 비연속변수(discrete variable)로 분류

10) 추리통계에서 주요한 개념은 유의수준(significance level)과 효과 크기(effect size)다. 유의수준은 영가설이 사실인 경우에 이것을 기각함으로써 범하는 오류의 확률이고, 또한 영가설(null hypothesis)의 기각 혹은 채택의 통계적 의사결정을 위한 임계치(critical value)다. 효과 크기란 2개의 집단, 예컨대 실험집단과 통제집단의 평균 차이를 통제집단의 표준편차로 나눈 값을 말한다. 이것은 두 집단 간 평균의 차이 점수를 일종의 단위 표준점수로 변환한 것이다. 결국 서로 다른 척도를 사용한 연구결과라 하더라도 각 연구에서 통제집단의 표준편차라고 하는 공통의 기준에 의거하여 변환시킨 z점수이므로 효과크기는 서로 의미 있게 비교하고 해석할 수 있다(김춘경 외, 2016).

한다. 예를 들어 동간척도는 연속변수에 해당되며, 명목척도는 범주형 척도로 비연속변수에 해당된다.

③ 독립변수와 종속변수

연구문제의 방향에 따라 사건의 원인이 되는 변수를 독립변수(independent variable)라고 하며, 독립변수가 정해짐으로써 이에 따라 결정되는 변수를 종속변수(dependent variable)라고 한다.

④ 가외변수 또는 매개변수

독립변수와는 관련이 없지만 독립변수가 종속변수에 미치는 영향을 매개하는 변수(parameter)가 있다. 이러한 가외변수(extraneous variable)는 주로 독립변수와는 상관이 없고, 종속변수와는 상관이 높은 제 3의 변수를 말한다(전용오, 김영빈, 신혜숙, 2016).

3) 연구목적에 따른 통계분석 방법[11)]

양적 연구를 수행하는 경우 여러 형태의 통계분석 방법을 활용하게 된다. 연구의 목적이 무엇인지, 데이터의 속성이 어떤지 등에 따라 사용할 수 있는 통계분석 방법이 영향을 받는다. 통계분석은 데이터가 양적 속성을 가진 자료로 표현될 수 있는 경우에 가능하다. 연구에 사용되는 척도의 특성에 따라 적용할 수 있는 통계분석 방법에는 제한이 있으므로 이를 고려해야 한다.

(1) 빈도분석과 교차분석

항목별 빈도와 백분율을 구하는 것을 빈도분석(frequency analysis)이라고 하고, 각 유목별 빈도분석을 하는 것을 교차분석(crosstab analysis)이라고 한다. 교차분석의 경우, 반응빈도 및 백분율의 분포가 배경변수의 유목에 따라 통계적으로 유의미한 차이가 있는지 확인하기 위하여 카이제곱(χ^2) 검정을 한다.

학교상담의 예를 들면, 상담경력에 따라 선호하는 상담기법을 조사하는 연구에서 전체 응답자를 대상으로 선호하는 상담기법(항목)의 빈도와 비율을 제시하는 것은 빈도분석에

11) 이 절의 내용은 유진은(2015)의 "양적연구방법과 통계분석", 송지준(2019)의 "논문통계의 이해와 적용", 고홍월 외(2013). "상담연구방법론", 전용오, 김영빈, 신혜숙(2016)의 "심리검사 및 측정"에서 부분적으로 발췌하여 재구성하여 제시하였다.

해당하며, 응답자의 상담경력을 3개의 유목(저, 중, 고)으로 나누어 각 집단별로 선호하는 상담기법에 대한 반응빈도와 백분율의 분포를 제시하고 그러한 분포의 차이가 유목(상담경력 3개 집단)에 따라 통계적으로 차이가 있는지를 분석하는 경우 교차분석의 카이제곱 검정을 하게 된다.

(2) 평균 차이분석

집단 구분에 따른 변인수준의 차이를 검증하는 분석 방법이다.

① t검정

두 집단의 평균이 통계적으로 유의미한 차이가 있는지를 검정하기 위해서는 일반적으로 t 검정을 이용한다. 주로 상담프로그램의 효과검증에 사용한다. 비교할 두 집단이 독립적인지 종속적인지에[12] 따라서 독립표본 t 검정(independent samples t-test)과 대응표본 t 검정(paired samples t-test)으로 나눈다.

독립표본 t 검정은 두 전집에서 각각 독립적으로 추출된 표본이 갖는 변수의 평균이 집단 간에 통계적으로 유의미한 차이가 있는지 검정하는 방법이다. 대응표본 t 검정은 두 전집에서 종속적으로 추출된 표본이 갖는 변수의 평균이 집단 간에 차이가 있는지를 검정하는 방법이다. 종속적이라는 것은 한 전집에서 하나의 사례를 선택한 것이 다른 전집에서의 사례를 선택하는 것에 영향을 주는 것을 의미한다.

예를 들어 진로교육 프로그램을 실시한 실험집단과 프로그램을 실시하지 않은 통제집단의 진로성숙도 평균 차이를 검증하는 것은 두 집단이 독립된 표본이므로 독립표본 t 검정을 사용하며, 실험집단에 대해 프로그램을 실시하기 전과 후의 진로성숙도 평균 차이를 검증하는 것은 사전검사 점수와 사후검사 점수가 서로 짝지어서 추출된 종속적인 표본이므로 대응표본 t 검정을 사용한다.

② 분산분석

분산분석(analysis of variance: ANOVA, 변량분석)은 세 집단 이상의 평균이 통계적으로 유의미한 차이가 있는지를 검정하는 방법이다. 이때 사용되는 독립변수는 범주형 변수이고 종속변수는 연속형 변수여야 한다. 예를 들어 4, 5, 6학년을 대상으로 이들의 진로포부에

12) 비교하려는 집단이 독립적인지 종속적인지에 따라 '무선배치설계'와 '반복측정설계'로 나뉜다. 무선배치설계는 각 피험자들이 처치 조건에 무선(random)으로 배치되고 피험자들이 한 가지 처치 조건만을 받는 설계이고, 반복측정설계는 동일한 피험자들이 모든 처치 조건에 반복적으로 노출되는 설계를 말한다.

차이가 있는지를 검증하는 경우 4, 5, 6학년 세 집단은 범주형의 변수이고, 진로포부 점수는 동간척도로 측정된 연속형 변수를 사용하는 경우가 이에 해당된다.

독립변수와 종속변수의 수가 각각 1개일 때를 일원분산분석(One-way ANOVA), 독립변수가 2개이고 종속변수가 1개일 때는 이원분산분석(two-way ANOVA), 독립변수가 2개 이상이고 종속변수가 1개일 때는 다원분산분석(multi-way ANOVA), 종속변수가 2개 이상인 경우 '다변량분산분석(multi-variance ANOVA)'이라고 한다.

(3) 상관분석

상관분석(correlation analysis)은 연구자가 선정한 변인들의 관계를 수리적으로 표현하는 것이다. 상관이 있다는 것은 한 변수로 나머지 변수를 예측할 수 있음을 의미한다. 두 변수 간의 상관관계는 인과관계가 되기 위한 필요조건이다. 하지만 변수 간의 상관관계가 인과관계에 의한 것인지를 진술해 주기 위해서는 이를 설명할 수 있는 이론의 축적 또는 실험연구를 통한 검정 등이 수반되어야 한다. 두 변인 간의 인과관계를 추측할 수 없는 상태에서 타 변인과의 관계를 분석하거나 회귀분석이나 구조방정식 모형을 분석하기 전에 통계적인 적합성을 확인하는 데 상관분석이 사용된다.

(4) 회귀분석

회귀분석(regression analysis)은 종속변수와 독립변수의 관계를 분석하는 것으로 인과관계를 추론하기 위한 분석 방법이다. 독립변수가 종속변수에 미치는 영향을 파악한다. 즉 한 변수 이상(독립변수)이 나머지 한 변수(종속변수)를 선형적인(linear) 관계로 얼마나 설명하거나 예측할 수 있는지 분석해 주는 통계적 방법이다.

독립변수가 한 개일 때는 단순회귀분석(simple regression analysis)이라고 하고, 두 개 이상일 때를 '중다회귀분석(multiple regression analysis)'이라고 한다. 선행연구와 이론을 근거로 설정한 이론적 인과관계를 경험적으로 확인해 보는 기법이다. 그러나 회귀분석이 인과관계를 규명해 주는 분석 방법은 아니며 독립변수가 종속변수를 얼마나 예측하거나 설명할 수 있는지에 대한 자료를 제시해 주는 것이다.

(5) 공분산분석

공분산분석(analysis of covariance, 공변량분석)은 종속변수에 대한 가외변수의 영향을 통계적으로 통제한 후, 집단 간 차이를 검정하는 방법이다. 예를 들어 프로그램의 효과를 검증하고자 할 때, 실험집단과 통제집단의 사전검사 점수가 차이가 있는 경우 사전검사 점수가 이후의 사후검사에 미칠 수 있는 영향을 통제해야 프로그램 자체의 효과를 확인할 수 있게 된다. 이 경우 사전검사 점수를 공변인으로 하여 분산분석을 하는 것이다.

(6) 요인분석

요인분석(factor analysis)은 주로 측정도구의 개발과정에서 활용된다. 이는 측정변수들 간의 상관계수를 토대로 잠재변수를 추론하는 과정이다. 즉 어떤 개념을 측정하는 관찰치들 간의 복잡한 상호관계에 대한 분석을 통해 잠재구인(latent construct)이 무엇인지를 추론하는 것이다.

예를 들어 성격을 측정하는 도구를 개발하는 경우, 개발한 전체 문항에 대한 응답자의 응답 결과(관찰치) 간의 상관계수들을 분석하는 과정을 통해 전체 문항을 몇 개의 요인(구인)으로 묶어내고, 각 요인에 속한 문항들의 특성과 내용을 토대로 직접 관찰되지는 않지만 존재한다고 추론되는 개념(예를 들면 개방성, 우호성 등)을 부여하는 과정 등을 거치게 된다.

(7) 구조방정식

구조방정식(structural equation model: SEM)은 복잡한 변인 간의 구조와 이론적 모형을 검증하는 데 사용된다. 구조방정식은 관측이 가능한 측정변수를 이용하여 관측이 불가능한 잠재변수를 추정해낸 다음, 잠재변수 간의 상관관계를 기초로 하여 연구자가 선행 연구와 이론을 근거로 설정한 이론적 인과관계를 실제 자료가 얼마나 지지해 주는지를 탐색하는 방법이다.

측정변수에서 잠재변수를 추정해내는 과정은 요인분석의 원리가 이용되고, 잠재변수 간의 이론적 인과관계를 분석하는 과정은 경로분석의 원리가 이용된다. 경로분석은 측정변수들 간의 이론적인 인과관계에 관심이 있는 반면, 구조방정식은 잠재변수들 간의 이론적인 인과관계를 파악하는 데 목적이 있다. 구조방정식은 잠재변수들 간의 매개효과까지 분석할 수 있다는 점에서 중다회귀분석보다 더 정교한 분석 방법이라고 할 수 있다. 더불어 구조방정식은 모형의 간명성과 적합도를 제공한다(고홍월 외, 2013).

다음은 상담연구에서 일반적으로 사용되고 있는 연구의 성격에 따른 척도와 통계분석 방법을 제시한 것이다. 학교상담 성과에 대한 평가 및 연구를 계획하는 경우, 다음에 제시한 요구조사, 프로그램 개발, 척도 개발, 효과성 검증, 만족도 조사의 각 과정에서 활용 가능한 척도와 통계분석 방법을 고려할 필요가 있다.

표 8-2 / 연구 성격에 따른 척도와 통계분석 방법

구분	척도	통계분석
요구조사	• 요구조사 질문지	• 기술통계분석 • 빈도분석 • 교차분석(χ^2검정)
프로그램 개발 연구	• 내용타당도 평정척도	• 기술통계분석
척도 개발 연구	• 내용타당도 평정척도 • 예비검사 척도 • 본검사 척도 • 준거타당도 관련 척도	• 기술통계분석 • 신뢰도 분석 • 탐색적 요인분석 • 상관분석 • 확인적 요인분석
효과성 연구 (과정 및 결과 평가)	• 사전-사후 평정척도 • 시계열평가 평정자료 • 상담회기 평가척도 등	• t-검정: 독립표본 t-검정, 대응표본 t-검정 • 변량분석(ANOVA): 일원변량분석, 이원변량분석, 공변량분석 등
만족도 조사	• 만족도 조사 평정척도	• 기술통계분석 • 빈도분석 • 교차분석(χ^2검정)
상관 및 구조적 관계 연구	• 관련 변인 평정척도	• 기술통계분석 • 상관분석 • 회귀분석 • 경로분석 • 구조모형분석

다음으로 통계분석 방법을 선택할 때 연구에 사용된 변수가 연속형 척도로 측정된 것인지 비연속형 척도로 측정한 것인지를 고려해야 한다.

명목척도와 서열척도는 비연속형 변수이며, 등간척도와 비율척도는 연속형 변수이다. 명목척도, 서열척도, 등간척도, 비율척도의 순서로 다각적인 차원에서 통계분석 방법을 적용할 수 있다. 비연속형 변수와 연속형 변수에 따라 적용할 수 있는 통계분석 방법은 매우 큰 차이가 있다. 비연속형 변수인 명목척도와 서열척도는 적용할 수 있는 통계분석 방법은 제한적이므로 등간척도 이상의 척도를 사용하는 것이 유용하다(송지준, 2019).

척도의 특성에 대해서는 '2장 2절. 심리측정의 기초 개념'에서 살펴본 바 있으므로 이를 참조하도록 한다.

표 8-3 / 척도별 통계분석 방법

통계분석 방법	척도 형태	
빈도분석	• 명목척도, 서열척도, 등간척도, 비율척도	
신뢰도분석	• 등간척도, 비율척도	
탐색적 요인분석	• 등간척도, 비율척도	
상관분석(피어슨 상관계수)	• 등간척도, 비율척도	
회귀분석	• 등간척도, 비율척도	
평균 차이분석(t검정, 변량분석)	독립변수	• 명목척도, 서열척도
	종속변수	• 등간척도, 비율척도

출처: 송지준(2019). **논문통계의 이해와 적용(SPSS와 AMOS를 활용)**. 서울: 21세기사.

3 학교상담 성과 연구의 실제

여러 형태의 질적 연구 방법과 양적 연구 방법이 있지만 현재 학교상담 장면에서 가장 많이 활용되고 있는 상담성과의 검증 방법은 프로그램 사전-사후 효과 검증과 상담과정에서 나타나는 변화과정을 기술하는 사례연구라고 볼 수 있다.

1) 사전-사후검사 프로그램 효과 연구

사전-사후검사 프로그램 효과 연구는 프로그램에 참여한 후에 참여자들의 목표행동이 얼마나 감소되거나 증가되었는지를 검증함으로써 프로그램의 효과성을 입증하는 방법이다. 이 경우 실험집단과 통제집단을 따로 선정하지 않고 프로그램에 참여한 집단을 대상으로 프로그램 실시 전과 후의 변화를 비교한다. 현재 학교상담 장면에서 가장 용이하게 접근이 가능하며, 많이 활용되고 있는 방법이라고 할 수 있다.

상담장면에서 투사검사와 객관적 검사를 활용하여 상담프로그램 실시 전후의 효과를 검증할 수 있다. 투사검사를 활용한 프로그램 효과 연구의 경우, 투사검사 반응내용에 대한 질적 분석 또는 채점항목별 반응에 대한 양적 분석이 이루어지며, 투사검사의 제한점을 보완하기 위해 객관적 평정척도를 사용하여 통계적 자료를 함께 제시하는 경우가 많다.

다음은 투사검사와 객관적 검사를 활용하여 프로그램의 사전-사후 효과를 검증한 연구의 사례이다. 홍미영과 조봉환(2009)은 부적응 아동의 자아존중감 및 사회성 발달을 위한 미술상담 사례연구를 수행하였다. 연구의 개요는 다음과 같다.

표 8-4 / 연구의 개요

1. **연구대상**: 학교적응 검사 총점 100점 이하의 6학년 아동 중 최하점수 4명
2. **프로그램**: 주 2회(회기당 60분)씩 총 12회기 미술상담 프로그램
3. **측정도구 및 분석 방법**
   1) 학교생활검사(KSD) 사전-사후 그림 내용 비교
   2) 학교적응검사, 자아존중감 검사, 사회성 검사의 사전-사후 점수 비교
   3) 매 회기 아동 행동특성 기술 자료에 대한 질적 분석

이 연구에서는 투사검사인 학교생활검사(KSD)와 객관적 평정척도인 자아존중감 검사와 사회성 검사를 프로그램 실시 사전과 사후에 적용하여 프로그램의 효과성을 검증하고, 프로그램 진행 중 매 회기마다 아동의 행동특성을 기술한 자료를 사용하여 상담효과에 대한 질적 분석을 병행하였다. 질적 및 양적 연구 결과 분석을 통해 미술상담 프로그램이 학교부적응 아동의 학교적응과 자아존중감, 사회성 발달에 효과적이었음을 보고하고 있다.

표 8-5 / 학교생활검사(KSD) 사전-사후검사 내용 비교

대상	사전	사후
S		

	• 학교에서 수업시간에 공부하는 모습을 그렸다. • 선생님이 공부를 가르치시고 자신은 그림 속이 아닌 그림 밖의 자리에 있다고 하였다. • 교실 안에 앉아 있으면 두렵다고 하였다. • 교사와 급우들의 얼굴을 그리지 않은 이유를 물었더니, 얼굴을 마주하는 것이 무섭다고 하였다. • 교사 및 급우들과의 상호작용이 거의 일어나지 않고 있다.	• 운동회 날 학급대항 달리기 선수로 달리고 있는 자신의 모습과 운동회를 즐기는 사람들의 모습을 그렸다. • 자신을 응원하고 있는 급우들의 모습을 섬세하게 그렸는데, 자신을 응원해 주어서 매우 고맙다고 하였다. • 자신을 응원해 주는 교사의 모습을 그렸으며, 그때 기분이 어땠는지를 물어보자 너무 신났다고 대답하였다.
A		
	• 수업시간에 공부하고 있는 모습을 그렸다. • 교사에 대하여 우호적인 감정을 가지고 있고, 학급에서 가장 큰 영향력을 행사하는 사람이라고 여기고 있다. • 그림 하단의 오른쪽 큰 머리 사이에 작은 머리의 왜소한 자신의 모습을 뒷모습만 그렸고, 우울한 표정을 짓고 있다고 대답하였다. • 수업시간을 그린 이유를 물으니 학급 내에서 공부할 때가 가장 편하다고 대답하였다. • 급우들과 교사는 즐겁게 공부를 하고 있지만 정작 자신은 공부에 큰 자신감이 없기 때문에 즐겁지는 않다고 하였다. • 자신을 왜 작게 그렸는지를 묻자, 잘 모르겠다고 하였다. • 자아상이 작게 나타나 있으며, 급우들과의 상호작용이 전혀 드러나지 않고 있다.	• 재량시간에 친구들과 공기를 하고 있는 자신의 모습을 그렸다. • 자신이 공기를 이기지는 않지만 함께 놀이를 하는 것이 즐겁기 때문에 져도 상관없다고 대답하였다. • 공기놀이를 하는 급우들의 모습이 다 즐겁게 웃고 있으며, 앞모습이 모두 행복해 보이는 것으로 보아 급우들에 대하여 긍정적인 감정을 지니게 되었으며, 상호작용도 이루어지고 있다는 것을 알 수 있다. • 사전검사와 달리 자아상의 크기가 가장 크게 드러나고 있으며, 자신을 지지하고 있는 교사를 자신과 가장 가까운 곳에 그림으로서 자신이 지지받고 있음을 나타내고 있다. • 교실의 분위기가 어떤지를 묻자, 시끌벅적하지만 다들 즐겁고, 그 속에 자신도 함께 행복해지고 있다고 한 것으로 보아 긍정적인 변화를 느낄 수 있다.
K	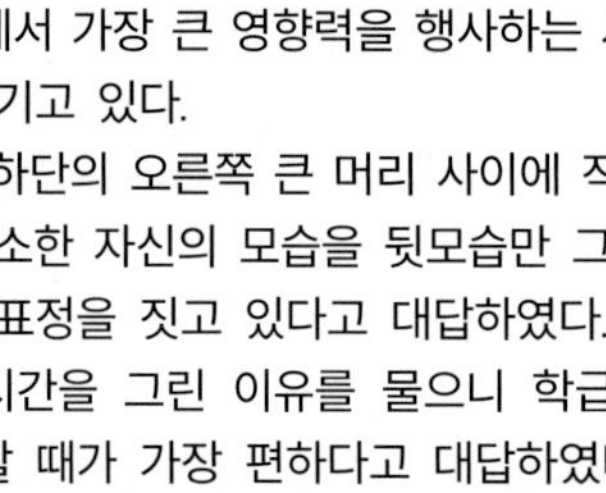	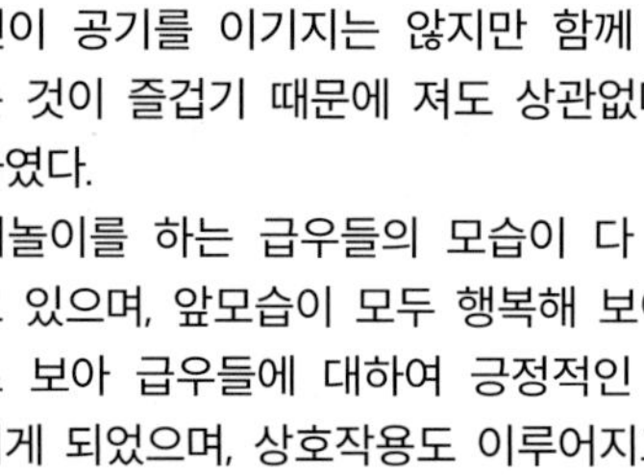

<table>
<tr>
<td></td>
<td>• 아침 독서시간의 자신의 모습을 그렸다.
• 교실의 분위기를 물어보자, 교사가 교실을 통제하고 있고, 독서를 해야 하기 때문에 모두 조용히 해야 한다고 하였다.
• 자신은 어디에 있냐고 묻자 공간이 좁아서 자신을 그리지 못했다고 대답하면서 오른쪽 하단의 바로 다섯 번째에 있다고 하였다.
• 그림 속에 자신을 그리라고 하였지만 자신보다 타인을 중요시하여 그림을 그리는 것으로 보아 자아존중감이 부족한 것으로 보인다.
• 웃고 있는 교사의 얼굴로 보아 교사에 대하여 긍정적으로 느끼고 있지만 자신과는 거리가 있는 존재로 여기고 있다는 것을 알 수 있다.
• 학교생활 중에서 급우들과의 관계가 가장 적은 시간을 그린 것으로 보아 사회성이 부족한 편이라는 것을 알 수 있다.</td>
<td>• 피구를 하고 있는 자신의 모습을 그렸다.
• 사전검사에서 정적인 모습을 그린 데 반해 사후 검사에서는 활동적인 자신의 모습을 그린 것으로 보아 감정적인 변화가 나타난 것으로 보인다.
• 자신의 자아상을 가장 먼저 크게 그리고, 이후 교사와 친구들을 그렸는데, 즐거운 표정과 상호작용이 활발하게 이루어지고 있음을 알 수 있다.
• 교사와의 거리 및 주변 급우들과의 거리가 가까워진 것이 그림 속에 표현되고 있다.
• 피구를 하고 있는 자신의 감정에 대하여 묻자, 굉장히 신나고, 주위의 급우들이 멋진 자신의 모습을 보고, 즐거워하고 있다고 대답하였다.
• 놀이를 즐기는 급우들의 다양한 표정을 재미있게 표현하면서 그림을 그리는 동안 매우 즐거워하는 모습을 관찰할 수 있었다.</td>
</tr>
<tr>
<td rowspan="2">Y</td>
<td></td>
<td></td>
</tr>
<tr>
<td>• 수업시간에 공부하고 있는 모습을 그렸다.
• 자신이 어디 있는지 물어보자, 연필로 자신을 동그라미를 그리며 자신의 위치를 표시하였다.
• 학급에서 덩치가 작지 않은 편임에도 주위의 급우들보다도 자신의 자아상이 작게 드러나 있다.
• 급우들과 어떻게 지내고 있는지를 묻자 옆의 짝궁이 자신을 매우 짜증나게 하고 있다고 대답하였는데, 왜 그런지를 묻자 자신이 괴롭혔다고 이야기하였다.
• 교사가 어떻게 생각하고 있는지를 물어보자, 친구들을 괴롭히기 때문에 별로 좋아하지 않을 것 같다고 대답하였다.
• 급우들의 모습을 모두 뒷모습으로 그렸는데, 어떤 표정인지를 묻자, 그런 건 '몰라요'라고 대답하였다.</td>
<td>• 운동회날 청백계주 대표로 달리기를 하는 자신이 결승선에 들어오는 모습을 표현하였다.
• 자아상이 종이의 가장 중심에 위치하면서 가장 크게 그려져 있으며, 그 주위를 자신을 응원하는 교사와 급우들의 모습, 져서 슬퍼하는 다른 반의 친구 모습 등을 다양하게 나타냈다.
• 자신이 1등으로 들어와서 좋아하는 교사의 모습을 가장 위쪽에 그리고, 자신이 잘하는 일을 최선을 다해서 했기 때문에 교사가 자신을 좋아한다고 대답하였다.
• 급우들과의 상호작용이 거의 없었던 사전검사와 비교하여 전체적으로 밝고, 긍정적으로 표현되었다.
• 자신이 그린 그림이 어떤지를 물어보자, 너무 마음에 든다고 대답하면서 앞으로도 이런 모습을 급우들과 선생님에게 많이 보여주어야겠다고 말하는 것으로 보아 긍정적인 변화를 알 수 있다.</td>
</tr>
</table>

표 8-6 / 자아존중감과 사회성 검사의 사전-사후 점수 비교

구분		S	A	K	Y
자아존중감	사전	84	88	98	100
	사후	102	103	114	120
사회성	사전	101	109	111	116
	사후	129	127	169	163

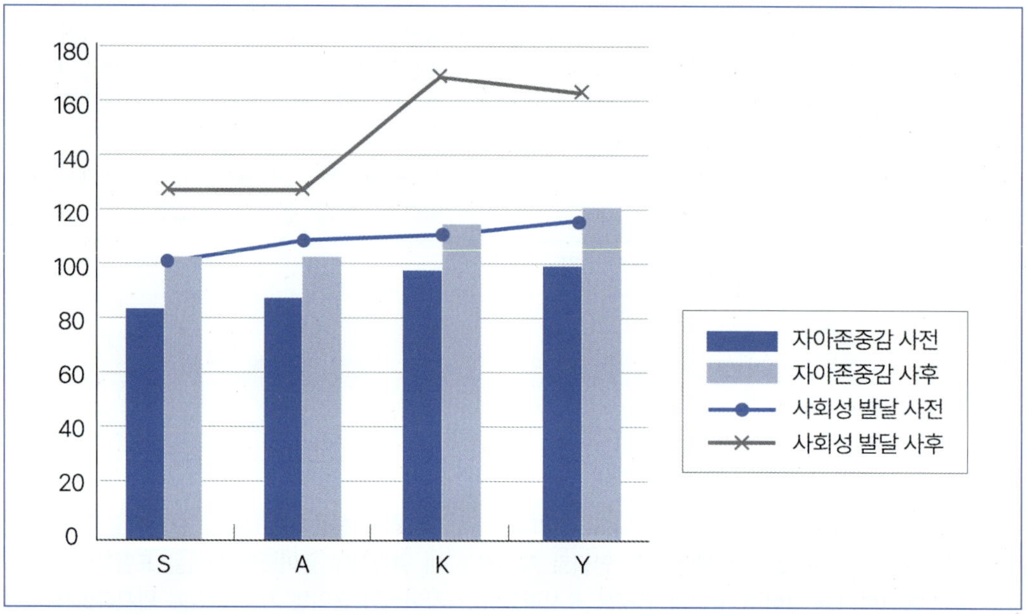

출처: 홍미영, 조봉환(2009). 부적응 아동의 자아존중감 및 사회성 발달을 위한 미술상담 사례 연구. **초등상담연구, 8**(1), 109-122.

2) 실험/통제집단 사전-사후검사 프로그램 효과 연구

사전-사후검사 프로그램 효과 연구와 유사한 실험연구 설계로 실험집단과 통제집단 간의 프로그램 실시 전후의 차이를 분석하는 방법이 있다. 즉, 특정 프로그램을 실시한 집단과 실시하지 않은 집단(또는 기존 프로그램을 실시한 집단)을 비교하는 연구설계이다.

이상적인 실험연구 설계는 동질적인 실험집단과 통제집단 각각에 대해 사전검사와 사후검사를 실시하여 효과를 검증하는 것이다. 이 방식은 실시한 특정 프로그램이 직접적인 원인이 되어 실험집단과 통제집단의 사후점수의 차이를 만들어낸 것인지를 검증할 수 있

다는 점에서 권장된다. 그러나 학술적 목적의 연구가 아닌 경우, 학교장면에서는 프로그램 실시 사전-사후검사 점수에 대한 차이를 검증하는 정도로 프로그램의 성과를 제시하는 경우가 많다.

다음은 실험집단과 통제집단을 선정하여 프로그램 실시 사전과 사후의 차이를 비교함으로써 프로그램의 효과를 검증한 연구이다. 이 연구는 게임을 활용한 행동적 집단상담이 ADHD 아동의 행동변화에 미치는 효과(조붕환, 임경희, 2002)를 검증한 것이다. 연구의 개요는 다음과 같다.

표 8-7 / 연구의 개요

1. **연구대상**: 실험집단과 통제집단 각 12명
   <선정기준>
   1) 담임교사 단축형 코너스 평정에서 17점 이상(ADHD 선별기준) 아동
   2) DSM-IV 진단기준에 합당하고, 신체적 또는 신경학적 질환이나 약물치료를 받은 경험이 없는 아동
   3) 지능검사(KEDI-WISC)에서 80 이상을 받은 아동
   4) 부모의 동의를 받은 행동적 집단상담을 수행할 수 있는 아동

2. **프로그램**: 주 2회(회기당 40분), 총 12회기, 게임을 활용한 행동수정 프로그램

3. **측정도구**
   1) 단축형 코너스(Conners) 평정척도, 코너스 교사평정척도(CTRS-R), ADHD 종합 교사 평정척도
   2) 아동행동평가척도(K-CBCL) 중 부모가 평정한 사회성 척도 6문항, 문제행동 척도 13문항
   3) 자기통제 평정척도

4. **분석 방법**
   1) 실험집단과 통제집단 사전검사 및 사후검사 차이분석
   2) 사전검사 점수를 공변인으로 통제한 공분산분석(ANCOVA): 사전검사 점수가 사후검사 점수에 영향력을 미칠 수 있다는 점을 고려

이 연구에서는 담임교사가 단축형 코너스(Conners) 평정척도를 통해 평정한 결과를 토대로 실험집단과 통제집단을 선정하고, 코너스 교사평정척도(CTRS-R), ADHD 종합교사평정척도, 부모의 아동행동평가척도(K-CBCL), 자기통제 평정척도를 사용하여 프로그램 실시 사전과 사후검사를 통해 프로그램의 효과성을 검증하였다. 다음은 코너스 교사평정 결과에 관한 자료이다.

표 8-8 / 코너스 교사 평정 사전과 사후검사 점수

구분		집단	N	사전검사		사후검사	
				M	*SD*	*M*	*SD*
코너스 교사 평정	품행문제	실험	12	16.75	2.95	13.25	2.98
		통제	12	15.91	2.10	15.00	2.13
	과잉행동	실험	12	14.66	1.55	11.58	1.72
		통제	12	14.00	2.13	13.66	2.22
	부주의-수동성	실험	12	14.75	2.37	12.16	1.58
		통제	12	15.16	2.40	14.66	2.26

표 8-9 / 코너스 교사 평정 사후검사 공변량분석(집단 간 효과검정)

종 속 변 인		자승합	자유도	자승평균	*F*	*p*
집단	품행문제	36.80	1	36.80	30.38***	.000
	과잉행동	45.85	1	45.85	115.36***	.000
	부주의-수동성	28.54	1	28.54	32.43***	.000

***p<.001

출처: 조붕환, 임경희(2002). 게임을 이용한 행동적 집단상담이 ADHD 아동의 행동변화에 미치는 효과. **아동학회지, 23**(5), 167-182.

사전검사 점수를 공변인으로 통제하여 실험집단과 통제집단의 코너스 교사평정 사후검사 점수에 차이가 있는지 공변량분석한 결과, 실험집단과 통제집단의 사후검사 하위요인(품행문제, 과잉행동, 부주의-수동성) 점수에서 모두 유의한 차이가 있음을 제시하고 있다. 이를 토대로 게임을 활용한 행동적 집단상담 프로그램이 코너스 교사 평정 결과 ADHD 아동의 품행문제와 과잉행동, 부주의-수동성을 감소시키는 데 효과가 있었음을 보고하였다.

3) 심리검사 개발 연구

척도개발의 과정은 '2장 4절. 심리검사의 개발과정'에서 구체적으로 설명하였으므로 자세한 내용은 2장을 참조하기로 한다. 다음은 학습흥미검사의 개발 및 표준화 연구(강영하, 조붕환, 임경희, 2003)의 예시이다. 연구의 개요와 검사 개발 및 표준화 과정에서 사용된 통계분석 방법은 다음과 같다.

표 8-10 / 학습흥미검사의 개발 과정과 통계분석 방법

단계	주요 내용
문항제작	• 교과목별 학교교육과정, 선행연구 이론 및 측정도구에 기초한 학습흥미 검사 하위영역 및 문항 구성
내용타당도 검증	• 현직 교사 및 교육학 박사학위 소지자의 전문가 내용타당도 평정
1차 예비검사 실시 및 본검사 문항 선정	• 중학교 1, 2학년 대상 1차 예비검사 실시 • 기술통계 및 신뢰도 분석 • 문항 표현 수정, 문항 삭제 및 영역별 문항분포 수정
2차 예비검사 실시 및 최종 문항 선정	• 중학교 1~3학년, 고등학교 1~3학년 대상 2차 예비검사 실시 • 탐색적 요인분석을 통한 문항 선별
규준제시	• 지역, 학년, 성별 중학생 및 고등학생 규준집단 구성 및 검사 실시
신뢰도 검증	• 내적일관성 신뢰도, 반분신뢰도 검증
공인타당도 검증	• 직업흥미검사, 학업성적, 학습유형진단검사 점수와의 상관분석을 통한 공인타당도 검증
교차타당도 검증	• 확인적 요인분석을 통한 교차타당도 검증

다음은 개발된 학습흥미검사의 신뢰도와 공인타당도 확인을 위한 학습흥미와 학업성적의 상관관계 분석 및 학습유형별 흥미검사에 대한 확인적 요인분석 결과 중 모형적합도와 경로모형을 제시한 것이다.

연구 결과 반분신뢰도와 내적일관성 신뢰도가 양호하게 나타났으며, 학습흥미와 학업성적의 하위교과목 간의 상관관계가 높게 나타나 공인타당도를 확보하고 있으며, 교차타당도 검증을 위한 확인적 요인분석 결과 학습유형별 흥미검사의 모형 적합도가 양호함을 보고하였다.

표 8-11 / 학습흥미검사의 신뢰도(내적일관성계수, 반분신뢰도 계수)

	문항 수	중학생 (n=1300)		고등학생 (n=1674)		남 (n=1523)		여 (n=1451)		전체 (n=2974)	
		내적	반분	내적	반분	내적	반분	내적	반분	내적	반분
국어흥미	12	.69	.63	.67	.54	.70	.59	.65	.53	.68	.56
수학흥미	20	.88	.83	.89	.83	.89	.84	.86	.80	.89	.87
사회흥미	16	.83	.76	.84	.76	.84	.78	.83	.74	.84	.76
과학흥미	18	.86	.80	.87	.80	.88	.83	.84	.77	.87	.80
기 · 가흥미	12	.80	.76	.80	.72	.81	.75	.74	.67	.80	.74
체육흥미	18	.87	.81	.86	.78	.87	.80	.84	.76	.87	.80
음악흥미	20	.89	.85	.89	.83	.90	.85	.88	.82	.89	.84
미술흥미	18	.86	.81	.87	.82	.88	.84	.85	.79	.87	.82
영어흥미	18	.91	.88	.90	.87	.91	.88	.90	.88	.90	.88
창의형흥미	10	.77	.75	.75	.72	.79	.77	.72	.67	.76	.73
사고형흥미	10	.78	.74	.76	.72	.79	.74	.75	.72	.77	.73
탐구형흥미	11	.83	.80	.82	.79	.82	.79	.80	.75	.83	.79
활동형흥미	9	.78	.77	.75	.74	.81	.80	.71	.70	.77	.75

표 8-12 / 학습흥미검사와 학업성적과의 상관계수

흥미 \ 성적	국어	수학	사회	과학	기가	체육	음악	미술	영어
국어흥미	.189**	.204**	.206**	.241**	.175**	.178**	.222**	.177**	.261**
수학흥미	.072	.321**	.128**	.227**	-.012	.067	.039	-.016	.187**
사회흥미	.119*	.212**	.272**	.217**	.071	.151**	.133**	.061	.227**
과학흥미	-.032	.112*	.079	.215**	-.058	.052	-.001	-.025	.125
기·가흥미	.168**	-.016	.090	.085	.171**	.144**	.156**	.161**	.092
체육흥미	-.127**	-.062	-.113*	-.035	.021	.024	-.092	.029	-.051
음악흥미	.143*	.131**	.115*	.132**	.077	.145**	.213**	.091	.162**
미술흥미	.119*	.173**	.115*	.198**	.120*	.070	.103*	.143**	.178**
영어흥미	.167**	.289*	.189**	.274**	.113*	.130**	.197**	.100*	.397**
창의형흥미	.134**	.097	.127*	.148**	.096*	.131**	.092	.078	.095*
사고형흥미	.218**	.356**	.285**	.328**	.128*	.181**	.240**	.124*	.283**
탐구형흥미	-.011	.083	.059	.170**	-.021	.093	.045	-.028	.097
활동형흥미	.079	.091	.027	.130**	.092	.056	.032	.091	.117*

* p<.005 ** p<.001

표 8-13 / 교차타당화에 사용된 학습유형별 학습흥미검사의 모형 적합도

모형	χ^2	df	NFI	NNFI	CFI	RMSEA
학습유형별 학습흥미검증모형	6684.831	768	.941	.944	.947	.051

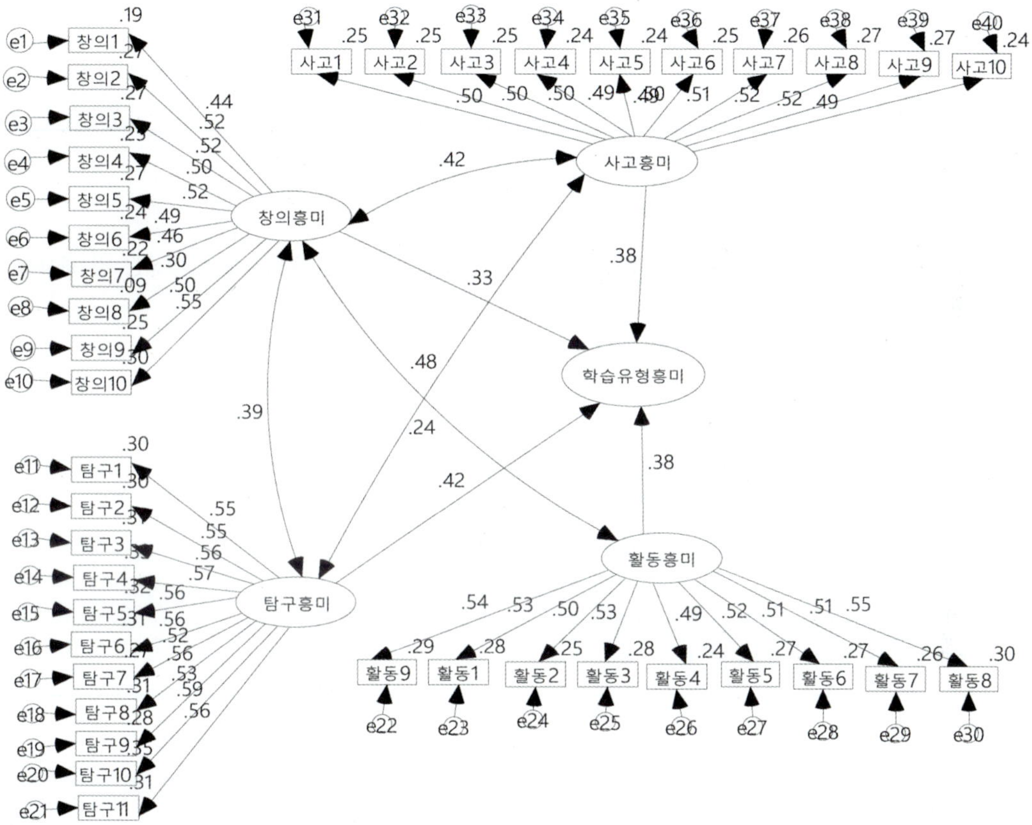

그림 8-1 / **학습유형별 학습흥미검사의 경로도형**

출처: 강영하, 조봉환, 임경희(2003). 학습흥미검사의 표준화를 위한 연구. **교육심리연구, 17**(4), 407-438.

4) 상담프로그램 개발 및 효과 연구

학교상담에서 활용할 수 있는 다양한 프로그램들이 보급되어 있지만 각 학교의 상황이나 학생특성과 필요에 따라 프로그램을 개발하여 활용해야 하는 경우도 많다. 프로그램을 개발하여 활용하는 경우 개발한 프로그램에 대한 효과검증이 수반된다.

다음은 학교에서 요구조사를 바탕으로 상담프로그램을 개발하고 이를 적용하여 효과를

검증한 연구의 예시이다. 이 연구는 중학교 학교상담 프로그램을 개발하여 효과를 검증한 신봉호(2010)의 연구이다. 중학교 교육과정과 교과서 분석, 청소년기 발달과업 분석, 미국과 국내 학교상담 선행연구에 대한 분석 및 중학교 1~3학년 학생, 학부모, 교사 대상 요구조사 결과를 토대로 중학교 학교상담 프로그램을 개발하였으며, 프로그램의 효과검증을 위한 측정도구를 개발하고, 프로그램을 실시한 후 이를 통해 효과를 검증하였다. 이 연구의 개요와 프로그램의 개발과정은 다음과 같다.

표 8-14 / 연구의 개요

1. **프로그램 주제**: 중학교 학급단위 학교상담 프로그램 개발
2. **프로그램 영역**: 중학교 학업발달, 진로발달, 인성 및 사회성 발달
3. **프로그램 구성**: 학년별 34차시 학급단위 학교상담 프로그램, 차시별 활동지침서, 학생용 및 교사용 자료 개발
4. **효과 검증 도구 개발**: 학업발달, 진로발달, 인성 및 사회성 발달의 영역별 3개 요인
   학습에 대한 동기 및 적극성, 학습에 대한 계획성 및 조직성, 학습전략, 진로 태도, 진로에 대한 자기이해, 진로에 대한 정보 수집 및 노력, 대인관계, 자아존중감, 학교환경 및 생활적응
5. **프로그램 실시**: 중 2학년 1개 학급 학생 대상으로 18회기의 프로그램 적용
6. **효과 분석**
   1) 실험집단과 통제집단의 사전-사후검사 점수 차이 분석
   2) 회기별 학생 경험보고서 및 상담자 관찰 내용 분석
   3) 프로그램에 대한 만족도 및 상담자에 대한 만족도
   4) 프로그램 참여 소감문 분석

표 8-15 / 중학교 학교상담 프로그램 개발 절차

단계	목표	주요 내용
1단계	목표설정	• 학생, 학부모, 교사 요구조사 • 한국 중학교 1, 2, 3학년 교과서 내용 분석 • 한국 중학교 교육목표 및 교과목표 분석 • 중학생 발달과업 분석 • 미국의 학교상담 목표 분석
2단계	내용선정	• 프로그램 내용 구성 모형 개발 • 선정된 목표를 체계적으로 조직 • 프로그램 내용 선정 • 프로그램의 내용과 구성의 타당성에 대한 전문가 자문 및 평가 • 프로그램 실시에 필요한 자료를 구조화하고 제작 • 프로그램 활동지 개발

단계	목표	주요 내용
3단계	실행	• 프로그램 실행 방법 결정 • 프로그램 실험 운영
4단계	평가	• 프로그램 효과를 검증할 수 있는 평가도구 개발 • 만족도 검사 • 질적 평가

프로그램의 효과는 실험집단과 통제집단의 사전검사와 사후검사 차이 검증 결과로 제시되었다. 다음은 학업발달, 진로발달, 인성 및 사회성 발달 영역 중 학업영역에 대한 효과검증 결과의 일부이다. 실험집단과 통제집단의 사전검사와 사후검사 점수를 분석한 결과, '학습전략'을 제외하고 학업영역이 총점을 비롯하여 '학습에 대한 동기 및 적극성', '학습에 대한 계획성 및 조직성' 영역에서 통계적으로 유의한 차이를 보였다. 이는 이 연구에서 개발한 학교상담프로그램은 학업 측면에 의미있는 효과를 가져왔음을 보여주고 있다.

표 8-16 / 학교상담 프로그램의 실험/통제집단의 사전-사후검사 차이 검증(학업영역)

영역	하위영역	집단		N	*M*	*SD*	*t*	*p*
학업	학습에 대한 동기 및 적극성	사전	실험	35	3.71	.39	.009	1.934
			통제	35	3.75	.41		
		사후	실험	35	4.03	.39	4.914*	.001
			통제	35	3.73	.41		
	학습에 대한 계획성 및 조직성	사전	실험	35	3.38	.34	.025	.959
			통제	35	3.40	.60		
		사후	실험	35	3.72	.45	4.846*	.002
			통제	35	3.45	.45		
	학습전략	사전	실험	35	3.54	.48	.014	.980
			통제	35	3.30	.55		
		사후	실험	35	3.78	.62	.450	.816
			통제	35	3.51	.51		
	학업 전체	사전	실험	35	3.50	.40	.016	.978
			통제	35	3.48	.52		
		사후	실험	35	3.91	.49	3.410*	.007
			통제	35	3.56	.46		

*p< .05

출처: 신봉호(2010). **중학교 학교상담 프로그램 개발**. 순천대학교 대학원 박사학위논문.

5) 근거이론을 적용한 학교상담 연구: 진로스토리 인터뷰 활용

다음은 근거이론을 적용한 김미숙(2022)의 질적연구 사례이다. 이 연구에서는 중학생들이 자신의 진로스토리를 어떠한 내용으로 어떻게 구성하고, 진로스토리에 나타난 진로선택 과정은 어떤 단계를 거치며, 어떠한 진로선택 유형이 존재하는지 탐색하고 있다. 연구의 개요는 다음과 같다.

표 8-17 / 연구의 개요

1. 연구대상
- 중학생 12명(1, 2, 3학년 각 4명)
- 미래자서전 글쓰기, 소그룹 면담 과정, 근거이론의 이론적 표본추출 방법에 따라 단계적으로 연구참여자로 선정

2. 연구과정
- 서면 동의 과정을 거쳐 4차의 개별 심층면담 실시

3. 면담도구
- 심층 면담질문지 개발
- Savickas(2011)의 진로구성인터뷰(Career Construction Interview: CCI)를 중학생 수준에 맞게 수정, 보완
- 5개의 질문범주(삶의 조망, 롤모델·좌우명·선호, 의미와 가치, 선택과 고민, 자원과 지원)로 재구성

4. 자료수집
- 주자료: 심층 면담자료
- 2차 자료: 생활기록부, 진로심리검사 결과, 참여자의 성장노트, 미래자서전, 학부모 전화 통화 등

5. 자료분석
- 2차 자료와의 일관성과 신뢰성 등을 검증하면서 심층면담 내용 분석
- Strauss와 Corbin(1998, 2008)의 근거이론 방법에 따른 개방코딩, 축코딩, 선택코딩
- 자료의 체계적 관리를 위한 질적 분석 소프트웨어 MAXQDA 2020 사용

이 연구에서는 심층면담 자료를 분석하여 116개의 개념, 29개의 하위범주, 4개의 상위범주를 도출하고, 패러다임모형과 과정분석을 통해 범주의 관계를 제시하고, 이러한 과정을 통해 중학생들의 진로스토리 구성에서 나타난 중심현상을 찾고, 중학생의 진로스토리에 나타난 잠정적 진로선택 과정과 그 과정에서 발견한 4가지 잠정적 진로선택유형을 도출하고 있다.

다음 <표 8-18>은 개념과 범주 도출의 일부 내용이며, [그림 8-2]는 연구 결과를 이론화하고 통합한 내용을 도표로 제시한 것이다.

표 8-18 / 진로스토리 개념과 범주 도출 결과(일부 내용 발췌)

개념	하위범주	범주
• 잠정적 진로선택의 시기가 있다고 생각함	잠정적 진로선택의 주관적 기준	진로스토리 속 다양한 진로행동: 잠정적 진로선택
• 중학생은 분야 선택과 잠정적 진로선택이 필요하다고 보고 있음		
• 자신에게 적합한 진로를 선택해야 함		
• 직업 능력과 가치가 중요하다고 생각		
• 부모의 기대, 권유를 무시할 수 없음		
• 심리검사 결과를 참고할 것임		
• 자기가 어떤 사람인지 알고 싶음	잠정적 진로선택의 고민내용	
• 잠정적 진로를 결정하고 싶은 소망이 있음		
• 효과적인 학습 방법을 알고 싶어함		
• 진로목표 도달과정과 방법을 알고 싶어함		
• 진학, 직업에 대한 정보를 알고 싶음		
• 자기탐색(자기이해) 활동을 하였음	발전적 (자기주도적) 진로고민 발생 요인	
• 직업탐색(직업·직무이해)을 하였음		
• 인지부조화가 생겼음		
• 부모가 진로선택의 자율성을 줌		
• 진로 결정 독립성이 높다고 생각함		
• 말과 행동의 불일치 및 의지가 박약함	갈등적(소모적) 진로고민 발생	
• 진로장벽 극복을 시도했으나 어려움		
• 진로성공에 대해 기대하고 확신함-실행, 방안	잠정적 진로 결정-필요 욕구	
• 꿈 너머 꿈이 있음-실행, 방안		
• 자신의 결정에 대한 확신이 없음-확신		
• 결정했으나 저울질을 하고 있음- 확신		
• 결정에 대한 조바심 있고 혼란스러움-결정		
• 다양한 꿈으로 선택의 어려움이 있음-결정		

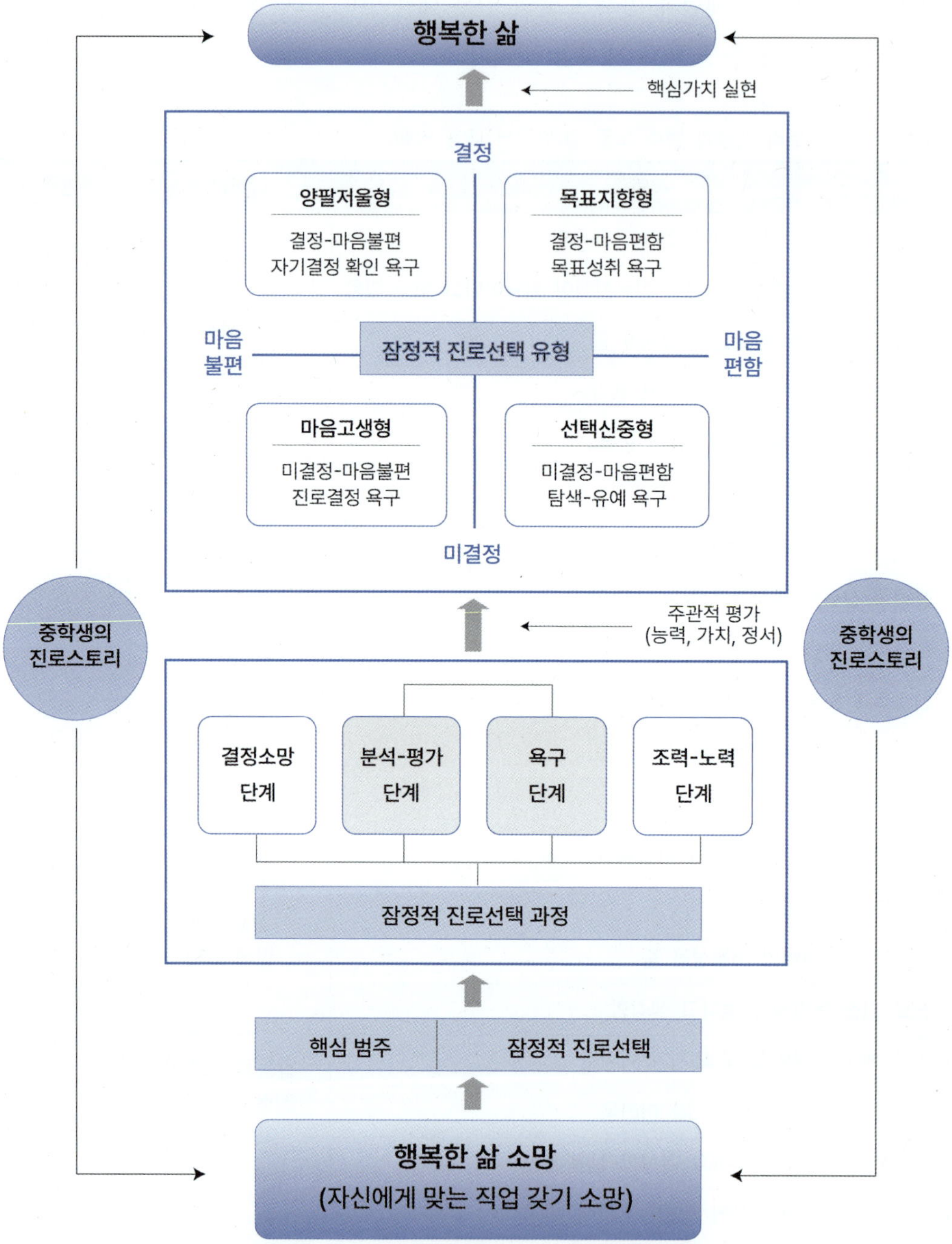

그림 8-2 / 중학생 진로선택 과정과 유형 이론화

출처: 김미숙(2022). 중학생의 진로선택 과정과 유형에 관한 질적 탐구. 순천대학교 대학원 박사학위논문.

참고문헌

강영하, 조붕환, 임경희 (2003). 학습흥미검사의 표준화를 위한 연구. **교육심리연구, 17**(4), 407-438.

고홍월, 권경인, 김계현, 김성회, 김재철, 김형수, 서영석, 이형국, 탁진국, 황재규 (2013). **상담연구방법론-한국상담학회 상담학 총서 12**. 서울: 학지사.

김미숙(2022). **중학생의 진로선택 과정과 유형에 관한 질적 탐구.** 순천대학교 대학원 박사학위논문.

김춘경, 이수연, 이윤주, 정종진, 최웅용 (2016). **상담학 사전**. 서울: 학지사.

송지준 (2019). **논문통계의 이해와 적용(SPSS와 AMOS를 활용)**. 서울: 21세기사.

신봉호 (2010). **중학교 학교상담 프로그램 개발 및 효과**. 순천대학교 대학원 박사학위논문.

유진은(2015). **양적연구방법과 통계분석**. 서울: 학지사.

이윤주, 문명현, 송영희, 김미연, 김예주, 김여흠, 지연정 (2014). **알기 쉬운 상담연구방법**. 서울: 학지사.

전용오, 김영빈, 신혜숙 (2016). **심리검사 및 측정.** 서울: 한국방송통신대학교 출판문화원.

조붕환, 임경희 (2002). 게임을 이용한 행동적 집단상담이 ADHD 아동의 행동변화에 미치는 효과. **아동학회지, 23**(5), 167-182.

최한나, 김은하, 김형수 공역 (2013). **상담연구방법론: 양적·질적·혼합적 방법론.** 서울: 학지사.

홍미영, 조붕환 (2009). 부적응 아동의 자아존중감 및 사회성 발달을 위한 미술상담 사례연구. **초등상담연구, 8**(1), 109-122.

Corrie, S., & Callanan, M. M. (2001). Therapists' beliefs about research and the scientist-practitioner model in an evidence-based health care climate: A qualitative study. *British Journal of Medical Psychology, 74,* 135-149.

Crane, R. D., & McArthur, H. (2002). Meeting the needs of evidence-based practice in family therapy: Developing the scientist-practitioner model. *Journal of Family Therapy, 24,* 113-124.

Haring-Hidore, M., & Vacc, N. A. (1988). The scientist-practitioner model in training entry-level counselors. *Journal of Counseling and Development, 6,* 286-288.

Hayes, S. C., Barlow, D. H., & Nelson-Gray, R. O. (1999). *The scientist-practitioner: Research and accountability in the age of managed care.* Boston: Allyn and Bacon

Kent, A. J., & Hersen, M. (2000). An overview of managed mental health care: Past, present & future. In A. Kent & M. Hersen (Eds.), *A Psychologist's proactive guide to managed mental health care* (pp. 3-19). Mahwah, NJ: Lawrence Erlbaum Associates.

Rosnow, R. L., & Rosenthal, R. (2005). *Beginning behavioral research: A conceptual primer* (5th ed.). Upper Saddle River, NJ: Pearson Prentice Hall.

Shavelson, R. J. (1996). *Statistical reasoning for the behavioral sciences* (3rd ed.). Needham Heights, MA: Allyn & Bacon.

CHAPTER 09

학교상담 성과 평정척도

일반적으로 학교 전체의 학교상담 활동에 대한 만족도 평가는 요구조사와 상담만족도 설문을 사용함으로써 확인할 수 있다. 그러나 개별 집단상담이나 개인상담의 구체적인 성과는 상담에 대한 전반적인 만족도 조사뿐만 아니라 프로그램 전후 및 상담진행 과정에서 필요한 심리검사와 적절한 평정척도 등을 활용함으로써 보다 명확하게 확인될 수 있다.

상담의 성과는 상담목표의 달성과 관련되어 있다. 학교상담은 내담자의 호소문제 해결과 더불어 기본적으로는 자아존중감 향상, 학교적응 및 행복감 향상을 목표로 삼고 있으므로, 결국 학교상담의 성과는 내담자의 문제해결은 물론 내담자가 학교에서 보다 잘 적응하고, 행복하게 지낼 수 있게 되었는지를 확인하는 것으로 평가될 수 있다.

여기에서는 학교상담의 기본적인 목표가 되는 자아존중감 향상, 학교적응 및 행복감 향상과 관련하여 학교상담자가 활용해 볼 수 있는 척도들을 소개하고자 한다. 이러한 척도들은 개인상담과 집단프로그램 등을 시작하는 과정과 종결과정에서 간편하게 활용할 수 있다. 상담목표에 따라 1~2가지 정도 척도로 사전-사후검사를 하는 것만으로도 상담성과의 확인 및 연구자료로 활용할 수 있다. 더불어 종합적인 상담성과 평가를 위해 사용할 수 있는 상담만족도, 청소년상담성과, 상담회기평가, 작업동맹평가 질문지를 소개한다.

내담자가 호소하는 구체적인 문제영역별 성과측정과 관련해서는 '2부 학교심리검사의 활용'에 제시한 학업, 진로, 성격 및 정신건강 영역의 다양한 심리검사를 활용할 수 있다.

1 자아존중감 관련 척도

1) 자아존중감 척도

자아존중감의 측정을 위해서는 Rosenberg(1965)가 개발한 자아존중감 척도(Self-Esteem Scale)와 Coopersmith(1967)의 자아존중감 척도를 많이 사용한다.

한국에서 Rosenberg의 자아존중감 척도(Self-Esteem Scale)는 전병제(1974)가 번안하였다. 긍정적 자아존중감 5문항과 부정적 자아존중감 5문항의 10문항으로 구성되어 있으며 '전혀 그렇지 않다(1점)'에서 '매우 그렇다(4점)'의 Likert 4점 척도이다. 부정적 문항은 역산 처리하고 점수가 높을수록 자아존중감이 높은 것을 의미한다. 문항내적합치도 Cronbach α는 .79이다.

표 9-1 / Rosenberg 자아존중감 척도 문항

번호	문항
1	나는 내가 다른 사람들처럼 가치 있는 사람이라고 생각한다.
2	나는 좋은 성품을 가졌다고 생각한다.
3	나는 대체적으로 실패한 사람이라는 느낌이 든다.
4	나는 대부분의 다른 사람들과 같이 일을 잘 할 수가 있다.
5	나는 자랑할 것이 별로 없다.
6	나는 내 자신에 대하여 긍정적인 태도를 가지고 있다.
7	나는 내 자신에 대하여 대체로 만족한다.
8	나는 내 자신을 좀 더 존경할 수 있으면 좋겠다.
9	나는 가끔 내 자신이 쓸모없는 사람이라는 느낌이 든다.
10	나는 때때로 내가 좋지 않은 사람이라고 생각한다.

출처: 전병제(1974.)

Coopersmith(1967)가 제작한 자아존중감 척도(Self-Esteem Inventory)는 강종구(1986)가 한국판으로 표준화하였다. 자기비하, 타인과의 관계, 지도력과 인기, 자기주장과 불안의 4개 하위영역 25문항이다. '전혀 그렇지 않다(1점)'에서 '매우 그렇다(4점)'의 Likert 4점 척도이며, 부정진술 문항은 역채점하며, 점수가 높을수록 자아존중감 수준이 높은 것을 의미한다. 문항내적합치도 Cronbach α는 .81이며, 하위요인별로는 자기비하 .69, 타인과의 관계 .66, 지도력과 인기 .58, 자기주장 .66으로 제시되어 있다.

자기존중감은 '사람이 세상과 직면했을 때 자기 자신에 대해서 갖는 태도와 신념'을 의미하며, 4가지 하위영역은 다음과 같다.

① **자기비하** : 자기 자신이 장점이 많다고 생각하며, 자신의 존재가치를 인정하고 쉽게 포기하지 않는 경향

② **타인과의 관계** : 다른 사람의 사랑을 받고 있다고 생각하는 경향

③ **지도력과 인기** : 타인에게 인기가 있다고 생각하며, 자신이 남보다 강하다고 생각하는 경향

④ **자기주장** : 자신이 행복하다고 생각하며, 자신 생활태도에 자신감이 있는 경향

하위영역	문항 수	문항 번호	
		긍정진술문항	부정진술문항
자기비하	5		1, 3, 11, 15, 16
타인과의 관계	7	10, 20	6, 7, 9, 21, 22
지도력과 인기	6	5, 8, 14	2, 18, 25
자기주장과 불안	7	4, 19, 24	12, 13, 17, 23

표 9-2 / Coopersmith 자아존중감 척도 문항

번호	문항
1	나는 '내가 다른 사람이라면 좋겠다'라는 생각을 할 때가 있다.
2	나는 여러 사람 앞에서 말하는 것이 힘들다.
3	나는 할 수만 있다면, 내 자신의 많은 부분을 바꾸겠다.
4	나는 내 마음을 결정하는 데 있어서 별로 어려움이 없다.
5	다른 사람들은 나와 함께 있는 것을 좋아한다.
6	나는 집에서 화를 내거나, 짜증을 잘 낸다.
7	나는 무언가 새로운 것에 익숙해지기까지 시간이 많이 걸린다.
8	나는 내 또래의 친구들 사이에서 인기가 있다.
9	우리 부모님은 나에게 너무 많은 것을 기대한다.
10	우리 가족은 나의 감정을 존중해 준다.
11	나는 아주 쉽게 포기해버리는 성격이다.
12	나는 내 뜻대로 살아가기가 참 힘들다.
13	내 인생의 모든 일들이 뒤죽박죽되어 있다.

번호	문항
14	다른 사람들이나 친구들은 대체로 내 의견을 따른다.
15	나는 내 자신이 별로 신통치 않다고 생각한다.
16	나는 집을 나가고 싶은 생각이 자주 든다.
17	나는 자주 내가 하는 일이 짜증스럽다.
18	나는 다른 사람만큼 잘 생기지 않았다.
19	나는 하고 싶은 말은 서슴지 않고 말한다.
20	부모님은 나를 잘 이해해 주신다.
21	대부분의 사람들은 나보다 더 인기가 있는 것 같다.
22	우리 가족들은 나를 간섭하는 경우가 많다.
23	나는 내가 하고 있는 일에 종종 실망을 한다.
24	나는 꽤 행복한 편이다.
25	나는 나의 현재 학교생활에 대해 자랑스럽게 생각한다.

출처: 강종구(1986)

2) 자아개념 검사

자아개념은 한 개인이 자신을 어떻게 지각하고 있는가 하는 것이다. 자기 자신에 대한 긍정, 부정적인 생각, 느낌, 기대 등을 의미하는 것으로 자신에 대한 평가적 관념이다. 송인섭(1990)의 중·고등학생 자아개념 검사는 2개의 검사로 구성되어 있다. 검사 1은 일반 자아개념(18문항), 학문적 자아개념(50문항), 중요 타인 자아개념(41문항), 정의적 자아개념(30문항)으로 구성되며, 검사 2는 국어, 영어, 수학, 사회, 과학, 예체능과 관련된 자아개념 각각 18개씩으로 구성되어 있다. '전혀 그렇지 않다(1점)'에서 '매우 그렇다(4점)'의 Likert 4점 척도로 구성되어 있다. 검사시간은 약 40~50분 정도이다. 각 하위척도별 문항내적합치도 Cronbach α는 .81~94이다.

초등학생 자아개념 척도(송인섭, 1996)는 일반적 자아개념, 학업적 자아개념, 사회적 자아개념, 정서적 자아개념의 4개 하위영역 총 65문항으로 구성되어 있다. 각 문항에 대한 아동의 지각 정도를 '예-아니요' 중 하나를 선택하도록 되어 있다. 긍정적 진술문항에서 '예' 1점, '아니요'를 0점으로 환산하되, 부정적 진술 문항에서 예'를 0점 '아니요'를 1점으로 환산하여 총점수를 산출하며 점수가 높을수록 자아개념이 높은 것을 나타낸다. 문항내적합치도 Cronbach α는 일반적 자아개념 .67, 학업적 자아개념 .91, 사회적 자아개념 .90, 정서적 자아개념 .74, 전체 자아개념 .95이다.

① **일반자아** : 하위영역들을 모두 포함하는 상위개념으로 총체적인 자신의 모습에 대한 지각

② **학업적 자아** : 학생이 가지고 있는 전문성 정도, 공부에 대한 긍정적, 부정적 지각

③ **사회적 자아** : 대인관계와 중요하다고 인정되는 타인에 대한 지각 정도, 사회적 인간 관계, 가족 간의 관계 등을 포함

④ **정서적 자아** : 정의적 반응성, 이상성, 성격에 관한 지각과 신체 및 외모에 대한 지각

하위영역	문항 수	문항 번호	
		긍정진술문항	부정진술문항
일반적 자아개념	16	1, 2, 3, 4, 5, 7, 9, 10, 14, 15	6, 8, 11, 12, 13, 16
학업적 자아개념	18	17, 19, 23, 24, 25, 26,27, 28, 29, 30, 31, 32, 33, 34	18, 20, 21, 22
사회적 자아개념	17	35, 37, 39, 40, 42, 43, 45, 46, 47	36, 38, 41, 44, 48, 49, 50, 51
정서적 자아개념	14	52, 53, 54, 55, 56, 57, 62, 63, 64	58, 59, 60, 61, 65

표 9-3 / 아동 자아개념검사 문항

번호	문항
1	나는 나에 대해 자신을 갖는 편이다.
2	나는 큰 어려움 없이 내 마음을 결정할 수 있다.
3	나는 행복한 사람인 것 같다.
4	나는 항상 기분이 좋다.
5	나는 나를 잘 알고 있다.
6	나는 모든 일에 매우 어려움을 느낀다.
7	나는 "지금의 내"가 마음에 든다.
8	나는 지금의 내가 아닌 다른 사람이 되고 싶다.
9	나는 내가 하는 일이 마음에 든다.
10	나는 모든 일을 잘 한다.
11	나는 결심을 잘 못한다.
12	나는 나 자신을 못났다고 생각한다.
13	나는 내가 바보스럽다고 생각한다.
14	나는 세상 일들이 즐겁다.
15	나는 쉽게 그만두지 않는다.
16	나의 생활은 여러 가지 일로 복잡한 것 같다.
17	나는 반 친구들 앞에서 말을 잘한다고 생각한다.
18	나는 수업시간 중에 질문을 받았을 때 떨린다.

번호	문항
19	나는 우리 반에서 즐겁게 생활한다.
20	나는 반 친구들 앞에 서서 말하는 것이 싫다.
21	나는 우리 반에서의 활동이 마음에 들지 않는다.
22	나는 공부를 못한다고 느끼는 편이다.
23	나는 내 통지표가 자랑스럽다.
24	나는 즐거운 마음으로 학교 공부를 하고 있다.
25	나는 좋은 점수를 받을 수 있다고 생각한다.
26	내 성적은 친구들의 성적보다 좋다.
27	나의 실력은 나의 친한 친구보다 우수한다.
28	나는 학교 공부를 계속해 나갈 능력이 있다고 본다.
29	나는 학교 공부에서 좋은 성적을 받을 실력이 있다고 본다.
30	나는 누구보다도 공부를 잘할 수 있는 실력이 있다고 본다.
31	나는 공부에 관한 내 실력에 만족한다.
32	나는 나의 실력에 대해 자랑스럽게 느낀다.
33	나는 공부할 때 어려운 문제들을 잘 풀 수 있다.
34	나는 공부할 능력이 있다고 본다.
35	나는 다른 사람들과 사이좋게 지낸다.
36	나는 다른 사람들과 친하게 지내기가 어렵다.
37	친구들은 나와 놀기를 좋아한다.
38	나는 친구 사귀기가 어렵다.
39	나는 행복한 가정의 한 사람이다.
40	우리 가족들은 나를 사랑한다.
41	다른 집 아이가 부럽다.
42	나는 가족들과의 관계에 만족한다.
43	나는 가족들을 좋아한다.
44	우리 집에서는 아무도 나를 돌보아 주지 않는다.
45	우리 부모님들은 나를 이해하신다.
46	나는 부모님과 함께 있으면 즐겁다.
47	우리 식구들은 나를 소중히 여긴다.
48	나는 식구들에게 나쁘게 행동한다.
49	나는 식구들과 잘 싸운다.
50	우리 가족들은 나에게 실망하고 있다.
51	우리 식구들은 나를 놀린다.
52	나는 솔직한 사람이라고 생각한다.

번호	문항
53	나는 명랑한 사람이라고 생각한다.
54	나는 남에게 대접받을 만하다고 생각한다.
55	나는 항상 착하다고 생각한다.
56	나는 나 자신이 강한 사람이라고 생각한다.
57	나는 나쁜 사람이라고 생각한다.
58	나는 부끄러움을 잘 탄다.
59	나는 겁이 많다.
60	나는 멋있는 사람이다.
61	할 수만 있다면 나는 나 자신을 바꾸고 싶다.
62	나는 나의 겉모습에 만족한다.
63	나의 눈은 잘 생겼다.
64	나는 손재주가 있다.
65	나는 겉모양이 단정치 못한 사람이다.

출처: 송인섭(1996)

3) 아동 자아강도척도

아동 자아강도척도(ESSC: Ego Strength Scale for Children)는 김세영과 박부진(2013)이 자아의 통합적인 기능을 측정하기 위하여 개발 및 타당화하였다. 자아강도의 하위요인은 유능성, 주도성, 탄력성, 사회성으로 총 26문항으로 '전혀 그렇지 않다(1점)'에서 '매우 그렇다(5점)'의 Likert 5점 척도로 구성되어 있다. 문항내적합치도 Cronbach α는 유능성 .88, 주도성 .87, 사회성 .84, 탄력성 .81, 전체 자아강도 .94이다.

① **유능성** : 자신감이 높고 자신에게 충분한 능력이 있다고 생각하며 자신의 능력을 발휘하고 싶어 하는 내적 태도

② **주도성** : 주도적으로 생각하고 결정하며, 타인에게 의존하기보다 내적 통제에 의해 스스로 계획하고 목표를 달성하기 위해 노력하는 특성

③ **탄력성** : 위기상황이나 스트레스 상황에서 자신을 보호하며 탄력적으로 평상심을 회복하고 행동을 유지하는 특성

④ **사회성** : 타인에 대한 신뢰감을 바탕으로 효과적으로 관계를 형성해가며 외향적 정서 표현과 함께 사회적 상황에 성실하게 대처하는 특성

하위영역	문항 수	문항 번호
유능성	7	1~7
주도성	7	8~14
탄력성	6	15~20
사회성	6	21~26

표 9-4 / 아동 자아강도척도 문항

번호	문항
1	나는 내가 괜찮은 사람이라고 생각한다.
2	나는 소중한 존재이다.
3	나는 내가 좋다.
4	나는 내가 세상에 도움이 되는 사람이라고 생각한다.
5	나는 앞으로 멋진 사람이 될 것 같다.
6	나는 내 성격이 마음에 든다.
7	나는 어른이 되어서 하고 싶은 일이 분명하고, 그 꿈을 이룰 수 있을 것 같다.
8	나는 내가 하고 싶은 일에 대해서는 스스로 계획을 세운다.
9	나는 누가 시키는 일보다 스스로 하는 일을 더 좋아한다.
10	나는 누가 시키지 않아도 내 일을 스스로 잘 챙겨한다.
11	나는 한번 시작한 일은 끝을 본다.
12	나는 어려운 일이라도 내가 하고 싶으면 일단 도전한다.
13	나는 스스로 최선을 다한다.
14	나는 의지가 강하다.
15	나는 속상한 마음을 금방 떨쳐버릴 수 있다.
16	나는 힘든 일이 있어도 금세 다시 편안해진다.
17	나는 떨리고 긴장되는 상황에서 마음이 편안해지는 방법을 알고 있다.
18	나는 스트레스 푸는 방법을 여러 가지 사용한다.
19	나는 어디에 가든지 금방 적응한다.
20	나는 갑작스러운 일에 크게 당황하지 않는다.
21	나는 몸을 움직이며 사람들과 어울리는 것이 즐겁다.
22	나는 다른 친구들과 함께 숙제하고 공부하는 것이 즐겁다.
23	나는 친구들과 잘 어울린다.
24	나는 친구들과 경쟁하거나 협동하는 것이 즐겁다.
25	나는 어떻게 해야 친구들과 잘 지낼 수 있는지 알고 있다.
26	다른 사람들은 나를 잘 이해해 준다.

출처: 김세영, 박부진(2013)

2 학교적응 관련 척도

1) 학교적응검사

김용래(2000)의 학교적응검사는 1993년 제작되었으며, 1995년 부분적으로 수정하여 신뢰도와 타당도를 제시한 바 있다. 2000년도 이후 대부분의 연구는 김용래(2000)의 학교적응검사를 사용하고 있다. 학교환경적응, 학교교사적응, 학교수업적응, 학교친구적응, 학교생활적응의 5개 하위요인으로 구성되어 있으며, 총 41문항이다. '전혀 그렇지 않다(1점)'에서 '매우 그렇다(5점)'의 Likert 5점 척도이며, 점수가 높을수록 학교적응력이 높음을 의미한다. 문항내적합치도 Cronbach α는 학교환경적응 .92, 학교교사적응 .92, 학교수업적응 .83, 학교친구적응 .80, 학교생활적응 .82, 전체 척도 .96으로 제시되어 있다.

① **학교환경적응**(School environment-related adjustment) : 학교환경을 바르게 수용해서 자신의 요구를 적절하게 조절하고, 학교환경에서 수반하는 스트레스에 대처해가는 정도

② **학교교사적응**(School teacher-related adjustment) : 학교교사와의 관계에서 모든 것을 바르게 이해하고 자신의 요구를 교사에게 적절하게 조절하며, 교사와의 관계에서 수반하는 스트레스를 적절하게 대처해가는 인간관계의 정도

③ **학교수업적응**(School instruction-related adjustment) : 학교의 수업상황에서 일어나는 제반 일들을 바르게 수용하고 수업시간에 자신의 요구를 적절하게 조절하며, 유발하는 스트레스를 건전하게 대처하고 있는 정도

④ **학교친구적응**(School friends-related adjustment) : 학교친구들과의 대인관계에서 일어나는 제반 일들을 바르게 이해하고 자신의 요구를 적절하게 조절하며, 친구와의 사이에서 유발되는 각종 스트레스를 건전하게 대처해가는 정도

⑤ **학교생활적응**(School life-related adjustment) : 학교생활은 교내의 규칙과 질서, 각종 행사, 시설물의 활용, 준비물의 지참, 교내 홍보와 게시물의 확인 등이 주요 사항이다. 이들 사항을 중심으로 한 학교생활 전반에서 일어나는 일들을 올바르게 파악하면서 학습자 개인에게 유발하는 여러 스트레스를 잘 대처해가는 정도

하위영역	문항 수	문항 번호
학교환경적응	9	7, 9, 10, 11, 12, 13, 14, 15, 16
학교교사적응	9	24, 25, 26, 27, 28, 29, 30, 31, 32
학교수업적응	8	33, 34, 35, 37, 38, 39, 40, 41
학교친구적응	8	5, 17, 18, 19, 20, 21, 22, 23
학교생활적응	7	1, 2, 3, 4, 6, 8, 36

표 9-5 / 학교적응검사 문항

번호	문항
1	나는 학교생활에서 필요한 규칙과 질서를 지키고 있다.
2	나는 학교의 모든 행사에 즐거운 마음으로 반드시 참여한다.
3	나는 학교에서 마련한 시설이나 비품들을 내 것처럼 소중하게 여기면서 생활한다.
4	나는 학교에서 나에게 맡기는 일을 즐거운 마음으로 한다.
5	나는 친구들과 학교에서 즐겁고 재미있게 지낸다.
6	나는 학교에서 요구하는 준비물들을 반드시 준비한다.
7	나는 우리 학교에 다니면서 공부하고 있는 것을 매우 만족하게 생각한다.
8	나는 교내의 안내 게시물을 잘 살피고 교내방송을 주의 깊게 듣는다.
9	나는 우리 학교의 구석구석 교내환경이 나의 마음에 든다.
10	나는 지금 다니고 있는 우리 학교 주변 환경에 만족하고 있다.
11	나는 우리 학교 내에 있는 어느 공간에 대해서든 편안함을 느낀다.
12	나는 우리 학교 환경을 다른 학교 친구들에게 자랑한다.
13	나는 우리 학교에서 정서적으로 안정감을 가지고 공부하고 있다.
14	나는 우리 학교에서 마음 편하게 열심히 공부하고 있다.
15	나는 우리 학교가 공부하기에 좋은 환경이라고 믿는다.
16	나는 지금의 학교환경에서 공부하고 있는 것을 다행으로 생각한다.
17	나는 학교에서 어떤 친구들에게나 친절하게 대한다.
18	나는 나를 이해하고 아끼는 우리 학교 친구들이 많다고 생각한다.
19	나는 나의 문제에 우리 학교 친구들의 도움을 많이 받는다.
20	나는 우리 학교 친구 중 어려움을 당하면 잘 도와준다.
21	나는 학교에서 어떤 일로 친구와 다투는 경우면 내가 먼저 사과한다.
22	나는 우리 학교 친구들을 사랑하고 의지한다.
23	나는 내 고민거리를 우리 학교 친구와 제일 먼저 의논한다.
24	나는 학교에서 선생님들과 편안하게 이야기하고 의논한다.
25	나는 학교 밖에서 우리 학교 선생님을 만나면 반갑게 인사를 한다.

번호	문항
26	나는 편애 없이 공평하고 친절하신 우리 학교 선생님을 존경한다.
27	나는 우리 학교 선생님들이 친구처럼 다정함을 느낄 때가 많다.
28	나는 우리 학교에 나를 이해하고 인정하는 선생님이 계신다고 믿는다.
29	나는 학교 내에서 마음 놓고 이야기할 수 있는 선생님이 계신다는 것을 감사한다.
30	나는 열심히 가르치시는 우리 학교 선생님들에게 감사하고 있다.
31	나는 우리 학교 선생님들이 자상하고 가까이하기에 부담이 없다고 느낀다.
32	나는 우리 학교 선생님들이 부모처럼 느껴진다.
33	나는 학교에서 수업시간 동안에는 관심을 가지고 열심히 듣는다.
34	나는 수업시간에 선생님의 질문에 편안한 마음으로 대답한다.
35	나는 학교 수업시간에 배운 내용을 그 시간에 이해한다.
36	나는 우리 학교 내에서 생활이 즐겁다.
37	나는 어떤 교과목의 수업시간에도 스트레스를 받지 않는다.
38	나는 학교의 수업내용에 대해서 항상 예습하고 복습하는 편이다.
39	나는 학교에서 수업시간에 배우는 내용을 빠짐없이 잘 정리하고 있다.
40	나는 학교의 모든 교과목 수업에 대해 나의 최선을 다하고 있다.
41	나는 학교에서 제일 중요한 일은 수업활동이라고 믿는다.

출처: 김용래(2000)

2) 학교행복감 척도

학교행복감 척도는 김종백과 김태은(2008)이 개발하였다. 친구관계, 교사관계, 환경만족, 자기효능감, 학습 즐거움, 심리적 안정의 6개 하위요인으로 구성되어 있으며, 요인별 4문항씩 전체 24문항이다. 채점방식은 5점 Likert 척도로, 점수가 높을수록 지각하는 학교행복감이 높은 것을 의미한다. 문항내적합치도 Cronbach α는 친구관계 .76, 교사관계 .86, 환경만족 .79, 자기효능감 .71, 학습활동 즐거움 .82, 심리적 안정 .67, 전체 척도 .89로 제시되어 있으며, 하위요인은 다음과 같다.

① **친구관계**: 학교에서 친구들과의 친밀한 정도

② **교사관계**: 학교에서 교사와의 친밀한 정도

③ **환경만족**: 학교의 물리적 환경에 대한 만족 정도

④ **자기효능감**: 자신의 능력과 성취에 대한 긍정적 믿음 정도

⑤ **학습활동 즐거움**: 학교에서의 학습활동에 만족하는 정도

⑥ **심리적 안정**: 수업 및 공부, 과제에 대한 태도

하위영역	문항 수	문항 번호	
		긍정진술문항	부정진술문항
친구관계	4	1, 7, 13	19
교사관계	4	2, 8, 14, 20	
환경만족	4	3, 9, 15, 21	
자기효능감	4	4, 10, 16, 18	
학습활동 즐거움	4	5, 11, 17, 23	
심리적 안정	4		6, 12, 22, 24

표 9-6 / 학교행복감 척도 문항

번호	문항
1	학교에는 내가 좋아하는 친구가 있어서 기쁘다.
2	학교에는 나를 잘 알고 따뜻하게 대해 주시는 선생님이 있어서 좋다.
3	학교는 내가 원하는 것을 잘 배우 수 있도록 장소와 기구들이 잘 갖추어져 있다.
4	학교에서 주어진 과제나 일을 정해진 시간에 해내는 내 자신에 대해 만족한다.
5	학교에서 공부를 하면 내가 아는 것이 많아지는 것 같아 기분이 좋다.
6	학교에 있으면 신경쓸 일이 많아 피곤하다.
7	친구들과 즐겁게 이야기를 나눌 수 있어 학교생활이 즐겁다.
8	학교에 내가 좋아하는 선생님이 있어서 기쁘다.
9	학교에는 운동장과 같이 마음껏 뛰어놀 수 있는 곳이 있어 즐겁다.
10	공부를 위해 스스로 계획하고 실천하려는 내 자신에게 뿌듯함을 느낀다.
11	학교에서 공부를 하며 새로운 것을 알아가는 것이 재미있다.
12	학교 공부로 인한 스트레스로 종종 기분이 좋지 않다.
13	학교에서 친구들과 같이 놀거나 밥 먹는 시간이 즐겁다.
14	우리 반 선생님과 이야기 나누는 것이 즐겁다.
15	학교에는 친구들과 함께 쉴 수 있는 장소가 여러 곳이 있어 좋다.
16	말이나 행동을 하기 전에 한 번 더 곰곰이 생각해 보는 내 자신이 기특하다.
17	수업시간에 배운 것은 앞으로 살아가는 데 도움이 되기 때문에 중요하다.
18	유머가 있어 친구들을 즐겁게 해주는 내 자신이 자랑스럽다.
19	학교에 친한 친구가 없어서 학교생활이 재미없다.
20	우리 반 선생님이 나에게 신경을 많이 써주셔서 고마움을 느낀다.
21	우리 학교는 이곳저곳이 아름답게 꾸며져 있어 기분이 좋다.
22	수업시간에 종종 다른 생각에 빠져 있다.
23	좋아하는 과목이 있어 학교생활이 재미있다.
24	학교에서 해야 할 일과 숙제 때문에 기분이 좋지 않을 때가 많다.

출처: 김종백, 김태은(2008)

3 생활만족 및 행복감 관련 척도

1) 삶의 만족도 척도

삶의 만족도 척도(Satisfaction with the Life Scale: SWLS)는 Diener 등(1985)이 개발한 것으로 전반적인 삶에 대해 만족하는 정도를 측정하기 위해 널리 사용되는 척도이다. 총 5문항으로 Likert 7점 척도로 평정한다. 한국판은 조명한과 차경호(1998)가 번안하였으며, 임영진(2012)이 청소년을 대상으로 타당화하였다.

아동용 삶의 만족도 척도(Satisfaction with Life Scale for Children: K-SWLS-C)는 Diener 등(1985)이 개발한 삶의 만족도 척도를 Gadermann, Schonert-Reichl과 Zumbo(2010)가 수정, 보완하여 9~14세 아동 및 청소년을 대상으로 개발한 것이다. 임영진(2013) 한국판으로 번안하였으며, '전혀 그렇지 않다' 1점에서 '매우 그렇다' 5점의 Likert 5점 척도로 평정하며, 총 5문항이다. 점수가 높을수록 삶의 만족도의 수준이 높음을 뜻한다. 임영진(2013)이 제시한 문항내적합치도 Cronbach α는 .94이다.

표 9-7 / 아동용 삶의 만족도 척도 문항

번호	문항
1	대체로 나의 삶은 내가 원하는 모습과 비슷하다.
2	내 삶의 상황은 아주 좋다.
3	내 삶은 행복하다.
4	지금까지 나는 내 삶에서 원하는 중요한 것들을 얻었다.
5	다시 태어난다 해도, 나는 지금처럼 살아갈 것이다.

출처: 임영진(2013)

2) 아동 행복감 척도

아동 행복감 척도는 강영하(2008)가 암묵적 접근을 통하여 구성요인을 확인하고 개발한 검사이다. 자기존중감, 낙관주의, 친구관계, 가정환경의 4개 하위요인으로 구성되어 있으며, 총 36문항이다. '전혀 그렇지 않다' 1점에서 '매우 그렇다' 5점의 Likert 5점 척도로 점수가 높을수록 행복감이 높은 것으로 본다. 문항내적합치도 Cronbach α는 자기존중감 .89, 낙관주의 .87, 친구관계 .88, 가정환경 .85, 전체 척도 .95로 제시되어 있으며, 하위요인의 내용은 다음과 같다.

① **자기존중감 :** 자아수용성, 자기효능감, 능력, 학습활동에 대한 지식

② **낙관주의 :** 일상생활과 미래에 대한 긍정적 인식

③ **친구관계 :** 원만한 또래관계 여부

④ **가정환경 :** 가정의 분위기 및 가족관계에 대한 인식

하위영역	문항 수	문항 번호
자기존중감	12	1, 3, 5, 9, 11, 14, 19, 23, 25, 32, 36
낙관주의	10	2, 6, 10, 15, 16, 18, 20, 21, 27, 31
친구관계	6	12, 17, 22, 26, 28, 34
가정환경	8	4, 8, 13, 24, 29, 30, 33, 35

표 9-8 / 아동 행복감 척도 문항

번호	문항
1	나는 남보다 잘하는 것이 있다.
2	나는 되도록 긍정적으로 생각하려고 한다.
3	친구들이 나를 잘 따른다.
4	부모님은 나를 사랑하신다.
5	나는 내가 하는 일이 잘될 거라는 믿음을 가지고 있다.
6	나는 평소에 잘 웃는 편이다.
7	나는 친구들과 사이좋게 지낸다.
8	우리 집은 걱정거리가 없다.
9	나는 나보다 남을 먼저 생각한다.
10	나는 지금의 내 생활에 만족한다.
11	나는 친구가 많다.
12	나는 형(언니, 누나, 오빠, 형)이나 동생들과 사이좋게 지낸다.
13	나는 예의가 바르다.
14	나는 내 특기(강점)를 생활 속에서 잘 활용하고 있다.
15	나는 친구들에게 인기가 있다.
16	우리 집은 화목(행복)하다.
17	나는 거짓말을 하지 않는다.

번호	문항
18	나는 사람들과 잘 어울린다.
19	나에게는 마음이 통하는(잘 맞는) 진정한 친구가 있다.
20	나는 평소에 부모님의 칭찬을 많이 듣는다.
21	나는 정(사랑, 친근감)이 많다.
22	나는 학교에 다니는 것이 즐겁다.
23	부모님은 내가 원하는 것을 잘 들어주신다.
24	나는 지혜롭다.
25	나는 요즘 마음이 편안하다.
26	친구들이 나를 도와준다.
27	나는 부모님을 기쁘게 해드린다.
28	나는 용감(용기)하다.
29	나는 기쁠 때가 많다.
30	나는 부모님과 말이 잘 통한다.
31	나는 평소에 다른 사람들의 관심을 많이 받는다.
32	나는 외롭지 않다.
33	나는 다른 사람들로부터 인정을 받는다.
34	나는 걱정이 없다.
35	나는 모든 일에 자신이 있다.
36	나는 공부를 잘 한다.

출처: 강영하(2008)

3) 심리적 안녕감 척도

심리적 안녕감 척도는 Ryff(1989)가 개발한 심리적 안녕감 척도를 김명소 등(2001)이 번안하였다. 긍정적 대인관계, 환경통제력, 삶의 목적, 자아수용, 자율성, 개인적 성장의 6개 요인으로 총 44문항으로 구성되어 있다. '전혀 그렇지 않다' 1점에서 '매우 그렇다' 6점의 Likert 6점 척도로, 점수가 높을수록 심리적 안녕감이 높은 것을 의미한다. 문항내 적합치도 Cronbach α는 하위요인별로 .67~.84이고, 전체 척도는 .91로 제시되었다.

하위영역	문항 수	문항 번호	
		긍정진술문항	부정진술문항
긍정적 대인관계	7	13, 38	4, 9, 20, 27, 46
환경통제력	8	1, 14, 25, 30, 44	6, 16, 40
삶의 목적	7	28, 32, 35	7, 11, 18, 23
자아수용	8	3, 8, 19, 24, 39, 42	12, 26
자율성	8	5, 10, 15, 29, 43	21, 33, 36
개인적 성장	8	17, 31, 37	2, 22, 34, 41, 45

표 9-9 / 심리적 안녕감 문항

번호	문항
1	나에게 주어진 상황은 내게 책임이 있다고 생각한다.
2	현재의 내 활동반경(생활영역)을 넓힐 생각이 없다.
3	살아온 내 인생을 돌이켜볼 때 현재의 결과에 만족한다.
4	남들과 친밀한 인간관계를 유지하는 것이 어렵고 힘들다.
5	대다수의 사람들과 의견이 다를 경우에도, 내 의견을 분명히 말하는 편이다.
6	매일 매일 해야 하는 일들이 힘겹다.
7	그저 하루 하루를 살아가고 있을 뿐 장래에 대해서는 별로 생각하지 않는다.
8	나 자신에 대해 자부심과 자신감을 갖고 있다.
9	나의 고민을 털어놓을 만한 가까운 친구가 별로 없어 가끔 외로움을 느낀다.
10	나는 무슨 일을 결정하는 데 있어 다른 사람들의 영향을 받지 않는 편이다.
11	과거에는 나 자신이 혼자 목표를 세우곤 했으나 돌이켜보면 그것이 시간 낭비였던 것 같다.
12	내가 아는 많은 사람들은 인생에서 나보다 더 많은 것을 성취하는 것 같다.
13	가족이나 친구들과 친밀한 대화를 나누는 것을 즐긴다.
14	매일의 생활에서 내가 해야 할 책임들을 잘 해내고 있다.
15	나는 무슨 일을 결정하는 데 있어 다른 사람들의 영향을 받는 편이다.
16	내가 해야 할 일들이 힘겹게 느껴질 때가 있다.
17	나 자신과 인생살이에 자극을 줄 만한 새로운 경험을 하는 것이 중요하다고 생각한다.
18	가끔 매일 하는 일들이 사소하고 중요하지 않은 것처럼 느껴진다.
19	내 성격의 거의 모든 면을 좋아한다.
20	정말 필요할 때 내 말에 귀를 기울여 줄 사람은 많지 않다.
21	나는 강한 의견을 가진 사람으로부터 영향을 받는 편이다.
22	지난 세월을 되돌아보면, 내 자신이 크게 발전하지 못했다고 생각된다.

번호	문항
23	내 인생에서 무엇을 성취하려고 하는지 잘 모르겠다.
24	과거에 실수를 저지르기도 했지만, 전체적으로는 모든 일이 매우 잘되었다고 생각한다.
25	나는 일반적으로 나의 개인 문제나 돈 문제를 잘 관리하고 있다.
26	많은 면에서 내가 성취한 것에 대해 실망을 느낀다.
27	대부분의 사람들이 나보다 친구를 더 많이 갖고 있는 것 같다.
28	미래의 계획을 짜고 그 계획을 실현시키려고 노력하는 것을 즐긴다.
29	내 의견이 비록 다른 사람들의 의견과 반대되는 경우에도, 나는 내 의견이 옳다고 확신한다.
30	나는 시간을 잘 활용하여, 해야 할 모든 일을 제때에 잘 처리해 나갈 수 있다.
31	그동안 한 개인으로서 크게 발전해 왔다고 생각한다.
32	내가 세운 계획을 어떻게 해서라도 실천하려고 노력한다.
33	논쟁의 여지가 있는 문제들에 대해서 내 자신의 의견을 내세우지 못한다.
34	현재의 생활방식을 바꿔야 할 새로운 상황에 처하는 것을 싫어한다.
35	나는 인생목표를 가지고 살아간다.
36	친구와 가족이 반대하는 경우에는 나의 결정을 쉽게 바꾸는 편이다.
37	나에게 있어서 삶은 끊임없이 배우고, 변화하고, 성장하는 과정이다.
38	내 친구들은 믿을 수 있고, 그들도 나를 믿을 수 있다고 생각한다.
39	과거를 돌이켜보면 좋았던 때도 있었고 힘들었던 때도 있었지만 대체로 만족한다.
40	생활을 만족스럽게 꾸려나가는 것이 쉽지 않다.
41	내 인생을 크게 개선하거나 바꾸겠다는 생각을 오래전에 버렸다.
42	내 자신을 친구나 친척들과 비교할 때면 내 자신에 대해 흐뭇하게 느껴진다.
43	내 스스로 정한 기준에 의해 내 자신을 평가하지, 남들의 기준에 의해 평가하지 않는다.
44	내 가정과 생활방식을 내 맘에 들도록 꾸려 올 수 있었다.
45	이제껏 살아온 삶의 방식을 뒤늦게 바꿀 수는 없다고 생각한다.
46	다른 사람들과 다정하고 신뢰 깊은 관계를 별로 경험하지 못했다.

출처: 김명소 외(2001)

아동의 심리적 안녕감은 김명소 등(2001)의 척도를 토대로 박상균(2009)이 초등학생에게 적합하게 수정 및 보완한 척도를 제시하였다. 하위요인은 긍정적 대인관계, 환경통제력, 삶의 목적, 자아수용, 자율성, 개인적 성장 6개로 동일하며, '전혀 그렇지 않다' 1점에서 '매우 그렇다' 6점의 Likert 5점 척도 총 19문항으로 구성되어 있다. 문항내적합치도 Cronbach α는 하위요인 모두 .85~.86으로 제시되었다. 하위요인의 내용은 다음과 같다.

① **긍정적 대인관계 :** 타인과 따뜻하고 만족스러운 관계를 가지는 것을 의미. 타인의 행복에 관심을 두고 타인과 강한 애정, 친밀감, 공감을 느끼며 대인관계가 주고받는 것임을 이해하는 정도

② **환경통제력 :** 자신이 환경을 잘 관리하는 능력이 있음을 느끼고 복잡한 외적 활동 계획을 조절하는 능력

③ **삶의 목적 :** 삶의 목표와 방향 감각을 지니고 있는 것으로 삶이 의미가 있으며 왜 사는지에 대한 해답을 스스로 가지고 있다는 확신

④ **자아수용 :** 자신에 대한 긍정적인 태도를 지니고 자신의 장점과 단점을 포함한 자신의 여러 측면을 인지하고 수용하며 자신의 과거의 삶에 대한 긍정적인 느낌을 갖는 정도

⑤ **자율성 :** 결단력 있고 독립적인 특성으로 특정한 방식으로 생각하고 행동하라는 사회적 압력에 저항할 수 있고 내적 동기에 의한 조절과 타인의 기준이 아닌 자신이 기준에서 자신을 평가하는 정도

⑥ **개인적 성장 :** 지속적으로 발전하고 있다고 느끼는 정도. 자신이 성장하고 발전되어 감을 느끼며 새로운 경험에 개방적인 경향

하위영역	문항 수	문항 번호	
		긍정진술문항	부정진술문항
긍정적 대인관계	5	16	3, 6, 10, 19
환경에 대한 지배력	2		4, 8
삶의 목적	3	11, 12, 14	
자아수용	4	2, 5, 9, 18	
자율성	2	7, 15	
개인적 성장	3	1, 13, 17	

표 9-10 / 초등학생 심리적 안녕감 척도 문항

번호	문항
1	나는 현재 학생으로서 공부 외에 다른 것을 할 생각이 없다.
2	나는 예전의 내 모습과 현재의 내 모습에 만족한다.
3	나는 또래 친구들과 친하게 지내는 것이 어렵고 힘들게 느껴진다.

번호	문항
4	나는 내가 매일 똑같이 해야 하는 일들이 힘들게 느껴진다.
5	나는 나 자신에게 자부심과 자신감을 느낀다.
6	나는 나의 고민을 털어놓을 친구가 없어서 외롭다고 느낀다.
7	나는 무슨 일을 결정할 때 주변 사람들의 간섭을 받지 않는다.
8	나는 내가 해야 할 모든 일은 힘들다고 느껴질 때가 있다.
9	나는 내가 가지고 있는 나의 성격이 마음에 든다.
10	나는 정말 필요할 때 내 말에 귀를 기울여 줄 사람이 많지 않다고 생각한다.
11	나는 미래의 계획을 짜고 그 계획을 실현시키려고 노력한다.
12	나는 내가 세운 계획을 어떻게 해서라도 실천하려고 노력한다.
13	나는 현재의 생활방식을 바꿔야 되는 상황이 온다면 싫을 것 같다.
14	나는 인생의 목표를 가지고 있다.
15	나는 친구와 가족이 반대하는 경우에는 내 결정을 쉽게 바꾼다.
16	나는 내 친구들을 믿을 수 있고, 친구들도 나를 믿는다.
17	나는 나의 미래를 바꾸겠다는 생각을 하지 않는다.
18	나는 내 친구들과 비교할 때면 내 자신에 대해 흐뭇하게 느껴진다.
19	나는 다른 친구들과 다정하고 신뢰 깊은 관계를 별로 경험하지 못했다.

출처: 박상균(2009)

4) 감사성향 척도

긍정심리학에 기반하여 감사하는 성향을 측정하는 척도는 임경희(2010a)가 성인 대상으로 개발하고, 초등학생에 맞게 수정한 척도(임경희, 2010b)가 있다. 이 척도는 '감사 대상에 대한 인식 및 인정'과 '감사 정서 체험 및 반응경향성'의 2개 하위요인 총 30문항으로 구성되어 있다. 문항내적합치도 Cronbach α는 요인별로 .85와 .86이며, 전체 .92로 제시되었다. 부정적 의미의 문항은 역채점하며, 각 하위요인별 점수가 높을수록 요인의 특성이 높음을 의미한다. 하위요인의 내용은 다음과 같다.

① **감사 대상에 대한 인식 및 인정**: 감사할 대상에 대한 인식과 좋은 결과가 자신이 아닌 외부에서 주어진 것임에 대한 인정하는 인식적 특성

② **감사 정서 체험 및 반응경향성**: 일상에서 감사의 정서를 느끼는 정서적 체험과 이러한 정서를 감사행동으로 보은하거나 표현하려는 행동경향성

하위영역	문항 수	문항 번호	
		긍정진술문항	부정진술문항
감사 대상에 대한 인식 및 인정	15	1, 3, 5, 7, 9, 15, 17, 19, 21, 23, 25, 27, 29	11, 13
감사 정서 체험 및 반응경향성	15	2, 4, 6, 8, 10, 12, 14, 16, 18, 20, 22, 24, 26, 28, 30	

표 9-11 / 초등학생 감사성향 척도 문항

번호	문항
1	나는 지금 정도면 많은 것을 가지고 있다고 생각한다.
2	나는 생활 속에서 작은 일로 행복함을 느낄 때가 있다.
3	많은 사람의 도움이 없었다면 지금의 나는 없었을 것이다.
4	나는 고마운 사람에게 마음을 어떻게 표현하면 좋을까 생각하곤 한다.
5	내가 가지고 있는 많은 것을 생각하면 참 감사함을 느낀다.
6	나는 고마운 마음을 전달하기 위해 편지나 선물 등을 준비하곤 한다.
7	내가 경험한 여러 일들을 돌아볼 때 지금 정도면 행복하다고 생각한다.
8	나는 종종 자연을 바라보면서 아름답다고 느끼곤 한다.
9	때로 내가 노력한 것보다 더 많은 대가를 받고 있다고 생각되는 일들이 많다.
10	감사한 마음을 갚기 위해 다른 사람을 도와주는 일에 참여하고 싶다.
11	부모님들이 나를 위해 해주신 일들은 부모로서 당연히 해야 할 일들이므로 감사할 필요까지는 없다.
12	큰 어려움을 겪는 사람들을 보면 나는 얼마나 다행인가 하고 생각한다.
13	나는 남들만큼 좋은 것을 가지고 있지 못하다.
14	나는 산책을 하거나 낮잠을 자는 것과 같이 사소한 일에서 작은 행복을 느끼곤 한다.
15	지금처럼 건강한 것이 정말 다행한 일이다.
16	지금의 상황에 감사하다는 생각에 이웃을 돕는 기부, 모금활동 등에 참여하곤 한다.
17	지금 내가 누리고 있는 많은 것에는 다른 사람들의 도움이 많았다고 생각한다.
18	나쁜 일이 생기면 더 나쁜 일이 생기지 않은 것이 다행이라고 생각한다.
19	나에게 가족과 친구들이 있는 것은 정말 행복한 일이다.
20	나는 식사를 할 때 이렇게 맛있는 음식을 먹을 수 있다니 참 행복하다고 느끼곤 한다.
21	나를 위해 다른 사람들이 수고하고 희생을 했다고 생각한다.
22	감사함을 말이나 행동으로 표현하는 것도 중요하다고 생각한다.
23	나는 지금까지 좋은 사람들을 많이 만났다.
24	나와 직접 관계는 없지만 주변에서 우리를 위해 봉사하는 이름 모를 많은 사람들이 있어서 감사하다고 생각한다.
25	지금까지 내가 있도록 나를 도와주고 있는 사람들을 생각하면 가슴이 따뜻해지는 것을 느낀다.

번호	문항
26	원했던 일이 잘 되지 않으면 오히려 잘 된 일일 수도 있을 거라고 생각한다.
27	얼마나 좋은 기회와 특권들을 가지고 있는지 나는 너무나 운이 좋다.
28	어려움을 겪게 되면 그것을 통해 내가 얻을 수 있는 좋은 점이 있을 것이라고 생각해 본다.
29	내가 한 일에 비해 나를 더 많이 사랑해 주는 사람들이 있어서 감사하다고 생각한다.
30	내가 경험했던 어려운 일들도 나에게는 도움이 되었다고 생각한다.

출처: 임경희(2010b)

4 상담만족 및 성과 관련 척도

1) 청소년 내담자 상담만족도 질문지

상담만족도 질문지(Client Satisfaction Questionnaire: CSQ)는 청소년 내담자와 상담자가 상담이 종결된 후 상담에 대하여 어떤 평가를 내리는지 전반적인 상담의 만족도를 측정하기 위해 Larsen, Hargeaves와 Nguyen(1979)이 개발한 척도이다. 김원중(1993)이 번안하고, 황인호(2004)가 Likert식으로 평정하기 용이하도록 내용을 수정 · 보완하면서 상담자용과 내담자용으로 제작하였다. 단일요인으로 8개 문항 7점 척도이다. 점수가 높을수록 상담에 대한 만족도가 크다. 황인호(2004)가 제시한 내담자용 문항내적합치도 Cronbach α는 .96이었다.

표 9-12 / 청소년 내담자 상담만족도 질문지 문항

번호	문항
1	이번 상담은 훌륭한 상담이다.
2	나는 이번 상담을 통해 내가 원하는 도움을 받았다.
3	이번 상담을 통해 나의 기대는 충족되었다.
4	내 친구가 나와 비슷한 고민을 한다면 이 상담을 추천할 것 같다.
5	나는 상담이 끝난 지금 만족스럽다.
6	이번 상담은 내가 고민을 해결하고 극복하는 데 도움을 주었다.
7	이번 상담은 전반적으로 나에게 만족스럽다.
8	내가 다시 상담을 받아야 할 필요가 있다면 이 상담자를 만나고 싶다.

출처: 황인호(2004)

2) 청소년 내담자의 상담성과 질문지

청소년 상담성과 질문지(Y-OQ: Youth-Outcome Questionnaire)는 내담자의 심리사회적 고통의 정도를 측정하고, 상담의 성과를 측정하기 위해 Wells, Burlingame과 Lambertt(1999)가 개발한 척도이다. 이 질문지는 짧은 기간의 증상 변화에도 민감하며, 실시시간이 짧아 상담장면에서 사용이 용이하다.

4~17세 아동과 청소년 대상의 부모평정용(Y-OQ-2.1)과 12~18세 청소년 대상의 자기보고형(Y-OQ-SR 2.0: Youth-Outcome Questionnaire-Self Report)이 있다. '전혀 그렇지 않다' 0점에서 '거의 항상 그렇다' 4점으로 응답하는 Likert 5점 척도이다. 하위요인은 내적 고통, 신체 증상, 대인관계, 사회문제, 행동문제, 결정 문항(critical items)의 6개이며, 총 64문항이다. 김수연 등(2011)이 번안하였으며, 종결 시 산출한 문항내적합치도 Cronbach α는 내적 고통 .85, 신체화증상 .82, 대인관계 .55, 사회문제 .65, 행동문제 .84, 결정문항 .70, 전체 척도 .95로 제시되었다. 하위요인의 내용은 다음과 같다.

① **내적고통** : 불안, 우울, 절망감과 같은 정서적 고통의 정도

② **신체증상** : 두통, 어지러움, 복통, 매스꺼움, 위장장애, 관절통 등의 여러 가지 신체화 증상

③ **대인관계** : 부모와 친구를 포함한 타인과의 관계에서 내담자가 경험하는 의사소통과 협력에서의 문제나 공격성, 논쟁 및 반항하는 정도

④ **사회문제** : 사회적으로 문제가 되는 행동경향으로 비행, 가출, 성문제, 무단결석, 약물, 재산 파괴 등

⑤ **행동문제** : 과제를 수행할 때 계획성과 완수 정도, 집중력, 좌절 인내력

⑥ **결정문항** : 입원환자들에게서 자주 나타나는 증상으로 예를 들면. '현실이 아닌 것을 보거나 듣거나 믿는다', '자해를 한다' 등

하위영역	문항 수	문항 번호	
		긍정진술문항	부정진술문항
내적고통	18	1, 3, 5, 9, 15, 17, 25, 33, 34, 41, 48, 57, 61, 62, 63, 64	32, 53
신체증상	8	2, 10, 18, 26, 35, 42, 50, 54	
대인관계	10	4, 11, 19, 27, 36, 37, 43	7, 16, 24
사회문제	8	6, 13, 22, 29, 31, 39, 47, 55	
행동문제	11	8, 14, 23, 30, 40, 48, 52, 56, 59	45, 60
결정문항	9	12, 20, 21, 28, 38, 44, 46, 51, 58	

표 9-13 / 청소년 내담자 상담성과 질문지 문항

번호	문항
1	다른 또래 친구들에 비해 더 혼자 있고 싶어 한다.
2	나는 두통이나 멀미가 있다.
3	나는 이전에 즐기던 활동에 참여하지 않는다.
4	나는 남들과 논쟁하거나 무례하게 말한다.
5	나는 또래 친구들에 비해 더 두려워하는 편이다.
6	나는 수업을 빼먹거나 무단결석을 한다.
7	나는 규칙이나 타인의 기대에 부응한다.
8	나는 숙제를 끝내는 것이 어렵거나, 불성실하게 숙제를 한다.
9	나는 공정하지 못한 일에 대해 불평한다.
10	나는 변비가 있거나 설사를 한다.
11	나는 또래 친구나 가족들과 신체적인 싸움(때리거나, 차거나, 물어뜯거나, 할퀴기)을 한다.
12	나는 걱정을 하거나 그 생각을 내려놓지 못한다.
13	나는 도둑질이나 거짓말을 한다.
14	나는 가만히 앉아 있기가 어렵다.
15	나는 불안하거나 신경질적이다.
16	나는 타인과 상냥하게 대화를 한다.
17	나는 긴장되고 쉽게 (깜짝) 놀란다.
18	나는 바지나 이불에 오줌이나 똥을 지린다.
19	나는 어른과 신체적으로 싸운다.
20	나는 현실이 아닌 것을 보거나 듣거나 믿는다.
21	나는 고의로 자해를 한다(예, 손목을 긋거나 상처를 내거나 자살기도).
22	나는 술이나 마약을 한다.
23	나는 계획적이지 않다(또는 계획적으로 일을 못하는 것 같다).
24	나는 가족, 친구들과 사이가 좋다.
25	나는 슬프거나 불행하다.
26	나는 근육이나 관절이 아프거나 약하다.
27	나는 친구, 가족, 어른들을 믿기가 어렵다.
28	나는 실제로 그렇지 않은데도 남들이 나를 해코지하려 한다고 생각한다.
29	나는 가출하겠다고 위협하거나 가출한 적이 있다.
30	나는 감정은 격렬하고 빨리 변한다.
31	나는 고의로 규칙, 법규를 어기거나 남들의 기대를 깬다.
32	나는 내 자신이 마음에 든다.
33	나는 또래에 비해 더 자주 뾰로통하거나 운다.

번호	문항
34	나는 가족이나 친구와 어울리지 않고 혼자 지낸다.
35	나는 또래 친구들에 비해 복통이 더 있거나 아픈 것 같다.
36	나는 친구가 없거나 관계를 오래 유지하지 못한다.
37	나는 부모님이나 선생님은 나의 친구들을 인정해 주지 않는다.
38	나는 다른 사람들의 생각을 읽는 독심술이 있다고 생각한다. 또는 남들이 나의 생각을 읽을 수 있다고 생각한다.
39	나는 가족이나 친구들이 인정하지 않을 성적행동을 한다.
40	나는 활동이나 대화에서 내 순서를 기다리는 것이 어렵다.
41	나는 자살을 생각하거나 죽는 것이 더 낫다고 느낀다.
42	나는 악몽에 시달리거나 잠들기 어렵거나 너무 많이 자거나 또는 너무 빨리 깬다.
43	나는 규칙, 기대, 책임에 대해 불평하거나 이의를 제기한다.
44	나는 비현실적으로 행복해지거나 에너지가 넘치는 것 같다.
45	나는 전반적으로 좌절이나 지루한 것을 잘 참아낸다.
46	나는 내가 미쳐가는 것이 두렵다.
47	나는 뭔가 잘못했을 때에는 자책감이 든다.
48	나는 남들에게 많은 것을 요구하거나 강요하는 편이다.
49	나는 짜증이 난다.
50	나는 또래에 비해 좀 더 구토를 하거나 위통이 있다.
51	나는 화가 나서 남들을 위협한다.
52	나는 지루할 때 문제를 일으킨다.
53	나는 희망적이고 긍정적이다.
54	나는 얼굴, 팔 또는 몸이 경련을 하거나 제멋대로 움직인다.
55	나는 고의로 남의 물건을 망가뜨린다.
56	나는 주의집중, 명확하게 생각하기, 과제에 집중하기가 어렵다.
57	나는 뭔가 잘못되고 있는 것에 대해 나 자신을 비난한다.
58	나는 아프지 않은데도 체중이 준다.
59	나는 경솔하게 행동하고 무슨 일이 일어날지 염려하지 않는다.
60	나는 침착하다.
61	내가 잘못한 일에 대해 나 자신을 용서할 수 없다.
62	나는 비활동적이다.
63	나는 친구가 하나도 없다고 또는 아무도 나를 좋아하지 않는다고 느낀다.
64	나는 쉽게 좌절하거나 흥분하고 포기한다.

출처: 김수연 외(2011)

3) 상담회기평가 질문지

상담회기평가질문지는 Stiles(1989)가 개발한 상담회기평가 질문지(Session Evaluation Questionnaire: SEQ Form4)를 이상희(1993)가 번안하여 타당화한 척도이다. 상담과정의 성과를 측정하기 위한 것으로 회기의 효율성과 상담 회기 직후의 정서적 상태를 평가한다. 내담자용과 상담자용이 있으나 일반적으로 내담자에 의해 상담성과가 평가된다. 회기의 효율성 평가는 '깊이'와 '순조로움' 차원의 10문항이며, 상담 회기 직후의 정서적 상태 평가는 '긍정적 정서'와 '각성도' 차원의 9문항이다. 7점 Likert 척도로 19문항의 양극 형용사 쌍으로 구성되어 있다. 점수범위는 19~133점이며 점수가 높을수록 상담회기를 좋게 평가하는 것으로 해석한다. 내담자용 문항내적합치도 Cronbach α는 깊이 .84, 순조로움 .90, 긍정적 정서 .89, 각성도 .88로 제시되어 있다. 하위요인의 내용은 다음과 같다.

① **깊이** : 상담회기가 얼마나 가치있는 것으로 평가되는가를 의미함. 그 회기에 지각된 힘과 가치, 지각된 상담자의 효율성을 평가하는 과제 차원

② **순조로움** : 그 회기의 편안함, 안정감, 내담자의 고통 수준을 반영하는 사회·정서적 차원

③ **긍정적 정서** : 확신과 명확한 느낌과 더불어 두려움이나 노여움이 없는 기쁜 느낌

④ **각성도** : 조용하고 침잠된 느낌과 대조되는 활동적이고 흥분된 느낌

하위영역		문항 수	문항 번호	
			긍정진술문항	부정진술문항
상담 회기의 효율성 평가	깊이	5	3, 7	2, 6, 8
	순조로움	5	1, 5, 9	4, 10
상담 회기 직후의 정서적 상태 평가	긍정적 정서	5	11, 12, 13, 15, 16	11, 15, 16
	각성도	4	14, 17, 18, 19	18

표 9-14 / 상담회기평가질문지 문항

이번 상담시간은		
1. 힘들었다	1 2 3 4 5 6 7	쉬웠다
2. 가치 있었다	1 2 3 4 5 6 7	가치가 없었다
3. 피상적이다	1 2 3 4 5 6 7	깊이 있었다
4. 마음편했다	1 2 3 4 5 6 7	긴장되었다
5. 언짢았다	1 2 3 4 5 6 7	즐거웠다
6. 가득찼다	1 2 3 4 5 6 7	비었다
7. 약했다	1 2 3 4 5 6 7	강했다
8. 특별했다	1 2 3 4 5 6 7	보통이었다
9. 거칠었다	1 2 3 4 5 6 7	매끄러웠다
10. 편안했다	1 2 3 4 5 6 7	불편했다
상담이 끝난 바로 지금 나는 (마음이)		
11. 기쁘다	1 2 3 4 5 6 7	슬프다
12. 속상하다	1 2 3 4 5 6 7	만족스럽다
13. 모호하다	1 2 3 4 5 6 7	분명하다
14. 잔잔하다	1 2 3 4 5 6 7	흥분된다
15. 자신 있다	1 2 3 4 5 6 7	두렵다
16. 사람이 정답게 느껴진다	1 2 3 4 5 6 7	사람이 싫게 느껴진다
17. 느리다	1 2 3 4 5 6 7	빠르다
18. 뛴다	1 2 3 4 5 6 7	고요하다
19. 조용하다	1 2 3 4 5 6 7	들뜬다

출처: 이상화(1993)

4) 청소년 내담자 작업동맹 질문지

청소년 내담자 치료적 관계는 Shirk와 Saiz(1992)가 6~18세 아동과 청소년을 대상으로 개발한 치료적 관계 척도를 방은령과 최명선(2004)이 만 6세에서 15세 아동과 청소년을 대상으로 동맹관계 척도로 타당화하였다. 치료자용과 청소년용이 있다.

'전혀 그렇지 않다'부터 '아주 그렇다'까지 4점 척도로 되어 있으며, 매 회기가 끝난 직후 상담관계에 대한 느낌과 생각에 대하여 '최근 3회기 동안 일어난 아동과 치료자 간의 관계에 대한 느낌과 생각'을 응답한다. 총 12문항으로 치료적 협력관계, 긍정적 감정관계, 부정적 감정관계의 3개 하위요인으로 구성되어 있다. 아동 대상의 문항내적합치도

Cronbach α는 치료적 협력관계 .66, 긍정적 감정관계 .66, 부정적 감정관계 .57, 전체 척도 .70으로 제시되었다. 하위요인의 내용은 다음과 같다.

① **치료적 협력관계**: 청소년이 상담자를 만났을 때 자신의 감정과 문제나 갈등, 힘든 일 등을 상담자에게 표현하는 등 상담효과를 위한 협력적인 태도

② **긍정적 감정관계**: 청소년이 상담자와 보내는 시간에 대해 긍정적으로 받아들이고 상담자에 대한 긍정적인 감정을 표현하는 것

③ **부정적 감정관계**: 청소년이 상담자와의 밀착된 관계를 부정적으로 생각하는 것

하위영역	문항 수	문항 번호	
		긍정진술문항	부정진술문항
치료적 협력관계	5	2, 4, 8, 11	6
긍정적 감정관계	4	1, 5, 7, 10	
부정적 감정관계	3	3, 9, 12	

표 9-15 / 청소년 내담자 작업동맹 질문지 문항

번호	문항
1	나는 선생님과의 상담시간이 기다려진다.
2	나는 내가 걱정하고 있는 것에 대해서 선생님께 이야기한다.
3	나는 선생님과 함께 있을 때 상담시간이 빨리 끝나기를 바란다.
4	나는 선생님을 만났을 때 나를 화나게 하는 것들에 대해 이야기한다.
5	나는 선생님과 시간을 함께 보내는 것이 좋다.
6	나는 선생님과 함께 있을 때 힘든 일(예, 문제, 어려움, 걱정, 불안한 것 등)을 말하지 않고 차라리 속으로 간직한다.
7	나는 선생님을 좋아한다.
8	나는 선생님이 나의 힘든 일(예, 문제, 어려움, 걱정, 불안한 것 등)에 대해 물었을 때 기꺼이 이야기한다.
9	나는 선생님과 만나기보다는 다른 것(예, 오락이나 친구와 놀기 등)을 하고 싶다.
10	나는 선생님은 내 편이고 나를 도우려고 노력한다고 생각한다.
11	나는 선생님께 내 기분(감정)에 대해서 말한다.
12	나는 상담시간에 선생님이 나를 그냥 내버려 두었으면 좋겠다.

출처: 방은령, 최명선(2004)

참고문헌

강영하 (2008). 초등학생의 행복감 구성요인 탐색. **초등교육연구, 21**(2), 159-177.

강종구 (1986). **자아개념, 진로의식 성숙 및 학업성취도가 직업 포부수준에 미치는 영향.** 서울대학교 석사학위논문.

김명소, 김혜원, 차경호 (2001). 심리적 안녕감의 구성개념 분석: 한국 성인 남녀를 대상으로. **한국심리학회지: 사회 및 성격, 15**(2), 19-40.

김세영, 박부진 (2013). 아동 자아강도 척도의 개발 및 타당화. **대한가정학회, 51**(5), 537-549.

김수연, 장재홍 (2011). 청소년 내담자의 상담기대가 작업동맹과 상담성과에미치는 영향. **청소년상담연구, 19**(2), 155-170.

김용래 (1993). 정의적 특성과 그 선행변인이 학업성적에 미치는 영향. **교육연구논의, 9,** 74-78.

김용래 (2000). 학교학습동기 척도와 학교적응 척도의 타당화 및 두 척도 변인 간의 관계분석. **교육연구논총, 17,** 3-37.

김원중 (1993). **상담자 자기 개방이 관찰자의 상담평가에 미치는 영향**. 중앙대학교 석사학위논문.

김종백, 김태은 (2008). 학교행복 검사도구 개발 및 타당화. **교육심리연구, 22**(1), 259-279.

박상균 (2009). **초등학생의 태권도 수련이 신체적 자기개념과 심리적 안녕감 간의 관계.** 경희대학교 석사학위논문.

방은령, 최명선 (2004). 아동과 치료자간의 치료적 관계 척도의 타당화 연구. **한국심리학회지: 발달, 17**(2), 101-121.

송인섭 (1990). **자아개념진단검사**. 서울: 한국심리적성연구소.

송인섭 (1996). **자아개념 진단검사**. 서울: 한국심리적성연구소.

이상희 (1993). **상담회기 평가질문지(Session Evaluation Questionnaire)의 타당화 연구**. 서울대학교 석사학위논문.

임경희 (2010a). 감사성향 척도 개발 및 타당화. **상담학연구, 11**(1), 1-17.

임경희 (2010b). 아동의 스트레스 경험과 감사성향이 학교적응에 미치는 영향. **초등교육연구, 23**(3), 215-238.

임영진 (2013). **한국판 아동용 삶의 만족도 척도의 개발.** 경북: 대구대학교 정신건강상담센터.

전병제 (1974). 자아개념 측정 가능성에 관한 연구. **연세 논총, 11**(1), 107-130.

조명한, 차경호 (1998). **삶의 질에 대한 국가 간 비교**. 아산재단 연구총서.

황인호 (2004). **상담자의 자기효능감과 역전이 행동 및 상담협력관계가 상담만족도에 미치는 영향**. 건국대학교 박사학위논문.

Coopersmith, S. (1967). *The antecedents of self-esteem.* San Francisco: W. H. Freeman.

Diener, E., Emmons, R. A., Larsen, R. J., & Griffin, S. (1985). The Satisfaction with Life Scale. *Journal of Personality Assessment, 49,* 71–75.

Gadermann, A. M., Schonert-Reichl, K. A., & Zumbo, B. D. (2010). Investigating validity evidence of the satisfaction with life scale adapted for children. *Social Indicators Research, 96*(2), 229-247.

Larsen, D. L., Attkisson, C. C., Hargreaves, W. A., & Nguyen, T. D. (1979). Assessment of client/patient satisfaction: development of a general scale. *Evaluation and Program Planning, 2*(3), 197-207.

Rosenberg, M. (1965). *Society and adolescent self-image.* Princeton, NJ: Princeton University Press.

Ryff, C. D. (1989). Happiness is everything, or is it? Explorations on the meaning of psychological well-being. *Journal of Personality and Social Psychology, 57*(6), 1069-1081.

Shirk, S. R., & Saiz, C. C. (1992). Clinical, empirical, and developmental perspectives on the therapeutic relationship in child psychotherapy. *Development and Psychopathology, 4*(4), 713–728.

Stiles, W. B. (1989). *Use of the session evaluation questionnaire.* Manuscript. Miami University.

Wells, M. G., Burlingame, G. M., & Lambert, M. J. (1999). Youth Outcome Questionnaire (Y-OQ). In M. E. Maruish (Ed.), *The use of psychological testing for treatment planning and outcomes assessment* (pp.497–534). Lawrence Erlbaum Associates Publishers.

찾아보기

인명

내 용

0-9

A-Z

저자소개

임경희 (순천대학교 사범대학 교직과 교수)

조봉환 (공주교육대학교 교육학과 교수)

학교심리검사의 이해와 활용

1판 1쇄 인쇄 2023년 1월 5일
1판 1쇄 발행 2023년 1월 10일

저　　자 | 임경희 · 조봉환
발 행 인 | 박철용
발 행 처 | 양서원
주　　소 | 경기도 파주시 직지길 522 파주출판도시
전　　화 | 031-955-8000(代)
팩　　스 | 031-955-8005
홈페이지 | www.yswpub.co.kr
이 메 일 | yswgroup@naver.com
출판등록 | 1987년 11월 24일 제406-2003-037호

ISBN 978-89-994-1331-5

정 가 23,000원